Ludwig Pfandl
Philipp II.
Gemälde eines Lebens und einer Zeit

SEVERUS Verlag

Pfandl, Ludwig: Philipp II. Gemälde eines Lebens und einer Zeit. 2013
Neuauflage der Ausgabe von 1938
ISBN: 978-3-86347-531-4

Umschlaggestaltung: SEVERUS Verlag

Bibliografische Information der Deutschen Nationalbibliothek: Die Deutsche Nationalbibliothek verzeichnet diese Publikation in der Deutschen Nationalbibliografie; detaillierte bibliografische Daten sind im Internet über https://dnb.de abrufbar.

Der SEVERUS Verlag ist ein Imprint der Bedey & Thoms Media GmbH,
Hermannstal 119k, 22119 Hamburg

SEVERUS Verlag, 2013
http://www.severus-verlag.de
Gedruckt in Deutschland
Der SEVERUS Verlag übernimmt keine juristische Verantwortung oder irgendeine Haftung für evtl. fehlerhafte Angaben und deren Folgen.

Ludwig Pfandl

Philipp II.
Gemälde eines Lebens und einer Zeit

MIX
Papier aus verantwortungsvollen Quellen
Paper from responsible sources
FSC® C105338

GELEITWORT

Im Jahr des Heils 1581 wurde gegen den regierenden König von Spanien die folgende Greuelpropaganda ins Werk gesetzt: Philipp II. hat durch den Kardinal Granvela einen Vergiftungsversuch an seinem Vetter und Schwager, dem späteren Kaiser Maximilian II., bewerkstelligen lassen; daß er mißlang, war ein Werk der Vorsehung, aber nicht das Verdienst der Mörder. Philipp hat seine leibliche Nichte, die Erzherzogin Anna von Österreich, geheiratet und zu dieser Inzestehe, die dem Schimpf der Verbindung des Geschwisterpaares Jupiter und Juno bedenklich nahe kommt, die Dispens des römischen Papstes erhalten. Gottes Stellvertreter auf Erden hat damit etwas erlaubt, was Gott im Himmel nie und nimmer würde gutgeheißen haben. Philipp hat, um diese blutschänderische Ehe schließen zu können, seine legitime Gattin Isabella von Valois, die Mutter seiner zwei Töchter und Erbinnen, durch Mord beseitigt. Philipp hat auch seine erste Ehe mit Maria von Portugal in vollem Bewußtsein einer Doppelehe und damit eines Vergehens der Polygamie eingegangen, denn er war zur selben Zeit bereits in heimlicher, aber gesetzmäßiger Ehe mit Isabel Osorio verbunden, von der er mehrere Kinder besaß. Philipp hat seinen Sohn und Erben Don Carlos durch Mörderhand aus der Welt schaffen lassen, weil er nicht wollte, daß der ihm

verhaßte Sprößling aus der gesetzwidrigen und verbotenen Doppelehe den Thron seiner Väter besteige. Philipp hat neben seiner legitimen Gattin Isabella von Valois auch noch einen wilden Ehebund mit einer gewissen Doña Eufrasia unterhalten. Als sie von ihm guter Hoffnung wurde, hat er den Fürsten von Ascoli gezwungen, sie zu heiraten und das Kind als seinen Erben anzuerkennen. Sowie der Zweck erreicht, und Kebsin und Bastard versorgt waren, hat er den Fürsten durch Gift beseitigen lassen.
Das sind, gering gerechnet, ein Mordversuch, drei Morde, eine Inzestehe, eine Doppelehe und ein Ehebruchsverhältnis. Diese ungeheuerlichen Anklagen und Beschimpfungen aber wurden nicht etwa heimlich herumgetuschelt und vorsichtig von Ohr zu Ohr getragen, sondern zu Lebzeiten dessen, der ihr Opfer sein sollte, in Form einer gedruckten Broschüre durch den Buchhandel verbreitet und außerdem noch mit einem unterwürfigen Empfehlungsschreiben des Verfassers an alle großen und kleinen Fürstenhöfe Europas verschickt. Daß der Urheber dieser Greuelpropaganda ein Todfeind Philipps II. war — er hieß Wilhelm von Oranien, und die in französischer Sprache gedruckte Schmähschrift hatte den Titel „Apologie contre l'édit de proscription", war also ein evidenter Rache- und Abwehrakt — das bleibt hier von nebensächlicher Bedeutung. Viel wichtiger ist die Tatsache, daß diese Diffamationen landauf und landab in billigen Nachdrucken und Übersetzungen popularisiert, mit Befriedigung gelesen, mit Erregung diskutiert und mit pharisäischer Überheblichkeit geglaubt wurden. Sie schwollen sogar im Lauf der Jahre und der Jahrhunderte, aus reichlich fließenden und reichlich trüben Quellen genährt, zu einem wahren Sumpfe an, einem Sumpf von Unflat und Lüge, Rachgier und Haß, Fanatismus und Intoleranz. Die letzten Nebeldünste aus diesem langsam vertrocknenden Pfuhl aber verzerren und verunklären noch heute die Gestalt des Herrschers, dessen Leben in Wirklichkeit nichts anderes war als ein selbstloses Opfer im Dienste eines Volkes und einer Idee. Es gibt zwar die eine oder andere Biographie Philipps II., die ihm ehrlich gerecht zu werden strebt, aber auf eines solcher Bücher kommen immer drei andere, die in ihm nur den finsteren Zeloten, den

heimlichen Sünder, den hinterlistigen Mörder, den Zwingherrn der Geistesfreiheit, den Hemmschuh alles Fortschrittes, den bleichen, schleichenden, blutdürstigen Despoten zu sehen vermögen; ja, es hat sogar nicht an Autoren gefehlt, die ihn zum Sündenbock und Schuldträger der in unseren Tagen über Spanien hereingebrochenen Katastrophe zu erniedrigen sich redliche Mühe gaben.
Unsere Absicht ist es nun keineswegs, einen „Antibarbarus pro rege Philippo" zu schreiben, das heißt, ihn Punkt für Punkt von allen Anwürfen zu reinigen, von allen Beschuldigungen zu entlasten und so eine Ehrenrettung des am ärgsten geschmähten, am gröbsten mißkannten aller Herrscher Europas zu unternehmen. Das ist eine Aufgabe der archivalischen Quellenforschung, die den Aktenstaub nicht fürchtet und nicht das mühsame Suchen und Entziffern abgelegener, verschleppter und schwer lesbarer Dokumente. Unser Ziel ist ein anderes. Was wir wollen, ist dieses: ein Bild Philipps II. formen, wie es nach dem Stande der heutigen Forschung erreichbar und gestaltbar ist; das blutmäßige Erbe seiner Ahnen erkunden und zugleich die Frage lösen, was ihm sein Vater und seine Jugendbildner an Gesinnungen, Antrieben, Überzeugungen mitgegeben haben; die beherrschende Idee seines Lebens spürbar werden lassen und gleichzeitig auch ihre Verschiedenheit von der seines großen Vorgängers und Erzeugers; ihn in seinem Doppelleben als Mensch und als König wieder erstehen lassen, dessen eine Hälfte den Gatten und Vater, den Mäzen und Kunstfreund, den Architekten und Büchersammler in sich begreift, dessen andere Hälfte den Regenten und Verwalter, den Politiker und Diplomaten, den Planer und Lenker ferner Schlachten, den unerbittlichen Wahrer des Rechts, den emsigen Aktenwurm und Papierbekritzler umfaßt; die Gestalten seiner Umwelt, seine Ehegesponsinnen, seine Söhne und Töchter, seine Räte und Minister, seine getreuen Untertanen mit ihm, seine politischen, gesinnungsmäßigen und persönlichen Feinde gegen ihn am Werke sehen; seine demütige Schlichtheit im Erfolg, seine Seelengröße im Unglück, seine schöne Ausgeglichenheit in gesunden und in kranken Tagen, seine sieghafte Überwindung des Todes zu rechtem Verständnis bringen; seine Schwächen und Mängel und die

Grenzen seiner Begabung nicht verkennen und nicht beschönigen; mit einem Worte: ihn ganz erfassen und ihm in jeder Hinsicht gerecht werden. Dabei müssen dann von selbst alle Unebenheiten und Gegensätze in seiner Beurteilung sich ausgleichen und alle zu Unrecht gegen ihn erdachten Verleumdungen wie Kartenhäuser in sich zusammenbrechen. Kein Engel, kein Genie und kein Heros wird aus den sich lösenden und zerfließenden Nebeln hervortreten, wohl aber ein Mensch, dessen Leben in schwerer und großer Zeit wert war gelebt zu werden.

DAS EINDRINGEN
DER HABSBURGER IN SPANIEN

I. KAPITEL

Annäherung zwischen Spanien und Burgund

Das Königspaar Ferdinand und Isabella, mit dem sich der Wechsel von den Trastamara auf die Habsburger vollzieht, hat nicht nur durch seine eheliche Verbindung die letzte große Einigungsaktion zwischen den Teilreichen der spanischen Monarchie vollzogen, es hat nicht nur den 800jährigen Kreuzzug gegen den islamitischen Feind im eigenen Lande siegreich beendigt und mit dieser kriegerischen Leistung die heimatliche Erde vom letzten Rest der Fremdherrschaft befreit, es hat auch in außenpolitischer Hinsicht keine Gelegenheit versäumt und keine Möglichkeit außer Acht gelassen, um die friedliche Entwicklung des neuerstandenen Reiches gegen alle Störungsversuche von Norden und Osten her zu sichern. Der islamitische Erbfeind war besiegt und vertrieben, die mittelalterliche „gelbe Gefahr" für Spanien war für immer gebannt, aber schon tauchte im Norden ein neuer Erbfeind, eine neue Gefahr aus dem Dunkel der Zukunft empor: das stets eifersüchtige, stets sich bedroht fühlende, stets angriffslustige Frankreich. Es wird der Erbfeind Spaniens in der Neuzeit werden, wie der Moslem der Erbfeind Spaniens im Mittelalter war. Es wird Karl V. ohne Unterlaß bekämpfen und an der Erreichung seiner Einigungsziele hindern, wird mit Bedacht und zur rechten Zeit neuen Zündstoff ins Feuer der Glaubenskämpfe werfen, wird die Abwehr der

Türkennot sabotieren, wird Philipp II. vierzig Jahre lang nicht zur Ruhe kommen lassen, wird gegen seine Nachkommen mit Erfolg die diplomatische Kunst eines Richelieu ins Feld führen und wird nicht ruhen, bis ihm durch das Testament des letzten Habsburgers, Karls II., des vergreisten Kindes, die so lang umlauerte spanische Beute in die gierigen Klauen fällt. Frankreich wird zwei Jahrhunderte lang der Erbfeind und der Todfeind Spaniens sein, und es ist darum schon der Mühe wert, einige Erwägungen darüber anzustellen, auf welche Ursachen und Anfänge dieser weltgeschichtliche Antagonismus zurückgeht und inwiefern bereits Ferdinand und Isabella in ihre französenfeindliche Sicherungspolitik geradezu hineingezwungen wurden. Denn aus eben dieser Sicherungspolitik erwächst die folgenschwere Annäherung zwischen Spanien und Burgund.

Man erinnert sich an den denkwürdigen Übergang der spanischen Königskrone von den Trastamara auf die Habsburger. Heinrich IV. hat eine einzige Tochter, die seine Erbin und Nachfolgerin werden müßte, wenn ihr nicht Isabella, eben dieses Heinrich Stiefschwester, die Legitimität ihrer Abstammung streitig machen und sie in aller Öffentlichkeit als den Bastarden aus dem heimlichen Liebesbund der Königin mit dem Ritter Don Beltrán de la Cueva brandmarken würde. Isabella setzt ihren Willen durch, die entehrte und enterbte Prinzessin wird ihres Nachfolgerechtes verlustig erklärt — man gibt ihr den Spottnamen „La Beltraneja", was ungefähr gleichbedeutend ist mit „der Beltran-Balg" — und Isabella selbst besteigt nach Heinrichs Tod den Thron, während sie gleichzeitig durch ihre Ehe mit Ferdinand von Aragón die letzte große Ländereinigung vollzieht. Nun tritt zum erstenmal Frankreich dieser spanischen Unionspolitik feindlich in den Weg. Ludwig XI. wirft sich zum Beschützer jener verdrängten Prinzessin zweifelhafter Geburt auf, schließt ein Bündnis mit der Isabellas Ansprüchen feindlich gesinnten Partei und betreibt eine Verlobung der Beltraneja mit seinem Bruder, dem Prinzen Karl von Guyenne. Mit diesem Karl sollen die Valois in den Besitz des kastilischen Thrones gelangen und die für Frankreich bedrohliche Einigung Spaniens unmöglich machen. Zwar scheitert der

Plan an dem vorzeitigen Tode Karls von Guyenne, aber die neue Situation hat sich in taghellem Lichte gezeigt; man weiß in Spanien, woran man ist, und wird rechtzeitig auf der Hut sein. Schon 1469 hatten der Herzog von Burgund und der König von Aragón ein Bündnis gegen Frankreich geschlossen, denn wenige Jahre vorher waren die Katalanen von Aragón abgefallen und hatten einen Prinzen aus dem Hause Anjou zu ihrem König erwählt. Dieser burgundisch-aragonesische Sicherungsvertrag gegen Frankreich wurde nun 1471 unter Einbeziehung von Kastilien erneuert und 1473 mit wichtigen Zusatzverpflichtungen ein drittesmal bekräftigt. Gleichzeitig sodann trat Herzog Karl von Burgund auch mit den neapolitanischen Aragonesen, die in beständigem Kampf um die Vormacht mit den Anjou lagen, zu einer engen antifranzösischen Verbrüderung zusammen. In diesen abseits der großen Politik und der europäischen Ereignisse liegenden und darum wenig beachteten Verträgen schließen also schon am Ausgang des Mittelalters die Staaten Burgund, Aragón-Kastilien und das aragonesische Neapel eine Interessengemeinschaft gegen Frankreich. Die große Linie der Einkreisung des letzteren beginnt sich deutlich abzuzeichnen, Spanien im besonderen aber wird, nicht zuletzt durch die Umtriebe des Hauses Valois, in jene politische Konstellation hineingedrängt, die es notgedrungen zwei Jahrhunderte lang mit allen Mitteln und unter den größten Opfern wird aufrecht erhalten müssen.

Dem Nachbarland Portugal gegenüber betreibt schon die Dynastie Trastamara eine gewisse Bündnispolitik in Form von Eheschließungen. Johann II. von Kastilien heiratet in zweiter Ehe die portugiesische Infantin Isabella, die 1496 in geistiger Umnachtung stirbt und die den Keim des Wahnsinns auf die späteren Habsburger vererben wird. Ihre Tochter ist Isabella I., die zukünftige Befreierin des Landes und Gründerin des geeinigten Reiches. Auch Heinrich IV. von Kastilien nimmt sich als Witwer eine Infantin des portugiesischen Königshauses zur zweiten Gattin, jene Juana, deren Tochter dann als angebliche Beltraneja aus der Thronfolge verdrängt wird. Planmäßig und mit Vorbedacht aber verdichtet man dieses Konföderationswesen auf Grund von Ehe-

schließungen erst unter dem Antrieb der gegen Frankreich gerichteten Sicherungspolitik. Sobald der Franzose als nächster und gefährlichster Gegner des im Innern freien und geeinten Spanien erkannt ist, wird das portugiesische Königshaus durch Ferdinand und Isabella mit einem förmlichen Netz von Ehebündnissen übersponnen. Die Absicht ist eindeutig. Spanien muß rückenfrei bleiben, Portugal darf unter keinen Umständen der Möglichkeit ausgesetzt werden, mit Frankreich verwandtschaftliche Bindungen einzugehen. Das würde für Spanien den Feind im eigenen Lande bedeuten und damit den Ruin der schwer errungenen Einigung. Darüber hinaus bleibt freilich den beiden Dynastien auch noch die Aussicht gewahrt, über kurz oder lang das Nachbarreich samt seinem Kolonialbesitz einfach zu erben und so auf dem Wege friedvoller Verbindung nicht nur eine ungeheure Vergrößerung der Hausmacht zu erreichen, sondern auch das auf beiden Seiten erträumte und erstrebte peninsulare Einheitsreich aufzurichten.
Mit der 1470 geborenen Infantin Isabella beginnt es. Sie ist die Tochter des spanischen Königspaares Ferdinand und Isabella, und sie muß die Gemahlin des portugiesischen Erbprinzen Affonso werden, der ein Enkel des regierenden Königs Affonso des Afrikaners und ein Sohn des späteren Königs Johann II. ist. Die Ehe wird geschlossen, aber schon nach ein paar Monaten tut der Gatte einen tödlichen Sturz mit dem Pferde und die Witwe kehrt zu den Eltern zurück. Auf Johann II. folgt 1495 sein Vetter Manuel, mit dem Beinamen der Glückliche, und er sagt mit Freuden Ja, als man ihm die verwitwete Isabella zur Gattin anbietet. Zum zweitenmal unterzieht sich die Folgsame einer portugiesischen Heirat. Als dann der einzige Sohn von Ferdinand und Isabella, der 19jährige Don Juan, im Oktober 1497 ohne Nachkommenschaft plötzlich das Zeitliche segnet, da sind wie durch eine geheimnisvolle Schicksalsfügung Manuel und Isabella unversehens zu gesetzlichen Erben des spanischen Thrones aufgerückt. Sie erscheinen sogar in Toledo und hernach in Zaragoza und werden hier von den kastilischen und von den aragonesischen Landständen in dieser Eigenschaft feierlich aufgeschworen. Isabellas Tod erfolgt bereits im Jahr darauf (1498), und nun ist ihr Söhn-

chen, der Infant Miguel, der legale Thronanwärter des zukünftigen spanisch-portugiesischen Einheitsreiches. Überraschend schnell ist die von jeder der beiden Dynastien für sich erhoffte Wendung zugunsten der portugiesischen eingetreten; freilich ohne sich endgültig zu verwirklichen, denn der junge Erbe stirbt schon als zweijähriger Knabe. Damit nun aber der verwitwete und kinderlose König Manuel nicht etwa einen dynastischen Seitensprung mache und sich den herkömmlichen Bindungen entziehe, wird ihm allsogleich eine neue spanische Ehepartnerin angetragen. Im Juli 1500 ist der kleine Prinz Miguel gestorben und schon im Oktober hält Manuel feierliche Hochzeit mit der Infantin Maria, der dritten Tochter des Paares Ferdinand und Isabella. Der Unentwegte wird sogar — davon ist später zu berichten — noch ein drittesmal willfährig unter das spanische Ehejoch schlüpfen, und er wird keineswegs schlecht dabei fahren.

Mit der dauernden und sorgsam aufrecht erhaltenen friedlichen Fesselung Portugals ist aber die Sicherungsaktion Spaniens gegen das inzwischen immer mehr erstarkte Frankreich nicht beendet und nicht erschöpft. Der gefährliche Nachbar muß von allen Seiten eingekreist und lahmgelegt werden, er muß von spanienfreundlichen und spanisch orientierten Mächten wie von einer Mauer umgeben sein; nur dann wird Spanien die nötige Ruhe finden, sich im Innern der Vollendung des begonnenen Werkes zu widmen und nach außen hin seine kolonisatorische Weltmission in den neuentdeckten Erdteilen zu erfüllen. Die Einengung Frankreichs durch Spanien von Norden her wird sich zweiseitig vollziehen, nordwestlich durch England, nordöstlich durch die Niederlande. Gott hat ja das spanische Haus hinreichend mit Töchtern gesegnet, so daß es die Thronerben des halben Europa mit Bräuten versehen kann. Es fügt sich gut, daß Heinrich VII. von England mit Freuden bereit ist, seiner jungen Dynastie durch Verbindung mit dem spanischen Königsgeschlechte Rückhalt und Ansehen zu verschaffen. Für Ferdinand und Isabella aber bedeutet diese Bereitschaft unendlich viel mehr. Es wird also Katharina, die jüngste der spanischen Infantinnen, dem englischen Kronprinzen Arthur zur Gemahlin gegeben (1501). Daß der Bräutigam erst fünfzehnjährig und noch dazu ein kränklicher Schwächling ist, der sich außerstande sieht, die Ehepflicht auch nur ein einziges Mal zu vollziehen, das tut nichts zur Sache. Sechs Monate nach der Hochzeit stirbt er, und nach Ablauf einer einjährigen Wartefrist wird Katharina, die es überdies beschwören kann, daß sie noch eine Jungfrau ist, mit Arthurs Bruder, dem späteren Heinrich VIII. verlobt und dann von ihm nach seiner Thronbesteigung (1509) auch geheiratet und zur Königin von England gekrönt. Frankreich sieht mit scheelen Augen über den Kanal.

Aber nicht nur von dorther droht ihm Gefahr und Einengung, auch im Osten wachsen ihm Zäune und Hindernisse, Koalitionen und Ehebündnisse feindlich entgegen. Und allüberall hat der verhaßte Spanier seine bräutereiche Hand im Spiel.

Seit 1477 ist Maximilian, König der Römer, der Gemahl und Mitregent der Herzogin von Burgund und als solcher der natürliche Gegner Frankreichs, mit dem er sich unter wechselndem Gewinn und Verlust unentwegt um seinen niederländischen Besitz herumstreitet. Eine Allianz mit dem stark gewordenen Spanien wäre ihm sehr gelegen und er würde gern den von Karl dem Kühnen mit Ferdinand und Isabella geschlossenen Sicherungsvertrag gegen Frankreich auch für seine Person erneuern. Er schickt also im Jahre 1488 eine Gesandtschaft nach Toledo und bietet den Spaniern ein Abkommen wider den König von Frankreich als den gemeinschaftlichen Feind ihrer Länder an. Eine Doppelhochzeit, so meint er, ließe sich gut damit verbinden und müßte die militärischen Verträge nur um so fester gestalten. Er selber, seit 1482 verwitwet, möchte die Infantin Isabella zur Gattin haben; für seinen Sohn, den Erzherzog Philipp aber, würde er in allen Ehren um die Hand der Infantin Johanna anhalten. Eine weltgeschichtliche Entscheidung steht bevor. Aber sie verzögert sich noch, oder vielmehr sie droht gänzlich zu unterbleiben, denn Isabella, die von Maximilian begehrte Braut, ist ja schon dem Prinzen Affonso von Portugal fest versprochen, und Johanna scheint mit ihren neun Jahren doch noch viel zu jung für Verlobung und Heirat; auch militärische Beihilfe gegen Frankreich zu leisten, ist dem spanischen Königspaare zunächst nicht möglich, weil es mit dem Kriege gegen das maurische Granada vollauf beschäftigt ist. Aber man wisse die hohe Ehre des Angebots gebührend zu schätzen und werde es sorgfältig im Auge behalten. Maximilian ist also bloß wieder ein wenig zu voreilig gewesen. Ferdinand und Isabella sind weniger überstürzt und darum sicherer im Erfolg. In Wirklichkeit kennt nämlich ihre Befriedigung keine Grenzen, und sie werden sich die lang erwünschte Möglichkeit, den Franzosen auch von dieser Seite her zu isolieren, keinesfalls entgehen lassen. Nur müssen sie zuerst noch Granada bezwingen und die Lage im Inneren ordnen und festigen. Bis dahin haben dann auch die Kinder ein heiratsfähiges Alter erreicht. Freilich darf man inzwischen den Gedankenfaden nicht abreißen und die brieflichen Ferngespräche nicht verstummen lassen. Sechs Jahre später, 1494, ist es dann auch wirklich so weit, daß man den alten Plan mit neuem Eifer wieder aufgreifen kann. Eine spanische Gesandtschaft geht nach Brüssel, eine burgundische Gesandtschaft geht einige Zeit darauf nach Toledo, und das Ergebnis der beiderseits mit dem größten Entgegenkommen geführten Unterhandlungen ist dieses: Erzherzog Philipp, der Sohn und Erbe Maximilians, wird die spanische Infantin Johanna zur Gattin nehmen, der Nachfolger und einzige Sohn des spanischen Königspaares, Prinz Don Juan, wird sich mit Maximilians Tochter Margarethe vermählen. Ein geheimes wechselseitiges Bündnisabkommen gegen alle Übergriffe Frankreichs aber bildet sozusagen den Dachvertrag dieser beiden Ehekontrakte, die in der Tragweite ihrer tatsächlichen Auswirkungen von keiner der zwei Parteien auch nur im entferntesten vorausgeahnt werden.

Zunächst sehen ja beide in dem Erreichten nichts anderes als eine völlig geglückte Teilaktion im Zuge der Einkreisung und Schwächung des französischen Gegners. Vielleicht daß Maximilian, der kühne Träumer und Schwärmer, sich im stillen auch neue Möglichkeiten für die Durchführung seiner Lieblingsidee, des allgemeinen Kreuzzugs gegen die Türken, erhofft. Aber es soll alles ganz anders kommen. Nicht mehr was menschliche Berechnung und Klugheit plant, geht in Erfüllung, sondern was ein latentes und allen Beteiligten unbewußtes Generationsgesetz bestimmt, wird zu Tatsache und Wirklichkeit. Die Zeit der Trastamara hat sich nach sechs Herrschern vollendet, die Ära der Habsburger bricht an. Was nach der Absicht des Paares Ferdinand und Isabella nur kluge, wohlbedachte Außenpolitik, nur Sicherungsaktion gegen den Erzfeind Frankreich gewesen ist, das wird ohne ihr Zutun und vielleicht auch gegen ihren Willen zum Anlaß und zur Entstehung einer neuen dynastischen Reihe. Wie von einer unheimlichen Schicksalswolke überschattet, verschwinden rasch nacheinander die sämtlichen Thronfolger der trastamarischen Linie. Den Anfang macht der Kronprinz Don Juan. Er stirbt am 4. Oktober 1497, kaum daß er sieben Monate vermählt ist. Seine Gattin gebiert im zweiten Monat ihrer Witwenschaft einen Knaben, der nach wenigen Stunden schon wieder Abschied von dieser Welt nimmt. Nun ist Don Juans älteste Schwester Isabella an der Reihe und zugleich mit ihr auch ihr Gemahl, König Manuel von Portugal, dieselbe Isabella, die 1488 von Maximilian zur Gattin begehrt worden war. Wir hörten schon, daß das portugiesische Paar sogar nach Spanien kam, um hier den Anerkennungs- und Treueid der Landstände entgegenzunehmen. Aber auch diese Isabella rafft im August 1498 ein unzeitiger Tod hinweg. Jetzt fällt das Nachfolgerecht ihrem einzigen Söhnchen zu, dem kleinen Infanten Miguel; indes auch er stirbt unerwartet und im zarten Alter von 22 Monaten am 20. Juli 1500. Dieser 20. Juli 1500 aber ist der große Schicksalstag des Hauses Habsburg. Philipp der Schöne, der Gemahl der spanischen Johanna, der Erzherzog von Österreich und Herzog von Burgund, wird binnen weniger Jahre der an Macht und an Länderbesitz reichste Herrscher der Christenheit sein, denn er wird zu seinen Stammländern an Donau, Maas, Schelde und Rhein auch noch das spanische Königreich mitsamt seinen Besitzungen in Italien und im neuentdeckten Amerika auf dem Wege des Nachfolgerechtes erben. Seine Söhne, Töchter und Enkel werden sich in die Kronen des ganzen Abendlandes teilen. Die Welt wird auf Jahrhunderte hinaus unter diesem Zeichen stehen: Habsburg über Europa.

II. KAPITEL

Karl der König und Kaiser

Die Ehe zwischen Johanna von Kastilien und Philipp dem Schönen von Österreich-Burgund ist eine schmerzliche und kummervolle Tragödie. Ein Glück nur, daß sie nicht länger währt als zehn Jahre. Johanna trägt den geistigen Todeskeim der Schizophrenie von ihrer Großmutter her im Blute, und es dauert nicht lange, bis die verborgene Wunde zu schwären und aufzubrechen beginnt, vielleicht beschleunigt durch eine starke Vereinsamung der Kastilierin in der ihr fremden flandrischen Umgebung, durch schwere Krisen im ehelichen Leben und ähnliche Umstände, aber im eigentlichen Grunde unaufhaltsam und unheilbar. Ich habe diese Tragödie eines Lebens und einer Familie in einem eigenen Buche dargestellt und darf mich daher hier um so kürzer fassen. Trotz allen Unfriedens und allen Leides ist die Ehe mit sechs Kindern gesegnet, zwei Knaben und vier Mädchen. Der älteste männliche Sproß heißt Karl, nach seinem Urgroßvater Karl dem Verwegenen von Burgund getauft; er kommt am 24. Februar 1500 in Gent zur Welt und wird später König und Kaiser sein. Der zweite Sohn ist Ferdinand, am 10. März 1503 in Alcalá geboren und nach dem spanischen Großvater benannt, dessen Lieblingsenkel er ist und bleiben wird; auch er soll dereinst König und Kaiser sein. Die vier Mädchen, Eleonore, Isabella, Maria und Katharina, die späteren Tanten Philipps II., sind samt und sonders dazu bestimmt, ihr Leben im Dienste der Heiratspolitik Karls V., des gefürchteten und abgöttisch verehrten Bruders, hinzuopfern. Sie sollen auch, mit Ausnahme der früh gestorbenen Isabella, den Lebensweg ihres Neffen Philipp des öfteren entscheidend kreuzen und sie werden uns darum während der ganzen ersten Hälfte seiner Biographie in vertrauter Nähe bleiben. Erstaunlich und nahezu unbegreiflich an der Ehe der unseligen Johanna ist es, daß sie noch Kinder empfängt und gebiert, und zwar körperlich und geistig gesunde, zum Teil sogar ungewöhnlich begabte Kinder, auch nachdem sie längst in die einsame Nacht geistiger Verödung eingegangen ist, auch nachdem sie keine andere Bindung an ihre Umwelt mehr hat als den Drang nach somatischer Fortpflanzung. Freilich, das Gesetz der Vererbung bleibt bestehen: in ihrer jüngsten Tochter wird sie den Keim der psychischen Entartung auf ihre Enkel und Urenkel übertragen. Der Psychopath Dom Sebastião von Portugal wird ihr erstes, der Kretin Don Carlos ihr zweites Opfer sein. Erst im Sarge Karls II., des letzten Habsburgers spanischer Dynastie, wird der letzte Funke von Johannas geistigem Vermächtnis zum Erlöschen kommen.

Als die Königin Isabella die unabänderliche Tatsache erkennt, daß ihre Tochter des gesunden Verstandes verlustig geworden ist und daß ihr voraussichtlich das traurige Los ihrer eigenen Mutter, der portugiesischen Isabella, bevorstehen wird, da fügt sie, selber schon vom Schatten des Todes gestreift, ihrem Testament noch einen Nachtrag hinzu. Er besagt, daß König Ferdinand bis zur Großjährigkeit des Prinzen Karl die Regentschaft auch über Kastilien zu führen habe, falls Johanna sich als dauernd unfähig erweise, ihres königlichen Amtes zu walten. Sie will vorsorglich allen Streit und Hader um die Nachfolge zwischen Ferdinand — sie kennt ja ihren Ferdinand — und Philipp dem Schönen — auch ihn vermeint sie hinreichend zu kennen — verhindern, nicht ahnend, daß sie ihn damit erst recht entfacht. Kurz darauf stirbt sie, von Leid und Arbeit aufgerieben, am 26. November 1504.

Kaum hat sie die Augen zugetan, da entspinnt sich ein verbissener und heimlicher, durch äußere Höflichkeit schlecht verdeckter Kampf zwischen Ferdinand und Philipp um die Entscheidung, ob das Kodizill des Testamentes gelten soll. Denn Ferdinand hat ja wohl seinerzeit dem Ehebündnisse seiner Tochter mit dem Sohne Maximilians aus wohlbedachten Gründen eifrig das Wort geredet, weil er in ihm einen starken Außenposten seiner antifranzösischen Politik zu gewinnen hoffte, aber er hat dabei keineswegs an das Eindringen des Habsburgers in sein eigenes Land und in seine eigene Erbfolge gedacht. So war es bei Gott nicht gemeint! Im Lichte der neuen Situation ist demnach sein vielgeliebter Schwiegersohn nicht mehr und nicht weniger als ein gefährlicher politischer Gegner. Und der Kampf wird unverzüglich aufgenommen. Die arme Irre wird bald amtlich als gesund, bald amtlich als verrückt erklärt, sie selbst gibt in spärlichen lichten Momenten widersprechende Erklärungen ab, aus denen immer nur ersichtlich wird, daß sie in echt schizophrener Abulie unfähig ist, eine bestimmte Entscheidung zu treffen. Der verwitwete Ferdinand geht nochmal eine Ehe ein und zwar, der Not gehorchend, gegen jede politische Tradition des Königshauses, mit einer französischen Prinzessin: Germaine de Foix, einer Nichte von Ludwig XII. Er hofft mit ihr einen Sohn zu erzeugen, und dieser Sohn soll König von Aragón und der spanischen Besitzungen in Italien werden. So werden wenigstens diese Gebiete dem Habsburger entrissen bleiben, mag darob auch die schwer erkämpfte territoriale und nationale Einheit Spaniens kläglich in die Brüche gehen. Aber Philipp der Schöne ist auf der Hut. Er wird die ihm im Rhythmus der Dynastien bestimmte Sendung, der Vorkämpfer und Festiger eines neuen Geschlechtes zu sein, aus unbewußten Antrieben heraus glänzend zu Ende führen. Längst hat er sich, die Schliche Ferdinands voraussehend, ein Bündnis mit dem Franzosen gesichert, auch das wiederum der Not gehorchend, gegen alles habsburgische Herkommen; er weiß aber auch die Gefolgschaft des kastilischen Adels zu gewinnen, und dieser Adel geht mit fliegenden Fahnen zu ihm über, sobald Philipp in Spanien landet. Ferdinand sieht sich isoliert und gibt äußerlich nach. Im Abkommen von Villafafila (1506) muß er auf alle Regierungsansprüche in Kastilien verzichten; auch seine Tochter Johanna wird für unzurechnungsfähig und daher für regierungsunfähig erklärt. Das Abkommen tritt am 27. Juni in Kraft. Drei Monate ist Philipp gesetzmäßiger und von den Landständen anerkannter König von Kastilien. Dann stirbt er plötzlich, erst 29jährig, am 25. September 1506, angeblich an einem Erkältungsfieber, wahrscheinlich aber an einer Vergiftung durch Ferdinand. Seine Mission ist erfüllt. Er hat Spanien für die Habsburger gerettet. Denn was immer auch Ferdinand, der Unentwegte, hinfort anzetteln mag, um die Dinge nach seinem Gutdünken zu wenden, der Erfolg bleibt ihm versagt. Als ihm schließlich von seiner Germaine zwar der ersehnte Thronfolger geboren wird, aber sich nicht als lebensfähig erweist, da wird auch der alternde Ferdinand müde und läßt den Geschicken ihren Lauf. Nur eine gern gehegte Idee ist es ihm bis zuletzt, die Nachfolge auf seinen Lieblingsenkel Ferdinand, den in Spanien geborenen und erzogenen Sohn Johannas, zu vererben, wobei für den flandrischen Karl nur die Herrschaft über Burgund und die österreichischen Stammlande übrig geblieben wäre. Es ist schwer auszudenken, welchen Weg die Schicksale Deutschlands, Österreichs, der Niederlande und schließlich auch Frankreichs genommen hätten, wäre dieser Plan zur Tat geworden. Für Spanien auf jeden Fall wäre statt allen Unheils nur Segen daraus erwachsen. Aber es sollte nicht sein. Als es im Frühjahr 1516 mit Ferdinand zum Sterben kam, da dünkte ihm diese Idee doch viel zu gewagt, zu gefährlich, zu folgenschwer, und er bestätigte letztwillig Karl, den legitimen Thronerben, als seinen Nachfolger auch im Besitz der vereinigten spanischen Reiche.

Im März 1516 findet die Königsproklamation in der Kathedrale von Sancta Gudula in Brüssel statt. Sie lautet auf „Doña Juana y Don Carlos por la gracia de Dios reyes católicos" und wird, seltsam genug, den Zuhörern zuliebe in französischer Sprache verkündet. Von diesem Augenblicke an ist Karl, bisher Erzherzog von Österreich, Herzog von Brabant, Luxemburg, Limburg, Geldern und Schlesien, Freigraf von Burgund, Markgraf von Ober- und Niederlausitz, Graf von Flandern, Artois, Hennegau, Holland, Zeeland, Zutphen, Namur, von Steiermark, Kärnten, Krain und Tirol, Herr von Mecheln, Utrecht, Groningen, Oberyssel und Maestricht, er ist jetzt als Karl I. auch noch König von Kastilien und Aragón, von Granada und Navarra, von Sizilien und Neapel, von den Inseln und Festländern des ozeanischen Meeres (de las islas y tierra firme del Mar Océano, wie die amtliche Bezeichnung lautet) und Herzog von Mailand. Von diesem Augenblicke an ist Spanien nur mehr eine Provinz und ein Teilbezirk eines vielgestaltigen und vielsprachigen Reiches — insbesondere seit der spanische Königstitel auch noch überschattet wird durch den deutschen Kaisertitel —, jahrzehntelang sich selbst überlassen und durch Stellvertreter notdürftig regiert, ein Geldlieferant, ein Soldatenreservoir, ein Büßer für fremde Sünden, ein erniedrigtes, ein ausgepreßtes, ein bedauernswertes Land. Erst Philipp II. wird es aus diesem unwürdigen Zustand erlösen und es kraft einer Idee, *seiner* Idee, zur Höhe einer auf sich selbst gestellten, einer europäischen Großmacht emporführen. Undeutlich noch, aber in ihren Umrissen schon erkennbar, heben sich Umfang und Bedeutung seiner Sendung von dem Hintergrunde der geschichtlichen Gegebenheiten ab.

Karl V. hat es in seinen Anfängen nicht leicht gehabt. Man weiß, wie langsam er sich entwickelt hat und wie schwer er den Weg zu sich selber fand. Siebzehn Jahre ist er alt, als ihn Spanien ruft, „von mittelgroßer Gestalt, die Haltung gelöst, die Haare blond, die Augen hellblau und sehr klar, die Nase scharf und wohlproportioniert, den Mund und das Kinn weniger gut geformt". So beschreibt ihn Sancho Cota, der spanische Sekretär seiner Schwester Eleonore. Er ist ein schüchterner, in der Rede ungewandter, leicht stockender und rasch errötender Knabe, und ist zugleich König von Spanien. Er ist König von Spanien und ist es eigentlich doch nicht. Denn im Schlosse von Tordesillas sitzt die rechtmäßige Herrin des Landes, seine Mutter, in Sicherheitsverwahrung, und keiner von ihren Zeitgenossen vermöchte eigentlich einen Eid darauf zu schwören, daß sie wirklich den Verstand verloren hat. Medizinische Autoritäten und psychiatrische Gutachten kennt man damals noch nicht; denn die Lehre von den Geisteskrankheiten ist noch so unbekannt, daß es schon zu viel gesagt wäre, wollte man behaupten, sie habe noch in den Kinderschuhen gesteckt. Die wenigen bei der Internierten vorgelassenen Besucher treffen sie in so verschiedenartigen geistigen Zuständen an, daß die einen rundweg verneinen, was die anderen überzeugt bejahen, während dritte wiederum weder Ja noch Nein zu sagen sich getrauen und lieber an eine zeitweilige Verhexung glauben. Die Rechtsfindung ist demnach auf diesem Gebiete eine sehr kompromißgebundene, um nicht zu sagen unmögliche Sache. Heute wissen wir genau, nicht nur daß Johanna ihres Verstandes wirklich nicht mehr mächtig war, sondern auch, daß sie der als Schizophrenie benannten Sonderart des Irreseins verfallen war. De jure ist also Karl I. keineswegs König von Spanien, und von den vielen Titeln, die ihn schmücken, führt er nur die auf seine niederländischen und österreichischen Erblande bezüglichen mit vollem Rechte. Aber de facto und vom moralischen Standpunkt aus ist er der alleinige und rechtmäßige Träger seiner spanischen Königskrone, wenn er auch, um fremde Gefühle zu schonen und sein eigenes Gewissen zu salvieren, zunächst — das heißt, solange er nicht Kaiser und damit völliger Alleinherrscher ist — alle auf Spanien bezüglichen Erlasse in seinem und seiner Mutter Namen hinausgibt.

Karl hat es auch insofern nicht leicht, als die Behörden und Volksvertretungen der einzelnen Landesteile ihm, eben im Hinblick auf die zwiespältigen und unklaren Verhältnisse um Johanna, eine Reihe von Schwierigkeiten bereiten, die nicht gelöst werden können, sondern einfach übergangen werden müssen. Schon im März 1516 richtet der Rat von Kastilien ein schriftliches Gesuch an den noch in Brüssel weilenden Thronfolger, er möge, um drohenden Verwicklungen vorzubeugen, den Titel eines Königs von Kastilien und Aragón sich nicht beilegen, solange Johanna am Leben sei. Die Landstände von Aragón sodann verlangen von dem sich ihnen präsentierenden Jüngling, er solle, damit sie ihm ihren Treueid leisten können, die schriftliche Zustimmung seiner Mutter beibringen, oder aber deren Unzurechnungsfähigkeit unter Beweis stellen; beides für ihn ebenso unwürdig wie unmöglich. Die Katalonier können erst nach dreiwöchigen Unterhandlungen dazu gebracht werden, ihn anzuerkennen. Einmal in der Tat, und zwar in den Tagen des Aufstandes der Comuneros (1520-21), drängt dann auch diese mißliche und verworrene Angelegenheit mit Gewalt zu einer Entscheidung, und sie wäre um Haaresbreite zu Karls Ungunsten gefallen. Als die durch die Mißwirtschaft der flandrischen Machthaber und Nutznießer bis zum äußersten gereizten Aufständischen sich des Schlosses in Tordesillas bemächtigen und bis zur Königin vordringen, da haben sie alles bis aufs letzte vorbereitet. Johanna braucht nur ihren Namen unter ein fix und fertig vorliegendes Schriftstück zu setzen, und eine Rotte von Aufrührern verwandelt sich in eine legitime Regierung, Karl aber hat aufgehört, König zu sein. Eine Weile zaudert sie, dann verweigert sie die Unterschrift ohne Angabe von Gründen, und während die Anführer sie noch mit Bitten bestürmen, ist sie schon wieder in völlige Apathie zurückversunken. Die unsichtbare Glasglocke um sie hat sich lautlos geschlossen und die verzweifelt gestikulierenden Redner merken zu ihrem Entsetzen, daß die Königin ihre Anwesenheit gar nicht mehr empfindet. Sie hat, ohne sich dessen bewußt zu werden, ihren Geisteszustand selber aufgewiesen und ihren Sohn dadurch vor schmählicher Absetzung gerettet. Die Revolte wird dann, während Karl im fernen Deutschland weilt, in Aachen die Kaiserkrone empfängt, in Worms die denkwürdige Begegnung mit Luther hat, durch seine Generäle mit brutaler Gewalt niedergekämpft, und jetzt erst ist das habsburgische Königtum im Lande endgültig gefestigt, jetzt erst ist das verhängnisvolle Scheinkönigtum der unseligen Johanna für immer erloschen.

Eine alte Überlieferung will es so, und einer schreibt es dem anderen nach, daß sich in Karl V. zu einem bestimmten Zeitpunkt eine radikale Änderung vollzogen habe. Dem 29-Jährigen erst soll das selbständige Denken und der eigene Wille wie ein Geschenk des Himmels in den Schoß gefallen sein. Das ist nun nicht ganz so wörtlich zu nehmen. Trotz aller Abhängigkeit von dem (1521 gestorbenen) Oberstkämmerer Chièvres, trotz allen beinahe ängstlichen Hinhörens auf den Rat und die Meinung des (1530 abgeschiedenen) Großkanzlers Gattinara, hat Karl auch schon in seinen Anfängen ganz unmißverständliche Proben unbeugsamen Willens und zielbewußten Handelns gegeben. Im August 1517 beispielsweise begibt sich in Brüssel die unglückliche Liebesgeschichte zwischen Eleonore, Karls Schwester, und dem Pfalzgrafen Friedrich von Heidelberg. Die Prinzessin ist bereits nach Portugal verlobt, aber sie hat eine heimliche und feurig erwiderte Zuneigung zu dem ritterlichen Pfälzer. Verstohlene Liebesbriefe gehen hin und her, bis endlich Karl durch eine verräterische Hofdame in das süße Geheimnis eingeweiht wird. Er stellt Eleonoren zur Rede, entreißt ihr mit rauher Männerfaust den im Busen verborgenen letzten Brief, den sie noch nicht einmal zu lesen Zeit gefunden hat (den uns aber ein gütiges Geschick fast unbeschädigt erhalten hat) und überhäuft das in Tränen zerfließende, aus allen Himmeln gerissene arme Kind mit den schwersten Vorwürfen. Karl ist tödlich verletzt, weil er sich hintergangen fühlt; auch sein dynastischer Stolz hat eine empfindliche Wunde davongetragen. Der Pfalzgraf, bis dahin persona gratissima, muß den Hof verlassen, ohne von Karl auch nur ein einziges Mal mehr empfangen zu werden. Mächtige Fürsprecher legen sich ins Mittel, aber es ist alles umsonst. Karl bleibt unbeugsam und unerbittlich. Die höfische Laufbahn des Pfälzers ist verschüttet, Eleonorens heimliches Glück in Scherben, beider Zukunftshoffnung für immer zerstört. Karl hat es ihnen nie verziehen, daß durch ihre heimlichen Flucht- und Ehepläne seine politischen Absichten hinsichtlich Portugals schmählich durchkreuzt zu werden Gefahr liefen. Der Agent Englands aber, Spinelli, schrieb bei dieser Gelegenheit an Wolsey nach London: „Alle Welt ist verblüfft über des Königs Unbeugsamkeit, in der man die untrüglichen Anzeichen einer zukünftigen Charakterstärke sieht. Er wird, so prophezeit man, zäh in seinen Absichten und Entschlüssen bleiben und großen Wert darauf legen, der Welt eine hohe Meinung von sich beizubringen." Die so urteilten, haben nicht schlecht geraten, wir aber werden uns hüten müssen, in Karl bis zu seinem 29. Lebensjahre immer nur eine willenlose Puppe in den Händen seiner Ratgeber zu erblicken, und dann eine Art charakterologisches Bekehrungserlebnis, eine Saulus-Paulus-Situation sozusagen und einen „coup de foudre" am Werke zu sehen.

Von tiefster Wirkung auf ihn ist freilich das Begebnis der Kaiserwahl und Kaiserkrönung. Seit dem Tage von Aachen, dem 23. Oktober 1520, macht sich Karl V. von jeglicher Bevormundung frei. Von nun an entscheidet er alles selbst. Obwohl er klugem Rat und gesunden Vernunftgründen stets zugänglich bleibt, insbesondere wenn sie von dem über alles geschätzten Gattinara kommen, wird doch seine Politik von jetzt ab eine ausgeprägt persönliche Politik. Mit der Bürde der neuen Pflichten und Verantwortungen ist auch die Kraft, sie zu erfüllen, über ihn gekommen. Auch der Aufstand der kastilischen Comuneros, die Strafe für die von den flandrischen Günstlingen und Machthabern in seinem Namen ausgeübte Mißwirtschaft, hat sich ihm zu guter Lehre gewendet. Diese Selbständigkeit aber, die er sich immerhin erst als Zwanzigjähriger endgültig errungen hat, sucht er dann seinem Sohn und Erben schon von Jugend auf anzuerziehen.

Karl V. steht moralisch und ethisch turmhoch über seinen Zeitgenossen Franz I. von Frankreich und Heinrich VIII. von England. Manneswürde, Sittenstrenge, Gottgläubigkeit, Heilighaltung der Ehe, Zuverlässigkeit des gegebenen Wortes, das sind für jene beiden Herrscher bloße Äußerlichkeiten und Nichtigkeiten, moralische Kosmetika, Spielereien, deren man sich nach Bedarf bedient oder nicht bedient; für Karl V. aber sind es die Fundamente der Einzelexistenz, der Familie, der Gemeinschaft, des Staates, der abendländischen Welt. Pflichtgefühl ist sein stärkster Antrieb. Unablässig ist er an der Arbeit, seinen unzähligen Obliegenheiten gerecht zu werden, und aus diesem Gewissensdrang, immer das Rechte zu tun und nichts zu unterlassen, was getan werden muß, aus diesem Drange heraus wird er zu einem ängstlichen, bisweilen sogar kleinlichen Rechner und Zähler. Die von ihm selbst diktierten Denkwürdigkeiten sind viel eher eine Rechenschaftsablage als ein Erlebnisbericht. Im Feldzug von 1547, der mit dem Siege bei Mühlberg an der Elbe endigt, numeriert er die Fehler, die seine Gegner begangen haben, und er bringt deren fünf entscheidende zusammen. So oft er ein Meer oder einen Strom befährt, so oft er eine Grenze überschreitet, so oft er eine von den wichtigen Städten betritt, gibt er an, zum wievielten Mal es geschieht. Auch bei seinem großen Abdankungsakt in Brüssel wird er diese zahlenmäßige Form der Rechtfertigung in Anwendung bringen und großen Eindruck damit erwecken. Mit Karl V. beginnt auch die unumschränkte Herrschaft des Aktenbündels, die riesenhafte Ausdehnung des Kanzleiverkehrs, die eminente Bedeutung des amtlich bekritzelten Papiers. Der Grund hierfür mag zum einen Teil in der kaum noch überschaubaren Vielfältigkeit des Verwaltungsapparates liegen, der die ungeheuren Entfernungen, die Schwierigkeiten der Verkehrswege, die babylonische Vielheit der Sprachen zu bewältigen hatte, der unzähligen kirchlichen und militärischen, staatlichen und städtischen Behörden, sowie den Herrscherhöfen ganz Europas gerecht werden mußte; aber zum anderen Teil liegt er gewiß auch in der eben berührten übergroßen Gewissenhaftigkeit des Kaisers, der alles belegt und schriftlich greifbar und schwarz auf weiß gesichert haben wollte. Die unter ihm eingegangenen Friedensverträge, die unter ihm abgeschlossenen Heiratskontrakte, die von ihm hinausgegebenen Instruktionen sind wahre Schaustücke an Sorgfalt und Vorbedacht, bei denen alle überhaupt ausdenkbaren Möglichkeiten ins Auge gefaßt sind und nichts, aber auch gar nichts vergessen zu sein scheint. Ein anderes Beispiel bieten die ebenso ausführlichen wie genauen Protokolle, die er anläßlich der Präsentationsreise des Prinzen Philipp durch die Niederlande über dessen Anerkennung durch die einzelnen Provinzialbehörden aufsetzen und in den Archiven von Mecheln und Brüssel, von Lille und Im Haag deponieren läßt. Auch daß er mehr als ein halbes Dutzend mal seinen letzten Willen aufzeichnet, zum erstenmal als Zweiundzwanzigjähriger, gehört in die strenge Linie dieser unentwegten Gewissenssicherung. Der Grundsatz: quod non est in actis, non est in mundo, ist erst seit Karl V. ein unentbehrlicher Bestandteil des Regierens geworden, und für die Unzertrennlichkeit dieses Kaisers und seiner Staatspapiere gibt es kein überzeugenderes Beispiel als dieses: auf den Feldzug gegen Algier (1541) wurden kistenweise die Akten mitgeschleppt und gingen dann kistenweise in den Seestürmen zugrunde.

Karl V. ist nicht nur ein aus Gewissenhaftigkeit dem dokumentarischen Aktenwesen und der amtlichen Papierkritzelei mit Leib und Seele verschworener, also ein sehr rationalistisch, überlegt und praktisch denkender Mensch, sondern er nennt auch einen reichen Schatz an unbewußten seelischen Bindungen, an atavistischem Vätererbe, an archaischem Ideenbesitz sein eigen. Das hat ihn dann zum Schöpfer einer neuzeitlichen Hofkultur und zum größten Zeremonienmeister der europäischen Völkergemeinschaft werden lassen. Er macht sich, in einem Ausmaße wie es kein zweitesmal in der Geschichte sich begab, zum Erneuerer des archaischen Herrschertabu, er schafft in der Klasse der Grandes

de España eine in der Welt einmalig gebliebene Schicht von Hoheitsträgern und Thronvasallen, er diktiert in dem auf spanische Verhältnisse zugeschnittenen burgundischen Zeremoniell den europäischen Höfen und Herrschergeschlechtern auf Jahrhunderte hinaus einen neuen Lebensstil. Darüber wird am gegebenen Orte noch des Genaueren zu berichten sein.
Die Satzungen des Ordens vom Goldenen Vließ gaben der Gemeinschaft der Vließritter das Recht und machten es ihr gleichzeitig zur Pflicht, über die moralische Haltung und ehrenhafte Gesinnung des einzelnen Ordensgenossen zu wachen, vorkommende Verstöße dagegen durch Mahnung und Warnung zu verhüten oder zu bestrafen. Keiner von den Mitgliedern des Ordens, vom Großmeister angefangen bis zum letzten Wappenkönig, war von dieser Vorschrift ausgenommen, sei es, daß er aktiv an ihrem Vollzug mitzuwirken hatte, oder passiv von ihr betroffen wurde. Trunksucht und Völlerei, leichtfertiges Schuldenmachen, lockere Weibergeschichten und eheliche Seitensprünge, zuweilen auch gotteslästerliches Fluchen und mangelnde Religiosität, das waren in der Regel die schlimmsten der Anklagen, die gegen einzelne Ritter vorgebracht wurden. Nur selten begab es sich, daß Mord, Diebstahl, Unterschlagung, Feigheit vor dem Feinde und ähnliche schwere Verstöße gegen Ehre und Moral geahndet werden mußten. Auch gegen Karl V. als Ordensgroßmeister fand sich die Rittergemeinschaft einmal veranlaßt, als Mahner und Warner aufzutreten. Auf dem im Jahr 1545 zu Utrecht gehaltenen Ordenskapitel wurden ihm drei Mißstände seiner kaiserlichen Lebensführung allen Ernstes vor Augen gerückt und er in brüderlicher Liebe gebeten, auf deren künftige Abstellung bedacht zu sein. Zum ersten, so hieß es, setze er sich im Kriege allzusehr der Gefahr aus. Zum zweiten habe er mehr Schulden, als gut und erträglich sei, und gebe dadurch gewissen Gläubigern erwünschte Gelegenheit, in der Öffentlichkeit Redensarten zu gebrauchen, die seinem kaiserlichen Ansehen nichts weniger als förderlich seien. Zum dritten sei er nicht rasch genug in der Erledigung der anfallenden Geschäfte. Wir aber fragen uns mit Recht: gibt es einen „Fehler", der eines Königs und Kaisers würdiger wäre, als „s'exposer trop

à la guerre"? Gibt es einen einzigen europäischen Herrscher des 16. Jahrhunderts, der dem Zeit- und Grundübel seines Amtes und seiner Tage, dem Schuldenmachen, zu entgehen reich, mächtig und gescheit genug gewesen wäre? Und endlich: gibt es einen Vorwurf, der, gemessen an der Verantwortung und Arbeitslast eines Karl V., geringer wiegen könnte als der der Geschäftsverschleppung? Wir sind aber auch berechtigt zu der Annahme, daß die Ritter des Goldenen Vließes, sofern sie ernstere Einwände als diese auf dem Herzen gehabt hätten, nicht würden gezögert haben, sie vorzubringen; denn diese Verhandlungen waren eine interne und geheime Angelegenheit des Ordens und wurden auch der Nachwelt erst aus den zu Geschichtsdokumenten gewordenen Akten bekannt. Und wir glauben darum, daß es keine schönere Ehrenrettung für den noch vielfach verkannten und falsch beurteilten Karl V. geben kann, als diese Gravamina des Utrechter Ordenskapitels von 1545.

Daß Frankreich von allen seinen Gegnern der gefährlichste ist, das weiß Karl V. aus der Familientradition seiner beiden Stammhäuser, des burgundisch-habsburgischen und des spanischen. Daß Frankreichs König, seit er bei der Kaiserwahl unterlag, seinen Groll gegen Habsburg verdoppelt hat, das bekommt Karl früh genug zu spüren. Darum allein schon bleibt er willig und gern ein Fortsetzer der Politik seiner Ahnen. Freundschaftliche und verwandtschaftliche Bindung mit Portugal und mit England, Sicherungs- und Abwehrstellung gegen Frankreich — unter diesen beiden Gesichtspunkten führt er beharrlich fort, was schon Ferdinand und Isabella als lebenswichtig erkannt und befolgt haben. Gerade unter Karl V. werden darum die Fäden der zwischen Madrid und Lissabon gesponnenen Ehebündnisse so dicht und die Verwandtschaftsgrade der einzelnen Familienglieder so vielfältig, daß es der größten Aufmerksamkeit bedarf, will man in diesem Labyrinth von Kreuz- und Querverbindungen der Orientierung nicht verlustig gehen. Karl selbst vermählt sich mit einer portugiesischen Infantin und gibt seine beiden Schwestern Eleonore und Katharina dem Könige und dem Thronfolger von Portugal zu Gemahlinnen. Sein Sohn und Erbe Philipp muß als erste

Gattin eine portugiesische Prinzessin heimführen, und seine Tochter Juana muß als Ehegesponsin eines portugiesischen Kronprinzen nach Lissabon ziehen. Kaum ist Philipp in erster Ehe verwitwet, da wird ihm vom Kaiser eine neue portugiesische Heirat bereitgestellt, und daß sie nicht zustande kommt, das hat seinen Grund nur darin, daß mittlerweile an der Themse eine Königsbraut aufgetaucht ist, die unverhofft die lang ersehnte Verbindung zwischen Spanien und England ermöglicht. Mit anderen Worten: Karls V. Sicherungspolitik gegen Frankreich auf Grund von Ehebündnissen mit Portugal und England verläuft ganz und gar in der Linie der von Ferdinand und Isabella erprobten Taktik. Nur einmal, und zwar der Not gehorchend und weil er kein Mittel unversucht lassen will, wird Karl davon abgehen und auch dem ewigen Unruhestifter Franz I. durch eheliche Bande die Hände zu fesseln versuchen. Eleonore, die inzwischen schon verwitwete, wird zu diesem vergeblichen Opfer und zu diesem bitteren Leidensweg auserkoren. Daß im übrigen auch Karls spanische Zeitgenossen in der Erbfeindschaft Frankreichs gegen Habsburg den traurigen Hemmschuh aller friedlichen Einigung Europas erkannten, das beweist ein kluges Wort des Juristen und Theologen Francisco de Vitoria, das zweimal gelesen und dann erst in Ruhe überdacht zu werden verdient. Er schreibt im Jahr 1536 an Pedro Fernández de Velasco: „Wenn es gelänge, unseren Kaiser mit dem König von Frankreich zu versöhnen, so wäre das meiner Treu ein gewaltigerer Sieg als der von Tunis. (Gemeint ist die 1535 erfolgte und von ganz Europa mit Jubel begrüßte Eroberung der nordafrikanischen Seeräuberfeste durch Karl V.) Ich wüßte mir von Gott keine größere Gnade zu erbitten, als daß diese beiden Fürsten auch willensmäßig zu jener brüderlichen Einigung kämen, für die sie nach Abstammung und geschichtlicher Sendung bestimmt sind. Wenn das gelänge, dann gäbe es fürwahr innerhalb der Christenheit nur mehr jenes Minimum an Häretikern und Mohammedanern, das sie zu dulden für gut befänden und die Kirche selbst sähe sich erneuert mit oder ohne die Zustimmung des Papstes."

Karls Kaiseridee ist die Idee einer göttlichen Sendung. Wiederherstellung der Glaubenseinheit und damit der inneren Geschlossenheit des Reiches, Niederwerfung des Mohammedaners in Nordafrika, in Osteuropa und in Kleinasien, Ausdehnung der Grenzen des christlichen Abendlandes bis zum Grabe des Erlösers, das ist ihr ursprünglicher Kern, ihr, wie es ihm scheint, gottgewollter Zweck. Karl V. hat das, was man die orientalische Frage der damaligen abendländischen Welt nennen könnte, nämlich die Notwendigkeit einer Abwehr der Türkengefahr, durch Verbindung mit dem alten Ritter- und Kreuzzugsideal seiner burgundischen Vorfahren erweitert und vertieft. Was sein Urahne Philipp der Gute im Fasanengelübde von 1454 versprochen und sich vorgenommen, aber nicht durchgeführt hatte, die christliche Ritterschaft zu einem Kreuzzuge aufzurufen, der nicht nur die Türkenmacht vernichten, sondern die Fahne Christi über dem erniedrigten und den Ungläubigen versklavten heiligen Lande aufrichten sollte, das gedachte Karl V., der letzte Kaiser mittelalterlicher Idee und Gesinnung, der letzte Ritter des christlichen Abendlandes, zu verwirklichen. Der Vers des Bußpsalms Miserere, der da fleht: „Erweise Sion Gnade, o Herr, in deiner Huld, daß neu erstehe Jerusalems Umwallung", dieser Vers und der in ihm verkörperte Gedanke schwebt dem Urahn des 15. und dem Enkel des 16. Jahrhunderts voran wie ein zweiter Stern von Bethlehem: Ut aedificentur muri Jerusalem! Auf daß das Reich Christi einen neuen Aufgang nehme über Europa! Philipp der Gute ist persönlich zu alt und militärisch zu schwach, um sein Gelübde verwirklichen zu können; Karl V. aber scheitert an der erbärmlichen Gesinnungslosigkeit seiner Zeitgenossen. Drei feindliche, kurzsichtige und eigensüchtige Mächte sorgen dafür, daß seine Idee nicht zur Tat wird: die römischen Päpste, die deutschen Territorialfürsten, die französischen Könige. Von diesen dreien wird Karl V. bald wechselweise, bald mit vereinten Kräften bekämpft, verraten, im Stich gelassen, und zwar nicht aus Überzeugung und Gesinnung, sondern aus barem Eigennutz. Wer Nein sagt, fälscht die Geschichte. Aber Karl verliert lange nicht den guten Willen, den Mut und die Bereitschaft, das unmöglich Scheinende dennoch zu erzwingen, er verliert auch nicht den Glauben an seine höhere Sendung. Der Sieg von Mühlberg an der Elbe scheint ihm recht zu geben. Da trifft ihn wie ein Blitz aus heiterem Himmel der Verrat des Moriz von Sachsen und die erzwungene Flucht aus Innsbruck. Jetzt erst knickt er innerlich zusammen und läßt das große Lebensziel in melancholischem Verzichte fahren. Gott hat es nicht gewollt! Das ist sein Trost und seine Rechtfertigung vor sich selber. Indes er will darum die Hände noch nicht tatenlos in den Schoß legen; er darf nicht, weil das Größere und Fernere unerreichbar blieb, das Kleinere und Nähere und vielleicht Wichtigere versanden lassen. So steckt er sich denn das Ziel um ein gutes Stück zurück. Nicht mehr: auf nach Konstantinopel, auf nach Jerusalem! heißt sein Schlachtruf, sondern nur mehr: seid einig im Glauben, vergleicht und verbindet euch, sei es mit oder ohne Einwilligung des Papstes, nur damit euch der Feind nicht als Getrennte um so leichter schlage! Das große allgemeine Konzil ist nun noch sein letztes Streben. Aber auch dieses mißlingt. Haben es anfänglich die Päpste aus kleinlicher Angst vor Machtverlust und Ansehensverlust hintertrieben, so weigern sich ihm jetzt die Landesfürsten, die den leicht und billig verdienten Zuwachs an Macht und Gut nicht mehr herauszugeben willens sind. Nun endlich ist der Kaiser an alldem müde geworden. Er fühlt sich körperlich und seelisch zu sehr verbraucht und ausgeschöpft, als daß er den hoffnungslosen Kampf noch länger fortsetzen könnte. Er räumt das Feld, tut alle Würden und alle Bürden von sich, entflieht in die einsame Stille des spanischen Klosters. Es ist die letzte und vielleicht die erschütterndste Katastrophe im Leben Karls V., daß er, der sich zeitlebens immer in erster Hinsicht als Niederländer fühlte, der am liebsten unter seinen flandrischen Untertanen weilte, der zweifellos den stärksten inneren Bindungen an die flandrische Scholle unterlag, daß dieser Kaiser Karl zuletzt auch noch zum Heimatflüchtling, zum Verleugner der Mutter Erde wurde und dort den Altersfrieden suchte, wo er am weitesten von aller Unrast des tobsüchtig gewordenen Europa entfernt war.

Das 16. Jahrhundert gilt gemeinhin als das Morgenrot einer neuen Zeit, als der Aufbruch zu Freiheit und Größe des Individuums.

Es mag auch weiterhin dafür gelten. Aber jedweder, der sich die Mühe nimmt, sich in sein Treiben gründlich zu versenken, der wird erkennen, daß es ein wilder Höllentanz der Barbarei, eine an dumpfer Gier und eigensüchtiger Kleinlichkeit überfließende, an Größe der Gesinnung und an Lauterkeit der Charaktere um so ärmere Epoche gewesen ist. Philipp II. ist früh genug zur Welt gekommen, um Aufstieg, Gipfelpunkt und Niedergang der Kaiseridee seines Vaters mitzuerleben und denkend mitzuerwägen, um den Mangel an Geistigkeit und die Erbärmlichkeit an Gesinnung, die seinem Jahrhundert das Gepräge gibt, mit Abscheu zu erkennen. Er wird nicht versäumen, eine Lehre daraus zu ziehen und sich seine eigene Idee von der ihm zugefallenen Sendung und Aufgabe zu bilden.

Ihn auf seinem steinigen Wege vom Anfang bis zum Ende mit einfühlungsbereitem Verständnis zu begleiten, das ist der eigentliche Zweck unseres gegenwärtigen Zusammentretens.

PHILIPPS JUGEND
1527—1542

III. KAPITEL

Kindheit und Knabenjahre. Familie und Erziehung

Der Sohn und Erbe Kaiser Karls V. hat in Valladolid das Licht der Welt erblickt. Nicht etwa im alten Alcázar oder Königsschloß, denn dieses war schon seit 1388 in ein Benediktinerkloster umgewandelt worden, sondern in einem der stattlichen Adelspaläste. Noch hat der spanische Hof keine feste Residenz, und das hochragende heilige Toledo, wo zumeist die Regierung amtet, wird von den kaiserlichen Majestäten gern mit landschaftlich und klimatisch milderen, weniger dicht bevölkerten Wohnsitzen vertauscht. So kommt es, daß der kleine Prinz im Palast des Don Bernardino Pimentel zu Valladolid geboren wird, gegen vier Uhr des Nachmittags, am 21. Mai 1527. Margarethe von Österreich, die Statthalterin der Niederlande und Tante Karls V., hat der hohen Wöchnerin den Gürtel der heiligen Elisabeth geschickt, der in ihrer Familie ein altes, oft erprobtes Erbstück ist und der im Rufe steht, kreißenden Frauen die schwere Stunde ungemein zu erleichtern. Die Geburt ist gleichwohl mühselig und langwierig, wie bei allen Töchtern des Hauses Aviz. Die Wehen haben schon in der dritten Morgenstunde eingesetzt; auch der Kaiser ist geweckt worden und er weicht von Anfang bis Ende nicht von der Seite seiner Gemahlin. Diese selbst fühlt sich bis ins Innerste durchdrungen von der Größe des Tages und der Bedeutung des zu erwartenden Kindleins. Als ihr eine der pflegenden Frauen den gutgemeinten Rat gibt, sie möge, alte Erfahrung nützend, die Wehen durch kräftiges Schreien lindern und zugleich fördern, da stößt die Gebärende ein kurzes und heftiges „Lieber sterben!" heraus, und dann läßt sie sich mit einem feinen Tuch das Gesicht bedecken, damit man ja nicht eines auch nur stummen Zeichens unwürdigen Schmerzempfindens gewahr werde. Glockengeläute von allen Kirchen und festliches Böllergepumper verkünden alsbald Stadt und Land die freudige Botschaft, und noch am gleichen Abend wird in der Sankt Paulskirche bei den Dominikanern in Anwesenheit des Kaisers ein feierliches Te Deum abgehalten.

Eine schlimme Nachricht politischer Herkunft droht zwar den allgemeinen Jubel und Trubel fürs erste einigermaßen zu dämpfen. Denn wenige Tage nach der Geburt trifft die Meldung ein, daß das ewige Rom von den kaiserlichen Truppen erstürmt und geplündert worden ist, daß die zügellose Meute der spanischen und deutschen Söldner unsägliche Greuel und Schändungen verübt, Frauen vergewaltigt, Männer kastriert, Kirchen zu Pferdeställen erniedrigt, die Häuser der friedlichen Bürger und die Paläste des Adels in Brand gesteckt, sagenhafte Schätze an Gold und Silber geraubt, verschleppt, vergraben, verschleudert hat, ja daß sogar der Heilige Vater in der von Trümmerstätten erfüllten, von Rauchschwaden verfinsterten, vom Blute der Ermordeten triefenden Stadt mit Mühe und Not der Gefahr einer unerhört schmählichen Gefangennahme entronnen ist. Der Volksmund bringt das Zusammentreffen der zwei bedeutsamen Ereignisse in abergläubische Verbindung und prägt die düstere Voraussage, dieser Prinz werde der Römischen Kirche dereinst schwer zu schaffen machen. Der Kaiser ist peinlich berührt von den Schandtaten seiner Soldtruppen und von der Auswirkung des Vorganges auf die öffentliche Meinung Europas, aber er begnügt sich vorerst damit, den Papst brieflich seiner schmerzlichen Teilnahme zu versichern. Daß die Erstürmung Roms nicht ohne seinen Willen geschah, ist sicher; ebenso gewiß aber auch, daß er die Form, in der sie vor sich ging, weder gewollt hatte noch billigte. Im übrigen aber ist man in Spanien weit davon entfernt, sich die Freude an der Geburt eines Thronerben trüben zu lassen. Falsch ist zum mindesten die von alten und neueren Geschichtswerken gebrachte Notiz, es seien infolge der schlimmen römischen Kunde die höfischen und kirchlichen Feierlichkeiten auf das äußerste beschränkt, die Volksbelustigungen aber gänzlich abgesagt worden. Ein neuerdings aufgefundener handschriftlicher Festbericht erweist mit geringen Einschränkungen das gerade Gegenteil. Am 5. Juni, so ist ihm zu entnehmen, gehen die Taufzeremonien unter geziemendem Prunk in der Sankt Paulskirche vor sich und die Spendung des Sakramentes erfolgt durch den Erzbischof von Toledo unter Assistenz der Bischöfe von Palencia und Osma. Der Herzog von Frías trägt im Taufzuge den Neugeborenen, zur Rechten schreiten ihm die Hebamme, zur Linken der Herzog von Alba, beiden auf den Fersen die Paten, nämlich die Königin-Witwe Eleonore, des Kaisers Schwester, und der auf einem Bein etwas hinkende Herzog von Béjar. Hinter ihnen bleibt ein kleiner Abstand und dann zieht würdevollen Ganges die Amme einher, Maria Sarmiento geheißen, die aus den Bergen von Altkastilien stammt. Jetzt erst schließen sich, streng nach der Rangordnung aufgereiht, die Herren und Damen des kaiserlichen Hofstaates an. Am Nachmittag des Tauftages ist die Stadt im Lärm der öffentlichen Lustbarkeiten, Tänze und Maskeraden wie eine einzige große Kirmeß. Sogar der sonst einer notgedrungenen Sparsamkeit beflissene Magistrat läßt auf freiem Platze einen künstlichen Brunnen laufen, der aus zwei Röhren Weißwein und Rotwein spendet für jeden, der sich daran laben will. Einige Tage später gehen in Anwesenheit des Kaisers die volkstümlichen Rohrspeerturniere und die Stiergefechte vor sich, und zwar jene ältere und vornehmere Form des Kampfes, bei der nicht Stierfechter von Beruf, sondern adelige Kavaliere zu Pferd den Bullen angreifen und erlegen.

Nur eine besondere Art der in den Niederlanden üblichen Ritterspiele wird schließlich, mit Rücksicht auf die Ereignisse in Rom, doch nicht abgehalten: die festliche Darstellung einzelner Episoden aus dem Amadis-Roman. Der kaiserliche Hofnarr Francés de Zúñiga erzählt uns, daß ein gewaltiger Aufbau von Kastellen, Türmen, Wällen, Tribünen und Turnierplätzen, alles aus Holz, unbenutzt wieder abgebrochen wurde, und daß man dadurch um das herrliche Vergnügen kam, manches von dem, was in jenem berühmten Buche steht, in Wirklichkeit sich vollziehen zu sehen. Aber das Zeitalter der Ritterschaft ist darum in spanischen Landen noch nicht zu Ende. Als zwanzig Jahre später der Prinz und Thronerbe, den man jetzt in den Windeln herumträgt, seine erste große Reise nach den burgundischen Erbreichen antritt (1549), da werden ihm zu Ehren wieder solche dem Amadis entnommene Ritterspiele aufgeführt. Und obwohl er selbst vom Geiste des Amadis nie einen Hauch in sich gespürt, soll gerade er über ein Land und ein Volk herrschen, dessen Lesefreude und Lesehunger sich an den Irrfahrten und Heldentaten der Amadise und Palmerine, der Primaleone und Esplandiane, der Olivante und Felixmarte nimmermehr ersättigen zu können vermeint.

Wie dem aber auch sei, Valladolid ist in jenen Tagen und Wochen der Mittelpunkt Spaniens. Spanien hinwiederum, das weiß damals jedes Kind, ist der Mittelpunkt der Welt. Die Welt rundum aber mag sich die Köpfe einschlagen soviel sie will, die Spanier kümmert das wenig. Landauf landab erklingt ihr Hosiannah, denn ihnen ist unermeßliches Heil widerfahren. Ein Thronfolger und künftiger König ist in ihrer Mitte, in ihrem Lande, aus heimatlicher Erde, aus spanischem Blute entsprossen, die Einheit des Reiches, die Fortdauer der Dynastie, das Erbkönigtum im Mannesstamm, alles das ist nach unheilvollen Kämpfen, Zerwürfnissen und Aufständen für alle Zukunft, so scheint es ihnen, gesichert. Dieses ist der tiefere, der historische Sinn der festlichen Wochen von Valladolid.

Als sich im Verlaufe dieser Gnaden- und Feierzeit, zunächst wohl infolge der Überfüllung aller Wohnhäuser und Gasthöfe, die bedrohlichen Anzeichen einer Epidemie bemerkbar machen, da rückt der kaiserliche Haushalt, den kleinen Prinzen miteingeschlossen, auf Pferden und Maultieren nach Palencia aus, das vorher alle dort nicht Ansässigen haben räumen müssen. Im Frühjahr 1528 wird die Hofhaltung nach Madrid verlegt, da hier am

19. April der Landtag von Kastilien in der Kirche des Klosters von San Jerónimo in feierlicher Form den Anerkennungs- und Treueid auf den Thronerben ablegt. Um die Mitte des Jahres (am 21. Juni 1528) gebiert die Kaiserin eine Tochter, die man auf den Namen Maria tauft; sie wird dereinst, als Gattin Maximilians II., die deutsche Kaiserkrone tragen.

Die kleine Familie besteht jetzt neben Vater und Mutter aus zwei Kindern: dem Kronprinzen und der ein Jahr nach ihm geborenen Infantin Maria; denn Juana, die zweite und letzte Tochter dieser Ehe, kommt erst 1535 zur Welt. Da der Kaiser schon im August 1529 Spanien wieder verläßt, um in Italien, Deutschland und den Niederlanden seinen vielfältigen Regierungspflichten zu obliegen, und erst im Mai 1533 vorübergehend in seine spanischen Lande zurückkehrt, da infolgedessen eine feste Residenz und Hofhaltung nicht besteht, so führt die verwaiste Familie ein ziemlich unstetes Leben. Je nachdem die Jahreszeit den einen oder anderen Ort als vorteilhaft erscheinen läßt, wohnt die Kaiserin mit ihren Kindern in Ocaña, Toledo, Aranjuez, Avila, Medina del Campo oder Madrid. In Avila beispielsweise bleibt sie von Anfang Mai bis Ende September 1531, und hier ist es, wie uns Sandoval berichtet, wo der vierjährige kleine Prinz das Kinderröckchen mit dem ersten Knabenhöslein vertauschen darf. Der Sommer 1532 wird in Medina del Campo zugebracht, dessen Namen die unzufriedenen Höflinge in Medina del lodo (Schmutz) umgeändert haben, weil das Städtchen von Dreck starrt. Hier besucht die Kaiserin zuweilen mit dem Prinzen den berühmten Jahrmarkt (feria), der ein Brennpunkt des kastilischen Binnenhandels und des festlichen Volkstreibens ist, aber sie nimmt keine einzige Hofdame mit, um ja die Kavaliere vor nutzlosen Ausgaben und Unkosten zu bewahren.

Wo immer dieser Frauen- und Kinderhof auch residieren mag, die Stimmung ist landauf landab keine frohe. Der Glanz der festlichen Wochen von Valladolid ist längst verblichen vor dem grauen Ernst der Zeitläufte. Die Autorität des abwesenden Herrschers fehlt an allen Ecken und Enden, die Erinnerung an den mit blutiger Gewalt unterdrückten Aufstand der Comuneros lastet noch auf den Gemütern, die Enttäuschung und Verärgerung über die hochmütigen flandrischen Edelleute, Höflinge und Räte, die im Gefolge des jungen Kaisers nach Spanien gekommen sind und sich hier als die Herren im Lande aufgespielt haben, ist noch nicht verebbt, auch wenn sich der fremde Schwarm längst wieder nach dem germanischen Norden verflüchtigt hat. Trübselig lauten die Nachrichten aus dem Schloß von Tordesillas, wo die legitime Königin des Landes in Schmutz und Wahnsinn dahindämmert, während im Volke die Gerüchte nicht verstummen wollen, daß sie bei klarem Verstand widerrechtlich gefangengehalten werde. „Lust und Geld hat ein Ende, wir treiben es wie die Philosophen und sind bedacht auf die Rettung unserer Seelen; die Welt bringt uns nicht in Versuchung, weil wir außer ihr leben, das Fleisch plagt uns nicht, weil wir fast Hungers sterben", so schreibt der Hofmedicus Villalobos an einen Freund. Streng, düster und freudlos verläuft der Tag in der Umgebung der vereinsamten Kaiserin. „Willst du wissen, wie sie tafelt? Steif, fröstelnd, allein und schweigend, wobei sie von allen angestarrt wird; vier Umstände, von denen schon ein einziger genügen würde, mir den Appetit zu verderben", so berichtet Antonio de Guevara, der bischöfliche Hofgänger, Geschichtsschreiber und Geschichtenerzähler, an den Marqués de los Vélez. Bei Tische trinkt die Kaiserin — von drei knieenden Hofdamen bedient, während das Zimmer voll von gaffendem und flüsterndem Gefolge ist — nur etwas Wein mit Wasser verdünnt, begnügt sich mit einem Fleischgericht und läßt die übrigen Gänge, insbesondere alle Arten von Süßigkeiten und Leckereien, unberührt. Die Hofgesellschaft ist schlecht untergebracht und liegt darob mit dem Quartiermeister in beständigem Streit. Überfluß gibt es an nichts Gutem, aber an viel Schlechtem, als da ist: freches Lügen, falsche Neuigkeiten, geheuchelte Freundschaften, eitle Worte und getäuschte Hoffnungen. Die Moral steht beträchtlich tief, wenn auch gewiß nicht tiefer als im übrigen Europa. Von vielen Edelleuten, die mit dem Kaiser nach Italien zogen, hört man, daß sie dort uneheliche Kinder erzeugt haben; sie werden bei ihrer Heimkehr mit Staunen wahrnehmen, daß ihnen ihre Frauen inzwischen Gleiches mit Gleichem vergolten haben. Alles das berichtet der erwähnte Guevara in Briefen aus dem Jahre 1532. Der Mangel einer festen Residenz und die lange Abwesenheit des Herrschers machen sich zu schwerem Nachteil allenthalben fühlbar.

Die Kaiserin liebt es darum, sich mit ihrer kleinen Familie soviel wie möglich abzuschließen. Haushofmeister ist Don Pedro González de Mendoza, streng, wortkarg, mit dem Heller rechnend, voll steifer Unterwürfigkeit, einer der Erprobten Karls V. In der Kinderstube herrscht neben der Mutter die ihr von Jugendtagen an eng befreundete Hofdame Doña Leonor de Mascarenhas, wie die Herrin selbst eine Portugiesin und der Familie mit rührender Treue zugetan. Auf sie überträgt Prinz Philipp die reichliche Hälfte seiner Kindesliebe, die er dem abwesenden Vater nicht zuwenden kann, und auch der Alternden wird er, solang sie lebt, eine zärtliche Ergebenheit bewahren. Er ist im übrigen in jenen Kindheitstagen durchaus kein Muster an Folgsamkeit und Lenksamkeit, sondern tyrannisiert nach echter Knabenart seine Spielgefährten und die Frauen seiner Umgebung, so gut er kann. Mit dem Haus- und Hofarzt Doktor Villalobos bekommt er am häufigsten Streit, da ihm dieser, seiner Verantwortung ängstlich eingedenk, im Essen und in der Erholung bald dieses, bald jenes verbietet oder einschränkt. Da ist es nun ein sympathischer Zug der guten Kaiserin, daß sie im Notfall kräftig zugreift und den eigenwilligen Jungen gründlich verdrischt, mögen auch die zimperlichen Hofdamen „ob solcher Grausamkeit oft bitterlich flennen". So meldet wenigstens Don Pedro González de Mendoza in einem Brief vom Jahre 1531 an den fernen Kaiser. Diese Einzelheiten sind wichtiger, als sie vielleicht scheinen. Denn sie dienen vor allem dazu, das überkommene und vielfach falsch gesehene Bild zu berichtigen, als sei der spätere Philipp II. schon von Kindheit an ein grämlicher Sonderling und Sauertopf gewesen, als sei in der muffigen Enge spanisch-habsburgischen Hofzeremoniells seine Seele von Jugend auf schmählich verkümmert.

Bei der Rückkehr Karls V. nach Spanien im Frühjahr 1533 wird für den jetzt sechsjährigen Prinzen eine eigene Hofhaltung eingerichtet und der nötige Stab von Erziehern bereitgestellt. Das

Amt des Haushofmeisters erhält ein Vertreter des hohen kastilischen Adels, Don Juan de Zúñiga, der die Würde des Großkomturs eines Ritterordens bekleidet und als zäher, ehrlicher alter Haudegen seit Jahren das Vertrauen des Monarchen genießt. Er hat den Prinzen in die höfischen Fertigkeiten des Umgangs und in die Geheimnisse des Zeremoniells einzuführen. Gleichzeitig muß er den von Fachlehrern gegebenen Unterricht in den ritterlichen Künsten — heute würden wir sagen: in den verschiedenen Sportarten — leiten und überwachen. Schießen, Fechten, Reiten, Jagen, Tanzen, Ballschlagen, alles das bemühen sich eifrige und von ihrer Wichtigkeit durchdrungene Maestros dem Prinzen beizubringen. Ist auch der Erfolg nicht überall gleich groß, so stärkt sich doch wenigstens die Gesundheit des körperlich schwächlichen Knaben. Vor allem wird er ein guter Tänzer und ein passionierter Reiter. Selig ist er, als er das erstemal sein Maultier mit einer frommen alten Stute aus den kaiserlichen Stallungen vertauschen darf. Jedem anderen Sport aber zieht er die Jagd vor. Wöchentlich zweimal darf er mit Don Juan de Zúñiga dem edlen Weidwerk obliegen. Den Weg hin und her legt er in einer Tragsänfte zurück, die Jagd selbst geht zu Pferde vor sich. Gepirscht wird auf Rehböcke, Hirsche und Hasen, auch Vogeljagd mit dem Falken wird eifrig gepflegt. Dabei ist er zu mutwilligen Streichen allezeit aufgelegt. So läßt er dem guten Zúñiga einmal einen toten Hasen heimlich in die Schußlinie stellen und will sich vor Lachen ausschütten, als der Alte, den Betrug nicht merkend oder so tuend, als ob er ihn nicht merke, die Hasenleiche mit einem Volltreffer ein zweitesmal zur Strecke bringt, daß die Haare spritzen. Der rauhe und borstige Haushofmeister scheint im übrigen mit seinem Zögling nicht eben sanft verfahren zu sein; zum mindesten hat er ihm gelegentlich die derbe Wahrheit ins Gesicht gesagt. Darauf läßt nämlich ein Brief des Kaisers an den Prinzen schließen, worin er ihn ermahnt, um einen so ehrlichen Führer und Ratgeber froh zu sein und sich über ihn nicht weiter zu beschweren.
Mit ganz besonderer Sorgfalt geht man an die Auswahl der Lehrer für die eigentlichen Studienfächer heran. Aber ein neidisches Schicksal versagt hier dem Knaben den geistigen Mentor, dessen

er bedurft und den er verdient hätte. Als Karl V. im Dezember 1532 von seinem siegreichen Zug gegen den die Stadt Wien bedrohenden Sultan Soliman zurückkehrt, nimmt er in Bologna längeren Aufenthalt. Hier erwartet ihn Papst Clemens VII. zu wichtigen Verhandlungen, die das einzuberufende Konzil und die Politik gegen Frankreich betreffen. Die Unterhandlungen ziehen sich hin bis Ende Februar 1533. In diesen Wochen und Monaten weilt zufällig auch einer der gelehrtesten Juristen der Zeit in Bologna, Wiger von Aytta, genannt Viglius, ein Friese von Geburt, Freund des Anton Fugger und Schützling des Erasmus, damals zwar erst 26jährig, aber schon weitum berühmt ob seines Wissens, seines Scharfsinns und seiner gewandten Rede. Die Höflinge lenken das Auge des Herrschers auf den jungen Friesen und deuten an, daß hier die Gelegenheit sich biete, einen der besten aller verfügbaren und geeigneten Erzieher für den Prinzen zu gewinnen. Der Kaiser, für den Hinweis dankbar, läßt Viglius ohne Zaudern ein rundes Angebot machen. Aber der Gefragte zieht sich scheu zurück, lehnt bescheiden dankend ab und rechtfertigt sein Verhalten mit kümmerlichen Ausflüchten. Was ihn in Wirklichkeit zum Neinsagen veranlaßte, wird man nie erfahren; die *angeblichen* Gründe hat er selbst aufgeschrieben: er sei noch zu jung gewesen, habe in angeborener Schüchternheit vor dem Hofleben Angst gehabt und auch gefürchtet, es möchten ihm für den Anfang zu viele Kosten erwachsen. Dies hindert ihn freilich nicht, sein späteres Leben ganz nach dem Gegenteil dieser Grundsätze einzurichten. Er sucht seinen Wirkungskreis am Brüsseler Hofe, wird sozusagen die rechte Hand der Statthalterin Margarethe von Parma und steigt während der letzten Regierungsjahre Karls V. zum Präsidenten des Geheimen Rates der Niederlande auf. Als Philipp II. nach Jahren von der seinerzeitigen Absage des Viglius Kenntnis erhält, drückt er sein schmerzliches Bedauern darüber aus, daß ihm ein solcher Erzieher in der Jugend versagt geblieben sei.

Der Kaiser ist inzwischen aus Bologna abgereist und die Angelegenheit muß in Spanien und ohne Viglius nach bestem Wissen und Gewissen zu Ende geführt werden. Die Namen der bedeutendsten geistlichen Professoren der spanischen Universitäten werden in einer Liste vereinigt und diese dann in vielstündiger Beratung auf drei Kandidaten zusammengestrichen. Unter ihnen darf die Kaiserin wählen, und sie entscheidet sich für den Doktor Juan Martínez Guijeño, der nach Humanistensitte seinen Namen in Siliceo latinisiert hat. Das heißt soviel wie Kieselstein. Er ziert den Lehrstuhl für antike Philosophie in Salamanca, ist 38jährig, fromm, ernst, sittenstreng, reich an totem Wissen, aber nicht gerade überragenden Geistes, eher ein Pedant. Als Sohn armer Taglöhnerleute geboren, hungert er sich zäh und mühsam durch seine Studentenjahre, wobei er sich als Meßnergehilfe die nötigen Zehrgroschen verdient, wandert mit zwölf geschenkten Dukaten in der Tasche zu Fuß nach Paris, studiert dort an der Universität mehrere Jahre lang Theologie und Mathematik, immer unter unsäglichen Entbehrungen, aber hart wie ein echter Kieselstein, kehrt dann nach Spanien zurück, empfängt die Priesterweihe und wird bald darauf Professor in Salamanca. Er ist mager und knochig von Gestalt, mit lederartiger, faltiger und ausgetrockneter Haut, störrisch und halsstarrig im Wesen, eine Eigenschaft, die ihn in späteren Jahren zu einem gefürchteten Streithahn macht, namentlich seit er, von 1546 an, auf den erzbischöflichen Stuhl von Toledo erhoben wird. Die in ihren schwierigen Anfängen stehende Societas Jesu kann ein schmerzliches Lied davon singen und sie verdankt es nur ihren guten Beziehungen zu Papst Julius III., daß Siliceo schließlich in Groll und Verbitterung den kürzeren ziehen muß. Als Erzbischof von Toledo erläßt er auch sein berühmtes Dekret des Inhalts, daß in seiner Diözese keiner, wer es auch sei, zum Genuß eines kirchlichen Benefiziums, geschweige denn eines Kanonikates kommen dürfe, wenn er unter seinen Vorfahren einen Juden, Mauren oder Häretiker habe. Von ihm lernt der Prinz den zähen und bedächtigen Fleiß, das gewissenhafte Grübeln und die Vorliebe für minutiöse Genauigkeit. Gipfel und Vollendung alles Studiums und aller Bildung aber dünkt diesen Erzieher die Beherrschung des Lateinischen zu sein. Wenn er allein ist, so führt er unablässig lateinische Selbstgespräche. Eine Unterhaltung mit ihm erweist sich als schwierig

und umständlich, weil sie aus seinem Munde stets mit zahlreichen lateinischen Wendungen durchsetzt ist, die eben nicht jeder versteht. Die Spruchweisheit des alten Cato vor allem ist für ihn ein unerschöpflicher Brunnen stilistisch sauberer und fürs praktische Leben nützlicher Zitate. Nach vier Jahren zäher Arbeit hat er den geduldigen Prinzen so weit gebracht, daß er die schwierigeren römischen Geschichtsschreiber selbständig zu lesen vermag und daß im Unterricht, von seiner, des Lehrers, Seite aus wenigstens, durchwegs lateinisch gesprochen werden kann. Als er dann plötzlich durch kaiserliche Kabinettsordre zum Bischof von Cartagena ernannt wird, da tuscheln böse Zungen am Hofe, dies sei auf flehentliches Bitten des Prinzen geschehen, den das ewige Lateinplappern zur Verzweiflung gebracht habe. Wir vermögen für die Wahrheit dieser Behauptung nicht unbedingt einzustehen, aber wir müssen den braven Siliceo auch weiterhin im Auge behalten, denn er wird im Verlauf unseres Berichtes noch einmal entscheidend und zugleich sehr unterhaltsam in den Vordergrund treten. Sicherlich ist, abgesehen von der Lernmethode, auch sein sonstiges Wesen nicht ohne Einfluß auf den Schüler geblieben. Starrsinn, Unbelehrbarkeit, Verlaß auf die eigene, nach reiflicher Überlegung gewonnene Meinung, Nationalstolz, Rassegefühl, feindselige Ablehnung aller Mischblütigkeit und alles Ketzertums, diese und ähnliche Überzeugungen und Auffassungen mußten sich dem empfänglichen Gemüte des Knaben aus dem täglichen Umgang mit dem knorrigen, harten, Kälte ausstrahlenden, durch nichts als durch eigene Kraft emporgekommenen und darum bewundernswerten, aber trotz aller Lauterkeit gewiß engstirnigen und verbohrten Charakter unauslöschlich einprägen.
Neben Siliceo und unter seiner Leitung bemühen sich verschiedene Präzeptoren um die geistige Ausbildung des heranwachsenden Jünglings. Der gelehrte Honorato Juan aus Valencia, der spätere Lehrer und Freund des Don Carlos, gibt ihm Unterricht in den Elementarfächern, sowie in Mathematik und Architekturkunde. Juan Ginés de Sepúlveda aus Córdoba, wiederum ein eingefleischter Latinist, und zwar einer, der nach dem Urteile von Kennern ein wahrhaft ciceronianisches Latein schreibt, ein Gegner

des Erasmus im übrigen und bekannt als Verfasser von 30 Büchern „De rebus gestis Caroli quinti", unterweist ihn in vaterländischer Geschichte und Geographie, während einige Sprachmeister dazu angestellt sind, ihn in die Geheimnisse fremder Zungen einzuweihen. Karl V., der sich im Laufe der Jahre soviel Sprachen angeeignet hat, als er Finger an einer Hand zählt, wenn er auch keine davon fehlerfrei beherrscht, weiß den Nutzen polyglotter Fähigkeiten aus Erfahrung zu schätzen und möchte sein eigenes Können in dieser Hinsicht auch gern auf den Sohn übertragen. Aber dem steht die störrige Pedanterie und Voreingenommenheit des würdigen Herrn Kieselstein entgegen, der das Latein für einen allumfassenden Ersatz aller Weltsprachen hält und sich hierin der beifälligen Unterstützung der Magister Honorato Juan und Sepúlveda sicher weiß. Die Folge davon ist, daß der Prinz weder Französisch noch Englisch, weder Portugiesisch noch Italienisch, geschweige denn Deutsch, Holländisch oder Wallonisch sprechen lernt, ein Versäumnis seiner Jugendzeit, das ihn später oft genug in peinliche Lagen bringen wird. Beispielsweise: als er bei seiner ersten großen Reise nach den Niederlanden in Augsburg die Kurfürsten und Großen des Deutschen Reiches kennenlernt, da ist einer der Hauptgründe für ihre tiefe Abneigung gegen ihn der Umstand, daß sie kein Wort mit ihm reden können. Als er die Königin Maria Tudor von England heiratet, da verständigt sich das Ehepaar schlecht und recht, indem er Spanisch spricht, was sie zur Not versteht, während sie Französisch radebrecht, was ihm ungefähr wie Chinesisch klingt. Als er bei der großen Abdankung Karls V. in Brüssel als dessen Nachfolger eine französische Rede an die versammelten Generalstaaten halten soll, muß er diese eindrucksvolle Angelegenheit einem hohen Regierungsbeamten überlassen. Wenn man im übrigen in zuverlässigen zeitgenössischen Quellen liest, daß die Söhne von Karls Bruder Ferdinand neben dem ihnen von Kindheit an geläufigen Deutsch auch noch Französisch, Italienisch, Spanisch und Lateinisch, ja sogar Tschechisch und Ungarisch lernten, so erscheint das, was die Erziehung in dieser Hinsicht am Prinzen Philipp versäumte, um so weniger begreiflich und verzeihlich.

IV. KAPITEL

Tod der Mutter. Vorzeitiger Heiratsplan

Philipp II., zu dessen Lebensschicksalen es gehören soll, daß ihn der Tod oft und schwer in der eigenen Familie heimsucht, lernt den Schmerz um den Verlust teurer Angehöriger schon als Knabe kennen. Genau wie seine große Zeitgenossin, die spätere Santa Teresa, ist er kaum zwölfjährig, als ihm die Mutter entrissen wird. Die Kaiserin hat im November 1537 einen Knaben geboren, der auf den Namen Juan getauft wird, aber schon nach fünf Monaten stirbt. Dann wird sie neuerdings guter Hoffnung, aber diese Schwangerschaft endet Mitte April 1539 mit einer Fehlgeburt. Das Kind, von dem man nicht recht weiß, ob es eine Spur von Leben in sich habe, wird rasch auf den Namen Fernando getauft und erkaltet gleich darauf in Todesstarre. Um den Himmel günstig zu stimmen und wenigstens die Kaiserin am Leben zu erhalten, veranstaltet die Einwohnerschaft von Toledo öffentliche Andachten und Bittprozessionen, bei denen nach altem Herkommen die Männer sich mit Ruten oder geknüpften Stricken den entblößten Rücken peitschen. Die Wöchnerin ist trotz aller Anteilnahme des treuen Volkes nicht mehr zu retten. Sie bekommt hohes Fieber, dem sich eine Grippe mit Lungenentzündung zugesellt. Die Hebamme, des drohenden Unheils gewahr geworden, will beizeiten die Hofärzte zugezogen haben, aber die Kaiserin weigert sich, ihren Körper den Augen, Händen und Instrumenten dieser Heilkünstler preiszugeben. Stolze Scham vor der Entblößung ihres Leibes und Mißtrauen in das Können dieser berüchtigten Medizinmänner sind stärker in ihr als der Wille zum Dasein. Sie verbeißt sich förmlich in den Gedanken: wenn Gott mich erhalten will, dann bedarf es aller dieser Quacksalber nicht; wenn er aber meinen Heimgang beschlossen hat, dann sind sie erst recht entbehrlich. Und sie bezahlt diese aus Scham, Starrsinn und Gottvertrauen wunderlich gemischte Philosophie willig mit dem Preis ihres jungen Lebens. Sie stirbt, erst 36jährig, am 1. Mai 1539 in Toledo.

Kaiser und Prinz sind bei dem Tode der Gattin und Mutter nicht zugegen, da sie in Madrid weilen. Herzzerreißend ist ihr Abschied von der noch nicht völlig erkalteten Leiche; beide haben sie ja die ebenso schöne wie edle, mit allen Tugenden und Vorzügen einer Gattin und Mutter geschmückte Frau, jeder in seiner Art, zärtlich geliebt. Karl V. entflieht. Zunächst zieht er sich für eine Woche ganz allein in die Stille des vor den Mauern von Toledo gelegenen Klosters La Sisla zurück, dann aber leidet es ihn nicht länger in Spanien. Nach Flandern und von da nach Deutschland geht unverweilt die Reise. Gewiß ist seine Anwesenheit in diesen Ländern eine ernste, dringende Notwendigkeit; aber was ihm sonst eine Last und ein Opfer gewesen wäre, das bietet sich ihm jetzt als eine tröstliche Flucht in die Ferne, in die Arbeit, ins Vergessen. Als Reichsverweser für Spanien setzt er den Kardinal Don Juan Pardo de Tavera ein. Der mutterlose Prinz bleibt vereinsamt inmitten seiner Erzieher, Hofkavaliere und Pagen zurück. Jetzt besteht die verwaiste kleine Familie nur mehr aus den drei Kindern: Philipp und den beiden Schwestern Maria und Juana. Kein Wunder, daß sich das kleine Häuflein um so enger zusammenschließt und bei der guten Doña Leonor de Mascarenhas, die ihre fürsorgliche Liebe verzehnfacht, wie die Küchlein bei der Henne unterschlüpft.

Den Prinzen im besonderen hat der Tod der Mutter innerlich schwer getroffen. Wenn auch der Knabe schon vom sechsten Jahre an in männliche Erzieherhände kam, so blieb doch die Kaiserin maßgebend im großen und im kleinen, die letzte Zuflucht und die höchste Instanz. Ihr Einfluß auf den Sohn darf darum nicht unterschätzt werden. Sie ganz allein hat die religiöse Formung des Knaben vollzogen, von ihr stammt sein kompromißloser, geradezu blutmäßig vererbter Katholizismus, von ihr bestimmt auch die Neigung, das Affektleben nicht nur zu beherrschen, sondern auch unter der Maske kühler und vornehmer Zurückhaltung zu verbergen. Sie wählt den obersten Präzeptor und Studienführer, und es ist gewiß nicht ihre alleinige Schuld, daß sie den verbohrten Lateinpauker Siliceo erwischt. Sie bringt in ihrem Pagengefolge den jungen Portugiesen Ruy Gómez de

Silva mit, der ihres Sohnes einziger Freund und Vertrauter fürs ganze Leben werden soll. Sie allein ist imstande, diesen heißblütigen Draufgänger und Faustkämpfer vor des Kaisers Zorn und der Strenge des Gesetzes zu retten und das eigene Kind vor dem ersten wahrhaft großen Schmerze zu bewahren. Und zwar nimmt, wie noch erzählt zu werden verdient, jene denkwürdige Angelegenheit folgenden Hergang und Verlauf. Ruy Gómez entstammt dem portugiesischen Geschlechte der Herzöge von Silva und kommt als siebenjähriger Knabe im Gefolge der Gemahlin Karls V. nach Spanien. Bei ihrer Vermählung in Granada darf er der Kaiserin die Schleppe tragen, wird dann wegen seiner gewinnenden Manieren und seines hübschen Aussehens im Hofdienste behalten und später dem Thronfolger als Gespiele beigegeben. Der heranwachsende Prinz gewinnt den um fast acht Jahre älteren Gefährten, der für ihn unbewußt eine Art Vater-Imago bildet, in Bälde so lieb, daß er unter keinen Umständen mehr auf seine Nähe verzichten will. Eines Tages nun gerät Ruy Gómez mit einem anderen Pagen in Streit, den der hinzukommende Prinz Philipp schlichten zu müssen glaubt. Der kampflustige Portugiese ist eben drauf und dran, dem Gegner einen wuchtigen Hieb zu versetzen, der Bedrohte indes, behend wie ein Eichkätzchen, weicht ihm aus, und der Schlag trifft den Prinzen, den er flach zu Boden streckt. Der Übeltäter wird auf der Stelle festgenommen und wegen tätlichen Angriffs auf eine königliche Person zum Tode verurteilt. Nur das verzweifelte Betteln des Prinzen vermag den Kaiser zu einiger Milde zu bewegen, so daß er die Todesstrafe in lebenslängliche Landesverweisung umwandelt. Aber auch damit ist der königliche Knabe nicht zu beruhigen. Er verweigert alles Studium und alles Spiel, ißt nur mehr das Nötigste, gibt sich tagelang einem stillen, verbissenen Weinen hin und will von nichts anderem hören, als daß er seinen Ruy Gómez wieder bekäme. Die Kaiserin erreicht es schließlich mit vielem Bitten und Drängen bei ihrem Gemahl, daß der Verbannte zurückkehren darf und in seine alten Rechte eingesetzt wird. So festigt sich in dem kleinen Philipp die Überzeugung, daß diese Mutter nicht nur die mächtigste und die weiseste, sondern auch die gerechteste und die gütigste aller Frauen ist. Um so schwerer wird der ratlose Zwölfjährige von dem unverhofften Schlag ihres Hinscheidens betroffen, um so erschreckter kriecht er innerlich in sich zusammen. Der plötzliche Tod dieser Mutter hat den frohen Knaben im Leide früh gereift und vorzeitig zum Manne werden lassen, hat den schlummernden Ernst und die Neigung zu melancholischer Resigniertheit allzubald in ihm aufgebrochen.

In den Jahren 1537 bis 1541 geistert durch die vielfältigen Pläne und Erwägungen des Kaisers schon der erste Gedanke einer möglichst günstigen, politisch vorteilhaften Verheiratung seines Sohnes und Erben. Der Gedanke ist nichts anderes als eine Teilaktion einer viel größeren Idee und Absicht: der Einkreisung und Überwältigung des Erbfeindes und Erzrivalen Frankreich. Er kommt nie zur Durchführung, er mißlingt zweimal an der heimtückischen Schlauheit und kraftvollen Tatbereitschaft Franz' I., aber er bleibt des Erwähnens und Überdenkens wert, weil er erkennen läßt, wie der heimliche Kampf zwischen den beiden Gegnern auch in den Tagen des äußerlichen Friedens nicht ruht, und weil er schmerzlich deutlich sichtbar macht, daß mit unmündigen Kindern wie mit Schachfiguren gespielt wurde.

Wer kennt nicht Margarethe von Navarra, die Dichterin des leichtfertigen und einst weltberühmten Heptameron! Sie ist die Schwester Franz' I. von Frankreich und hat zum Gemahl den Schattenkönig Henri d'Albret von Navarra, dessen Reich, soweit es die Pyrenäen überschreitet, längst durch Annexion in spanischen Besitz übergegangen ist. Beiden wird im Jahre 1528 ein Töchterchen geboren, Jeanne d'Albret genannt, und diese Mädchenblüte, so dünkt es den Eltern, ist von Gott dazu bestimmt, ihnen das verlorene Land zurückzugewinnen. Scheint es nicht wie ein Fingerzeig des Himmels, daß der Erbe des spanischen Weltreiches, der Knabe Philipp, nur um ein gutes Jahr älter ist als die kleine Jeanne? Beide sind offenkundig für einander bestimmt, und unausdenkbar ist der Segen, der dem Scheinkönigtum von Navarra aus dieser Verbindung erwachsen muß. Schon im Februar 1537 tritt also das Ehepaar an den Kaiser mit dem

Vorschlag heran, die Kinder Philipp und Jeanne zu verheiraten. Karl V. zeigt sich dem Plane nicht abgeneigt, denn hier öffnet sich ein friedlicher Weg des Eindringens in die französische Machtsphäre, hier bietet sich ein unkriegerisches, ungewaltsames Mittel zur Schwächung Franz' I. Freilich ist Eile keinesfalls geboten, denn die beiden Kinder zählen ja kaum zehn Jahre, aber jedenfalls müsse man, das ist die Meinung des Kaisers, den Plan sorgfältig geheim halten und zu gegebener Zeit in die Tat umsetzen. So ist also dem künftigen Philipp II. die erste Gattin schon bestimmt, bevor er selbst noch recht weiß, was dieser Begriff in sich schließt. Aber Franz I. hat seine Späher und Spione überall. Es währt darum nicht lange, und er ist aufs genaueste informiert über die politischen Seitensprünge von Schwester und Schwager. Er ist nicht wählerisch in seinen Mitteln, gibt gern der ersten zornigen Regung nach und handelt lieber rasch als besonnen. Hier im besonderen sieht er nur einen Ausweg: Jean d'Albret muß in den Augen des Kaisers schmählich diskreditiert werden, er muß in einen Krieg mit Karl V. hineingezwungen werden, er muß im Angesicht dessen, mit dem er eben noch diplomatische Familiengespräche führte, als hinterlistiger Verräter gebrandmarkt werden. Er muß, so will es plötzlich Franz I., sein Erbe mit Waffengewalt zurückerobern; ein Heer von 17000 Mann und die nötige Artillerie stehen zu seiner Verfügung marschbereit. Das so plötzlich ertappte Paar Jean und Margarethe gerät in Verlegenheit, dann in Zwist und Ratlosigkeit, und das Ende ist, daß in keiner Hinsicht das geringste geschieht. Die Ehegespräche verstummen und die kriegerische Expedition bleibt, was sie war: eine geräuschvolle Geste. Franz I. hat vorerst seinen Zweck erreicht. Der Kaiser freilich ist über alles genau auf dem laufenden, spielt aber den unbeteiligten und ahnungslosen Dritten.

Zwei Jahre bleibt es still, dann ballt sich die Angelegenheit erneut zur Krise und eilt einer katastrophenartigen Lösung zu. Im Winter 1539-40 zieht der Kaiser nach Flandern und nimmt auf Einladung Franz' I. seinen Weg durch Frankreich. Er verbringt am französischen Hofe einige festliche Wochen, belauert und beschmeichelt sich gegenseitig mit dem schlauen Sohne des Hauses Angoulême, nimmt und gibt Versprechungen und Zusagen, die nie gehalten zu werden bestimmt sind, und sucht in der farbigen Unrast der wechselnden Eindrücke einige Ablenkung von der schweren Trauer, die auf ihm lastet; denn kurz vorher hat er ja seine angebetete Gattin durch den Tod verloren. Diese Tage und Wochen nun benutzt Margarethe von Navarra, mit dem Kaiser neue Verhandlungen zu führen, und nicht gering ist daher die Überraschung, als Karl V. bald nach seiner Ankunft in Brüssel an Franz I. die Nachricht ergehen läßt, die von dem letzteren angestrebte Rückgabe des Herzogtums Mailand habe zur Vorbedingung die vollzogene Heirat zwischen Prinz Philipp von Spanien und Jeanne d'Albret von Navarra. Jetzt sieht sich Franz I. von neuem hintergangen und von neuem vor der Notwendigkeit eines Gewaltstreiches. Und dieses Mal soll er ihm endgültig gelingen. Der Herzog von Cleve, der sich vom Kaiser benachteiligt und zurückgesetzt fühlt, hat sich durch generöse Versprechungen zu einem Bündnis mit Frankreich verleiten lassen, und muß nun, angeblich um die neue Allianz zu festigen, als Bewerber um die Hand der Jeanne d'Albret auftreten. Trotz der Weigerung der kleinen, jetzt dreizehnjährigen Prinzessin, einen Ausländer zu heiraten, trotz des Widerstandes, den auch ihre Eltern diesem Ehebunde entgegensetzen, spricht Franz I., dem es nur um die Durchkreuzung der kaiserlichen Pläne zu tun ist, ein brutales Machtwort und die Vermählung wird im Sommer 1541 vollzogen, obschon die Braut ihre Weigerung auch noch schriftlich zu Protokoll gibt. Der Gatte begnügt sich denn auch, in der Hochzeitsnacht in Gegenwart von Zeugen einen Fuß auf das Ehebett zu setzen und damit dessen Besitznahme symbolisch zu bekräftigen, dann aber abzureisen und auch fürderhin keine Ehegemeinschaft zu beanspruchen. Das Paar bleibt getrennt und am Osterfest 1545 gibt Jeanne d'Albret im Einverständnis mit ihren Eltern und unter verächtlicher Gleichgültigkeit des Königs in der Kirche von Plessis-les-Tours vor einem Kardinal und mehreren Bischöfen die feierliche schriftliche und mündliche Erklärung ab, daß ihre Ehe eine unfreiwillige und durch den Willen des Königs erzwungene gewesen sei. Mit diesem neuen Protest erreicht sie endlich, daß im November des gleichen Jahres der Papst das Breve der Annullierung erläßt. Für Karl V. ist vom Sommer 1541 ab, das heißt von dem Tage an, wo die kindliche Prinzessin mit dem Herzog von Cleve an den Altar tritt, der sorgsam gehegte eigene Plan zerschlagen; Franz I. ist aus diesem Schachspiel, bei dem lebendige, nichtsahnende Jugend die Hauptfiguren stellte, als Sieger hervorgegangen. Daß man wünschen möchte, es wäre der kleinen Jeanne und ihren Eltern ein solches Zwangserlebnis samt seinem Leid und Unfrieden erspart geblieben, daß man ferner zu der Annahme berechtigt ist, es hätte der zukünftige Erbe des spanischen Weltreiches in der Verbindung mit der Französin jene gesunde Nachkommenschaft erzeugt, die ihm aus seinen wiederholten Verwandten-Ehen durchaus versagt blieb, das ihrerseits zu erwägen und zu fühlen, hatten die Gestalter der Politik jenes Jahrhunderts weder Eignung noch Neigung.

V. KAPITEL

Unterricht durch den Vater

Im Dezember 1541 ist Karl V. wiederum für einige Jahre nach Spanien zurückgekehrt. Er hat in den Niederlanden nach dem Rechten gesehen und die unbotmäßigen Bürger von Gent empfindlich gedemütigt, hat in Regensburg deutschen Reichstag gehalten, ist über Mailand und Spezia nach Nordafrika gezogen, um das mohammedanische Seeräubernest Algier auszuräuchern, aber er hat, da ihm die Herbststürme beinahe die ganze Flotte zerstörten, unverrichteter Dinge einen verlustreichen und fluchtartigen Rückzug antreten müssen. Nun ist er, froh der winkenden Rast, wieder in Spanien an Land gestiegen und gedenkt, diese ruhigeren Tage vor allem der politischen Erziehung seines Erben und Nachfolgers zu widmen. In dem nun vierzehnjährigen Prinzen findet er einen fleißigen, ernsten und klugen Jüngling vor, der mit redlichem Arbeitswillen die Mängel seiner unzulänglichen, pedantischen und schulmeisterlichen Geistesbildung auszugleichen

strebt und der mit wachem Pflichtbewußtsein die täglich mehrstündige Unterweisung des kaiserlichen Vaters aufnimmt. Von diesem Dezember 1541 an tritt der entscheidende und mit beispielloser Intensität über volle 17 Jahre sich erstreckende persönliche Einfluß Karls V. auf den späteren Philipp II. in Kraft.
Der Kaiser selbst hat seinen Sohn und Erben mit Stolz und echter Vaterfreude geliebt; Philipp hingegen hat für seinen Erzeuger, weil er ihn in den Knabenjahren so wenig um sich sah, nie jene Kindesliebe gespürt, die er für seine Mutter hegte, aber er hat ihm, vielleicht im Gefühl einer gewissen eigenen Unzulänglichkeit, eine um so größere Ehrfurcht, eine Unterwürfigkeit ohne Einschränkung entgegengebracht. Mit demütiger Gefügigkeit hat er nicht nur die ihm von jenem auferlegten politischen Vernunftheiraten wie ein unumgängliches Gebot stillschweigend und gehorsam vollzogen, sondern auch in allen übrigen Entschlüssen und Erwägungen immer nur das getan, was der Vater für gut und richtig hielt. Solange der Kaiser lebte, war Philipp, dieser angeblich am meisten absolutistisch denkende Herrscher des 16. Jahrhunderts, nur ein gefügiges Werkzeug in seiner Hand, und man geht kaum fehl in der Annahme, daß auch von Philipps vielen und schweren Entschlüssen, die er nach des Kaisers Tode zu fassen hatte, kein einziger zur Tat gedieh, ohne daß dabei die Frage gründlich erwogen wurde: was hätte in diesem Falle der Vater getan?
In zweifacher Weise ließ es sich Karl V. im friedsamen Rastjahr 1542 angelegen sein, den Sohn und Erben auf seinen künftigen Beruf vorzubereiten: durch theoretische Belehrung und durch praktische Anschauung. Die europäische Politik war für den Prinzen zunächst weniger wichtig; sie hielt Karl, der rüstige und nur zuweilen von der Gicht geplagte Vierziger, noch straff in der eigenen Hand; auch hätte der jugendliche Schüler ihren verwickelten Problemen und ihrer beängstigenden Vielfältigkeit kaum das nötige Verständnis entgegengebracht. Aber es bestand die Wahrscheinlichkeit, daß Karl V. über kurz oder lang wieder genötigt sein würde, auf Monate oder Jahre nach Deutschland oder Flandern, nach Ungarn oder Italien zu gehen und Spanien

sich selbst zu überlassen. Das aber wollte er fürderhin nicht mehr tun, ohne die Regentschaft in die Hände des eigenen Sohnes zu legen. Der Prinz mußte also vor allem darin geschult werden, wie er sich als Stellvertreter des Herrschers innerhalb der Grenzen des Stammlandes und den spanischen Belangen gegenüber zu verhalten habe; er mußte wissen, in welchen Kreis von Mitarbeitern er trat, was er von seinen Helfern zu erwarten und worin er sich vor ihnen zu hüten hatte. Und da bestanden, so erfuhr der junge Prinz zu seiner nicht geringen Verwunderung, vor allem zwei sich befehdende Parteien. Es steckten beisammen der Kardinal-Erzbischof von Toledo, Don Juan Pardo de Tavera, der zugleich Präsident des Großen Rates von Kastilien war, der alternde Don Juan de Zúñiga, der vom Prinzen hochgeschätzte Erzieher, und der Graf Osorno, Garci Fernández Manrique einerseits, der Herzog von Alba und der Staatssekretär Don Francisco de los Cobos andererseits. Und was war der Grund dieser Parteiung? Politische Zwistigkeiten, Unterschiede der Weltanschauung, verschiedene Auffassung in Fragen der Regierung oder Verwaltung? Nein, nichts von alldem, keine großen Gesichtspunkte, keine Grundsätze, sondern kleine Menschlichkeiten: nichts anderes als die gegenseitige Eifersucht auf die Gunst des Herrschers, die aus ihr herzuleitende Geltung und Machtbefugnis, die ihr entströmenden Gnadenbeweise.

Der alte Zúñiga, so sah es der Kaiser an, war ja noch der harmloseste von allen. Unter einem rauhen Äußeren verbarg er ein ehrliches, treues Soldatenherz. Aber er hatte eine Art von Familienkomplex, den man kennen mußte, um ihm nicht unrecht zu tun. Sein Lebensziel war es, eine zahlreiche Nachkommenschaft von Söhnen und Töchtern standesgemäß zu versorgen, und was er hierin nicht selber mit seiner polternden Geradheit zuwege brachte, das trachtete seine sanftere Gattin auf verdeckten und leise begangenen Umwegen zu erreichen. Der Herzog von Alba war das hilflose Opfer eines unbändigen Ehrgeizes. Keiner konnte wie er in Demut vor dem Herrscher ersterben, keiner verstand es, sich gleich unentbehrlich zu machen, keiner war aber in Wirklichkeit so sehr auf Geltung und Einfluß bedacht, so rücksichtslos in der Bekämpfung des Gegners und in der Wahl der Mittel zum eigenen Aufstieg. Wo der gerade Weg nicht zum Ziele führte, da wählte er ohne Besinnen den krummen, und wenn er etwas nicht selber erreichte, so steckte er sich hinter die Weiberröcke. „Sei auf der Hut vor Alba", so betonte es der Kaiser immer wieder. „Nütze seinen ehrgeizigen Eifer und seine vielseitige Begabung, ganz besonders auf militärischem Gebiete. Aber laß dir niemals seinen Willen aufdrängen, werde nie der Geführte, nicht ein einziges Mal und auch nicht in kleinen Dingen, sonst bist du verloren."

Der Sekretär Cobos, der zur Alba-Partei hielt, war an sich eine wertvolle Arbeitskraft, aber er stand unter der Fuchtel einer habgierigen und verschwenderischen Gattin. Um ihre Passionen zu befriedigen, nahm er Geschenke von links und von rechts, und zwar keine geringen. Man mußte ihm also, so urteilte Karl V., einigermaßen auf die Finger sehen und immer trachten, daß die Frau ab und zu einen gelinden Dämpfer bekam. Wo es galt, die Gegenpartei zu überwachen, da konnte man sich auf Cobos verlassen; nicht leicht einer war so sehr darauf erpicht, den Ratspräsidenten Pardo de Tavera und seinen Anhang heimlich in Schach zu halten. Dieser Tavera war im übrigen eine ehrliche Priesterseele und nur insofern nicht ganz zuverlässig, als er in seinem schlichten Eifer, alles recht und gut zu machen, allzuleicht den Einflüssen des Grafen Osorno unterlag, der ihm entfernt verwandt war und der als Präsident des Rates der drei Ritterorden immerhin eine starke Gefolgschaft hinter sich hatte. Was der Kaiser verschwieg oder nicht gewußt zu haben scheint, was wir aber aus einem Brief des redseligen Antonio de Guevara entnehmen können, ist der Umstand, daß dieser biedere Herr Pardo de Tavera durchaus kein Temperenzler und kein Pfennigfuchser war, sondern ein der frohen Geselligkeit bei üppigem Mahl und funkelndem Tropfen wohlgeneigter Lebensgenießer. Als er 1534 zum Erzbischof von Toledo ernannt und bei diesem Anlaß vom Papste zum Kardinal kreiert wurde, da gab er zur Feier seiner Birettaufsetzung der ganzen Hofgesellschaft ein Galaessen, bei dem die köstlichsten Weine Spaniens, der Toro, der San Martín, der Madrigal, der Arenas, in Strömen flossen, so daß nicht wenige der hohen Gäste sich zum Schlusse festlich und gründlich beschwipst fanden. Der mit Tavera vorhin in einem Atem genannte Graf Osorno war nach der Auffassung und Erfahrung des Kaisers zwar ein gescheiter Kopf, aber ein arglistiger Ränkeschmied. Man wußte bei ihm nie, woran man eigentlich war. Er redete wenig und das Wenige gab nie einen eindeutigen, klaren Sinn. Immer aber blieb es unentschieden, ob er es tat, um niemandem nahezutreten, oder um selber nicht durchschaut zu werden.

In den lebendigen und sozusagen nach der Natur gezeichneten Charakteristiken, die der Kaiser von seinen „Dienern" gab, wie er sie nannte, bekam auch noch manche andere Figur des vielgestaltigen Hofes ihren gebührenden Platz. Hier müssen die erwähnten Beispiele genügen. Immer aber nahm der Prinz ein zwiespältiges Gefühl aus diesen Unterredungen mit. Auf der einen Seite konnte er die tiefe Menschenkenntnis und das erfahrene Urteil seines Vaters nicht genug bewundern. Auf der anderen ward es ihm heimlich bange, wie er selber dereinst in diesem Intrigenspiel aller gegen einen würde bestehen können. Nur eines wuchs beständig in ihm: seine unbegrenzte Ergebenheit für diesen Mann, der ihm König und Vater in einer Person war, der immer das Beste wollte und das Rechte tat, der in allem Tun und Lassen, soweit Menschen es sein konnten, unfehlbar war. Wenn Philipp II., ganz im Gegensatz zu seinen Nachfolgern, vom Elend der Günstlingsherrschaft und Günstlingswirtschaft verschont blieb, so dankte er das vor allem der klugen Erziehungsmethode des kaiserlichen Vaters, der ihm als unveräußerliches Erbe den Grundsatz in die Seele senkte: mißtraue deinen Beratern und wahre dir stets die Selbständigkeit der Entschlüsse.

Auch vor Gesprächen und Belehrungen über Themen höchst delikater und rein persönlicher Art schreckte der Kaiser nicht zurück. Seiner verständigen und gesunden Ansicht nach war es durchaus in der Ordnung, daß ein Vater mit seinem heranwachsenden Sohne eine ebenso gründliche wie vertrauliche Aussprache über die Dinge des Geschlechtslebens führte. Der Inhalt dieser Unterredungen wurde nicht aufgezeichnet und ist darum auch nicht bekannt, aber aus den späteren Instruktionen vom Jahre 1543 geht mit Deutlichkeit hervor, daß sie stattgefunden haben. In ihrem Verlauf gab der Prinz dem kaiserlichen Vater sein Wort darauf, daß er bis dahin noch kein Weib berührt habe und daß er diesen sittlichen Zustand der Enthaltsamkeit auch bis zu seinem Eintritt in die Ehe aufrecht zu erhalten gesonnen sei. Der Prinz war also durchaus kein frühreifer Schürzenjäger und kein jugendlicher Don Juan, wenn es auch die mißgünstigen unter seinen späteren Biographen besser zu wissen glauben und leichtfertig zu behaupten wagen. Des weiteren muß man bedenken, daß die vom Kaiser ausgewählten oder genehmigten Erzieher des Knaben, die Männer vom Schlage des Don Juan de Zúñiga und des Martínez Silíceo, lauter ernste, sittenstrenge und moralisch untadelige Charaktere waren, und daß daher der Prinz auch vor Verirrungen und Lastern bewahrt blieb, wie sie manchem Fürsten der Zeit im gleichen Lebensalter mit Absicht und Berechnung nahegebracht worden sein sollen.

Der theoretischen Belehrung steht die praktische Anschauung zur Seite. Dieses ganze, für Philipps Entwicklung unendlich wichtige Jahr 1542 hindurch ist Karl V. beständig am Werke, den Prinzen an öffentlichen Akten teilnehmen zu lassen, ihn bei wichtigen Regierungshandlungen an der Seite zu haben und ihm sozusagen den vielfältigen Mechanismus des Staatsapparates von innen her vor Augen zu führen. Die Gelegenheit dazu ist günstig. Der Kaiser braucht Geld. Seine unablässigen Feldzüge bald im Norden, bald in Afrika, bald in Italien, die Löhnung der Soldtruppen, die Ausrüstung der Schiffe, die zeitgemäß schwerfällige und umständliche Art, wie er mit seinem Troß von Beamten und Leibwachen fortwährend Europa durchpflügt, alles das verschlingt riesenhafte Summen. Wer soll sie aufbringen? Zum kleineren Teil die Niederlande, zum größeren Teil das ohnehin arme Spanien. So oft es daher geht, und alle drei Jahre hat er das verbriefte Recht dazu, beruft Karl V. die spanischen Landstände (Cortes genannt und aus den Abgesandten des Adels, der Kirche und des Bürgertums bestehend) zu einer feierlichen Tagung zusammen. In Valladolid versammelt er gewöhnlich die Cortes von Kastilien, in Monzón dagegen jene von Aragón, Valencia und Katalonien. Hier müssen sie dem Herrscher den herkömmlichen Zuschuß von 300000 Dukaten für die nächsten drei Jahre bewilligen und außerdem meistens noch eine erkleckliche Sonderspende gewähren. Dafür dürfen sie dann beliebig viele Wünsche und Klagen vorbringen, auf Bedürfnisse und Mißstände hinweisen, Neuerungen und Verbesserungen anregen, und der Träger der Krone sagt ihnen für das meiste eine wohlwollende Erwägung zu. Der ursprüngliche Grundgedanke dieser periodischen Zusammenkünfte zwischen Herrscher und Untertanen ist zweifellos ein glänzender. Hier findet der König wirklich Gelegenheit, sein Ohr am Mund und Herzen des Volkes zu haben, hier kann er ohne den Filter der Amtsstuben und Ministerien unverfälscht und geradeheraus hören, was in Unordnung ist und was der Verbesserung bedarf, was von Schaden ist und was von Nutzen wäre. Denn vor allem die Vertreter des Bürgertums und des schaffenden Volkes halten mit der Wahrheit nicht hinter dem Berge. Aber es ist ein besonderes Merkmal der habsburgischen Periode in Spanien (die von 1500 bis 1700 währt), daß sich die gleichen Bitten und Forderungen der Cortes jahrelang, jahrzehntelang wiederholen, daß es also in den meisten Fällen bei der wohlwollenden Zusage des Herrschers, er werde die Dinge in Erwägung ziehen, sein Bewenden hat, während in Wirklichkeit alles beim alten bleibt.

So hält denn Karl V., weil er dringend Geld braucht, in diesem Jahre die Cortes von Valladolid und von Monzón ab, und in seiner Begleitung ist auch Philipp, denn dieser wird, so nimmt der Kaiser mit Recht an, für Wesen, Hergang und Bedeutung dieser Ständeversammlungen, für das gegenseitige Zueinandertreten und Verhalten von Herrscher und Untertanen auf diese Weise das beste Verständnis gewinnen; auch ist es gut, wenn die Abgeordneten des Volkes beizeiten des Kaisers Stellvertreter und dereinstigen Nachfolger von Angesicht zu Angesicht sehen, wenn sie den eine friedliche Zukunft verbürgenden Vater des Vaterlandes in zwei Generationen verkörpert wissen dürfen, wenn ihnen das Herrschertabu von seiner segenspendenden Seite fühlbar wird. Karl V. hat für diese Imponderabilien der Volksseele,

für diese Bedürfnisse und Wunschformen des kollektiven Unbewußten immer ein feines Empfinden gehabt und hat nichts unterlassen, dieses Empfinden auch in seinem Sohne zu wecken.
Die Fahrt zu den Cortes bildet weiterhin eine willkommene Gelegenheit, den Thronerben durch die größeren Städte von Aragón, Katalonien und Valencia zu führen, ihn dort die Treuschwurzeremonie vollziehen und entgegennehmen zu lassen und so seine Volkstümlichkeit bei den Behörden und im breiten Volke, nach Herkommen und nach Gefühl, zu verankern. Der Thronfolger wird als solcher erst dann anerkannt, wenn er die Sonderrechte der einzelnen Landesteile eidlich bekräftigt und daraufhin den Treuschwur der Behörden, des Adels und der Volksvertreter empfangen hat. Ohne dieser doppelten Schwurhandlung sich unterzogen zu haben, darf er in der betreffenden Stadt nicht nächtigen; er darf zwar von Sonnenaufgang bis Sonnenuntergang in ihr verweilen, aber er hat noch kein Anrecht auf den Schutz, den ihre Mauern bei Nacht gewähren, er ist dieser mütterlichen Eigenschaft der Stadt noch nicht teilhaftig geworden, er ist noch kein vollberechtigtes Glied der städtischen Gemeinschaft. So zieht also der junge Philipp von Monzón aus nach Zaragoza, von hier nach Lérida, Tarragona, Cervera, Barcelona und endlich nach Valencia. Immer schläft er außerhalb der Stadtmauern in einem Kloster oder sonst in einem geeigneten Hause, hält am Morgen festlichen Einritt, wird von den Behörden, von der Geistlichkeit, vom Adel, von den Handwerkergilden in prunkvollen Aufzügen empfangen und in die Kathedrale oder das Münster geleitet. Dort geht nach Gottesdienst und Segnung die gegenseitige Schwurzeremonie vonstatten und dann wird der Gefeierte zu Festmahl und Wohnsitznahme in einen der Adelspaläste geleitet. Den Nachmittag aber und die folgenden zwei oder drei Tage gehört er dem Volke, das heißt, er zeigt sich in der Öffentlichkeit und nimmt teil an den herkömmlichen und in Spanien unvergleichlich beliebten Festlichkeiten aller für alle, als da sind: Ringelstechen, Feuerwerke und Stiergefechte, Rohrspeerturniere, Gildentänze und Equitationskünste, Kämpfe zwischen Christen und Mauren, diese im besonderen ein sorgsam gehegter Rest der glorreichen

Vergangenheit, denn was das Volk acht Jahrhunderte in blutigem Ernst getrieben hat, daran will es sich auch jetzt noch in frohem Zeitvertreib ergötzen. In Barcelona und in Valencia nimmt auch der Kaiser mit seinem Gefolge an den Staatsakten, sowie an den Festlichkeiten teil und erhöht dadurch ihren Glanz und die Begeisterung des Volkes. Der Umstand aber, daß immer eine Stadt die andere zu überbieten versucht an Aufwand und vielfältiger Pracht, daß jede einzelne sich in diesen Tagen als den Mittelpunkt von Spanien betrachtet, daß man nicht weiß, wo die Begeisterung größer und der Zulauf der Menge gewaltiger ist — alle diese Dinge zusammen lassen erkennen, wie sehr diese Nation bis ins innerste Mark hinein monarchisch gesinnt ist und wie sehr die habsburgische Dynastie, nur weil sie mütterlicherseits von einer Spanierin abstammt, schon in der zweiten und dritten Generation förmlich zu einem spanischen Geschlechte geworden ist. Was der Geschichtsschreiber Alonso Carrillo noch mehr als hundert Jahre später behaupten kann: „Die Spanier wissen, daß die sittliche Größe der Untertanen darin besteht, daß sie ihrem Könige die stärkste Hingabe, den unbedingtesten Gehorsam entgegenbringen und daß sie ihm viele und wesentliche Dienste leisten" — das gilt auch schon in diesen Tagen, als Karl V. seinen Sohn und Erben dem Herzen der Nation nahezubringen versucht. Philipp II. wird dereinst viel Kraft und nicht geringen Trost aus dieser monarchisch-dynastischen Volksverbundenheit ziehen können.

MITREGENT DES KAISERS
1543—1555

VI. KAPITEL

Ehe mit Maria von Portugal und Geburt des Don Carlos

In den ersten Maitagen 1543 sieht sich der Kaiser durch drohende Verwicklungen im Reich abermals gezwungen, Spanien zu verlassen. Franz I., der Franzosenkönig, beginnt seinen lang gehegten und sorgsam vorbereiteten Plan eines Großangriffs auf die kaiserlichen Gebiete auszuführen; er hat Angst, es möchte ihm das Leben verrinnen, bevor er den Endkampf mit dem Habsburger zum Austrag brächte, und er stirbt in der Tat auch vier Jahre später. Ferdinand, König der Römer, fordert seinen Bruder Karl dringlich auf, in die wachsenden religiösen Zwistigkeiten einzugreifen. Es wird des Kaisers letzte Ausfahrt und längste Abwesenheit aus Spanien sein. Als er nach dreizehn Jahren zurückkehrt, geschieht es, um nach der großen Abdankung von Brüssel im Kloster San Jerónimo de Yuste ein geruhsames Altersasyl zu suchen. Daß er nunmehr die Regierungsvertretung in seiner Abwesenheit bereits dem Thronerben, dem sechzehnjährigen Philipp, anvertrauen kann, statt diese Verantwortung immer nur fremden Händen überlassen zu müssen, das mag für ihn keine geringe Befriedigung sein. Die gesetzlichen Vorbedingungen sind erfüllt. Den Anerkennungs- und Treuschwur der Landstände von Kastilien hat der Thronfolger schon als Wickelkind entgegengenommen; nach Vollendung des fünfzehnten Lebensjahres aber

ist er auch in Aragón, Valencia und Katalonien feierlich aufgeschworen worden. Was ihm jetzt noch an Reife und Erfahrung fehlt, das sollen gewichtige Berater ersetzen, die ihm der umsichtige Vater zur Seite stellt. Es sind der als Arbeitskraft erprobte Kardinal und Erzbischof Don Juan Pardo de Tavera, den der Kaiser zum Präsidenten des Staatsrates ernannt hat, dann der den Kanzleiverkehr meisterhaft beherrschende Staatssekretär Francisco de los Cobos, der kriegserfahrene Herzog von Alba, der schlaue und wortkarge Graf von Osorno, der in auswärtiger Politik wohlbewanderte Sekretär Nicolas Perrenot de Granvelle und die beiden Lehrer des Prinzen aus seiner Knabenzeit, Martínez Siliceo und Zúñiga. Die Mußestunden der langwierigen Ausreise aber benützt der Kaiser zur Abfassung teils allgemeiner, teils geheimer und persönlicher Instruktionen für den jungen Philipp, die ihm, die Tätigkeit der Berater ergänzend, eine sichere Handhabe für die Gegenwart und ein verlässiges Vermächtnis für die Zukunft sein sollen. Und noch eine wichtige Angelegenheit ist bis auf das letzte Tüpfelchen vorbereitet: Philipps Hochzeit.
Karl V. läßt sich bei den vielfältigen Heiratsplänen, die er mit Bezug auf seinen Erben und Nachfolger teils in Erwägung zieht, teils wirklich zur Durchführung bringt, immer nur von zwei Gesichtspunkten leiten: die ins Auge gefaßte Eheschließung muß entweder dem Ziele der Einkreisung und Schwächung des Erbfeindes Frankreich dienen, oder aber sie hat eine so hohe Mitgift abzuwerfen, daß mit ihr die allezeit drückenden Kriegsschulden für eine Weile bereinigt werden können. Andere Erwägungen besitzen kein Gewicht. Lassen sich beide Ziele zugleich erreichen, dann um so besser. Philipp wird auf Wunsch und Befehl seines Vaters zweimal eine Ehe schließen, zwei weitere Pläne zerschlagen sich.
Im Sommer 1541 hat Jeanne d'Albret, von ihrem Onkel, dem König Franz I. gezwungen, dem Herzog von Cleve die Hand zum Bund fürs Leben reichen müssen. Von diesem Tage an kommt sie als Braut des spanischen Thronfolgers nicht mehr in Betracht, denn niemand kann vorauswissen, daß diese Ehe nach vier Jahren wieder getrennt wird. Karl V. zählt also seinen eigenen

Plan von diesem Sommer an zu den erledigten Dingen. Aber ein Ersatz liegt auch schon in greifbarer Nähe. Dem portugiesischen Schwager, König Johann III., der seit 1525 mit des Kaisers Schwester Katharina vermählt ist, wächst in der Prinzessin Maria ein Töchterchen heran, das nahezu gleichalterig mit dem jungen Philipp ist und das im Falle eines Ehebundes voraussichtlich einen erklecklichen Strom von portugiesischen Golddukaten in den immer leeren kaiserlichen Staatssäckel leiten wird; die Dynastie der Aviz ist nämlich reich und sparsam dazu. Auch kann mit der Bundesgenossenschaft der Schwester Katharina bestimmt gerechnet werden. Schon 1541 gehen also streng vertrauliche Familienbriefe zwischen Bruder und Schwester hin und her, und Anfang 1542 ist man so weit, daß amtliche Unterhandlungen durch den kaiserlichen Gesandten Don Luis Sarmiento de Mendoza geführt werden können. Freilich ist Johann III. ein knauseriger Herr und er wäre sehr für eine Heirat seines einzigen Töchterchens ohne Aufwand und ohne viel Mitgift, für einen Familienbund im engsten Kreise sozusagen; er hat darum bereits daran gedacht, das Kind seinem Bruder, dem Infanten Dom Luis, zur Gattin zu geben. Aber Katharina, die großen Einfluß auf den königlichen Gemahl hat, läßt nicht nach, ihm ins Gewissen zu reden. Wie kann er die fünfzehnjährige Maria an einen Mann in den Vierzigern ausliefern, wo ein mit ihr gleichalteriger Prinz, der Erbe eines Weltreiches, auf sie wartet? Wie leicht mag dereinst ganz Spanien samt seinen unübersehbaren Besitzungen als dynastisches Erbe an das Haus Aviz fallen? Nur jetzt den Wink des Schicksals nicht mißachten und die geschichtliche Stunde nicht kleinlich verkennen! Der König bekommt Angst vor der Frau, vor der Bedeutung der geschichtlichen Stunde, vor sich selber, und gibt nach. Zwar steht die Braut in enger Blutsverwandtschaft zu dem ihr bestimmten Gemahl. Philipps Vater und Marias Mutter sind Geschwister. Philipps Mutter und Marias Vater sind ebenfalls Geschwister. Philipp soll der Schwiegersohn seiner Tante, der Gatte seiner Base und der Schwager seines Vetters werden. Maria wird die Schwiegertochter ihres Onkels, die Gattin ihres Vetters und die Schwägerin ihrer Base sein. Die

Eltern der Brautleute sind wechselseitig Geschwisterkinder, Brüder der Gattinnen, Schwestern der Gatten, Gatten der Schwestern und Schwiegereltern der Kinder. Zwar vollenden die beiden Brautleute eben erst das sechzehnte Lebensjahr und es sollen demnach zwei unreife Kinder eine ausgeprägte Inzuchtehe schließen. Aber das alles fällt nicht ins Gewicht. Man will die unnatürliche Bindung sogar verdoppeln, indem man zur gleichen Zeit Doña Juana, Philipps Schwester, dem portugiesischen Thronerben Dom João zur Gattin gibt oder wenigstens verspricht.
Bereits am 1. Dezember 1542 können in Lissabon die Heiratsverträge der beiden Paare zwischen dem kaiserlichen Gesandten und dem Rechtsvertreter des portugiesischen Königshauses abgeschlossen, protokolliert und signiert werden. Die nötigen kirchlichen Dispensen vom kanonischen Ehehindernis der allzunahen Verwandtschaft müssen die Väter der beiden Prinzen beschaffen, und dem Papst bleibt nichts anderes übrig, als sie gutwillig zu gewähren. Die Heirat des zweiten Paares freilich muß wegen dessen übergroßer Jugendlichkeit vorerst noch aufgeschoben werden. An Mitgift gibt der König von Portugal seiner Tochter die stattliche Summe von 800 000 Goldkreuzern (Cruzados de ouro, den cruzado zu 375 maravedis kastilischer Währung), wovon indes 40 000 für den Schmuck und das Silberzeug der Infantin in Abrechnung kommen, während 400 000 als Mitgift der Doña Juana gelten und demnach zurückbehalten werden dürfen. Die Auszahlung soll mit dem Tage beginnen, an dem das Beilager vollzogen wird, und in Jahresraten von ungefähr 200 000 erfolgen. Sechs Monate nach der tatsächlichen Eheschließung, und zwar am 6. Mai 1544, bestätigt Prinz Philipp den Empfang von 297 000 Goldkreuzern. Sie sind teils auf kastilische, teils auf Antwerpener Bankhäuser überwiesen, werden also rasch ihrer Bestimmung, nämlich der Schuldendeckung in Spanien und in Flandern, zugeführt. Alle Klauseln, die für den Fall vorgesehen sind, daß die Ehe wegen Unfruchtbarkeit geschieden werden müßte, oder daß einer der Ehepartner stürbe, bevor männliche Nachkommenschaft vorhanden sei, kommen de facto nicht zur Wirkung. Auch mit der gegenseitigen Anrechnung der beiden Mitgiften gibt es keine

Schwierigkeiten, da die erste Ehe längst durch den Tod gelöst ist, als die zweite geschlossen wird.

Am Sonntag, den 12. Mai 1543 findet alsdann im Palast des kaiserlichen Gesandten zu Almeirim in Gegenwart des portugiesischen Königspaares und der gesamten Hofgesellschaft die feierliche Verlobung des Prinzen Philipp von Spanien mit der Infantin Maria von Portugal statt. Als gesetzlicher Vertreter des abwesenden Bräutigams fungiert der eben erwähnte Gesandte. Die Zeremonie selbst ist von sachlicher Kürze, aber wegen einer besonderen Einzelheit von rechts- und brauchgeschichtlichem Interesse. Der Kardinal-Infant Dom Enrique leitet sie. Zuerst richtet er an die Braut die Frage, ob sie gewillt sei, den „muito alto e serenissimo Senhor Dom Filippe Principe de Castella" zum ehelichen Gatten zu nehmen. Nachdem sie mit Ja geantwortet hat, stellt er die gleiche Frage mit sinngemäßer Abänderung an den Gesandten als den Bevollmächtigten des Bräutigams. Als auch dieser sein Ja gesprochen hat, wendet sich der Infant an die Gesamtheit der Anwesenden. Er legt kurz noch einmal den Verwandtschaftsgrad der Brautleute dar und verkündet die vom Papste gewährte kanonische Dispens. Dann erklärt er: „Ich werde jetzt dreimal hintereinander die Hand schließen und öffnen; wer zu wissen glaubt, daß das Brautpaar in einem anderen als dem angeführten Verwandtschaftsverhältnis steht, hat es innerhalb dieser Zeitspanne zu melden; wissentliches Verschweigen zieht die kirchliche Exkommunikation nach sich." Hierauf macht er die erwähnte Handbewegung, und nachdem in diesen kurzen Augenblicken allgemeiner Spannung kein Einwand laut wird, geht der eigentliche Verspruch vor sich. Er besteht in der beiderseitig laut und deutlich abgegebenen Erklärung, daß jeder der zwei Partner den anderen als legitimen Gatten anerkenne. Eine allgemeine Huldigung an die Braut mit Kniebeugung und Handkuß, sowie ein fröhlicher, bis Mitternacht dauernder serão beschließen die feierlich-ernste Handlung.

Der Kaiser hat noch vor seiner Abreise nach Deutschland und Flandern alles für die Hochzeit des Sohnes Erforderliche sorgfältig und bis in die kleinste Einzelheit ausgedacht und schriftlich vorbereitet. Der Herzog von Medina Sidonia ist beauftragt, die portugiesische Prinzessin an der Landesgrenze bei Badajoz feierlich einzuholen und nach Salamanca zu geleiten. Dort wird dann für alles Weitere der Herzog von Alba Sorge tragen. Der prinzliche Bräutigam hat vorerst nicht das geringste anzuordnen; er braucht lediglich an einem noch näher zu bestimmenden Tage in der und der Aufmachung, mit dem und dem Gefolge in Salamanca pünktlich zur Stelle zu sein. Am Morgen des 5. Oktober 1543 schmettern also in Sevilla die Trompeten, unter deren Klang sich der prächtige Zug des Medina Sidonia wie eine bunt gesprenkelte Schlange den Mauern der andalusischen Stadt entwindet, um gemächlich gegen Norden zu kriechen. Die nächste Umgebung des Herzogs bilden sein ältester Sohn, der Graf Niebla, von dem es bekannt ist, daß ihn der Prinz nicht sonderlich leiden mag, dann sein Bruder, der dicke Graf Olivares, ferner der Sohn des Herzogs von Béjar, der schöne Don Antonio de Sotomayor, dessen Vater auf einem Bein etwas hinkt — wir erinnern uns seiner aus dem Taufzuge des Prinzen Philipp —, außerdem der Graf Bailén, den man zwar bei den Medina Sidonia nicht gerne sieht, aber trotzdem wegen seiner einflußreichen Verwandtschaft nicht hat ausschließen dürfen, dann Don Pedro de Bobadilla, den man wegen seiner unbändigen Lustigkeit nicht hat missen wollen, und endlich Fernando Arias de Sayavedra, dieser ohne Don, aber gewichtig als Polizeichef von Sevilla. Ein Schwarm von adeligen Herren bildet das weitere Gefolge. Ihm schließt sich in einigem Abstand der stattliche Troß von Beamten, Pagen, Lakaien, Stallknechten, Wachen, Musikanten und Köchen an; gegen 150 Personen tragen die herzogliche Bedientenkleidung in den Farben gelb und blau. Tag für Tag zweimal werden sich einige vierzig Kavaliere mit dem Herzog zu Tische setzen, und er will nicht, daß das Tafelsilber für die Mittagsmahlzeit das gleiche sei wie für den Abend. Der Quartiermeister mit den Tapezierern und Kammerlakaien muß täglich die Räume für das Nachtlager mit Teppichen, Wandbehängen, Baldachinen, Betten, Tischen, Sesseln, Heizpfannen, Leuchtern und Waschgeschirr bereit machen; der Speisemeister muß die fahrbare Küche, das Tafelgedeck und die nötigen Vorräte überwachen. Vierhundert Maultiere und vierzig Pferde sind im Zuge, unendliche Lasten an Einrichtungsgegenständen und Nahrungsmitteln werden auf schwerfälligen Packwagen mitgeschleppt. Die gesamten Kosten aber trägt nicht etwa die kaiserliche Privatschatulle oder die Staatskasse, sondern der Herr Herzog von Medina Sidonia, der das als eine kleine Gegenleistung für die ihm angetane hohe Ehre zu betrachten hat.

Von Valladolid her nähert sich inzwischen seitlich ein anderer Zug, wesentlich kürzer als der des Herzogs, auch nicht so prächtig und geräuschvoll wie dieser, aber immerhin ehrfurchtgebietend in verhaltener Würde. Voraus reiten zehn Bewaffnete in zwei Reihen nebeneinander. Lauter graubärtige, der Jugendschlankheit entwachsene, behäbig-ernste Soldatenfiguren. Dahinter folgen auf Maultieren elf in schwarzen Samt gekleidete Pagen. Der letzte von ihnen trägt eine Standarte mit gelbem Kreuz auf violetter Seide. Jetzt kommt auf rundlichen und gar nicht heißblütigen Pferden eine Gruppe von etwa zwölf geistlichen Herren, an ihrer Spitze ein stattlicher Fünfziger mit graulich wallendem Lockenhaar unter dem breitrandigen mit Schnur und Quaste verzierten Prälatenhut, ein goldenes Kruzifix auf der Brust und den schwarzen Reisemantel lässig umgehangen. Es folgen paarweise zehn bedächtig trippelnde Maultiere, und zwischen jedem Paar schwankt eine vorn offene Tragsänfte, zumeist leer und ihrem Zweck nur dienend, wenn es regnet oder einer der geistlichen Herren vom Reiten müde ist. Hinter ihnen knarren drei mächtige, auf runden Reifen mit Leinwand überspannte Gepäckwagen, und den Schluß bilden noch einmal zehn Bewaffnete in zwei Reihen nebeneinander. In Dörfern und Städtchen, die berührt werden, eilen die Frauen und Kinder mit fliegenden Kitteln herbei, um dem würdigen Herrn in der Mitte des Zuges den Saum des Mantels zu küssen und demütig geneigten Hauptes seinen Segen zu empfangen.

Es ist der Bischof von Cartagena, Don Juan Martínez Siliceo, der da gegen Badajoz fürbaß reitet, um im Auftrag des Kaisers am Empfang und Geleit der Prinzessin-Braut als Vertreter der Kirche teilzunehmen. Es ist der uns schon bekannte Herr Kieselstein, der vor etwa sechs Jahren den Prinzen mit seinem fana-

tischen Lateingepauke mehr gequält als gefördert hat. Er will mit dem Herzog von Medina Sidonia in Almorchón, wenige Tagereisen vor Badajoz, zusammentreffen. Es gibt da vorher noch allerlei wichtige Dinge zu besprechen und man weiß nicht, ob man dazu in Badajoz noch Zeit haben wird. Aber der Mensch denkt und Gott lenkt.
Der Zug des Bischofs hat eben das Städtchen Cantalapiedra ein paar Wegstunden weit hinter sich, und der hohe Herr ist, des Reitens müde, in die Tragsänfte gestiegen. Dicht neben der holperigen, schlecht gepflegten Straße fließt träge ein moorig-dunkles Bächlein von mäßiger Breite. Plötzlich überkommt das eine der beiden Maultiere, die die Sänfte zwischen sich tragen, eine unbändige Lust zu trinken. Es drängt seitab und das andere geht willig mit. Bevor der Bischof noch aussteigen kann, waten sie schon, den widerstrebenden Treiber eigensinnig mit sich ziehend, in das seichte Wasser. Aber das friedliche Bächlein birgt auf seinem Grunde glitschigen Schlamm, und die Tiere versinken, während sie schmatzend schlürfen, bis an den Bauch. Der Herr Bischof sitzt im Handumdrehen bis herauf zum Gürtel in Schmutz und Nässe. Das wilde Schreien und Kommandieren des Gefolges verschlingt seine ärgerlichen Rufe, von denen man nicht weiß, ob sie Bitten oder Befehle sind; nur unterscheidet man ab und zu mit Deutlichkeit ein paar lateinische Brocken. Es besteht zwar keine Gefahr für sein Leben, denn die beiden Tiere sind mit ihren Hufen so fest im Schlamm verkeilt, daß sie sich nicht zu rühren vermögen, geschweige denn um sich zu schlagen fähig sind. Aber immerhin ist es eine Herkulesarbeit, bis ein halbes Dutzend Pagen, ihrer feinen Strümpfe und Wämser nicht achtend, die Sänfte losgeschnallt und samt ihrem vor Ärger und Schrecken gänzlich verstummten Insassen ans Ufer gezerrt haben. Noch größer ist die Schwierigkeit, als es gilt, die beiden schnaubenden und scheu gewordenen Tiere in Sicherheit zu bringen. Man bindet ihnen lange Stricke an die Halfter und reißt sie nach rückwärts empor, so daß sie, während sie sich überschlagen, mit Kopf, Brust und Vorderbeinen aufs Trockene stürzen, von wo es ihnen dann nicht mehr schwer fällt, sich selbst emporzuarbeiten.

An eine Fortsetzung der Reise ist natürlich nicht zu denken. In Wolldecken sorglich eingewickelt, schlüpft der verunglückte Bischof in eine andere Sänfte und im Trab geht es nach Cantalapiedra zurück. Dort findet der durchnäßte, frierende und heftig nießende Oberhirte bei den Dominikanern ein warmes Bett und gute Pflege, die mit einer heißen, starkgewürzten Weinsuppe vielversprechend eingeleitet wird und in stundenlangen lateinischen Debatten mit dem Prior ihre Fortsetzung findet. Denn es hat sich alsbald herausgestellt, daß dieser würdige Kuttenträger über die stilistische Bedeutung und den ethischen Gehalt der „Proverbia Catonis" ganz unglaublich verkehrte und obendrein hartnäckig verbohrte Ansichten hegt.

Das Befinden des Bischofs bessert sich rasch. Zwar hätte ihm der Hausarzt des Klosters fürs Leben gern noch einen tüchtigen Aderlaß appliziert, zur Vermeidung nachträglichen Fiebers und zur Entlastung der einigermaßen geschreckten Leber, wie er sagte, aber es kommt zu nichts weiterem als zu wortreichen und gelehrten Erörterungen über die Theorie des Aderlasses bei den lateinischen Schriftstellern der Vorzeit. Der Pater Prior gibt seinen Senf dazu, man ereifert sich über die Richtigkeit einiger aus dem Gedächtnis gemachter Zitate, schleppt einen Berg von Folianten aus der Klosterbibliothek herbei, kommt vom Hundertsten ins Tausendste und unterhält sich auf das beste. Patres und Novizen schleichen sich herzu, die Abendsuppe wird kalt und die Debatte endet, merkwürdig genug, in später Nachtstunde mit der Interpretation einer horazischen Ode durch den Herrn Bischof, eine Angelegenheit, die ihren unzweifelhaften Höhepunkt darin findet, daß alle Versammelten die Ode gemeinsam rezitieren und die Verstakte dazu mit ihren Sandalen auf dem Boden klopfen.

Ähnlicher Zeitvertreib wiederholt sich, und so kommt es, daß sich die Weiterreise von Tag zu Tag verzögert und eine reichliche Woche verstrichen ist, als man endlich von den gastlichen Mönchen zu Cantalapiedra Abschied nimmt. Der Herzog von Medina Sidonia hat unterdessen längst geräuschvollen Einzug in Badajoz gehalten und dort zu seinem nicht geringen Schrecken erfahren, daß jenseits der Grenze in dem Städtchen Elvas bereits die Portugiesen mit ihrer Prinzessin der Dinge harren, die da kommen sollen. Dem Herzog von Braganza und dem Erzbischof von Lissabon ist das Geleit und die Übergabe der hohen Braut anvertraut worden. Zweimal schon haben sie bei den Spaniern anfragen lassen, ob eine Vorbesprechung über die Einzelheiten der feierlichen Zeremonie angenehm sei, und jedesmal haben sie den höflichen Bescheid erhalten, sie möchten sich gnädigst noch einen Tag gedulden, der Ilustrisimo Señor Don Juan Martínez Siliceo, Bischof von Cartagena und Expräzeptor seiner königlichen Hoheit des Prinzen Philipp, sei leider immer noch nicht da, aber er könne, nein, er müsse jede Stunde eintreffen.

Die wartenden Parteien suchen sich inzwischen die müßige Zeit zu vertreiben so gut es geht. Der Hauptperson, der kleinen Infantin, fällt das ja gar nicht schwer. Sie ist fast noch ein Kind und zählt eben erst gute fünfzehn Jahre. Der Tag vergeht ihr unter spielerischem Lernen und leichtem Getändel wie im Fluge. Wenn sie sich nicht mit ihren Hofdamen, unter denen vier Spanierinnen sind, in dem ihr mancherlei Schwierigkeiten bereitenden Kastilisch übt, dann verbringt sie die Stunden mit dem Anlegen und Ausziehen ihrer Staatsroben, von denen ihr die sachkundige und fürsorgliche Mutter drei oder vier Kisten voll mitgegeben hat. Der Bischof von Cartagena könnte gut und gern noch vierzehn Tage bleiben wo er ist.

Anders denken der Herzog von Braganza und der Erzbischof von Lissabon, die beiden Spitzen der portugiesischen Staatsgesandtschaft. Sie sitzen manche Stunde mit ernsten Gesichtern in hohen Lehnsesseln einander gegenüber und erwägen die Möglichkeiten kommender Verwicklungen. Der Kirchenfürst im besonderen, ein streitbarer Patriot und den spanischen Nachbarn von jeher abgeneigt, dringt unablässig in den unschlüssigen, voller Wenn und Aber steckenden Herzog, man müsse der Gegenpartei lieber heute als morgen, am besten gleich jetzt, einen kurzen Termin setzen: zwei Tage im äußersten Fall. Sei der fehlende Partner bis dahin nicht zur Stelle, so würde man unverweilt zum Aufbruch blasen und mitsamt der Infantin wieder nach Lissabon zurückkehren. Diese spanischen Hochmutsteufel sollen sich doch nicht einbilden,

die glorreiche portugiesische Nation, das geborene Volk der Seefahrer und Entdecker, mache ihnen den Stiefelknecht. Überhaupt hätte man längst mit diesem Hin- und Herheiraten über die Grenze ein Ende machen sollen. Portugal war ja doch immer der Verlustträger dabei. Hatte nicht Karl V. mit der Million Golddukaten, die ihm die unvergeßliche Isabella als Mitgift in die Ehe gebracht, einfach seine Schulden bezahlt? War nach ihrem vorzeitigen Tode von ihrer wahrhaft königlichen Ausstattung an Möbeln, Wandteppichen, Tafelgeschirr, Kleidern, Schmucksachen und sonstigen Kostbarkeiten auch nur ein Knopf zurückerstattet worden? Wer bot Gewähr, daß das gleiche sich nicht auch jetzt wiederholte? Die Infantin Maria war jung, fast noch ein Kind. Wie leicht konnte ihr bei früher Mutterschaft etwas Menschliches zustoßen. Und dann: war es nicht offenkundig, daß das spanische Königshaus mit all diesen Wechselheiraten auf die portugiesische Erbfolge spekulierte? Was sage er, der mit der einheimischen Herrscherfamilie so nahe verwandte Herr Herzog dazu? Er, der Erzbischof, wolle jedenfalls lieber heute noch in die Grube fahren als erleben, daß ein Spanier auf Portugals Thron sitze.
Also bohrt und nörgelt der streitbare Prälat an dem geduldigen Herzog herum. Der von Braganza aber, wohl wissend, daß die Verantwortung im besten und im schlimmsten Fall immer nur an ihm hängen bliebe, zögert unentschlossen von Tag zu Tag.
Die Spanier ihrerseits — davon muß man freilich den Herzog von Medina Sidonia ausnehmen, dessen schlimme Tage sich vervielfältigen — die Spanier vertreiben sich die Zeit nach Herzenslust mit Turnierspielen, Ringelstechen, Reiterkunststücken und prunkvollen Aufzügen. Die Grenze zwischen den beiden Königreichen bildet an dieser Stelle das seichte, aber breite Flüßchen Caya, dessen beide Ufer eine feste Holzbrücke, neun Joche stark, verbindet. Sie stellt die symbolische Bindung und Trennung beider Reiche dar. An ihr findet, wie die Chroniken berichten, seit urdenklichen Zeiten die Übergabe der von Spanien nach Portugal oder von Portugal nach Spanien heiratenden Prinzessinnen statt. Hier ist es, wo die Töchter beider Herrscherhäuser den letzten Abschied von der Heimat nehmen. Je ein paar Büchsenschüsse

vom Ufer entfernt liegen die beiden Grenzstädtchen, drüben Elvas, herüben Badajoz. Nun bleibt es den Einwohnern von Elvas und auch den Gefolgsleuten der portugiesischen Gesandtschaft nicht lange verborgen, daß es auf der grasigen Flußniederung der spanischen Seite ritterliche Schaustücke zu sehen gibt, deren Anblick man im Leben vielleicht kein zweitesmal zu genießen Gelegenheit findet. So wandert man denn in hellen Scharen, zu Fuß, zu Pferd, zu Maultier, mit und ohne Weib und Kind, über die Brücke, lagert sich am Ufer, wagt wohl auch gelegentlich einen Abstecher nach Badajoz und besieht sich mit staunenden Augen das herrische, prunkvolle Getue der spanischen Nachbarn. Endlich ist auch der Bischof von Cartagena mit Sack und Pack in Badajoz eingetroffen, vom Herzog, der den letzten Rest seiner Geduld verloren hat, mit ziemlicher Kälte empfangen. Nun kann die Zeremonie der Übergabe endlich vonstatten gehen. Es ist hohe Zeit, denn auch die Infantin ist des Wartens müde geworden.

Auf dem portugiesischen Ufer haben achtzig Hellebardiere einen großen Platz im Viereck gegen das andrängende Volk abgesperrt. In dieses Viereck reiten zur ausgemachten Stunde — es ist ein sonniger Herbsttag um neun Uhr morgens und man schreibt den 23. Oktober 1543 — die Hauptpersonen von beiden Seiten ein und halten, als sie auf vierzehn Schritte sich einander genähert haben. Die zwei Grenzlinien, an denen sie haltmachen, sind durch je einen dünnen Strich aufgestreuten Kreidemehls gekennzeichnet. Nun treten Medina Sidonia und Siliceo vor, um die Infantin mit Verbeugung und Handkuß zu begrüßen. Die festliche Musik, die den Einritt begleitet hat, verstummt, und auch der unruhigen Volksmenge wird Schweigen geboten. Jetzt verlangt der Herzog von Braganza mit lauter Stimme die kaiserliche Vollmacht der Gegenseite. Sie wird überreicht und von einem Schreiber verlesen; rechtskundige Begleiter müssen ihre Echtheit prüfen und bestätigen. Hierauf fragt Medina Sidonia ebenso laut und deutlich, ob die gegenwärtige erlauchte Dame mit der vertragsmäßig einzuholenden Infantin identisch sei. Ein lautes, einstimmiges Ja ist die Antwort. Nun bittet Braganza die Infantin um die Erlaubnis, sie den Spaniern übergeben zu dürfen. Sie nickt ihm errötend Gewährung, er nimmt die Zügel ihres Maultieres, küßt diese und überreicht sie dem Medina Sidonia. Zugleich richtet er an ihn die Frage, ob er die hohe Braut hiermit übernommen zu haben anerkenne. Der Gefragte bestätigt es mit Ja und einer tiefen Verbeugung. Die Übergabe gilt als vollzogen.

Während die nötigen Protokolle und Erklärungen unterzeichnet werden, verabschiedet sich die Infantin von jenem Teil ihres Gefolges, der die Grenze nicht mit überschreiten soll. Die Zurückkehrenden lassen ihren Tränen freien Lauf, sie aber verbirgt ihre Rührung tapfer unter einem freundlichen Lächeln. Ihr Goldhaar schimmert in der Herbstsonne mit einem goldenen Kopfnetz um die Wette, ihr rundliches Kindergesicht ist vor Erregung gerötet, ihre großen dunklen Augen glänzen, von edlen Brauen überwölbt, nur ihre habsburgische Unterlippe hängt etwas zu schwer an dem lächelnden Munde. An Gestalt ist sie mittelgroß und eher voll als schlank. „El rostro lleno de gracia, el todo de donaire", fügt Enrique Flórez hinzu, und „dotada de prodigiosa fermosura", versichert ihr Landsmann A. C. de Sousa. Wir aber ergänzen uns ihr Bild aus dem Ölporträt eines unbekannten Malers, das wir gleichzeitig reproduzieren. Die Ähnlichkeit der Infantin mit ihrer Mutter, der Königin Katharina, ist unverkennbar. Hier wie dort die hohe, breit gewölbte Stirn, die leicht gekrümmte, unten zu Verdickung neigende Nase mit besonders breiter Nasenwurzel. An habsburgischen Merkmalen nur die schwere Unterlippe, aber keine Spur von dem den Männern eigenen Prognatismus. Im übrigen zeigt das Gesicht die milchig-zarte Hautfarbe der Rotblonden, schwarze, schön geschnittene Augen, schmale, leicht geschwungene Brauen und feine, regelmäßige Züge. Alles in allem: zwar keine „prodigiosa fermosura", aber ein sympathisches Persönchen im vollen Liebreiz der knospenden Jugend.

Jetzt schmettern die Trompeten, das Viereck gerät in Auflösung, Frauen drängen heran, um der geliebten Infantin weinend den Saum des Kleides zu küssen, Kinder streuen ihr Blumen auf den Weg, Männer winken ihr mit Hüten und Tüchern einen schweigenden Abschied zu. Langsam überschreitet der Zug die historische Brücke. Auf spanischem Boden angelangt, wendet sich die Gefeierte noch einmal um, die entschwindende Heimat mit einem letzten Blick zu grüßen. Man sieht, wie sie mit ihrem Spitzentüchlein zurückwinkt und dann die strömenden Tränen trocknet. Bei den Portugiesen aber ist es jetzt mit ihrer ernsten Zurückhaltung vorbei. Es lebe die Infantin! Gott sei mit ihr! Die Jungfrau von Alcobaça beschütze sie! So schallt es brausend vom anderen Ufer herüber und des Winkens und Rufens ist kein Ende. Lautes Schluchzen von Frauenstimmen klingt dazwischen und die Mütter heben ihre Kinder in die Höhe, damit sie die Scheidende noch einmal sehen. Es ist, als wüßten sie alle, daß es ein Abschied für immer sein soll. Die Spanier aber senken die Köpfe und hüllen sich in ehrfürchtiges Schweigen.

Von Badajoz aus bricht man nach kurzem Aufenthalt unverzüglich nach Salamanca auf. Die Infantin sitzt von jetzt ab unterwegs nicht mehr auf einem Maultier, sondern in einer kostbaren Tragsänfte. Die Reise geht in kurzen Etappen vor sich, denn in jedem Städtchen sitzt ein Adeliger auf seinem Stammschloß, der den festlichen Zug zu froher Einkehr nötigt und sich eine Ehre daraus macht, den hohen Gast samt Begleitung mit Schmausereien, Tänzen, Turnieren und ähnlichem Schaugepräng zu ergötzen. In der Nähe des Marktfleckens Abadia, der dem Herzog von Alba gehört, zeigt sich eines schönen Nachmittags unversehens eine Gruppe von Jägern mit maskierten Gesichtern. Es ist Prinz Philipp, der in Begleitung verschiedener Kavaliere dem Zug entgegengeritten kommt, um seine Braut heimlich und unerkannt zu sehen. Aber die Sache ist bekannt geworden und auch die Infantin hat im letzten Augenblick davon erfahren. Als es so weit ist, da steckt sie neugierig den Kopf aus der Sänfte. Der Prinz nimmt rasch die Maske ab und lächelt ihr zu; sie aber verbirgt sich errötend. Das ist die erste Begegnung des jungen Paares.

In Salamanca hat man unterdessen alle Vorbereitungen zur Hochzeit getroffen. Sie sind merkwürdig genug. Denn jene, die sich etwa einen prunkvollen Zug durch die Straßen, eine feierliche Trauung in der Kathedrale, ein üppiges Festmahl in Palastsälen mit darauf folgendem Hofball erwartet haben, sie alle werden bitter enttäuscht. Und das hat folgende Gründe.

Mit dem Augenblick des Einzugs der Infantin in Salamanca gilt der kaiserliche Auftrag an den Herzog von Medina Sidonia als vollzogen. Jetzt tritt der Herzog von Alba an seine Stelle; der andere ist nur mehr einer von den geladenen Gästen. Alba hat in der Zurichtung der Hochzeit völlig freie Hand. Sogar der prinzliche Bräutigam soll vorerst nicht das geringste anzuordnen haben. Er braucht lediglich, wie wir schon sagten, zu einer bestimmten Stunde und an einem bestimmten Orte mit dem und dem Gefolge pünktlich zur Stelle zu sein. Alba hat aber auch vom Kaiser die Weisung erhalten, zu sparen. Denn Karl V., dessen Einkünfte zum größten Teil von seinen europäischen Fahrten und Kriegszügen verschlungen werden, ist eben damals wieder einmal nicht nur ohne Geld, sondern auch bei den Genfer, Augsburger und Brüsseler Bankherren tief in Schulden. Für die Kosten der Einholung der Braut hat Medina Sidonia ehrenhalber aufkommen müssen, aber es geht keineswegs, daß man sich auch die Hochzeitsfeier mit allem was dazu gehört von einem Angehörigen des hohen Adels bezahlen läßt. Salamanca ist eine Studenten- und Gelehrtenstadt, sonst nichts. Es besitzt nicht einmal einen königlichen Palast. Eben darum hat es der Kaiser für die Trauung seines Sohnes gewählt. Alba wird sich schon zu helfen wissen.

Da stehen an der Ecke der Plaza del Colegio viejo, wo man in die Calle del Tostado einbiegt, zwei benachbarte Häuser, die dem Don Cristóbal Suárez und dem Lizentiaten Lugo gehören. Sie sind durch einen geräumigen Zwischenhof getrennt, der aber gegen die Straße zu von einer Mauer abgeschlossen ist, so daß es von außen den Anschein hat, als wäre das alles nur ein einziges Haus. Diesen Hof nun und das Haus des Suárez dazu mietet Alba für einige Wochen. Die Wohnräume läßt er als Absteigequartier für die Infantin herrichten, der Hofraum aber wird mittels eines Holzgerüstes zu einem provisorischen Prunksaal umgebaut. Die Inneneinrichtung macht keine Schwierigkeiten, denn aus Madrid stehen genügend Teppiche und Wandbehänge zur Verfügung. Zwei Tage vor der Ankunft der Braut ist alles fix und fertig, und noch sind keine dreißig Dukaten an Unkosten ausgegeben. Denn Alba ist ein kluger Rechner, und übrigens bezahlt er vieles in aller Stille aus eigener Tasche. Der Dank des kaiserlichen Sparers ist ihm desto sicherer.

Am 12. November ist Medina Sidonia mit dem Brautzug in Salamanca feierlich eingeritten und gleich für den darauffolgenden Tag hat man die Trauung festgesetzt. Schlag 7 Uhr des Abends betritt die Infantin mit ihren Damen den Saal, in dem die Blüte des Adels und die Vertreter der hohen Geistlichkeit versammelt sind; darunter die Herzöge von Alba und von Medina Sidonia, von Béjar und von Gandía, der Kardinal-Erzbischof von Toledo, der Erzbischof von Lissabon, die Bischöfe von Cartagena und León. Angehörige des Bräutigams sind nicht zugegen; der kaiserliche Vater weilt längst wieder in Deutschland, die beiden Schwestern des Prinzen sind noch ganz kleine Mädchen, die Mutter ist seit vier Jahren tot. So feiert das kindlich-jugendliche Paar seinen Ehrentag unter lauter Fremden.

Die Braut macht bei ihrem Eintritt im Schein der vielen Kerzen einen stattlichen Eindruck. Sie trägt ein weißes Atlaskleid mit karmesinrot ausgepufften Ärmelschlitzen, darüber eine am Gürtel angesetzte Mantelschleppe aus karmesinrotem Atlas mit Goldbordüre, weiße Spitzenmanschetten und eine schwarzsamtene Mütze mit weißer Straußenfeder und Edelsteinagraffe. Kleid und Schleppe sind mit Blumenarabesken in Altgold reich bestickt. Als Schmuck hat sie um den Hals eine kurz gehaltene dreifache Perlenkette und auf der Brust einen viereckig geschliffenen großen Diamanten, an dessen breiter Goldfassung eine birnenförmige Perle hängt. Nachdem sie den Saal betreten hat, schreitet sie zu einer Estrade und nimmt auf einem Brokatkissen Platz, links und rechts ihre Damen. Jetzt bemüht sich der Herzog von Alba in seiner Eigenschaft als Oberzeremoniar, ihr die Zeit des Wartens mit gefälligem Plaudern zu kürzen. Aber die kleine Infantin hört kaum auf ihn. Sie ist blaß vor Erregung und man merkt, daß sie ihr Herz bis zum Halse heraufklopfen spürt. Mit einem Male ertönt Fanfarenklang und von der anderen Seite her betritt Prinz Philipp, nur von ganz wenigen Kavalieren gefolgt, den Saal. Er ist vom Kopf bis zum Fuß in Weiß gekleidet. Schnallenschuhe, Strümpfe, Kniehosen, Wams, Schulterkragen und Mütze, alles ist aus weißer Seide, zum Teil mit Silberbrokat bestickt und mit Silberbordüren gesäumt. Nur der Gürtel und das Degengehäng schimmern in mattem Gold. Nun schreitet er auf die Infantin zu, begrüßt sie mit Verbeugung und Handkuß und führt sie dann zu den beiden Thronsesseln, die an der rückwärtigen Saalwand, von einem schweren Baldachin überhangen, auf erhöhtem Podium stehen. Hier nehmen sie beide Platz, und während sich die Anwesenden zu der nun folgenden Zeremonie ordnen, sitzen diese zwei Kinder im strahlenden Schein der Kerzen und unter den neugierigen Augen der vielen Damen und Herren eine Weile in tödlicher Verlegenheit einander gegenüber, ohne recht zu wissen, was sie tun oder reden sollen. Aber schon hat der Herzog von Alba mit scharfem Blick die kritische Situation überschaut. Er hätte nach Vorschrift etwa eine Viertelstunde warten sollen, aber er tut es wohlweislich nicht, und das Brautpaar dankt es ihm heimlich von Herzen. Ein Wink seiner Hand läßt von der Galerie her einen Fanfarentusch ertönen, dem allsogleich gespannte Stille folgt. Dann tritt er neben den Sessel der Prinzessin und lädt die Anwesenden ein, dem hohen Paare ihre Huldigung darzubringen. In der Reihenfolge ihres Ranges treten sie einzeln herzu, beugen das Knie und küssen zuerst der Infantin und dann dem Prinzen die Hand. Gleichzeitig nennt der Herzog ihre Titel und Würden und was sonst noch von jedem wissenswert ist. Das gibt Gelegenheit, daß der Bräutigam ein paar erklärende Worte für die Braut hinzusetzt und in Eifer gerät und ihr schon beim dritten oder vierten der Vorgestellten deren ganzen Stammbaum aufzählt (worin er gut Bescheid weiß) und bei dem einen oder anderen eine lustige Anekdote zum besten gibt, während andererseits die Infantin ihre anfängliche Scheu rasch verliert und sich ungehemmt den Ausbrüchen kindlicher Heiterkeit überläßt. Daß sie nicht alles gleich versteht und manches drollig mißversteht, weil er nur Spanisch reden kann, das macht die Angelegenheit nur noch ergötzlicher. Bald ist es soweit, daß die beiden den einen oder anderen der vor ihnen Knienden vergessen, weil sie allzuviel

MARIA VON PORTUGAL, VON EINEM UNBEKANNTEN MEISTER

PHILIPP II., VON ANTONIS MOR

miteinander zu schäkern und zu lachen haben. Der Herzog von Alba aber läßt sie ruhig gewähren und scheint zeitweilig seines Amtes ebenfalls vergessen zu haben. Medina Sidonia sieht diesem unzeremoniösen Treiben ärgerlichen Blickes zu. Er überlegt allen Ernstes, ob er nicht in seinem späteren Bericht an den Kaiser mit entsprechendem Tadel darauf hinweisen soll. Alba hingegen freut sich des gelungenen Streiches. Mögen Zeremoniell und Dekorum selbander zum Teufel gehen, das Eis ist gebrochen und das junge Paar hat, statt in einviertelstündiger Verlegenheit, in wenigen Minuten zwangloser Fröhlichkeit den Weg zueinander gefunden.

Unmittelbar nachdem die langwierige, aber durchaus nicht langweilige Zeremonie der Huldigung vorüber ist, setzt man sich zur Hoftafel in einem benachbarten Raum, genauer gesagt: im Speisesaal des Don Cristóbal Suárez. Musik und Tanz verschönen das festliche Essen; auch das prinzliche Paar tritt zu einem gravitätischen Solotanz an. Kurz nach Mitternacht sodann schreitet man zur Hauskapelle, wo der Kardinal-Erzbischof von Toledo die Trauungsmesse zelebriert und die Brautleute kirchlich einsegnet. Die für eine Trauung anscheinend ganz ungewöhnliche Tageszeit erklärt sich leicht und einfach aus folgenden Erwägungen: in der Zeit von Mittag bis Mitternacht darf nach kirchlicher Vorschrift keine Messe gelesen werden, während andererseits die höfische Sitte die Vornahme des ehelichen Beilagers in unmittelbarem Anschluß an die kirchliche Trauung erfordert.

Für den Prinzen und die Prinzessin naht nun der zweifellos schwerste Augenblick ihres sechzehnjährigen Lebens. Denn der Vollzug des matrimonium nach altkastilischem Hausgesetz ist eine (für heutige Begriffe wenigstens) unsäglich peinliche, geradezu barbarische Angelegenheit: er geht in Anwesenheit bestimmter im Nebenzimmer versammelter Zeugen vor sich und wird nach angemessener Zeit durch Vorzeigung des Bettlakens vor dieser Gruppe von Hofbeamten und Würdenträgern für abgeschlossen erklärt. König Heinrich IV. von Kastilien hat sich zu Beginn seiner zweiten Ehe (1455) diesem Zwang eigenmächtig entzogen, aber die Cortes haben bei ihrer nächsten Versammlung die katego-

rische Forderung eingebracht, es müsse dieser heilsame Brauch ein für allemal wiederhergestellt und sorgfältig eingehalten werden. Hinreichend bekannt ist übrigens, daß derselbe Brauch bis vor kurzem noch in manchen Orten Spaniens gepflegt wurde. Dem jungen Paar Philipp und Maria läßt man Zeit bis einhalb drei Uhr morgens; dann mahnt sie, wie Alonso de Santa Cruz berichtet, Don Juan de Zúñiga, der alte Erzieher des Prinzen und Vertrauensmann des Kaisers, zum Aufstehen, und nun dürfen sie beide, jedes in seinem eigenen Bette, schlafen gehen.
Salamanca feiert das freudige Ereignis eine Woche lang mit öffentlichen Festen, mit Turnieren und Umzügen, Stierkämpfen und Feuerwerken, deren auch nur andeutungsweise Beschreibung sich hier aus räumlichen Rücksichten ganz von selbst verbietet. Das kronprinzliche Paar verschönt sie fleißig durch seine Anwesenheit. Nur kann man immer und ewig zur festgesetzten Stunde nicht anfangen, weil der Prinz bis in den späten Nachmittag hinein aus den Hörsälen der Universität nicht herauszubringen ist. Mit freudiger Überraschung merkt er, wie trefflich ihn der Lateinfanatiker Siliceo für diese Umwelt vorbereitet hat, wie gut er den Vorlesungen und Disputationen zu folgen vermag. Er wird sein Leben lang den gelehrten Studien und den sie pflegenden Universitäten ein warmherziger Förderer sein.
Nach Ablauf von sechs Tagen bricht man nach Valladolid auf. Denn fürs erste sind in Salamanca die Wohnräume doch gar zu notdürftig und beschränkt, fürs zweite aber sitzt in Valladolid die Regierung und dort ist der Prinz als Stellvertreter des abwesenden Kaisers vonnöten. Um Weihnachten muß er für einige Wochen von seiner jungen Gemahlin getrennt und aufs Land zur Erholung gebracht werden. Sein Körper hat sich stellenweise mit entzündlichen und eitrigen Pusteln bedeckt, vielleicht die natürliche Reaktion des kindlichen Organismus auf die ihm vorzeitig zugemutete Leistung, vielleicht auch nur die Auswirkung einer zufälligen Infektion. Als er geheilt zurückkommt, holt Valladolid mit verdoppeltem Eifer die unterbrochenen Festlichkeiten nach. Die junge Frau gleicht ihrer edlen und klugen Mutter nicht nur an Wuchs und Angesicht, sondern ist ihr auch an Gemüt und

Charakter ziemlich nachgeraten. Nur scheint sie bei weitem weniger lebhaft und aufgeschlossen zu sein, hat das Herz nicht so sehr auf der Zunge und verbirgt geflissentlich, was sie bedrückt. Von der Mutter hat sie nicht nur eine sorgsame Erziehung und gute Ratschläge mit auf den Weg bekommen, sondern auch noch eigens ein zierlich geschriebenes Heftchen voll goldener Lebensregeln und dazu die Mahnung, was darin steht immer wieder fleißig zu lesen und treulich zu befolgen.

„Unterrichte dich", so heißt es da gleich auf der ersten Seite, „über alles, was die verstorbene Mutter deines Gatten tat, wie sie lebte, was sie gern hatte oder verabscheute, welches ihre Ideen und Gewohnheiten waren, damit du dich ähnlich verhalten kannst." Die Vorzüge der toten Mutter in der Gattin wiederzufinden, das war noch immer, wie Doña Catalina mit feinem Gefühl erkannte, ein mächtiger Anreiz für einen jungen Ehemann und eine sichere Gewähr für edle Harmonie. Auch die Reinheit des häuslichen Herdes soll die Tochter sorglich wahren, den Schein jeder Unziemlichkeit peinlich vermeiden. „Dulde nie", so mahnt das Heftchen, „daß in deiner Gegenwart lockere Reden geführt werden. In deinem Schlafzimmer sollen, wofern dein Gatte nicht bei dir weilt, stets mehrere Hofdamen mit dir nächtigen." Schmerzliche Erinnerungen an die tragische Ehe ihrer eigenen Eltern — sie hießen Philipp der Schöne und Johanna die Wahnsinnige — mögen der besorgten Mutter den folgenden Satz in die Feder diktiert haben: „Sei mit allen Kräften darauf bedacht, daß du niemals einer Regung der Eifersucht nachgibst; sie bedeutet das Ende von Friede und Zufriedenheit." Auch für den Beruf als Königin möchte Doña Catalina ihre Tochter vorbereiten. „Suche das Vertrauen deines Mannes und die Zuneigung deines kaiserlichen Schwiegervaters", so schrieb sie, „niemals durch Vermittlung dritter Personen zu gewinnen, sondern einzig und allein durch dich selbst. Bewahre aufs treulichste die Geheimnisse, die dein Gatte dir anzuvertrauen für gut findet. Fragt er dich um deine Ansicht in wichtigen Dingen, so sage ihm offen und ehrlich, was du für recht hältst. Schreibe selten, am besten niemals, eigenhändige Briefe. Handle stets nach dem Grundsatz, daß Taten besser sind als Worte." Aus der Korrespondenz Katharinas mit Doña Margareta de Mendoza, der Oberstkämmerin ihrer Tochter, sind sodann ein paar anschauliche Einzelheiten des Erwähnens wert. Die jugendliche Prinzessin, die ohnehin nicht sehr zur Schlankheit neigt, ißt viermal am Tage Fleisch. Die kluge Mutter, in reiferen Jahren selber ziemlich üppigen Leibes geworden, verbietet ihr das nachdrücklich; sie soll stets auf möglichste Magerkeit bedacht bleiben. Die Gewaltkuren der Ärzte, die mit häufigen Aderlässen den unreifen Mädchenkörper zu baldiger Empfängnisfähigkeit zwingen zu können vermeinen, mißbilligt Katharina und rät dringend, der Natur ihre Zeit zu lassen. Ergreifend ist der Satz: „Berichtet mir auch, ob sie im Inneren wirklich so glücklich und zufrieden ist, wie sie es äußerlich zu sein scheint, denn das Kind ist ja von Natur aus so verschlossen, daß ich nimmermehr hoffen darf, es von ihr selbst zu erfahren." Die ewige Mutterliebe aber leuchtet strahlend aus dem in einem anderen Briefe gemachten Bekenntnis hervor, daß sie einerseits nicht genug Nachrichten über ihre Tochter erhalten kann, während sie andrerseits, je mehr sie erhält, desto mehr von Sehnsucht und Vereinsamung sich gequält findet.

Doña Maria, von ihrem jungen Gatten auf den Händen getragen, von den Herren und Damen des Hofes verhätschelt wie ein Kind, vom Volke verehrt wie eine Heilige, setzt ihren ganzen Stolz darein, der fernen Mutter Ehre zu machen und insbesondere das kleine Heftchen als Leitstern und Führer sich dienen zu lassen. So steht einem echten und ungetrübten Glück des Paares nichts im Wege. Auch die Erfüllung des größten und heimlichsten Wunsches eines jeden neugeschlossenen Ehebundes läßt hier nicht sehr viel länger auf sich warten, als die von der Natur gesetzte Frist es erfordert.

Die Geburt war schwer. Das lag bei den portugiesischen Infantinnen aus dem Stamme der Aviz schon so in der Familie. Aber schließlich ging auch diese Leidensstunde vorüber und in der Wiege lag ein leibhaftiges Prinzlein, runzelig im Gesicht und winzig an Körper zwar, schwächlich über alle Maßen und merkwürdig ruhig, aber immerhin ein Prinz, ein Erbe und Thronfolger, ein zukünftiger Vater von Königen und Kaisern spanisch-habsburgischen Stammes. Dem Großvater zu Ehren erhielt er in der Taufe den Namen Carlos. Der Jubel am Hofe, in der guten Stadt Valladolid, im ganzen Lande, überstieg alle Grenzen. Zukunftspläne wurden geschmiedet, einer immer kühner und anmaßender als der andere. Die Kronen ganz Europas, des halben Indien und Amerika sah man in einer einzigen Gloriole über der Wiege dieses königlichen Säuglings schweben.

Aber es war schon so, als der Bischof Don Juan Martínez Silicéo bei Cantalapiedra in den Bach fiel, und es wird immer so bleiben: das Denken hat der liebe Gott den Menschen überlassen, das Lenken hat er sich selber vorbehalten. Die Geburt war, wie gesagt, mit Schwierigkeiten verbunden, denn das Kind hatte eine nicht ganz normale Lage. Zwei Hebammen hantierten stundenlang am Leibe der Gebärenden herum. Eine Infektion war die unvermeidliche Folge. Am zweiten Tag schon traten heftige Schüttelfröste und eitrige Blutungen auf. Ein schweres Wochenbettfieber kam zum Ausbruch. Zwar besaß die Prinzessin an ihrem eigenen Leibarzt, den sie aus Lissabon mitgebracht hatte, einen tüchtigen und erfahrenen Heilkünstler. Er war ein zwergenhaft kleines Männchen mit übergroßem Kopf und einem Gesicht von abschreckender Häßlichkeit — un enano de estatura monstruosamente breve y con una cara horrida y grande, sagt die zeitgenössische Quelle —, trug beständig einen wallenden Talar, der bis auf den Boden reichte, und eine überhängende schwarze Sammetmütze. Auch behauptete er, an der Universität Bologna, deren medizinische Fakultät die berühmteste in Europa war, studiert zu haben. Seinen richtigen Namen wußte eigentlich niemand und man nannte ihn nur den „portugiesischen Doktor". Er war wie gesagt ein gescheiter Kopf und seiner Herrin mit Leib und Seele ergeben, aber er hatte zu seinem eigenen Leidwesen und zum Unglück für die Prinzessin die Sympathie ihres Gemahls nicht zu gewinnen vermocht. Er galt soviel wie nichts am Hofe und konnte infolgedessen auch gegen die eifersüchtige Unfähigkeit seiner spanischen Kollegen nicht aufkommen. Sie, von denen keiner über die Grenzen Kastiliens je hinausgesehen hatte, debattierten endlos über die Ursachen und den wahrscheinlichen Verlauf einer Krankheit, aber sie wußten keine anderen Heilmittel als Abführtränklein und Aderlaß.

Nun hatte der portugiesische Doktor versucht, dem gefahrdrohenden Zustand der Wöchnerin zunächst durch Spülungen mit Kochsalzlösung zu begegnen und gleichzeitig dem wachsenden Fieber mit Kräutertee und Schwitzkur beizukommen. Auf seine Bitten hatte ihr die Doña Leonor de Mascarenhas, die, selber eine Portugiesin, mit der seligen Kaiserin seinerzeit als Hofdame nach Spanien gekommen war und den Prinzen Philipp sozusagen aufgezogen hatte, in aller Heimlichkeit und spät in der Nacht — es ging schon gegen den grauenden Morgen zu — diese Heilkur appliziert, aber als am frühen Tage die beiden amtlichen Hofärzte zur Visite kamen, da mußte die Kranke sofort in die gegenteilige Behandlung genommen werden. Das künstliche Schwitzen nehme dem Körper die natürliche Feuchtigkeit und das Blut müsse dadurch vertrocknen, so behauptete der eine. Nein, im Gegenteil, die ganze Körperfeuchtigkeit werde in den Kopf getrieben, man brauche ja die Kranke nur anzusehen, um das zu erkennen, und ein Schlagfluß müsse infolge der Anschwellung der Gehirnmasse die unvermeidliche Folge sein, so wollte es der andere wissen. Während sie sich also eifrig in lateinischen Fachausdrücken ergingen, wurde die schweißgebadete Patientin ihrem dampfenden Lager entrissen und mit frischer, kühler Leibwäsche angetan; und während das Bett ebenfalls mit frischem, kaltem Linnen überzogen wurde, machte man der in Fieberschauern schlotternden Wöchnerin einen ergiebigen Aderlaß. Ohnmächtig und einer Leiche ähnlich wurde sie sodann wieder auf ihr Lager gebettet.

Die nächste Folge war ein an Heftigkeit alles bisherige weit übersteigendes Fieber und eine akute Lungenentzündung. Schrecklich war das Delirium der Kranken; immer wieder aber ging man ihr mit einem Aderlaß zu Leibe. Das eine Mal am Arm, das war der Grundsatz des einen, das andere Mal am Fußknöchel, das war die Theorie des anderen der beiden höfischen Medizinmänner. Dann kam überraschend das Ende. Die Jesuiten Pedro Faber und

Antonio de Araoz leisteten der sterbenden Prinzessin den letzten geistlichen Beistand. Nach wiederum zwei Tagen war sie von aller Drangsal und aller Erdenschwere erlöst. Am 8. Juli 1545 hatte sie den Knaben Carlos geboren, am 12. Juli erlosch sie. Als hätte man ihr den letzten Tropfen Blut abgezapft, so bleich und schmal lag sie auf dem Totenbett.
Der portugiesische Doktor, der das Ende voraussah, entfloh. Er ließ sein Maultier satteln, packte sein Felleisen und ritt davon, heim nach Lissabon, um der geängstigten Mutter Bericht zu erstatten, sich vor ihr zu rechtfertigen und sein eigenes Leben in Sicherheit zu bringen. Denn das höfische Heilkünstlerpaar hatte kein Hehl daraus gemacht, daß, wenn möglicherweise eine Katastrophe eintreten würde, nach seiner maßgebenden wissenschaftlichen Überzeugung nur dieser portugiesische Quacksalber die Schuld trage.
Verweilen wir einen Augenblick bei dem tragischen Verhängnis, das über den Kindern und Enkeln dieser bemitleidenswerten Königin Katharina schwebt, und bei dem schweren Leid, das ihr vom Schicksal auferlegt wird. Ihr Sohn, der Thronerbe Johann Emanuel, der die Schwester des Prinzen Philipp heiratet, stirbt, bevor sich sein Hochzeitstag zweimal jährt. Kurz nach seinem Tode gebiert die Witwe den Sohn und Nachfolger Sebastian, dessen exzentrisches Wesen und schreckliches Ende der Dichtung näher als der Wirklichkeit zu stehen scheint. Er verschwindet spurlos auf einem in fahrlässigem Heldenmut nach Nordafrika unternommenen Kriegszuge, sein Volk aber, ihn in Sagen und Liedern feiernd, wartet ein Menschenleben lang unentwegt auf seine Wiederkehr. Katharinas Tochter, die Infantin Maria, wird die erste Gattin Philipps von Spanien und die Mutter des Don Carlos, dessen Geburt sie nur um wenige Tage überlebt. Dom Sebastian ist ein halber Narr, Don Carlos ein ganzer. In beiden gärt das verhängnisvolle Blut der wahnsinnigen Johanna. Beide sterben in den Jünglingsjahren; beider Tod ist von Gerüchten und Märchen wie von einem wildblühenden Dornengebüsch umsponnen.
Daß in der guten Stadt Valladolid und späterhin im ganzen Lande

die abenteuerlichsten Flüsterberichte über das unerwartete Hinscheiden der jugendlichen Prinzessin Maria herumgetragen wurden, das ist begreiflich; sind ja doch nicht einmal die kastilischen Hofärzte imstande gewesen, die Krankheit in ihren Ursachen zu erkennen und in ihren Folgen aufzuhalten. Aber daß derartige Schauermärchen auch in die Geschichtsschreibung einzugehen und hier als verbürgte Tatsachen ihren Platz zu behaupten vermögen, das bedarf, um glaubhaft zu werden, des dokumentarischen Nachweises. Wir begnügen uns mit einem einzigen Beispiel. In der Volksmedizin und im Aberglauben weiter Kreise gilt die Zitrone von jeher als verderblich, ja geradezu giftig für Wöchnerinnen. Was lag also näher als die Annahme, die arme Prinzessin müsse an einer zur Unzeit genossenen Zitrone gestorben sein. Spanien ist aber nicht nur das Land der Zitronen, sondern auch der Autos de fe. Und so entstand denn sehr bald im Volksmund aus Zitrone, Auto de fe und Wochenbett die folgende gruselige Geschichte: die dienenden Frauen bei der Geburt wurden beaufsichtigt von der Oberstkämmerin Doña Maria de Mendoza und der Herzogin von Alba. Der vierte Tag nach der Geburt war schon da und alles schien in bester Ordnung abzulaufen. Da traf es sich, daß für eben diesen vierten Tag ein öffentliches Inquisitionsgericht mit Ketzerverbrennung (auto de fe) angesetzt war. Die beiden vornehmen Damen, die Alba und die Mendoza, konnten es nicht übers Herz bringen, diesem Schaustück fern zu bleiben und ließen die Wöchnerin mit ihrer Dienerschaft allein. Nun fügte es das Verhängnis, daß die Prinzessin gerade an diesem Tage eine unbezwingliche Lust nach einer Zitrone verspürte. Die unerfahrenen Mägde beeilten sich, ihr den Wunsch zu erfüllen, und die Zitrone tat, was sie eben in solchen Fällen tun mußte: sie wirkte wie ein tödliches Gift. Als die beiden schaulüsternen Hofdamen vom vollzogenen Auto de fe zurückkamen, da fanden sie statt der Prinzessin nur mehr eine Leiche vor. — So steht es als schlichte, aufrechte Tatsache zu lesen in der ursprünglich (1794) lateinisch geschriebenen, dann aber (1804) auch ins Spanische übersetzten und in dieser doppelten Ausfertigung weitesten Kreisen gelehrter und ungelehrter Leser zugänglichen Fortführung des berühmten Geschichtswerks von Juan de Mariana durch José Manuel Miñana und zwar im 3. Kapitel des 4. Buches.

Der junge Witwer, der in allem den kaiserlichen Vater zum Muster und Vorbild nimmt, zieht sich nach dem plötzlichen Hinscheiden seiner Gemahlin für mehrere Trauerwochen in die andächtige Stille des Franziskanerklosters Aguilera zurück, das in einiger Entfernung von Valladolid gelegen ist. Zum Teil tut er es wohl auch deshalb, um das aufdringliche Gejammer der Hofdamen und der weiblichen Dienerschaft nicht mit anhören zu müssen. Es schreibt nämlich der Jesuit Pedro Faber, berühmt als einer der frühesten Mitarbeiter des Ignatius von Loyola, am 23. Juli 1545 aus Valladolid: „Soviel ist im Palast geheult und lamentiert worden, daß man hätte meinen können, ganz Spanien gehe zugrunde und es gebe in diesem Leben keine Möglichkeit, sich über den erlittenen Verlust hinwegzutrösten." Die tote Prinzessin wird in der St. Pauls-Kirche der Dominikaner — in ihr ist der kleine Philipp seinerzeit getauft worden — beigesetzt, und hier ruht sie bis zum Jahre 1549, wo dann der Kaiser ihre Überführung nach dem Erbbegräbnis in der Capilla Real zu Granada verfügt. Der Prinz wird in diesen Wochen und Monaten fern der Heimat in den Niederlanden weilen, und eben diesen Augenblick wählt der feinfühlige und rücksichtsvolle Kaiser, um seinem Sohne das Aufreißen alter Wunden zu ersparen. Noch im September des Sterbejahres verlegt Philipp den Sitz der Regierung und des Hofes nach Madrid, weil er es, wie der zeitgenössische Chronist Alonso de Santa Cruz berichtet, in Valladolid „vor Leid und Vereinsamung nicht mehr auszuhalten vermag". Es ist gut, sich in die Lage des 18 jährigen Witwers mit einigem Verständnis hineinzudenken. Da sitzt nun der Jüngling nach kaum 20 monatiger glücklicher Ehe, aus allen Himmeln gerissen und zutiefst getroffen, allein, ohne Mutter, ohne Vater, ohne Gattin, nur mit einem kränklichen Säugling behaftet, inmitten seiner grämlichen alten Räte, als Ablenkung nur das zweifelhafte Labsal trockener Regierungsgeschäfte, streusandraschelnder Aktenbündel, schmerzlicher Erinnerungen. Hier erneuert und vertieft sich sein schon durch den frühen Tod der Mutter hervorgerufenes Abschließen nach außen, sein scheues Zurückziehen auf sich selbst, sein resigniertes Fügen in die Vergänglichkeit alles Irdischen. Hier liegen die Wurzeln dessen, was ihm eine wenig einfühlungsbereite Geschichtsschreibung dereinst immer als Gefühlskälte, mürrische Verschlossenheit und morbide Melancholie zum Vorwurf machen wird.

VII. KAPITEL

Die väterlichen Instruktionen und Einiges dazwischen

Mehrere Monate vor der Hochzeit des Prinzenpaares wird der Kaiser, wie schon erzählt wurde, durch kriegerische Verwicklungen und dringende Regierungsgeschäfte wieder aus Spanien abgerufen. Er nimmt wie gewöhnlich den Seeweg nach Genua und zieht von dort über Norditalien nach Deutschland und Flandern. Die Mußestunden der langwierigen Ausreise aber benützt er zur Abfassung teils allgemeiner, teils geheimer Instruktionen für den jungen Philipp, die ihm, die Tätigkeit der Berater ergänzend, eine sichere Handhabe für die Gegenwart und ein verlässiges Erbe für spätere Zeiten sein sollen. Nach Umlauf von fünf Jahren bietet sich erneuter Anlaß für die Niederschrift solcher Verhaltungsmaßregeln. Beide Male entstehen wesentliche Dokumente nicht nur zur Einsicht in Kaiser Karls Politik und Persönlichkeit und in die klägliche Zerrüttung der europäischen Machtverhältnisse, sondern auch zur Erkenntnis seiner tiefen und zielsicheren Einflußnahme auf Philipp und zur Deutung von mancherlei grundlegenden Eigenheiten im Charakter des letzteren. Man hat diese schriftlichen Kundgebungen im Hinblick auf ihre Wichtigkeit mit Recht als „politische Testamente" bezeichnet und darauf hingewiesen, daß sie als Vorbilder aller ähnlichen Niederschriften späterer absolutistischer Herrscher gelten dürfen.

Bei der Ausreise von Barcelona am 1. Mai 1543 landet der Kaiser wegen ungünstiger Windverhältnisse schon am 2. Mai in dem nahegelegenen Hafen Palamós, wo er an Land geht und vom 2. bis zum 12. verbleibt. Hier schreibt er auch die Instruktionen für seinen Sohn nieder. Sie bestehen aus zwei getrennten Teilen: der eine ist amtlich, und Philipp muß ihn zusammen mit seinem alten Erzieher Don Juan de Zúñiga lesen; der andere ist streng persönlich und der Prinz hat im Falle einer plötzlichen Erkrankung dafür Sorge zu tragen, daß das Schriftstück vor seinen Augen verbrannt oder unter Siegelverschluß an den Kaiser zurückgeleitet werde. Wie und in welcher Form sind nun diese von Karl V. für so wichtig erachteten Dokumente auf uns gekommen? Während des ganzen 19. Jahrhunderts wurden im Trubel politischer Wirren und unaufhörlicher Regierungswechsel die spanischen Archive ausgiebig bestohlen. Was nicht schon vorher auf Napoleons Geheiß gewaltsam annektiert und in ganzen Wagenladungen an die Ufer der Seine entführt worden war, das sah sich in den nachnapoleonischen Revolutionen und in dem ständigen Hin und Her zwischen Monarchie und Republik durch gewissenlose spanische Beamte dezimiert und an Ausländer verkauft. Die Universitätsbibliothek in Halle besitzt eine Reihe von Foliobänden spanischer Inquisitionsakten, die Preußische Staatsbibliothek in Berlin verwahrt ein handschriftliches Blatt aus dem verlorengegangenen Teil der Geschichtsbücher des Titus Livius, die Bayerische Staatsbibliothek in München hütet eine Briefsammlung aus dem Nachlaß des Erasmusanhängers Juan de Vergara. Diese drei Dokumente oder Dokumentensammlungen aber wurden in den Jahren 1846—47 von dem jüdischen Gelehrten und Publizisten Gotthold Heine in Spanien angekauft und fanden nach seinem frühzeitigen Tode — er starb an einer Schußwunde, die er bei den Berliner Straßenkämpfen des 18. Mai 1848 erhalten hatte — auf unbekannten Umwegen ihre dauernde Heimstätte in den genannten Bibliotheken. In den langen, traurigen Jahren und Tagen der spanischen Archivdiebstähle verschwanden auch die Originale der von Karl V. im Mai 1543 aufgezeichneten Instruktionen, und der Gedanke läge nahe, sie seien unter dem von G. Heine käuflich erstandenen und nach Deutschland gebrachten Handschriftenschatz gewesen. Aber dem ist nicht so; denn der Bonner Professor W. Maurenbrecher konnte sie noch um 1860 im Archiv des Auswärtigen Amtes in Madrid einsehen und, so gut es seine kläglichen Kenntnisse in spanischer Sprache und Paläographie eben erlaubten, notdürftig kopieren. In der Folgezeit jedoch fanden die Diebe ihren Weg auch ins Madrider Auswärtige Amt, die Originale verschwanden und kamen erst wieder ans Licht, als sie zu Anfang 1899 in Paris von dem Buchhändler Noël Chavary zum Verkauf ausgeboten wurden, und nicht lange darauf ein zweitesmal, als 1905 in Berlin der Autographenbesitz des jüdischen Sammlers Alexander Mayer-Cohn versteigert wurde. Bei dieser Gelegenheit wanderten sie um den Spottpreis von nicht ganz 2000 Mark in die Hände eines amerikanischen Liebhabers. Zum Glück sind sie im Laufe der Jahrhunderte mehrfach abgeschrieben worden und so in verschiedenen, freilich oft recht fehlerhaften Kopien erhalten geblieben. Ihre Veröffentlichung durch A. Valladares (1799), K. Lanz (1845), R. de Hinojosa (1887), A. Morel-Fatio (1899) und F. de Laiglesia (1908) ermöglicht wenigstens eine halbwegs brauchbare Korrektur des von W. Maurenbrecher (1863) so unzulänglich gebotenen Urtextes.

Diese Instruktionen von 1543 sind, wie gesagt, zweiteilig; sie werden, obschon mit dem gleichen Kurier abgesandt, dennoch getrennt versiegelt und adressiert; sie gehen beide unmittelbar in die Hände des Prinzen über. Die erste muß er zusammen mit Don Juan de Zúñiga durchgehen, damit dieser sich den Inhalt ebenfalls merke und jederzeit, wenn es not tut, unter Berufung auf sie den mahnenden und warnenden Finger erhebe. Dem alten, in Ehren ergrauten Haudegen und Hofgänger mögen vor Stolz und Rührung die Augen feucht geworden sein, wenn er zusammen mit dem jungen Philipp die Stelle las: „Ich bitte dich und mache es dir zur Sohnespflicht, daß du dir in allem bisher Gesagten und auch sonst den Don Juan de Zúñiga zum Muster und Vorbild nehmest, bereitwillig auf ihn hörst und ihm volles Vertrauen schenkest. In allen Regierungsgeschäften und besonders in Fällen, wo du ratlos und unentschlossen bist, kann er dir helfen, und er wird es mit der Liebe und Treue tun, die ich seit langem an ihm kenne." Nur kurze drei Jahre wird sich der Prinz dieses zuverlässigen Mentors und Ratgebers erfreuen, denn Juan de Zúñiga, der sich schon den Siebzigern nähert, stirbt bereits 1546.

Aus den Einzelvorschriften ist beachtenswert, daß der vorsichtige Kaiser seinem jungen Stellvertreter ziemlich nachdrücklich die Hände bindet. Er darf weder die Genehmigung zur Gründung von Majoraten geben, noch auch Dispensen gewähren, wenn Voraussetzungen für die Übernahme von Ämtern fehlen, noch auch Adelstitel nebst den daranhängenden Rechten verleihen, noch auch Legitimierungen von Kindern geistlicher Herren vornehmen. Bei der Besetzung freiwerdender weltlicher und kirchlicher Stellen höheren Grades behält sich der Kaiser ebenfalls die Entscheidung vor. Aus diesen Einschränkungen also ergibt sich für Juan de Zúñiga bereits ein umfängliches und gewichtiges Veto-Recht. Im übrigen soll, so will es der Kaiser, vor allem der feste Glaube an den guten und allmächtigen Gott und die unerschütterliche Treue zu ihm der oberste Leitstern für alle Erwägungen und Entscheidungen, sowie für die ganze Lebenshaltung des jungen Regenten sein. Durch ihn muß er sich befähigt und angetrieben fühlen, der Wächter und Wahrer dieses Glaubens auch für seine Untertanen zu sein. Er darf unter keinen Umständen dulden, daß Häresien im Dunkeln schleichen oder gar offen sich ans Licht wagen, und er muß in diesem Sinne die Inquisitionsbehörde nach Recht und Gesetz in jeder Hinsicht fördern. In der Regierung der Teilstaaten der Krone von Aragón gilt es, besondere Vorsicht walten zu lassen. Hier ist die Gefahr der Irrtümer und falschen Maßnahmen größer als anderswo, weil die zahlreichen Privilegien und Sonderverfassungen dieser Gebiete, und nicht minder die leidenschaftliche Hartnäckigkeit, mit der die Bevölkerung von oben bis unten auf ihrer Einhaltung besteht, jedes schematische Verfahren unmöglich machen. Der Prinz wird sich das gesagt sein lassen und er wird in Geduld und Wachsamkeit 20 Jahre und darüber des Augenblicks harren, in dem er diesen ganzen ihm hinderlichen und beschwerlichen Wust von Eigenrechten und Sondergesetzen mit einem Federstrich erledigen kann. Auf die Außenpolitik seines weitläufigen Reiches nimmt der Kaiser nicht näher Bezug; damit will er den Anfänger noch nicht belasten. Aber er behält sich vor, das hier Aufgeschobene bei späterer Gelegenheit gründlich nachzuholen; es wird in den Instruktionen des Jahres 1548 geschehen. Zunächst liegt ihm noch mancherlei Persönliches, Familiäres und Menschliches am Herzen.

Da sitzt in dem abgelegenen Schloß von Tordesillas in Altkastilien des Kaisers Mutter Doña Juana, die legitime Königin des Landes zwar, aber zur Regierung unfähig, weil ihr Geist von Wahnsinn umnachtet ist. Hier sitzt sie schon seit 34 Jahren, ihr Dasein hinschleppend zwischen tatenlosem Vorsichhinstarren und mit Schreikrämpfen verbundenen Anfällen der Zerstörungswut. Karl V. hat sie immer im Auge behalten und ihr, so oft sich die Gelegenheit bot, einen rücksichtsvollen Besuch gemacht. Philipp hingegen hat die unheimliche Großmutter in ihrer düsteren Burg voller Scheu gemieden und sich höchstens einmal oder zweimal zu einer kurzen Anstandsvisite bei der armen Irren herbeigelassen. Der Kaiser scheint ihn nie dazu gedrängt zu haben, aber es ist ihm eine Gewissenssache, auch hierin für die Zeit seines Fernseins alles Nötige anzuordnen. In diesem Sinne ist die Mahnung der Instruktionen zu verstehen, die besagt, der Prinz möge darauf bedacht sein, daß in der Pflege und Behütung der Königin Doña Juana — la reina mi señora, sagt der Kaiser respektvoll — jederzeit alles in Ordnung sei, so daß sich die hohe Frau über nichts zu beklagen habe. Von echt kastilischer Strenge ist sodann die Verordnung über die Lebenshaltung der beiden Schwestern des Prinzen. Die ältere, Doña Maria, ist schon bald heiratsfähig; die jüngere, Doña Juana, noch ein Kind. Sie sollen, so will es der Kaiser, in der gleichen Zurückgezogenheit aufwachsen wie bisher; die gegenseitigen Besuche zwischen ihnen und Philipp, oder zwischen ihnen und seiner Gattin müssen auf das Nötigste beschränkt bleiben, auch ist streng darauf zu sehen, daß in der Umgebung der beiden Infantinnen kein leichtfertiger, unziemlicher Ton sich entwickle, noch auch ein Hin- und Hergelaufe von Kavalieren und Hofnarren. Womit aber werden diese gewiß nicht beneidenswerten Mädchen die Zeit zwischen Essen und Schlafengehen hingebracht haben? Doch wohl nur mit geschäftigem Herumsitzen, mit Zukunftsträumen, Handarbeiten, Beten.

Der Rest der kaiserlichen Ermahnungen betrifft das Privatleben des Prinzen im besonderen. Für ihn, so heißt es da, ist die Zeit der kindlichen Tändelei und der spielerischen Jugendtage vorüber. Seinen Umgang werden jetzt ernste und gereifte Männer bilden und er mag zusehen, daß auch seine Vergnügungen dieser Umgebung angepaßt seien. Er soll seine Stunden nicht mit Ringelstechen, Ritterspielen, Wettkämpfen und ähnlicher Kurzweil vergeuden, sondern immer sich vor Augen halten, daß die ihm von Gott gesetzte Bestimmung das Regieren, nicht aber das Genießen ist. Auf keinen Fall darf er sich in die Hörigkeit und Abhängigkeit von einem Günstling begeben; denn sonst zerstäubt sein Leben in Kurzweil und Müßiggang, und ein anderer regiert an seiner Stelle. Dann erinnert er ihn an sein gegebenes Wort, mit dem er ihm geschlechtliche Reinheit und Enthaltsamkeit bis zum Abschluß der Ehe zugesagt hat, und ermahnt ihn, der Freude darüber deutlich Ausdruck gebend, auch als Gatte alle leichtfertigen Torheiten in ernster Männlichkeit zu vermeiden. In der Ausübung der ehelichen Pflichten soll er von genügsamer Zurückhaltung sein, denn jede Ausschweifung in dieser Hinsicht schade der Gesundheit, ja führe sogar nicht selten zu Zeugungsunfähigkeit und frühem Tode, wie man es am Beispiel des Onkels Don Juan erlebt habe. Dieser unselige Vorfahre des Kaisers und des Prinzen, das mag zur Orientierung des Lesers hier eingefügt sein, war der einzige Sohn des Königspaares Ferdinand und Isabella, deren Lebensbund im übrigen nur mit Töchtern gesegnet war. Man vermählte ihn 19 jährig mit Margarethe von Österreich und in sechsmonatiger Ehe schwanden Jugendkraft und Gesundheit des Prinzen wie Schnee in der Sonne dahin; am 4. Oktober 1497 sank er ins frühe Grab. Die Ärzte aber wollten die Quelle des Übels und die Ursache der schmerzlichen Katastrophe in dem allzu häufigen ehelichen Verkehr des Prinzen mit seiner Gemahlin gefunden haben. Die Kunde davon und mit ihr der Glaube an diese ärztliche Weisheit pflanzte sich, wie die Mahnung des Kaisers bezeugt, in der Familie getreulich fort. Ein ähnlicher Fall wird sich ein Jahrzehnt nach der Niederschrift dieser Instruktionen wiederholen und wiederum in der allernächsten Verwandtschaft. Er wird dem Prinzen Philipp die väterliche Mahnung erneut ins Gedächtnis rufen. Im Jahre 1552 heiratet Juana, Karls V. zweite Tochter, den jugendlichen

Kronprinzen Dom João von Portugal; er aber stirbt nach kurzer Ehe im Übermaß seiner Leidenschaftlichkeit den gleichen Liebestod wie Jahrzehnte vorher sein älterer Namensvetter und er hinterläßt eine schwangere Witwe, der man seinen Tod verheimlicht, bis sie ihr Kind zur Welt gebracht hat. Wenn darum Prinz Philipp mit seiner Gemahlin beisammen sei, so müsse er sich größter Zurückhaltung befleißigen, und weil das bekanntlich nicht leicht sei, so gebe es keinen anderen Ausweg, als daß er sich von seiner Gemahlin unter irgendeinem Vorwand immer wieder für längere Zeit trenne und bei seiner jedesmaligen Rückkehr nur eine kurze Weile bei ihr bleibe. Er möge auch fürderhin in diesen Dingen, obschon er keinen Vormund mehr brauche, getreulich auf die Stimme seines alten Lehrers Don Juan de Zúñiga hören und bestimmt nicht zornig werden, wenn dieser einmal streng mit ihm sei, denn er selber habe ihm das nachdrücklich eingeschärft. Wir erinnern uns jetzt daran, daß der neuvermählte Prinz einige Monate nach der Hochzeit für mehrere Wochen von seiner jungen Gemahlin getrennt und aufs Land zur Erholung geschickt wurde. Anzeichen eines entzündlichen Körperausschlages wurden als Grund dafür angegeben. Es liegt aber der Gedanke nahe, daß der übereifrige Zúñiga die an sich gewiß harmlose Angelegenheit als drohendes Signal einer Katastrophe von der Art des „Onkels Don Juan" deutete und es für richtig hielt, das Vorbeugungsmittel der kaiserlichen Trennungsvorschriften eilig und gründlich anzuwenden.

Im zweiten Teil der Instruktionen, also in jenem Schriftstück, das nach dem Willen des Absenders aufs strengste geheim zu halten ist, wiederholt und verdichtet Karl V. nur die Gespräche, die er über bestimmte Gegenstände mit dem Prinzen im Jahre 1542 geführt hat. Er nimmt auf diese Tatsache mehrmals ausdrücklich Bezug, und so ist es gewiß kein Fehlurteil, wenn man diese Geheiminstruktion nur als eine gekürzte und stellenweise vertiefte Zusammenfassung vorausgegangener mündlicher Unterweisungen bezeichnet. Dem Kaiser ist vor allem darum zu tun, daß der Prinz völlig klare Sicht behalte über den Charakter, die Veranlagung, die parteimäßige Einstellung, die Zuverlässigkeit und Vertrauenswürdigkeit jener Männer, die ihm als verantwortliche Ratgeber zur Seite gestellt sind. Der jugendliche Regent soll nicht nur wissen, daß er einer zwiegespaltenen Clique von alten Politikern und getarnten Egoisten gegenübertritt, er soll auch jeden einzelnen von ihnen viel tiefer durchschauen, als sie es ahnen können, er soll die große Kunst des „disimular" erlernen und üben, das heißt die Kunst nicht etwa der Heuchelei und Verstellung, sondern des heimlichen, nicht zur Schau getragenen und nicht ausgeplauderten Wissens um alle Finten und Schliche, Schwächen und Mängel seiner Mitarbeiter und Helfer, jenes Wissens, das den anscheinend Geführten zum Führer macht und ihm die Selbständigkeit seiner Entschlüsse und Entscheidungen gewährleistet, das ihn vor allem davor bewahrt, das hilflose Werkzeug eines Schlaueren, eines Wissenderen zu werden. Es ist ja auch schon gesagt worden, daß Karls V. größte und heimlichste Sorge um die Zukunft seines Nachfolgers war, er könnte dereinst in die Netze eines Günstlings verstrickt werden, und daß Philipp, wenn er vor diesem Unglück zeitlebens bewahrt blieb, es nur der rastlosen erzieherischen Fürsorge seines Vaters zu verdanken hatte, der ihm die willensmäßige Unabhängigkeit, die Selbstentscheidung, die innere Isolierung, das Sichnichtdurchschauenlassen, das „disimular" im besten Sinne, von Jugend auf in die Seele pflanzte. Diese geistige und psychische Haltung, dem Knaben und Jüngling zur zweiten Natur geworden, wird freilich auch den späteren, den reifen, den alternden Philipp zu einem die Entscheidung endlos hin- und herwendenden Zauderer machen.

Karl V. stellt also noch einmal die beiden sich bekämpfenden Parteien bloß, deren eine unter der Führung des Juan Pardo de Tavera und des Grafen Osorno steht, deren andere den Francisco de los Cobos und den Herzog von Alba zu ihren Häuptern hat. Beide Parteien sind monarchisch und regierungstreu, darüber besteht nicht der leiseste Zweifel, aber beide sind auch gleich erpicht auf ihre Geltung und auf ihren Vorteil, und auf beiden Seiten bleiben zum Unglück auch die Weiberröcke nicht aus dem Spiel. Beim Herzog von Alba mißtraut der Kaiser der demütigen Unterwürfigkeit, die er dem Souverän gegenüber unentwegt zur

Schau trägt, und er ist neugierig, ob er dieses Verhalten auch dem Prinzen gegenüber bewahren werde. Dabei ist aber gerade dieser Alba einer von jenen Granden des Reiches, die nur auf eine entscheidende Stelle vorzurücken brauchen, um sich vor Machtgier und Machtdünkel nicht mehr fassen zu können. Vor ihm gilt es besonders auf der Hut zu sein. Am wertvollsten und zugleich am wenigsten gefährlich ist er als Feldherr. Als solchen übertrifft ihn keiner von seinen Zeitgenossen und als solchen soll ihn darum Philipp auch fürderhin ausschließlich verwenden. Der gute Cobos wird langsam alt und ist auch nicht mehr der gesündeste. Freilich ist er bis jetzt, infolge seiner Routine in den Amtsgeschäften, auch dank seiner allumfassenden Erfahrung und seinem privaten Nachrichtendienst soviel wie unersetzlich gewesen. Philipp wird also gut daran tun, diese zuverlässige und willige Arbeitskraft klug und ausgiebig zu nützen, solange sie vorhanden ist. Die kleinen Fehler des Mannes sind ihm ja hinreichend bekannt; seine Gattin hat sich überdies, auf ein deutliches Wort des Kaisers, in letzter Zeit merklich zurückgehalten. Der Bischof von Cartagena (das ist unser alter Freund Herr Kieselstein) hat immer noch das volle Vertrauen des Kaisers. Er steht gesinnungsmäßig auf Seiten des Juan Pardo de Tavera, des Grafen Osorno und des Juan de Zúñiga, und dabei mag es sein Bewenden haben. Aber eines wünscht der Kaiser immerhin geändert zu sehen: es dünkt ihm nicht von Vorteil, daß der genannte Bischof zugleich auch der prinzliche Beichtvater sei, wie er es bisher gewesen ist. Für diesen Vertrauensposten eignet sich viel besser irgendein einfacher Mönch, der den Regierungsgeschäften fernsteht und nach getaner Pflicht jeweils wieder hinter seinen stillen Klostermauern sich vergräbt. Endlich ist da noch ein steinalter Priesterdiplomat, der sich aus liebgewordener Gewohnheit immer noch am Hofe herumdrückt, obwohl man seiner nicht mehr bedarf. Es ist Fray García de Loaysa, der Erzbischof von Sevilla, der Präsident der Rätekammer für die Kolonien (Consejo de Indias). Er war lange Zeit hindurch Kurienkardinal mit dem Sitze in Rom und dem Kaiser ein vertrauter Freund und Ratgeber. Im kurialen Intrigenspiel ein tapferer Helfer seines Herrn, stets wachsam, mutig, offen und treu, hat er dem Kaiser in brieflicher Beratung schätzenswerte Dienste geleistet. Man soll ihm deshalb nicht weh tun oder ihm den Stuhl vor die Tür setzen; aber sobald er etwa, altersmüde und kränklich wie er sei, in seine Sevillaner Diözese zurückzukehren wünsche, möge man ihn in Gnaden von seinen Ämtern entheben und mit allen Ehren und mit allem wohlverdienten Dank entlassen.

Der Prinz wird nicht lange Gelegenheit haben, sich mit den Ratgebern, die ihm der Vater insgeheim so anschaulich charakterisiert hat, in der Arena der Regierungsgeschäfte zu messen oder ihrem Intrigenspiel als nichtgeahnter, aber doch wesentlich beteiligter Zuschauer anzuwohnen. Der Tod nimmt ihm die meisten schon nach einigen Jahren hinweg. Im August 1545 stirbt Don Juan Pardo de Tavera, der Präsident des Staatsrates, der heimliche Liebhaber feuriger Weine, im Januar 1546 schlägt die Stunde für den schlauen und verschlossenen Grafen Osorno, im April des gleichen Jahres schließt der müde Kardinal García de Loaysa die Augen für immer, im Juni trifft es den treuen, alten Don Juan de Zúñiga, im Mai 1547 beendet der unersetzliche Francisco de los Cobos seine arbeitsreiche Erdenlaufbahn. Trotz mancher persönlicher Mängel waren sie in Treue um ihn gewesen, und nun sieht sich Philipp, wie später so oft im Leben, inmitten eines Kreises von Särgen. Ist damit gesagt, daß die kaiserlichen Instruktionen des Jahres 1543 zwecklos und verspätet waren? Keineswegs. Sie dienen vielmehr dem jungen Regenten nicht nur für die ersten paar Jahre, die in jeder Hinsicht schwere Lehrjahre sind, als sicherer und vertrauter Führer, denn in ihnen erklingt die Stimme des treubesorgten, unfehlbaren Vaters. Sie sind ihm auch ein unentbehrlicher Handweiser und Lehrer für die Zukunft, denn von jetzt ab ist er ein für allemal immun gegen die Pest der Günstlingswirtschaft, von jetzt ab besitzt er die echte und wahre Kunst des „disimular" und den Willen zur ausschließlich persönlichen Politik. Man darf die Instruktionen von 1543 nicht überbewerten, indem man sie isoliert betrachtet und ihnen eine einmalige Bedeutung beilegt; man darf sie aber auch nicht unterbewerten, sondern muß sie als Teilaktion des beispiellos starken Einflusses erkennen, den Karls V. suggestive Persönlichkeit auf den ihm mit Leib und Seele ergebenen Sohn ausgeübt hat.

Wenn man sie als Ganzes betrachtet, so kann diesen Schriftstücken gewiß nicht nachgerühmt werden, daß sie sich durch lichtvolle Klarheit der gedanklichen Fassung oder durch Vorzüge der sprachlichen Formgebung irgendwie auszeichnen. Es liegt im Gegenteil alles ziemlich kunterbunt durcheinander. Großes ist mit Kleinem gemischt, Wichtiges stößt sich mit Nebensächlichem, Ewiges und Weltanschauliches steht neben mickerigem Kleinkram des Alltags. Man vermag sich des Eindrucks nicht zu erwehren, als sei die Niederschrift in einem Augenblick geistiger Erschöpfung geschehen, wo die rechte Ordnung, Trennung und Formulierung der Ideen sich weniger gut als sonst vollziehen läßt. In der zweiten der beiden Instruktionen, also in der geheimen und streng vertraulichen, entschlüpfen dem Kaiser persönliche Geständnisse, die deutlich beweisen, daß er sich in jener Woche des tatenlosen Wartens im Hafen von Palamós in einem Zustand tiefer Depression befand, in dem ihm die Angst vor der Zukunft und die beginnende Leistungsmüdigkeit schwere Hemmungen auferlegten. 1538 hat das erschöpfte und abgekämpfte Frankreich die zehnjährige Waffenruhe von Nizza geschlossen. Aber die Schlappe, die der Kaiser 1541 auf der mißlungenen Expedition gegen Algier an der von herbstlichen Stürmen gepeitschten Küste Nordafrikas erleidet, weckt in Franz I. die Hoffnung, seine Stunde sei endlich gekommen. Jetzt oder nie werde er den Habsburger überwältigen. So bricht er den Waffenstillstand, stürzt sich in den vierten und letzten seiner Kriege gegen Karl V. und macht geradezu verzweifelte Anstrengungen mit Rüstung und Bündnispolitik. Er paktiert mit den deutschen Protestanten, läßt sich vom Herzog von Cleve Truppen stellen (demselben, den er in die Zwangsehe mit der navarresischen Prinzessin Jeanne d'Albret hineingehetzt hat) und schreckt nicht einmal vor der Schmach eines Angriffsbundes mit dem Türken zurück. Alles nur, um aus der gefürchteten Umklammerung Habsburgs frei zu werden. Der Kaiser weiß um diese Pläne, Bündnisse und Anstrengungen; er weiß auch, daß der lutherische Fürstenbund im Reich nur des Augenblicks harrt, wo der Türke und der Franzose den Sieg erringen, um dann im Verein mit diesen das Haus Habsburg und mit ihm den Katholizismus in Deutschland zu vernichten. Christen also verbündet mit Bekennern des Islams zum Kampfe gegen Christen! Nach damaligen spanischen wie nach heutigen deutschen Begriffen gewiß eine Rassenschande ohnegleichen. Der Kaiser verzweifelt im stillen an der Gerechtigkeit Gottes und an seiner eigenen Mission. Und noch andere Sorgen drücken auf ihn. Er weiß nicht, ob er die nötigen Summen für die Soldtruppen und die sonstigen Kriegskosten wird aufbringen können. Seine Kassen sind leer, seine Länder sind erschöpft, ausgepumpt, unlustig zu weiterem Geben. Seine Siegeszuversicht ist also gering, moralisch und materiell. Er droht zu erliegen, bevor noch das Ringen beginnt. Diese Stimmung zwingt ihm das folgende traurige Bekenntnis in die Feder: „Es schmerzt mich, mein Sohn, daß ich dein Ländererbe in diese äußerste Notlage gebracht habe. Nur um es dir unversehrt zu erhalten, ziehe ich in diesen Krieg; nicht aus freiem Antrieb also, sondern gezwungen und zu meinem großen Leide. Wenn unsere Vasallen nicht das Letzte an Geld und Gut hergeben, so weiß ich nicht, wie wir es überstehen sollen. Denn die Gefahr für Ehre und Ruf, für Leben und Besitz ist riesengroß; es ist die größte, die ich je bestehen mußte." Das schreibt Karl V., der Sieger von Tunis, der Vater des dereinstigen Siegers von Lepanto, der Vorkämpfer des Christentums im Abendlande. Dann kommt er ins Fahrwasser der flüssigen Rede und stellenweise ins leichtere Plaudern und überwindet für ein paar Stunden seine Depressionsgefühle, bis ihm endlich der Strom versiegt und er an den Abschluß denken muß. Bald aber überfällt ihn das alte Angstgefühl mit erneuter Schwere und der melancholische Druck entlädt sich in dem offenen, nahezu verzweifelten Eingeständnis seiner völligen Ratlosigkeit: „Ich bin so verwirrt und unentschlossen in Bezug auf das, was ich tun soll, daß es mir schlecht ansteht, dir ein Berater sein zu wollen. Da mich aber die bare Notwendigkeit in diese Zwangslage versetzt, so bleibt nur die Möglichkeit, zu tun, was eben getan werden muß. Es gibt jetzt nur noch einen

Helfer und das ist der allmächtige Gott. In seine Hände übergebe ich alles, seiner Entscheidung will ich mich demütig unterwerfen. Nimm dir ein Beispiel an mir und tue desgleichen. Handle nie und um keinen Preis in einer Weise, die Gott kränken könnte, befiehl dich ihm auf allen deinen Wegen und lege alle deine Nöte in seine Hand. Er wird dir dann hinieden ein treuer Helfer, Führer und Förderer sein, und im Jenseits wird er dir den Lohn nicht vorenthalten, den wir alle von ihm erhoffen und den dir niemand inbrünstiger wünscht als dein Vater."

Je öfter man diese Instruktionen liest, desto deutlicher fühlt man, daß sie eigentlich Briefe aus seelischer Not und Isolierung heraus sind, wenn sie sich auch äußerlich noch so sehr als amtliche Dokumente und fürsorgliche Verhaltungsmaßregeln zu geben scheinen. Der Kaiser hat hier, so scheint es, weniger aus organisatorischen Erwägungen und aus Pflichtgefühl zur Feder gegriffen, sondern vielmehr unter dem Zwang einer starken Depression und von dem Bedürfnis angetrieben, mit dem ihm am nächsten stehenden Menschen, seinem einzigen Sohne, sich auszusprechen und in seelischer Verbindung zu bleiben. Das ist es auch, was diesen Schriftstücken einen so zwiespältigen Charakter gibt: einerseits sollen sie als praktische und moralische Unterstützung für den Sohn dienen, andrerseits sind sie der angstvolle Hilferuf eines in den eigenen Angelegenheiten aus dem seelischen Gleichgewicht geratenen und mutlos gewordenen Vaters, der als letzten Ausweg in der Not nur den religiösen Trost des unbedingten Gottvertrauens findet.

Der erzieherische Wert dieser Instruktionen ist, wenn man von allen anderen Aspekten absieht, über jeden Zweifel erhaben. Unter den in ihnen niedergelegten Gedanken und Ratschlägen befindet sich nicht ein einziger, der nicht für den gesunden Menschenverstand, die Lauterkeit des Charakters, die abgeklärte Ruhe und Reife im Urteil des Monarchen, mit einem Wort, für seine anima candida et pia ein schönes Zeugnis ablegen würde und der nicht geeignet wäre, in diesem Sinne auch auf den Prinzen fördernd, befruchtend, aneifernd einzuwirken. Vor allem anderen eindrucksvoll und ehrfurchtgebietend aber ist das unerschütterliche Gottvertrauen, das den Kaiser beseelt, das ihm die Ruhe und die Kraft eines Felsens inmitten der Brandung gibt und das er in die Seele seines Erben einzupflanzen so eifrig bestrebt ist. Hier liegen auch die Wurzeln dessen, was sich dann bei Philipp II. zu der festen Überzeugung verdichten wird, er sei nur das Werkzeug in der Hand Gottes und er brauche nur nach bestem Wissen und Gewissen zu handeln, um das Rechte und von Gott Gewollte zu vollbringen.

Wir sind aber nun durchaus nicht zu der Annahme berechtigt, der jugendliche Prinz habe aus diesen Instruktionen nur die in ihnen niedergelegten Vorschriften, Ermahnungen und Ratschläge, nicht aber auch die schlimme Not, die Hilfs- und Trostbedürftigkeit des Vaters herausgehört. Es gibt keine schriftlichen Aufzeichnungen hierüber, keine Briefe oder ähnliche Dokumente, aber wir sehen den tapferen Knaben ehrlich und willig an der Arbeit, das Seinige zu tun, um dem bedrängten Vater zu helfen. Noch hat er keine Möglichkeit, in die europäische Kontinentalpolitik einzugreifen, aber er kann dem Kaiser mit beschleunigter Geldzufuhr unter die Arme greifen, und so wird denn seine erste und wichtigste Leistung als stellvertretender Regent eine nachdrückliche Geldbeschaffungsaktion sein.

Zu diesem Zwecke beruft er gleich im Sommer 1544 die Landstände von Kastilien zu einer Tagung nach Valladolid ein. Im Dominikanerkloster von Sankt Paul finden die Sitzungen statt. Der Regierungstisch ist spärlich besetzt: Philipp führt den Vorsitz und hat zur Rechten den Präsidenten des Staatsrates Don Juan Pardo de Tavera, zur Linken den Staatssekretär Francisco de los Cobos; um ein paar Stufen tiefer sitzt der Protokollführer Dr. Guevara. Das ist alles. Der junge Regent will, so scheint es, weniger durch einen imposanten Stab von Räten und Begleitern großen Eindruck machen, als vielmehr durch das Gegenteil. Zwischen den zwei alten Männern allein wirkt er viel gewichtiger als inmitten einer bunten Schar von Höflingen und Diplomaten. Er hat sich nicht getäuscht. Die Volksvertreter sind Aug und Ohr; ihr ganzes Interesse sammelt sich auf den Stellvertreter des Kaisers. Der Kardinal Pardo de Tavera tritt als Wortführer der

Regierung auf und ersucht um die Bewilligung der beiden „servicios" oder Zuschüsse, des regulären und eines möglichst hohen außerordentlichen. Der Kaiser bedürfe dringend des Geldes, einmal wegen der kostspieligen Kriege in Frankreich und Deutschland, und dann wegen des beträchtlichen Aufwandes, den die Prinzenhochzeit verursacht habe. (Daß die letztere fast ganz aus der Tasche der beteiligten Adeligen bestritten wurde, das ist eine kaiserliche Familienangelegenheit, die durchaus nicht an die große Glocke gehängt zu werden braucht.) Nach eintägiger Beratung unter sich finden sich also die Landstände wieder zu einer allgemeinen Sitzung zusammen und verkünden ihren Beschluß, der dahin lautet, daß sie, um dem Kaiser ihre alte Anhänglichkeit darzutun und dem Prinzen einen Beweis ihres unbeschränkten Vertrauens zu geben, nicht nur den herkömmlichen Zuschuß von 300000 Dukaten, sondern auch die Hälfte dieser Summe als außergewöhnlichen Beitrag zu gewähren willens seien. Dann dürfen sie ihre Petitionen und Forderungen vorbringen, die charakteristischerweise ganz und gar auf die örtlichen Bedürfnisse zugeschnitten sind und deutlich erkennen lassen, wie fern diesen biederen kastilischen Volksvertretern die Probleme und Sorgen liegen, die ihrem Kaiser so viel schwere Stunden bereiten. Wir wollen einige davon festhalten, sei es auch nur um den Gegensatz der beiden Welten fühlbar zu machen, in denen Karl V. lebt und wirkt und in denen bald auch der junge Philipp sich wird zurecht finden müssen, der spanischen, in der es um kleine Wirtschaftsprobleme geht, und der europäischen, in der Großmachtsfragen und Religionsgegensätze von säkularer Bedeutung ausgekämpft werden. Es liege, so beschweren sich die Abgeordneten, das Gewerbe der Waffenschmiede und jenes der Teppichweber heillos darnieder, weil es an guten Meistern fehle, die wieder für entsprechenden Nachwuchs an Lehrlingen und Gesellen sorgen würden. So wandern erhebliche Geldsummen jedes Jahr ins Ausland, nach Italien, Frankreich und Flandern im besondern. Abhilfe ist nur zu schaffen, wenn ausländische Handwerksmeister dazu gebracht werden können, sich in Spanien niederzulassen, aber zu diesem Zwecke müsse ihnen für den Anfang eine gewisse Steuerfreiheit eingeräumt werden. Weiterhin: das in Vergessenheit geratene Verbot des unbeschränkten Schlachtens von Kälbern und Lämmern in den Schlachthäusern der Städte bedarf der strengen Erneuerung, weil sonst die Viehzucht des Landes ruiniert zu werden droht. Oder: in den Längenmaßen der von den Kavalieren getragenen Degen ist eine verderbliche Ungleichheit eingerissen. Fünf Spannen lang ist die Regel, und alle längeren müssen daher gekürzt werden, sonst gibt es Verletzungen und Todesfälle ohne Zahl. Endlich: Seide, Brokat und andere kostbare Stoffe auf Pump zu verkaufen, soll den Tuchhändlern verboten werden, da sich viele vornehme Herren und Familien auf diese Weise in Schulden und oft genug ins Elend stürzen. Andrerseits muß den Handwerkern und ihren Frauen und Töchtern untersagt werden, in Samt und Seide einherzustolzieren und ein aufreizendes Beispiel zu geben. Auf die meisten der vorgebrachten Wünsche und Beschwerden antwortet Philipp: man wolle die Sache ins Auge fassen und sehen, was am besten zu tun sei, oder: er werde nicht versäumen, Seiner Kaiserlichen Majestät von diesem Ersuchen ihrer Untertanen genaue Kenntnis zu geben. Im übrigen kann er mit dem Erreichten wohl zufrieden sein.

Im Juni 1547 beschließt er darum, mit Genehmigung des Kaisers den gleichen Versuch in Aragón, Valencia und Katalonien zu machen. Aber hier sind schon erhebliche Schwierigkeiten zu überwinden. Philipp mag sich mit ärgerlicher Lebhaftigkeit an den Passus erinnert haben, den der Kaiser in der ersten der beiden Instruktionen von 1543 über die Bewohner dieser drei Gebiete niedergeschrieben hatte. Als die Ständevertreter in der alten Tagungsstadt Monzón versammelt sind und die Forderung nach möglichst reichlichen Zuschüssen zu des Kaisers Kriegskasse vernommen haben, da ziehen sie ihre Besprechungen ungebührlich in die Länge, können sich ewig zu nichts entschließen und nicht einig werden; das heißt, sie haben eben die unaufhörlichen Kriegstribute satt und versuchen es nun einmal mit dem passiven Widerstand. Der Kaiser ist weit weg, irgendwo in Deutschland — so ganz genau wissen es die wenigsten, wo dieses verwünschte Deutschland liegt, nur daß es sehr weiträumig, voll von Städten und

Dörfern und Tausende von Meilen entfernt ist —, mit dem jugendlichen Stellvertreter aber gedenken sie leicht fertig zu werden. Eine Woche lang sieht der Prinz ihrem störrischen Zögern abwartend zu und dann noch einmal eine halbe, aber dann ist er mit seiner Geduld zu Ende. Jetzt lernen die starrköpfigen Eigenbrötler von Aragón, Valencia und Katalonien den jungen Regenten, der immerhin inzwischen schon 20jährig geworden ist, von einer ganz neuen Seite kennen. Er ruft sie plötzlich zusammen und hält ihnen eine ernste, gemessene Strafpredigt, die auch einer leisen, aber unmißverständlichen Drohung nicht ermangelt. Er weist auf die unendlichen Mühsale hin, die der Kaiser geduldig erträgt, um sein Land, spanisches Land wohlgemerkt, in Nord und Süd vor Raub und Zerstückelung zu bewahren, um das religiös gespaltene und zerrissene Deutschland wieder zu friedlicher Einheit zusammenzuführen, um das christliche Europa und mit ihm wiederum seine spanischen Erblande vor der drohenden Türkengefahr zu retten. Er warnt sie davor, in kleinlichem Geize große Pflichten und Ziele zu verkennen und durch Vorbehalte, Arglisten und Aufschübe ihren Souverän und dessen Stellvertreter zum besten zu halten. Damit setzen sie zunächst nur das Wohlwollen und die Zuneigung derer aufs Spiel, die über sie zu gebieten haben; gar nicht zu reden von anderen schlimmen Folgen, die ein solches Wagnis für sie haben könnte. Also spricht Prinz Philipp, der 20jährige, und es ist für uns ganz gleichgültig, ob er die Ansprache selbst erdacht hat oder nicht, ob er sie frei vorgetragen oder nur abgelesen hat; die Wirkung übertrifft jede Erwartung. Tags darauf schon bewilligen die Ständevertreter einen regulären Zuschuß von 200 000 jaqueser Pfund und einen außerordentlichen von deren 25 000 Pfund (Jaqués heißt: in Währung von Jaca, das eine uralte Festungs- und Münzstadt in Aragón ist). Der zeitgenössische Alonso de Santa Cruz aber berichtet uns, daß das Verhalten des Prinzen im ganzen Lande bestaunt wurde, denn man hatte ihn vorher noch nie in der Öffentlichkeit über ein bestimmtes Thema reden hören. Wie vorher in Valladolid, so kann Philipp auch in Monzón mit dem Erreichten wohl zufrieden sein.

Was aber hat inzwischen der Kaiser getan? Sind ihm die melan-

cholischen Ängste und Besorgnisse, die ihm bei seiner letzten Ausfahrt aus Spanien so schwer das Gemüt belasteten, zum Schlimmen oder zum Guten ausgeschlagen? Wie stehen, während Prinz Philipp so redlich und eifrig bemüht ist, in Spanien alles in guter Ordnung zu halten, die Dinge im feindlichen Frankreich? Wie in dem von wachsendem Zwiespalt erschütterten Heiligen Römischen Reich Deutscher Nation? Und wie in den von der Türkennot bedrohten Ebenen und Küstenstrichen Europas, das in seinem Frieden so vielfach gefährdet ist?
Franz I. hat sich schon im Juni 1543 nach dem Hennegau gewendet und Landrecy eingenommen. Karl V. greift aber zunächst nicht ihn, sondern seinen Verbündeten an, den Herzog Wilhelm von Cleve, dem es im vorausgegangenen Frühjahr gelungen ist, den gegnerischen Truppen bei Sittard eine empfindliche Schlappe beizubringen. Der neuen, 30000 Mann starken Armee unter der Führung des Kaisers aber ist er nicht mehr gewachsen, zumal ihn Franz I. unbekümmert im Stiche läßt. Düren wird im August von Karls Truppen erstürmt, Jülich, Roermonde und Ockelen öffnen gutwillig ihre Tore. Im September schon ist es soweit, daß der alte und der junge Herzog von Cleve, die beide Wilhelm heißen, den Kaiser kniefällig um Gnade bitten müssen. Die Bedingungen, unter denen sie ihnen gewährt wird, sind hart, aber gerecht: Rückkehr des ganzen Ländchens zur alten Kirche, Verzicht auf die Grafschaft Geldern, Abkehr vom Bündnis mit Frankreich, Vereinigung der Cleveschen Truppen mit den kaiserlichen. Der junge Herzog, dessen Ehe mit der Prinzessin Jeanne d'Albret erst im November 1545 durch päpstliches Breve aufgehoben wird, sieht sich, sowie er frei ist, zur erhöhten Sicherung des Bündnisses mit der Erzherzogin Maria, einer Tochter König Ferdinands, verheiratet. Die alte Herzogin stirbt vor Gram.
Nach dem Sieg über die beiden Herren von Cleve dringt Karl V. durch die Champagne gegen Paris vor. Epernay und Château Thierry fallen und die Einnahme der Hauptstadt scheint bevorzustehen. Es ist im September 1544 und ganz Frankreich zittert vor den Ereignissen des Herbstes. Da indes Heinrich VIII. von England, im Bündnis mit Karl V., sich mit der Eroberung von

Boulogne begnügt und die Verabredung, von Westen her gegen Paris vorzudringen, nicht einhält, denn er will durchaus nicht, daß des Kaisers Sieg über Frankreich ein vollständiger sei, so sieht sich Karl V. zur Bezwingung von Paris nicht stark genug und zeigt sich geneigt, zu unterhandeln. Franz I. ist unter dem Eindruck des Verlustes von Boulogne zu eiliger Verständigung bereit, und so schließt man, ohne etwas erreicht zu haben, den Frieden von Crépy (September 1544). Keiner ist der Sieger, keiner der Besiegte. Franz I. ist der geplante Vernichtungsschlag gegen den Habsburger mißlungen, Karl V. hat nichts gewonnen als leere Versprechungen und Aussicht auf einen vorläufigen und unsicheren Frieden. Beide geben ihre Eroberungen zurück, beide versprechen für die Einheit der alten Kirche zu wirken, beide zahlen ihre Kriegskosten aus eigener Tasche. Heiratspläne werden erwogen, aber nie durchgeführt. Der Herzog Karl von Orléans, der jüngere Sohn Franz' I., soll Karls V. Tochter Maria ehelichen und als Mitgift die Niederlande und die Franche-Comté erhalten, Franz dagegen soll seinem Sohn die Herzogtümer Orléans, Bourbonnais, Châtellerault und Angoulême geben. Aber der vorzeitige, genau ein Jahr nach Crépy erfolgende Tod des jungen Herzogs vereitelt diese Eheschließung und die aus ihr erhofften freundschaftlichen Bindungen.

Nicht minder unerfreulich gestaltet sich der Türkenkrieg. Die protestantischen Fürsten und Städte verweigern auf dem Nürnberger Reichstag (Januar bis April 1543) jede Beihilfe gegen den osmanischen Feind, weil sie ihre religionspolitischen Forderungen nicht so großzügig erfüllt sehen, wie sie es gewollt hätten. Der Sultan Suleiman kann darum während des gesamten Jahres große Gebiete von Ungarn erobern und besetzen. Die Städte Siklós, Fünfkirchen, Gran, ja sogar Stuhlweißenburg, die alte Krönungs- und Begräbnismetropole der Könige von Ungarn, werden erstürmt und geplündert, ihre Bevölkerung niedergemacht oder in die Sklaverei entführt, ihre Kirchen in Moscheen umgewandelt. Im Juli des gleichen Jahres (1543) vereinigt sich die osmanische Flotte unter Barbarossa in Marseille mit der französischen und erobert Nizza. Dann überwintert der Türke, zu einer förmlichen Landplage werdend, in Toulon und kann schließlich nur durch eine Abfindung von 800000 Talern, die ihm Franz I. großmütig bewilligt und die das französische Volk kleinmütig bezahlt, zum Abzug bewogen werden. Im Osten setzen unterdessen die osmanischen Landstreitkräfte ihren Vormarsch gegen Österreich mit zäher Beharrlichkeit fort und nehmen eine Reihe von Städten in Slavonien und Kroatien weg. Erst im Juni 1547 vermag König Ferdinand, gegen einen ebenso ungeheuerlichen wie schmählichen Tribut von jährlich 30000 Dukaten, einen fünfjährigen Waffenstillstand zu erreichen. Das sind die traurigen Ergebnisse der Türkenpolitik Franz I., des „allerchristlichsten" Königs.

Im Reiche selbst treibt unterdessen die wachsende innere Spannung und Zwietracht einer kriegerischen Entladung zu. Am 18. Februar 1546 stirbt Luther mit der trüben Ahnung des heraufsteigenden Religionskrieges. „Wer sterben kann, der sterbe nur bald; es will nicht gut werden in der Welt. Deutschland ist gewesen, was es gewesen ist." Mit dieser Überzeugung geht er von hinnen. Die im Schmalkaldener Bund geeinigten protestantischen Fürsten und Städte verschließen sich einem allgemeinen Konzil, dem einzigen Mittel der Verständigung ohne Waffengewalt, aus einem sehr einfachen Grunde: sie wollen keine Verständigung. Nun bleibt dem Kaiser, wofern sein Titel und sein Amt auch fürderhin noch einen Inhalt haben sollen, nur mehr das Würfelspiel des Krieges. Ebenso deutlich wie anschaulich spricht er sich hierüber in einem vertraulichen Briefe (vom 9. Juni 1546) an seine Schwester Maria, die Statthalterin der Niederlande, aus, die ihm immer das größte Verständnis für seine politischen Nöte entgegengebracht hat: „Du weißt, was ich dir bei meinem Abschied in Maestricht sagte, daß ich alles aufbieten würde, um auf irgendeine Weise die deutschen Angelegenheiten zu ordnen und zum Frieden zu bringen und dabei den Weg der Gewalt bis zum äußersten zu vermeiden. Es hat mir nicht gelingen wollen. Die Fürsten kommen nicht mehr zum Reichstag. Ihr Streben ist dahin gerichtet, die kaiserliche Autorität gänzlich zu entkräften und eine Ordnung der Dinge aufzurichten, in der die geistlichen Fürsten nicht mehr Raum haben. Diese überschütten mich mit Klagen und Beschwerden. Darum habe ich mich mit meinem Bruder und mit dem Herzog von Bayern beraten. Sie sind der Meinung, daß es kein anderes Mittel gibt, als den Abgewichenen mit Gewalt zu widerstehen und sie dadurch zu erträglichen Bedingungen zu bringen, damit, wenn auch sonst alles erfolglos bleibt, man doch wenigstens dem Unheil entgegentrete, alles unrettbar zu verlieren. Sie glauben ferner, daß die Umstände günstig sind. Denn die besagten Abgewichenen sind bereits sehr geschwächt und erschöpft durch die Kosten ihrer Kriegszüge. Ferner ist der Unwille und die Unzufriedenheit in den Ländern Sachsen und Hessen groß, sowohl beim Adel als bei den Untertanen, weil diese Fürsten sie ausmergeln bis auf die Knochen und sie in ärgerer Knechtschaft halten als je zuvor. Namentlich aber ist der Adel gegen sie aufs höchste ergrimmt. Dazu sind sie geschwächt durch ihre Teilung in verschiedene Sekten ... Ich bin also entschlossen, gegen den Kurfürsten von Sachsen und den Landgrafen von Hessen als Störer des Landfriedens den Krieg zu beginnen." Nach einer fast kampflosen Unterwerfung Süddeutschlands erringt dann der Kaiser am 24. April 1547 bei Mühlberg an der Elbe seinen entscheidenden Sieg über die Schmalkaldener Verbündeten. Für die Uneinigkeit und die Größe der Interessengegensätze unter den lutherischen Fürsten spricht wohl am besten die Tatsache, daß ihrer mehrere auf der Seite des Kaisers fechten, so Erich von Braunschweig, Hans von Küstrin, Albrecht Alcibiades von Brandenburg und Moriz von Sachsen. Einige Wochen zuvor erhält der Kaiser die Nachricht, daß sein Erbfeind, Franz I., am 31. März auf Schloß Rambouillet verschieden ist. Kurz vorher hatte der Dahingegangene durch eine den Protestanten gegebene Zusage abermaliger Hilfeleistung nicht nur die Hartnäckigkeit seiner Feindschaft gegen den Habsburger, sondern auch die Unzuverlässigkeit seines bei Crépy verpfändeten Wortes neuerdings erwiesen.

Karl V. steht jetzt auf dem Höhepunkt seiner Macht. Aber er wird diese Macht nicht ausnützen, so wie es etwa der nächste beste von den Kurfürsten an seiner Stelle getan hätte; er vermag

sich in seiner übergroßen Gewissenhaftigkeit von der fixen Idee der friedlichen Schlichtung aller Zwistigkeiten durch Besprechungen, Unterhandlungen, gegenseitiges Nachgeben, Konzilsbereitschaft und dergleichen nicht freizumachen, er will immer wieder — wir lasen es soeben wörtlich in seinem Briefe — „den Weg der Gewalt bis zum äußersten vermeiden" und er gedenkt daher auf dem Reichstag in Augsburg durch den als „Interim" bekannten Erlaß das in Mühlberg Errungene zu festigen und auszubauen. Eine beruhigende und befriedigende Zwischenlösung sollte es sein, bis endlich das große allgemeine und von den Päpsten endlos verschleppte Konzil die letzten Entscheidungen treffen würde.
In Augsburg nun fügt es sich, daß Karl V. den kalten Hauch der Ewigkeit fröstelnd zu spüren vermeint. Während der Sommermonate wird er von einem schweren Anfall seines alten Gichtleidens heimgesucht. Eine Erkältung ruft überdies eine schlimme Gelbsucht hervor und beide Krankheiten fesseln ihn den ganzen Monat August an das Siechbett. Mit der Möglichkeit eines frühzeitigen und plötzlichen Todes hat der Kaiser immer gerechnet. Er, der im Felde keine Kugel fürchtete und von seiner Umgebung unzählige Male gewarnt werden mußte, sich nicht so unbekümmert der Gefahr auszusetzen, er, der in seiner eigenen labilen Gesundheit eine schlechte Bürgschaft für ein hohes Alter hatte und an zahlreichen Beispielen in der eigenen Familie die Zerbrechlichkeit des menschlichen Lebens und die Hinfälligkeit alles Irdischen häufig genug kennengelernt hatte, der zudem von einem Gottvertrauen und einer Jenseitshoffnung ohnegleichen beseelt war, er hatte längst alle Schrecken des Todes überwunden. Seine drohende oder scheinbare Nähe vermochte ihn immer nur zu veranlassen, dafür Sorge zu tragen, daß für den Fall seines Hinscheidens im Diesseitigen und im Jenseitigen alles aufs beste geordnet und vorbereitet sei. So hält er es auch jetzt wieder, da er ernstlich krank in Augsburg darniederliegt. Von seinen religiösen Bereitschaftsmaßnahmen ist hier nicht zu reden; sie sind eine Angelegenheit, die nur ihn allein angeht. Aber seine weltlichen Vorkehrungen und Zurüstungen für den Fall eines plötzlichen Todes dürfen, da sie in erster Linie die Zukunft seines Sohnes und Erben

betreffen, hier nicht verschwiegen werden. Sie sind von zweifacher Art: praktisch und theoretisch; die einen auf einen naheliegenden Sonderfall sich beziehend, die anderen allgemein gehalten und für die gesamte Politik und Lebensgestaltung des Sohnes verpflichtend.
Karl V. hat sich nach langem Überlegen endgültig entschlossen, die Niederlande nicht für die Mitgift und das Erbe seiner ältesten Tochter Maria zu bestimmen, um nicht mit der Möglichkeit des Übergangs dieser Provinzen auf eine andere Dynastie rechnen zu müssen, sondern sie auf seinen Sohn und Nachfolger zu vererben und so für immer beim spanischen Stammhause und Länderkomplex zu belassen. Dieser Entschluß macht, da nach des Kaisers Gefühl und Auffassung sein plötzlicher Hintritt durchaus im Bereich der Möglichkeit liegt, eine dreifache sofortige Maßnahme nötig. Fürs erste Philipps persönliche Präsentation in den Niederlanden, fürs zweite die Umstellung und Durchorganisierung seines Hofhaltes nach burgundischer Sitte, fürs dritte die Bestellung einer Regentschaft in Spanien für die Zeit, wo sowohl der Kaiser als auch der Prinz außerhalb seiner Grenzen weilen werden. Das sind die praktischen, die auf den Sonderfall der niederländischen Erbfolge bezugnehmenden Vorkehrungen. Die anderen, die theoretischen, eher grundsätzlichen und belehrenden, Einsichten und Erkenntnisse vermittelnden Vorkehrungen nehmen, wie anno 1543, die Form von schriftlichen Instruktionen an. Damals gingen sie aus seelischer Not, aus einer gefahrdrohenden Gemütsdepression hervor, jetzt ist ihr Anlaß körperliche Not, bei gesunder, aktionsbereiter Haltung der Seele.
Als Philipp die erste zuverlässige Nachricht von der Erkrankung des Vaters erhält, da schickt er unverweilt den Jugendfreund und Vertrauten Ruy Gómez de Silva nach Augsburg. Er muß in erster Linie danach sehen, ob mit Ärzten und Pflegern alles ist wie es sein sollte, dann auch den Kaiser zu seinem Erfolge von Mühlberg beglückwünschen, nebenbei über den Gang der Dinge in Spanien vertraulichen Bericht erstatten und allenfallsige besondere Verfügungen des Herrschers entgegennehmen. Ruy Gómez kehrt dann auch noch zu Beginn des Herbstes nach Spanien zu-

rück und bringt einen ganzen Sack voll mündlicher und schriftlicher Neuigkeiten für den Prinzen mit. Zunächst ergänzenden Bericht über mancherlei Einzelheiten der kriegerischen Ereignisse. Dann genaue Botschaft über den Gesundheitszustand Seiner Majestät, der sich nach der Gicht- und Gelbsuchtkrise wieder erheblich gebessert hat. Ferner den Reiseplan für Philipps Präsentationsfahrt nach den Niederlanden und die nötigen mündlichen Erläuterungen dazu. Weiterhin die Liste der zu vollziehenden Ernennungen und Bestallungen für die neue Hofhaltung nach burgundischem Zeremoniell; und endlich die überraschende Nachricht, daß für die Infantin Maria (Philipps Schwester) sich endlich der richtige Bräutigam gefunden habe. Es sei Erzherzog Maximilian, der Sohn des Königs Ferdinand, und er werde sich in Bälde auf die Reise nach Spanien begeben. Das zu vermählende Paar sei dazu bestimmt, während der Abwesenheit Philipps die spanische Regentschaft zu führen.
Für den Prinzen und die Seinen bringt diese umfängliche Botschaft des Ruy Gómez fast allzuviel des Neuen und Überraschenden. Der ganze Hof wird auf den Kopf gestellt, die europäischen Ereignisse, Pläne, Verwicklungen und Lösungen werfen ihre unruhigen Wellen bis an die Mauern des stillen und abgelegenen Schlosses in Madrid, mit einem Schlage sieht sich der junge Regent zwangsläufig in das Treiben jener fernen Mächte hineingerissen. Neue Pflichten rufen ihn, neue Sorgen und Verantwortungen warten auf ihn, Spanien ist eben, das wird ihm in diesen Tagen wieder schmerzlich klar, nur ein Anhängsel, ein Außenbezirk der kaiserlichen Interessen- und Machtsphäre. Aber er ist gewohnt, den Willen des Vaters pünktlich und aufs Tüpfelchen genau zu befolgen. Zunächst begibt er sich nach Alcalá de Henares, wo die Infantinnen und der kleine Don Carlos wohnen. Er überrascht Maria, die ältere seiner beiden Schwestern, mit der Nachricht, daß ihr zukünftiger Gatte schon seine Vorbereitungen zur Reise nach Spanien treffe, und sie, die 19jährige, macht sich, von der jüngeren Juana mit fieberhaftem Eifer unterstützt, an die nötigen Vorkehrungen für ihre in Aussicht stehende Hochzeit. Im Januar 1548 trifft dann auch der Herzog von Alba aus Augsburg kom-

mend, in Spanien ein und überbringt dem Prinzen den kunstvoll und stattlich versiegelten Wortlaut der kaiserlichen Instruktionen; er hat überdies auch noch den dreifachen Auftrag, die neue Hofordnung einzuführen, die Hochzeit für die Infantin herzurichten und dem Prinzen Philipp bei der Zurüstung seiner großen Europareise mit Rat und Tat an die Hand zu gehen. Alle drei Vorhaben sollen aus praktischen Gründen an ein und demselben Orte, nämlich in Valladolid, ins Werk gesetzt werden. Alba ist der einzige noch Überlebende aus der kleinen Schar von Ratgebern und Mitarbeitern, die der Kaiser seinerzeit dem Prinzen für die ersten Jahre der Selbständigkeit an die Seite gegeben und mit denen er sich in den Instruktionen von 1543 so eingehend beschäftigt hat. Eine Schar von jungen Kräften steht sprungbereit, in die alten und in die neuen Ämter und Würden einzurücken. Wir werden sie in Bälde kennenlernen, die Ämter und auch die Kräfte. Zuvor aber tun wir noch einen informatorischen Blick in die durch Alba überbrachten Instruktionen von 1548, die uns nicht nur ein Bild davon geben, wie klug und zurückhaltend Karl V. auf dem Gipfelpunkte seiner Macht die europäische Gesamtpolitik beurteilt, sondern auch davon, wie sich diese, seinem Wunsche nach, in der Vorstellung seines Sohnes gestalten und zu einem anschaulichen Ganzen formen soll.

Voraus geht ein den Kaiser von seiner besten Seite zeigender Leitgedanke. Die Grundlage aller Regierungskunst, so wird Karl V. nicht müde zu versichern, ist Gottesglaube und Gottvertrauen. Das schließt in sich eine ebenso zähe wie rücksichtslose Verteidigung der katholischen Religion und Niederkämpfung aller Häresien in den vereinigten Reichen, Förderung und Schutz des Konzils von Trient und Treue zum päpstlichen Stuhl. Der Krieg soll auf alle nur mögliche Weise vermieden werden und nur als gezwungener und letzter Ausweg bleiben, nicht nur weil er der größten Übel eines ist und hundert andere im Gefolge hat, sondern auch weil die ausgesogenen und erschöpften spanischen Länder der Ruhe dringend bedürfen.

In politischen und persönlichen Dingen soll Philipp vor allem seinem Oheim, dem König Ferdinand, stete Freundschaft und unbeschränktes Vertrauen bewahren. Ferdinand verdient es, denn er hat sich bisher immer als ein echter und treuer Bruder erwiesen. (Diese Überzeugung des Kaisers wird in den Jahren 1550 und 1552 einer starken Belastungsprobe unterworfen werden.) Ein Gebot der Klugheit ist es, mit den Kurfürsten und Kleinstaatherrschern Deutschlands auf gutem Fuße zu bleiben; ein offener Beutel ebnet da manche Schwierigkeit und insbesondere die deutschen Söldnertruppen sind die besten, wenn sie nur gut und pünktlich bezahlt werden.

Der regierende Papst Paul III. hat sich dem Kaiser wenig zuverlässig erwiesen und ihn recht eigentlich im Stich gelassen, obwohl sein naher Verwandter, der Herzog Octavio Farnese von Parma, des Kaisers illegitime Tochter Margarete heiraten durfte. Sehr schmerzlich ist auch der Mangel an gutem Willen, den er in Sachen der Religion und im besonderen in der Konzilsfrage bewiesen hat. Trotzdem soll ihm Philipp, weniger auf seine Taten als auf seine Würde sehend, die schuldige Ehrfurcht und Ergebenheit nicht versagen. Bei der nächsten Papstwahl aber wird er, falls der Kaiser bis dahin nicht mehr leben sollte, allen Einfluß aufbieten müssen, daß sie in einer Weise geschehe, wie es dem Notstand der Christenheit dienlich und angemessen sei.

Von großer Wichtigkeit sind die Beziehungen zu den italienischen Kleinstaaten: den Herzogtümern Florenz, Ferrara, Mantua und den Republiken Venedig, Genua, Siena und Lucca. Der Herzog von Florenz, Cosimo de Medici, ist ein treuer Vasall und Bundesgenosse; da er zudem sehr verständig ist und sein Ländchen gut in Ordnung hält, so ist er schon wert, daß man die Freundschaft mit ihm erhalte. Der Herzog von Ferrara, Ercole d'Este, ist einer, dem man nicht recht trauen darf. Obwohl der Kaiser seine Ansprüche auf Modena, Arezzo und Rovere in großmütiger Weise und sogar gegen den Heiligen Stuhl vertreten hat, neigt der Herzog immer wieder zu Frankreich; nicht umsonst ist seine Gemahlin Renata eine Tochter Ludwigs XII. Er muß daher als positiv unzuverlässig gelten und scharf im Auge behalten werden. Der Herzog von Mantua, Francesco Gonzaga, hat in seinen Gebieten als Parteigänger des Kaisers mancherlei Kriegsschaden erlitten;

zudem ist er mit Philipps österreichischer Base Katharina, der Tochter König Ferdinands, vermählt, und die herzogliche Familie verdient aus diesen beiden Gründen wärmste Freundschaft und unbeschränktes Vertrauen. Mit Genua müssen die guten Beziehungen in Zukunft noch enger werden und zwar zum Besten der Sicherheit und Ruhe in den spanischen Besitzungen Italiens (Mailand, Neapel, Sizilien) und auf den Inseln Sardinien, Mallorca und Menorca, lauter Gebiete, an denen auch Genua starkes Interesse hat, weil es aus ihnen großen Nutzen zieht. Viele einflußreiche Genuesen sind dem Kaiser für Gnadenerweisungen zu Dank verpflichtet; alle wissen zudem, daß das Kaiserreich der beste Schutz ihrer Republik ist. Siena und Lucca verdienen jegliche Förderung, weil sie stets treu zu Karl V. hielten und allen Bestrebungen abhold sind, die geeignet sein könnten, die Ruhe Italiens zu stören. Mit Venedig gilt es das Bündnis, das der Kaiser bezüglich Neapels, Mailands und Siziliens abgeschlossen hat, sorgsam aufrecht zu erhalten, dann dürfte die Republik ein zuverlässiger Partner sein.
Mit Frankreich und seinem König Franz I. habe ich mich, so fährt der Kaiser fort, in Frieden und Eintracht zu leben ehrlich bemüht; aber es ist dem Franzosen nicht eingefallen, die beschworenen Verträge zu halten. Auch sein Sohn, der gegenwärtige König, scheint den Haß seiner Vorfahren gegenüber Habsburg und Spanien blutmäßig geerbt zu haben. Es liegt aber nicht nur im Interesse Spaniens, sondern der ganzen Christenheit, daß Philipp sein Möglichstes tue, um mit Frankreich in Frieden zu leben. Freilich, falls Heinrich II. die zwischen seinem Vater und dem Kaiser getroffenen Abmachungen nicht sollte halten wollen, falls er insbesondere die Verzichterklärung auf Neapel, Sizilien, Flandern, Artois, Tournay und Mailand zu widerrufen im Sinn haben sollte, so müsse Philipp unter allen Umständen auf seinem Rechte bestehen und zwar mit größtem Nachdruck, denn die Erfahrung habe gelehrt, daß diese Herrscher, wo immer sie konnten, Verträge mißachteten und Gebiete an sich rissen, und zwar stets unter dem Vorwand und moralischen Scheingrund, eine Benachteiligung ihrer Krone nicht verantworten zu können.

Unter den gegebenen Umständen also ist es lebenswichtig, das Bestehende ungeschmälert zu erhalten, da sich sonst die Gefahr ergibt, Verringertes verteidigen zu müssen und dem Risiko eines neuen Verlustes auszusetzen.

Bei den Franzosen ist im Kriege stets nur der erste Stoß zu fürchten; mißlingt er, so verlieren sie leicht Mut und Ausdauer. Darum gilt es auch, gegen sie immer vorbereitet, immer auf der Hut und auf dem Sprung zu sein. Im Hinblick darauf ist auch ein gutes Einvernehmen mit dem Papst und mit Venedig eine dringende Notwendigkeit. Im übrigen hat Philipp genug Macht und Ansehen auf seiner Seite, um auch Frankreich nicht fürchten zu müssen, er ist mächtig an Ländern und an Bundesgenossen, besitzt eine hinreichende Flotte, mittels deren er seine Truppen überallhin zu schaffen vermag, wo es nötig ist. Das Ansehen, das der Kaiser in Deutschland hat und hinterlassen wird, und die Gunst des Königs Ferdinand und seiner Söhne, all das wird es Philipp nicht schwer machen, in Deutschland Truppen zu bekommen. Die Galeerenflotte muß trotz der enormen Unkosten, die sie verursacht, in Spanien, Neapel und Sizilien aufrechterhalten werden, sowohl zur Abwehr der Seeräuber als auch zur Bereitschaft für einen Krieg gegen den Türken und den Franzosen. Mit Bezug auf die beiden letzteren ist ja die Wahrscheinlichkeit eines dauernden Friedens sehr gering. Frankreich gegenüber ist es auch ein wichtiges Vorbeugungsmittel, spanische Truppen in Italien bereit zu haben, und zwar stets an den durch die französischen Annexionsgelüste besonders gefährdeten Plätzen. In diesem Sinne hat auch der Kaiser für den Fall seines Todes die Verfügung getroffen, daß die bei ihm in Deutschland befindlichen spanischen Truppen sogleich nach Mailand abmarschieren, um dort als Schutz und Deckung gegen zu erwartende französische Anschläge zu dienen. Philipps Sache wird es sein, die französisch-spanische Grenze zu sichern, insbesondere in der Richtung von Navarra und Perpignan. Die Franzosen bilden auch eine gewisse Gefahr für die spanischen Besitzungen in Übersee, weil sie fortwährend den Plan eines Flottenangriffs gegen diese zu erwägen scheinen. Es gilt also auf der Hut zu sein und die Vizekönige und Gouverneure der

Kolonien entsprechend zu instruieren. (Der Kaiser weiß recht gut, wofür er sich seinen trefflich organisierten Nachrichtendienst so viel Geld kosten läßt. Bei Gelegenheit der englischen Heirat Philipps wird tatsächlich von Heinrich II. und seiner Regierung allen Ernstes ein Gewaltstreich gegen Perú geplant; denn Frankreich befindet sich damals in einer geradezu verzweifelten Lage und schreckt vor keinem Mittel zurück, die ihm drohende Umklammerung zu verhindern.) Eben mit Bezug auf Frankreich und den nötigen Schutz der Kolonialländer ist auch ein gutes Einvernehmen mit dem im gleichen Sinne interessierten Portugal nötig. Und nun faßt Karl V. noch einmal zusammen, was er Frankreich gegenüber für unerläßlich hält: keinen Vertrag mit ihm schließen, der die geringste Abtretung in sich begreift, sondern unerschütterlich fest bleiben, auf der Hut sein, rüsten, keinem Friedenswort und keiner Freundschaftsversicherung trauen, sobald sie von Frankreich kommt, denn sobald der Franzose schön tut, hat er einen Überfall, eine Annexion oder einen Verrat im Sinne. Die Verträge genau einhalten und gute Beziehungen auf Grund vernünftiger und vorsichtiger Bindungen bewahren, das ist das Klügste.

Die Politik gegenüber England ist, da Eduard VI. noch regiert, wesentlich verschieden von der, die in naher Zukunft kommen muß, ohne daß es der Kaiser vorerst ahnen oder voraussehen kann. Er hält sich also an den Status quo und empfiehlt seinem Sohne eine strenge Beobachtung der mit dem verstorbenen Heinrich VIII. getroffenen Abkommen, verbietet aber durchaus jede Einmischung in etwaige Spannungen zwischen England und Frankreich, deren gutes Einvernehmen sicher nur von kurzer Dauer sein wird.

In der inneren Politik und Verwaltung seines ausgedehnten Reiches legt Karl V. dem Erben und Nachfolger vor allem die Besetzung der Gouverneur- und Vizekönigstellen ans Herz. Hier eine gute Wahl zu treffen und immer den rechten Mann an den rechten Platz zu stellen, muß Philipps besondere Sorge sein. Keiner wage auch nur um Haaresbreite über seine Instruktionen und Befugnisse hinauszugehen; täte es einer trotzdem, so sei strenges Einschreiten ohne Ansehen der Person am Platze. Derselbe

Grundsatz gilt, wenn sie es an der nötigen Sorgfalt oder gar Gerechtigkeit fehlen lassen. Klagen und Beschwerden gegen sie ist nicht ohne weiteres blinder Glaube beizumessen, aber eingehende Nachforschung hat festzustellen, ob sie wahr und begründet sind, damit wirkliche Abhilfe geschaffen werden kann. Kurz und ziemlich allgemein gehalten sind die Instruktionen hinsichtlich der überseeischen Besitzungen. Hier ist noch alles in den Anfängen und im Zustand unsicherer, durch keine Erfahrung und kein Vorbild gestützter Entwicklung. Manches hat sich erreichen lassen, aber auch schwere Fehler sind gemacht worden. Wo hätten die europäischen Völker auch das Kolonisieren lernen können? Nirgends. Die Spanier sind die ersten, die es ihnen, mit allen Vorzügen und Fehlern begabter Anfänger, vorgemacht haben. Der Kaiser selbst steht einesteils noch unter dem Eindruck des erschütternden Memorandums, das ihm Fray Bartolomé de las Casas seinerzeit in Valladolid vorgelegt hat, andrerseits aber haben ihm seine europäischen Kriegszüge noch nicht Zeit gelassen, sich den brennenden Fragen der Organisierung und Verwaltung der überseeischen Länder mit Muße zu widmen. Er beschränkt sich darum auf einige gute Ratschläge prinzipieller Art. Philipp soll danach trachten, über die Vorgänge in den Kolonien auf das genaueste unterrichtet zu sein und er soll im übrigen für die Zukunft bei jeder seiner Maßnahmen den obersten Grundsatz alles Herrschens über farbige Völker sich zur Richtschnur dienen lassen: ihre Seelen für die Ewigkeit zu retten und ihnen hinieden kein Sklavenhalter, sondern ein gerechter und mitfühlender Beschützer zu sein.

Die Sicherheit der Dynastien und Reiche beruht nach Ansicht Karls V. nicht zum wenigsten auf einem breiten Fundus männlicher Nachkommenschaft. Darum ist für den früh verwitweten Philipp, der an Erben bis jetzt nur den Don Carlos besitzt, die baldige Wiedervermählung ein Gebot der Staatsklugheit. Wenn sich eine Verbindung mit der französischen Prinzessin (gemeint ist Margarethe von Valois, die Tochter Franz' I.) ermöglichen ließe, so wäre das, die nötigen vertraglichen Sicherungen politischer Art vorausgesetzt und mit eingeschlossen, so vorteilhaft, daß man auch über den Altersunterschied hinwegsehen könnte. An nächster Stelle käme die Prinzessin von Navarra, Jeanne d'Albret, in Frage, weil sich auf Grund dieser Heirat die Streitigkeiten über den spanischen Teil des Königreichs Navarra endgültig regeln ließen. Wird aus keinem dieser Projekte etwas, so bleiben als Bräute noch eine der Töchter des Königs Ferdinand, des Kaisers Bruder, oder die portugiesische Maria, das Kind der Königinwitwe Eleonore, des Kaisers Schwester. Für die ältere seiner zwei Töchter, die ebenfalls Maria heißt, sieht Karl V. keine bessere Möglichkeit als die Ehe mit Erzherzog Maximilian, dem Sohne des Bruders Ferdinand. Dem Paare könnte dann die Statthalterschaft der Niederlande übertragen werden. Freilich besteht die Möglichkeit, die zugleich eine Gefahr bedeutet, daß die beiden sich mit der Zeit gewisse Rechte anmaßen, die ihnen nicht zustehen, und schließlich die Herrschaft in den Niederlanden an sich reißen, zumal wenn sie dort die Zuneigung des Volkes gewinnen und auch noch männliche Nachkommen haben werden. Aber über alle diese Möglichkeiten soll erst entschieden werden, wenn Philipp selbst die Niederlande bereist, in die dortigen Verhältnisse Einblick gewonnen und auch den Erzherzog Maximilian kennengelernt hat. (Den Plan, die niederländischen Provinzen von dem jungen Paare Maximilian und Maria regieren zu lassen, hat dann der Kaiser bald nach der Absendung dieser Instruktionen aufgegeben, zweifellos im Hinblick auf das von ihm selbst schon erwähnte Gefahrenmoment.) Seine beiden Schwestern, die Königinwitwe Maria von Ungarn und die Königinwitwe Eleonore von Portugal und von Frankreich, mit denen ihn immer enge Bande geschwisterlicher Liebe verbunden haben, empfiehlt Karl V. dem besonderen Schutze und der Wertschätzung seines Sohnes.

Zum Schlusse ermahnt der Kaiser seinen Sohn und Erben zu gewissenhaftem Vollzug seines Testamentes, wenn die Zeit dazu gekommen sein werde, und gibt ihm seinen väterlichen Segen. Diese Instruktionen von 1548 bedürfen eigentlich keiner Erläuterung. Sie sind klar und einfach, ehrlich und schlicht, schmucklos und ungekünstelt; sie geben einen guten Begriff von der hohen, pflichttreuen und verantwortungsbewußten Auffassung des Herrscherberufes, die ihm innewohnte. Wir heben gleichwohl einige der Beachtung und des nochmaligen Überdenkens werte Punkte mit Nachdruck hervor. Die Politik des Kaisertums bleibt geflissentlich aus dem Spiel. Diese Instruktionen sind nur für den Beherrscher Spaniens, der Niederlande, der italienischen und der überseeischen Besitzungen berechnet. Ein Beweis dafür, daß Karl V. bei ihrer Abfassung noch keineswegs im Sinn hatte, seinem Sohne auch die Kaiserwürde zu sichern. Der Hinweis auf Philipps Macht und Ansehen gibt deutlich zu erkennen, daß diese Zeilen in jenen Tagen und Monaten entstanden sind, wo Karl V., mochte er auch körperlich noch so schwach und elend sein, dennoch sich gebietender, gefürchteter, einflußreicher als jemals wußte. Unter diesem Gesichtspunkte und in Erwägung dessen, was in naher Zukunft sich begeben wird, entbehren darum die Instruktionen nicht einer gewissen tragischen Ironie. Der Verrat des Kurfürsten Moriz von Sachsen und die überstürzte Flucht aus Innsbruck werden den Kaiser in eine Lage versetzen, die sich zu der von 1548 verhält wie die Nacht zum Tage. Bisher ist der gefährlichste Feind Spaniens Frankreich. Den Kern der Instruktionen bilden darum die Schutzmaßnahmen und die Verhaltungsmaßregeln gegen Frankreich. Noch ist England vollauf mit sich selbst beschäftigt, noch sind die Niederlande frei von der Saat der Zwietracht und des Aufruhrs, noch ist die Türkengefahr nicht unmittelbar zur europäischen Macht- und Lebensfrage geworden. Aber das Jahr, in dem Karl V. und Maria Tudor vom irdischen Schauplatz abtreten, soll zum Wendepunkt werden, an dem sich das Gesamtbild, von Spanien aus gesehen, gewaltig verändert. Verderblich sodann werden für Philipp die beständig wiederholten, wenn auch gut gemeinten Mahnungen des Kaisers, immer nur das Bestehende zu erhalten, Kriege nur zu führen, wenn sie unvermeidlich sind, und sich in allen Feldzügen mit mäßigen Erfolgen zu begnügen. Das hat Philipp späterhin ungeheuer viel geschadet. Er, der ohnehin kein Draufgänger war, ist dadurch immer noch bedächtiger, vorsichtiger und zaudernder geworden; er hat des öfteren, wo er mit entscheidendem Erfolg hätte dreinschlagen können, den Gegner geschont und sich allzu früh darauf beschränkt, „das Bestehende zu erhalten". Seine Feinde aber haben diese Denkart klug durchschaut und zu seinem Nachteil gründlich ausgenützt.

VIII. KAPITEL

Das neue Hofzeremoniell und eine neue seelische Haltung

Als der Herzog von Alba im Januar 1548 von Augsburg her nach Spanien kommt, da ist er bereits mit der neuesten aller Würden des spanischen Hofes bekleidet: er ist Mayordomo mayor des Prinzen nach burgundischer Etikette. Er wird die sofortige Einführung dieser höfischen Rangordnung und ihrer streng kodifizierten Gesetzmäßigkeit persönlich in die Wege leiten, er wird auch auf Jahre hinaus den sachgemäßen und reibungslosen Ablauf dieser nur scheinbar äußerlichen und sinnlosen, in Wirklichkeit aber tief im archaischen Denken der Menschheit verwurzelten Mechanismen steuern und überwachen. Dieses burgundische Hofzeremoniell wird dann als etwas Neues, unerhört Eindrucksvolles seinen denkwürdigen Siegeszug nach Wien und Paris, sowie an die zahllosen kleinen Fürstenhöfe Deutschlands und Italiens antreten, je nach Bedarf vereinfacht und den örtlichen Umständen und Geldbeuteln angeglichen, oder auch übertrieben und zur barocken Groteske verschnörkelt und aufgebläht. Nicht die spanische Etikette ist es also, die, gedämpft oder übersteigert, die großen und kleinen Höfe des 17. und 18. Jahrhunderts beherrscht, sondern die burgundische Etikette, die durch den größten Zeremonienmeister aller Zeiten und Völker, durch Karl V., ihre höchste Entfaltung und ihre letzte Auswirkungsmöglichkeit erhalten hat.
Wir fragen zuerst nach dem inneren Sinn, den psychologischen Wurzeln und Antrieben, dann erst nach den äußeren Formen dieser ursprünglich burgundischen, hierauf spanischen und schließlich europäischen Angelegenheit, und wir wollen uns zuletzt auch Rechenschaft darüber geben, welches die seelischen und gewohn-

heitsmäßigen Auswirkungen dieser neuen Lebensgestaltung auf Philipp II. und auf sein spanisches Volk geworden sind.

Im Urzustande der menschlichen Gesellschaft gilt der Häuptling eines Klans, einer Wohngemeinschaft, einer Sippe, der Priester, König oder Priesterkönig eines Stammes als ein mit geheimnisvollen Kräften begabtes Wesen höherer Ordnung, und er kann diese Kräfte segenspendend oder schädigend gegen die ihm Untergebenen anwenden. Der ihm beigelegte Grad der Göttlichkeit macht ihn zum natürlichen Unterpfand dafür, daß die Lebensbedingungen der von ihm abhängigen menschlichen Gemeinschaft ihren geordneten, erträglichen, durch keinerlei Eingriffe magischer oder dämonischer Art gestörten Ablauf nehmen. „Der König ist für das Volk, was der Kopf für den Körper ist; wenn der Kopf sich wohl befindet, dann geht es auch dem Körper gut", so heißt es schon in dem altindischen Buch der weisen Erzählungen, genannt „Kalilah und Dimnah". Das um 1345 entstandene spanische Exempelwerk „Castigos e Documentos" gibt dem gleichen Gedanken eine andere Fassung, wenn es sagt: „Der König ist für das Volk soviel wie der Regen für die Erde, nämlich ein Segen des Himmels, ein Lebensstrom für den Boden, ein unentbehrlicher Helfer und Schützer alles dessen, was auf zwei Beinen geht." Leben und Gesundheit dieses Garanten des Wohlbefindens aller sind darum Gegenstand ängstlicher Sorge der Untertanen, und diese machen es ihm zur Pflicht, sich jenen Vorsichtsmaßregeln zu unterwerfen, die sie zum Schutze seiner geheiligten und kraftgeladenen Person ausgedacht haben. Er ist also tabu in positivem Sinne, daß heißt er muß auf jede denkbare Weise vor schädlichen Einflüssen oder feindseligen Angriffen, mögen sie nun von Menschen oder von Dämonen kommen, behütet werden. Seine Eigenschaft, mit übernatürlichen Kräften begabt zu sein, macht ihn aber auch furchterregend, gefährlich, tremendus, und eben dadurch wird er tabu im negativen Sinne, das heißt er verwandelt sich in ein Wesen, vor dem man sich hüten und in acht nehmen muß. Diese doppelte Tabu-Bindung äußert sich nun auf zweifache Art: einmal in einer überhöhenden Isolierung, Sicherung und Verehrung, das andere Mal in einer beengenden Einschränkung und Freiheitsberaubung, die gewissermaßen einer Fesselung seiner allzu gefährlichen Kräfte gleichkommt, oder wenigstens als solche gedacht ist. Der gottähnliche König wird behütet wie ein kostbarer Schatz, sein Wille, seine Lebensäußerungen, seine Berufspflichten, seine Erholungsmöglichkeiten werden auf Dutzende von ausführenden Organen übertragen, denen er nicht einmal zu befehlen, sondern nur zu winken braucht; Köpfe und Hände ohne Zahl stehen bereit, ihn zu schützen, ihm zu dienen, für ihn zu denken und zu handeln; hundert Dinge sind unter seiner Würde, hundert andere haben keinen anderen Zweck als diese Würde zu steigern und ihren Träger mit einem Glorienschein der Unnahbarkeit zu umgeben. Der gottähnliche König wird aber andererseits auch in ein enges Netz von Vorschriften und Verboten eingesponnen, die in vielen Fällen so hinderlich, so mannigfaltig und so beschwerlich sind, daß sich leichter und kürzer sagen ließe, was er tun darf, als was er nicht tun darf, und die ihn, den allmächtigen und zauberkräftigen König, gewissermaßen zu einem armseligen Sklaven machen.

Dieser doppelte Tabu-Schutz, der positive oder behütende und der negative oder abwehrende, nimmt in den Jahrtausenden der sich entwickelnden menschlichen Gesellschaftsordnung je nach Zeiten, Zonen und Völkern die unterschiedlichsten Formen an, über die sich der Leser vielenorts, am besten vielleicht in dem berühmten Werk des englischen Volkskundlers und Soziologen J. G. Frazer unterrichten kann. Hier müssen wir uns mit einigen wenigen Beispielen begnügen, die lediglich das Verständnis für diese Dinge erleichtern und die Anschaulichkeit des Gesagten erhöhen sollen. Wir fügen sie in bunter Reihenfolge aneinander, ohne viel auf zeitliche oder räumliche Unterschiede zu achten; sie mögen jedes für sich selber reden.

Beim Stamme der Nuba in Ostafrika gilt es als ausgemacht, daß einer sterben muß, wenn er das Haus des Priesterkönigs betritt, daß er aber dieser Gefahr entgeht, wenn er beim Eintritt die linke Schulter entblößt und den König veranlaßt, sie mit seiner Hand zu berühren, also eine präventive Schutz- und Segenshandlung zu vollziehen. Über den Herrscher von Japan berichtet ein Ge-

schichtsschreiber des beginnenden 18. Jahrhunderts die folgenden Besonderheiten: der Mikado glaubt, daß es seiner Würde und Heiligkeit nicht angemessen sei, den Boden mit den Füßen zu berühren; wenn er irgendwohin gehen will, so muß er auf den Schultern von Männern getragen werden. Es ist aber noch viel weniger erlaubt, daß er seine heilige Person der Freiluft aussetze, und auch die Sonne wird der Ehre nicht gewürdigt, auf sein Haupt zu scheinen. Allen Teilen seines Körpers wird eine so hohe Heiligkeit zugeschrieben, daß weder sein Haupthaar noch sein Bart geschoren noch auch seine Nägel geschnitten werden dürfen. Damit er aber nicht zu sehr verwahrlose, reinigen und säubern sie ihn des Nachts, während er schläft; sie sagen, was man in diesem Zustande von seinem Körper nimmt, kann nur als gestohlen gelten, und ein solcher Diebstahl tut seiner Würde und Heiligkeit keinen Eintrag. In noch früheren Zeiten mußte er jeden Vormittag einige Stunden lang mit der Kaiserkrone auf dem Haupte auf dem Throne sitzen, aber er mußte sitzen wie eine Statue, ohne Hände, Füße, Kopf oder Augen zu bewegen; nur so, meinte man, könne er Ruhe und Frieden im Reiche erhalten. Wenn er unseligerweise nach der einen oder anderen Seite sich wenden sollte, so würden Krieg, Hungersnot, Pest oder sonst ein großes Unheil hereinbrechen und das Land verheeren. Wie ein spätes Echo dieser uralten Kollektivideen klingt es, wenn die kastilischen Landstände im Jahre 1518 dem jungen König Karl und späteren Kaiser zu bedenken geben, das Wesen des Herrschers mache nicht Abkunft, Würde, Macht, Ehre, Reichtum und Wohlleben aus, sondern gerecht sein und das Recht verwalten, ein Umstand, der die Verpflichtung in sich schließe, daß der König wache, wenn die Untertanen schlafen.
Im westafrikanischen Nieder-Guinea, und zwar in Shark Point bei Kap Podron, so liest man es in einem deutschen Expeditionsbericht aus dem Jahr 1874, lebt der Priesterkönig allein in einem Walde. Er darf kein Weib berühren und sein Haus nicht verlassen. Er muß im Sitzen schlafen, denn wenn er sich niederlegte, so würde der Wind aufhören und die Schiffahrt vereitelt werden. Seine Aufgabe ist es, die Stürme in Schranken zu halten und für einen gleich-

mäßig gesunden Zustand der Atmosphäre zu sorgen. Auch der Oberpriester des Jupiter im alten Rom, der Flamen Dialis, war durch zahlreiche Tabu-Vorschriften geschützt und eingeengt zugleich. Er durfte nicht reiten, kein Pferd und keine Bewaffneten ansehen, keinen Knoten an seinen Gewändern haben, Weizenmehl und Sauerteig nicht berühren, eine Ziege, einen Hund, rohes Fleisch, Bohnen und Efeu nicht einmal beim Namen nennen, keinen Toten berühren, unbedeckten Hauptes nicht unter freiem Himmel stehen; seine Haar- und Nagelabfälle aber mußten unter einem bestimmten Baume vergraben werden. Dieses Oberpriesters Gattin ferner durfte auf einer gewissen Art von Treppen nicht höher als drei Stufen steigen und an dem und jenem Festtage ihr Haar nicht kämmen; das Leder ihrer Schuhe durfte von keinem Tier genommen werden, das eines natürlichen Todes gestorben war, sondern nur von einem geschlachteten oder geopferten; wenn sie Donner hörte, war sie unrein, bis sie ein Sühnopfer dargebracht hatte. Das galt bei den Römern. Im alten Book of Rights der britischen Kelten aber erfahren wir, daß der Herrscher von Connaught nicht zu einer Versammlung der Frauen nach Leagheir gehen durfte, daß es ihm untersagt war, auf einem Grauschimmel in die Heide von Cruachan zu reiten, daß er graugesprenkelte Kleidung anzulegen vermeiden mußte, daß er in dieser Stadt nicht an einem bestimmten Wochentage weilen, jenen Fluß nicht um eine genannte Stunde überqueren, auf einer gewissen Ebene nicht volle neun Tage lagern durfte und dergleichen heute rätselhafte Dinge mehr. Bei einzelnen Völkern und Stämmen hörte die Würde des Häuptlings oder Priesterkönigs auf, etwas Begehrenswertes zu sein, und der, dem sie bevorstand, mußte oft mit Gewalt oder List zu ihrer Annahme gezwungen werden. Ja, es wird sogar behauptet, daß auf Savage Island, einer Koralleninsel im Stillen Ozean, die Monarchie außer Übung kam, eben weil sich niemand mehr dazu überreden oder zwingen ließ, das beschwerliche Amt zu übernehmen.

In Spanien gab es seit urdenklichen Zeiten ein ungeschriebenes Gesetz, demzufolge ein Pferd, das einmal vom König geritten worden war, von niemand anderem mehr bestiegen werden durfte.

Das Gesetz war noch in Geltung und in strenger Beobachtung, als der Franzose Antoine Brunel (1655) die spanischen Lande bereiste, wenn auch kein Mensch mehr wußte, was sein ursprünglicher und eigentlicher Zweck gewesen war, nämlich eine magische Schwächungsaktion an der Person des Herrschers zu verhüten. Denn nach archaischer Denkweise genügt es ja schon, daß man eines wesentlichen Teiles eines Menschen, seiner Haare, Kleider, Waffen, Reittiere habhaft wurde, um über ihn Gewalt zu gewinnen und ihn an Leib und Seele erheblich zu schädigen. Eine andere Form der Anwendung des Tabu-Schutzes betraf die Königin: sie war für jedweden Untertanen und sogar für die höchstgestellten Adeligen und Höflinge buchstäblich intangibilis und durfte ohne ausdrücklichen Befehl nicht einmal zum Zweck der Rettung aus Gefahr angefaßt werden. Hier ist der uralte, wenn auch längst nicht mehr verstandene Doppelsinn des Tabu noch deutlich erkennbar: nicht nur die Herrscherin mußte vor entwürdigendem Kontakt bewahrt werden, sondern auch der Untertan sollte vor einer gefahrbringenden Berührung gesichert bleiben.

Wir fragen jetzt nach Beispielen für das Fortleben der kraftspendenden Emanation des Herrscher-Tabu. Sie begegnen uns vor allem in Frankreich und England. Am Karsamstag 1686 sah der Weltreisende Giovanni Francesco Gemelli Careri in Paris, wie der König weit über tausend Skrofulose-Kranken die Hand auflegte und dazu die Beschwörungsformel sprach: „Le Roi te touche, Dieu te guérisse." In England sodann machten die Könige, sogar mit Einschluß der besonders gescheit und aufgeklärt sich dünkenden Elisabeth, noch bis zu Karl II. herauf († 1685) ausgiebigen Gebrauch von der ihnen nach alter Überlieferung innewohnenden magischen Kraft der Krankenheilung mittels Berührung. Auch hier in Fällen von Skrofulose, daher dieses Übel kurzerhand „the King's evil" hieß. Erst der skeptische Wilhelm III. brachte durch höhnische Ablehnung des ihm zustehenden Vorrechtes diesen Zauber für immer zum Schweigen. Eine andere Form der seelischen Kraftübertragung vom Herrscher aus ist die Sitte, daß sich der König bei bestimmten, periodisch wiederkehrenden Anlässen seinen Untertanen „zeigt", und zwar in der betonten Absicht, dem Volk durch diese Gegenwartsnähe ein Gefühl der Befriedigung, der Sicherheit und der stärkenden Freude zu gewähren. Diesem Zwecke dienten viele Jahrhunderte lang die zu festlichen Zeiten gehaltenen öffentlichen Mittagstafeln der Herrscher, zu denen, wer immer kommen wollte, als Zuschauer freien Einlaß fand. „Wenigstens an diesem Tage sollen alle die Möglichkeit haben, unser freudespendendes Antlitz zu sehen", so heißt es schon in der aus dem Jahre 1344 stammenden Hofordnung des Königs Pedro IV. von Aragón. Auch Kaiser Karl V. war von seinem kraftverleihenden Herrscher-Tabu überzeugt und durchdrungen; sonst hätte er nicht, als er 1529 eine Reise durch seine italienischen Besitzungen zu unternehmen willens war, diese Absicht mit der Erklärung begründet: „Es cosa justa y conforme a razón, que pues gozo ha tantos años en ausencia del señorío y de la renta, les dé algun consuelo con mi persona." Was auf deutsch heißt: es ist nicht mehr als recht und billig, daß ich meinen italienischen Staaten und Untertanen, deren Herrschaft und Einkünfte ich seit vielen Jahren als ein stets Abwesender genieße, nun endlich den tröstlichen Anblick meiner Person gewähre. Ein anderes Mal — 22 Jahre später, als er nach dem Augsburger Reichstag von 1551 in Innsbruck Aufenthalt zu nehmen gedenkt — spricht er von der „Wärme seiner Gegenwart" (la chaleur de ma présence), die in den angrenzenden schwäbischen Gebieten sehr dazu beitragen werde, die konfessionellen Gegensätze zu mildern.

In der primitiven Tabu-Gesinnung steht der Verehrung und Vergötterung des Herrschers eine starke feindselige Strömung gegenüber, die zwar unverkennbar, aber nicht ohne weiteres verständlich ist. Man traut der tabuierten Persönlichkeit außergewöhnliche Zauberkräfte zu und erwartet sich aus ihrer Berührung wohltätige und heilsame Wirkungen; aber gleichzeitig fürchtet man sich davor, ihr nahe zu kommen und sieht die Mißachtung dieser Scheu durch schwerste Strafen, zumeist sogar den Tod bedroht und geahndet. Man hält den Herrscher für befähigt, in die Vorgänge der Natur bestimmend und lenkend einzugreifen; aber man vermeint ihn trotzdem vor Gefahren schützen zu müssen, gerade als ob er das nicht aus eigener Machtvollkommenheit zu tun vermöchte.

Man hofft und vertraut, daß er den Lauf der Dinge zum Besten seines Volkes regelt und macht ihn deshalb zum Gegenstand der höchsten Sorgfalt, Hingebung und Verehrung; aber man verlangt zugleich sichtbare und spürbare Erfüllung seiner hohen Pflichten und hält sich für berechtigt, ihn seiner Würde zu entkleiden oder ihn gar zu töten, sowie er den in ihn gesetzten Erwartungen nicht entspricht. Die primitive Tabu-Gesinnung verwirklicht also in ausgeprägter Form die Situation der ambivalenten Gefühlshaltung, und mit der Erkenntnis dieser Tatsache ist auch schon das Rätsel ihrer scheinbaren Widersprüche geklärt. Denn die Undifferenziertheit der Gefühle ist einer der Grundcharaktere des archaischen Denkens. Freundschaft und Feindschaft, Zuneigung und Abneigung, Werbung und Zurückweisung, Liebe und Haß, Vertrauen und Mißtrauen wohnen hier als ungeschiedene Einheiten beieinander. Es ist derselbe psychische Zustand, der uns im sogenannten Gegensinn der Urworte scheinbar so unbegreiflich und unerklärlich entgegentritt.

Auch das höfische Zeremoniell der zivilisierten Völker, diese Spätblüte der alten Tabu-Gesinnung, trägt noch deutliche Spuren der ambivalenten oder doppeltonigen Einstellung zur Schau. Es gewährt den Königen nicht nur eine außerordentliche Erhöhung, sondern es macht ihnen auch das Leben zur Bürde und zwingt ihnen eine Knechtschaft auf, die wie ein blutiger Hohn auf ihre sonstigen Vorrechte und wie eine rachsüchtige Strafe für die aus anderen Gründen gewährte Bevorzugung zu wirken geeignet ist. Spanien im besonderen zeigt sich, zunächst ganz abgesehen von dem ihm in einem gegebenen Augenblicke aufgenötigten burgundischen Zeremoniell, reich an Äußerungsformen und Kundgebungen einer solchen Mißtrauens- und Abwehrhaltung. In Spanien haben im Laufe der siegreichen Reconquista-Kämpfe die einzelnen Gaue ihren zu Königen erhobenen Führern als Sicherung und Abwehr gegen die Gefährlichkeit ihrer Macht dermaßen umfängliche und vielfältige Sonderrechte abgepreßt, daß deren notgedrungene Beobachtung noch in den Tagen Philipps II. die einheitliche Regierung des Landes über alle Maßen erschwerte. Und es ist sehr bezeichnend, daß diese Privilegien sehr oft nicht etwa einen praktischen, sondern nur einen ideellen, auf zeremoniösen Äußerlichkeiten beruhenden Gehalt besaßen, daß sie also nur als Ausdrucksformen einer tabuistischen Abwehrstellung für einigermaßen berechtigt und sinnvoll gehalten werden konnten. In Spanien ferner lautete der Anerkennungs- und Treuschwur der Landstände von Aragón noch in den Anfängen Karls V. folgendermaßen: „Wir, von denen jeder ebensoviel ist wie Du, und die wir alle zusammen mehr sind als Du, wir machen Dich zu unserem König. Wenn Du unsere Gesetze und Privilegien achtest, werden wir Dir gehorchen; wenn nicht, nicht." Die Landstände von Kastilien aber erinnern denselben Karl V. im Jahre 1518 in einer Denkschrift daran, daß er in Wahrheit nichts anderes als der Söldling seiner Vasallen sei (pues en verdad mercenario de sus vasallos es) und daß ihm die Untertanen aus diesem Grunde an ihrem Hab und Gut einen Anteil geben und ihm mit Leib und Leben dienen, wenn er sie ruft. Ein mit kirchlicher Genehmigung veröffentlichtes Handbuch für die Praxis des Beichtstuhles — es ist das berühmte Manual de Confesores von Azpilcueta und erschien zum erstenmal 1556 in Salamanca — zählt einige 30 Sünden auf, die nur von Königen begangen werden können, die sich folgerichtig alle 30, wenn sie begangen werden, zum Schaden der Untertanen auswirken, und die demnach ebenso vielen Verboten entsprechen, die nur für Könige Geltung haben. Von Spanien aus endlich haben die theoretischen Erörterungen über das angebliche Recht der Untertanen, einen unfähigen oder verbrecherischen Herrscher seines Amtes zu entsetzen oder ihn zu beseitigen — ich rede von Marianas Traktat „De Rege et Regis institutione" — noch um 1600 und später sozusagen ganz Europa in Aufregung versetzt. Alle diese Dinge aber sind doch wohl im einzelnen und im gesamten nichts anderes als Abwehraktionen im Sinne des negativen Herrscher-Tabu, das in einzelnen Fällen sogar in den Bereich der Gewissensfragen übergreift und, indem es königliche Sünden erfindet, Verbote und Einschränkungen für Könige daraus ableitet.

Eine späte Blüte und eine kunstvolle, in sich geschlossene und abgerundete Wiederbelebung der archaischen Tabu-Gesinnung ist das am Ausgang des Mittelalters von den burgundischen Herzögen ins Leben gerufene Hofzeremoniell. Es ist, wenn man es tiefer erfaßt, die letzte und höchstentwickelte europäische Form des Versuchs, das Wesen des gottähnlichen Herrschertums gegen das Wesen des kreatürlichen Untertanentums abzugrenzen, psychische Inhalte und Funktionen des Kollektivbewußtseins in den Dienst eines dynastischen Machtgedankens zu stellen, den Archetypus des geliebten und gefürchteten Vaterkönigs in der Volksseele so lebendig wie nur möglich zu gestalten. Der Dienst an der Person des Herrschers wird unter dem Zwang dieser Grundidee in ein geheimnisvolles, an strenge Vorschriften und Voraussetzungen gebundenes, nur auserwählten und durch Eid verpflichteten Dienern zugängliches und geläufiges Mysterium verwandelt. Jeder Wunsch des Souveräns, jede seiner Handlungen und Verrichtungen wird zu einer Staatsaktion erhöht, die Dutzende von Köpfen und Händen in Bewegung setzt; jedes seiner Bedürfnisse findet sich in einem höfischen Amt personifiziert, dessen Träger selbst wiederum über einen Stab von Mitarbeitern und Untergebenen gebietet. Der Aufwand an Luxus, an Kleiderpracht und Schmuck, an Teppichen und Baldachinen, an Stufen und Estraden, an Kniebeugungen, Verneigungen und Anredeformen ist nur ein Behelf, ein Mittel zum Zweck, ein Symbol. Der negative oder abwehrende Tabu-Gedanke aber ist von dem positiven und bewahrenden durchaus nicht verdrängt oder erstickt worden, denn gerade im Bannkreis des burgundischen Zeremoniells war der Herrscher an persönlicher Freiheit viel beschränkter und eingeengter als der geringste seiner Untertanen; nur Gewöhnung und Erziehung von Kindheit an, wie bei Karl V., oder eisernes Pflichtgefühl im Dienste eines hohen Amtes, wie bei Philipp II., konnten das Leben in diesem goldenen Käfig erträglich gestalten.

Warum sich aber nun eine solche Mentalität und ein solches Verfahren, psychische Inhalte auszudrücken, gerade am Hofe der Herzöge von Burgund und im letzten Jahrhundert des scheidenden Mittelalters zu einer in Europa einzigartigen Hochblüte entfalten konnte, das wollen wir uns im folgenden zu erklären versuchen.

Die vielen Grafschaften und Herzogtümer, die man mit dem

Sammelnamen „Die niederländischen Provinzen" zu bezeichnen pflegte, waren auf Selbständigkeit und Wahrung ihrer Sonderrechte eifrig bedacht, denn eben darauf beruhte ihre wirtschaftliche Blüte und ihr nationaler Stolz. Das Bild der niederländischen Stadt wurde nicht beherrscht vom Königsschloß oder vom Adelspalast, wie die Städte Spaniens, sondern vom Rathaus, von der Handelsbörse und von den Häusern der Zünfte. Die Kommunen waren auf weitgehende Selbstverwaltung eingestellt, die gesamte Rechtsprechung ruhte in den Händen ihrer Schöffengerichte, ihren Schutz aber besorgten sie durch die eigenen Gilden, und jede andere bewaffnete Truppe bedurfte zum Verweilen innerhalb der Stadtmauern der besonderen Erlaubnis des Rates. Da sie nun jedes für sich politisch ohnmächtig, vereint und gesammelt hingegen eine Kriegsmacht und eine Geldmacht ohnegleichen waren, so bedurften sie eines mehr gefühlsmäßigen als wirklichen, eines mehr ideellen als tatsächlichen Oberhauptes, das sie als Einheit band und verkörperte. Ihr gemeinsamer Herrscher war für die einen der Graf von Flandern oder der Graf von Zutphen oder der Graf von Zeeland, für die anderen der Herzog von Brabant oder der Herzog von Geldern, für alle zusammen aber „notre seigneur naturel", wie sie ihn stolz und etwas geheimnisvoll zu nennen pflegten. Diese Personalunion des freiwillig anerkannten, weil unbedingt nötigen und darum als „natürlich" verehrten Herrschers war so etwas wie ein „mariage mystique" zwischen Souverän und Volk, war das verborgene, das innere, aus unbewußten Triebkräften und Sicherungstendenzen erwachsende Band, das die unterschiedlichen Provinzen gefühlsmäßig zu dem machte, was sie in Wirklichkeit nie waren und wurden: ein Staat. Darum bildete auch die archaische Ambivalenz ihrer sensitiven Einstellung gegenüber dem „seigneur naturel" einen besonders starken Zug des niederländischen Nationalcharakters: der unbedingten Anhänglichkeit an ihn selbst hielt eine fast ununterbrochene Feindseligkeit gegen das Regiertwerden beständig die Waage. Aus diesem archaischen Verhältnis zwischen Herrscher und Volk aber, das viel weniger in tatsächlichen als in irrationalen Bindungen und Abhängigkeiten verankert war, erwuchs das tabuistische Kunstwerk des burgundischen Hofzeremoniells, das den Regierenden an gefühlsmäßiger Macht und Sicherung doppelt und dreifach gab, was ihnen die tatsächliche Wirklichkeit davon versagt hatte. Dieses Hofzeremoniell ist denn auch letzten Endes nichts anderes als eine profanierte und säkularisierte Kulthandlung größten Ausmaßes, eine wahnartige Vergötzung des weltlichen Souveräns, eine blasphemische Gleichsetzung von göttlichen und menschlichen Begriffen. Es ist der kulturgeschichtliche und religionsgeschichtliche Ausgangspunkt jener ethischen Haltung und Gesinnung, die den lieben Gott zur himmlischen Majestät und die seligen Heerscharen zum himmlischen Hofstaat ernennt, nicht aus verstärktem Kreaturgefühl heraus, sondern weil sie eines wirkungsvollen Gegenstückes zur Heroisierung und Überhöhung der irdischen Herrscherpersönlichkeit und des weltlichen Hofstaates zu bedürfen glaubt. Als der Herzog Johann ohne Furcht 1419 ermordet wurde und sein Sohn Philipp der Gute bei der Kunde davon in Ohnmacht fiel, da hoben die Höflinge um ihn ein Seufzen und ein Wehklagen an, als ob die Welt zugrunde ginge. Dem wieder zu sich Gekommenen aber riefen sie die biblischen Worte zu: „Gesegnet sei der Leib, der dich getragen und die Brüste, die du gesogen hast! Mit dir wollen wir leben und sterben, denn du bist von Gott gesandt!" So berichtet es uns wörtlich der Chronikenschreiber Chastellain. Und nicht nur Hof und Adel waren in diesem religiösen Taumel befangen, sondern auch das bürgerliche Volk. Bei Gelegenheit der rauschenden Festlichkeiten, die im Jahr 1455 die Stadt Arras ihrem „seigneur naturel" bereitete, schrieb Jaques du Clercq ganz benommen in seine Chronik: „Wenn Gott selber vom Himmel gestiegen wäre, hätte man ihm nicht größere Ehrerbietung erweisen können." Und als der gleiche Souverän drei Jahre später siegreich in das überwundene Gent einzog und in klug berechneter Versöhnlichkeit allen alles zu verzeihen schien, da fiel das Volk in Scharen auf die Knie und küßte demütig den Saum seines Mantels und das Leder seiner Stiefel. Das war derselbe Philipp der Gute, der als erster in seinen Erlassen die absolutistische Formel gebrauchte: „Car ainsy nous plaist-il et le voulons estre faict", und dessen

Sohn Karl der Verwegene dann 1475 die Bibel zu Hilfe nahm, um mit ihr seine göttliche Sendung und die heilige Unantastbarkeit seiner Regierungsgewalt zu beweisen.

Das burgundische Hofzeremoniell ist also nicht, wie Reiffenberg gemeint hat, der Versuch der Bezähmung eines ungebärdigen Volkes durch Luxus und Aufwand, Wohlleben und Schaugepräng, ist auch nicht, wie Huizinga es auffassen möchte, die Frucht des Verlangens nach einem schöneren Leben im Geiste eines erträumten Ideals, sondern ist viel mehr als das: ist die bewußte Ausnützung unbewußter Kräfte und Bereitschaften der Volksseele durch eine Generationsreihe von kühnen, psychologisch scharfsichtigen und im Experimentieren wagemutigen Herrschern — hardi, sans peur, téméraire sind ihre Beinamen, und sie scheinen zu besagen, daß sich ihre Träger auch vor den subliminalen, den chthonischen und den dämonischen Mächten nicht fürchten —, die zu solchem Verhalten vor allem geneigt und prädisponiert waren, weil sie selber einen reichen Besitz an archaischem Denken und kollektivem Unbewußtem ihr eigen nannten. Man braucht, um der letzteren Tatsache gewahr zu werden, sich nur darauf zu besinnen, daß das Goldene Vließ, die bis zum heutigen Tage noch nicht völlig erloschene Schöpfung Philipps des Guten, in seinen frühesten Wurzeln mit totemistischen Anschauungen verwachsen ist, und daß die Pfauengelübde und die Fasanengelübde (les vœux du paon, les vœux du faisan), denen die burgundischen Herzöge mit Eifer oblagen, Nachklänge sind von archaischen Schwüren auf Tiere, die nur dann noch einen Sinn hatten, wenn man fortfuhr, in diesen Tieren mit dämonischen Kräften begabte Wesen höherer Ordnung zu sehen.

Karl V. hat die ihm vererbte psychische Gewalt über seine Niederländer keinen Augenblick aus den Händen verloren, und welche inneren Bande durch seine Abdankung schmerzlich zerrissen wurden, davon wird noch später zu berichten sein. Der tragische Umstand aber, daß Philipp II. im gefährlichen Jahr 1568 dieses latente Kräftespiel in der Seele seiner flandrischen Untertanen und die archaische Macht seiner Persönlichkeit als ihr „seigneur naturel" nicht erkannt hat, daß er also den dringenden Wünschen aller, selbst zu kommen und durch den sänftigenden Zauber seiner Gegenwart — la chaleur de ma présence, wie das Karl V. zu nennen pflegte — Unruhe und geistige Not zu bannen, nicht Folge geleistet hat, dieser verhängnisvolle Umstand, um nicht zu sagen Unverstand, hat das Zünglein an der Waage nach der falschen Seite ausschnellen lassen und die Katastrophe herbeigeführt.

Unsere nächste und vordringlichste Aufgabe wird nun sein, dem Leser von den äußeren Formen und Mechanismen des burgundischen, auf spanische Verhältnisse und Bedürfnisse übertragenen Zeremoniells einen anschaulichen Begriff zu geben.

Der Mittelpunkt und sozusagen das Heiligtum des königlichen Palastes ist das Arbeitszimmer Seiner Majestät. Der Weg dorthin führt durch nicht weniger als vier Räume: zuerst gelangt man von der Haupttreppe aus in den großen Salon oder die Sala, von da aus in den kleinen Salon oder die Saleta, von hier aus wiederum in das große Vorzimmer oder Antecámara und dann endlich in das kleine Vorzimmer oder Antecamarilla. Hieran schließt sich das Arbeitszimmer Seiner Majestät (el aposento de S. M.) und dann das Schlafzimmer (Cuarto de dormir). Es folgt das Ankleidezimmer (Vestuario), dann ein Zwischenraum (Camarín), in dem man verschiedenes hinterstellen kann, und schließlich das verschwiegene Örtchen, ohne das auch Könige nicht auskommen können (Retrete). Die Sitzgelegenheit dieses Kabinetts aber ist, wohlgemerkt, von einem kleinen Baldachin überdacht.

Die Flucht der Gemächer nimmt also, graphisch dargestellt, folgenden Verlauf:

Sala	Saleta	Antecámara	Antecamarilla	Aposento de S. M.	Cuarto de dormir de S. M.	Vestuario de S. M.	Camarín	Retrete de S. M.

Je nach sozialer Stellung oder höfischem Rang muß einer in dem einen oder anderen Vorsaal warten, bis ihm der Anblick und die Gegenwart der allerhöchsten Person zuteil wird. An der Tür zur Sala und zur Saleta stehen je zwei Türhüter oder Porteros, um allen Unberechtigten den Zutritt zu verwehren. Sie stehen da im

Winter von 8 Uhr an, im Sommer von 7 Uhr an, bis zum Eintritt der Dunkelheit. Am Eingang der Antecámara und der Antecamarilla sind je zwei Wächter höheren Grades, genannt Ujieres, postiert. Sie haben die gleichen Dienststunden wie die Porteros, aber ungleich wichtigere Pflichten. In der Antecámara steht nämlich auch ein Thronhimmel, weil hier der König bestimmte Audienzen gibt. Ihre Aufgabe ist es nun auch, streng darüber zu wachen, daß nicht etwa einer aus Versehen mit dem Hut auf dem Kopfe und ohne Verbeugung an dem leeren Thronhimmel vorbeischreite. Denn dieser Thronhimmel und der unter ihm stehende Prunksessel ist infolge seiner engen Verbindung mit der Person des Herrschers ein Bestandteil seiner königlichen Würde und darum ein tabuierter Gegenstand. Ihm die nötige Ehrerbietung zu versagen, käme einer ungeheuerlichen Mißachtung der königlichen Person selber gleich. Die Ujieres müssen auch die Hofgesellschaft nach Rang und Angesicht genau kennen und ebenso über jeden Neuankömmling, jeden Gesandten, jeden zu einer Audienz Befohlenen gut informiert sein, damit sie wissen, wen sie von einem Raum zum anderen vorlassen dürfen. Es gelangen beispielsweise die gewöhnlichen Untertanen, soweit ihnen die Gnade einer Audienz erteilt wird, die Gesandten der kleineren Fürstenhöfe, Offiziere des Heeres, Beamte, Künstler und Gelehrte, Weltreisende, Ordensleute und ähnliches Völkergewimmel stets nur bis zur Antecámara. Wäre beispielsweise die von der heute weltberühmten Karmeliterin Teresa de Jesús, der späteren Santa Teresa, einmal gewünschte Audienz zur Tat geworden, so hätte man die schlichte Nonne nur bis zur Antecámara vorgelassen; aber das Unterfangen scheiterte an der Unrast der Vielbeschäftigten, die weder Zeit noch Lust hatte, Tage und Wochen mit geduldigem Warten zu vertrödeln. Bis zur Antecamarilla sodann kommen die Bevorzugten, die das Recht des „cubríos" haben — sie fordert der König auf, sich in seiner Gegenwart zu bedecken —, also die Grandes, die Bischöfe, die Ordensgenerale, die Räte der Consejos oder Regierungskammern, die Gesandten der gekrönten Häupter und von Venedig, die Ordensritter des Goldenen Vließes, von Santiago, Alcántara und Montesa. Es haben endlich, abgesehen von den Spitzenbeamten der Zeremonienordnung, nur die Kardinäle, die päpstlichen Nuntien, der Präsident des Staatsrats und die Vizekönige Zutritt zum Aposento de S. M. oder innersten Heiligtum. Änderungen zu dieser Zutrittsordnung finden nur als besondere und persönliche Gnadenerweise statt; es heißt dann: „el rey le hizo merced de la entrada", und das will besagen, daß einer um einen Raum weiter vorgelassen wird als es das Zeremoniell erlauben würde. Dabei muß schon hier vorausgeschickt werden, daß diese Einteilung der Säle nur für die ersten 15 oder 20 Jahre der burgundischen Hofordnung Geltung hat, da der Alcázar späterhin, vor allem im 17. Jahrhundert, häufigen Umbauten unterzogen wird.

Der höchste Beamte der gesamten Hofhaltung, der Mann der größten Verantwortung und der beständigen Allgegenwart, ist der Obersthofmeister oder Mayordomo mayor. Ihn hat es auch schon an den mittelalterlichen Königshöfen von León, Navarra, Aragón und Kastilien gegeben, aber bei weitem nicht mit der Last an Würde und Pflichten, die ihm das burgundische Zeremoniell auferlegt. Er steht im Rang unmittelbar hinter dem Präsidenten der Kammer des Hohen Rates von Kastilien, dem obersten Regierungsbeamten am Sitze des Hofes. In seine Hände legen alle Angehörigen des Hofstaates, vom ersten bis zum letzten, jenen eigenartigen Diensteid ab, der noch deutliche Spuren des archaischen Denkens an sich trägt; er schließt nämlich mit der Verwünschungsformel: „Wenn ich diese meine Pflichten erfülle, so soll mir Gott helfen, wenn ich es nicht tue, so soll er mich dafür strafen." Der Mayordomo mayor hat eine wechselnde Anzahl, mindestens aber vier (in späteren Zeiten acht) Hofmeister oder Mayordomos zu seiner Verfügung, die einander ablösen und tagweise Dienst machen. Es unterstehen ihm aber auch alle Leiter der übrigen Gruppen dieses vielfältigen Dienstapparates, also die Kapitäne der verschiedenen Leibwachen, der Hofoberarzt, der geistliche Kirchenvorstand, der Oberstkämmerer, der Oberststallmeister, der Palastquartiermeister, der Generalinspizient, der Rentamtmann und der Behangmeister. Für alle diese Oberbeamten und die Schar der ihnen zugeordneten Unterbeamten ist er, der Mayordomo mayor, allein verantwortlich, er muß sie nicht nur alle miteinander bei ihren Dienstgeschäften überwachen, er muß auch die amtlichen und zeremoniellen Befugnisse und Pflichten jedes einzelnen genau kennen, er ist auch über ihre kleinen und großen Versäumnisse und Fehlgriffe der einzige Richter. Er ist der Mann des unbeschränkten Vertrauens Seiner Majestät. Er ist aber auch der Mann, der, solange er sein hohes Amt inne hat, für seine Familie nahezu aufgehört hat vorhanden zu sein.

Die Mayordomos oder Hofmeister, die gewissermaßen den Stab des Obersthofmeisters bilden, sind in der Regel Söhne der Grandes. Zu ihren Vorrechten gehört es, daß sie zu allen Beamten des Hofstaates, auch den höherstehenden, sagen dürfen „yo digo" (ich halte es für richtig, daß . . .) und demnach eine Art Befehlston anschlagen dürfen, der sonst niemandem erlaubt ist. Ihr Dienst besteht darin, daß sie den König bei der Tafel bedienen, daß sie um ihn sind, wenn er in der Öffentlichkeit auftritt, die Erstbesuche von Gesandten entgegennimmt oder den Gottesdiensten anwohnt. Unterstützt werden sie hierin von den Gentileshombres de la boca und de la casa, die jedoch ihrerseits bloße Galafiguren sind, ihren Dienst ehrenhalber versehen und nichts zu tun haben, als das Gefolge des Herrschers groß und stattlich zu machen. Unter anderem ist es ihre Aufgabe, die Gesandten, die ihre Antrittsaudienz beim Könige haben, zu Pferde aus ihrem Absteigequartier abzuholen und sie wieder dorthin zurück zu begleiten.

Ungleich wichtiger als diese Ehrenkammerherren sind die eigentlichen Kammerherren oder Gentileshombres de la cámara. Auch sie stufen sich in zwei Klassen: die diensttuenden und die titularen. Alle tragen sie als Abzeichen ihrer Würde an der rechten Hüfte einen großen Schlüssel mit vergoldetem Griff; aber die ersteren haben Zutritt zum Schlafgemach des Königs und müssen beim An- und Auskleiden Seiner Majestät durch den Oberstkämmerer bestimmte Handreichungen leisten, die letzteren dürfen bei diesen Verrichtungen nur zusehen und müssen bedacht sein, daß sie dabei nicht im Wege stehen (no hacen más que mirar y estarse arrimados, wie die Vorschrift besagt). Der Schlüssel ist für die einen wie für die anderen ungefähr dasselbe, was für den

Offizier der Degen ist; wenn er ihnen durch den Obersthofmeister abgefordert wird, so ist das ein Zeichen, daß sie in Ungnade gefallen sind und ihres Amtes verlustig gehen.

Eine beschränkte Anzahl von Kammerdienern (Ayudas de cámara) besorgt die niedrigeren Tätigkeiten um die Person des Herrschers, wie etwa das Bettmachen, Kleiderreinigen, die Lüftung und saubere Instandhaltung der Gemächer. Es gibt Ayudas con ejercicio, also diensttuende oder aktive, und Ayudas sin ejercicio, also nur titelmäßige. Die ersteren sind einfache, geschickte und vertrauenswürdige Burschen aus dem Volke, meist militärisch geschult, im Felddienst erprobt und mehrerer Sprachen kundig. Philipp II. liebt es, wenn sie basteln können, im Zeichnen, im Reparieren von Uhren, in allerlei Handfertigkeiten und Kunstgriffen erfahren sind, und er ist dann zu ihnen von einer geradezu väterlichen Güte und Familiarität. Zuweilen sind freilich auch käufliche Schufte darunter. Einer von ihnen ist der bestochene Spitzel und Späher Wilhelms von Oranien; er durchschnüffelt gegen klingenden Lohn die Kleider, Schriftstücke und Schubladen seines Königs, horcht an allen Türspalten und Schlüssellöchern und schickt heimliche Berichte nach Flandern. Die zweite Kategorie, also die Kammerdiener ehrenhalber, sind Personen von Geburt und empfangen den Titel und Gehalt nur als Auszeichnung. Der berühmteste von allen Ehrenkammerdienern unter den Habsburgern ist Velázquez, der Hofmaler Philipps IV. Beide Kategorien tragen den amtlichen Dienstschlüssel am Hosenbund, nur ist er eisenfarbig und nicht, wie jener der Gentileshombres de cámara, mit vergoldetem Griff. Unter den Nachfolgern Philipps II. wird die Stellung der aktiven Kammerdiener immer untergeordneter und nebensächlicher. Alle Dienstleistungen, nur die ganz niedrigen ausgenommen, gehen auf die Kammerherren über, denn der Adel drängt sich immer zahlreicher zum Hofdienste heran und die Isolierschicht zwischen Herrscher und Volk wird immer dichter. Von Philipp III. an ist es den Kammerdienern nicht mehr gestattet, das Wort an den König zu richten, ihm etwas mitzuteilen oder ihn um etwas zu fragen; sie müssen sich an einen der anwesenden Kammerherren wenden.

Den Kirchendienst für den König besorgt der Oberhofkaplan oder Capellán mayor, dem wiederum verschiedene Hofpriester und das gesamte Sakristeipersonal unterstehen. Die Kirchenmusik ist Sache der Capilla Real, an deren Spitze ein Maestro steht, der für die Sänger, die Musikanten, die Noten und die Instrumente verantwortlich ist. Alles zusammen, die Musik und der Kirchendienst, hat als obersten Leiter den Sumiller del oratorio, der seinerseits zum Stabe des Oberstkämmerers gehört und nicht unbedingt ein Geistlicher zu sein braucht. Der königliche Beichtvater bildet eine Gruppe für sich. Er gehört mit zum Hofstaat, untersteht aber weder dem Mayordomo mayor noch dem Capellán mayor, sondern gehorcht als höchste Vertrauensperson nur dem Könige selbst. Er hat Zutritt bis in die innersten Gemächer, muß über die Regeln des Zeremoniells genau Bescheid wissen, nimmt aber an öffentlichen Akten gewöhnlich nicht teil. Er ist das am wenigsten sichtbare, durch keinerlei Amtstracht ausgezeichnete, gleichwohl aber einflußreichste Mitglied des gesamten Hofstaates. Zumeist gehört er einem der großen und durch ihr Alter ehrwürdigen Mönchsorden an. Die Franziskaner und die Augustiner sind bei den spanischen Habsburgern als Beichtväter besonders geschätzt; die Jesuiten weniger. Innerhalb des religiösen Bezirkes der Hofrangordnung bewegt sich auch der königliche Großalmosenier oder Limosnero mayor, der den hohen Titel Patriarch von Indien trägt und dessen Aufgabe es ist, die Charitaspflichten des Herrschers zu leiten und zu vertreten. Die Ämter des Limosnero mayor und des Sumiller del oratorio werden zuweilen auf ein und dieselbe Person vereinigt, die dann dem Priesterstande angehören muß.

Der Madrider Königspalast ist von dem Tage an, wo das neue Hofzeremoniell zur Hausordnung erhoben wird, nur mehr ein großes und prunkvolles Gefängnis. Alle Türen, die oberhalb der Haupttreppe liegen, haben ein und dasselbe Schloß, aber es gibt im ganzen Hause nur drei Schlüssel dazu. Den einen besitzt der König; jedoch wäre es unter seiner Würde, ihn zu gebrauchen, den äußersten Notfall ausgenommen; die beiden anderen verwahrt der Palastquartiermeister, genannt Aposentador de palacio. Untertags leiht er einen davon dem Oberstkämmerer, dessen Amtsbereich wir noch kennenlernen werden, den anderen behält er selber. Denn sobald der König in irgendeinen Raum des weitläufigen Schlosses sich zu begeben wünscht, muß der Quartiermeister jede einzelne Türe vor ihm aufsperren und hinter ihm wieder verschließen. Er macht auch den Führer, wenn Seine Majestät des Nachts die allerhöchste Gemahlin aufzusuchen begehrt, um seiner ehelichen Pflicht zu genügen. Die peinliche Folge davon ist freilich, daß diese nächtlichen Gänge den Palastwachen (Monteros de cámara) nicht verborgen bleiben und am folgenden Tage auf dem Flüsterwege in den Nachrichtendienst der gesamten Hofgesellschaft übergehen. Der Hofmaler Velázquez hat uns einmal den Palastquartiermeister im Dienste vorgeführt. Auf dem berühmten Gemälde „Las Meninas" sieht man ihn im rückwärtigen Türrahmen stehen, wie er eben einen Vorhang beiseite hält. Es ist nicht, wie Justi meint, der „Schloßmarschall der Königin", denn ein solches Amt hat es innerhalb der burgundisch-spanischen Hofrangordnung niemals gegeben, sondern der richtige Aposentador de palacio, der überall seines Amtes waltet, wo der Souverän verschlossene Türen durchschreitet, und der auch hier schon bereit steht, die Majestäten im gegebenen Augenblicke wieder in ihre Gemächer zurückzugeleiten.

Wir erwähnten vorhin schon den Oberstkämmerer. Ihn gab es bereits vor Karl V. an den spanischen Hofhaltungen und er hieß damals Camarero mayor. Mit Einführung des burgundischen Zeremoniells wechselt er den Titel, nennt sich fortan Primer sumiller de corps und sieht seinen Amtsbereich wesentlich erweitert, seine Würde bedeutend erhöht. Er ist Träger des goldenen Zeremonienschlüssels, weckt den König, bringt ihn zu Bett, beaufsichtigt den Leibkammerdiener, wenn er S. M. anzieht oder auszieht, und reicht dem Souverän eigenhändig das Handtuch, wenn er sich morgens wäscht oder nach Tisch die Hände reinigt. Was aber seinen Pflichtenkreis in der neuen Hofordnung besonders weitläufig und schwierig gestaltet, ihn selbst also zu einem Glied der höfischen Lebensgemeinschaft macht, das dem Mayordomo mayor zwar an Rang, nicht aber an Einfluß und Ansehen nachsteht, das ist der Um-

stand, daß er die oberste Leitung der gesamten Verpflegung inne hat. Und das ist unter den gegebenen Umständen keine geringfügige Angelegenheit. Nirgends wurde so üppig, so umständlich und zeremoniös getafelt wie bei den burgundischen Herrschern. Ihnen kam es nicht nur darauf an, was sie aßen, sondern auch wie sie aßen, und das Küchenregiment erwies sich ihnen nicht nur als der beinahe wichtigste Bereich der Lebenskunst, sondern auch als jener seelische Bezirk, in dem sich der Tabu-Gesinnung, soweit sie auf den Herrscher Bezug hatte, in nahezu unbeschränkter Weise fröhnen ließ. Ein Blick in die unter burgundischer Ordnung stehende spanische Hofküche, eine wahrhaft heroische Küche, ist darum aufschlußreicher als man vermuten und erwarten möchte. Der Primer sumiller de corps hat als Leiter des höfischen Verpflegungswesens nicht weniger als fünf gelernte Fachleute zur Verfügung, deren jeder eine eigene Abteilung verwaltet und über mindestens ein Dutzend Hilfskräfte verfügt. Die fünfe sind: der Sumiller de la panadería oder Obergeschirrmeister, der Sumiller de la frutería oder Oberfruchtmeister, der Sumiller de la cava oder Oberkellermeister, der Sumiller de la saucería oder Obertunkenmeister und der Sumiller de la cocina oder Oberküchenmeister. Warum aber diese umständliche Fünfteilung? Um eine der wichtigsten Lebensäußerungen und Existenzbedingungen des Herrschers, nämlich das Essen, mit einem dichten Zaun erhöhender und schützender Tabu-Vorschriften umgeben zu können; um die Verantwortung für das leibliche Gedeihen und Wohlbefinden dessen, der das Wohl aller gewährleistet, auf die Köpfe und Schultern vieler verteilen zu können. Denn der Tabu-Begriff schließt immer in sich, daß viele zusammenstehen, um den Einen zu schützen oder sich gegen ihn zu sichern. Die Pflichten und Befugnisse dieser fünf Sumilleres sind, wie das ihrem archaischen Sinn und Zweck entspricht, viel zu verwickelt, als daß wir es wagen dürften, mit ihrer genauen Darlegung die Geduld des Lesers auf die Probe zu stellen. Aber ein paar kurze Andeutungen mögen im Interesse der Klarheit des Gesamtbildes immerhin erwünscht sein.
Es trägt also der Obergeschirrmeister die Verantwortung für die Tischwäsche und das Speisegeschirr, für Brot, Salz, Senf, Käse

und Zahnstocher der königlichen Tafel. Das Brot für S.M. schickt der Leibbäcker jeden Tag in einer versperrten Metallbüchse aus der Backstube herauf; er selbst hat einen Schlüssel dazu und der Obergeschirrmeister hat einen, so daß die Brotbüchse gegen jeden fremden Zugriff geschützt ist. Der Oberfruchtmeister sorgt für die Früchte und Gemüse, und er ist gehalten, immer das Beste und Frischeste, was auf den Markt kommt, zu beschaffen. Er ordnet und garniert die Obstplatten, die auf den königlichen Tisch gelangen, und es wird Wert darauf gelegt, daß er mit Geschmack, Sauberkeit und Kunstfertigkeit seines Amtes walte. Der Oberkellermeister kümmert sich um die Weine und trägt Sorge dafür, daß keine Flasche auf die königliche Tafel kommt, ohne daß einer der Leibärzte eine Kostprobe gemacht hätte. Der Obertunkenmeister überwacht die Zubereitung der kalten Speisen, vor allem der mit Essig angemachten Gerichte. Essig galt als besonders geeignet für die schwer nachweisbare Beimischung fester und flüssiger Giftstoffe. Als Sonderentschädigung für seine erhöhte Verantwortung hat darum der Tunkenkünstler jeden Mittag und jeden Abend Anspruch auf ein Fleischgericht, das von der königlichen Tafel abserviert wird, aber er darf es nicht selbst wählen, sondern muß es sich vom Vorschneider zuweisen lassen. Der Oberküchenmeister endlich ist der Mann der warmen Süßspeisen und alles Gedünsteten und Gebratenen. Er selbst kocht nicht, obwohl er es versteht, sondern gibt nur seinen Unterköchen die nötigen Anweisungen, regelt die Speisenfolge, macht Kostproben und überwacht das wohlriechende Ganze. Seine Verantwortung ist naturgemäß um ein gutes Stück größer als die des Fachgenossen von der Tunke, und er hat darum außer seiner Löhnung noch folgende ergiebige Leibgedinge: täglich 2 Pfund Brot, eine Kanne Wein, 10 Pfund Kalbfleisch, 6 Pfund Rindfleisch, 6 Pfund Unschlittkerzen im Winter und halb soviel im Sommer. An Fasttagen nimmt er sich 4 Pfund Fisch, 12 Eier und 1 Pfund Butter; auch gehört die Suppenhenne ihm, von der man täglich die Fleischbrühe für S.M. bereitet. Diese Leibgedinge des Herrn Oberküchenmeisters mag der Leser auch als Beispiel im Gedächtnis behalten für den jeder Beschreibung spottenden verschwenderischen Aufwand, der in diesen burgundisch organisierten spanischen Hofküchen getrieben wurde.

Als das burgundische Zeremoniell am spanischen Hofe eingeführt wird, hat dieser seinen vorübergehenden Sitz eben in Valladolid. Denn hier wird die Hochzeit Maximilians mit der Infantin Maria gefeiert und von hier aus tritt auch Prinz Philipp seine große niederländische Präsentationsreise an. Der Alcázar in Madrid ist noch lange nicht ausgebaut, und man sieht sich daher genötigt, vorerst in räumlicher Hinsicht allerlei Zugeständnisse in vereinfachendem Sinne zu treffen. Im Laufe der Jahre wird darin vieles geändert, verbessert, erweitert, verschönert, und man kann wohl sagen, daß dieses historische Residenzschloß der Habsburger, das 1734 einem verheerenden Brande zum Opfer fiel, in Raumeinteilung und Ausschmückung alle paar Jahrzehnte ein anderes Gesicht bekommt. Genaue Grundrisse und Pläne aus jener Frühzeit sind nicht mehr vorhanden. Als der Alcázar die burgundische Hausordnung erhält, da müssen vor allem die vier Vorzimmer, die den eigentlichen Gemächern des Königs vorausgehen und die sozusagen den staubgeborenen Untertanen in vierfacher Steigerung auf den Anblick der allerhöchsten Gegenwart vorbereiten, zugleich aber auch vor diese allerhöchste Gegenwart eine vierfache Schutzzone legen, da müssen also diese vier Vorzimmer erst hergerichtet und entsprechend ausgestattet werden. Weil sich nun aber die Räume in einer durchgehenden Flucht aneinanderschließen, so ergibt sich zunächst die Notwendigkeit, auf ein eigenes Speisezimmer zu verzichten. Philipp II. speist also bis auf weiteres in seinem Arbeitszimmer, wenn er privat seine Mahlzeit einnimmt (cuando come retirado, wie der amtliche Ausdruck lautet), und im kleinen Vorzimmer, wenn er öffentliche Tafel hält (cuando come en público). Später wird dann das Arbeitszimmer weiter zurückverlegt und an seiner Stelle ein kleiner und ein großer Speisesaal, sowie eine Gemäldegalerie in die Reihenfolge der Räume eingeschoben. Sobald er sich also zu Tische setzt, sei es privat oder öffentlich, sind einige 20 Personen um ihn beschäftigt, vom Obersthofmeister angefangen bis herab zu den diensttuenden Leibwachen. Alles ist unbedeckten Hauptes, stehend und ohne Degen, nur die Wachen

tragen Helm und Waffen. Der Herrscher neigt lässig den Kopf
gegen die sich tief verbeugende Umgebung und nimmt Platz.
Während ein geistlicher Würdenträger das Tischgebet spricht,
sind die Speisen in verdeckten Schüsseln aus der Küche heraufgebracht
worden. Der Hofmeister (mayordomo) vom Tagesdienst
eröffnet den Zug, vier Hellebardenträger geleiten ihn, und von
der Küche bis zum königlichen Eßtisch darf, während dieser
feierliche Konduktin Bewegung ist, niemand sitzen oder sprechen
oder bedeckten Hauptes sein. Denn die so zeremoniös eingeholten
Speisen sind gewissermaßen schon ein Bestandteil der Person des
Herrschers und müssen darum geehrt werden wie er selber. Jedes
Gericht, sogar das Salz, ist vorher probiert worden, ob es schmackhaft
sei und nicht etwa Merkmale der Vergiftung an sich trage.
Jetzt läßt sich der Souverän die Platten der Reihe nach zeigen
und deutet auf diejenigen, von denen er essen will; alle von ihm
zurückgewiesenen werden unberührt abserviert. Wenn er zu trinken
begehrt, gibt er ein Zeichen. Sogleich schenkt sich der Leibarzt
ein Probeglas ein und leert es vor aller Augen; dann wird der
königliche Becher gefüllt und geht vom Büfett her durch drei oder
vier Hände, bis ihn der diensthabende Kammerherr kniend überreicht.
Während der ganzen Mahlzeit herrscht lautlose Ruhe und
eisiges Schweigen. Alle Blicke sind mit ängstlicher Spannung auf
den König gerichtet, Befehle werden nur durch Augenwinke und
Zeichensprache vermittelt und das Ganze macht den Eindruck
einer ungeheuer feierlichen, wirklichkeitsfernen, geisterhaften
Pantomime. Die Königin, sofern eine solche am Leben ist, bleibt
abwesend, denn sie speist in ihren Gemächern unter genau den
gleichen zeremoniösen Vorgängen wie ihr Gemahl. Nur bei festlichen
Anlässen sitzt das Herrscherpaar gemeinsam an der Tafel,
wird aber auch hier getrennt bedient und spricht kein Sterbenswörtchen
zusammen. Denn das Essen der Majestäten ist nach
burgundischer Hofordnung ein Staatsakt und bleibt darum vor
jedem Verstoß gegen die einmal festgesetzte Regel auf das strengste
bewahrt. Wenn der König öffentlich speist — Philipp II. tat es
erst, nachdem die Raumfrage durch Bereitstellung eines entsprechenden
Saales zufriedenstellend gelöst war —, so werden die

Gerichte unter dem Schall von Trommeln und Trompeten aus der Küche heraufgeholt, das Volk hat Zutritt zum Saale, wird aber durch einen Kranz von Leibwachen in respektvollem Abstande gehalten. So mag es der kraft- und segenspendenden Emanation des Herrscher-Tabu innewerden. Hat der Souverän sein Essen beendet, so reicht man ihm in silberner Schüssel das Wasser zum Händereinigen, der Oberstkämmerer übergibt kniend das Handtuch, der Geistliche spricht das Dankgebet und unter Vorantritt des Obersthofmeisters verläßt der König, während alles tief den Rücken beugt, den Speisesaal. Jetzt falten zwei Ehrenkammerherren feierlich das Tischtuch und reichen es dem Oberstkämmerer, der es auf den Knien entgegennimmt. Dann erst kann die Dienerschaft lautlos und geschäftig an das Abräumen gehen.

Die Person des Königs steht unter dem leiblichen Schutz einer dreifachen Wache. Es gibt ein niederländisches Korps, die Guardia de archeros, ein spanisches Korps, die Guardia española, und ein deutsches Korps, die Guardia alemana. Jedes von den dreien ist 100 Mann stark, untersteht einem Hauptmann und einem Leutnant, hat einen eigenen Geistlichen, einen Quartiermeister, einen Sattler und einen Waffenschmied. Um den Archeros angehören zu können, muß einer aus den Niederlanden stammen, darf keinen Flecken der Unehre, weder rassischer noch häretischer Art an sich tragen, darf weder ein Handwerk noch einen ehrlosen Beruf (Scharfrichter, Abdecker und dergleichen) ausgeübt haben, muß von Adel sein, sowie flämisch und wallonisch sprechen können. Ist er von ehrsamer, aber bürgerlicher Abkunft, so muß er zum mindesten sechs Kriegsjahre lang im spanischen Heere gedient haben. Die niederländische Garde ist zu Pferd und schwer bewaffnet mit Brust- und Rückenpanzer, Helm, Speer und Pistole. Sie macht Dienst in Gruppen zu 10 Mann, jeden Tag 10 andere, im Palaste zu Fuß, außerhalb zu Pferd, soweit nicht besondere Anlässe ein größeres Aufgebot erfordern. In ihren Satzungen steht auch der wichtige Paragraph: wer im Dienste S. M. eigenmächtig und ohne Befehl des Vorgesetzten zur Waffe greift, ist des Todes schuldig. Das Korps der Guardia española zerfällt in drei Gruppen: 50 Mann Monteros de Espinosa, 30 Mann Guardia amarilla,

20 Mann Guardia de a caballo. Die erste Gruppe ist die aus der früheren Hofordnung übernommene königliche Leibgarde, die einem alten Privileg zufolge aus Söhnen der Ortschaft Espinosa bei Burgos besteht und die Besonderheit hat, daß sie bei Aufzügen größeren Umfangs die königliche Person und ihre Begleitung in Form eines nach vorne offenen Halbmondes umschließt; die zweite Gruppe ist benannt nach der gelben Farbe ihrer Wämser; die dritte Gruppe dient zur Vervollständigung des ganzen Korps durch Berittene. Alle Angehörigen dieser Wache müssen spanischer Abkunft, reinblütig und häresiefrei sein, dürfen kein Handwerk und keinen ehrlosen Beruf ausgeübt haben und sollen nach Möglichkeit gediente Soldaten sein. Die Guardia alemana schließlich besteht aus lauter Deutschen und für die Zugehörigkeit zu ihr gelten ebenso strenge Vorbedingungen wie bei der niederländischen und spanischen Garde. Die Zeitumstände ergeben es, daß hier mit besonderer Strenge die religiöse Unbescholtenheit in spanischem Sinne, also kompromißloser Katholizismus, gefordert wird und daß infolgedessen fast nur Österreicher oder Bayern, kaum aber Norddeutsche diesem Wachkorps angehören. In ihren Satzungen steht auch der vielsagende Abschnitt: keiner darf den anderen zu übermäßigem Trinken verleiten, und wenn sich wirklich einer am Wein übernehmen sollte, so darf er sein Stadtquartier nicht verlassen, geschweige denn die königliche Burg betreten, widrigenfalls er von seinem Hauptmann in schwerste Strafe genommen werden müßte.

Den drei Korps der Leibwache, die nur während des Tages im Dienste sind, gliedert sich schließlich noch eine bewaffnete Truppe von Nachtwachen an: die Monteros de cámara. Ihre Zahl beträgt 24, später 48, was dem stets zunehmenden räumlichen Ausbau des Alcázar entspricht. Je zwei von ihnen wachen an den nicht versperrten Türen der sämtlichen Schlafzimmer der königlichen Familie, zwei behüten das große Palasttor, zwei andere durchstreifen während der ganzen Nacht die Gänge des Hauses, wozu ihnen der Oberstkämmerer den Hauptschlüssel zur Verfügung stellt, und sichern es gegen Feuer und Eindringlinge. Montero de cámara zu werden, war nicht leicht. Die Bewerber unterlagen sogar

in mancher Hinsicht einer noch viel schärferen Auslese als die Leibwachen. Sie mußten dem niederen Adel angehören, ehelicher, also nicht illegitimer, Abkunft sein, unter ihren Vorfahren durfte kein Jude, Maure oder Konvertit sich befinden, sie durften nie mit der Inquisitionsbehörde in unliebsame Berührung gekommen sein, sie durften nie in dienender Stellung bei hoch oder niedrig gewesen sein, sie durften kein Handwerk und keinen ehrlosen Beruf ausgeübt haben und mußten mindestens 25 Lebensjahre zählen. Gewiß eine Form der Auslese und der tabuistischen Sicherung, wie sie strenger kaum auszudenken ist.
Die dreifache, nach Nationen unterschiedene Gliederung der Garde hat den Zweck, den König gegen Meutereien seiner Leibwache zu schützen. Anders ausgedrückt: die einzelnen Glieder und Kräfte des Tabu-Gedankens müssen sich gegenseitig in Schach halten. Sollte eines von den drei Korps unsicher werden, so ist anzunehmen, daß die beiden anderen zuverlässig genug sind, die Rebellion zu ersticken. Der Ernstfall schien mit den wachsenden Unruhen in Flandern in den Bereich der Möglichkeit zu treten. Aber Philipp II. beugte vor. Im August 1568 berichtet der französische Gesandte Fourquevaux nach Hause, der König sei im Begriffe, seine niederländische Leibwache aufzulösen, pour le peu qu'il s'en fie. Den Staatsbürger von heute aber berührt sehr gegenwartsnahe, trotz der 400 Jahre, die zwischen Jetzt und Damals liegen, der unbeugsame Wille, die Dynastie — und das war damals soviel wie der Staat — gegen Kräfte und Einflüsse rassefremder Art zu immunisieren, und zwar auf dem einfachen Wege der Ahnenprobe, die jede jüdische oder maurische Blutmischung an den Tag brachte. Es braucht nicht eigens betont zu werden, daß diese Rassevorschriften der Leibwachordnung dem burgundischen Zeremoniell noch unbekannt waren und erst bei dessen Übernahme durch den Madrider Hof eingefügt wurden, daß sie also ein rein spanisches Motiv und Anliegen sind.
Es müßte endlich auch noch ein Wort gesagt werden über die Ämter des Oberststallmeisters oder Caballerizo mayor, zu dessen Dienstbereich unter anderem auch die Pagerie gehört, sowie über jene der königlichen Hofjagd, aber wir müssen uns um der räum-

lichen Beschränkung willen alle weiteren Einzelheiten darüber ersparen.

Was wir bis jetzt von dem vielfältigen Mechanismus des burgundisch-spanischen Zeremoniells erfuhren und kennenlernten, das waren — abgesehen von seinem tieferen, seinem wahrhaft archaischen Sinn — die wichtigsten Ämter und Pflichten, sowie die Titulaturen der mit ihnen betrauten Persönlichkeiten. Nun tun wir einen rasch orientierenden Blick auf die besonderen Anlässe, bei denen diese ungeheure, für uns Gegenwärtige nahezu unheimliche Maschinerie in erhöhte und gesteigerte Aktion zu treten hatte, bei denen sie sozusagen die Intensität ihrer Umläufe und die Kraft ihrer Wirkungen verdreifachte; denn ihre Bestimmung war es ja nicht nur, das Tagewerk des Herrschers in einen streng geregelten Rahmen einzuspannen, ihn dadurch zu erhöhen, zu schützen, zu isolieren, sondern auch alle außergewöhnlichen, alle erhabenen Vorgänge seines Lebens, die festlichen wie die traurigen, in den geheimnisvollen Lichtzauber einer gleichsam numinosen Verklärung zu entrücken. Und dieser Anlässe waren es viele, fast unendlich viele. Das lag im Wesen und in der Dynamik dieses Zeremoniells begründet, dessen archaischer Sinn und Zweck es war, das Leben des Herrschers zu entpersonalisieren, es zu einer Angelegenheit des Staates, der Gemeinschaft, der Kollektivpsyche zu steigern, zu überhöhen, zu kristallisieren. Wir zählen nur die wichtigsten Vorgänge auf, die solchermaßen in den Bannkreis des neuen Zeremoniells hineingerieten und unter seinem magischen Zwange förmlich zu liturgischen Handlungen erstarrten.

1. Die Empfänge und Huldigungen. Voran stehen die Besuche der fremden Souveräne, dann jene ihrer Kronprinzen, und in entsprechendem Abstande davon die Besuche ausländischer Fürsten geringeren Ranges. Ihnen kommt an Wichtigkeit nahezu gleich der Empfang eines päpstlichen Sondergesandten oder Legatus a latere. Um einige Grade weniger pompös und regelgebunden gestaltet sich sodann der Antrittsbesuch eines Kardinals, und wiederum etwas gelockerter ist jener der Gesandten mit dem Vorrechte, sich in Gegenwart S.M. zu bedecken, das sind also die Vertreter der damaligen fünf Großmächte: der päpstliche

Nuntius, der kaiserliche, der französische, der englische und der venezianische Gesandte. Huldigungen im engeren Sinne finden statt, wenn sich die Mitglieder der verschiedenen Rätekammern an den kirchlichen Hochfesten Weihnachten und Pfingsten zum Besamanos, das heißt zu der mit Kniebeuge und Handkuß verbundenen Gratulationscour beim König einfinden.

2. Die religiösen Festlichkeiten. Da gibt es die Taufen des Kronprinzen und der Infanten, den feierlichen und den einfachen Kirchgang des Herrschers zur Palastkapelle oder seine Kutschenfahrt zum Gottesdienst in einer der hauptstädtischen Kirchen. Ferner die große Fronleichnamsprozession, soweit S.M. an ihr teilzunehmen geruht. Endlich das öffentliche Auto de fe, wiederum sofern es in Gegenwart des Königs stattfindet.

3. Die Ordenskapitel. Sie umfassen das amtliche Zeremoniell bei den Gedenktagen und Festsitzungen der fünf Ritterorden vom Goldenen Vließ, von Santiago, Alcántara, Calatrava und Montesa, deren Großmeisterwürde der Souverän in eigener Person innehat.

4. Die Regierungshandlungen im engeren Sinn. Als Beispiele führen wir an die Einberufung der Cortes oder Landstände, oder etwa die in Gegenwart des Königs an jedem Freitag stattfindende Großsitzung des Staatsrates.

5. Die Initiationen. Das sind entweder Machtergreifungsaktionen oder aber Weiheriten halb weltlich-gesetzmäßiger, halb kirchlich-religiöser Art. Es hält zum Beispiel der neue König nach dem Hinscheiden des Vorgängers seinen feierlichen Einzug in den Palast. Oder es wird eine Königin eingeholt und durch die Straßen der Hauptstadt an der Seite ihres Gemahls in den Palast geleitet und damit in ihre neue Würde eingeführt. Weil sie als Braut und als Prinzessin nicht den nötigen Rang besäße, darum werden die königlichen Vermählungen immer in der Provinz vollzogen; nur eine legitime und vollwertige Königin hat Anspruch auf die symbolische Besitzergreifung des Thrones. Oder endlich es wird der Thronerbe und Nachfolger von Adel und Geistlichkeit, von Behörden und Ständevertretern feierlich aufgeschworen.

6. Die Trauerzeremonien. Sie stufen sich in folgende Arten: Begräbnis eines Königs, einer Königin, eines Kronprinzen, eines

Infanten, jeweils mit dem dazugehörigen Requiem in San Jerónimo zu Madrid. Überführung der Leichen früher gestorbener Mitglieder des königlichen Hauses nach einem neuen Begräbnisorte. (Dieser Sonderfall häuft sich bei Vollendung der Gruft des Escorial im denkwürdigen Jahre des großen Sammelns der habsburgischen Familiensärge.) Requiem für den Papst, für den Kaiser, für Könige und Kronprinzen fremder Staaten. Requiem für die Erzherzöge des Hauses Österreich.

Jeder dieser vielfältigen, festlichen oder ernsten Anlässe ist in ein Netz von zeremoniellen Vorschriften und Verhaltungsmaßregeln eingesponnen, die ein für allemal feststehen, genau beachtet werden müssen und für die Gesamtheit der Beteiligten zu zwangsartiger, nahezu traumhafter Selbstverständlichkeit geworden sind. Wir begnügen uns, um nicht ins Uferlose zu geraten, mit einem einzigen kurzen und bündigen Beispiel. Jeden Freitag präsidiert der König einer Sitzung des Staatsrates. Sie findet im großen Audienzsaal (Antecámara) statt. Die Ratsmitglieder mit ihren Sekretären sind schon versammelt. Der Souverän erscheint, begleitet vom Obersthofmeister, von einer Schar Kammerherren und von einer Abteilung der Leibwache. Er nimmt Platz auf seinem Thronsessel. Bei seinem Eintritt nehmen die Ratsmitglieder ihre Barette ab und lassen sich auf ein Knie nieder. So bleiben sie, bis der König sich gesetzt hat und sie auffordert, sich ebenfalls zu setzen. Sie tun es. Jetzt befiehlt ihnen der König, sich zu bedecken. Sie stehen wieder auf, machen eine Kniebeuge, setzen sich endgültig und bedecken sich. Dann verläßt das königliche Gefolge den Raum und auch die Sekretäre und Schreiber verschwinden. Nun erst können die Vorträge und Berichte ihren Anfang nehmen. Der vortragende Rat erhebt sich, nimmt die Kopfbedeckung ab, macht eine Kniebeuge und beginnt die Darlegung der verschiedenen Gegenstände. So oft der König mit dem von der Rätekammer vorbereiteten Entscheid einverstanden ist, spricht er ein würdevolles „Está bien" (Es ist gut so), womit der Vorschlag zum Beschluß erhoben ist. Die hohe Versammlung aber lüpft bei jeder dieser Äußerungen respektvoll das Barett. So oft hingegen der König noch genauere Erklärungen oder etwa Bedenkzeit wünscht, wendet er sich an den Präsidenten mit der Aufforderung „Hablaréisme vos el Presidente" (Sie, Herr Präsident, werden mir darüber noch berichten) und so oft S.M. diesen etwas längeren Satz zu formulieren geruht, erhebt sich die Versammlung wie ein Mann von den Sitzen und gibt ihrer Ehrfurcht und Ergebenheit mit einer erneuten Kniebeugung ergriffenen Ausdruck. Ist die Sitzung zu Ende, so wird S.M. wiederum vom Gefolge abgeholt, ein Vorgang, dem die Ratsmitglieder abermals unbedeckten Hauptes und in kniender Stellung anwohnen. Nach einer Weile wird der Ratspräsident vom königlichen Kammersekretär zur Audienz befohlen, wobei die Unterzeichnung der angefallenen Schriftstücke erfolgt und die etwa noch gewünschten Erläuterungen für einzelne Fälle gegeben werden. Die Ähnlichkeit aber, die das gesamte Zeremoniell der eigentlichen Sitzung mit einer gottesdienstlichen Handlung hat, ist doch wohl unverkennbar.

Nun wird es Zeit, daß wir uns auch um die Namen der Auserwählten kümmern, die als die ersten einer jahrhundertelangen Reihe den magischen Kreis um die geheiligte Person des Herrschers schließen dürfen. Wir ersparen uns eine lange Liste von Personalien und benennen nur die Inhaber der Spitzenstellungen. Den Platz des Mayordomo mayor nimmt der Herzog von Alba ein. Er ist der einzige unter den noch lebenden Getreuen Karls V., der für diese Last die Stärke der Schultern, den Auftrieb des Ehrgeizes, die Kraft des Pflichtbewußtseins haben wird. Zwar hat er schon in Augsburg versucht, dem Kaiser (wir wissen nicht, aus welchen Gründen, Erwägungen und Befürchtungen heraus) die Einführung dieses Zeremoniells auf das dringendste zu widerraten; aber er hat dabei die eigenwillige Zähigkeit Karls V. unterschätzt und wohl auch gar nicht zu erfassen vermocht, wie sehr der allmächtige Souverän durch seine burgundische Abstammung und Erziehung einerseits und unter dem Eindruck der Kaiserwürde andrerseits von der Mentalität des Herrscher-Tabu durchtränkt und durchdrungen ist. Sobald daher die Entscheidung einmal für das Zeremoniell, nicht gegen es, gefallen ist, wäre es für Alba eine tödliche Kränkung, würde man einen anderen als ihn

mit dessen oberster Leitung betrauen. Er wird seine letzte Kraft dafür einsetzen, es zu dem zu gestalten, was es nach dem kaiserlichen Willen nun auch für Spanien zu werden bestimmt ist. Denn die Alba besitzen den dem Alter ihres Adels entsprechenden Ehrgeiz. Gräflichen Geblütes, seit sie von Vorfahren sichere Kunde haben, sind sie durch Heinrich IV. von Kastilien 1469 in den Herzogstand erhoben worden. Ihr Familienname lautet Alvarez de Toledo, und Don Fernando, der neue Obersthofmeister nach burgundischem Ritus, ist der dritte Herzog seines Titels.
Zu Mayordomos werden ernannt: Don Pedro de Avila, marqués de las Navas, Don Pedro de Guzmán, conde de Olivares, Don Gutierre López de Padilla und Don Diego de Acevedo. Die Navas und die Olivares gehören zum jüngsten Adel des Hofes, denn sie haben erst 1533 und 1539 vom Kaiser ihr Patent erhalten. Der Enkel des Olivares, Don Gaspar de Guzmán, wird unter Philipp IV. eine traurige Berühmtheit auf seinen und seines Geschlechtes Namen häufen.
Das Amt des Primer sumiller de corps erhält Don Antonio de Rojas y Sandoval, der mit den Marqueses de Denia nahe verwandt ist, das des Caballerizo mayor Don Antonio de Toledo und jenes des Capellán mayor der Bischof von Salamanca, Don Pedro de Castro. Nach dem Bericht des Venezianers Badoero umfaßt der neue Hofstaat gegen 1500 Personen. Sie alle werden aus des Königs Tasche bezahlt, essen aus des Königs Küche, wohnen auf des Königs Kosten. Es ist schon wahr, was noch 100 Jahre später der Geschichtsschreiber Gregorio Leti behauptete: „In ganz Europa gibt es keine Residenz, in der soviel Geld für Hofstaat und Zeremonienwesen verpulvert würde wie in Spanien."
Am 15. August 1548, dem Feste Mariä Himmelfahrt, ist dann endlich der große Tag angebrochen, an dem das neue Zeremoniell seine Feuerprobe am spanischen Hofe, zunächst also in Valladolid, bestehen soll. Ein halbes Jahr hat es gedauert, bis die Ernennungen alle vollzogen, der Troß von Dienstpersonal und die Leibwachen ausgesucht, auf ihre Eignung geprüft und für ihre neuen Pflichten hinreichend geschult sind, bis auch die Räume, den neuen Bedürfnissen entsprechend, einigermaßen geordnet und

hergerichtet sind. Endlich aber ist es so weit, und an jenem denkwürdigen Tage beginnt der neue Lebensstil der spanischen Herrscher mit dem zum erstenmal nach burgundischer Sitte und Vorschrift abgehaltenen Mittagsmahl. Man ist zunächst noch ein wenig benommen und ängstlich, macht kleine Fehler und weiß zu guter Letzt nicht, ob wirklich alles so abgelaufen ist, wie es der strengen Regel entsprochen hätte, aber man freut sich der ungewohnten Pracht, der steifen Würde, der pompösen Uniformen und Livreen und ist überzeugt davon, daß dieser Tag den Anbruch einer neuen Ära des Glanzes und der Erhöhung für das spanische Herrscherhaus bedeute. Der Adel ist glücklich, weil sich ihm tausend neue Wege und Möglichkeiten zu Ämtern und Gnaden erschließen, der Troß der Bedienten ist glücklich, weil es ihm, einem runden Tausend von Habenichtsen, gelungen ist, zu sicherem Brot und ehrenvoller Anstellung zu kommen. Prinz Philipp selbst, der Mittelpunkt des umständlichen, zackigen, mit Anstrengungen und Beschränkungen verbundenen Gehabens, findet sich in der neuen Lebensform bald zurecht, wenn auch unter einigen Schwierigkeiten und herzhaft unterdrückten inneren Widerständen.

Seinem schlichten, bedürfnislosen und einfachen Wesen will der aufdringliche Pomp, die vielköpfige Mühsal und die sündhafte Geldverschwendung der neuen Ordnung nicht behagen; er wäre mit weniger Troß und mit mehr Ruhe und Freiheit glücklicher gewesen. Seinem tiefgläubigen und einfältigen Christentum widerstrebt auch die Vergötterung, die man fürderhin mit ihm treibt: jedweder Untertan hat sich vor ihm auf ein Knie niederzulassen und ihm die Hand zu küssen. Er verfügt darum für seine Person vom ersten Tage an, daß den Angehörigen des Priesterstandes das Vorrecht bleibt, sich ihm ohne Kniefall und Handkuß und nur mit tiefer Verbeugung zu nahen. Im übrigen aber nimmt er das neue Zeremoniell als eine gegebene, eine unabänderliche Tatsache hin. Hier gilt es für ihn, eine Pflicht zu erfüllen, eine Pflicht gegenüber dem Willen des kaiserlichen Vaters, gegenüber der glorreichen Dynastie, gegenüber der ganzen Nation. Gehorsam ist er dem Vater immer gewesen. Verantwortungsbewußte Einsicht und Klugheit aber sagten ihm weiterhin, daß diese gottähnliche Überhöhung und Isolierung des Herrschers auch einer Tiefenwirkung auf das den Spaniern blutmäßig und geschichtlich überkommene Erbe der monarchischen Gesinnung nicht entbehren werde. Darin hat er sich nicht getäuscht. Abgesehen von einem kurzen und schwachen Widerstandsversuch der Landstände von Kastilien, die vor den Unkosten zurückschrecken, hat sich das spanische Volk überraschend schnell mit den neuen Hofsitten befreundet. Es hat, indem ihm Schaulust und Ehrgeiz befriedigt wurden, die ganze Verherrlichung des Souveräns reflektorisch auf sich selber bezogen, es hat sich durch die Meinung, den größten und erhabensten, den glorreichsten Herrscher des Erdballs sein eigen zu nennen, unendlich gestärkt, gesichert und erhöht gefühlt, es ist (archaisch ausgedrückt) in seiner Gesamtheit der segenspendenden Kraft des Herrscher-Tabu inne geworden. Auf die spanische Gesellschaft, den Adel, die hohe Geistlichkeit und was sonst noch mit dem Hofe in nähere Berührung kam, dann aber mittelbar auch auf die Masse des Volkes wirkte daher das burgundische Zeremoniell und die durch es hervorgerufene Vergötterung des Herrschers wie ein Rauschgetränk, das eine ungeheure, geradezu pathologische Steigerung des völkischen Selbstgefühls zur Auslösung brachte. Der Nationalstolz, den wir bei einer anderen Gelegenheit in die Teilkomponenten des Adels-, Rasse- und Glaubensstolzes, des Eroberersstolzes und des Bildungsstolzes zerlegt haben, erhielt mit dem burgundischen Zeremoniell jene Härtung durch Arroganz, Kälte und Überheblichkeit, die den Spanier bei allen anderen Nationen so verhaßt machte. Erst von der Mitte des 16. Jahrhunderts an beginnen die Klagen aller Ausländer über diese besondere Art und Färbung des spanischen Stolzes, und einer der ersten, die ihn als Anbetungsfimmel verächtlich machten, war der Erzherzog Maximilian, der sich darüber zu dem venezianischen Gesandten Giovanni Michele sehr deutlich äußerte. Das spanische Volk aber vergaß schon im Laufe einer Generation den Anteil des burgundischen Zeremoniells an dieser seiner Mentalität und vermeinte schließlich, es habe seinem König und damit sich selbst alle Sublimierung aus eigener

Machtvollkommenheit verliehen. Nicht anders läßt sich die apodiktische Behauptung verstehen, die wir gegen Ende der Regierungszeit Philipps IV. bei einem vaterländischen Geschichtsschreiber in dieser Formulierung lesen: „Der Palast Seiner Katholischen Majestät ist die hohe Schule des Schweigens, der Pünktlichkeit und der Ergebenheit, und das allein kraft der Verehrung und Würde, mit denen die Spanier ihren König umgeben." Bis auf Karl V. ist der spanische Herrscher immer nur ein von seinesgleichen beauftragter Führer gewesen, aber von jetzt an tritt neben die Corte celestial, den himmlischen Hofstaat, die Corte de Su Magestad in Madrid, neben Su Divina Magestad (womit man den lieben Gott bezeichnet) die Magestad del Rey Nuestro Señor. Bis zum Ausgang des Mittelalters wird der Herrscher mit Señor und Vuestra Señoría betitelt, unter Ferdinand und Isabella kommt die Bezeichnung Alteza (Hoheit) in Gebrauch, mit der Kaiserwürde Karls V. setzt sich der Titel Magestad durch, den dann auf Grund der hispanisierten burgundischen Hofordnung auch die ihm folgenden Habsburger von Philipp II. an, obwohl keinen von ihnen mehr die Kaiserkrone schmückt und drückt, beibehalten werden. Materielle Grenzen sind dieser wachsenden Erhöhung und Spiritualisierung des Herrschergedankens nur noch in den uralten und hartnäckig verteidigten Privilegien der aragonischen Provinzen gesetzt, aber Philipp II. wird die Gelegenheit nicht versäumen, auch diese Zäune niederzulegen.

Eine nachteilige Auswirkung des burgundischen Zeremoniells in sozialer Hinsicht bildet vor allem der sich unablässig steigernde Kleiderluxus aller Stände und Klassen. Vergeblich sucht schon Karl V. durch Sparsamkeit in seiner Alltagskleidung ein gutes Beispiel zu geben und eine Art Präventivmaßnahme zu treffen. Der venezianische Gesandte Mocenigo erzählt von ihm, er habe (festliche Anlässe ausgenommen) immer nur die einfachsten und billigsten Sachen getragen, habe sich um jedes Hemd und jedes Taschentuch selbst gekümmert und seine Pagen so spärlich mit neuen Gewändern versorgt, daß sie häufig in geflickten oder gar in zerrissenen Wämsern herumliefen. Aber der Erfolg ist, wie gesagt, gering. Mocenigos Amtsgenossen sind einig in der Verurteilung des spanischen Dünkels, der jeden Stand antreibe, sich über sein Ansehen hinaus zu kleiden und mehr zu scheinen als zu sein. Der Bauer äffe den Bürger nach, dieser den Edelmann, dieser den Granden und dieser den König. Ohne Unterlaß wiederholen sich von der Mitte des 16. Jahrhunderts an die Forderungen der Cortes nach Gesetzen gegen den überhandnehmenden Kleiderluxus, und Philipp II. ist unermüdlich am Werke, seine „Pragmáticas" über die Kleiderordnung zu erlassen.

Auch die zunehmende Titelsucht ist eine schädliche Folge des neuen Hofzeremoniells. Wie sehr sie anschwillt, das erkennt man am besten aus der raschen Entwertung und Verallgemeinerung des Titels Don. Er bildet ursprünglich ein Vorrecht des Adels, aber schon um 1600 ist es so weit, daß ihn sich jeder beilegt, der etwas gelten will. Auch diese Auswüchse muß Philipp II. in der berühmten „Pragmática de las cortesías" auf dem Wege gesetzlicher Verordnung in gemäßigte Bahnen leiten, denn es sind, so erzählt uns der kaiserliche Botschafter Franz Christoph Khevenhiller, „wegen der Titul allerley Differenz, Unwillen und Entzweyungen entstanden und die Kronen auff den Wappen von menniglich usurpieret worden". Und schließlich leidet auch der Briefstil unter diesen hybriden Formen eines nach beiden Extremen hin überdehnten Selbstgefühles. Der Person des Herrschers gegenüber ist man auch im schriftlichen Verkehr glanzgeblendet und ehrfurchtdurchschauert; man kriecht, man winselt, man legt sich zu Füßen, man erstirbt. Sozial Gleichgestellten gegenüber aber erschöpft man sich in Komplimenten und Höflichkeiten, die nichts anderes sind als eine eitle Selbstbespiegelung des Schreibers und eine affektierte Zurschaustellung seines Wissens um den guten, den echt höfischen Ton. Wie erheiternd klingt nicht aus den Weihrauchnebeln dieses geltungssüchtigen Treibens heraus die ironische Klage der Santa Teresa, die in ihrer selbstverfaßten Lebensbeschreibung darüber Beschwerde führt, daß man sich schlechterdings nicht mehr auskenne, wie man es recht machen solle. Das eine Mal müsse der Rand links, das andre Mal der Rand rechts freigelassen werden, bald hätte die vorgeschriebene Höflichkeitsfloskel am Anfang, bald am Ende zu stehen, und was die Titulaturen betreffe, so vermöge sich längst kein Mensch mehr in dem Labyrinth von Würden und Graden, Rangstufen und Ambitionen ohne Fehlgriffe zurecht zu finden. Andrerseits hat freilich gerade Philipps Glaube an seine göttliche Sendung, seine hohe, irrationale Auffassung vom Königsberuf, die Überzeugung, ein Auserwählter des Herrn, nicht ein durch Stimmenmehrheit der Menschen Gewählter und Beauftragter zu sein, in dem neuen höfischen Brauchtum manche Stütze und Förderung gefunden. Es gab darin doch vieles, was ihm zusagte, was gleichsam eigens für ihn bestimmt zu sein schien, was dies und jenes unbewußt in ihm Schlummernde zu greifbarer Gedankenform weckte und gestaltete. Seine angeborene Würde und kühle Zurückhaltung wurden in dieser burgundischen Zeremonienschule noch viel schärfer geprägt. Dieses Schweigendürfen und Nicht-zur-Unzeit-Sprechenmüssen war ein richtiges Labsal für den in frühen Jahren ernst gewordenen und ohnehin von Natur aus nicht sehr redseligen Prinzen; es war aber auch ein treffliches Behelfsmittel zur Herstellung der inneren Isolierung und des klugen „disimular", des Sich-nicht-Durchschauenlassens. Auch das ihm vom Vater unablässig zur Pflicht gemachte Mißtrauen gegen die Höflinge, die Schmeichler, die Günstlinge und solche, die es werden wollten, dieses Mißtrauen war fürderhin keine Last und kein Zwang mehr, denn gerade die burgundische Hofsitte errichtete unübersteigliche Schranken zwischen Herr und Vasall, zwischen Königtum und Schranzentum. Das Numinose seiner königlichen Person, Stellung und Haltung sodann wurde ihm zu eigener Genugtuung durch das neue Zeremoniell erst richtig zu Verständnis und Bewußtsein gebracht. Vereinigte sich nicht in seiner Person das abdrängende Moment des Tremendum mit dem anziehenden und bestrickenden des Fascinans zu jener seltsamen Kontrastharmonie, die allen, die da vor ihm im Audienzsaale hinknieten, den Blick verwirrte und die Rede verschlug? Mußte er nicht jedem mit dem berühmten, gütig und leise gesprochenen „sosegaos" (beruhigt Euch) das Wort in der Kehle lockern und die verlorene Fassung wiedergeben? Gewiß standen ihm unsere heutigen Erkenntnisse und Formulierungen noch nicht zu Gebote, gewiß wußte er noch nichts von Tabugesinnung und Tabuwirkung, aber die burgundische Hofsitte hat ihm die Augen dafür geöffnet, daß da irrationale, mit dem bloßen Verstand nicht meßbare und nicht wägbare Zusammenhänge zwischen Ursache und Wirkung bestanden, und das hinwiederum hat ihn im Glauben an die ihm innewohnenden transzendenten Kräfte, im Glauben an seine göttliche Sendung unermeßlich bestärkt und gefestigt. Wenn aber schließlich der spanische Ernst, die Ruhe und Strenge, der dieser Rasse im Blute liegende Zug zur Melancholie alles Heitere und Farbige im burgundischen Zeremoniell um einige Grade gedämpft und abgedunkelt haben, wenn auf spanischem Boden jedes laute Lachen erstarb, jedes laute Sprechen zu einem devoten Flüstern herabsank, jede lebhafte Geste in eine Pose erstarrte, so ist das alles nicht Philipps alleiniges Verdienst oder alleinige Schuld; es ist viel eher eine Wirkung und ein Ergebnis der spanischen Kollektivseele. Immerhin mag Philipps Wesen und seine innere Gleichstimmung mit diesen Zügen erheblich zu ihrer Vertiefung beigetragen haben. Wissenswert ist jedenfalls, daß man diese spanische Kälte und Steifheit schließlich sogar in Flandern, dem Geburtslande des burgundischen Zeremoniells, fürchten lernte. So wurde beispielsweise Philipps Tochter, der Infantin Isabel Clara Eugenia, die von 1599 an die Erbin und Regentin der Niederlande war, als etwas Außergewöhnliches nachgerühmt, sie sei „molto lontana della gravità spagnuola, di che non poco si temava".

IX. KAPITEL

Maximilian der Vetter und Schwager, Streit um die Nachfolge in der Kaiserwürde

Seit dem 28. April 1521 gibt es eine deutsche und eine spanische Linie des Hauses Habsburg, denn an diesem Tage läßt Karl V. die Urkunde ausfertigen, durch die er seinem Bruder Ferdinand die deutschen Stammlande der Familie zu erblichem Eigentum überschreibt: das Erzherzogtum Österreich, die Steiermark, Kärnten, Krain, Tirol mit Vorarlberg, die vorderösterreichischen Lande Breisgau und Sundgau. Der spanischen Linie verbleiben bei dieser Teilung die niederländischen und burgundischen Provinzen, die Philipps des Schönen Hinterlassenschaft bilden, dann die vereinigten Königreiche der iberischen Halbinsel (ohne Portugal) und der Principado de Cataluña; zu ihnen fügen sich die italienischen Besitzungen Mailand, Neapel und Sizilien, die Inseln Sardinien und Korsika, Mallorca und Menorca, und endlich noch die unermeßlichen Gebiete der auf dem amerikanischen Kontinent neu entdeckten Länder — alles von Ferdinand und Isabella ererbt, erobert und geeinigt.

Jener Ferdinand nun, der durch die denkwürdige Urkunde vom April 1521 zum Stammvater des österreichischen Zweiges der Habsburger gemacht wird, ist der zweite Sohn aus der Ehe Philipps des Schönen mit Johanna der Wahnsinnigen, ist der jüngere und einzige Bruder Karls V. und als solcher von Anbeginn zu seinem Nachfolger auf dem Kaiserthron bestimmt. Er vermählt sich noch im gleichen Jahr 1521 mit der Jagellonin Anna, der Schwester des jugendlichen Königs von Böhmen und Ungarn, der seinerseits Karls und Ferdinands Schwester Maria als Gattin heimführt. Als am 29. August 1526 die Türken den blutigen Sieg bei Mohacs erringen und Ludwig auf der Flucht einen schmählichen und grausamen Tod erleidet — man findet ihn erschlagen, nackt und ausgeplündert im schlammigen Sumpfboden eines Moores —, da wird Ferdinand erbmäßig König von Böhmen und Ungarn. Anna schenkt ihm im Laufe einer ungetrübt glücklichen 21jährigen Ehe nicht weniger als 15 Kinder, 4 Söhne und 11 Töchter, von denen nur zwei Mädchen den frühen Windeltod sterben. Die tapfere Mutter selbst erliegt bei der 15. Niederkunft einem Kindbettfieber. Der erstgeborene ihrer Söhne aber, der am 1. August 1527 zur Welt gekommene und demnach mit Philipp nahezu gleichalterige Maximilian ist jener Stammhalter und Vetter, den Karl V. zum Gatten seiner Tochter Maria und zum zeitweiligen Regierungsvertreter Philipps in Spanien ausersehen hat. Das fröhliche Kindergewimmel des Paares Ferdinand und Anna wächst in Innsbruck heran, in der gärtenumsäumten alten Burg, die in allen Sälen und Winkeln noch voll von Erinnerungen ist an den gütigen und aufbrausenden, den lebenslustigen und melancholischen, den von der Vielheit seiner Pläne und Hirngespinste förmlich erdrückten, den heillos in Schulden verstrickten, den ewig mit sich selbst uneinigen, den unvergeßlichen Kaiser Maximilian I., dem die spätere Geschichtsschreibung, weil sie ein briefliches Scherzwort des witzigen Alten für baren Ernst nahm, die Absicht angedichtet hat, er habe auf seine alten Tage noch Papst werden wollen. Wer die muntere Innsbrucker Schar aus der Nähe zu beobachten Gelegenheit findet, wie etwa der Venezianer Giustiniani, der bewundert die Anmut und Liebenswürdigkeit der Prinzen und Prinzessinnen und ist erstaunt über die Vielseitigkeit und Gründlichkeit ihrer Erziehung. Die beiden älteren Söhne Maximilian und Ferdinand werden, sobald sie zu Knaben herangewachsen sind, zusammen mit den Sprößlingen des hohen österreichischen Adels in dem allgemeinen Bildungswissen ihrer Zeit, sowie in den höfischen Fertigkeiten unterrichtet. Einzigartig für damals ist vor allem die umfangreiche Kenntnis von Fremdsprachen, die den jungen Herren durch geübte Parliermeister vermittelt wird. Nach einem Bericht aus dem Jahr 1540 können die zwei Prinzen außer ihrer deutschen Muttersprache bereits lateinisch und tschechisch, acht Jahre darauf beherrschen sie französisch, italienisch und spanisch, später kommt noch ungarisch hinzu. Im Jahre 1561 darf der Kaiser Ferdinand mit väterlichem Stolze behaupten, Maximilian sei „mehrerlei und sonderlich der fürnehmsten sechs in der Christenheit gebräuchlichen Sprachen kundig". Als Karl V. auf seiner Reise vom Regensburger Reichstag nach Italien vom 4. bis 7. August 1541 in Innsbruck Aufenthalt nimmt, da sehen die Kinder den sagenhaften Ohm, den mächtigen Gebieter der Heere und Völker, zum erstenmal von Angesicht zu Angesicht. In festlichem Aufzug reiten ihm die beiden Prinzen eine Wegstunde weit entgegen und geleiten ihn in die Stadt. Auf der Burg, wo er absteigt, begrüßt er dann auch seine Nichten, deren es damals bereits wohlgezählte acht sind. Es mag den Kaiser schmerzlich berührt haben, wenn er inmitten dieser blühenden Schar an das spärliche, drei Köpfe starke

Häuflein seiner eigenen, schon mutterlosen Kinder in Valladolid dachte.

Drei Jahre später präsentiert König Ferdinand seine beiden ältesten Söhne am kaiserlichen Hofe. Am 11. März 1544 reitet er mit ihnen in Speyer ein, wo eben die deutschen Fürsten zum Reichstag um Karl V. versammelt sind. Während aber der jüngere der zwei Erzherzöge nach Ablauf der Tagung mit dem Vater wieder nach dem fernen Innsbruck zieht, darf Maximilian, der 17jährige, für die nächsten Jahre in der Umgebung des Kaisers verbleiben, darf er das Hofleben, die Politik und die Zeitgeschichte aus nächster Nähe kennenlernen. Zunächst gibt es noch in Speyer selbst alle Arten von Festlichkeiten und Schauzeremonien. Am 1. Mai, dem 5. Jahrestag des Hinscheidens der Kaiserin Isabella, wird im hohen Dom in Anwesenheit des Hofes und der Kurfürsten ein prunkvoller Gedächtnisgottesdienst zelebriert, am 5. Mai ist feierliche Belehnung des neugewählten Deutschmeisters Wolfgang von Schutzbar, vom 8. bis zum 11. Mai dauern die Festivitäten der Hochzeit des Grafen Egmont mit Sabine, Prinzessin von Pfalz-Simmern. In bunter Reihenfolge wechseln Turniere, Bälle und Bankette, Empfänge, Umzüge und kirchliches Gepränge miteinander ab, und der junge Erzherzog wird umworben und mit einer Zuvorkommenheit behandelt, als ob er der Sohn des Kaisers wäre. Die Reichstagsverhandlungen gewähren ihm einen guten Einblick in die Nöte der Zeit und in das Unheil des religiösen Zwiespalts, er lernt die altgläubigen und die neugläubigen Fürsten aus der Nähe kennen, Freundschaften werden geschlossen, Fäden für spätere Bindungen werden geknüpft, und der junge Fant, allem Neuen aufgeschlossen und in religiösen Grundsätzen ohnehin nicht recht sattelfest, gerät in jenen unsicheren Zustand des Lavierens zwischen den beiden Konfessionen, aus dem er zeitlebens nicht mehr herausfinden wird. Im Feldzug von 1544 gegen Franz I. ist er in unmittelbarer Nähe des Kaisers. Da der faule Friede von Crépy alsbald mit einem üppigen Festbankett gefeiert wird, lernt er auch die Pariser Vettern kennen, denn die Herzöge von Orléans und von Vendôme, beides Söhne des unentwegten Franz, sitzen zusammen mit dem Admiral d'Annebaut an der gastlichen Tafel. Den Winter 1544/45 verbringt der Kaiser in Brüssel, und auch hier ist vom November bis zum März der höfischen Zusammenkünfte und Unterhaltsamkeiten kein Ende. Sogar Eleonore, die Gemahlin Franz' I. und Schwester Karls V., kommt zu Besuch, und der schlaue François schickt der größeren Sicherheit halber auch gleich seine Mätresse mit, die kunstvoll geschminkte und aufgedonnerte Herzogin von Etampes. Als die Königin in Brüssel feierlich eingeholt wird, trägt man sie in offener Sänfte; „an ihrer Seite aber saß die königliche Hure", wie Mameranus trocken und verächtlich berichtet. Der Sommer 1545 bringt den Reichstag zu Worms und das für den Kaiser und die Seinen in seiner Gegensätzlichkeit so erschütternde Juli-Ende: am 21. trifft aus Valladolid die Nachricht von der Geburt des Don Carlos ein, am 30. folgt ihr die Meldung vom plötzlichen Tode der Prinzessin Maria, Philipps erster Gemahlin.

Das Frühjahr 1546 beschert Maximilian, dem 19jährigen, die Ernennung zum Ritter des Ordens vom Goldenen Vließ und damit den Eintritt in einen neuen, exklusiven, privilegienstolzen und einflußmächtigen Kreis. Daß er der jüngste unter dieser auserwählten Schar von Königen, Prinzen und gefürsteten Herren ist, das macht ihn nur umso stolzer auf die goldene Halskette mit dem zierlich gehämmerten Widderbalg. Noch tiefer werden jetzt die Bücklinge, noch dienstbeflissener die Gesichter und die Gebärden, wo immer er sich zeigt. Auch die militärische Rangerhöhung läßt nicht auf sich warten: im Feldzug 1546/47 gegen die Schmalkaldener wird Maximilian zum Oberst eines Reiterkorps von 2000 Mann ernannt. Hier ist es auch, wo ihm die Uneinigkeit der protestantischen Fürsten untereinander recht augenfällig zum Bewußtsein kommt. Obgleich das ganze Unternehmen nichts anderes ist als ein Machtkampf der katholischen Partei gegen die lutherische, so fechten dennoch eine Reihe lutherischer Fürsten auf der Seite des katholischen Kaisers.

Nun ist der junge Maximilian in dem Auf und Ab dieses ganzen höfischen und kriegerischen Treibens stets mitten drin und vorne dran. Der ständige Zuwachs an eigener Freiheit und Erhöhung aber und die offenkundige Tatsache, daß jeder von den hohen

Herren tut, was er will und mag, daß Überzeugungen und Grundsätze nicht mehr sind als festtägliche oder werktägliche Wämser, die man nach Laune und Vorteil wechselt, die demütigende Mißachtung der Frauenehre, die Franz I. durch den Besuch seiner Mätresse am Kaiserhofe kundzutun beliebt und die Karl V. ohne Protest hinzunehmen für gut findet oder vielmehr hinzunehmen sich gezwungen sieht, alle diese Eindrücke und Erfahrungen bleiben für die Charakterbildung und die innere Festigung des eigenwilligen und genußfrohen Jünglings nicht ohne nachteilige Folgen. Er begeht, kurz gesagt, erhebliche Dummheiten, die ihm von seinem ehrlich bekümmerten Vater Briefe voll ernster Ermahnungen und Vorwürfe eintragen. Wir heben aus einer (lateinisch geschriebenen) Epistel lediglich die folgenden, hinreichend deutlichen Sätze hervor: „Glaube mir, wenn Du so weiter machst wie Du angefangen hast, so sind Deine Seele, Deine Ehre und dein guter Ruf für immer verloren, und Du wirst dabei auch nicht alt werden. In der Besorgnis, Du möchtest Dich nach meinem Tode zu einem zügellosen Lüstling auswachsen, ermahne ich Dich darum dringend, Dir in der Unzucht etwas mehr Mäßigung aufzuerlegen. Wenn Du sie aber trotzdem nicht entbehren kannst (was ja freilich ein Zeichen von Schlechtigkeit ist und wovor ich Dich gerne bewahren möchte), so gehe doch wenigstens behutsam zu Werke, errege kein öffentliches Ärgernis, laß die verheirateten Frauen in Ruhe und wende nie wieder Drohung oder gar Vergewaltigung an." Man wird kaum zu behaupten wagen, daß dieser väterliche Mahnbrief, den seine lateinische Einkleidung wohl nur vor der Neugierde von Kammerdienern und ähnlichen Leuten schützen sollte, an Deutlichkeit zu wünschen übrig lasse, noch auch, daß es immer nur geringfügige Lausbübereien gewesen seien, in denen der junge Erzherzog und Ritter des Goldenen Vließes seinen Lebensüberschwang auszutoben beliebte.

An den entscheidenden Sieg von Mühlberg an der Elbe schließt Karl V. den Reichstag von 1547 in Augsburg an. Dessen Eröffnung verzögert sich aber bis Anfang September, denn der Kaiser ist in den Sommermonaten schwer krank geworden; die von Gicht und Gelbsucht begleitete Reaktion auf den beschwerlichen Winterfeldzug, auf das tagelange Reiten in Schnee und Nässe, auf das nächtelange Kampieren in feuchten und schlecht durchwärmten Zelten hat sich rasch und gefahrdrohend eingestellt. Wir erfuhren bereits, wie er damals, an den Tod und an die letzten Dinge denkend, alles vorsorglich ordnet, wie er Philipps Präsentationsreise nach den Niederlanden vorbereitet, die Madrider Hofordnung auf burgundische Art organisieren läßt, wie er den jungen Maximilian zum Gatten der Infantin Maria und das zukünftige Ehepaar zu Statthaltern in Spanien bestimmt, und wie er in einem politischen Testament dem eigenen Sohn die Richtlinien für die Zukunft weist. Die Beratungen des Reichstags kreisen vorwiegend um das „Interim", jene Zwischenlösung des Religionshaders, die bis zum entscheidenden Konzil erträgliche Zustände schaffen soll. Aber nebenbei läuft im Schoße der habsburgischen Familie ein privates Unterreden und Verhandeln von so entscheidender Bedeutung, daß man das Erstrebte und zäh Verfolgte beinahe ein dynastisches Interim nennen könnte. Die Nachfolgeordnung in der Kaiserwürde soll plötzlich umgestoßen oder vielmehr durch Einfügung eines neuen Zwischengliedes aus der, wie es schien, feststehenden Reihe und Ordnung gebracht werden. Ferdinand, König der Römer, wird der Nachfolger Karls V. sein, daran ist nichts zu ändern; dann aber soll Prinz Philipp als Nachfolger Ferdinands zum König der Römer gewählt werden, um bei Ferdinands Tod oder Rücktritt den Kaiserthron zu besteigen und zugleich die Würde eines Königs der Römer auf seinen Vetter Maximilian zu übertragen. Es soll, mit anderen Worten, vorerst in die Reihe der kommenden Kaiser nach Ferdinand ein Vertreter der spanischen Linie eingeschoben werden. Wie es dann in der ferneren Zukunft werden soll, dafür wird man später Sorge tragen.

Was kann nur den bedächtigen und klugen, allem gewagten Experimentieren abgeneigten Karl V. auf diese tollkühne, jedem Herkommen ins Gesicht schlagende, im Hinblick auf einen unvermeidlichen Familienzwist wenig vorteilhafte, in Anbetracht der religiösen Spaltung Deutschlands geradezu fahrlässige Idee gebracht haben? Etwa die aus dem Tag von Mühlberg erwachsene neue Siegeszuversicht, die nun alle Schwierigkeiten mit einem Schlage überwunden zu haben wähnte? Oder die Besorgnis, es möchte die spanische Linie gegenüber der österreichischen immer mehr in den Hintergrund gedrängt werden? Oder der chimärische Gedanke eines katholischen Weltreiches unter spanischer Führung? Oder gar nur das Nörgeln der ehrgeizigen, auf engste Familienpolitik eingeschworenen, dabei tatkräftigen und zähen, diplomatisch gewandten und sehr beredten Schwester Maria, der Königinwitwe von Ungarn und Statthalterin der Niederlande? Sie, die gewissermaßen ein Karl V. in Weiberröcken ist und die von Brantôme als ein halbes Mannweib (un peu hommasse) bezeichnet wird, soll in der Tat den ganzen Plan erdacht und den kaiserlichen Bruder für den Gedanken gewonnen haben. Wenn man freilich sieht, mit welchem Feuer sie für die Idee kämpft, wie sie zu wiederholten Malen sich der beschwerlichen Reise von Brüssel nach Augsburg unterzieht, immer nur um die österreichischen Vettern wochenlang mit dem Schwall ihrer Rede zu überschütten und um den Kaiser nicht nachgiebig werden zu lassen, dann gewinnt diese Annahme sehr an Wahrscheinlichkeit. Uns will es aber trotzdem so vorkommen, als täte man damit dem Charakter und den Grundsätzen Karls V. ein erhebliches Unrecht, als sei man verpflichtet, die Antriebe zu diesem gewagten Nachfolgeputsch in ihm selbst zu suchen, aus seinen eigenen Gedankengängen, Überzeugungen und Befürchtungen herzuleiten und zu rechtfertigen. Und das dürfte mit einiger Einfühlungsbereitschaft und einigem Verständnis für Karls Denkart nicht allzu schwer sein.

Der Kaiser hat nun seit gut $3^1/_2$ Jahren den jungen Maximilian in seiner unmittelbaren Nähe gehabt, er hat, ohne daß der lockere Zeisig es eigentlich merkte, seine Vorzüge und Schwächen, sein religiöses Verhalten und seine tägliche Lebensführung, seinen Umgang mit Männern und Frauen genau beobachtet, er hat mit König Ferdinand über den Jüngling korrespondiert und auch sonst mancherlei schriftliche und mündliche Berichte über ihn entgegengenommen; er hat seine dummen Streiche mit angesehen und über seine Freundschaften sich seine eigenen Gedanken gemacht. Das soll also der übernächste Kaiser des heiligen Imperiums werden? Gewiß, Jugendtorheiten begeht schließlich ein jeder, und mit den reiferen Jahren ist schon aus manchem Laffen ein Weiser geworden. Aber gerade dieser Neffe und Thronanwärter hat zu allen besserungsfähigen Mängeln hinzu auch noch einen Grund- und Charakterfehler, der sich mit den Jahren zu verschlimmern droht: er ist heute schon ein halber Apostat. Der Kaiser weiß recht gut, wo und wann der Grund zu dieser religiösen Haltung des jungen Erzherzogs gelegt worden ist: daß er in seiner Knabenzeit einen Erzieher hatte, der nach außen hin ein strenger Katholik, im heimlichen Innern aber ein überzeugter, ja fanatischer Protestant war und daß man den doppelgesichtigen Herrn, als man seinen Schlichen auf die Spur kam, Knall und Fall aus dem Hause jagte. Er weiß ebenso gut, daß Maximilian während seines Aufenthaltes im kaiserlichen Hoflager seine Freunde mit Vorliebe in protestantischen Kreisen suchte, und es hat ihn zuletzt auch gar nicht weiter gewundert, daß ebendieser Maximilian seit dem Siege von Mühlberg als ein unermüdlicher Fürsprecher der in Gefangenschaft oder sonstige Bedrängnis geratenen lutherischen Fürsten sich gezeigt hat. Dem Kaiser ist, kurz gesagt, nicht entgangen, was die fremdländischen Gesandten schon längst an ihre Souveräne berichtet haben, was König Ferdinand genau so gut wahrgenommen hat wie die Historiker von gestern und heute, und was Maximilian selbst durch sein späteres Verhalten stets nur bekräftigt und bestätigt hat, daß er nämlich schon von Jugend auf eine starke Hinneigung zum Protestantismus in sich fühlte. Das aber ist so ziemlich das einzige, was ihn in den Augen eines Karl V. für die Anwartschaft auf die Kaiserkrone ungeeignet macht. Das geht in der Tat gegen Karls innerste und heiligste Überzeugung. Er, der ein Leben lang kein Opfer gescheut hat und keines scheuen wird, um dem Reiche in der Einheit des Glaubens den inneren Zusammenhalt und die äußere Stärke zu wahren, er soll die Hand dazu bieten, daß ein künftiger, schon in Bereitschaft stehender Kaiser das alles ins Gegenteil verkehre? Nein, mit dieser Verantwortung belastet, will er bei Gott nicht in die Ewigkeit eingehen. Wie soll man aber das drohende Unheil verhüten? Nur eine Änderung des Sukzessionsplanes kann hier helfen. Philipp allein bietet die Gewähr für eine ungetrübte Fortführung der Kaiseridee im Sinne Karls V. und Ferdinands. Nur Philipp kann darum der nächste Kaiser sein. Seinem Gewissen und seinem diplomatischen Geschick wird man es auch ruhig überlassen können, für die eigene Nachfolge zu gegebener Stunde wiederum den rechten Mann zu wählen.

Gewinnt, so besehen, nicht die ganze Angelegenheit einen neuen Aspekt? Wird solchermaßen nicht alles das, was sonst und bisher nur die eigensinnige Marotte eines früh gealterten Mannes oder aber die Ausgeburt einer überspannten Weiberintrige zu sein schien, mit einem Schlage zu einer Tat des Verantwortungsgefühls und innerer Überzeugungstreue? Wer das zu leugnen sich unterfinge, der hätte fürwahr alles andere, aber nur nicht Karl V. erfaßt und verstanden.

Die Augsburger Sukzessionsverhandlungen im engsten habsburgischen Familienkreise beginnen nicht vor Spätherbst 1547. König Ferdinand trifft erst am 30. Oktober, Maria, die Statthalterin der Niederlande, erst am 23. November in der gewerbsamen Lechstadt ein. Zuerst müssen die Hauptbeteiligten sich einig werden, so ist es die Absicht des Kaisers; dann erst will man die Kurfürsten gewinnen, sei es durch Überredung, sei es durch Zugeständnisse, sei es mit barem Gelde, denn eigensüchtig und ohne Blick für das große Ganze sind sie alle. Daß Maria bei dem bevorstehenden Handel unentbehrlich ist, davon ist Karl V. fest überzeugt. Er kennt sie zur Genüge und er schätzt sie höher als irgendeine andere seiner noch lebenden Schwestern. Sie ist klug und energisch, schmiegsam und zäh. Ihr steht die erhabene königliche Gebärde ebenso zur Verfügung wie der sanfte mütterliche Zuspruch und die Tränenseligkeit des empfindsamen Weibes. Sie kann befehlen, bitten, klagen, schmeicheln und zürnen, wie es der Augenblick erfordert, und sie kann vor allem reden, reden, reden, was gerade den Männern dieser Familie, die alle erst bedächtig nach ihren Worten suchen müssen, ziemlich einheitlich versagt geblieben ist. Und Maria ist Feuer und Flamme für das Vorhaben, denn erstens, was täte sie nicht alles für den angebeteten Kaiser, und zweitens, was wäre ihr zuviel für die Erhöhung des spanisch-burgundischen Geschlechtes, dem anzugehören ihres Lebens größter Stolz ist. Natürlich vermag sie als Katholikin und als Regentin auch die streng konservativen religionspolitischen Gedankengänge des Kaisers zu würdigen, die ihn zu diesem Plane hingetrieben haben und die ihn mit so ängstlicher Zähigkeit daran festhalten lassen. Es ist ferner zu bedenken, daß Karl V. den österreichischen Vettern keinen Einblick in den wahren Grund seines Drängens gewähren durfte, denn durch das Eingeständnis, er wolle nichts anderes, als das Reich vor einem protestantischen Kaisertum bewahren, hätte er sie doch nur auf das schwerste gekränkt, hätte er voraussichtlich einen unheilbaren Zwiespalt in der Familie hervorgerufen. Darum vor allem auch ist für den geschichtlichen Betrachter die Annahme nicht von der Hand zu weisen, daß man den ganzen Plan für eine glückliche und wahrhaftig nicht zu verachtende Idee der guten Tante Maria hinzustellen versuchte, eine Idee, der sich nach reiflicher Überlegung auch der Kaiser nicht verschließen zu dürfen geglaubt habe. Niemand solle abgedrängt oder zurückgesetzt oder gar um geburtsmäßige Rechte betrogen werden! Nur ein freundschaftlicher, von echtem Familiensinn getragener Wechsel im Kaisertum solle eintreten: einmal ein Österreicher, dann ein Spanier und so fort, durch ungezählte Jahrhunderte des dynastischen Blühens und Gedeihens, für das der Himmel das habsburgische Haus ganz offenkundig prädestiniert habe. Maximilians Vermählung mit der Kaisertochter soll ein Entgelt und eine Belohnung sein für das geringfügige Opfer, das man von ihm zum Ruhme und zur Erhöhung des Erzhauses verlangt. So argumentiert die unentwegte Tante, und sie verschweigt dabei geflissentlich die Nebenabsicht des Kaisers, die wiederum sehr klug in das Gesamtprojekt eingebaut ist. Durch Maximilians länger dauernde Entfernung nach Spanien — er wird mindestens zwei Jahre dort bleiben müssen — soll er im Zusammenleben mit seiner Gemahlin und unter dem Einfluß einer streng orthodoxen Umgebung seine häretischen Anwandlungen und Neigungen vergessen und wieder gut katholisch werden, so daß, wenn wirklich der neue Sukzessionsplan mißlingt, wenigstens in dieser Hinsicht eine bestimmte Sicherung gewährleistet ist.

Der Ehevertrag zwischen Maximilian und Maria wird am 24. April 1548 von den beiden Vätern im Hause des Patriziers Anton Fugger, bei dem der Kaiser stets Quartier nimmt, unterzeichnet. Er ist nicht minder aufschlußreich durch das, was er festlegt, als durch das, was er nicht enthält und stillschweigend übergeht. Maximilian soll dereinst in den österreichischen Erblanden Ungarn und Böhmen, im österreichischen Erzherzogtum und in allen damit verbundenen Herzogtümern, Markgrafschaften, Grafschaften und sonstigen Besitzungen der Nachfolger seines Vaters werden. Um Maximilians Gemahlin, der Kaisertochter, die ihrer Abstammung und Würde gebührende Ehrenstellung bieten zu können, übernimmt Ferdinand die Verpflichtung, raschestens dafür Sorge zu tragen, daß dem Paare die Königswürde von Böhmen verliehen werde und daß die böhmischen Landstände diese Verleihung ohne Aufschub durch ihre Zustimmung sanktionieren. Maximilian seinerseits verpflichtet sich, dieses Titularkönigtum im Interesse seiner Gattin anzunehmen, aber aus ihm keinerlei Rechte auf Regierungshandlungen herzuleiten; rechtmäßiger König von Böhmen soll bis auf weiteres Ferdinand bleiben. Für die Kosten seiner spanischen Hofhaltung wird Maximilian aus der väterlichen (also nicht etwa aus der schwiegerväterlichen) Erbmasse einen jährlichen Zuschuß von 60000 rheinischen Gulden beziehen, die aus den Einkünften des Herzogtums Schlesien und der Markgrafschaften Ober- und Niederlausitz bestritten werden sollen. Ferdinand wird weiterhin der Braut seines Sohnes eine Morgengabe im Werte von 40000 Gulden auswerfen, bestehend aus Schmucksachen, Kleinodien, Silbergeschirr, Teppichen und ähnlichem zu einem hochfürstlichen Haushalt gehörigen kostbaren Tand. Die Braut ihrerseits hat auf alle Erbansprüche aus ihrer Zugehörigkeit zur spanischen Linie vom Tage ihrer Vermählung an Verzicht zu leisten, aber der Kaiser wird dafür seiner vielgeliebten Tochter (filiae suae carissimae) eine doppelte Mitgift gewähren: von sich aus 200000 Dukaten in Gold und als mütterliches Erbteil 100000 burgundische Kronentaler, beides zahlbar innerhalb eines Jahres nach Vollzug der Ehe.

Maximilian ist beim Lesen und Wiederlesen dieses Ehekontraktes einigermaßen erstaunt darüber, daß man ihm sogar dokumentarisch und schriftlich zu verstehen gibt, wie sehr er sich durch die Vermählung mit der Kaisertochter geehrt und bevorzugt fühlen müsse, und vollends eine ärgerliche Enttäuschung bereitet es ihm, daß darin kein Sterbenswörtchen über die Regelung der Nachfolge in der Kaiserwürde zu finden ist. Dieser Passus ist denn auch zwangsweise fortgeblieben, denn ihn nach der alten Ordnung festlegen, das wollte man nicht, und ihm die beabsichtigte neue Fassung geben, das konnte man nicht, weil eben noch keine Einigung erzielt war. Tante Maria ist zwar unentwegt und mehrere Stunden jeden Tag am Werke gewesen, die österreichischen Vettern willfährig zu machen, aber je mehr sie geredet hat, desto schweigsamer sind sie geworden. Ferdinand hat schließlich nicht einmal mehr Nein gesagt, sondern sich auf ein stummes Kopfschütteln zurückgezogen; Maximilian aber, dessen Temperament immer gleich zu heftigen Ausbrüchen neigt, ist den ewigen Familiengesprächen mit der Zeit gänzlich ferngeblieben. Er fühlt sich in die Defensive gedrängt und steht nicht an, dort Hilfe und Bundesgenossenschaft zu suchen, wo ihn der Kaiser am wenigsten gern sieht: bei den protestantischen Fürsten. Er verbindet sich mit Moriz von Sachsen durch einen gegenseitigen Eidschwur, worin dieser verspricht, er werde niemals einen anderen als Maximilian zum Kaiser wählen, während Maximilian dem Kurfürsten die bindende Zusicherung gibt, er werde als Kaiser keinerlei den Protestanten zum Schaden gereichende Maßnahmen treffen. Daß Moriz zur gleichen Zeit in Augsburg auch den katholischen Gottesdiensten mit äußerer Andacht beiwohnt und kerzentragend bei den Prozessionen zu sehen ist, das tut nichts weiter zur Sache. Seine Stunde, die Maske abzuwerfen, ist noch nicht gekommen. Auch mit Joachim von Brandenburg tritt Maximilian in heimliche Unterhandlungen; ihn gewinnt er durch Zusicherungen bezüglich Halberstadts und Magdeburgs. Und so ist denn das Projekt des Kaisers auf dem besten Wege, nicht nur eine taube Nuß zu bleiben, sondern sogar das gerade Gegenteil von dem zu bewirken, was es erreichen soll.

Mittlerweile wartet Prinz Philipp in Spanien voll Ungeduld auf die versprochene Ankunft des Stellvertreters, und es wartet die Infantin Maria mit nicht geringerer Spannung auf das Eintreffen des Bräutigams und Gemahls. Philipp im besonderen, dessen Aufbruch nach den Niederlanden ganz und gar von dem früheren oder späteren Eintreffen des österreichischen Vetters abhängig ist, möchte gern die beschwerliche Reise über die Alpen noch vor Eintritt des Winters hinter sich bringen. Er läßt darum dem Kaiser immer wieder melden, daß in Spanien alles vorbereitet sei und daß er um endgültige Termine bitte. In Augsburg hat man sich unterdessen mit einem trockenen und einem nassen Auge entschlossen, das fruchtlose Drängen in der Sukzessionsangelegenheit vorerst aufzugeben und eine spätere, günstigere Gelegenheit abzuwarten. Die Tante Maria kutschiert schon Mitte März 1548, also einen Monat vor der Unterzeichnung des Ehevertrages, mit ihrem schwerfälligen Troß wieder in die Niederlande zurück, „ayant achevé ses affaires", wie es im Journal von Vandenesse heißt, oder „ziemlich unverrichteter Dinge", wie wir heute sagen würden. Ferdinand und Maximilian geben ihr zu Pferde eine gute Strecke weit das Ehrengeleit, und man trennt sich, äußerlich wenigstens, im besten Einvernehmen. Der Kaiser aber bringt bald nach dem schriftlichen Eheverspruch den Wunsch zum Ausdruck, daß Maximilian sich nun ohne Verzug für die Spanienfahrt rüsten möge. So macht sich denn der junge Erzherzog und demnächstige Titularkönig von Böhmen unfrohen Sinnes daran, seine Brautfahrt in jenes Land anzutreten, das ihm als offenkundiges Exil nun nicht mehr nur unerwünscht, sondern geradewegs verhaßt ist. Karl V. verzögert seinen eigenen Aufenthalt in Augsburg so lange, bis er den Neffen jenseits der Alpen weiß, macht Anfang Juli noch einen Abstecher nach München, geht in der Umgebung der bayerischen Residenzstadt auf die Jagd, speist und übernachtet einige Tage bei der herzoglichen Familie, kehrt dann wieder nach Augsburg zurück, um endlich am 13. Juli über Ulm, Speyer, Köln nach Brüssel abzureisen. Der gut protestantische

Graf Wolrad von Waldeck aber schreibt um dieselbe Zeit mit Bezug auf Maximilian in sein Tagebuch: „Der Herr führe ihn hin und zurück und bewahre ihn vor dem Trug und dem Unglauben der Iberer." Schon ist es so weit, daß die Ideale des einen der Greuel des anderen sind.

Am 11. Juni 1548 tritt Maximilian von Augsburg aus seine Spanienfahrt an. Vorher hat er noch bei verschiedenen Gold- und Silberschmieden der Stadt eine Menge von Ringen, Halsketten, Trinkbechern und ähnliche Kleinodien anfertigen lassen, damit er auf der Reise mit den herkömmlichen Geschenken an hohe Gastgeber nicht zu geizen brauche. In seiner Begleitung sind der Herzog Erich von Braunschweig-Kahlenberg, der Graf Hans Hoyer von Mansfeld, die Freiherrn Ludwig Ungnad zu Sonneck, Max von Polheim, Wratislav von Pernstein, Adam von Dietrichstein und eine Reihe anderer junger Adeliger. Mansfeld, Ungnad, Polheim und Pernstein sind Lutheraner; man darf sich also in Maximilians nächster Umgebung offen zur neuen Lehre bekennen. Dietrichstein gewinnt in Spanien seine große Vorliebe für dieses Land und Volk, heiratet eine Señorita und wird dann lange als Gesandter in Madrid tätig sein. Auch Pernstein vermählt sich mit einer Spanierin, Maria, aus dem berühmten Geschlechte der Manrique de Lara, und diese Heirat entscheidet dann die endgültige Rückkehr des Hauses Pernstein zum alten Glauben. Maximilians Oberathofmeister ist Pedro Laso de Castilla, sein Oberststallmeister dessen Bruder Francisco Laso de Castilla, sein Oberstkämmerer Peter von Mollart, sein Finanzkontrollor heißt Peter Haller. Der Reiseweg geht über München, Wolfratshausen, Benediktbeuern, den Walchensee entlang, Mittenwald, Scharnitz, Seefeld nach Innsbruck. In Mittenwald und kurz vor Innsbruck findet der bekannte „Fang etlicher Weiber" statt, die mißbraucht und dann beschenkt und entlassen werden. Ein gleichzeitiger Abrechnungsbericht meldet es uns ebenso trocken wie genau: „Den 17. Juni zu Mittenwald haben Ihre Fürstliche Durchlaucht etlich Weiber gefangen, denselben verehrt im Beisein Peters von Mollart 1 Gulden 8 Kreuzer. Den 18. Juni, wie die Fürstliche Durchlaucht oberhalb der Langen Wiesen auf Innsbruck zu hat reiten wellen, haben Ihre Fürstliche Durchlaucht etliche Weiber gefangen, denselben im Beisein des Herrn Adam Schmeckobitz verehrt 1 Gulden 30 Kreuzer." Soll man die Sitten und Moralbegriffe der Zeit und deren soziale Auffassungen zur Rechtfertigung eines solchen Herrentreibens heranziehen? Oder soll man das jugendliche Alter Seiner Fürstlichen Durchlaucht für diese Streiche verantwortlich machen? Beides lohnt sich nicht und kann auch hier nicht unsere Aufgabe sein. Wir begnügen uns vielmehr mit der Erkenntnis, daß Maximilian noch der gleiche hemmungslose und jeder Laune nachgebende Leichtfuß ist, als der er sich vier Jahre lang im kaiserlichen Hoflager erwiesen hat. In Innsbruck gibt es ein kurzes Wiedersehen mit den Geschwistern, aber der Frohsinn von ehedem ist von der jungen Schar gewichen, denn seit über einem Jahr ist sie mutterlos. Königin Anna ist im Januar 1547 im Wochenbett gestorben. Dann geht die Fahrt weiter über den Brenner nach Bozen, Trient und Ala, von hier aus über Mantua nach Mailand, wo sich Maximilian als Schwiegersohn des Kaisers drei Tage lang gefeiert, bewirtet und umworben sieht. Am 20. Juli trifft er in Genua ein, in dessen Hafen die zur Ueberfahrt nach Barcelona bestimmten Schiffe unter dem Kommando des Andrea Doria schon bereit liegen. Die Seereise ist ungewöhnlich stürmisch und Maximilian wird auf ihr von einem heftigen Wechselfieber befallen, das ihm auch in Spanien noch längere Zeit zu schaffen macht. Anfang August steigt er mit seinen Begleitern in Barcelona an Land, um von da nach einigen im Bett verbrachten Ruhetagen über Zaragoza nach Valladolid weiterzureisen. Am 13. September trifft er dort ein und am Tag darauf wird die Hochzeit mit Maria gefeiert. Die Vermählung des Paares vollzieht der Kardinal-Erzbischof von Trient, Christoph von Madruzzo, der mit dem Erzherzog nach Spanien gekommen ist und der den abreisenden Prinzen Philipp wieder nach Deutschland geleitet wird. Zu den Hochzeitsfeierlichkeiten gehört auch die Aufführung eines Lustspiels von Lodovico Ariosto, das in italienischer Sprache und Inszenierung dargeboten wird. Wir wissen nicht, sind es die „Suppositi", oder ist es die „Cassaria", der „Negromante", oder die „Lena", denn der

einzige Chronist, der die Tatsache erwähnenswert findet, Calvete de Estrella, hat sich den Titel des Stückes nicht gemerkt. Aber für die spanische Theatergeschichte ist der Vorgang trotzdem von einiger Wichtigkeit, denn er beweist uns, in zwei Worten gesagt, daß das spanische Drama im Jahre 1548 noch nicht hoffähig ist.
Von Fieber geschüttelt und des Klimas ungewohnt, verbringt Maximilian unfrohe Tage und ist nicht fähig, ein richtiges Eheleben zu führen; erst viele Wochen später bessert sich sein Zustand. Ein gleichzeitiger spanischer Chronist hat sich hierüber folgendes aufgeschrieben: „In der Hochzeitsnacht ist er ein einziges Mal bei seiner Frau gelegen, und dann nie mehr, weil ihn die Krankheit daran hinderte; erst seit er wieder gesund ist, schlafen sie regelmäßig beisammen." Den höfischen Klatschbasen entgehen diese Dinge vom ersten Tage an nicht, und es währt nicht lange, so finden Gerüchte und Billete ihren Weg an die Höfe in Brüssel und in Prag, der Erzherzog habe die Ehe immer noch nicht vollzogen und es sei unabsehbar, welche Folgen das haben könne. Noch im Februar 1549 muß der Lizentiat Gómez, Ferdinands politischer Agent bei Maximilian, den Kaiser im gegenteiligen Sinne beruhigen: das Paar führe eine so musterhafte Ehe, daß alle anders lautenden Gerüchte und ihre Verbreiter gründlich Lügen gestraft seien; es koste Mühe, die beiden Gatten voneinander zu trennen, und nur beim Essen und wenn er ausreite, sehe man ihn ohne sie. Am 2. November 1549 gebiert Maria ihr erstes Kind, ein Töchterchen namens Anna, und auch in der Folgezeit wird fleißig getauft bei Max und Maria. Sechzehnmal während einer siebenundzwanzigjährigen Ehe legt sie sich ins Wochenbett, zehn Kinder aus diesen Geburten bleiben ihr gesund und am Leben, und sie wird den österreichischen Kaiserhof fast ebenso reichlich mit Prinzen und Prinzessinnen bevölkern, wie es die Jagellonin Anna, Ferdinands Gattin, getan hat.
Maria, an Gestalt mittelgroß und von zierlichem Gliederbau, ist durchaus keine Schönheit, aber ihr feines, fast blasses Gesicht wird von einem seltsam durchgeistigten Liebreiz veredelt. Sie geht völlig in ihrem Familienleben auf, mischt sich nie in die Politik, kümmert sich um nichts als um ihren Mann, ihre Kinder,

ihr Hofgesinde und die Erfüllung ihrer religiösen Pflichten. Für den leichtfertigen, unüberlegten und leidenschaftlichen Maximilian ist sie mit der stillen Wärme ihrer stets gleichbleibenden Liebe und Mütterlichkeit die richtige Lebensgefährtin; ihr gelingt es ohne Streit und Zerwürfnisse, ohne Eifersüchte und Quälereien, aus dem wilden Schwärmer und Schürzenjäger einen gesitteten und seiner Häuslichkeit frohen Ehemann, einen glücklichen und zufriedenen Vater zu machen. Ihr zuliebe, die als Tochter Karls V. von einer unerschütterlichen Katholizität ist, vermeidet Maximilian auch zeitlebens den offenen Übertritt zum Protestantismus und zieht es vor, in der unklaren Schwärmerei seines zwiespältigen Mischbekenntnisses zu verharren.

Die Reise von Augsburg nach Valladolid ist sündhaft teuer gewesen; schon die auf ihr nötig gewordenen Geschenke und Trinkgelder haben sich auf über 7000 Gulden belaufen. Nun stellt sich auch noch ein bedenklicher Geldmangel ein, denn die im Ehekontrakt festgesetzten Zuschüsse tröpfeln spärlich wie ein versickerndes Rinnsal. Das hohe Paar ist nicht einmal imstande, bei der Geburt seines ersten Kindes dem Hofstaate die in Spanien üblichen Ehrengeschenke zu machen. Kaiser Karl und König Ferdinand sind säumige Zahler; sie stecken selber bis zum Halse in geldlichen Nöten und haben Wechselschulden ohne Maß und Zahl. Maximilian sieht sich darum in die peinliche Lage versetzt, immer wieder brieflich bitten und mahnen zu müssen, es möchten doch die gemachten Zusagen mit größerer Pünktlichkeit eingehalten werden. Auch die Geschäfte der spanischen Regierung, die nun seit dem 1. Oktober 1548 auf seinen Schultern lasten, gewähren ihm wenig Befriedigung. Eine von Karl V. noch in Augsburg ausgefertigte Instruktion hat ihm nämlich die Hände ziemlich stark gebunden: er muß für alle wichtigen Entscheidungen vorher die kaiserliche Genehmigung einholen. Aber auch bei Verfügungen von geringerer Bedeutung ist er verpflichtet, sich an das Gutachten des Staatsrates zu halten, dessen Vorsitz der Erzbischof von Sevilla, Don Fernando de Valdés, führt und dessen maßgebliche Beiräte der Marqués de Mondéjar und der Staatssekretär Juan Vázquez de Molina sind. Maximilians Abneigung gegen dieses Scheinregieren wächst darum so bedenklich, daß ihn Pedro Laso, sein Obersthofmeister, allen Ernstes dazu drängen muß, sich um die Verwaltung des ihm anvertrauten Landes etwas mehr zu kümmern. Das ihm hinterher vom Kaiser gespendete Lob aber — „er hat sich insonderheit in seiner Administration der hispanischen Königreiche, die ihm S.M. neben der Kunigin zu Beham, seiner lieben Gemahel, jungstverschiner Zeit bevohlen gehabt, treffentlich wohl und dermaßen erzaigt und bewiesen, daß darob S.M. ein sonder begnugigs guets Gefallen trägt" — ist nicht mehr als eine diplomatische Floskel.

Wie wenig Maximilian seinem im Grunde genommen stockspanischen Vater nachgeraten ist, das wird mit hinreichender Deutlichkeit auch aus der Abneigung spürbar, die ihm das spanische Wesen und Gehaben seiner Umgebung einflößt. „Die Leute hierzulande, namentlich die Mönche, sind so aufdringlich (pegadizos, wörtlich: klebrig), daß man sie nur schwer wieder losbringt." Das ist eine von seinen vielen, gelegentlich gemachten mißfälligen Äußerungen. Er danke Gott, so versichert er bei seiner Rückkehr nach Deutschland, daß er Spanien glücklich hinter sich gebracht habe, wo es niemand aushalten könne, der dort nicht geboren und erzogen sei; und die ganze Verächtlichkeit der Spanier behauptet er aus hinreichender Erfahrung zu kennen. Es trägt auch zu seinem und seiner Gemahlin Ansehen in Spanien keineswegs bei, als sich zeigt, daß der so pompös angekündigte Titel eines Königs von Böhmen nur unter Schwierigkeiten zu erlangen ist und daß die Ernennung sich ziemlich verzögert. Die böhmischen Landstände machen allerhand Einwendungen und Winkelzüge; sie wollen keinen König, der tausend Meilen weit entfernt ein fremdes Land regiert. So wird es denn Februar 1549, bis Ferdinand seinen getreuen Untertanen endlich die Zustimmung abzuringen vermag, eine Zustimmung, die das böhmische Land in die unbefriedigende Zwangslage versetzt, daß es einen regierenden König (Ferdinand), einen Titularkönig (Maximilian), und einen in beider Abwesenheit amtierenden Reichsverweser (Ferdinand, den zweiten Sohn des wirklichen Königs), an seiner Spitze hat. Wie sehr Maximilian über diese Entwicklung der Dinge erbost und verärgert ist, das verrät uns wieder eine kurze Notiz des zeitgenössischen Alonso de Santa Cruz. Sie besagt, daß der Erzherzog auch nach dem Februar 1549 sich weigerte, den neuen Königstitel zu führen und daß er die anfallenden Staatsdokumente immer nur mit seinem einfachen Taufnamen unterzeichnete, während Maria, in echt weiblichem und echt spanischem Stolze über die ihr zuteil gewordene Erhöhung, fortan immer mit der Formel „Ich die Königin" (yo la Reina) signierte.

Der Gesamteindruck, den der späte Betrachter aus diesem Spanienerlebnis des österreichischen Erzherzogs und künftigen Kaisers von Deutschland mit fortnimmt, ist dieser: eine wider Erwarten glückliche Ehe und Häuslichkeit, aber zum Ausgleich dieses unverdienten Glückes ein reichliches Maß von Heimweh, Verärgerung und Mißbehagen in allem, was außerhalb der Familie liegt; und wiederum als Glück im Unglück die tröstliche Fügung, daß die dem Exil als Mindestdauer gesetzte Frist unter dem Zwang der Verhältnisse sich nicht verlängern läßt, so gern das der Kaiser auch getan hätte. Genau zwei Jahre nachdem Maximilian den Fuß auf spanischen Boden gesetzt hat, schlägt für ihn die ersehnte Stunde der Rückkehr ins deutsche Vaterland. Die Vorgänge aber, die diesen Umschwung herbeiführen, sind auch weiterhin eng verknüpft mit dem Lebenslauf des Prinzen Philipp, dessen Persönlichkeit sich im Fortgang unserer Darstellung jetzt wieder gebieterisch in den Vordergrund drängt.

X. KAPITEL

Die Präsentationsreise nach den Niederlanden und die Verschärfung des habsburgischen Familienzwistes

Besuchs- und Vorstellungsfahrten von Söhnen regierender Häuser an nachbarliche oder befreundete Höfe oder in entferntere Teile ihres zukünftigen Reiches wurden bis zum Ende des Weltkrieges als „Kavalierstouren" bezeichnet. Nun sind wir in Philipps Biographie an dem bedeutsamen Zeitpunkt angelangt, wo auch ihm seine große Kavalierstour unmittelbar bevorsteht. Sie hat von Anfang an den Zweck gehabt, den Erben und zukünftigen Herrscher der Niederlande in diese Provinzen einzuführen, ihn mit Landschaft und Volkstum, Gesetzen und Bräuchen seiner Untertanen vertraut zu machen, und zugleich den letzteren die erwünschte Gelegenheit zu geben, ihren dereinstigen „seigneur naturel" von Angesicht zu Angesicht kennenzulernen und aus seiner persönlichen Gegenwart ein Gefühl der Sicherheit, der Zufriedenheit und der gesteigerten Loyalität zu schöpfen. Wir konnten schon früher darauf hinweisen, daß Karl V. für diese Imponderabilien der Volksseele ein tief verwurzeltes und sehr feines Gefühl besaß.

Mittlerweile aber ist der niederländischen Prinzenfahrt noch eine weitere Bestimmung zugewachsen. Karl hat seinen Sohn und Erben auch zum übernächsten Nachfolger in der Kaiserwürde ausersehen. Noch ist ja nichts Endgültiges beschlossen und es bleibt noch manch harter Strauß mit den eigensinnigen österreichischen Vettern auszufechten; aber immerhin, der Plan wird aufrecht erhalten. Damit aber ist Philipps Kavalierstour nach den Niederlanden zugleich zum Range einer Präsentationsfahrt durch Deutschland aufgerückt. Die Kurfürsten und Adeligen des Reiches sollen ihren zukünftigen Kaiser sehen und aus der Nähe kennenlernen; der Prinz aber soll Gelegenheit finden, die Gunst und Zuneigung dieser einflußreichen Herren durch Gnadenbeweise aller Art, durch leutseliges Wesen, durch bereitwilliges Anhören ihrer Sonderwünsche, durch gelegentliche Fürsprache und unverbindliche Zusagen zu gewinnen. Zwar wird sich diese erweiterte Bestimmung der Reise erst nach Beendigung der Rundfahrt durch die niederländischen Provinzen ins Werk setzen lassen und soll nach dem Plan des Kaisers im Rahmen eines Augsburger Reichstages vor sich gehen, aber das Ganze bedeutet trotzdem für Philipp eine schwere, Mißbehagen und Unlust erweckende Belastung. Er wird sich in angeborenem und anerzogenem Pflichtgefühl auch dieser Aufgabe ohne Widerspruch unterziehen, er wird sich redliche Mühe geben, den Wünschen des kaiserlichen Vaters zu entsprechen, er wird den deutschen Fürsten, von deren Gunst und

Jawort das Gelingen des Kaiserprojektes abhängt, mit heroischer Selbstverleugnung hofieren, aber er wird des Teufels Dank dafür ernten; denn die gesinnungsmäßige Kluft zwischen dem katholischen Spanien und dem lutherischen Deutschland ist bereits unüberbrückbar weit und tief geworden, wennschon der Kaiser blind und taub gegen diese Erkenntnis zu sein scheint; auch hat Maximilian, der zurückgesetzte Kronprätendent, die Fäden seiner heimlichen Gegenpropaganda inzwischen von Ort zu Ort, von einem Kurfürsten zum anderen gesponnen und überall da, wo es ratsam erschien, seine gut protestantische Gesinnung ins rechte Licht zu setzen gewußt. Der auf Deutschland sich erstreckende und auf imperialistische Ziele abgestellte Teil von Philipps Präsentationsreise ist also, schon bevor er beginnt, dazu verurteilt, eine Tragikomödie sondergleichen zu werden.

Am 2. Oktober 1548 beginnt der Prinz, von einem wahrhaft königlichen Gefolge und einem für heutige Begriffe ganz märchenhaft anmutenden Troß von Dienern und Begleitmannschaften umgeben, die denkwürdige Fahrt nach dem unbekannten Norden. In Valladolid ist Sammelpunkt und von hier aus erfolgt auch der Aufbruch. Schweren Herzens und neidischen Verdruß im Busen wälzend, sieht Maximilian den letzten Roßschweif in den Staubwolken der Landstraße verschwinden.

Mit Philipp reist die Blüte des spanischen Adels, Väter und erwachsene Söhne. Seine unmittelbare Umgebung bilden der Herzog von Alba als Obersthofmeister und Don Gutierre López de Padill als Hofmeister, ferner Don Antonio de Toledo als Oberststallmeister, Ruy Gómez de Silva und Don Juan de Benavides als Kammerherren, Gómez de Figueroa als Kapitän der spanischen Leibwache und Raymundo de Tasis (aus dem Geschlechte der heutigen Fürsten von Thurn und Taxis) als kaiserlicher Oberpostmeister. Außer diesen zum eigentlichen Hofstaat gehörigen Würdenträgern nehmen eine Reihe hervorragender Persönlichkeiten aus Kirche, Hochadel und Geisteswelt an der Reise teil, unter anderen der uns schon bekannte Kardinal-Erzbischof von Trient Christoph von Madruzzo, der päpstliche Nuntius Giovanni Poggio, der Herzog von Sesa, Don Gonzalo Fernández de Córdoba, dann der Graf von Cifuentes, Don Juan de Silva, und in seiner Begleitung der Geschichtsschreiber Don Diego Hurtado de Mendoza, ferner der Großkomtur des Alcántara-Ordens, Don Luis de Avila y Zúñiga, und der Admiral von Kastilien Don Luis Enríquez de Cabrera. Im Gefolge des Bischofs von Salamanca, Don Pedro de Castro, befinden sich der gelehrte Honorato Juan, einer von des Prinzen Jugenderziehern und uns als bewährte Hilfskraft des Herrn Kieselstein noch in guter Erinnerung, weiterhin Antonio de Cabezón, Mitglied der Hofkapelle und blind von Geburt an, aber einer der berühmtesten Orgelspieler seines Jahrhunderts, und dann der weitum bekannte Kanzelredner Doktor Constantino, der uns einige Jahre später in einer grauenvollen Sterbeszene inmitten der Flammen des inquisitorialen Scheiterhaufens wieder begegnen wird. Nicht zu vergessen endlich die beiden Tausendkünstler Diego de Arroyo und Juan de Serojas, von denen der eine ein Meisterdekorateur ist, während der andere unerreicht an vielseitiger Geschicklichkeit in Handfertigkeiten und Basteleien ist. Solche Leute hat Philipp Zeit seines Lebens gern um sich, und auch für die Teilnahme an der flandrischen Reise sind diese zwei auf seinen ausdrücklichen Wunsch bestimmt worden. Eine Schar von 21 adeligen Pagen, übermütige Bürschchen zwischen 14 und 17 Jahren, gehört zur unmittelbaren Bedienung des Prinzen; die gesamte Hofkapelle mit Sängern und Musikanten, Instrumenten und Noten wird mitgeführt, und auch die heroische Küche mit allen Ober- und Unterköchen, Speisenträgern und Trabanten, Töpfen und Pfannen, Prunkgeschirren und Tafelgedecken ist vollzählig und einsatzbereit mit im Zuge. Drei Fähnlein Infanterie, das sind zusammen 1500 Mann, dienen zum Schutz und zur Bewachung der vornehmen Reisegesellschaft, während für die Sicherheit des Prinzen eine eigene Leibgarde sorgt.

Die Reise geht zu Lande durch das nordöstliche Spanien über Barcelona ans Meer. Am 10. Oktober 1548 reitet man zum Heiligtum des Montserrat empor, wo nach altem Wallfahrerbrauch die ganze Hofgesellschaft das Sakrament der Buße und des Altares empfängt, Weihegaben und Almosen spendet und den Segen der wundertätigen Madonna erfleht. In Barcelona hat der Prinz die

Freude, drei Tage lang bei der Witwe seines unvergeßlichen Hofmeisters und väterlichen Freundes Don Juan de Zúñiga zu wohnen. Sie heißt Doña Estefania, lebt friedlich in einem stattlichen, weiträumigen Palast und weint Tränen des Glückes und der Rührung über die hohe Ehre, die ihr auf ihre alten Tage noch zuteil wird. Schon im Juni des darauffolgenden Jahres stirbt sie.
In dem Hafenstädtchen Rosas bei Castellón de Empurias soll der alte Seeheld Andrea Doria mit einer stark bewaffneten Flottille die Überfahrt nach Genua bewerkstelligen. Dieses Castellón ist die Hauptstadt der Grafschaft Empurias und gehört dem Herzog von Segorbe. In dessen Palast muß der Prinz, bevor er sich einschiffen kann, volle 12 Tage lang untätig herumliegen, denn auf See herrschen schwere Herbststürme. Die Flottille des Andrea Doria besteht aus 58 Galeeren, 5 genuesischen und ebensovielen biskayischen Korvetten, 4 flandrischen Schaluppen, 11 portugiesischen Karavellen und einer Anzahl katalonischer Lastkähne oder Plätten. Die Galera capitana oder das Führerschiff hat beiderseitig 5 Reihen Ruderer übereinander, lauter mit Ketten an die Bänke gefesselte Sträflinge; auf ihr fährt Philipp mit seinem unmittelbaren Gefolge. Der Kardinal-Erzbischof von Trient beansprucht 2 Galeeren für sich, soviel Gefolge, Dienerschaft und Gepäck schleppt er mit. Der päpstliche Nuntius und der Bischof von Salamanca erhalten ebenfalls je eine Galeere. Man trennt also die drei Kirchenfürsten sorgfältig voneinander, damit sie sich unterwegs nicht ins Gehege der Kompetenzen geraten. Von den mitreisenden Herzögen bekommt jeder eine Galeere für sich. Der von Sesa beispielsweise, Don Gonzalo Fernández de Córdoba, hat seinen Sohn Don Sancho de Córdoba bei sich und seinen Enkel, der ebenfalls Don Sancho de Córdoba heißt, so daß man mit Recht von einer Familiengaleere der Córdoba reden konnte. Eine andere ist wiederum mit lauter Angehörigen des Geschlechtes der Mendoza besetzt. Eine Galeere für sein Gefolge und seine Dienerschaft allein benötigt der Oberstkämmerer Don Antonio de Rojas, obwohl er selbst durch sein Amt beständig auf der Capitana festgehalten wird; das gleiche gilt für Ruy Gómez de Silva, den vertrauten Jugendgespielen des Prinzen Philipp. Eine vollständige

Galeere braucht auch der Geheimsekretär Gonzalo Pérez, und daraus ergibt sich, daß man Aktenmaterial in unendlichen Mengen mitführte. Insgesamt sind es nahezu 100 Schiffe, aber es hätten gut noch einmal soviel sein dürfen; denn der Marstall des Prinzen umfaßt allein schon 60 Pferde, die zusammen mit seiner Garderobe und seiner Tafelausrüstung bereits ein Fahrzeug für sich beanspruchen. Daß jeder der hohen weltlichen und kirchlichen Würdenträger eine Menge Dienerschaft, eine Anzahl von Reittieren und ganze Kisten voll von Wäsche und Kleidern bei sich hat, versteht sich von selbst. Die Einschiffung obliegt dem kaiserlichen Generalproviantmeister Francisco Duarte. Nur wer einen von ihm unterzeichneten Ausweis vorzeigt, wird an Bord gelassen; so hält man sich unerwünschte Mitläufer und blinde Passagiere vom Halse. Auch ohne sie werden die Schiffe voll bis zum Rande von Menschen, Tieren und Gepäck.

Von Rosas aus segelt die Flottille zunächst behutsam der Küste entlang, denn das Meer ist immer noch von Stürmen aufgewühlt. Solange man auf spanischem Gebiet ist, wird in Burgen oder Ortschaften übernachtet, am französischen und savoyischen Ufer entlang jedoch steigt man nur zum Essen an Land, speist in Zelten und schläft wieder an Bord. Kaum einer von den Teilnehmern der Fahrt wird davon unterrichtet gewesen sein, daß Heinrich II. von Frankreich sich eine Zeitlang mit dem Plane befaßt hatte, den Prinzen Philipp durch den türkischen Piraten Dragut abfangen und entführen zu lassen. Aber man weiß, daß dem Franzosen nicht zu trauen ist und sichert sich, so gut es eben geht. Auf den Hyeres-Inseln, bald nach Toulon, müssen mehrere Tage unfreiwilliger Rast eingelegt werden, da man vor Sturm und Wogengang nicht vom Platze kommt. Weil aber die vorhandenen Häfen viel zu klein sind, so muß der größere Teil der Flottille auf freier See zwischen den Inseln bleiben und ist Tage und Nächte lang der Gefahr des Zerschellens ausgesetzt. Die Bevölkerung scheint nicht allerwege sehr freundlich gewesen zu sein. Auf der Insel Sainte Marguerite öffnen die Mönche eines Augustinerklosters den Spaniern zwar die Kirche, damit sie darin Gottesdienst feiern können, aber sie selbst schließen sich hinter den festen Mauern ihres Konventes ein und keiner läßt sich blicken. Aus französischen Städten oder Burgen ertönt nicht ein einziger Salutschuß, wenn die Flottille vorüberfährt, während die italienischen Uferorte mit gemessener Höflichkeit feuern und die spanischen gar einen Höllenlärm vollführt haben. Auf der Höhe von Nizza gelangt man endlich in das Herrschaftsgebiet des Herzogs von Savoyen, der nicht nur zur Begrüßung heftig böllern läßt, sondern auch Brot, Wein, Wildbret, Früchte, lebende Kapaunen, Fasanen und Rebhühner in Käfigen an Bord sendet. Erst am 25. November 1548 erfolgt die glückliche Landung in Genua. Kurz vorher, nahe beim Leuchtturm, hat eine Galeere das Unglück, auf ein verborgenes Riff zu fahren und völlig aufgeschlitzt zu werden. Wer nicht ertrinken will, muß ins Wasser springen und sich durch Schwimmen retten. Entsetzlich ist das Geheul der Rudersträflinge, die erst mühselig von ihren Bänken losgekettet werden müssen. Das wertvolle Gepäck des Marqués de Astorga, Kleider, Wäsche, Juwelen, Silbergeschirr, Wandteppiche, Waffen und dergleichen, geht völlig zugrunde; was nicht versinkt, das wird durch Schmutz und Nässe unbrauchbar, was halbwegs noch zu verwenden wäre, wird aus den aufgerissenen Kisten und Koffern gestohlen.

Die nunmehr beginnende Reise zu Lande zerfällt in drei große Etappen: die Hinreise von Genua bis Brüssel, die Rundfahrt durch die niederländischen Provinzen, die Rückkehr von Brüssel nach Augsburg, wo die ganze Fahrt mit einem nahezu zwölfmonatigen Aufenthalt ihr vorläufiges Ende findet.

Der erste Abschnitt berührt folgende Städte: Genua, Mailand, Cremona, Mantua, Trient, Bozen, Brixen, Innsbruck, Schwaz, Kufstein, Rosenheim, München, Augsburg, Ulm, Bruchsal, Heidelberg, Speyer, Kaiserslautern, Saarbrücken, Luxemburg, Namur, Brüssel. Der Aufbruch von Genua erfolgt am 11. Dezember 1548, die Ankunft in Brüssel am 1. April 1549. Schon dieser Teil der Reise erstreckt sich also über den ganzen Winter, und das beschwerlichste Stück, die Bezwingung der Alpen, fällt in die ungünstigste Jahreszeit. Die ganze ungeheure Strecke muß noch dazu fast ausschließlich zu Pferde geritten werden, da die Straßen für eine Verwendung von Reisekutschen viel zu schlecht sind.

Nur gelegentlich, wenn sich das Sattelfieber einzustellen droht, vertauschen der Prinz und die hohen Würdenträger das Reitpferd mit der Tragsänfte. Es ist darum leicht begreiflich, daß man an allen Orten mit Hofhaltungen und behaglichen Unterkunftsmöglichkeiten ausgiebig zu Gaste bleibt und sich von den Strapazen gründlich zu erholen sucht.

Nun wären natürlich von dieser ausgedehnten Fahrt durch Norditalien und Deutschland eine Menge von fesselnden und lesenswerten Dingen zu berichten; Dinge vor allem, die nicht nur die spanische Sonderart scharf beleuchten, sondern auch auf die sozialen und wirtschaftlichen Zustände, die religiösen Stimmungen, die höfischen Sitten, die volkstümlichen Spiele im damaligen Deutschland überraschende Streiflichter werfen. Aber wir sahen uns leider gezwungen, sie noch in letzter Stunde zu unterdrücken, und zwar aus dem sehr schlichten Grunde, weil sie allzuviel Raum beansprucht hätten. Wir überspringen also notgedrungen diesen Zeitraum und Handlungsraum und holen unsere hohe Reisegesellschaft erst wieder ein, als sie die Grenze der Niederlande zu überschreiten im Begriffe steht.

Von Ulm aus hat sich die prinzliche Kavalkade schon zu einem förmlichen Heereszug ausgewachsen, der wie ein Heuschreckenschwarm durch die Landschaft zieht und alle Vorräte bei Stumpf und Stiel aufzehrt. Denn in Ulm sind die in Württemberg liegenden spanischen Truppen des Kaisers zusammengezogen worden, um von hier aus bis Brüssel eine verstärkte militärische Sicherheits- und Prunkeskorte des Prinzen Philipp zu bilden. Mitte März 1549 ist dann der Herzog von Aerschot im Auftrage des Kaisers mit 100 bewaffneten Reitern nach Bruchsal gezogen, um hier die Reisegesellschaft einzuholen und ihr das Ehrengeleite zu geben. In Walderfingen findet schließlich das letzte Nachtquartier vor dem Überschreiten der niederländischen Grenze statt, und schon am 23. März 1549 wälzt sich der gewaltige Zug durch die Tore von Namur, der Hauptstadt der gleichnamigen Grafschaft.

Jetzt endlich ist man wieder auf eigenem Grund und Boden, Gast bei sich selbst und frei von dem beengenden Gefühl, fremden Leuten lästig zu fallen. Jetzt teilt sich auch der wandernde Heer-

wurm in zwei Hälften. Der Troß mit dem vielen Gepäck, die entbehrliche Dienerschaft, die heroische Küche, die Musikanten, die vielen Pferde, die Stallburschen, die Vorräte, die Zelte, alles das wird nach Brüssel vorausgeschickt. Zurück bleibt nur die Elite: der Prinz und sein Hofstaat, die Kammerdiener und Pagen, die Leibwache. Dafür wird der Kreis, der sich um den erlauchten Ankömmling schart, immer vornehmer und exklusiver. Man ist sozusagen wieder unter sich. In Namur sieht sich Philipp erwartet und begrüßt vom Prinzen Emanuel-Philibert von Piémont, vom Herzog von Holstein, der ein Bruder des Königs von Dänemark ist und vom jüngeren Granvelle, der über kurz oder lang in das Amt und in die Einflußsphäre seines Vaters einrücken wird und auf den der Kardinalshut wartet. Der Magistrat von Namur läßt einen Stelzenkampf vorführen, bei dem 50 prächtig gekleidete und mit Wappenabzeichen geschmückte Stadtknechte unter Pfeifen- und Trommelklang einen stattlichen Aufmarsch in Dreierreihen auf Stelzen zum Besten geben, um hierauf, in zwei Schlachtlinien sich formierend, zum Angriff überzugehen und ein groteskes Handgemenge zu inszenieren. Die Kampflust und Geschicklichkeit der Beteiligten ist so gewaltig, der Beifall der Zuschauer so leidenschaftlich, daß diese „fiesta" nach entsprechender Pause am gleichen Tag noch einmal wiederholt werden muß.
Die nächste Raststation ist Wavre, und hier wartet bereits, vor Freude und Rührung bebend, die gute Tante Maria. In ihrem Gefolge befinden sich die Herzoginnen von Lothringen und von Aerschot, die Gräfinnen von Arembergh, von Lalaing, von Autremont, von Rochefort, von Mansfeld, ferner der Bischof von Lüttich, der Markgraf Albrecht von Brandenburg, die Fürsten von Epinay, von Gavre, von Cimay, die Grafen von Hochstraate, Horne, Meghe, Fockenberghe, Rœulx und Nogerole. Der zwischen Wavre und Brüssel liegende Landsitz Tervueren ist bald erreicht. In diesem prachtvollen Idyll einer echt flandrischen Parklandschaft ist Maria die Schloßherrin und hier findet die letzte Mittagstafel statt, bevor man an das Ziel der allen Teilnehmern nun schon beinahe endlos erscheinenden Fahrt gelangt. Der Nachmittag vergeht mit der Besichtigung eines kriegerischen Schauspiels auf der

weiten grasigen Ebene des „Heyde-veld", wo zwei Heerhaufen unter dem Befehl des Prinzen von Piémont und des Grafen Rœulx eine sogenannte Manöverschlacht vorführen. Zwei Infanteristen kommen dabei um ihr junges Leben, aber „le passetemps fut fort bon" sagt ein belgischer Chronist und Augenzeuge. Bei sinkendem Tage sodann reitet man auf die in der Ferne dämmernden Türme und Mauern von Brüssel zu, wo der Kaiser wartet. Man schreibt den 1. April 1549. Am Löwener Tor ist der Bürgermeister mit den Stadträten zur Stelle und begrüßt den ankommenden Prinzen mit einer kniend vorgetragenen französischen Ansprache. Der jüngere Perrenot de Granvelle übersetzt die Rede ins Spanische und richtet im Namen des hohen Gastes ein paar französische Dankesworte an das Stadtoberhaupt. Dann setzt sich der glänzende Zug wieder in Bewegung. Ehrenpforten sind errichtet, Teppiche ausgehangen, Symbole und Inschriften an Palästen, Toren und Kirchen verkünden den Ruhm des Herrscherhauses und die Liebe des niederländischen Volkes zu seinem „seigneur naturel". Am Münster von Sainte Gudule gibt es kurzen, andächtigen Aufenthalt. Der Dekan des Kollegiatstiftes begrüßt, von seinen Kapitularen umgeben, den Prinzen und lädt ihn ein, das Heiligtum zu betreten und Gott für die glücklich vollendete Reise zu danken. Das Sanctissimum ist ausgesetzt und ein feierliches „Veni creator spiritus" ertönt von der Orgelempore. Alles sinkt auf die Knie und bringt dem Allmächtigen ein schweigendes Dankopfer dar. Dann besteigt man wieder die Pferde und jetzt reitet der Prinz, nur von seinem engsten Gefolge umgeben, in den alten Palast der Herzöge von Burgund ein. Die beiden Tanten Maria und Eleonore geleiten ihn über die Treppe in die kaiserlichen Gemächer. Gichtgeplagt und trotz seiner 49 Jahre früh gealtert, sitzt Karl V. im Lehnstuhl am überheizten Kamin. Philipp kniet vor ihn hin und küßt ihm beide Hände. Der Kaiser streicht ihm liebkosend über das Haar, wie er es dem Knaben zu tun pflegte, und weint vor Rührung und Freude. Es sind sieben Jahre vergangen, seit sie sich zum letzten Male gesehen haben. Philipps Aufenthalt in Brüssel dauert zunächst zwei Monate und er ist eine endlose Kette von Festlichkeiten religiöser und weltlicher Art, von Prozessionen und Gottesdiensten, von Turnieren, Tanzunterhaltungen und Gastmählern. Dabei treffen er und seine spanischen Edelleute in Wort und Tat, in Gesinnung und Gehaben nicht immer den Ton, den die Niederländer gerne gehört hätten. Die Bürger von Brüssel sind fromme und brave Leute, aber sie sind eben beides nach burgundischem Brauche. Daß ihre Art von der spanischen grundverschieden ist, das bleibt ihnen nicht lange verborgen; aber daß nun die eine für die andere eingesetzt werden soll, daß man ihnen zumutet, auf spanisch fromm zu sein und gleichsam ihren guten alten flandrischen Herrgott durch einen neuen und fremden, einen spanischen, zu ersetzen, das will ihnen nie und nimmer in ihre eigenwilligen Schädel gehen. Am Palmsonntag führen die Spanier zum Gedächtnis von Christi Einzug in Jerusalem einen lebenden Esel in feierlicher Prozession und palmwedeltragend durch die Straßen der Stadt. Prinz Philipp schreitet mit stolzem Ernste hinter diesem Esel drein, und mit ihm sein ganzer spanischer Hofstaat, alle diese titelstolzen Granden, Herzöge, Marqueses und Grafen. Karl V. hat etwas Derartiges nie getan, und keiner seiner niederländischen Untertanen würde sich je dazu hergeben; aber daß es gerade des Kaisers Sohn und Erbe, ihr zukünftiger „seigneur naturel", mit besonderem Nachdruck und in aller Öffentlichkeit tut, dafür haben die Brüsseler nur ein spöttisches Kopfschütteln. Diesen Palmesel von 1549 werden sie Philipp nie mehr vergessen. In der Karwoche sodann, am Abend des Gründonnerstages, bewegt sich nächtlicherweile und von flackerndem Kerzenschein beleuchtet ein düsterer Zug von etwa 200 Spaniern durch das Stadtviertel um die Dominikanerkirche. Die Teilnehmer haben schwarze Kapuzen über den Köpfen und nur vorn ein paar gespenstische Augenlöcher darin; sie sind auf dem Rücken entblößt und peitschen sich die bloße Haut mit Ruten, an denen Angeln und Widerhaken befestigt sind. Dazu beten sie mit Grabesstimme die Litanei vom Leiden Christi. Als sie dann endlich mit ihrer grausigen Blutprozession vor der Dominikanerkirche angelangt sind, da werfen sie sich zu Boden und rutschen auf den Knien durch die Kirche bis zum Chore, wo sie die Adoratio Crucis vollziehen. Die Niederländer aber haben auch für diese finstere und ekstatische, für diese leidenschaftliche und blutrünstige Art der Frömmigkeit kein Verständnis. Ihre ehrliche Ablehnung dieser Bräuche und der ihnen zugrunde liegenden Gesinnung ist überdies von der heimlichen Sorge überschattet, es könnte die Zeit kommen, wo diese fremdartigen Dinge auch bei ihnen zu Zwangsgebräuchen sich verdichten würden. Schon schleicht die Angst vor der Inquisition wie ein frostiger Hauch über die blühenden Gefilde der burgundischen Seele. Auch sie, die Niederländer, hängen mit der Zähigkeit einer Jahrhunderte starken Tradition am alten Glauben, auch sie haben ihre Prozessionen, ihre Heiligen, ihre Mirakel. Aber wie unendlich viel freudiger, lebensnäher, geschmeidiger ist ihre Art des Frommseins! Welche Bindungen an die Scholle und an das Denken der Vorfahren durchwärmen sie, welche Fülle von Bräuchen und geheimen Sinngebungen wohnen in ihr! Wie menschlich und volkstümlich ist sie, ganz im Gegensatz zu dem exaltierten und fanatischen Gehaben der Spanier! So dünkt es die Niederländer und sie meinen, die Gäste aus dem Süden könnten das alles, sofern sie nur guten Willens wären, gleich in den ersten Monaten ihres Verweilens in Brüssel mit eigenen Augen sehen.

Am 2. Juni wird nämlich der ganze kaiserliche Hof von der Stadtverwaltung zur Besichtigung des alljährlichen großen Umgangs zu Ehren des wundertätigen Marienbildes von Le Sablon eingeladen. Ein im Rathaus gegebenes Bankett soll die festliche Schau bekrönen, ein nachmittägiges Mysterienspiel im Freien wird den Tag zu würdigem Abschluß bringen. Le Sablon ist der Name einer Brüsseler Pfarrei, in deren Kirche die legendenumwobene Figur auf einem der Altäre steht, und Notre Dame du Sablon heißt sie kurzerhand selber.

Den festlichen Zug eröffnen Gruppen von farbig kostümierten Hellebardenträgern und Armbrustschützen, dann kommen die Handwerkergilden, 52 an der Zahl, jede mit dem Abzeichen ihres Gewerbes und dem Bilde ihres Schutzpatrons auf kunstvoll geschnitzten und bemalten Prunkstangen. Daran schließen sich sogleich die Schaugruppen, genannt „entremêts", und zwar zuerst die weltlichen. Vornedran ein schnaubender und bockender Stier, der aus den Hörnern knatternde Raketen spritzen läßt; er wird am Strick geführt von einem Wolf, der auf einer Schindmähre reitet. Dann die an grotesker Absonderlichkeit nicht mehr zu übertreffende Katzenorgel. Da schwankt auf einem Wagen eine große Orgel einher und an ihrem Spieltisch sitzt ein mächtiger Bär, der eifrig auf den Tasten herumfingert. Die Pfeifen dieser Orgel sind aber nur gemalt und hinter ihnen steckt eine Schar von Katzen in Käfigen, vom Orgelgehäuse natürlich verdeckt und den Zuschauern unsichtbar. Ihre Schwänze sind durch Schnüre und Übersetzungshebel mit den Tasten verbunden, so daß abwechselnd bald die eine, bald die andere Katze, meistens aber mehrere zur selben Zeit heftig an den Schwänzen gezogen werden und ihrem Unbehagen durch jämmerliches Miauen beredten Ausdruck geben. Beim nächsten Bilde sieht man Bären, Wölfe und Hirsche um einen großen Käfig tanzen. Im Käfig sitzt ein Affenpaar, Männchen und Weibchen, die den Tanzenden mit dem Dudelsack aufspielen. Unser humanistisch gebildeter Spanier fällt auf die Idee, es könne dies eine bildmäßige Darstellung der Fabel von Odysseus und Circe sein. Daß der Käfig von außen mit toten Elstern und Füchsen behängt ist, deutet aber auf ganz andere als antike und literarische Sinngebungen. Nach dem Tanz der Tiere kommt der Tanz der pantagruelischen Menschen. Ein Riesenehepaar schwingt sich, von einem Dudelsackpfeifer begleitet, in zierlich-groteskem Reigen; hinter ihm schreitet eine Riesenamme, die einen Riesensäugling von unerhört wildem Aussehen auf den Armen trägt. Auf diese Szene aus der Stimmungswelt des Rabelais folgt ein geflügeltes Riesenpferd, auf dem vier bewaffnete Kinder sitzen, Scharlachmützen mit weißen Federn auf dem Kopfe. Während sie mit den Waffen erheblichen Lärm vollführen, singen sie kriegerische Lieder in flämischer Sprache. Als nächste Gruppe schreitet würdevoll und mit unbeteiligten Augen ein stattliches Kamel einher. Es trägt auf dem Rücken eine Art lebenden Stammbaum, das heißt elf sich verzweigende Äste, auf denen elf nackte Kinder sitzen, keines älter als vier Jahre. Des Spaniers Bemerkung: „Sie verhielten sich ganz ruhig und machten todernste Gesichter, was in Anbetracht ihrer Jugend das höchste Erstaunen hervorrief", läßt vermuten, daß es Puppen waren. Dem Kamel auf dem Fuße folgt der mythische Vogel Greif und den Beschluß macht eine drachenartige Schlange, die nach allen Seiten hin Feuer, Rauch und Knallfrösche speit.

Jetzt sind die weltlichen Figurengruppen zu Ende und es beginnt die Reihe der religiösen Darstellungen. Das Leben der Jungfrau Maria und das Erdenwallen Christi in seinen freudigen Begebnissen (also mit Ausschluß der Passion) liefern den Stoff dazu. Man sieht den englischen Gruß, die Geburt des göttlichen Kindes im Stalle von Bethlehem (Ochs und Esel blasen mit wärmendem Hauche das frierende Würmchen an), die Anbetung durch die Könige aus dem Morgenlande, das Haus Nazareth und Josef den Tischler bei emsigem Hobeln und Sägen (zuweilen unterbricht er bedächtig die Arbeit, um dem Gesange unsichtbarer Engelchöre zu lauschen), die Auferstehung und die Himmelfahrt Christi, die Ausgießung des heiligen Geistes über die Apostel.

Zum Schlusse folgt der dritte und gewichtigste Teil der ganzen Prozession. Es schreiten in feierlichem Zuge einer der Bürgermeister, die Räte und Beamten des Magistrats, die Mönchsorden und der Klerus der verschiedenen Pfarreien. Sodann folgt der Silberschrein mit den Reliquien von Sancta Gudula, der Patronin des Brüsseler Münsters, und endlich, unter Vorantritt von Äbten und Bischöfen mit Stab und Mitra, der Pfarrer von Le Sablon mit seinem wundertätigen Marienbild unter einem prächtigen Traghimmel. Eine Abteilung Berittener hält die nötige Ordnung und Rückendeckung aufrecht. So wandert die gewaltige Prozession, von Le Sablon ausgehend, durch die Straßen und über die Plätze der Stadt, um zuletzt wieder nach Le Sablon zurückzukehren. Am Nachmittag aber findet vor dem Rathause auf hölzerner Bühne die Vorführung eines religiösen Schauspiels in flämischer Sprache statt.

Und die Spanier? Sie langweilen sich angesichts der Mysterienbühne, weil sie die Sprache der Darsteller nicht verstehen, und sie spotten weidlich über den ihnen rätselhaft gebliebenen Teil der vormittägigen Prozession, eben weil ihnen die stumme Sprache,

das zweite Gesicht, der latente Sinn dieser grotesken Verkleidungen eine unbegreifliche und unverständliche Angelegenheit bleibt. Die Spanier wissen nicht, was die Katzenorgel, oder das musizierende Affenpaar im Käfig, oder der Riese mit Weib und Kind, oder der Vogel Greif und die lindwurmartige Schlange, oder das Kamel mit dem von elf Kindern besetzten Stammbaum zu bedeuten haben, welchen gemeinsamen Vorstellungsbesitz der flandrischen Volksseele sie lebendig machen sollen, welche Archetypen sie anzurühren bestimmt sind. Wir selber wissen es auch nicht, aber es bleibt uns immerhin nicht verborgen, daß hier Stier und Wolf, Bär und Hirsch, Affe und Kamel, Greif und Schlange nach den Gesetzen einer vielleicht tausendjährigen Tradition als Masken und Verkleidungen dienen, daß also der Anteil des archaischen, und zwar, genauer gesagt, des animistischen Denkens an diesen Schaustellungen und seine Verschmelzung mit religiösen Begriffen und Ideen von gewaltigem Umfange sind. Wenn beispielsweise die Katzenorgel nur ein Mittel zur Erzeugung grotesken Lärmes oder etwa eine rohe Parodie auf die edle Kunst der Musik gewesen wäre, so ist damit noch lange nicht erklärt, warum der Orgelspieler gerade die Maske eines Bären tragen mußte. Mit der Annahme bloßer Volksbelustigungen und Kirmeßpossen ist da nichts zu gewinnen, wo sich offensichtlich Überreste religiöser Tänze, inhaltsreiche Pantomimen, deren Ursprünge unendlich weit vor den frühesten Anfängen des Theaters liegen, in ihren letzten Ausläufern kundtun. Auch der kultische Charakter dieser Tiermasken und Tierverkleidungen ist unverkennbar, selbst wenn es heute nur den gewiegtesten Spezialforschern auf dem Gebiete der Ethnologie und der Volkskunde möglich sein dürfte, ihre Herkunft und ihre Symbolik zu ergründen.
Diese Niederländer, reich begnadet mit dem phylogenetischen Erbe ihrer Rasse und noch im ungeschmälerten Besitz ihrer Ahnengeister, sind in seelischer Hinsicht mit den Spaniern nicht im geringsten verwandt. Der psychische Gemeinbesitz beider Völkergruppen beschränkt sich höchstens auf das burgundische Zeremoniell, das durch Machtgebot von den einen auf die anderen übertragen wurde. Aber auch hierin bleibt ein grundlegender

Unterschied bestehen: die Niederländer haben diesen höfischen Lebensstil gemeinsam mit ihren „seigneurs naturels" geschaffen und durchgeführt als Gestaltung und Formwerdung ihrer Herrschervorstellung, die ihnen als ungeschriebenes Gesetz im Blute lag; die Spanier hingegen haben ihn lediglich als eine neue Komponente ihres völkischen Selbstgefühls erlebt und psychisch verarbeitet. Die Gegensätze zwischen den Niederländern und den Spaniern liegen also in viel tieferen Schichten verwurzelt als in lediglich politischen und weltanschaulichen; sie sind Widerstände der Archetypen und des kollektiven Unbewußten, Feindseligkeiten und Kontraste der subliminalen Zonen des burgundischen und des iberischen Menschenschlages. Eben das wechselseitige Nichtverstehenkönnen in der Ausübung einer gemeinsamen Religion, wie wir es vorhin kennenzulernen Gelegenheit fanden, ist dafür eines der untrüglichsten Merkmale. Und das eine vor allem darf nicht aus dem Auge verloren und nicht vergessen werden: Karl V. war ein Burgunder, Philipp II. war ein Spanier. Von dieser Eigenart und seelischen Prägung, die zugleich eine Trennung bedeutete, sind sie nicht losgekommen, solange sie lebten, und sie bildet letzten Endes den Schlüssel zum Geheimnis der von Philipp — unbewußt, ohne Absicht — heraufbeschworenen spanisch-niederländischen Katastrophe.

Zum Schaugepräng religiöser Art, das sich in eine spanische und eine niederländische Richtung und Tendenz scheidet und daher eher eine Spaltung als eine Bindung zuwege brachte, tritt das festliche Treiben des erneuerten Rittertums, das am burgundischen Hofe seinen Aufgang und seine Hochblüte erlebte, und das, weil ihm die Spanier nichts Eigenes, nichts anders Geartetes entgegenzusetzen vermochten, viel eher eine Angelegenheit des gemeinsamen Strebens und Vergnügens werden konnte. Man hat hinterher die Entstehung dieser Wiedergeburt der Chevalerie auf eine theoretische Idee und auf ein praktisches Bedürfnis zurückgeführt. Die Idee, so wird behauptet, war der alte Kreuzzugsgedanke mit dem Ziele der Wiedereroberung Jerusalems, die große und heilige, von den Vätern und Urvätern nicht vollbrachte Aufgabe der abendländischen Christenheit, die sogar die viel nähere und viel drohendere Notwendigkeit der Türkenabwehr immer nur als einen Teilbezirk jenes für sie wichtigeren Problems zu sehen vermochte. Das praktische Bedürfnis war ein kultureller Lebensanspruch, ein Versuch, die Öde und Kälte des wirklichen Daseins durch die Illusion eines in spielerischer Schönheit sich vollziehenden Schein- und Ersatzlebens zu mildern und zu veredeln. „Die erneuerte Ritterschaft", sagt Huizinga, „ist die schöne Lebensform par excellence." Das Rad der Zeit wird gewaltsam zurückgedreht, das Dasein auf die Sitten, Anschauungen und Ideale der Ritterromane von der Table ronde, von Amadis und von Karl dem Großen abgestimmt. Festliche Aufzüge und Schmausereien, Turniere und Wettkämpfe, das Ersinnen von Devisen, das Zurschaustellen farbenprächtiger Wappen und prunkvoller Kostüme füllen den Tag dieser einer beständigen Maskerade hingegebenen Ritterepigonen. Die zeitgenössischen Schilderungen ihres Lebens und Treibens sind zur einen Hälfte die reinen Modejournale männlicher Kleidung. In ihnen werden Samt und Seide, Schnitt und Zutaten, Stickereien und Bordüren, Farben und Farbenzusammenstellungen mit einer Sachkunde und Ausführlichkeit behandelt, die einen guten Begriff davon geben, welches ungeheure Gewicht diesen Äußerlichkeiten beigemessen wurde. Le bon chevalier Jacques de Lalaing ist der Prototyp dieses posthumen Rittertums geblieben, nicht etwa, weil er ein vereinzeltes und besonders markantes Beispiel seiner Art gewesen wäre, sondern weil er das Glück hatte, einen begeisterten zeitgenössischen Biographen zu finden. Nun war freilich beides, die Idee und das Bedürfnis, woraus diese „nouvelle chevalerie" geboren wurde, mehr eine Angelegenheit des Herrscherhauses und des Adels als des Bürgertums und der niederen Schichten; dem Volke selbst blieb in der Regel nur die Befriedigung der Schaulust.

Auch Prinz Philipp wird, mag es ihm nun zusagen oder nicht, in den Wirbel dieses burgundischen Rittertreibens mit hineingerissen. Denn nicht nur Karl V. ist als echter Burgunder seines Geistes voll, auch die beiden verwitweten Königinnen, seine Schwestern Eleonore und Maria, sind infolge ihrer Geburt und

Erziehung glühende Verehrerinnen alles burgundischen Wesens. Überdies ist es ja der ausdrückliche Wille des Kaisers, daß sein Sohn und Erbe mit diesen Dingen vertraut werde und sich dadurch die nötigen seelischen Bindungen schaffe zum Volk, zum Adel, zur Gesamtheit seiner niederländischen Provinzen oder „Pays de par-deça", wie sie Karl V. mit Vorliebe zu nennen pflegt.

Am 1. April 1549 ist Prinz Philipp in Brüssel eingezogen, am Tag darauf prangen schon großmächtige Plakate in französischer und spanischer Sprache an den Toren der kaiserlichen Burg, die alle fahrenden Ritter zu einem Turnier auf dem Platz vor dem Rathause laden. Als Veranstalter nennen sich: Peter Ernst Graf von Mansfeld, Philipp von Montmorency, Graf von Horne, Johann von Ligne, Graf von Arembergh und Floris von Montmorency, Herr auf Hubermont. Ausgefochten wird eine Tjost und ein Buhurt. Die fremden Ritter können sich nach Belieben zu einem, zwei oder drei Waffengängen verpflichten. Drei Preise sind ausgesetzt: ein Siegerkranz im Werte von 300 Talern für die beste Entrada, d. h. für jenen Ritter, der beim festlichen Einritt den größten Beifall erregt, ein Diamant im Werte von 1000 Talern für den, der in drei Waffengängen nacheinander siegt, ein Rubin im Werte von 500 Talern für den, der beim Waffengang, der den Damen gewidmet ist, die beste Lanze bricht. Das Amt der drei Preisrichter verwalten der Herzog von Alba, Herr Franz von Este und Herr Reinhold von Brederode.

Auf dem Platz vor dem Rathause ist ein großes Viereck durch eine festliche Umzäunung abgegrenzt; sie besteht aus antiken Säulen, die amphorenartige Silbervasen mit goldenen Henkeln tragen. Die Zwischenräume der Säulen werden geschlossen durch grüne, mit Früchten durchflochtene Girlanden, die an goldenen Ringen befestigt sind. Diese Ringe werden wiederum von reliefartigen Puttenköpfen im Munde gehalten, die an den zueinander gekehrten Seiten der Säulen angebracht sind. Holz, Pappe und Bemalung bilden das Material, aus dem dieses schon ganz barock anmutende Theater hergestellt ist. Mitten durch den Kampfplatz zieht sich eine feste, etwa einen Meter hohe Barriere, deren wich-

tiger Sinn und Zweck uns später noch klar werden wird. Neben dem großen Zierbrunnen, der damals wie heute den Platz schmückt und der außerhalb der Umzäunung bleibt, steht die Tribüne der Preisrichter. Der übrige Raum des Platzes gehört dem Volke. Für den Kaiser und seine Familienangehörigen sind die vier Fenster im ersten Stockwerk des Sankt Michaelsturmes reserviert, der das Mittelstück der Front des Rathauses bildet. An Stelle der heutigen steinernen Lauben des Erdgeschosses besaß der wundervolle gotische Bau damals feste Tribünen aus Haustein, die von einem Sonnendach aus weiß und gelb gestreiftem, mit grünen Fransen besetzten Segeltuch geschützt wurden. Hier sitzen, säuberlich nach dem Geschlechte getrennt, auf der einen Seite die Damen des Hofes und der vornehmen Brüsseler Gesellschaft, auf der anderen das diplomatische Korps, die Hofkavaliere und der Magistrat.
In der ersten Nachmittagsstunde halten die vier Turnierveranstalter (auf spanisch mantenedores, auf französisch tenants genannt), begleitet von Wappenkönigen, Herolden, Pagen und zwölf Trompetern, sie selber schwer in Brustharnisch und Visier gepanzert, prunkvollen Einzug in das Kampffeld, ziehen rundherum, huldigen dem Kaiser und präsentieren sich den Schiedsrichtern. Jetzt stellt sich auch die erste Gruppe der fahrenden Ritter ein, die dem Aufruf Folge geleistet haben, ebenfalls glänzend gerüstet und von verschwenderisch kostümierten Pagen, Wappenträgern und Herolden geleitet. Das Turnier kann beginnen.
Eine österreichische Gesandtschaft, die 1519 zu Karl nach Spanien abgeordnet wurde, sah in Neapel am vizeköniglichen Hofe ein ihr fremdartiges ritterliches Kampfspiel. Einer der Teilnehmer berichtet darüber: „Ist ein Gestach über die Schrankhen gewest... das hat einen gantzen Tag gewerdt." Die biederen Österreicher hatten nicht mehr und nicht weniger als eine Tjost gesehen. Die niederländische Tjost (französisch joûte genannt) ist nichts anderes als ein festliches Lanzenbrechen zweier in vollem Galopp aufeinander losstürmender Ritter. Die Lanze, deren Form, Material und Länge genauen Vorschriften unterliegt, ist aus Holz angefertigt, vorne abgerundet und im Inneren ausgehöhlt, so daß

sie leicht splittert. Die beiden Kämpfer tragen volle Panzerrüstung und geschlossenes Visier. Auf ein Trompetensignal des Herolds sprengen sie von den zwei äußersten Enden der Kampfbahn her gegeneinander, und zwar längs der Schutzbarriere, die sich mitten hindurchzieht, der eine von links, der andere von rechts herkommend. Die Barriere verhütet also einen Zusammenprall der Pferde und damit auch Stoß, Quetschung oder gegenseitiges Streifen der Reiter. Gezielt wird mit eingelegter Lanze auf den Brustharnisch des Gegners. Wesentlich ist der feste Sitz im Sattel und in den Steigbügeln; weniger auf die Fechtkunst, als vielmehr auf die Reitkunst kommt es an. Sieger ist nicht, wer den Gegner vom Pferde wirft, sondern wer am schönsten „die Lanze bricht", wer also den höchsten Grad der Splitterung erreicht und den kürzesten Stumpf in der Hand behält. In der Regel ist die Tjost ein spannendes, aber ungefährliches Geschicklichkeitsspiel, und schwere Unglücke entstehen dabei nur durch mißlichen Zufall. Ein solcher kostet beispielsweise Heinrich II. von Frankreich (1559) das Leben. Sein Gegner bricht kunstvoll die Lanze, aber der Stumpf gleitet am spiegelglatt polierten Panzer ab, dringt dem König durch das Visier ins Auge und verletzt das Gehirn. In kurzer Frist ist der königliche Tjostierer eine Leiche.

Eine Abart der Tjost ist der Buhurt. Man könnte ihn auch eine Massentjost nennen. Zum Schutze von Panzer und Visier kommt noch der Schild hinzu, die trennende Barriere dagegen fehlt. Die Kämpfer stürmen in zwei Reihen aufeinander los, geradlinig anreitend; die Lanze zielt nach dem Schildbuckel des Gegners, die übrigen Voraussetzungen sind die gleichen. Lediglich ein Lärmunterschied besteht. Während bei der Tjost das Splittern der Lanzen unter lautlosem Schweigen der Umgebung vor sich geht, begleiten die Trompeter den Buhurt mit schmetternden Fanfaren, womit sie die Erregung der Zuschauer und der Kämpfer zu einem letzten Gipfelpunkt steigern.

An unserem Brüsseler Festtage nun kommt eine endlose Reihe von Tjosten und ein abschließender Buhurt zur Durchführung. Auch hier währt das „Gestach über die Schranken" fast einen

ganzen Tag. In Gruppen zu fünf oder sechs ziehen die fahrenden Ritter in die Bahn und brechen mit wechselndem Erfolg ihre Lanzen gegen die vier Veranstalter. Schlechtweg staunenswert ist die körperliche Leistungsfähigkeit dieser Vier. Bei der letzten Gruppe der chevaliers errants befindet sich auch Prinz Philipp. Sein Gegner ist der Graf von Mansfeld, und der weiß, was er zu tun hat. Drei Lanzen bricht der Prinz und jedesmal ist der Erfolg ein glänzender. Calvete de Estrella, unser Gewährsmann, der einen guten Sitzplatz ergattert hat und alles genau sieht, ist ganz benommen von der Tjostierkunst seines gnädigen Herrn: „Der schreckliche Zusammenprall war stets bewundernswürdig; von keiner der Lanzen blieb ein Stück, das nicht zersplittert in die Luft geflogen wäre." Mehr kann man wirklich nicht verlangen. Dem Buhurt wohnt Philipp nur mehr als Zuschauer an, und bei der Preisverteilung wird ihm schließlich der Rubin zuerkannt. Während dann die Hofgesellschaft an einem vom Magistrat gegebenen Bankett teilnimmt und den Tag mit einem prunkvoll-steifen Ball zum Abschluß bringt, rumort das dankbare Volk bis spät nach Mitternacht durch die in festlicher Illumination erstrahlenden Gassen, brennt Raketen und Knallfrösche ab, tanzt im Freien und besäuft sich in den Tabernen.
Über dem Glanz der Feste vergißt Karl V. nicht den Ernst der Arbeit. Er ist in diesen Wochen und Monaten von einer einzigen Idee erfüllt und förmlich besessen, und diese Idee heißt Sicherung des niederländischen Besitzes. Vielleicht zweifelt er schon an der Durchführbarkeit des Sukzessionsplanes, der seinen Sohn zum übernächsten Anwärter auf die Kaiserkrone machen soll. Vielleicht rechnet er mit unvorhergesehenen Entwicklungen der religiösen Spaltung, die von drei Seiten her bedrohlich anschwillt: in Deutschland, in der Schweiz, in England. Vielleicht auch mahnt ihn sein persönliches Zeitgefühl und sein körperlicher Verfall, daß Gefahr im Verzug ist und daß es Versäumnisse gibt, die nicht wiedergutzumachen sind. Wie immer sich auch die Dinge gestalten mögen, jedenfalls ist er fest entschlossen, das Menschenmögliche zu tun, um die flandrischen Provinzen, seine „Pays de par-deça", allen Fährnissen einer Zerteilung zu entziehen und

sie im sicheren Besitz seines Hauses zu erhalten. Er wird dafür Sorge tragen, die niederländische Erbfolge, die bisher der einheitlichen und gesetzgebundenen Regelung entbehrte, so zu gestalten, daß die verbündeten Provinzen auf ewig ungeteilt bleiben und immer nur dem einzigen gesetzmäßigen Erben aus der spanischen Linie des Hauses Habsburg zufallen sollen, sei er nun männlichen oder weiblichen Geschlechtes. Diesem Ziele dient die „Pragmatische Sanktion" von 1549, die der Kaiser zuerst durch die einzelnen „Etats provinciaux" anerkennen, dann aber (am 4. November) durch die „Etats généraux" in Brüssel feierlich sanktionieren läßt. Gesicherter Fortbestand durch Verhinderung aller Trennung und Zersplitterung, das ist die für ·die Niederländer bestimmte und ihrem Patriotismus schmeichelnde Schauseite des Planes; Erhaltung des nicht ungefährdeten Besitzes und Erbes für die spanische Dynastie, das ist die weniger deutlich zutage tretende, in Wirklichkeit aber grundlegende Zielsetzung dieser dynastischen Fürsorgeaktion. Erschütternd ist, aus der Ferne der Zeiten besehen, der zähe Kampf des aufrechten und überzeugungstreuen, des alternden und kränkelnden Kaisers für den Fortbestand seiner Hausmacht, für den Besitz seiner Familie, für die Sicherheit seiner Dynastie. Erschütternd vor allem, wenn man sich vor Augen hält, daß das Unheil, das er zu bannen sucht, schon vor der Türe steht, daß die „für immer und ewig" erlassene Pragmatische Sanktion schon in Nichts zerfallen sein wird, ehe noch seine Knochen in der Gruft der Väter zu vermodern Zeit gehabt haben werden.

Die Einführung der Pragmatischen Sanktion geht Hand in Hand mit der Anerkennung des Prinzen Philipp durch die einzelnen Provinzialbehörden als ihres zukünftigen „seigneur naturel", ein Staatsakt, dessen Kern und Höhepunkt in der wechselseitigen Leistung des Treueides besteht. Da jede einzelne von den 17 Provinzen das gleiche Recht beansprucht, so ist es für den Prinzen eine weitläufige und mühselige Angelegenheit, sich durch die lange Reihe dieser Kleinstaaten feierlich hindurchzuschwören. In Brüssel wird er Herzog von Limburg, in Löwen Herzog von Brabant, in Luxemburg Herzog von Luxemburg, in Ruremonde Herzog von Geldern, in Gent Graf von Flandern, in Mons Graf von Hennegau, in Namur Graf von Namur, in Mecheln Herr von Mecheln, in Tournai Herr von Tournai und so fort. Im großen und ganzen geht die Zeremonie der Aufschwörung überall in der gleichen Weise vor sich, und wenn wir uns eine einzige davon vergegenwärtigen, so kennen wir sie alle.

Nach dem Willen des Kaisers soll Löwen den Anfang machen; es ist von Brüssel nur vier flandrische Meilen weit entfernt. Am 4. Juli 1549 also bricht Philipp mit seinem Gefolge von Brüssel aus auf, während der Kaiser und Tante Maria, die unentbehrliche, am nächsten Tage folgen. Der Statthalter, der Bürgermeister und der Magistrat von Löwen, ferner der Klerus und die Universität ziehen dem Prinzen vor die Stadt entgegen. Hier ist vor einem Kloster extra muros ein reicher Altar aufgebaut und hier wird der hohe Ankömmling mit einer kurzen Ansprache begrüßt, die in seinem Namen — er kann ja weder Französisch noch Flämisch — Herr Antoine Perrenot de Granvelle, Bischof von Arras, der viele Sprachen beherrscht, beantwortet. Jetzt überreicht ihm der Statthalter den Richterstab, das Symbol der Rechtssprechung und Rechtsausübung, der Bürgermeister tut das gleiche mit dem Schlüssel, dem Symbol der Besitznahme, und der Einzug in die Stadt vollzieht sich. Dem Prinzen voraus reitet sein Oberststallmeister mit gezogenem und auf die rechte Schulter gestütztem Degen. Er selbst sitzt zu Pferde zwischen Emanuel Philibert von Savoyen, Prinz von Piémont, und dem Herzog Adolf von Holstein. Hinter ihm folgen die prinzliche Standarte und dann der Herzog von Alba mit dem Bischof von Arras. In der Stadt wird der Prinz zu einem Adelspalaste geleitet und verbringt dort die Nacht. (In Spanien, so erinnern wir uns, war es ähnlich, aber doch mit einem bedeutsamen Unterschied. Dort durfte der Thronfolger die Stadt zwar betreten, aber in ihr nicht nächtigen, bevor die Schwurzeremonie vollzogen war.) Am nächsten Vormittag begibt sich der Prinz mit großem Gefolge in die Hauptkirche der Stadt zum Pontifikalamt; dann findet auf dem Platz vor dem Rathause die Eidesleistung statt. Eine estradenartige Bühne ist hergerichtet, mit Tüchern und Teppichen ausgeschmückt, mit

Wappen und allegorischen Figuren geziert. Für den Prinzen steht ein pompöser Thronsessel mit Baldachin bereit, denn so verlangt es das burgundische Zeremoniell. Nun liest vor versammeltem Ratskollegium der Kanzler von Brabant die Schwurformeln ab. Der Eid wird auf das Evangelienbuch geleistet, das auf einem Brokatkissen ruht. Zuerst schwört der Prinz, daß er Brabant gerecht regieren und seine Privilegien gewissenhaft beobachten werde, dann schwört der Magistrat, daß er seinem „seigneur naturel" in Treue untertan und willfährig sein wolle. Jetzt wendet sich der Kanzler zu der Kopf an Kopf gedrängt stehenden Volksmenge und fragt sie mit lauter Stimme, ob sie den Prinzeneid anerkenne und den Untertaneneid zu ihrem eigenen zu machen willens sei. Die Schwurhände fliegen in die Höhe und ein tausendstimmiges Ja braust über den Platz. Nun spielt die Musik, an verschiedenen Stellen werfen Herolde mit vollen Händen blinkende Silbermünzen unter das Volk, der Pöbel rauft und balgt sich, es gibt Quetschungen und Gliederbrüche in Menge, nicht selten auch ein paar Tote, das vornehme Bürgertum lächelt nachsichtig von den Tribünen, die höfische Kavalkade aber reitet, von diesen Vorgängen unberührt, in stattlichem Zuge zum Festmahl ins Rathaus.

Nach diesem Schema wickelt sich also die ganze, ebenso schwerfällige wie beschwerliche Präsentationsfahrt durch die niederländischen Provinzen ab. Ein paar örtliche Besonderheiten und Brauchtümer sind vielleicht noch des Erwähnens wert. In Gent muß der Prinz nach dem wechselseitigen Schwur dreimal am Strang eines Glöckchens ziehen, das neben seinem Thronhimmel aufgehängt ist; dann erst gilt der Staatsakt als vollendet. In Mons muß er die Damen des Stiftes von der heiligen Wandru (les dames chanoinesses) der Reihe nach auf die mehr oder weniger blühenden Wangen küssen; dann erst ist die Zeremonie vollgültig abgeschlossen. Immer wenn sich günstige Gelegenheit bietet, gibt sich die Hofgesellschaft wieder eine Weile den Illusionen des Rittertums hin. So in Binche, das zum Sektor Hennegau gehört und wo die Tante Maria ein prunkvolles Schloß besitzt. Nahe Binche, so wird in einem Aufruf verkündet, hat sich der Zauberer

Norabroch in einer Burg festgesetzt, die, weil sie beständig durch eine dichte Nebelwolke verborgen wird, Château ténébreux heißt. Dort hält er eine Anzahl tapferer Ritter gefangen, die seinen magischen Künsten erlegen sind. Sie zu befreien, ist die Aufgabe der edlen Kämpen, die im Gefolge des spanischen Prinzen gekommen sind. Aber Château ténébreux ist nicht nur durch eine Nebelwolke geschützt, sondern auch durch drei starke Vorwerke, die erkämpft werden müssen. Das erste ist der Pas fortuné, eine Brücke über einen breiten und tiefen Strom. Sie wird von einem Ritter bewacht, der sich „Farbiger Greif" nennt. Das zweite Vorwerk ist ein Turm, „la tour périlleuse", den der Ritter vom „Schwarzen Adler" behütet. Das dritte ist der Pas de la barque, die Landungsstelle eines Nachens, gesichert durch den Ritter vom „Goldenen Löwen". Wer alle drei Ritter überwunden hat, den führt der Nachen über geheimnisvolle Wasser zur „Glücklichen Insel". Hier muß der Tapfere einen Felsen besteigen und dort ein in einer Säule steckendes Schwert mit einem einzigen Ruck herausreißen. Dieses Schwert, dem geheime Kräfte innewohnen, öffnet ihm sodann mit einem Schlag das Tor des Château ténébreux, er kann die gefangenen Ritter befreien und den Zauberer unschädlich machen. In Binche nun ist die ganze abenteuerliche Szenerie dieses ritterlichen Mummenschanzes auf freiem Felde kunstvoll aufgebaut, tagelang kämpfen die besten Ritter vergeblich gegen die gehäuften Hindernisse, bis endlich der Auserwählte, der wirkliche Märchenprinz, an die Reihe kommt, alle Schwierigkeiten spielend überwindet, das Schwert gewinnt und den Zauber des Château ténébreux löst. Es ist, wie sich von selbst versteht, kein geringerer als der hochgemute und tapfere, der unwiderstehliche Don Felipe, Prinz von Spanien.
Wie eng ist die Welt des auf burgundische Art erneuerten Rittertums verwandt mit der Welt des Märchens! Ja, von dieser Seite besehen, erbringt sie ganz von selbst den untrüglichen Beweis dafür, daß sie nichts anderes ist als eine Flucht ins Märchen.
Die Rundfahrt dauert von Anfang Juli bis Ende Oktober 1549. Der Sommer ist in diesem Jahr besonders reich an Niederschlägen, mehr als einmal werden die Feierlichkeiten gründlich verregnet

und der Kaiser, der sich krümmt vor Gichtschmerzen, sieht sich gezwungen, schon im September wieder nach Brüssel zurückzukehren. Den Rest der Fahrt, der noch Zeeland, Holland, Zutphen und Geldern umfaßt, muß Philipp, von Tante Maria begleitet, allein erledigen. Endlich ist alles gut überstanden und am 26. Oktober 1549 kehren Prinz und Tante, völlig erschöpft zwar, aber von ihrer körperlichen und seelischen Leistung hoch befriedigt, wieder nach Brüssel zurück. Am 4. November findet in Gegenwart des kaiserlichen Hofes die feierliche Sitzung der Etats généraux statt, in der die Pragmatische Sanktion zum Gesetz erhoben wird. Das Dokument erhält die Unterschriften des Kaisers, der Königinwitwe Maria als Statthalterin der gesamten Niederlande, des Prinzen Philipp, des Herzogs von Alba, sämtlicher Statthalter der einzelnen Provinzen, der Ritter des Goldenen Vließes, soweit sie in Brüssel anwesend sind, des Großsiegelbewahrers Nicolas Perrenot de Granvelle, seines Sohnes und designierten Nachfolgers Antoine Perrenot, Bischofs von Arras, und des Präsidenten des niederländischen Staatsrates. Der nicht gegenwärtige König Ferdinand, der nächste Anwärter auf die Kaiserkrone, muß sein Einverständnis in einer schriftlichen Erklärung abgeben. So gewaltig ist die Bedeutung, die Karl V. dieser Pragmatischen Sanktion und dem durch sie nach menschlicher Berechnung erreichten Zwecke, die Niederlande im ungeteilten und ungestörten Besitze seiner Dynastie zu erhalten, beimißt.
Der Winter 1549/50 soll nach dem Willen des Kaisers der Erholung von der anstrengenden Präsentationsfahrt, zugleich aber auch der stillen Kabinettsarbeit gewidmet sein. Karl V., in dem feuchten Klima der flandrischen Tiefebene zwar gichtgequälter als je, indes geistig noch bei unverminderter Schaffenskraft und Beweglichkeit, läßt also den Prinzen an allen Sitzungen des Staatsrates teilnehmen, nimmt ihn auch für mehrere Stunden täglich zu sich in sein Arbeitszimmer, sieht Akten und Depeschen mit ihm durch, zieht ihn zu Audienzen und Gesandtenempfängen bei, erörtert mit ihm die politische Lage und die Aussichten der nächsten Zukunft, wobei sich wiederum die Tante Maria als eine ebenso erfahrene wie kluge und unermüdliche Helferin bewährt. Er ver-

anlaßt ihn auch, die geheimen Protokolle und Sitzungsberichte der Ordenskapitel des Goldenen Vließes durchzusehen, denn diese Schriftstücke bieten eine unvergleichliche Möglichkeit, den Großen des Landes in die geheimsten Falten ihrer Seelen zu spähen. Der Prinz wird sich nicht wenig gewundert haben, darin Gravamina folgender Art gegen einzelne Ritter zu finden. Es wurde beispielsweise in den Kapitelakten von 1545 dem Grafen von Buren vorgehalten, daß er im Essen und Trinken sich den schwersten Exzessen hingebe, daß er der Gewohnheit des Fluchens fröhne, daß er in religiösen Dingen eine respektlose Zunge führe, daß er eheliche Seitensprünge liebe und sich dieser moralischen Schande auch noch großsprecherisch zu rühmen pflege. Es wurde dem Sieur de Bossu vor Augen gerückt, daß er sich dem Trunke ergebe und zu maßlosen Zornesausbrüchen neige. Der Sieur de Brederode mußte sich sagen lassen, daß er sich in Gegenwart seiner Kinder auf die schamloseste Weise um die Gunst leichtfertiger Frauenzimmer bemühe, der Graf von Epinay wurde ermahnt, sich nicht jeden Tag und oft sogar zweimal des Tages zu besaufen, seine unrühmlichen Schulden zu bereinigen und es nicht zu wagen, noch einmal die goldene Ordenskette zu versetzen. Dem Herzog von Aerschot endlich mußte nahegelegt werden, er möge fürderhin die verheirateten Frauen in Ruhe lassen. Diese Helden also gehörten mit zu den Spitzen der niederländischen Hofgesellschaft, zu den Bannerträgern des burgundischen Zeremoniells und seiner Gesinnung, zu den Paladinen des erneuerten Märchenrittertums, zu den Männern, mit deren Hilfe Philipp in naher Zukunft sein flandrisches Erbe verwalten und regieren sollte; aber die Einblicke, die sich ihm hier boten, waren gewiß nicht geeignet, ihn mit froher Zuversicht zu erfüllen, so sehr sie auch der Absicht des Kaisers dienen mochten, ihn gründlich mit Land und Leuten bekannt zu machen.

Auch die wichtige Angelegenheit der noch ungeklärten Nachfolge in der Kaiserwürde wird noch einmal ausgiebig durchgesprochen, denn sie soll ja im kommenden Frühjahr auf dem Augsburger Reichstag zur endgültigen Bereinigung kommen. Da ist es nun wiederum Tante Maria, die den parlamentarischen Taktstock

führt, die mit ihren Argumenten die Lage beherrscht, die für alle
Schwierigkeiten und Einwände eine Lösung im voraus bereit hat,
während dagegen Prinz Philipp sich mehr auf ein höfliches Zu-
hören und ein bedächtiges Kopfnicken beschränkt. Er ist im
Innern weder von der Zweckmäßigkeit, noch von der Durchführbarkeit, noch auch von der moralischen Berechtigung des
verwegenen Planes überzeugt. Wenn es auf ihn ankäme, so wäre
er viel lieber König in Spanien als Kaiser im Reich. Er tritt
darum auch im Auf und Ab der Verhandlungen kaum je in Erscheinung und spielt so etwas wie den unbeteiligten Dritten. Aber
eisernes Pflichtgefühl und kindlicher Gehorsam weisen ihn in eine
seiner Meinung zuwiderlaufende Bahn. Das ist die Frucht seiner
Erziehung durch den ihn numinos überschattenden Vater. Solange der Kaiser am Leben ist, gibt es für Philipp in allen großen
und wichtigen Dingen keinen anderen Willen als den väterlichen.

XI. KAPITEL

*Das in Augsburg vertrödelte Jahr und das traurige Ende
der Sukzessionspläne*

Im Spätherbst 1549 kommt der junge Graf Lodron nach Spanien,
denn König Ferdinand sorgt dafür, daß Maximilian von Zeit zu
Zeit immer wieder mündliche Botschaft erhalte über die Vorgänge
in Prag und in Brüssel und wo sonst noch bemerkenswerte Dinge
sich begeben. Dieser Lodron nun scheint vor allem über das, was
man am kaiserlichen Hofe tut, vorhat und bespricht, gut unterrichtet zu sein. Was er nämlich an Neuigkeiten nach Valladolid
bringt, das versetzt Maximilian und seine deutschen Höflinge in
einen wahren Sturm von Unruhe und Ärger. Der Obersthofmeister
Pedro Laso de Castilla hat seine liebe Not, ein erträgliches Gleichmaß der Stimmung wiederherzustellen und er schreibt ganz aufgeregt an König Ferdinand: „Dieser Lodron hat mit seinem
Geschwätz bei Seiner Hoheit und den hiesigen Deutschen eine
derartige Verwirrung angerichtet, daß ich nicht weiß, wie ich alles

wieder ins Geleise bringen soll, wo ich doch Gott sei Dank den ganzen Hof so schön in Ordnung hatte, daß die Tage mit der Genauigkeit eines Uhrwerks abliefen." Maximilian und seine Getreuen sind also über das, was sich demnächst in Augsburg zutragen wird, bereits im voraus auf dem laufenden und sie werden nicht zögern, ihre heimlichen Gegenmaßnahmen zu treffen.

Der Kaiser hat inzwischen den Reichstag für die zweite Julihälfte des Jahres 1550 nach Augsburg einberufen und in aller Gemächlichkeit seine Vorbereitungen zur Abreise getroffen. Am 31. Mai 1550 steigt er vor dem Schlosse in Brüssel zu Pferde, um die Fahrt ins Reich anzutreten. Das Volk ist in dichten Scharen versammelt. Der Kaiser wendet sich auf dem Pferde noch einmal um und winkt allen mit der Hand einen letzten Abschiedsgruß zu. Brausende Zurufe erschallen, Hüte und Mützen fliegen in die Luft, Tücher flattern, Frauen und Kinder weinen. Es ist, als ob ein Vater von seiner Familie schiede. „Ne fut sans grand regret et lamentation dudict peuple", sagt Vandenesse. Karl V. und seine Niederländer wissen, was sie aneinander haben.

Prinz Philipp ist im Gefolge des Kaisers. Die Reise geht über Aachen nach Köln, von hier zu Schiffe auf dem Rhein nach Speyer, wobei die Fahrzeuge tagsüber von Pferden stromaufwärts gezogen werden, während zum Nächtigen an Land gestiegen wird. Von Speyer aus zieht man über Eßlingen und Donauwörth nach Augsburg, wo am 8. Juli 1550 der Einzug erfolgt. König Ferdinand und die Mehrzahl der Kurfürsten sind schon zugegen. Auch die üblichen Schmarotzer, Bittsteller, Nutznießer und Gelegenheitsgäste hohen und niedrigen Standes haben sich eingefunden. Die Gassen und Plätze der alten Reichsstadt wimmeln wie ein Ameisenhaufen. Der Kaiser wohnt wieder bei Anton Fugger.

Für den Prinzen Philipp beginnt nun die letzte und schwierigste Etappe seiner Präsentationsfahrt. Hat er in Flandern den inneren Kontakt mit den Niederländern zu finden versuchen müssen, so erheischt es jetzt das Gebot der Stunde, daß er sich die Zuneigung der in Augsburg versammelten deutschen Kurfürsten und Adeligen gewinne. Ist die flandrische Angelegenheit auch kein Kinderspiel gewesen, so wurde sie ihm doch wesentlich erleichtert

durch die beständige Mittlertätigkeit des Kaisers und der Tante Maria, die ihn wie durch Zauberwort in den magischen Kreis miteinbezogen, der sie und ihre burgundischen Untertanen umschloß. Freilich hatte sich zuweilen recht schmerzlich fühlbar gemacht, daß nicht nur in Bräuchen und Anschauungen, sondern auch in religiösen Empfindungen und Wertungen eine bedrohliche Kluft der Gegensätze sich auftat zwischen dem echt Burgundischen und dem echt Spanischen. Indes, man war entschlossen, unter erträglichen Kompromissen miteinander auszukommen, und das Endergebnis schien zu beweisen, daß sich das seelische Band zwischen den Niederländern und der Dynastie ihrer „seigneurs naturels" noch nicht um Haaresbreite gelockert hatte. Prinz Philipp war einmütig zum Erben und Nachfolger des Kaisers aufgeschworen worden und sogar der kühne Plan der Pragmatischen Sanktion war zu einem vollen Erfolge gediehen. Ungleich schwieriger hingegen ist die Lage des Prinzen in seiner Mission den deutschen Territorialfürsten gegenüber. Hier fehlt vor allem jede innere, jede unbewußte und seelische Bindung. Karl V. ist für die Deutschen genau derselbe Fremdling wie es etwa Franz I. gewesen wäre. So wie die Dinge liegen, ist der Kaiser des deutschen Reiches nur mehr der unpersönliche Repräsentant einer Autorität, die man gern entbehren würde, wenn man nur könnte. Die religiöse Spaltung vollends hat diese kalte Gleichgültigkeit und Beziehungslosigkeit völlig zu feindseliger Abneigung verhärtet. Durch den Sieg der kaiserlichen Waffen bei Mühlberg (1547) haben sich die bestehenden Gegensätze eher verschärft als gemildert; auch die lange Gefangenschaft des Landgrafen Philipp von Hessen wird von den deutschen Fürsten als eine korporative Demütigung ihres Standes und ihrer Würde empfunden. Ja, man darf wohl sagen: der ganze Augsburger Reichstag dient im geheimen einer verräterischen Bündnisbildung gegen den Kaiser.
In diesen Kreisen nun soll Philipp sich Freunde und Helfer werben, soll Sympathien und Stimmbereitschaften gewinnen, soll sich als übernächster Anwärter auf die Kaiserkrone annehmbar und wünschenswert machen. Was tut er, bewußt und in bester Absicht, um ihnen genehm zu sein? Was tut er, un-

bewußt und seiner Fehlgriffe nicht gewahr werdend, um sie abzustoßen?

Wir halten zunächst, um nicht nur dem Prinzen Philipp, sondern auch seinen Gegenspielern nach Möglichkeit gerecht zu werden, in zeitgenössischen Quellen ein wenig Umschau. Da hat uns beispielsweise ein vielfacher Augenzeuge des Treibens auf den deutschen Reichstagen um 1550, der von uns schon einmal als Berichterstatter herangeholte Bartholomäus Sastrow, in seinen Lebenserinnerungen folgendes Augenblicksbild überliefert: „Der Herzog Moriz von Sachsen hatte viel Kurzweil in seiner Herberge, dem Hause eines Doktors der Medizin. Der hatte eine erwachsene Tochter, eine schöne Dirne, hieß Jungfer Jakobina, mit der badete der Herzog, auch spielte er samt Markgraf Albrecht täglich mit ihr Karten, und sie hielten also Haus miteinander, daß der Teufel daran sein Freude haben konnte und in der ganzen Stadt viel davon geredet wurde. Andere Fürsten und Herren, geistlichen und weltlichen Standes, trieben es nicht besser. So habe ich mit angesehen, daß Markgraf Albrecht und andere junge Fürsten im Verein mit jungen Bischöfen soffen und mit der Armbrust schossen, wobei der eine dem anderen keine Ehrentitel gab, sondern gar höhnisch sagte: Schieß, Pfaff, was gilts, du wirst nichts Gutes treffen! Der Bischof wiederum, wenn ihn die Notdurft ankam, sagte: Komm Albrecht, wir wollen pissen gehen! Junge Fürsten legten sich wohl zu fürstlichen und gräflichen Fräulein im Gemach auf den Boden — denn man saß nicht auf Bänken oder Sesseln, sondern breitete köstliche Teppiche mitten ins Gemach, auf denen man bequem sitzen und sich strecken konnte — und umhalsten, küßten und betasteten einander."

Eine andere Quelle — es sind die Memoiren von Du Maurier — berichtet uns vom gleichen Augsburger Reichstag die folgende Szene: in einer Trinkstube versammelte vornehme Herren lassen, nachdem sie alle miteinander genügend voll sind, zum Spaß die Lichter verlöschen und bombardieren sich dann gegenseitig im Dunkeln mit Stühlen, Hockern und Schemeln; eingedroschene Köpfe, gebrochene Arme und Beine sind die natürliche Folge, und wer mit blutigen Beulen und blauen Flecken davonkommt, rühmt sich einer besonderen Geschicklichkeit. Immer wieder ist es das übermäßige Saufen, das zu allen erdenklichen Exzessen willkommenen Anlaß gibt, und auch die venezianischen Gesandten, die ihre Augen gründlicher offen hielten, als es dem guten Ruf ihrer Gastvölker bisweilen zuträglich war, sind einig in der mißfälligen Hervorhebung dieses adeligen Lasters. „Dem Wein ist diese Nation noch weit mehr als Martin Luthern ergeben", sagt Mocenigo (1548), „und die Vornehmen sind dem Trinken noch mehr verfallen als die anderen; ja, mit dieser üblen Gewohnheit, sich zu berauschen, ist es so weit in Deutschland, daß man sie nicht bloß für keinen Fehler, sondern für eine Tugend hält und Leute, die sich nicht betrinken wollen, für arglistig und wenig wert erachtet." Ähnlich berichten Badoero, Soranzo und andere Venezianer. Der Doktor Eck aber, Rat und Kanzler des Herzogs von Bayern, konnte dem besagten Signore Mocenigo offenherzig versichern, daß die deutschen Fürsten zu ernsten Geschäften nicht zu gebrauchen seien, außer während der paar Morgenstunden, wo sie sich noch in nüchternem Zustande befänden. Die Augsburger Reichstage insgesamt endlich charakterisiert der Karmeliter Westhof kurz und bündig mit dem Satze: „Das Leben, wie es dort täglich mit Spielen, Schwelgen, Unzucht und allen greulichen Lastern geführt wurde, spottet jeder Beschreibung."

Das war also der Zeitvertreib dieser hohen Herren, und wer als einer der ihren gelten wollte, der mußte es ihnen darin gleichtun. Prinz Philipp nun gibt sich redlich Mühe, recht urdeutsch und lärmend fröhlich zu sein; er trinkt auf Wunsch und Anraten seines Vaters bei den festlichen Gelagen das Doppelte und Dreifache von dem, was er gewohnt ist, er macht auch sonst gute Miene zum bösen Sittenspiel und lacht geräuschvoll über ein Gehaben, das er innerlich verabscheut, obwohl er sich selbst von jeder Teilnahme an dem sittenlosen Treiben geflissentlich fernhält. Er nimmt auch, so lästig es ihm fällt, an den Ritterspielen und Wettkämpfen persönlich teil, er spart nicht mit Geschenken und Gnadenbeweisen jeglicher Art, aber es gelingt ihm trotzdem nicht, die Zuneigung der hieb- und kannenfesten deutschen Fürsten zu erringen. Wenn wir dem Bericht des französischen Gesandten

Marillac trauen dürfen, so trägt er auch noch zu allem Unheil bei einem Turnier einen recht kläglichen und seinem Ansehen nachteiligen Mißerfolg davon. Man hat zwar gemeint, dieser Marillac sei als Franzose ein Vertreter der feindlichen Partei und darum eine trübe Quelle, aber der Engländer Roger Asham meldet den Vorfall in ganz ähnlichem Sinne: „Bei einem großen Turnier, das vor der Wohnung des Kaisers abgehalten wurde, tjostete der Prinz so friedlich, daß er weder sich, noch seinem Pferde, noch seiner Lanze, noch seinem Gegner irgendein Leid antat."
Prinz Philipp tut also bewußt und mit voller Absicht sein Bestes, um den Wünschen des Kaisers und dem Zwecke des Sukzessionsplanes gerecht zu werden. Daß es ihm mißlingt, ist nicht seine Schuld und macht ihn uns Heutigen um kein Quentchen weniger sympathisch. Er hat daneben freilich auch manche Eigenheiten, durch die er, ohne es zu wollen oder zu merken, seine Partner in Abwehrstellung drängt, und dazu gehört in erster Hinsicht seine mangelhafte Sprachenkenntnis. Er kann kein Wort Deutsch, und die in Augsburg versammelten deutschen Reichsfürsten können begreiflicherweise kein Wort Spanisch. Da müssen denn Mienenspiel und Gebärde das fehlende Wort ersetzen, und was dabei an gegenseitigem Sichkennenlernen und Anfreunden herauskommt, das kann man sich leicht vorstellen. Jetzt rächt sich mit tragischer Bitterkeit die unselige Marotte des seligen Herrn Kieselstein, der den Grundsatz vertreten hatte, das Lateinische ersetze als Universalsprache alle übrigen Idiome der Welt. Und noch ein verschlimmernder Umstand kommt hinzu. Prinz Philipp vermag sich, wofern nicht eben die häufigen Trinkgelage eine besondere Situation schaffen, zu den leichteren und jovialeren Sitten des deutschen Verkehrs mitnichten durchzuringen. Er ist nicht umsonst durch die Schule des burgundisch-spanischen Zeremoniells hindurchgegangen, er hat seine eigene Auffassung von den Begriffen „König und Vasall", „Herrscher und Untertan", und so begibt es sich, daß ihm als eiskalter Hochmut und echt spanische Überheblichkeit ausgelegt wird, was er persönlich nur als ein angeborenes Vorrecht, ja sogar als ein pflichtgemäßes Verhalten zu empfinden imstande ist. Wenn ihn etwa die Kur-

fürsten und sonstigen adeligen Herren nach irgendeiner öffentlichen Festlichkeit in sein Quartier zurückgeleiteten, so ließ er sie einfach hinter sich stehen und verschwand ohne Dank und Gruß im Torbogen, während der Kaiser, wie Sastrow erzählt, „sich mit dem Gaul umwendete, sein Hütlein abnahm, einem jeden die Hand gab und sie freundlich und gnedig dimittierte". Christoph von Madruzzo, der Tridentiner Kardinal, soll den jungen Philipp auf diesen Gegensatz und seine betrüblichen Folgen vorsichtig hingewiesen haben und der Hofklatsch spann dann die Geschichte in sehr eindeutiger Absicht weiter; der Prinz soll dem Kardinal die ebenso dumme wie hochfahrende Antwort gegeben haben: es sei auch ein gewaltiger Unterschied zwischen ihm und seinem Vater, denn der wäre nur eines Königs, er aber eines Kaisers Sohn. Wir kennen nun freilich Philipps Verhältnis zu seinem Vater hinreichend genau, um zu wissen, daß er eine Respektlosigkeit dieser Art niemals, auch nicht in Gedanken hätte begehen können; aber daß ein derartiger Tratsch erfunden, verbreitet und geglaubt wurde, das charakterisiert ganz allgemein die Atmosphäre von Mißtrauen und Voreingenommenheit, die sich von deutscher Seite her um den Prinzen gebildet hatte.

„Il est haï de tous les pays jusque aux siens propres, excepté seulement les Espagnols", so berichtet im September 1550 Marillac aus Augsburg an Heinrich II. von Frankreich, und dieser schreckliche Satz enthält die Quintessenz des denkwürdigen Augsburger Jahres, das Philipp so ruhmlos zu vertrödeln gezwungen ist. Der Reichstag selber beginnt am 26. Juli 1550, und schon am 14. Februar 1551 wird der Abschied verlesen. Die Teilnahme ist schlapp, das Ergebnis gering. Das Interim wird in Erinnerung gebracht, die Fortführung des Tridentiner Konzils wird angekündigt, über die Mitarbeit der Protestanten an ihm redet man erfolglos hin und her; die Belagerung Magdeburgs von Reichs wegen wird in Aussicht gestellt und die Forderung König Ferdinands nach Beihilfe des Reichs zur Verteidigung Ungarns wird als berechtigt anerkannt. Die Verlesung des Schlußdokumentes vor versammelten Machthabern und Kurfürsten dauert geschlagene zwei Stunden, so daß sich der Augsburger Kardinal Otto

Truchseß von Waldburg durch den Vizekanzler Dr. Seldt ablösen lassen muß, weil ihm die Stimme den Dienst versagt. Dann geht man unter den herkömmlichen Komplimenten und Abschiedsbesuchen auseinander, oder man bleibt noch einige Monate länger im gastlichen Augsburg, je nachdem der einzelne Lust am geselligen Treiben und die nötigen Taler im Beutel hat.

Karl V. ist unterdessen nicht müßig gewesen. Was ihm die Reichstagsverhandlungen und die sonstigen Regierungsgeschäfte an Freizeit übrig lassen, das gehört der Beredung und Förderung des Sukzessionsplanes. Ihn will er, koste es was es wolle, noch in dieser Stadt und auf diesem Reichstag zu einem gedeihlichen Ende führen. Zwar sind als Vertreter der Gegenpartei nur König Ferdinand und sein gleichnamiger zweiter Sohn zugegen, aber sie verhalten sich gegenüber allem Zureden und allen Versprechungen Karls V. so unbelehrbar taub und eigenwillig, daß schon im September 1550 wieder die unentbehrliche Maria aus Brüssel anrücken und die halsstarrigen Oesterreicher unter den Druck ihrer in der Familie schon sprichwörtlichen Beredsamkeit setzen muß. Ferdinand hätte gern seine Tochter Margarethe, seine siebente, die eben 15jährig wird, als Gattin des Prinzen Philipp gesehen, er hätte weiterhin gern die freigewordenen Herzogtümer Württemberg und Neuburg seiner Hausmacht einverleibt, er drängt ferner unablässig auf militärische Unterstützung in Ungarn, die, wenn sie nachdrücklich genug wäre, ihm den Besitz von Siebenbürgen sichern würde. Maria, klug wie die Schlange des Paradieses und sanft wie die Taube Noahs, führt ihm alle seine Wünsche und die daraus erwachsenden Vorteile gebündelt vor Augen, und sie sagt ihm namens des Kaisers deren runde Erfüllung zu, wenn ... ja wenn er sich nur damit einverstanden erklären würde, daß Prinz Philipp als sein Nachfolger zum König der Römer gewählt werde. Sogar noch ein Übriges will sie als gute Schwester und Tante durchsetzen, nämlich daß ihr Neffe Ferdinand jene portugiesische Infantin Maria zur Gemahlin bekommt, die bis jetzt in aller Stille als Braut für den Prinzen Philipp in Aussicht genommen ist. Aber zu alldem ist natürlich, darüber braucht sich König Ferdinand gar keinen Illusionen hinzugeben,

seine vorhin erwähnte Zustimmung die unerläßliche Voraussetzung.
Der also Bestürmte und Umworbene bleibt gleichwohl standhaft wie Sankt Antonius der Einsiedler in der Wüste und sagt zu allem immer nur Nein. Denn er will unter keinen Umständen das Odium auf sich laden, über den Kopf seines Sohnes Maximilian hinweg eine Entscheidung zu treffen, von der er weiß, daß schon ihre bloße Erwähnung genügt, um jenen in wilde Zornesausbrüche zu versetzen. Pedro Laso de Castilla hat ihn ja erst vor kurzem wieder hinreichend darüber informiert. Er verlangt darum, des ewigen Drängens müde, daß der Kaiser den in Valladolid zurückgehaltenen Sohn endlich wieder nach Deutschland rufe, um seine und nur seine Entscheidung zu hören; denn schließlich seien es ja doch Maximilians Zukunft und Erbrecht, die auf dem Spiele stünden. Sein spanischer Aufenthalt sei ohnehin abgelaufen und er werde durch sein dauerndes Fernbleiben aus Deutschland nur seinen Untertanen entfremdet. Bei seinem Temperament sei überdies sehr zu befürchten, daß er über kurz oder lang in Valladolid alles hinwerfe und eigenmächtig in Prag oder Augsburg, oder wo es ihm eben sonst beifiele, erscheine. Dieser Schreckschuß tut seine Wirkung. Karl V. läßt noch Ende September 1550 an Maximilian den gemessenen Befehl ergehen, so bald wie möglich sich in Augsburg zu präsentieren. Tante Maria aber enteilt vorerst wieder auf ihren Posten in Brüssel; sie wird, wofern man ihrer bedarf, allsogleich ein zweites Mal zur Stelle sein.
Maximilian braucht man nicht erst zweimal zu rufen. Seine Gemahlin ist schwanger, er läßt sie daher unter der Obhut des pflichteifrigen Pedro Laso de Castilla in Spanien zurück und tritt die Reise nur mit seinem deutschen Gefolge an. Die Fahrt geht wieder über Barcelona, Genua, Mailand, Innsbruck und München. Schon vorher hat er mit den protestantischen Kurfürsten ein eifriges Unterhandeln gepflogen. Daß er sich sogar mit dem Erbfeind seines Hauses, mit Frankreich, in freundschaftliche Bindungen einließ, bei dem neugeborenen Sohn Heinrichs II. die Patenschaft übernahm und mit geheimen Sendlingen aus Paris stundenlang unterhandelte, das macht ihn für unsere Begriffe

ziemlich verächtlich. Bis Genua reist ihm auf Wunsch des Kaisers der Kardinal Madruzzo entgegen, um ihn standesgemäß zu empfangen, wohl auch um seinen Umgang ein wenig zu überwachen. Am 10. Dezember 1550, im Laufe des Vormittags, kommen sie mit der Ordinari-Post in Augsburg an. Maximilian wird in seinem Quartier alsbald von Prinz Philipp feierlich abgeholt und zum Kaiser geleitet. Philipps Gefolge bei dieser Gelegenheit besteht aus dem Herzog von Alba, dem Herzog von Bayern, dem Prinzen von Piémont, dem Grafen von Fürstenberg, dem Sieur de Bossu und dem Sieur de Rye, lauter Rittern des Goldenen Vließes; sie bilden um diese Zeit die vertraute und allernächste Umgebung des Kaisers und des Prinzen.

Nun beginnen die Verhandlungen über die Sukzessionsfrage, die ja eigentlich nur Überredungsversuche sind, von neuem. Mit welchem Erfolg, das läßt sich deutlich aus dem Umstande entnehmen, daß schon am 1. Januar 1551 wieder die redekundige Maria aus den Niederlanden in Augsburg eintrifft. Sie ist nur von dem Herzog von Cambray, drei Hofdamen und dem unumgänglichen Troß begleitet, 20 Pferde insgesamt, und hat den Weg von Binche bis Augsburg, der etwa 100 deutsche Meilen beträgt, in 12 Tagen zurückgelegt. Sie muß es also sehr eilig gehabt haben. Wir brauchen das Hin und Her der nun mit verstärkter Kraft fortgesetzten Bemühungen, das wie ein rutschender Geröllhaufen sich auswirkende Drängen Marias, den langsam ermattenden Widerstand der österreichischen Vettern, die gespannte und doch wieder mit heftiger Verärgerung gemischte Aufmerksamkeit des Kaisers, die völlige Gleichgültigkeit des Prinzen Philipp, der es vorzieht, dem anwesenden Tizian stundenlang für ein Vollbild zu sitzen und halbe Tage lang in seiner Werkstatt sich herumzutreiben, das geschäftige Horchen der Sekretäre und Kammerdiener, die beflissene und Geschenke nicht sparende Neugier der Gesandten, Agenten und sonstigen Spione, — wir brauchen das alles nicht im einzelnen zu verfolgen. Wichtiger ist schon, daß der im Schoße der habsburgischen Familie entbrannte und hinter verschlossenen Türen ausgetragene Sukzessionskrieg allmählich zu einer öffentlichen Angelegenheit geworden ist, über die man

an Straßenecken sich unterhält und in Schenken bei geschwungenem Becher debattiert. Maximilian im besonderen nimmt sich im Kreise seiner Parteigänger und Gesinnungsgenossen kein Blatt vor den Mund, spart nicht mit verächtlichen Ausdrücken über seine Erfahrung mit den Spaniern und schwört hoch und teuer, sie sollten in ihm schon ihren Meister finden. Die Fürsten aber trinken bei ihren Gastereien immer wieder einen Humpen darauf, daß sie niemals dem kaiserlichen Plane zustimmen würden, daß derjenige ein Verräter heißen solle, der zuerst sein Jawort dazu gebe, und reden dergleichen eifervolle Dinge mehr; ja, bei einem solchen Anlaß steigt die Erhitzung der Köpfe soweit, daß nur die dringende Abmahnung einiger besonnener Mitglieder der Tafelrunde den wahnwitzigen Plan der Ermordung der ganzen spanischen Umgebung des Kaisers im Keime zu ersticken vermag.
Die Verhandlungen werden unterdessen, je mehr sie sich in die Länge ziehen, desto häufiger nur schriftlich fortgesetzt. Der jüngere Granvelle, Antoine Perrenot, Bischof von Arras, trägt die Vorschläge und Entgegnungen, die Briefe und Denkschriften zwischen den streitenden Parteien hin und her und erläutert sie, soweit es nötig ist. Die gegenseitige Verärgerung und Entfremdung wird immer größer, läßt sich auch nach außen hin immer weniger verbergen. Maximilian im besonderen wirft einen förmlichen Haß auf Philipp, meidet ein Zusammentreffen mit ihm wo er nur kann und spart nicht mit verächtlichen Äußerungen über ihn. Sein angeborener Fehler, daß ihm immer die Zunge mit dem Verstande durchgeht, wirkt sich hier zum Schaden des Ansehens der habsburgischen Gesamtfamilie verderblich aus. Endlich, am 1. März 1551, ist man zu einer Art von Zwangseinigung gelangt. Sie besteht darin, daß die Österreicher um des lieben Friedens willen (und wohl auch durch mehr oder minder deutliche Drohungen eingeschüchtert) nachgeben und eine Reihe von schriftlichen Abmachungen unterzeichnen, von denen sie überzeugt sind, daß ihre dermaleinstige Durchführung an dem geschlossenen Widerstande der Kurfürsten scheitern werde. König Ferdinand verpflichtet sich, sobald er Kaiser geworden sei, alles zu tun, um die Kurfürsten zu bestimmen, daß sie Philipp zum König der Römer

wählen würden. Philipp verspricht, sobald ihm die Verwaltung des Reiches übertragen sei, Maximilians Wahl zum König der Römer zu betreiben, sowie ihn zu seinem Stellvertreter für Deutschland zu ernennen, und zwar mit denselben Vollmachten, mit denen Ferdinand von Karl V. bekleidet ist. Maximilian endlich muß eine bindende Zusicherung abgeben, er sei mit allem einverstanden und werde die Nachfolge seines Vetters in keiner Weise zu hintertreiben versuchen. Am 7. März findet in aller Stille im Empfangssaal des Kaisers die Belehnung Philipps mit den Niederlanden als kaiserliches Lehen statt; Ferdinand und Maximilian bleiben der Zeremonie, die der Kaiser von erhöhtem Thronsessel aus vollzieht, demonstrativ fern. Die tatsächliche Durchführung der getroffenen Abmachungen wird von den Ereignissen überholt, und das Kaisertum Philipps erstickt für immer in der Katastrophe des Jahres 1552, die praktisch das Ende der Macht und des Ansehens Karls V. bedeutet.

Ranke ist der Meinung, daß die Sukzessionsverhandlungen und die sie beendenden gegenseitigen Abkommen „zu den merkwürdigsten Transaktionen des Hauses Österreich gehören"; unsere Leser aber werden mit uns einig gehen in der Überzeugung, daß sie in Wirklichkeit eine unverzeihliche Torheit darstellen, eine der wenigen, zu denen Karl V. sich je hat verleiten lassen, und durch die er zu eigenem Nachteil seinen Gegnern die schärfsten Waffen in die Hände gab. Eine Torheit freilich, nicht aus Leichtsinn oder mangelnder Klugheit begangen, sondern aus tiefster Überzeugung und Gewissensnot geboren; denn die eigentliche Ursache der verwegenen Idee war ja keine andere als die Angst vor Maximilians tatsächlichem und nur mühsam verhehltem Protestantismus und die Zwangslage, das Heilige Römische Reich Deutscher Nation einem Bekenner und Beschützer der neuen Lehre überliefern zu müssen. Vor dieser Verantwortung, die wir mit seinen Augen betrachten müssen, um sie richtig zu bewerten, hat es Karl V. gegraut, und nur dieser Gewissenskonflikt hat ihn in die verderblichen Netze der Sukzessionsidee verstrickt und mit so unglaublicher Zähigkeit in ihnen festgehalten. Wie sehr diese unsere Annahme zu Recht besteht, das beweist die Auskunft, die

Karl V. im Februar 1551 dem päpstlichen Nuntius gab, als dieser ihn befragte, wie weit die Dinge gediehen seien. Der Kaiser antwortete ihm nämlich, er sei sich selbst noch nicht im klaren darüber, ob die Sache *zum Heile der Christenheit* notwendig sein werde oder nicht.

Fast ein ganzes Jahr ist nun vergeudet worden, viel Mißstimmung hat sich angesammelt und auch viel Müdigkeit bei allen Beteiligten. Jetzt hat man vor allem das Bedürfnis, Entfernungen zwischen sich zu legen. Maria strebt zurück nach Brüssel, Philipp hat Sehnsucht nach Spanien, Maximilian will ebenso dringend seine spanischen Verpflichtungen endgültig los werden, König Ferdinand muß heim nach Prag, jeder gehört anderswohin, nur der Kaiser, der überall vonnöten und nirgends zu Hause ist, hat sich noch nicht entschlossen, wohin er zunächst seine Schritte lenken soll. Er will fürs erste seinen Sohn und Erben nach Spanien entlassen, damit er dort nach dem Rechten sehe und die Zügel wieder fest in die eigene Hand nehme. Maximilian soll gleich mit ihm fahren, in Valladolid seine Zelte abbrechen und mit Frau und Kindern wieder in die österreichische Heimat übersiedeln. Alle beide, Philipp und Maximilian, wüßten sich im Augenblick nichts Besseres zu wünschen. Tante Maria, die mit weiblichem Zartgefühl auf einen möglichst sanften und versöhnlichen Ausklang bedacht ist, gibt am 10. März 1551 ein festliches Abschiedsessen für die Scheidenden, das sind König Ferdinand, seine beiden Söhne und Prinz Philipp. Am Tag darauf schon steigen die Österreicher zu Pferde und reiten über München nach Innsbruck; so eilig haben sie es, der teuren Verwandtschaft aus dem Wege zu kommen. Am 7. April kehrt auch Maria nach den Niederlanden zurück und nach sieben weiteren Wochen sind endlich auch alle Vorbereitungen für Philipps Heimreise beendet. Der Heereszug seiner niederländischen Präsentationsfahrt hat sich zwar inzwischen wesentlich vermindert, aber er reist immer noch mit stattlichem Gefolge, mit Leibwache und Küche, mit Marstall und Dienerschaft; auch währt es geraume Zeit, bis die ihn ankündigenden Kuriere nach Innsbruck, Trient, Mailand und Genua abgefertigt sind. Am 25. Mai 1551 verläßt er Augsburg, um es im Leben nie wieder zu sehen. Seit dem 8. Juli 1550 weilt er in der schwäbischen Reichsstadt, hat also sechs Wochen weniger als ein volles Jahr in ihr vertrödeln müssen. Erst in Genua stößt Maximilian zu ihm und beide reisen mit derselben Flotte, aber auf getrennten Schiffen fahrend, nach Barcelona, wo sie am 12. Juli 1551 eintreffen.

Auf Philipp warten in Spanien allerlei dringende Verpflichtungen, teils politischer, teils familiärer Natur. Zunächst muß er Sorge dafür tragen, daß Maximilians Hofhaltung in Valladolid aufgelöst und dessen Rückreise über Barcelona und Genua bewerkstelligt werde. Dieser hat es eilig, aber erst am 20. Oktober ist es so weit, denn die Franzosen machen sich ein grimmiges Vergnügen daraus, die Überfahrt zu bedrohen und zu verzögern. Am 13. November endlich steigt Maximilian mit Weib und Kind in Genua wohlbehalten ans Land, nicht ohne daß die Franzosen ihm, dem heimlichen Bundesgenossen ihres Königs, vorher noch ein Schiff mit einer Ladung wertvoller spanischer Reitpferde gewaltsam weggenommen haben. Er wird Spanien nicht mehr betreten, während dagegen Maria nach des Gatten Tode wieder dorthin zurückkehren wird, um auf ihre alten Tage unter gänzlich veränderten Umständen das bedauernswerte Opfer schmählicher Zurücksetzung und höfischer Eifersüchteleien zu werden.

Prinz Philipp ist zunächst nach Toro gegangen, weil dort seine Schwester Juana und der kleine Don Carlos wohnen. Dieses Toro liegt zwischen Aranda und Valladolid. Im Oktober verlegt er dann seinen Wohnsitz nach Madrid, wo er mit geringen Unterbrechungen bis zur Abreise nach England residiert. Als er im Frühling des folgenden Jahres (1552) wieder auf Besuch in Toro weilt, da erscheint plötzlich des Kaisers Hofmeister Don Juan Manrique. Karl V. ist in Innsbruck und es geht ihm gesundheitlich und finanziell sehr schlecht. Er läßt sagen, es möge Juanas längst geplante Heirat nach Lissabon unverzüglich ins Werk gesetzt werden, von portugiesischer Seite sei alles bereit; ferner solle der Herzog von Alba, der auf Urlaub bei seiner Familie weilt, sich bereit halten, auf Anruf unverweilt beim Kaiser zu erscheinen; endlich möge um jeden Preis Geld beschafft werden.

Vom 9. bis 28. Mai ist dann Philipp mit Alba in Madrid zusammen, eifriger Beratung pflegend, wie der Geldnot abzuhelfen sei. Man einigt sich dahin, die Schraube zunächst bei den Landständen von Aragón anzusetzen. Dann wird Alba zum Kaiser geschickt, von dem man immer noch annimmt, daß er in Innsbruck sei.
Für Philipp bleibt nun als erstes die Aufgabe, den Hofstaat der scheidenden Infantin einzurichten und für einen standesgemäßen Brautzug bis an die historische Brücke am Grenzflüßchen Caya Sorge zu tragen. Mitte Juni verabschiedet er sich von seiner Schwester, die ihre Fahrt nach Portugal antritt, hinein in ihre kurze, schmerzensreiche und politisch folgenschwere Ehe. Zum Glück besteht Aussicht, daß die Lücke, die durch den Wegzug des letzten weiblichen Familienmitgliedes in Philipps nächster Umgebung entsteht, bald wieder zufriedenstellend ausgefüllt werde, denn eben um diese Zeit wird zwischen Karl V. und seiner Schwester Eleonore einerseits und dem portugiesischen Königspaar andrerseits über die Möglichkeit und die voraussichtlich baldige Eheschließung zwischen Prinz Philipp und einer lusitanischen Infantin eifrig verhandelt. Es versteht sich von selbst, daß das Paar, auch wenn es vorerst noch behutsam im Hintergrunde bleibt, über den Fortgang der Unterhandlungen genau auf dem laufenden gehalten wird. Zu welch grausamem, tragikomischem Neck- und Versteckspiel sich aber dieser Ehehandel auswachsen sollte, bevor er endgültig in die Brüche ging, das können wir hier angesichts der Raumfrage nicht ausführlich erzählen.
Im Juli 1552 versammelt Philipp die Landstände von Aragón, Katalonien und Valencia in Monzón. Sie fügen sich ohne Widerrede den an sie gestellten Geldforderungen, denn sie haben eine ungewöhnlich lange Schonzeit gehabt, und sie bewilligen die herkömmlichen 200000 jaqueser Pfund für die Kriegskosten des Kaisers und einen außerordentlichen Zuschuß von deren 22000 für den Prinzen. Auch verschiedene reiche Kirchenfürsten werden unter dem Druck einer päpstlichen Bulle erheblich geschröpft, so der Erzbischof von Zaragoza um bare 10000 Dukaten, der von Toledo gleich um deren 100000. Der Grund für diesen gewaltsamen Fischzug ist die Geldnot des Kaisers, gegen den sich

inzwischen ein Teil der deutschen Fürsten im Bunde mit Frankreich verschworen hat. Spanien muß also wieder einmal hergeben, was es kann, wenn auch dieser Opfersinn nur einem Tropfen auf einen heißen Stein gleichkommt.

Den Kaiser haben wir in Augsburg verlassen, wo er, selber wenig befriedigt vom Erfolg des Reichstags, die Seinen zuletzt fluchtartig auseinanderstieben sah. Er ist vorerst unschlüssig, wohin er sich wenden soll, denn er weiß nicht, welcher von seinen Feinden zuerst wieder losbrechen wird. Man rät ihm Brüssel, rät ihm Speyer, aber er entscheidet sich zuletzt für Innsbruck. Da ist er in der Nähe von Italien, gegen das die Franzosen ihren Angriff zu richten scheinen, ist der Konzilstadt Trient nicht allzu fern, hat seinen Bruder Ferdinand in jederzeit erreichbarer Nähe, kann seine Tochter Maria, die mit Maximilian aus Spanien zurückkommt, nach achtjähriger Trennung wiedersehen und findet vor allem Gelegenheit, die Verstimmung der österreichischen Vettern wieder zu beheben; denn enger Zusammenschluß der Familie, das fühlt er, ist jetzt eine seelische und darüber hinaus eine politische Notwendigkeit. Auch seine Schwester Maria hat ihm das dringend ans Herz gelegt. Sie ahnen freilich beide nicht, wie tief die Verärgerung ist, die sie angestiftet haben. Ferdinand im besonderen, dem man es am wenigsten zutrauen möchte, wird sich für den Sukzessionsplan bitter rächen. Er wird den Verrat des Moriz von Sachsen hinterhältig unterstützen und wird die englische Heirat des Prinzen Philipp noch in letzter Minute durch verstohlene Schreibereien und Angebote zu hintertreiben suchen. Der erste Schlag soll ihm zur größeren Hälfte gelingen, der zweite wird gänzlich danebengehen.

Seit dem 2. November 1551 ist Karl V. in Innsbruck. Am Allerseelentag hat er, in einer Sänfte getragen, ohne Aufsehen und ohne festlichen Empfang in aller Stille seinen Einzug gehalten. Um in der Hofburg die nötigen Gemächer für den hohen Herrn und seine nächste Umgebung frei zu machen, ist die Familie des Königs Ferdinand nach Hall umgezogen und hat dort im landesfürstlichen Schloß Hasegg Wohnung genommen. Zur Unterbringung des kaiserlichen Hofstaates hat der Innsbrucker Magistrat die Bürgerschaft aufgefordert, „daß sich männiglich mit Zimmern und Betten gefaßt mache". Auch ist durch den Ausrufer mit der Glocke der Befehl bekanntgegeben worden, die Durchfahrten der Stadttore durch Entfernung der Wagen und Fässer frei zu machen, die Straßen zu säubern, Wasser auf die Dächer zu tragen, den Kühen die spitzigen Hörner abzuschneiden und selber gegen die Spagniolen zuvorkommend und artig zu sein. Verstärkte Torwachen sind angeordnet worden und Pech ist an die Besitzer jener Häuser verteilt worden, an denen die Pfannen zur nächtlichen Beleuchtung der kaiserlichen Residenzstadt angebracht sind. Da am Hofe alles nach burgundischem Zeremoniell, also mit hohem Ernst und in feierlicher Stille vor sich geht, läßt der Alcalde de palacio oder Chef der Hofpolizei, um jedes störende Geräusch zu verhindern, Bettler und Müßiggänger austreiben, Tänze und Mummereien von der Kanzel herab verbieten und den Wirten befehlen, den Gästen nicht über den Durst einzuschenken. Auch will er unbedingt ein festes und geräumiges Kittchen zur Verfügung haben. Der Magistrat bietet ihm den alten Kräutlturm an, aber der ist ihm zu wenig zweckentsprechend eingerichtet und müßte seiner Meinung nach erst umgebaut werden, und dazu ist augenblicklich kein Geld vorhanden. Er würde die ortspolizeiliche Keuchen vorziehen, aber der Magistrat braucht sie unbedingt selber, und so bleibt es denn schließlich beim Kräutlturm.

Der Kaiser selbst befindet sich in einem jammervollen Zustande. Schwere Depressionsgefühle und das Empfinden körperlicher und geistiger Erschöpfung beherrschen ihn stärker als je. Gicht, Überanstrengung und unzweckmäßige Ernährungsweise haben ihn, den Fünfziger, vor der Zeit alt gemacht. Granvelle merkt es mit heimlichem Grauen, wie weit es schon fehlt und er hält es für seine Pflicht, der Königin Maria nach Brüssel darüber zu berichten. Der kaiserliche Bruder, so erfährt sie da, ist unlustig zu allem und verzweifelt an allem. Bald nörgelt er über den Herzog von Alba, der von Augsburg weg auf Urlaub nach Spanien heimgefahren ist und den er jetzt beschuldigt, ihn feige im Stich gelassen zu haben. Bald klagt und poltert er über den Mangel an brauchbaren Heerführern, dann über die unseligen Händel in Parma, die ihn ruinieren müssen — cette guerre de Parme, qu'au diable soit-elle, donne ma ruine, das sind seine eigenen Worte —, dann wieder darüber, daß die Spanier sich überall nur verhaßt machen können. Warnungen und Gerüchten über den drohenden Verrat des Moriz von Sachsen hingegen schenkt er keinen Glauben; ihm vertraut er blind und starrköpfig bis zum Äußersten. Auch als die geistlichen Kurfürsten von Mainz, Köln und Trier noch in den letzten Tagen des Dezembers 1551 ihre schriftlichen Bedenken gegen den sächsischen Kollegen äußern, da antwortet ihnen Karl, was Moriz anbelange, so versehe er sich von ihm billig nichts denn alles Gehorsams und Guten.

Mit dem Beginn des Jahres 1552 steigert sich des Kaisers seelische Labilität und Hilflosigkeit fast zu völligem Zusammenbruch. Er gesteht sich und den Männern seiner Umgebung ein, daß er sich lebenslang noch in keinem derartigen Zustand innerer und äußerer Ohnmacht und Erniedrigung befunden habe. Er wüßte wohl, was er zu tun hätte, daran liegt es nicht; aber er sitzt wie in einer Mausefalle und kann sich nicht rühren, weil er kein Geld hat. „N'y a un seul escu pour pouvoir", schreibt Granvelle ganz verzweifelt nach Brüssel. Unterdessen aber werden die alarmierenden Nachrichten immer dringender, der Verrat des sächsischen Kurfürsten immer deutlicher, Karls Lage immer trostloser.

Moriz, vom Kaiser zum Reichsfeldherrn ernannt, hat den Auftrag bekommen, das dem Interim sich hartnäckig weigernde Magdeburg mit Gewalt zum Gehorsam zu zwingen. Er belagert die trotzige Stadt, aber er tut es nur zum Schein und gewährt ihr im November 1551 einen Frieden, der die Magdeburger nicht mehr im Zweifel darüber läßt, wohin der Weg geht. Dann nimmt er ihre Truppen in seinen Sold und mißbraucht seine Autorität als Reichsfeldherr, um ein Heer gegen denselben Kaiser zu sammeln, dessen Untergebener und angeblich treuester Vasall er ist. Zur gleichen Zeit schließt er mit Heinrich II. ein Bündnis, das dem Franzosen den Weg nach Deutschland bahnt. Das „tyrannische Joch bestialischer Knechtschaft" soll nach dem Wortlaut dieses denkwürdigen Abkommens von den Schultern der Deutschen genommen und „das geliebte Vaterland in die alte Freiheit zurückversetzt" werden. Der König von Frankreich wird den deutschen Vertragspartnern für die ersten drei Monate 240000, für jeden folgenden Monat 60000 französische Taler zahlen. Dafür soll er die deutschen Städte Metz, Toul und Verdun erhalten; auch soll der Friedensschluß von seiner Zustimmung abhängig sein. Also wohlgemerkt: deutsche Fürsten verkaufen deutsche Städte gegen bares Geld und Bündnishilfe an den Erbfeind des deutschen Reichs! Die Statthalterin Maria in Brüssel ist die erste, die von diesen Vorgängen sichere Kunde erhält; sie hört Ende Februar davon und zögert nicht, den Kaiser zu benachrichtigen. Moriz hat inzwischen seine sächsischen, brandenburgischen und hessischen Heerhaufen zusammengezogen und steht Anfang April 1552 mit etwa 30000 Mann vor Augsburg. Hier werden jene unwürdigen und frechen Proklamationen gegen Kaiser und Reich erlassen, die zum Verbrechen des Hochverrats auch noch den Fluch der Lächerlichkeit fügen, so handgreiflich verlogen, so sehr auf den Pöbel berechnet sind sie. Hier wird auch gar kein Hehl mehr daraus gemacht, daß man nun drauf und dran sei, „den Fuchs in seinem Bau auszuheben".

Karl V. hält es für das Klügste, der drohenden Gefahr auszuweichen. Er will an den Bodensee und dann den Rhein entlang nach Brüssel. Am 6. April 1552, zwischen 11 und 12 Uhr des Nachts, reitet er heimlich aus Innsbruck fort. Nur drei von den Zurückbleibenden wissen um das Geheimnis: der Kammerherr Poupet de la Chaulx, der Kanzler Granvelle, der Leibkammerdiener Adrien. Nur drei Hofkavaliere begleiten ihn: die Niederländer Andelot, Albert, Rosenberg, dazu der Leibbarbier van der Ee (nicht van der Fe, wie man gelegentlich gedruckt liest). Der letztere hat ihm noch kurz zuvor den stark ergrauten, stellenweise schon weißen Vollbart tiefschwarz färben müssen. Am folgenden Morgen ist man schon in der Nähe von Füssen im Allgäu, denn einer von den drei Kavalieren ist ungewöhnlich straßen- und ortskundig. Aber jetzt beginnt die Schwierigkeit. Alle Wege und Stege sind voll von bewaffneten Söldnern, von wandernden

Truppenabteilungen, von streunendem Gesindel. Die Bevölkerung zittert vor Unruhe und Mißtrauen, die abenteuerlichsten Gerüchte werden herumgetragen, ganz Süddeutschland ist aufgestört. Jedes weitere Vordringen wäre unverzeihliche Fahrlässigkeit. Nicht eine Tagreise weit käme man, ohne erkannt und geschnappt zu werden, trotz des ortskundigen Begleiters, trotz des rabenschwarzen Bartes. So entschließt man sich denn zur Umkehr und tief in der Nacht reitet man wieder in die Hofburg zu Innsbruck ein, ebenso heimlich und ungesehen wie man sie kurz vorher verlassen hat.

Jetzt soll König Ferdinand Rat und Hilfe schaffen. Aber er ist nur mit Mühe und Not dahin zu bringen, daß er den Unterhändler spielt. Er lädt Moriz zu einer Besprechung nach Linz ein, die am 18. April stattfindet, genau am selben Tage, an dem der Franzose von Metz Besitz ergreift. Der schlaue Sachse läßt sich ohne viel Sträuben für eine Fürstenversammlung in Passau gewinnen, deren Aufgabe es sein soll, alle Gebrechen abzustellen und alle Schwierigkeiten zu lösen. Ohne viel Sträuben sagen wir, denn er hofft, vorher noch den entscheidenden Streich gegen Karl V. zu führen. Er ist sicher, auf den Passauer Kongreß verzichten zu können, denn bis dahin wird er das beste Unterpfand eines entscheidenden Sieges in Händen haben: den gefangenen Kaiser. Und er gedenkt, ohne Aufschub, Schlag auf Schlag zu handeln. Ein solches Feuer soll die Welt noch nicht gesehen haben, wie es Herr Moriz von Sachsen anzuzünden willens ist. Am 18. Mai zersprengt er die Tiroler Truppen bei Reutte, am Tag darauf stürmt er den Zugang zur Ehrenberger Klause, jenem Engpaß, der drei Kilometer südlich von Reutte das Lech- und Loisachtal miteinander verbindet und das letzte Hindernis auf dem Weg nach Innsbruck bildet. Bis die Botschaft vom Fall der Klause dorthin gelangt, kann auch Moriz mit seinen Truppen soweit sein. Der Kaiser ist also verloren, selbst wenn er stehenden Fußes sich noch zur Flucht wendet. So rechnet Moriz. Aber er vergißt des Kaisers altbewährtes Glück im Unglück. Eine Meuterei, die wegen Vorenthaltung des angeblich verdienten Sturmsoldes im kurfürstlichen Regiment Reiffenberg ausbricht, verzögert die Expedition um einen ganzen Tag. Das rettet Karl V. vor schimpflicher Gefangenschaft. In höchster Eile, aber mit unerschütterlicher Ruhe trifft er seine Vorbereitungen zur Flucht. Am 19. Mai 1552, abends um 9 Uhr, geht der denkwürdige Auszug vor sich. König Ferdinand und der gefangene Herzog Johann Friedrich begleiten den Kaiser, 500 Berittene, die niederländische Leibwache, bilden die Bedeckung. Karl V. läßt sich in einer Sänfte tragen, da er zum Reiten viel zu krank und elend ist. Unter strömendem Regen und die Straße mit Fackeln mühsam erleuchtend, bahnt sich der Zug, einer gewissen tragischen Schauerlichkeit nicht entbehrend, den Weg über die Berge. Die Flucht geht von Innsbruck über den Brenner nach Bruneck, von da über Toblach, Dölsach und Spittal nach dem Städtchen Villach an der Drau. Nach acht Tagen ist das Ziel erreicht und hier in der Einsamkeit der Kärntner Alpen will Karl V. in Ruhe warten, bis seine Stunde wieder gekommen ist.

Hätte Moriz von Sachsen den Ehrenberger Paß erst noch in seiner ganzen Ausdehnung erobern müssen, so wäre er wohl nicht so schnell von der Stelle gekommen. Aber er brauchte nur den Zugang zu ihm erstürmen; die den Paß beherrschende Feste Ehrenberg trat mit ihren Geschützen gar nicht mehr in Aktion, denn gerade noch früh genug traf der von König Ferdinand schon längst an die Tiroler Landesregierung hinausgegebene, aber durch Zufälligkeiten verzögerte Befehl ein, der Paß müsse gutwillig geöffnet und der Durchzug durch das Land Tirol ohne Widerstand gewährt werden. Eben darum wurde auch dem Regiment Reiffenberg der Sturmsold verweigert; eben darum löste man auf der Feste nicht einen einzigen Schuß der Abwehr; eben darum ließ man auch den vom Kaiser gegebenen Befehl, die Brücken in Zirl, Telfs und Mötz abzubrechen, unausgeführt. Karl V. hat dann später die Rechtfertigungsschrift der Tiroler Landesregierung ungelesen zurückgewiesen und den Verrat des eigenen Bruders jedem Dritten gegenüber mit Stillschweigen übergangen. Die mündliche Auseinandersetzung zwischen ihm und Ferdinand geschah unter vier Augen und ist für jedermann, sie beide ausgenommen, für immer ein Geheimnis geblieben. Nur ein unscheinbares Dokument des Innsbrucker Statthalterei-Archivs, erst seit 1867 bekannt geworden und von der neueren Geschichtsforschung sehr ungleichmäßig aufgenommen, beachtet und bewertet, hat die unerfreuliche Wahrheit an den Tag gebracht.

Am 23. Mai 1552 gegen 2 Uhr des Nachmittags zieht Moriz von Sachsen als Sieger in das mit französischem Gelde so glorreich überwundene Innsbruck ein. Er reitet an der Spitze von zwei Regimentern Infanterie und 4000 Mann Kavallerie. In seiner Begleitung sind die beiden anderen „Sieger", der Herzog Johann Albrecht von Mecklenburg und der junge Landgraf Wilhelm von Hessen. Auch der französische Gesandte, der nebenbei die Würde eines Bischofs von Bayonne bekleidet und Jean Moustiers de Froissac heißt, ist mit dabei. Er muß aufpassen, daß die im Solde Frankreichs stehenden Fürsten nichts tun, was den Intentionen des Allerchristlichsten Königs widerspräche oder was mit den gut entlohnten Bündnisverpflichtungen nicht im Einklang stünde. Um die deutsche Schmach zu krönen, tragen die deutschen Soldtruppen die Lilien Frankreichs in ihren Fahnen. Die Stadt ist wie ausgestorben, denn die Bevölkerung verbirgt sich angstvoll und des Schlimmsten gewärtig in den Häusern. Von Herzog Moriz ist zwar Schonung des Eigentums aller zugesagt worden, aber wie gering solche Zusicherungen in Kriegszeiten wiegen, das wissen die Innsbrucker aus Erfahrung. Da hat nun der Statthalter, Herr Wolfgang von Grünenstein, einen glücklichen Gedanken. Er lädt die fremden Fürsten zu festlichem Mahle und ergötzt sie mit den edelsten Weinen aus dem kaiserlichen Keller; auch sonst wird an Wild- und Fischgerichten, an Gebratenem und Gebackenem, an Früchten und Leckereien das Beste aufgetischt, was das friedliche Ländchen in normalen Zeiten hervorbringt. Die Stimmung gesättigten Frohsinns aber benützt Herr Wolfgang, den Kurfürsten zu überreden, er möge doch lieber heute als morgen wieder von dannen ziehen. Der Proviant für das Kriegsvolk werde knapp und auch sonst sei man ja doch wohl nicht im offenen Kriegszustande miteinander. Moriz, der bereits vorsorglich alles „spanische Gut", das heißt alles Eigentum des Kaisers und seines Hofstaates hat plündern und beiseite schaffen lassen — ein lebensgroßes Porträt Granvelles wurde mit Messern zerfetzt, nachdem man ihm vorher die Augen ausgestochen hatte —, Moriz also kann jetzt leicht den Großmütigen, den Gerechten, den Unparteiischen spielen und den Innsbrucker Gastgeber mit der Zusage erfreuen, er werde schon am nächsten Morgen nach Passau zum Friedenskongreß abreisen, sein Kriegsvolk aber werde er unverweilt über Reutte und Füssen nach Deutschland zurückschicken. Die in jeder Beziehung tröstliche und erfolgreiche Tafel findet im Kräutlhause statt, dessen zum Gefängnis für Malefizige entwürdigter Turm uns noch in guter Erinnerung ist.

Während aber die Innsbrucker schon wenige Tage darauf in ihren Kirchen öffentliche Dankgebete für die glimpfliche Abwendung der Kriegsnot zu veranstalten in der glücklichen Lage sind, schreit aus dem Oberinntal der Jammer des Volkes über Mord, Raub und Brandstiftung nur um so lauter zum Himmel. Von Innsbruck bis Füssen kennzeichnen zerstörte Höfe und Dörfer den Weg der abziehenden kurfürstlichen Truppen. Alle Kirchen und Klöster werden leergeplündert und dann in Ruinen verwandelt, das Vieh wird aus den Ställen und von den Weiden abgetrieben, geschlachtet, gefressen. In den Straßengräben liegen sinnlos betrunkene, mit Meßgewändern und anderen kirchlichen Paramenten angetane Söldner, während sich der abziehende Heerhaufen, einem verderbenspeienden Drachen gleichend, in langsamen Tagesmärschen über Zirl, Nassereit und Reutte ins Bayerische hinauswälzt. Die einheimische Bevölkerung aber ist mit Weib und Kind auf die Almen und in die Hochwälder geflohen, sehnsüchtig des Augenblickes harrend, wo sie zu den verwüsteten Heimstätten und zu den Trümmern ihrer Habe zurückkehren kann.

Der Anstifter des ganzen Unheils, Moriz Kurfürst von Sachsen, schwimmt unterdessen zu Schiffe wohlgemut den Inn hinunter nach Passau. Er weiß augenblicklich nichts Besseres zu tun, als den mit König Ferdinand verabredeten Fürstenkongreß (der durch die Gefangennahme des Kaisers überholt und damit zwecklos hätte werden sollen) wirklich abzuhalten. Seine Forderungen

auf dieser Tagung sind zahm, die Weigerungen des von Villach aus antwortenden Kaisers sind schroff und eindeutig, die Ergebnisse bleiben darum hinter dem teils Gehofften und teils Befürchteten weit zurück. Was man nach achtwöchigem Unterhandeln am 2. August 1552 als Passauer Vertrag festsetzt, siegelt und unterschreibt, ist kurz gesagt dieses: Moriz legt die Waffen nieder, Karl V. unternimmt keinen Straf- und Rachefeldzug gegen ihn; alle Streitpunkte sollen wieder einmal auf einem Reichstag zur Entscheidung kommen, den Neugläubigen aber darf inzwischen kein Haar gekrümmt werden.
Man ist also genau so weit wie zuvor. Und doch auch wieder nicht. Denn der eine der beiden Gegner hat eine heimliche Todeswunde davongetragen: Karl V. fühlt sich ehrlos und schuldbeladen. Er, der bisher immer nur das Bestehende ungeschmälert zu erhalten getrachtet und diesen Grundsatz auch seinem Erben als geistiges Vermächtnis hinterlassen zu müssen geglaubt hat, er ist ein Verlierer und ein Schädiger des Reichs geworden; er hat es nicht zu hindern vermocht, daß ganze Städte hinter seinem Rücken an den Erbfeind verschachert wurden. Dieser trübe Fleck auf seinem Ehrenschild muß verschwinden, was es auch kosten möge. Aber Eile tut not, denn seine Hinfälligkeit wächst von Jahr zu Jahr, beinahe von Tag zu Tag. Nur diese Wunde will er noch heilen, die ihm wie Feuer auf der Seele brennt, und dann die ganze trügerische Würde und die ganze riesige Bürde von sich tun und die Glieder strecken und für nichts mehr verantwortlich und an nichts mehr schuld sein.
Wiederum werden also in allen Ländern des weiten Reiches die Geldpressen in Bewegung gesetzt, wiederum werden landauf und landab Schulden gemacht, daß sich die Balken biegen. In den Niederlanden belastet man die Staatseinkünfte und die staatlichen Liegenschaften mit Hypotheken, die gegen Ende 1552 schon die Riesensumme von 600 000 Gulden betragen. In Spanien beschlagnahmt man die Hälfte aller kirchlichen Einkommen, soweit sie die Summe von 24 Dukaten im Jahr überschreiten, und zwei Zehntel aller jener, die zwischen 12 und 24 Dukaten im Jahr liegen. Papst Julius III. hat den Kaiser durch eine eigene Bulle

dazu ermächtigt, und den Prinzen Philipp sahen wir bereits eifrig mit ihrer Durchführung beschäftigt. Eine Summe von 100000 Livres bringt man endlich auch noch in kleinen und kleinsten Teilbeträgen und gegen Wucherzinsen bei Florentiner und Genueser Bankhaltern zusammen. Dabei versteht es sich von selbst, daß das ungemünzte Gold und Silber, das die Kolonialflotten jährlich aus Mexiko und Perú nach Sevilla schleppen, längst für Schuldendeckung und Söldnerlöhnung aufgebraucht ist. Im September 1552 sodann zieht Karl V. an der Spitze von 50000 Mann Fußtruppen und 10000 Reitern über Augsburg, Ulm und Straßburg gegen Metz, um es den Franzosen wieder zu entreißen. Jammervoll ist sein körperlicher Zustand. Der englische Gesandte Morrison sieht ihn im Oktober bei Gelegenheit einer Audienz in Landau in der Pfalz. Gicht und Fieber haben ihn fast unkenntlich gemacht. Seine Unterlippe ist an zwei Stellen aufgebrochen und beim Reden hält er ein grünes Blatt auf der Zunge, das ihm die Trockenheit des Gaumens lindern soll. Das bleiche Antlitz kündet nicht die geringste innere Bewegung, die Augen bleiben verschleiert. Nichts verrät das heimliche Feuer, das in dieser Ruine glüht.

Das Unternehmen gegen Metz ist ein Wahnsinn. Die Stadt ist auf das stärkste befestigt und hat Proviant für Jahre. Eiserne Kriegsdisziplin herrscht in ihren Mauern, denn Franz von Guise führt den Oberbefehl. Alba will darum die Belagerung wenigstens auf das nächste Frühjahr verschoben haben, denn ein schlimmer Winter ist hereingebrochen. Er mahnt, bittet, prophezeit, droht, aber es ist alles vergeblich. Karl V. hat sich in den Gedanken der Eroberung förmlich verbissen. Ihm geht es weniger um das verlorene Metz als um das verlorene Prestige. So läßt er denn aus Artillerie und Infanterie das letzte herausholen, beschießt und stürmt unermüdlich von Ende November bis Anfang Januar, bis ihm der Typhus und die Kampfverluste ein Drittel des Heeres weggerafft haben und bis er vor Geldnot völlig außerstande ist, die beiden anderen Drittel noch ordnungsgemäß zu löhnen; denn schon im Dezember hat er sich in die (in der Kriegsgeschichte wohl einzigartige) Zwangslage versetzt gesehen, den Sold zum

Teil in flandrischem Tuch, also in Seide, Damast, Brokat und Wollstoffen auszuzahlen. Dann erst zieht er unverrichteter Dinge wieder ab, ist seelisch und körperlich schlimmer daran als je, liegt in Diedenhofen und in Luxemburg wochenlang krank darnieder und erreicht im Februar 1553 endlich Brüssel.
Wiederum gibt uns ein Audienzbericht des englischen Gesandten ein anschauliches Bild von dem rapiden Verfall des Kaisers und des Kaisertums. Es ist in Luxemburg und Anfang Februar 1553. Der Empfang findet in amtlicher Aufmachung statt, der Saal ist mit den flandrischen Riesenteppichen behangen, der Kaiser sitzt auf dem Thronsessel unter dem Baldachin. Die Spitzen seines Hofstaates umgeben ihn: der Prinz von Piémont, der Herzog von Alba, der Kanzler Granvelle, Graf Egmont, der Sieur de Vaux und Don Diego de Mendoza. Der Engländer ist gekommen, um eine Verständigung mit Frankreich in die Wege zu leiten, aber der Kaiser hat keine Trümpfe mehr in der Hand; er redet immer nur von seiner Ehre und davon, daß er unmöglich als erster um Frieden bitten könne. Die Erregung und das angestrengte Sprechen erschöpfen ihn so sehr, daß er einer Ohnmacht nahe ist und daß die Audienz vor der Zeit abgebrochen werden muß. „Ich habe ihn oft in sehr schlechter Verfassung gesehen, so nahe dem Tode niemals. Wenn er wirklich, wie er es beabsichtigt, morgen nach Brüssel aufbricht, so sollte es mich wundern, wenn er dort lebend ankommt." Das ist der Gesamteindruck, den Morrison vom Kaiser hat. Auch auf seiner Umgebung lastet ein schwerer Druck. Granvelle ist sehr ernst und trüb gestimmt, der Prinz von Piémont sucht sich mit Gewalt ein paar Scherzworte abzuquälen, aber es will nicht recht gelingen, der Herzog von Alba gibt sich erst gar keine Mühe, seine Fassungslosigkeit zu verbergen. In Brüssel tritt eine starke Verschlimmerung im Zustand des Kaisers ein. Monatelang wird niemand vorgelassen. Die Last der Regierungsgeschäfte liegt auf den Schultern der Königinwitwe Maria und des Kanzlers Granvelle. Der Kaiser sei schon gestorben, so verbreiten es die Gerüchtemacher, man wage nur nicht, es bekanntzugeben; daran zweifeln eigentlich nur noch jene, die behaupten, er sei irrsinnig und werde deswegen in völliger Abgeschlossenheit

gehalten. Heinrich II. vor allem triumphiert. Er hält des Kaisers Macht für gebrochen und die spanische Gefahr für gebannt. Aber er wird sich bitter täuschen. Am 6. Juli 1553 stirbt Eduard VI. von England, die Thronfolge geht auf die katholische Maria Tudor über, und das europäische Gleichgewicht ist mit einem Ruck zugunsten von Spanien und zum Schaden von Frankreich gründlich verschoben. Des Prinzen Philipp englische Heirat steht vor der Tür.

Die kaiserlichen Sukzessionspläne freilich sind dem Gang der Ereignisse zum Opfer gefallen. Daß die deutschen Kurfürsten im Hinblick auf die durch Moriz von Sachsen geschaffene Lage sie ebenso schroff wie einhellig ablehnen würden, darüber braucht den Kaiser jetzt niemand mehr zu belehren. „Vous savez qu'il y a longtemps que j'en ai suspendu la poursuite", dieses resignierte Bekenntnis Karls V. in einem Briefe an Ferdinand vom 3. Februar 1554 ist der trübselige Ausklang einer aus guter Absicht geborenen, aber dem Empfinden der Mehrheit und damit dem Zeitgeist zuwiderlaufenden Idee. Über allen Zweifel und Wortstreit erhaben bleibt die Tatsache, daß Morizens Bündnis mit dem Franzosen in moralischer Hinsicht eine niederträchtige Gemeinheit, politisch gesehen aber der nackte Hochverrat war. Was den leidenschaftlichen und wankelmütigen Fürsten zu diesem Verhalten bewogen hat, darüber wird heute noch ziellos hin- und hergeredet, je nachdem ihn die einen als den Befreier des Vaterlandes, die anderen als einen Schuft betrachten. Sein späteres Verhalten hätte vielleicht manches zu klären vermocht, aber der wilde Mann fiel schon ein Jahr nach dem Passauer Vertrag im Kriege gegen seinen früheren Waffenbruder, den Markgrafen Albrecht von Brandenburg-Kulmbach. Er wird also auch fürderhin in recht zwiespältigem Lichte in den Annalen der deutschen Geschichte weiterleben.

XII. KAPITEL

Das Familienbündnis zwischen Habsburg und Tudor

Im Jahre 1552 hat des Kaisers demütigendes Entweichen aus Innsbruck vor Moriz von Sachsen die Früchte des Sieges bei Mühlberg endgültig zunichte gemacht, den schmählichen Passauer Vertrag erzwungen und zum erstenmal die Machtlosigkeit des Kaisertums vor aller Welt geoffenbart. Aber Karl V. ist darum noch lange nicht willens gewesen, sich in die Rolle des Besiegten zu fügen. Der Mißerfolg vor Metz freilich hat seine tapferen Bemühungen, den Verlust deutscher Städte wieder auszugleichen, zuschanden werden lassen. Am Ende seiner körperlichen und seelischen Kräfte ist er nach Brüssel heimgekehrt. Monatelang siecht er apathisch auf dem Krankenbett dahin, monatelang wird niemand vor ihn gelassen, und die Gerüchtemacher sind mehr als je davon überzeugt, daß man seinen bereits eingetretenen Tod vorerst noch nicht bekannt zu geben wage. Aber mit der von vielen gewünschten und ersehnten Katastrophe hat es noch eine gute Weile. Noch einmal bietet ein günstiges Geschick dem zähen Kämpfer auf verlorenem Posten die unerwartete Möglichkeit eines neuen Aufschwungs, noch einmal tritt eine jener vielen nicht wägbaren und nicht voraussehbaren Fügungen ein, die ihn immer wieder, wenn ,alles zu versinken droht, in die Höhe tragen und seine Gegner in abgrundtiefe Nöte und Verlegenheiten stürzen. Und Karl V., der totgesagte, ist ohne Zaudern und mit der alten Entschlußkraft bereit, rasch zu handeln und diese, wie es ihm scheint, letzte und größte Gelegenheit nicht ungenützt verstreichen zu lassen.

Am 6. Juli 1553, um 9 Uhr des Abends, erlischt das flackernde Lebenslicht des jugendlichen Königs Eduard VI. von England, der ein Sohn Heinrichs VIII. und der Hofdame Jane Seymour gewesen ist. Die den Leichnam sezierenden Ärzte kommen zu dem Ergebnis, daß „Seine gesegnete Hoheit vergiftet wurde", aber sie vermögen nicht zu sagen womit. Schon die gleichzeitigen Gesandten wissen es besser: „Il a craché son poumon" berichtet

Noailles nach Paris. In der Tat ist der 16jährige Knabe keinem Gift und keinem Verbrechen, sondern einer ihm von seiner Mutter vererbten Lungenschwindsucht erlegen. Alsbald stellt sich heraus, daß die grausigsten Vorzeichen diesen Tod vorausverkündet haben. Heinrich VIII. ist als Gespenst in Westminster Abbey gesehen worden. Roger Asham erklärt, daß er in der Nacht vor Eduards Hinscheiden ein fürchterliches Getöse gehört habe. Der Bischof Barlow behauptet, in ebendieser Nacht sei ein riesiger schwarzer Hund zu ihm in sein Studierzimmer gekommen, habe den Raum zweimal durchquert und sei dann verschwunden — einfach verschwunden. In Middleton (Oxfordshire) ist ein Kind mit zwei Köpfen, vier Füßen und vier Händen zur Welt gekommen, viele Neugläubige sind von schrecklichen Träumen gequält worden, und unter Maria Tudors Fenstern hat man eine Schar von Hunden, es können aber auch Wölfe gewesen sein, lange Zeit jämmerlich heulen gehört. Gewiß der bedrohlichen Vorzeichen genug und übergenug.

Nun ist also Eduard VI. in die Gruft seiner Väter eingegangen und seine legitime Nachfolgerin wird Maria Tudor, das einzige noch lebende Kind aus der Ehe Heinrichs VIII. mit Katharina von Aragón. Sie ist am 18. Februar 1516 zur Welt gekommen. Als Sechsjährige wird sie bereits mit Karl V. verlobt, der damals 23 Jahre zählt und zu diesem Verspruch eigens nach England reist. Katharina, die zugleich des Kaisers Tante mütterlicherseits ist, wünscht diese Verbindung besonders dringend, die ja auch ganz und gar in der Linie der gegen Frankreich gerichteten spanisch-habsburgischen Einkreisungspolitik liegt. Mit der Erreichung ihres 12. Lebensjahres soll die kleine Maria deutsche Kaiserin werden. Schon im Hinblick darauf muß also die Erziehung des Kindes eine nach damaligen Begriffen ungewöhnlich gründliche und sorgfältige sein. Der königliche Leibarzt Linacre, ein eifriger Humanist, gibt ihr den ersten Lateinunterricht, von der Mutter fleißig darin beaufsichtigt und unterstützt. Luis Vives, der spanische Humanist, muß von Brügge aus einen Unterrichtsplan für die kleine Prinzessin entwerfen, den er in Form einer lateinischen Abhandlung herüberschickt und später von Oxford aus erneuert und verbessert. Wäre es nach ihm gegangen, so hätte er aus dem Mädchen einen humanistischen Blaustrumpf reinster Prägung gemacht. Ritterromane und Schäfergeschichten, die damalige Lieblingslektüre der gebildeten Welt, verbietet er als „libri pestiferi". An ihre Stelle sollen ausgewählte Proben aus der Heiligen Schrift und den Kirchenvätern treten, von klassischen Autoren Platon, Cicero, Plutarch, von Zeitgenossen bestimmte, mit Vorsicht ausgewählte Texte des Erasmus und die damals schon berühmte „Utopia" des Thomas Morus. Würfel, Kartenspiel und Kleiderluxus sind ihm ebenso verwerflich wie die Ritterromane. Dafür gibt er praktische Ausspracheregeln für Griechisch und Latein, empfiehlt tägliches Memorieren und Hersagen kleiner Abschnitte in diesen Sprachen, rät zu häufigen Übersetzungen aus dem Englischen ins Latein und fordert sogar das letztere als Unterrichtssprache zwischen Lehrer und Schülerin. Wir erinnern uns mit einigem Unbehagen an Herrn Kieselstein und seine gleichgerichteten Bemühungen um den jungen Philipp. Die Vorschriften des strengen und gelehrten Vives werden zwar, so gut es geht, befolgt; aber die Mutter trägt Sorge dafür, daß ihre Wirkung nicht allzu einseitig werde. Sie läßt der kleinen Mary auch Unterricht in Französisch, Italienisch und Spanisch geben, lehrt sie zur Laute alte Balladen singen, fördert die dem Kinde angeborene Vorliebe für Blumenzucht und Gartenpflege und gleicht auf diese Weise die drohende pedantische Verknöcherung durch eine harmonische Vielseitigkeit aus.

Neunjährig geworden, erhält die Prinzessin eine eigene Hofhaltung im Fürstentum Wales mit dem Sitze in Ludlow Castle. Sie nimmt hier eine Stellung ein und gewöhnt sich an eine Lebensform, in der sie ihr bald darauf erfolgender Sturz von der Höhe nur um so schmerzlicher treffen wird. Karl V., dem englischen Vetter von Anfang an mißtrauend, läßt dessen ausländische Korrespondenz sorgfältig überwachen, und es wird ihm auf diesem Wege sichere Kunde davon, daß Heinrich VIII. im Jahre 1525 die kleine Mary in aller Heimlichkeit dem König von Frankreich zur Gemahlin anbietet. Karls ärgerliche Beschwerde und sein Verlangen, die ihm vertraglich zugesicherte Braut zu sofortiger

Eheschließung ausgeliefert zu bekommen, beantwortet der verschlagene Engländer mit der scheinheiligen Beteuerung, er könne es nicht übers Herz bringen, sich von seinem Kinde zu trennen, und es stehe dem Kaiser daher frei, sich anderweitig nach einem Ersatz umzusehen. Das läßt sich Karl V. nicht zweimal sagen, und er heiratet bereits am 10. Januar 1526 die portugiesische Isabella, die dann die Mutter Philipps II. wurde; dem gefährlichen Franzosen jedoch sucht er die Hände zu binden, indem er ihm Eleonore, die in Portugal verwitwete Habsburgerin, als Gattin aufdrängt. Nun ist aber Heinrichs geplante und mißlungene Verschacherung der kleinen Mary nur das Vorspiel seiner bald darauf einsetzenden Eheskandale. Er will die Tochter außer Landes bringen, bevor er sich von der ihm längst zum Überdruß gewordenen Mutter trennt. Daß der Plan an der Wachsamkeit Karls V. scheitert, das soll für die arme Prinzessin zur Quelle unsäglicher Erniedrigungen und Bedrückungen werden.

1527 beginnt Heinrich seine Scheidung von Katharina einzuleiten, ein Willkürakt, kraft dessen Maria zum illegitimen Bastarden gestempelt und ihrer Nachfolgerechte verlustig erklärt wird. Dann feiert der König seine Hochzeit mit der Hofdame Anna Boleyn, der ihm willfährige Erzbischof Cranmer erklärt die Ehe mit Katharina für null und nichtig, der Abfall vom alten Glauben und die Trennung von Rom erfolgt, die Säkularisierung und Verteilung des Kirchengutes, die Hinrichtung der nicht fügsamen Mönche und Priester wird vollzogen, ganz England erzittert unter einem beispiellosen Terror. Die neue Königin wird gekrönt, Katharina in ein abgelegenes Schloß verbannt und die kleine Mary für immer von ihrer Mutter getrennt. Elisabeth, Anna Boleyns Tochter, kommt zur Welt und wird von Heinrich an Stelle Marias zur Thronerbin erklärt. Das Parlament beeilt sich, diesen und ähnliche Gewaltakte zum Gesetz zu machen. Marias Hofhaltung, einige 160 Personen umfassend, wird aufgelöst und sie selbst sieht sich dem neuen Hofstaat des Säuglings Elisabeth in einer schmählich untergeordneten Stellung, die sich kaum von der einer Kammerzofe unterscheidet, beigegeben. Ihre Papiere werden beschlagnahmt, einige ihrer treuesten Anhänger wandern in den

Kerker, weil sie unvorsichtig genug sind, immer noch von einer „Prinzessin Mary" zu reden. Auch Anna Boleyn benutzt jede Gelegenheit, die verhaßte Rivalin ihres Kindes zu demütigen und zu quälen. Maria darf zwar in ihren Büchern lesen und studieren, aber keine Zeile schreiben, damit ihr auf diese Weise jede Möglichkeit einer hilfesuchenden Korrespondenz abgeschnitten bleibe. Heinrich selbst nimmt keinen Anstand, vor aller Welt die häßlichsten Drohungen gegen das Leben und die Sicherheit seiner eigenen Tochter auszustoßen.

Jahrelang erduldet Maria dieses Martyrium. Auch daß ihre Mutter einsam dahinstirbt, ohne daß sie beide einander noch einmal sehen, muß sie trotz aller Bitten und Tränen über sich ergehen lassen. Dann kommt wie der Blitz aus heiterem Himmel die Ungnade über Anna Boleyn. Ihre Verurteilung und Hinrichtung sind das Werk weniger Tage. Ihre Nachfolgerin heißt Jane Seymour. Sie gebiert jenen schwindsüchtigen Knaben, der als Eduard VI. für kurze Zeit König von England sein wird. Jetzt trifft das Los, als Bastard und als nachfolgeunfähig erklärt zu werden, auch die kleine Elisabeth. Maria wird überdies der größeren Sicherheit wegen noch zu einer schriftlichen Erklärung gezwungen, die an kränkender Herabwürdigung und lügenhafter Schändlichkeit kaum zu übertreffen ist. Sie muß darin den Vater um Verzeihung bitten, daß sie ihn durch ihren Eigensinn und Ungehorsam so schwer beleidigt hat; sie muß sich von der Autorität des Papstes lossagen und Heinrichs kirchliche Oberhoheit anerkennen; sie muß endlich bestätigen, daß die Ehe ihrer Mutter mit dem König ein gesetzwidriger Inzest war und daß sie selbst demzufolge ein illegitimer Bastard sei. Zu ihrer eigenen Gewissensberuhigung läßt sie freilich in aller Heimlichkeit eine Protesturkunde ausfertigen und in Abschrift an den Kaiser gehen, des Inhalts, daß sie das andere Schriftstück nur gezwungen unterzeichnet hat. Nun endlich ist ihre Existenz für niemanden mehr eine Drohung, zur Ehe begehrt sie keiner, sie umzubringen lohnt sich nicht; also gibt man ihr zusammen mit der kleinen Elisabeth einen bescheidenen Haushalt und ein knapp bemessenes Einkommen, so daß sie wenigstens Aussicht hat, ihr ferneres Leben in

Ruhe zu verbringen. Studium, Gebet, Handarbeiten und Armenpflege füllen ihre freudlosen Tage aus und an der um viele Jahre jüngeren Elisabeth vertritt sie, später mit Undank gelohnt, die Stelle einer liebevollen Mutter.

Inzwischen hat sich Heinrich VIII. zu jenem merkwürdigen Kompromißkatholizismus hindurchbekehrt, der die Dogmen und Riten der alten Kirche größtenteils beibehält, aber den Primat des Papstes durch den des Landesherrn ersetzt, also zu jenem Mischgebilde aus nicht überwindbarer Treue zum Vätererbe, aus Gewissensnot und aus utilitaristischem Antipapismus, das ihm sein letztes Testament diktieren wird und das zu gegebener Zeit von Elisabeth gründlich hinweggefegt werden soll. Krankheit und des Leibes zunehmende Schwere haben ihn bedächtiger, nachdenklicher und einsichtiger gemacht. Er hat Stunden, in denen er mit Reue erkennt, was er angestiftet hat, und in denen ihn die Angst vor dem Jenseits wie ein drohender Schatten verfolgt. Seit dem Weihnachtsfest 1536 darf Maria, die inzwischen zwanzigjährig gewordene, wieder an den Hof zurückkehren und wird von ihrem Vater liebevoll aufgenommen. Beim Tode der Königin Jane muß sie ihn sogar bei den Trauerfeierlichkeiten vertreten, die er nach katholischem Ritus abhalten läßt. Freilich bleiben Rückschläge nicht aus. Vorübergehend wird Maria in Herford Castle wieder wie eine Gefangene gehalten; denn Aufstände der papistischen Altgläubigen, die zudem immer noch die Rechte der toten Katharina von Aragón verfechten, geben Anlaß zu blutigen Exekutionen und werfen auch auf Maria den Verdacht heimlichen Einverständnisses. Zehn Jahre früher wäre sie rettungslos dem Henker verfallen gewesen; jetzt muß sie lediglich eine Reihe treuer Anhänger, ihren alten Lehrer Fetherstone, ihre Freundin und Base, die Gräfin Salisbury, als Opfer ihrer Überzeugung hingemordet sehen. Sie erlebt auch die Scheidung des Königs von der ihm nicht zusagenden Anna von Cleve, erlebt die Hinrichtung seiner fünften Gattin, seine Hochzeit mit der sechsten, und sie würde vermutlich auch diese noch zum Schafott haben schreiten sehen, wenn nicht plötzlich auch für Heinrich die Stunde geschlagen hätte, der wir alle erliegen.

Sein letztes Testament regelt die Nachfolge in dem Sinne, daß die drei Kinder Eduard, Maria und Elisabeth nacheinander die Krone Englands erben sollen, immer vorausgesetzt, daß nicht eheliche Nachkommen diese letztwillige Verfügung gegenstandslos machen. Es finden sich also die zuerst bastardisierten Töchter plötzlich wieder legitimiert und zu nachfolgefähigen Thronkandidatinnen erklärt. Das besagte Testament enthält außerdem auch noch die Verfügung, daß der kleine Eduard anglo-katholisch, also nach den Grundsätzen des von Heinrich zurechtgemachten, romfreien Katholizismus erzogen werden müsse. Aber des Knaben Vormund und Erzieher, Edward Seymour, Earl of Hertford und später kraft eigener Ernennung Herzog von Somerset, zieht es vor, aus dem jungen Herrscher einen tüchtigen Reformierten im Sinne des schärfsten Antipapismus und Antikatholizismus zu machen, und er wird in diesem Bemühen kräftig unterstützt von dem Erzbischof von Canterbury, Thomas Cranmer. Das Testament seines Vaters bekommt der Knabe zeitlebens nicht zu Gesicht, unter seiner eigenen Regierung aber setzt die Bewegung der sogenannten Bibel-Heißsporne (Hot-Gospellers) mit unerhörter Schärfe ein, alles unter der Leitung von Cranmer und Somerset, an dessen Stelle zuletzt Northumberland tritt, ein Wechsel, der Somerset den Kopf kostet. Die Heiligenverehrung wird gänzlich abgeschafft, die Messe verboten, die lateinische Sprache der Liturgie durch die englische ersetzt, das „Common Prayer Book" und ein von Cranmer zusammengestellter Katechismus wird der Gesamtheit, auch den Widerstrebenden, aufgezwungen. Die Zustimmung des Adels erkauft man durch die Sättigung seiner Geldgier mit den letzten kirchlichen Stiftungen und Gütern. „Tausende", sagt Latimer, „wurden Gospellers der Kirchengüter wegen." Zuletzt veranlaßt Northumberland noch den berüchtigten „Treason Act", der jede Widersetzlichkeit in Glaubenssachen als Hochverrat mit dem Tode und mit Beschlagnahme des Vermögens bestraft. Die Einheitskirche ist hergestellt, wenn auch ganz anders als Heinrich VIII. es gewollt hat.

Daß Maria dabei unbehelligt bleibt, ist wie ein Wunder. Als die

Messe verboten wird, besteht sie auf dem Recht ihrer Überzeugung und Gewissensfreiheit, schreibt entrüstet an den Privy Council, beruft sich auf den Willen ihres verstorbenen Vaters und geht für ihre Person von der alten Übung nicht ab. Sie leidet genug unter dem, was sie mitansehen muß und nicht verhindern kann. Man läßt ihr den Willen und stört sie nicht weiter, denn ihr königlicher Bruder hängt mit einer gewissen kindlichen Zärtlichkeit an ihr und will die geschwisterlichen Beziehungen ungetrübt aufrecht erhalten. Northumberland, der sie haßt, gedenkt sich ihrer zu gegebener Stunde zu entledigen. Er überredet den kranken Knaben zu einer testamentarischen Verfügung, die zum Besten der „reinen Lehre" seine beiden Schwestern von der Nachfolge ausschließt und dafür Lady Jane Grey, Northumberlands Schwiegertochter, zur Thronerbin einsetzt. Schon ist also für den Fall von Eduards Ableben das Pulverfaß und die Zündschnur bereit, die Land und Volk in blutigen Aufruhr und Bürgerkrieg stürzen sollen.

Als Maria im Juli 1553 unversehens Königin von England wird, ist sie 37jährig. Aber ihre freudlose Jugend, die häufige Angst um das Leben, die Last von Bitternis, Entsagung und erlittenem Unrecht, die seit den Kindertagen auf ihren Schultern ruhen, haben sie älter gemacht als sie in Wirklichkeit ist. Schön war sie nie, auch in den Jahren der Mädchenblüte nicht. Jetzt aber ist sie ein ältliches, mageres, kaum mittelgroßes Fräulein mit welken Zügen, scharfen Kummerfalten, hellgrauen und immer etwas mißtrauischen Augen, verschüchterter Haltung und leisen, beinahe ängstlichen Bewegungen. Nur wenn sie spricht, ist man überrascht von der tiefen, klangvollen, fast männlichen, aber ungemein warmen und sympathischen Stimme. Ihr Temperament ist zur Güte und Milde geneigt; sie hat zeitlebens viel Liebe entbehren müssen und möchte jetzt gern ihre Liebe mit vollen Händen an alle verschenken. Ihr Herz fließt über von Mütterlichkeit und sie fühlt sich innerlich dazu berufen, ihrem Volke eine wahre Bringerin des Friedens und der Eintracht zu werden. Selten ist je eine regierende Herrscherin mit soviel Bereitschaft zum Heilen, zum Helfen zum Wiedergutmachen, an ihr hohes

Amt herangetreten. Sie ist aber bei alldem eine echte Tudor und hat von ihrem Vater den unbeugsamen Willen, die männliche Tatkraft und den unerschrockenen Mut geerbt. Davon wird sie, solange sie nicht ihre Todeskrankheit apathisch macht, mehr als ein überraschendes Beispiel geben.

Die Heirat mit Prinz Philipp, dem Erben Spaniens und der Niederlande, ist das bei weitem wichtigste, aber durchaus nicht das früheste unter den großen Ereignissen, die Marias kurze Regierungszeit so bewegt, so folgenschwer, so unendlich tragisch gestalten. Drei Höhepunkte hat ihr englisches Königtum, und sie heißen: die Niederkämpfung der Aufständischen, die spanische Heirat, die Rekatholisierung des Landes.

Die eheliche Verbindung mit dem Spanier stellt den überragenden Gipfel in dieser Reihe dar; aber ihre Bedeutung ist weniger groß durch das, was sie bewirkte, als durch das, was aus ihr hätte entstehen müssen, wenn sie sich nicht unvorhergesehener Weise und allem menschlichen Ermessen zum Hohn als ein Fehlschlag erwiesen hätte. Sie im besonderen muß darum nicht vom rückschauenden und geschichtlichen Standpunkte aus bewertet werden, sondern unter dem Gesichtswinkel und nach den Berechnungen, Hoffnungen und Zielen derer, die sie zur Tat werden ließen. Um sie aber in den richtigen Rahmen einzufügen, dazu ist es notwendig, den zeitlichen Ablauf der Vorgänge im Auge zu behalten und dabei nicht nur von den spanischen, sondern auch von den englischen Dingen und Ereignissen zu berichten, die sie umschließen.

Die Überwindung der aufständischen Gegner durch Maria Tudor vollzieht sich in zwei Etappen. Die erste davon geht nahezu kampflos vor sich und gelingt eigentlich nur deswegen so rasch und so gründlich, weil Northumberland, der Führer der feindlichen Partei, die (von seinem Standpunkt aus) unverzeihliche Dummheit begeht, Maria nicht von der ersten Stunde seines Putsches an festnehmen zu lassen. Darauf hat schon der französische Gesandte Noailles seine Regierung mit Bedauern hingewiesen: „ayant omis un des principaux points de telle faction, que de se saisir de Madame Marie". Während also Northumberland

MARIA TUDOR, VON ANTONIS MOR

PHILIPP II., VON TIZIAN

seine Schwiegertochter am 11. Juli 1553 in London zur Königin
ausrufen läßt, kann Maria nach Norfolk entweichen, dort Truppen
sammeln, an ihrer Spitze siegreichen Einzug in London halten
und hier, wo ihr die Bevölkerung mit Begeisterung zujubelt, am
19. Juli sich feierlich zur Königin proklamieren lassen. Northumberland wird festgenommen und nach gründlichem Prozeßver-
fahren wegen Hochverrats geköpft. Einige seiner Helfershelfer
mit ihm. Lady Jane Grey, die Gegenkönigin der acht Tage, wandert ins Gefängnis, da sie unter Schwüren und Tränen darauf
besteht, nur das widerwillige Werkzeug der Putschisten gewesen
zu sein. Unglaublich klingt es, aber bittere Wahrheit ist es, daß
Northumberland selber, der betriebsame Reformator und Katho-
likenfeind, an der Schwelle des Todes sich freiwillig zur Abschwö-
rung und Bekehrung drängt, ja sogar vom Schafott aus eine sal-
bungsvolle Mahnrede an die versammelten Gaffer hält, sie möchten doch ja alle ohne Ausnahme wieder in den Schoß der alten
Mutterkirche zurückkehren.

Der zweite Aufstand, der ein halbes Jahr nach dem ersten los-
bricht, ist wesentlich gefährlicher, denn er hat geschicktere
Führer und eine breitere Basis; er ist bis zu einem gewissen Umfang im Volk verankert und stellt eigentlich nichts anderes dar
als eine verzweifelte Protestaktion gegen die spanische Heirat,
die per procurationem und durch Unterzeichnung des Ehevertrages bereits soviel wie vollzogen ist. Die Reformierten aller
Richtungen, Anglikaner, Hot-Gospellers, Lutheraner und Kalvinisten, stehen einmütig zusammen, um das drohende spanische
Joch abzuwehren. Mit französischem Gelde bezahlte Aufwiegler
sind seit Monaten an der Arbeit, die Köpfe zu erhitzen und die
Gemüter zu beunruhigen, blutrünstige Schilderungen der spanischen Inquisition zu propagieren, den spanischen Philipp als den
Ausbund aller Gewissenstyrannei hinzustellen und die Folgen
eines Rückfalls in die „papistische Knechtschaft" in den schwärzesten Farben auszumalen. Den kleinen Leuten prophezeit man
Tortur und Feuertod, die höheren Stände schreckt man mit dem
angeblich bevorstehenden Zwang der Rückgabe des Kirchengutes. Sir Thomas Wyatt sammelt die Aufständischen der Graf-

schaft Kent unter seine Fahnen, während der Herzog von Suffolk, der Vater von Lady Jane Grey, die unzufriedenen Elemente der mittelenglischen Bezirke unter seine Führung nimmt. Die Unkosten, Soldgelder, Bestechungssummen zahlt der König von Frankreich. Aber auch Maria Tudor legt die Hände nicht tatenlos in den Schoß. Auch sie bedarf vor allem der finanziellen Unterstützung, sonst ist sie verloren. Und wer vermöchte ihr da zu helfen, wenn nicht der größte Geldbeschaffer des Jahrhunderts, Kaiser Karl V. Im Handumdrehen macht er, der in Deutschland immer wieder totgesagte, bei den großen Antwerpener Bankhäusern von Anton Fugger, Kaspar Schetz, Octavio Lomellino, Jean de Mantansse und Juan López Gallo — die Namen allein schon geben einen guten Begriff von der internationalen Zusammensetzung des niederländischen Kreditmarktes — eine Anleihe von 310 750 Dukaten oder nach heutiger Währung etwa 50 Millionen Franken flüssig, und diese rasche Hilfe rettet der Engländerin nicht nur den Thron, sondern vielleicht auch das Leben. Im Kampf der französischen und der kaiserlichen Kapitalkraft, der in Wirklichkeit ein Existenzkampf ist, bleibt die letztere noch einmal siegreich. Während die Gerüchte von der bevorstehenden Landung eines französischen Hilfsheeres zur Unterstützung der Aufständischen und die Gegengerüchte vom Anzug einer kombinierten niederländischen und spanischen Flotte zur Rettung des Königtums die Spannung in England unerträglich gestalten, gelingt es Thomas Wyatt, sich eines Außenviertels von London zu bemächtigen. In Maria aber ist die Kraft der Tudors wach geworden. Mit mutiger Entschlossenheit sieht sie dem Angriff der Insurgenten entgegen, mit stolzer Ruhe weist sie das Ansinnen zurück, die Hauptstadt fluchtartig zu verlassen und ihre Person in Sicherheit zu bringen, mit zuversichtlicher Tapferkeit spricht sie zu den Londonern und feuert sie an, treu zu Gesetz und Recht zu halten. Die Macht ihrer Herrscherwürde, ihr trotziger Wille sich zu behaupten, ihre frauliche Würde, vielleicht auch der Zauber ihrer tiefen und klangvollen Stimme, reissen Militär und Volk in einen beispiellosen Taumel der Begeisterung hinein, und der Sieg ist gewonnen, bevor der Kampf richtig beginnt. Die

Wyattschen Haufen werden von den Legitimisten in kurzem Ansturm erledigt und aufgerieben. Die Führer der Aufständischen, Wyatt selbst und der Herzog von Suffolk, werden gefangengenommen und wegen Hochverrats dem Henker überliefert. Auch Lady Jane Grey entgeht diesem Schicksale nicht. Elisabeth, von Wyatt rücksichtslos als Mitverschwörerin entlarvt, wandert ins Gefängnis. Vor der Hinrichtung rettet sie nur die Fürsprache Philipps, dem sie diese Güte später schlecht lohnen wird.

Der Gipfelpunkt der politischen und diplomatischen Ereignisse in Maria Tudors Regierungszeit aber ist erst die spanische Heirat geworden. An ihrem Zustandekommen hat freilich Philipp nicht das geringste Verdienst. Die beiden ideellen Heiratspartner sind niemand anders als Karl V. und Maria Tudor. Beide klug und entschlossen, wagemutig und einsatzbereit, haben sie, indem sie die sich bietende einmalige und einzigartige Gelegenheit richtig erkennen und ohne Zaudern benützen, durch dieses Familienbündnis die größte politische Aktion ihres Jahrhunderts vollzogen. Sie haben erstens die Abschnürung und Einkreisung Frankreichs erreicht: jetzt sitzt der Franzose eingekeilt zwischen habsburgischen oder den Habsburgern hörigen Ländern; im Krieg und im Frieden an jeder Expansion, ja schon an jeder entscheidenden militärischen Handlung gehindert und stets, wohin er sich auch wenden mag, im Rücken bedroht, ist er hinfort durch die Flotten Englands, der Niederlande und Spaniens sogar von der Nordsee und dem Atlantischen Ozean so gut wie ausgeschlossen. Sie haben zweitens im Westen Europas eine katholische Vormachtstellung von scheinbar unüberwindlicher Stärke aufgerichtet und der Römischen Kirche, ohne Zutun und Mithilfe der Päpste, eine Gegenreformations-Basis von größter Tragfähigkeit geschaffen. Nicht nur Frankreich ist machtpolitisch dem Erstickungstode geweiht, auch das lutherische Deutschland und die kalvinistische Schweiz sind religionspolitisch von einem Ring habsburgisch und romtreu gesinnter Staatengebilde umschlossen. Die universelleren Ziele, den weiter reichenden Blick hat dabei zweifellos Karl V. Er rechnet mit europäischen Maßstäben. Glückt der Plan in allem, so wird sein letzter Sieg sein größter Sieg sein und er mag sich dann getrost zur Ruhe setzen. Er darf den Tag mit dem anbrechenden Abend loben und die Fortführung seiner dynastischen und seiner Religionspolitik ohne Sorge denen überlassen, die nach ihm kommen werden. Enger begrenzt ist das Sehfeld Maria Tudors. Sie hat vor allem das Wohl ihres Landes und die Pflichten, die ihr eine Sache des Gewissens und der moralischen Verantwortung sind, im Auge. Aber wie immer sich auch die Anteilsquoten der beiden Partner verteilen mögen, die Tatsache bleibt bestehen: der Hochzeitstag von Winchester, der 25. Juli 1554, ist in den Hoffnungen und in den Befürchtungen der Zeitgenossen nach menschlicher Voraussicht ein Wendepunkt der europäischen Geschichte. Frankreich zittert in diesen Tagen. Die Neugläubigen aller Bekenntnisse und Sekten in England, Flandern, Deutschland sehen die Zeit nicht mehr ferne, da die römische Gegenreformation wie ein Sturmwind alle Lutheraner, Hugenotten, Kalvinisten, Zwinglianer hinwegfegen wird.

Nichts von alledem tritt in Wirklichkeit ein, denn die Ehe zwischen Philipp und Maria bleibt kinderlos und wird sich aus diesem einzigen Grunde schon als ein verhängnisvoller politischer Fehlschlag erweisen. Sie wird in ihren Folgen die Zahl der Todfeinde Spaniens um einen vermehren; sie wird dem Abfall der Niederlande einen für Spanien gefährlichen Stützpunkt schaffen; sie wird die Katastrophe der Armada heraufführen, jene letzte verzweifelte Kraftanstrengung des dahinsinkenden Spanien, wenigstens den einen seiner mächtigen Gegner niederzuringen. Da im übrigen manche Historiker dazu neigen, dem Kaiser diesen genialen Schachzug der spanisch-englischen Familienverbindung als einen „schweren Irrtum" anzurechnen, so ist es gut, auch im Wortgebrauch möglichst deutlich zu bleiben. Kein Fehlgriff also (bei dem das Motiv der eigenen Verschuldung mitspielt), wohl aber ein Fehlschlag (bei dem menschliche Imponderabilien ins Gewicht fallen), ist Karls englische Heiratspolitik gewesen. Denn Maria brauchte ihrem spanischen Gemahl nur einen lebenskräftigen Sohn und Erben zu schenken, und es ist nicht abzusehen, wie sich der Verlauf der europäischen Geschichte gestaltet hätte.

Wie hat sich aber nun von Anbeginn an gerade Philipp von Spanien zu diesem englischen Ehehandel gestellt? Er, der doch drauf und dran gewesen ist, seine portugiesische Base Maria als zweite Gattin heimzuführen. Er, der noch im Februar 1553 von seinem Vater die briefliche Weisung bekommen hat, in der portugiesischen Angelegenheit ja recht klug und vorsichtig zu handeln, dafür aber im rechten Augenblick mit Nachdruck einzugreifen und namentlich in Sachen der Mitgift sich als ein kluger Habsburger zu erweisen, das heißt an Bargeld das Äußerste herauszupressen. Die Antwort auf die vorhin gestellte Frage hat Philipp höchst eigenhändig gegeben, obschon sie, auch wenn uns das vielsagende Dokument nicht erhalten geblieben wäre, in genau demselben Sinne aus seiner Persönlichkeit abgeleitet und erschlossen werden könnte. Als Karl V. am 30. Juli 1553 an seinen Sohn die Mitteilung ergehen läßt, die schwebenden Heiratsverhandlungen mit dem portugiesischen Hofe hätten sich von selbst erledigt, die einzig richtige Braut für ihn aber sei die neue Königin von England, da antwortet ihm Philipp, der kaiserliche Vater wisse seit langem, daß er als sein in allem gehorsamer Sohn keinen anderen Willen habe als den seinigen, zumal in einer so wichtigen Angelegenheit. Er überlasse es also ganz dem Kaiser, zu handeln wie er es für gut finde, und bitte ihn, seines Einverständnisses auch in dieser Sache im voraus gewiß zu sein. Das ist Prinz Philipp wie er leibt und lebt. Er kennt keinen anderen Willen als den des Vaters; es gibt für ihn nur eine einzige Autorität, die väterliche. Doch darf man wohl annehmen, daß er sich auch den politischen Beweggründen des kaiserlichen Vorgehens nicht verschloß, so daß also dem Motiv des blinden Gehorsams auch der Antrieb des klugen Überlegens sich beigesellte.

Die bedingungslose Fügsamkeit dem väterlichen Willen gegenüber verhindert nun freilich nicht, daß der junge Philipp — er ist eben 26jährig und ein in jeder Hinsicht gesunder Verehrer des weiblichen Geschlechtes — brennend gern wüßte, wie die ihm zugedachte Braut und Gemahlin in Wirklichkeit aussieht. Zwar ist guter Rat teuer, denn von Philipps Höflingen ist kein einziger je in England gewesen, auch erinnert sich niemand, je ein Bildnis der Tudor-Prinzessin gesehen zu haben; aber Tante Maria in Brüssel weiß Abhilfe. Sie schickt ihren Hofmaler, den Holländer Anton Mor, nach London und gibt ihm den Auftrag mit, ein Ölbild der Königin anzufertigen. Der Künstler macht ein gutes Geschäft dabei; er malt nicht nur die Königin, sondern auch eine Reihe von Angehörigen der Hofgesellschaft, so die Lady Mary Dudley, den Sir Henry Sidney, den kaiserlichen Gesandten Simon Renard. Diesem Anton Mor also verdanken wir das wundervolle Porträt der englischen Maria in sitzender Stellung, mit der Tudor-Rose in der Hand, in der steifen Pracht ihrer Staatsgewänder, mit dem blassen, nachdenklichen, leise vergrämten Gesicht, jenes Porträt, das bis vor kurzem im Prado-Museum hing und von dem zahlreiche Repliken aus Mors eigener Hand in europäischen Galerien zu sehen sind. Dieses spanische Original, eines der schönsten von allen Werken des Anton Mor, wird um die Jahreswende 1553/54 über Brüssel nach Spanien geschickt und vermittelt dem Bräutigam den ersten Eindruck von der Persönlichkeit seiner zukünftigen englischen Gemahlin.

Wie leicht dagegen finden Frauenherzen zueinander! Philipp hat mit Maria Tudor noch keine Zeile gewechselt und schon steht Tante Maria seit Monaten im regsten und zärtlichsten Briefwechsel mit ihr. Von der Engländerin, die für jeden Beweis der Zuneigung unendlich dankbar ist, nach London zum Besuch eingeladen, bedauert die immer bis über den Hals in Regierungsgeschäften steckende Brüsseler Statthalterin, vorerst nicht kommen zu können. Die Lage sei viel zu gespannt, der Krieg mit Frankreich immer noch nicht zu Ende, der Kaiser viel zu krank und elend, alle Arbeit und Sorge ruhe auf ihren Schultern; aber sobald der Friede eingeläutet werde, wolle sie bestimmt und mit tausend Freuden über den Kanal kommen. In der Zwischenzeit tut sie der bräutlichen Base jeden nur denkbaren Gefallen. Sie schickt ihr eigens eine Dose mit Chrysamöl, damit es zum Salben bei ihrer Königskrönung verwendet werde, denn in England ist etwas Derartiges nicht mehr aufzutreiben. Sie bringt in Erfahrung, daß Maria Tudor fürs Leben gern Braten und Sülze von Wildschweinen ißt und daß solche Leckerbissen in England schwer zu beschaffen sind. Sie läßt daher durch ihren Oberstjägermeister, den Herrn von Tremessan, in den kaiserlichen Forsten eine Treibjagd auf Wildsäue veranstalten und schickt eine ganze Ladung davon, vorsorglich in Eis verpackt, an die englische Hofküche, damit die geliebte Base bei ihrem Krönungsfestmahl und auch sonst nach Herzenslust gebratenes und gesülztes Wildschwein essen kann. Sie bereitet ihr endlich auch die freudigste Überraschung, die es für Maria Tudor geben kann: sie schickt ihr ein Bildnis des Prinzen Philipp. Sie hätte es ja längst schon getan, aber der Genter Maler Lukas de Heere, der den Auftrag hat, ein Brustbild des Prinzen nach anderen Vorlagen und ohne Modell herzustellen, wird ewig nicht fertig damit, und sie zieht es darum vor, ihr jenes größere und schönere Vollbild zu übersenden, das Tizian 1551 in Augsburg gemalt hat. Die Base müsse sich aber in aller Freundlichkeit damit abfinden, daß es nur eine Leihgabe sein könne; auch vermöge sie es ja ohnehin in Bälde wieder zu entbehren, da sie demnächst das lebendige Original in Besitz zu nehmen in der glücklichen Lage sei. Das Bildnis zeichne sich durch große Ähnlichkeit aus, nur müsse man es in der richtigen Belichtung und von weitem betrachten, wie alle Gemälde des Tizian, die bekanntlich in der Nähe an Wirkung und Erkennbarkeit verlören. So ist denn Maria Tudor schon am 28. November 1553 im Besitz des Konterfeis ihres angebeteten Bräutigams, und sie gesteht dem Gesandten Simon Renard, „qu'elle le vist tres voulentiers, mais encore plus voulentiers verroit elle la vive image". Von diesem Tage an hat Maria Tudor den spanischen Philipp mit der ganzen Wärme ihres einsamen Frauenherzens wirklich und ehrlich geliebt.

Wir ersparen uns einen ausführlichen Bericht über die diplomatischen Verhandlungen, die dem Zustandekommen des spanischenglischen Ehekontraktes vorangehen. Sie sind schwirig und langwierig, nicht etwa weil die Königin erst noch lang überredet werden müßte, sondern weil in England bei hoch und niedrig eine unüberwindliche Abneigung gegen die spanische Heirat besteht. Die Gegenpropaganda der Valois arbeitet mit allen Mitteln, und die französischen Dukaten rollen um die Wette durch die Paläste des Adels und die Studierstuben der anglikanischen Prädikanten. Karl V. kennt diese Methoden. Er greift darum zur gleichen Waffe und entleiht, an das Schuldenmachen im großen längst gewöhnt, bei den Reichsstädten die runde Summe von einer Million Taler. Sie wird als englischer Bestechungsfond geführt und mit ihr bestreitet man die Schmiergelder und Schmuckstücke, die dazu bestimmt sind, den englischen Adel und seinen weiblichen Anhang willfährig zu machen. Immerhin, der blutige Aufstand der Wyatt und Suffolk vom Frühjahr 1554 beweist, daß die Widerstände gegen die spanische Heirat noch gefährlich tief verankert sind. Des Erinnerns wert ist schließlich auch noch die unglaubliche Tatsache, daß sich im Verlauf des zähen diplomatischen Kampfes für und wider die Heirat auch noch König Ferdinand in den Gang der Ereignisse einzuschalten versucht. Als ihm Kunde wird von der ablehnenden Haltung des Parlaments und bestimmter Kreise der englischen Bevölkerung, da unternimmt er es, seinen zweiten Sohn, den Erzherzog Ferdinand, an die Stelle des Prinzen Philipp zu schieben und macht noch im Oktober 1553 von Wien aus der Maria Tudor ein rundes Angebot: wenn aus der spanischen Sache nichts werden sollte, so sei auch noch sein Ferdinand zur Auswahl da, 25jährig und von so rühmenswerten Eigenschaften, daß er als Vater darüber gar nicht schreiben könne, ohne sich dem Verdacht des Selbstlobes auszusetzen; aber das eine müsse er sagen, daß der junge Erzherzog die größte Zuneigung zu Maria Tudor habe und nichts lieber hören würde, als daß ihre Wahl auf ihn fiele. Die Königin selbst hat nach diesem heimlichen Anbeter aus der Ferne und Träger so vieler „rühmenswerter Eigenschaften" keine Sehnsucht, denn ihr Entschluß ist längst gefaßt. Die kaiserliche Familie sucht die österreichische Quertreiberei mit Stillschweigen zu übergehen, aber in der Welt der Diplomaten ist sie ein offenes Geheimnis und vor allem Frankreich kann diesen prachtvollen Knoten für sein Abwehrnetz gegen die spanisch-englische Allianz gut verwerten.

Sobald Maria ihren endgültigen Willen kundgegeben hat — und das geschieht am 30. Oktober 1553 — sind alle Gegenmaßnahmen vergeblich, denn sie besteht mit zähem Tudor-Sinn auf dem einmal gefaßten Entschluß. Zunächst wird von Karl V. der Hofjurist und Ratspräsident Wiger von Aytta nach England geschickt — es ist jener Viglius, der vor Jahren, wenn er gewollt hätte, der Erzieher des Prinzen Philipp geworden wäre —, um mit dem Lordkanzler Stephen Gardiner den Ehevertrag durchzuberaten. Darüber vergehen Wochen und Monate, denn für jeden Paragraphen muß das schriftliche Einverständnis des Kaisers eingeholt werden, bevor man ihm die letzte Fassung geben kann. Dann erscheint — es ist inzwischen Januar 1554 geworden — eine kaiserliche Sondergesandtschaft in England, bestehend aus Graf Egmont, Graf Lalaing, Jean de Montmorency und Philipp Negri, um den Kontrakt rechtsgültig abzuschließen und die Heirat per procurationem zu vollziehen. Als Maria die Abgesandten in feierlicher Audienz empfängt, glaubt sie sich noch ein wenig zieren zu müssen und sie antwortet auf die Rede des Sprechers, es sei nicht Sache einer jungfräulichen Königin, über eine so delikate Angelegenheit wie ihre Vermählung in aller Öffentlichkeit zu verhandeln; sie müsse das ihren Ministern überlassen. Soviel freilich könne sie jetzt schon sagen: ihr oberster Herr und Gebieter sei ihr Königreich (wobei sie einen Blick auf ihren Siegelring wirft) und kein anderer vermöge sie zu zwingen, den Eid zu verletzen, den sie bei ihrer Krönung geschworen habe. Diesen Vorbehalt hält sie für nötig, weil man sich an ihrem Hofe bereits offen erzählt, daß sie in den spanischen Bräutigam, seit sie sein Bild besitze, rettungslos verliebt sei. Am 5. Januar 1554 erfolgt sodann die feierliche Unterzeichnung des Ehevertrags und am 6. Januar heiratet Graf Egmont per procurationem die Königin Maria. Dabei legt er sich, wie es die Sitte erfordert, am Abend in voller Rüstung an ihrer Seite ins königliche Ehebett.

Wir hörten schon, daß der Abschluß des Ehekontraktes und die Prokurationsvermählung der Königin den blutigen Aufstand Wyatts hervorrief. Diese antispanische Revolte trug unter anderem auch dazu bei, daß sich die Ankunft Philipps beträchtlich verzögerte. Denn es schien nicht ratsam für den neuen König von England, daß er in einem Augenblick der inneren Kämpfe und Unruhen, die noch dazu seinetwegen ausgebrochen waren, auf der Bildfläche erschiene. Aber auch noch ein anderer Grund ist vorhanden, der den Spanier über Gebühr in seinem Lande zurückhält. Philipps Schwester Doña Juana ist im Dezember 1552 die Gemahlin des portugiesischen Thronfolgers Dom João Manoel geworden. Ihr Gatte ist aber schon nach gut 12monatiger Ehe, am 2. Januar 1554, eines plötzlichen Todes gestorben, während sie selbst drei Wochen später den Prinzen Dom Sebastião zur Welt gebracht hat. Man sah sich sogar gezwungen, der hochschwangeren Frau den Tod ihres Mannes zu verheimlichen, bis die Geburt glücklich vorüber war. Nun will die verwitwete Juana um jeden Preis wieder nach Spanien zurückkehren, denn es leide sie nicht mehr am Lissaboner Hof, an dem wegen der „verlassenen portugiesischen Braut" die stärkste Verstimmung herrsche. Daß Juana sich lieber von ihrem neugeborenen Kinde, dem hilflosen kleinen Säugling trennt, als daß sie noch länger bei den Portugiesen bliebe, das läßt ihr Gehen fast wie eine verzweifelte Flucht um jeden Preis erscheinen und macht es wahrscheinlich, daß ihre Lage schlimmer war als wir es vielleicht zu vermuten geneigt sind. Philipp nimmt sie mit offenen Armen auf. Für ihn ist die Angelegenheit bei aller Trübsal sogar von einem mehrfachen Vorteil begleitet. Denn mit Juanas Rückkehr hat fürs erste der kleine Don Carlos wieder einen Mutter-Ersatz gewonnen und haben fürs zweite die spanischen Lande einen Herrscher-Ersatz gefunden. Juana wird nämlich, womit auch der Kaiser gerne einverstanden ist, während Philipps Abwesenheit in England die Regentschaft in Spanien führen. Es versteht sich nun eigentlich von selbst, daß Angelegenheiten dieser Art zwischen Höfen des 16. Jahrhunderts nicht in zwei Tagen und auch nicht in zwei Wochen zu erledigen sind, daß vielmehr der langwierige Botendienst zwischen Madrid und Lissabon und zwischen Madrid und Brüssel ganze Monate in Anspruch nimmt und daß endlich Philipp beim besten Willen nicht eher die Fahrt nach England antreten kann, als bis daheim alles zu guter Ordnung gediehen ist. Wir würden aber trotzdem bei diesen Vorgängen nicht so eindringlich verweilen, wenn sie nicht, abgesehen von ihrem persönlichen Reiz, auch ein wesentliches historisches Gewicht hätten. Durch den Hinweis auf sie widerlegt sich nämlich ganz von selbst eine kleine und sehr häßliche Verleumdung gegen Philipp, die jahrhundertelang das ganze zähe Leben ihrer Art bewiesen hat, und die behauptet, der Prinz habe aus reiner Abneigung gegen die alternde und reizlose Engländerin die Ausreise ohne triftigen Grund immer wieder verzögert und hinausgeschoben.

Es wird Anfang Mai 1554, bis endlich für die Abreise Philipps nach England alles vorbereitet ist. Am 10. des eben genannten Monats zieht Philipp seiner Schwester bis zu dem nahe der portugiesischen Grenze gelegenen Städtchen Alcántara entgegen, um sie willkommen zu heißen und ihr die letzten mündlichen und schriftlichen Verhaltungsmaßregeln zu geben. In ihrer Begleitung reist er nordwärts über Plasencia, Béjar und Salamanca bis Tordesillas, wo die beiden Geschwister bei der wahnsinnigen Großmutter, die hier in Schutzhaft sitzt, einen Höflichkeitsbesuch machen. Die arme Irre nimmt ihn mit kalter Gleichgültigkeit entgegen; sie hat ja längst schon jeden gedächtnismäßigen Zusammenhang mit ihren Angehörigen verloren. Es ist der letzte Familienbesuch, den sie empfängt, denn schon im Frühjahr darauf erlöst sie der Tod von ihrem erbarmungswürdigen Dasein. Von Tordesillas aus wendet sich Juana nordostwärts nach Valladolid, während Philipp in nordwestlicher Richtung weiterzieht, um über Santiago de Compostela den Seehafen La Coruña zu gewinnen, wo ihn die für die Abfahrt bestimmte Flotte schon erwartet.

XIII. KAPITEL

Das Englanderlebnis der Spanier

Als Philipp, Monate vorher, seinen Obersthofmeister, den Herzog von Alba, beauftragt hatte, eine Liste seiner Begleiter, seines Gefolges und seiner Dienerschaft zu entwerfen, kam eines schönen Tages eine einfache Frau aus dem Volke in die Audienz gelaufen und bat den Prinzen kniefällig, er möge ihr doch die Erlaubnis

oder noch besser gleich den Auftrag geben, daß sie verkaufe was sie habe, damit nichts mehr ihre Teilnahme an der Englandfahrt behindern könne. Ihr Mann stehe auf der vom Herzog angelegten Bedientenliste, aber er habe tausend Bedenken, ob er denn nun wirklich mitgehen solle, und immer neue Einwände und könne zu keinem Entschluß kommen. Dieser unternehmungslustigen Ehegesponsin nun gab der Prinz den warnenden Bescheid: „Bedenkt, ihr lieben Leute, daß meine Reise nicht nur ein Hochzeitszug, sondern vielleicht auch ein Kriegszug sein wird." Aber die Warnung war in den Wind gesprochen. Ein wahrer Freudentaumel hatte diese abenteuerliche und wandersüchtige Gesellschaft erfaßt. Wiederum schien ein fernes Land zu winken, in dem man mühelos und auf fremde Kosten zu Wohlstand gelangen konnte. Der letzte Stuhl und der letzte Topf im Hause wurde zu Geld gemacht, damit man ja durch nichts mehr aufgehalten wäre. Mit Weib und Kind hofften sie mitziehen zu dürfen, und wenn das nicht ginge, so wollten sie die Familie später nachkommen lassen. Auch von den Adeligen machte nicht ein einziger Gebrauch von der Möglichkeit, nein sagen zu dürfen. „Ir y morir en su servicio" war die einmütige Antwort aller. Ja, die Aussicht, es könne sich die Brautfahrt zu einer Eroberungsfahrt, der Staatsbesuch zu einem siegreichen Feldzug entwickeln, gab ihrer Begeisterung nur um so stärkeren Auftrieb. Die Mitnahme der Ehegattinnen freilich wurde nur den Herren des unmittelbaren Gefolges gestattet; alle übrigen bis herunter zu den Stallknechten und Ofenputzern sollten abwarten, wie sich die Lage in England gestalten würde.
Wunderdinge erzählt einer der Chronisten von dem Gepäck, das allein schon für den Prinzen auf die Fahrt mitgenommen wurde. Verschiedene Schlafzimmereinrichtungen mit Himmelbetten in Brokat und Seide. Kostbare Rüstungen für Einzüge, Schauritte und Turniere. Fünf Staatskostüme in rotem Samt, in schwarzem Samt, in weißem Samt, in braunem Atlas, in weißem Atlas, darunter zwei nach französischer Mode; dazu vier Hüte in schwarzem Samt, in beigefarbigem Samt, mit Kettengarnierung in Silber oder Gold und Edelsteinagraffen. Silbernes Tafelgeräte, Leuchter und ähnliche Gebrauchsgegenstände für Tisch und Wohnung. Ein

Koffer voll Schmucksachen als Geschenke für die Damen des englischen Hofes und Adels. Prunkvolles Sattel- und Zaumzeug für die vom Prinzen zu reitenden Pferde. Es versteht sich von selbst, daß die drei Korps der Leibwache, insgesamt 300 Mann, vollzählig mit im Zuge waren, ebenso wie der gesamte übrige Riesenapparat des burgundischen Hofzeremoniells, die heroische Küche, die Hofkapelle, der Zimmerdienst und alles was dazugehört. Die Inhaber der höheren Hofämter waren mit geringen Ausnahmen die gleichen wie fünf Jahre vorher bei der niederländischen Präsentationsfahrt; sie waren auch in ihrem Auftreten, in ihren Ansprüchen und Gewohnheiten die gleichen geblieben, denn jeder von ihnen benötigte wieder ein eigenes Schiff für den Transport von Dienerschaft, Reittieren, Hausgerät, Gepäck und sonstigen Siebensachen. Neu zusammengestellt und dem Sumiller del oratorio zugeordnet wurde eine Gruppe von sechs gelehrten Theologen. Sie sollten als sachverständige Gutachter in den sich ergebenden konfessionellen Streitfragen ihres Amtes walten. Unter ihnen befanden sich zwei in der Inquisitionsgeschichte berühmt gewordene Mönche, der Franziskaner Fray Alfonso de Castro, der Verfasser des Buches „De justa haereticorum punitione", und der Dominikaner Fray Bartolomé Carranza de Miranda, dessen 17 Jahre lang hingeschleppter Glaubensprozeß einer der wundesten Punkte in den Annalen dieser kirchlichen Einrichtung geworden und geblieben ist.

Am 13. Juli 1554 ist es dann endlich so weit, daß die etwa 125 Schiffe umfassende Flotte, reich bewimpelt, frisch gestrichen und prächtig bemannt in die Biskayische See hinaussegeln kann. Bei der Abfahrt feuert die Festung La Coruña einen so gewaltigen Abschiedssalut, daß die Bürger des Städtchens einige Angst um ihre Häuser bekommen, die von der Erschütterung ernstlichen Schaden zu nehmen beginnen. Nach fünftägiger Fahrt bei günstigem Wind und ruhiger See dämmert die Küste von England herauf. 15 flandrische und 15 englische Kriegsschiffe sind den Spaniern zu Schutz und Begrüßung eine Tagreise weit entgegengefahren; ihr Ehrensalut kommt wiederum dem Getöse einer Seeschlacht gleich. Im Hafen von Southampton werden dann die Anker aus-

geworfen, und Philipp sieht sich durch eine englische Regierungsabordnung, bestehend aus den Earls of Arundel, Derby und Shrewsbury, in einer geräumigen Ruderbarke an Land geholt. Sein Gefolge bilden die Herzöge von Alba und von Medinaceli, die Marqueses von Pescara, Las Navas und Berghes, die Grafen Feria, Olivares, Egmont und Horne, der Jugendfreund Ruy Gómez de Silva und der Geheimsekretär Gonzalo Pérez. Alle sind sie, wie Philipp selbst, in schwarzen Samt gekleidet, tragen Degen mit reichem Goldgehänge und auf dem Kopf das schwarze Barett, von dem eine weiße Feder wallt. Nicht wenige von ihnen zeigen auch die mattschimmernde schwere Halskette des Goldenen Vließes. Beim Betreten des festen Landes erhält der Prinz den Hosenbandorden unter das linke Knie geknüpft und wird mit der dazugehörigen Georgikette und dem blausamtenen Mantel geschmückt. Dann tritt Sir Anthony Browne hervor, der Seine Hoheit im Namen der Königin willkommen heißt und in lateinischer Ansprache bekannt gibt, daß er der Überbringer eines prächtigen Schimmels sei und daß er die Ehre habe, während des Prinzen Aufenthalt in England dessen Oberststallmeister zu sein. Durch Scharen von Gaffern geht nun der Weg zu Pferde ins Innere der Stadt, wo in einem ehemals bischöflichen Palast ein Quartier hergerichtet ist. Hier tritt auch zu nicht geringem Ärger der Spanier das englische Gefolge und die englische Dienerschaft in Aktion, die von der Königin eigens bereitgestellt worden sind und die man in aller Eile nach burgundischem Zeremoniell eingeschult hat. Die rund 400 Köpfe starke spanische Dienerschaft des Prinzen und seiner Umgebung wird in den Bürgerhäusern von Southampton untergebracht. Die spanische Leibwache und die ganze militärische Bedeckung sind vorerst auf den Schiffen zurückgeblieben. Dazu hat man sich nach reiflicher Überlegung noch in letzter Stunde entschlossen, denn im Hinblick auf die krankhafte Angst der Engländer vor einem militärischen Gewaltstreich hält man es für ratsam, nicht allzuviel Waffengeklirr hören zu lassen.
Der Ritt nach Winchester, wo die Königin weilt und wo auch die Hochzeit stattfinden soll, wird am 24. Juli angetreten. Wir unterdrücken, weil uns der Raum dafür fehlt, eine unendliche Menge

von kuriosen Einzelheiten und Zwischenfällen, die sich vom Augenblick der Landung an begaben, und erwarten unsere englisch-spanische Kavalkade vor den Toren von Winchester. Hier stehen unter krachendem Salut der Bürgermeister und die Ratsherren bereit, um dem Prinzen auf brokatenem Kissen die Schlüssel der Stadt zu überreichen. Der Weg führt am königlichen Schlosse vorüber, wo Maria in sicherer Deckung aus dem Fenster späht, um ihren Bräutigam einziehen zu sehen. Seine Wohnräume befinden sich im bischöflichen Palaste, der vom Schlosse nur durch eine Straßenbreite getrennt ist, und sie sind nach dem Urteil eines Augenzeugen nicht eben besonders schön eingerichtet. In den offenen Kaminen krachen die Holzklötze, obwohl es Juli ist, und draußen strömt ein tagelang dauernder, windgepeitschter, kalter Regen hernieder. Trüb und grau ist der Himmel soweit man sieht, und heimwehschwere graue Trübsal beschleicht die Seele der Spanier.

Um 10 Uhr Abends kommt der Lord chamberlain der Königin, Sir John Gage, um den hohen Ankömmling in ihrem Auftrage einzuladen, ihr seinen Antrittsbesuch zu machen. Man braucht nur die Straße zu überschreiten und gelangt dann an eine Tür in der Parkmauer des Schlosses. In Philipps Begleitung ist wieder sein engeres spanisches Gefolge, also die uns schon bekannte dekorative Schar von Herzögen, Marqueses und Condes. Vom englischen Oberstkämmerer geführt, schlüpfen sie durch die kleine Tür in der Mauer und durchqueren den Park, der, nur von ein paar wegweisenden Fackeln zitterig und geheimnisvoll erleuchtet, im satten Grün seiner feuchten Sommerkühle, mit seinen alten epheuumrankten Bäumen, mit seinen idyllisch gurgelnden Quellen und Bächlein, mit seinen vielen gewölbten Stegen und Brücklein einen unvergeßlichen Eindruck auf sie macht. Sie haben etwas Derartiges bisher nur in der Phantasie der Dichter für möglich gehalten und vermeinen, in einem der Zaubergärten des Amadis zu sein. Das Schloß betreten sie durch eine Geheimtür und steigen dann über eine enge steinerne Wendeltreppe unmittelbar zum Empfangszimmer der Königin empor, wo sie mit größter Spannung erwartet werden. Maria Tudor trägt nach englischer

Hofsitte ein prunkvoll schweres, schwarzes Samtkostüm, in der ganzen vorderen Länge mit Brokat eingesetzt und mit echten Perlen bestickt, auf dem Kopfe ihre schwarzsamtene Haube, mit der sie Anton Mor gemalt hat, eine goldfarbene Bandschleife am Hals, das Mieder und den Gürtel mit Diamanten besät und an den Fingern blitzenden Ringschmuck. „Viste muy mal" (sie kleidet sich sehr schlecht), sagen die Spanier hinterher. In ihrer Gegenwart befinden sich der Lordkanzler Gardiner und einige fünf oder sechs Hofdamen. Sie empfängt den Prinzen an der Saaltüre und begrüßt den sich tief Verneigenden nach Landessitte, indem sie ihn auf die Wange küßt. Die spanischen Hofkavaliere aber küssen der Königin mit viel Anstand und Grazie die Hand, was ihr ausnehmend gut gefällt. Das bräutliche Paar schreitet dann Hand in Hand zu den erhöhten Thronsesseln unter einem Baldachin, wo es eine gute Weile in eifriger Zwiesprache beisammen sitzt. Philipp spricht Spanisch, weil er nichts anderes kann, Maria bedient sich des Französischen, weil sie das Spanische zwar gut versteht, es aber nicht geläufig sprechen kann. Wo sich Schwierigkeiten ergeben, nimmt man ein paar lateinische Brocken zu Hilfe, und so plätschert die Rede munter fort. Weniger gut geht es zunächst bei den Damen und Herren der Begleitung. Da erfolgt auf jede Anrede und jede Frage immer nur ein gewinnendes Lächeln und ein bedauerndes Achselzucken, und man ergreift daher, als die Situation peinlich zu werden beginnt, den einfachsten Ausweg, den es gibt: die Caballeros schwätzen drauf los, als ob sie lauter spanische Partnerinnen vor sich hätten, und die Ladies zwitschern dawider, als ob ihnen lauter Engländer gegenübersäßen. Keiner und keine versteht zwar ein Wort des anderen, aber das macht die Angelegenheit nur um so vergnüglicher. Kopfschüttelnd geht der Lordkanzler von Gruppe zu Gruppe, von Paar zu Paar, und es gelingt ihm erst nach geraumer Zeit, hinter das Geheimnis dieses lebhaften Gedankenaustausches zu kommen. Der Graf Feria aber gewinnt bei dieser denkwürdigen Unterhaltung das schöne Fräulein Jane Dormer so lieb, daß er sie bald darauf zu seiner Gattin macht und später in die spanische Heimat mit sich nimmt.

Dann kommt die große Überraschung des Abends. Auf einen Wink des Prinzen erhebt sich ebendieser Graf Feria und verliest unter gespanntem Schweigen aller Anwesenden eine in französischer Sprache abgefaßte Urkunde. Sie bildet das Hochzeitsgeschenk des Kaisers und enthält die Abtretung des Königreichs Neapel an seinen Sohn. Nicht mehr Prinz Philipp, sondern König Philipp wird also der Königin Maria die Hand zum Bund fürs Leben reichen. Das Auseinandergehen zu später Stunde ist so herzlich, wie man es sich nur wünschen kann. Maria, von der gewinnenden Liebenswürdigkeit ihres Bräutigams aufs höchste beglückt, hat ihn auch angelernt, daß er „Good night" sagen müsse, wenn er sich von den Hofdamen verabschiede. Als es dann soweit ist, hat Philipp den schwierigen Ausdruck schon wieder vergessen und er läuft, wie ein Kind zur Mutter, eilig wieder über die ganze Breite des Zimmers zur Königin zurück, damit sie ihm aus der Verlegenheit helfe und den geheimnisvollen Zauberspruch noch einmal vorbuchstabiere. Maria weiß sich vor Entzücken kaum zu fassen.

Am Tag darauf, also am 25. Juli 1554, dem Feste des spanischen Landespatrons Santiago, findet in der weiträumigen gotischen Kathedrale von Winchester die Vermählungsfeier statt. Sie wird eingeleitet mit der Verlesung einer englischen Übersetzung des kaiserlichen Dekretes, das den Prinzen Philipp zum König von Neapel ernennt und das in engstem Kreise bereits am vorhergehenden Abend bekanntgegeben worden ist. Durch diese erneute und jetzt öffentliche Kundmachung soll dem englischen Volke mit aller Deutlichkeit vor Augen geführt werden, daß seine Königin eine durchaus standesgemäße Ehe abzuschließen im Begriffe stehe. Spanische und englische Chronisten haben sich im übrigen um die Wette bemüht, uns die kleinsten Einzelheiten dieser Prunk- und Staatstrauung zu überliefern. Wir wissen genau, wie das Brautpaar angezogen war, wer die Schleppe der Königin trug, welche geistlichen und weltlichen Würdenträger dabei ihres Amtes walteten, wie die Thronsessel standen, was gebetet, gepredigt und gesungen wurde. Wir ersparen uns die Wiedergabe aller dieser Einzelheiten und erwähnen lediglich ein Stück englischen Brauchtums, damals vermutlich schon uralt, aber auch heute noch ergreifend in der stummen Beredsamkeit seiner schlichten Symbolik, von der auch die zuschauenden Spanier sehr nachhaltig beeindruckt wurden. Als die Königin zum Altare schritt, da führten sie zwei im Brautstand befindliche Jünglinge, und als sie, vermählt, vom Altare wegtrat, da gaben ihr zwei in reifem Alter stehende Ehemänner das Geleit. Der denkwürdige Tag endet mit einem festlichen Bankett, bei dem auch gebratenes und gesülztes Wildschwein nicht fehlt, bei dem man sich nach dem Essen die Hände in Weißwein statt in Wasser wäscht, und nach dessen Abschluß die Gäste, spanische wie englische, sich mit Hingabe dem Tanz widmen. Um neun Uhr des Abends zieht sich das neuvermählte Paar zum erstenmal in seine ehelichen Gemächer zurück. Die Stunde ist da, in der des Kaisers vermeintlich größter Sieg seine endgültige Verwirklichung finden soll.

Wir benützen die Gelegenheit, um den geschichtlichen Augenblick auch von der juristischen Seite her ein wenig in Erwägung zu ziehen. Welche Rechte und Ansprüche erwachsen dem König Philipp aus der Tatsache des legalen und ordnungsgemäßen Vollzugs dieser englischen Ehe? Welches sind die Aussichten, die sie den englischen und den spanischen Nachkommen beider Ehepartner eröffnet, welches die Beschränkungen, die sie ihnen auferlegt? Worin endlich bestehen die möglichen und vorauserwogenen Konsequenzen für die Erbrechtsfolge im Länderbesitz der spanisch-habsburgischen Dynastie?

Der Ehekontrakt setzt ohne alle Umschweife und mit jeder nur wünschenswerten Deutlichkeit folgende Punkte fest: für die Dauer der Ehe soll Philipp den Titel eines Königs von England erhalten, regierungsfähig soll indes nur die Königin sein. Auch sie darf Ämter und Benefizien nicht an Spanier oder sonstige Ausländer verleihen. Philipp seinerseits muß die englischen Gesetze beobachten und jedermann im vollen Genuß seiner bisherigen Privilegien belassen. Er darf auch keinerlei Güter oder Wertsachen aus dem englischen Krongut veräußern, ist aber andrerseits verpflichtet, die Land- und Seemacht Englands in jeder Hinsicht zu fördern und die befestigten Plätze in verteidigungsgerechtem Zustand zu erhalten. England darf unter keinen Umständen in die dauernden Kriege des Kaisers mit Frankreich verwickelt werden; im Gegenteil, den Frieden zwischen Paris und London zu wahren, gehört zu Philipps vornehmsten Aufgaben. Der erste männliche Nachkomme aus Maria Tudors Ehe soll die Anwartschaft auf die englische Krone haben, zugleich aber auch Erbe der niederländischen Provinzen sein; er soll ferner, falls Don Carlos, Philipps Sohn aus erster Ehe, vorzeitig oder kinderlos mit Tod abginge, dessen Rechtsnachfolger auf dem spanischen Throne sein. Die Königin braucht England nicht zu verlassen, außer auf ihren eigenen Wunsch; ihre Kinder dürfen ohne Einwilligung des Parlaments nicht außer Landes gebracht werden, solange ihre Minderjährigkeit währt. Für den Fall, daß die Ehe unfruchtbar bleibt, erlischt mit Marias Tode jeder Anspruch Philipps auf englische Titel oder Rechte.

Man hat diesen Ehekontrakt mit einem Sicherungsvertrag gegen die Übergriffe einer feindlichen Macht verglichen, nicht ohne Grund. Das Abkommen enthält in der Tat für Philipp nur Verpflichtungen, an Rechten dagegen nur einen klingenden Titel und die Erlaubnis, Kinder zu erzeugen. Auch die Erbfolge für Philipps Nachkommen aus seinen beiden Ehen ist ungleichmäßig verteilt und scheint für den spanischen Zweig eine geradezu unverantwortliche Benachteiligung in sich zu schließen. Es ist sogar die Möglichkeit vorausberechnet, daß ein englischer Prinz durch bloßes Erbrecht König der vereinigten spanischen Reiche werde. Wie konnte nur der Kaiser ein derartiges Dokument durch seine Unterschrift sanktionieren? War das nicht eine Handlung, die einem dynastischen Selbstmord gleichkam? Schien das nicht die letzte und größte Torheit eines kranken und altersschwachen Mannes zu sein? So mochten sich die Herren des englischen Privy Council mit schadenfrohem Schmunzeln gefragt haben. Aber Karl V. hat auch hier die universelleren Ziele und den weiterreichenden Blick bewiesen. Denn was anfänglich nur einer Einkreisung Frankreichs und einer Sicherung der Niederlande dienen sollte, also eine politische Zielsetzung war, das ist durch diesen Ehevertrag zu einer ausgesprochen europäischen Angelegenheit erhöht und ver-

dichtet worden. Die Nachkommen aus der spanisch-englischen Ehe werden — dafür wird Philipp sorgen — nach Charakter und Gesinnung, nach Erziehung und Lebensauffassung, nach dynastischer und politischer Orientierung bestimmt keine Engländer, dafür aber reinrassige Spanier werden, und binnen einer Generation wird man erleben, daß England so gut unter spanischer Herrschaft steht wie die niederländischen Provinzen. Damit aber wird Karl V. auch das mächtige und gefährliche Inselreich in den Bann seiner dynastischen Herrschaftsidee gezwungen haben. Wie er die Kleinstaaten Italiens durch seine Geschwister, Kinder, Neffen und Nichten beherrschen läßt, so hat er jetzt auch England in das Kraftfeld habsburgisch-spanischer Reichsbildung hineingezogen. Die letzten und entscheidenden Möglichkeiten dazu aber haben sich aus den scheinbar so vorsichtig auskalkulierten Klauseln des englischen Ehekontraktes ergeben. So rechnet Karl V., und schon ein einziger lebensfähiger Nachkomme aus dem Bunde Philipps mit Maria hätte genügt, um der Welt zu beweisen, daß der kaiserliche Ahnherr der klügere Rechner, der größere Diplomat, der Erringer des Endsieges gewesen wäre.
Die Vermählung des englischen Königspaares hat am 25. Juli 1554 stattgefunden. Erst gute drei Wochen später wird der feierliche Einzug in London gehalten. Er geht unter geziemendem Aufwand von höfischem Prunk, hauptstädtischem Straßenschmuck und lärmendem Volksgewimmel vor sich. Man hat alles getan, um der grauen Themse-Stadt ein festliches Aussehen zu geben; sogar die Köpfe der Hingerichteten des Januar-Aufstandes, also der Wyatt, Suffolk und Genossen, hat man von den Stangen, an denen sie bisher öffentlich aufgespießt waren, abgenommen und beseitigt. Das Gesamtereignis vermag uns aber hier nur durch eine besondere Einzelheit zu fesseln. Philipp, der Erbe der überseeischen Märchenländer, bringt seiner englischen Gemahlin 97 Kisten voll ungemünzten Goldes in die Ehe, und dieser Schatz wird beim Einzug des Paares in der Hauptstadt auf festlich gezierten Wagen, unter martialischer Bedeckung zwar, aber offen und allen Augen sichtbar, mitgefahren und zur Schau gestellt. Der Kaiser legt Wert darauf, auch in dieser Hin-

sicht nicht als der Empfangende, sondern als der Gebende sich auszuweisen. Unter den staunenden Zuschauern ist auch John Elder, ein ehrsamer Londoner Bürgersmann, und aus seinen Aufzeichnungen wissen wir ziemlich genau, wie König Philipp an diesem Tage ausgesehen hat. Hier ist der Eindruck, den John Elder von ihm hatte: „Das Gesicht ist wohlgeformt, die Stirne breit, die Augen grau, die Nase gerade und die Haltung männlich. Von der Stirne bis zum Kinn wird der Kopf auffallend schmal. Schritt und Gang sind so straff und aufrecht, daß der Körper nicht einen Zoll an Größe einbüßt. Haupt- und Barthaare sind hellblond (yellow). Im ganzen betrachtet ist der Mann an Körper, Armen, Beinen und sonstigen Gliedmaßen so gleichmäßig wohlgebildet, daß die Natur schwerlich eine vollendetere Probe der Schöpfung hätte zuwege bringen können. Man sagt, er sei 28 Jahre alt. Meinem Dafürhalten nach muß er einen herzhaften Sinn, einen durchdringenden Verstand und ein äußerst umgängliches Wesen haben." Wir dürfen wohl annehmen, daß John Elder nicht der einzige war, der diesen Eindruck empfing, daß vielmehr der Spanier den Londonern durchaus nicht so abschreckend und unzugänglich, so diabolisch und fürchtenswert zu sein schien, wie sie sich ihn in ihrer Abneigung gegen den ganzen Ehehandel vielleicht vorgestellt hatten. Freilich darf man dabei eine witzige und gutgelaunte Bemerkung, die Kaiser Karl um die Zeit des Londoner Einzuges zu seinen Getreuen in Brüssel machte, nicht allzu ernst und wörtlich nehmen. Ruy Gómez de Silva hatte nämlich in eben jenen Augusttagen an den Sekretär Eraso berichtet, daß Philipp bereits die Herzen aller Engländer für sich gewonnen habe. Eraso gab die Neuigkeit an den Kaiser weiter und dieser sagte darauf mit gutmütigem Spotte: „Da muß er sich aber ganz erheblich geändert haben." Vergleichen wir endlich die Beschreibung aus der Feder des John Elder mit dem von Tizian gemalten Augsburger Bilde, so gewinnt das letztere sehr viel an Wirklichkeitsnähe und innerer Beseelung.
Nicht nur mit den Engländern im allgemeinen weiß Philipp gut zu fahren, sondern auch mit Maria im besonderen. Zwar hat derselbe Ruy Gómez, von dem vorhin die Rede war, anfänglich

schwere Zweifel gehegt, ob es wohl gelingen werde, das ungleiche Paar einigermaßen harmonisch aufeinander abzustimmen. „Die Königin ist viel älter als man uns gesagt hat", so schrieb er am Tag der Hochzeit von Winchester. „Wenn sie wenigstens spanische Kleidung und spanischen Kopfputz trüge, dann würde es nicht so deutlich sichtbar, wie alt und wie mager sie ist. Ich muß offen gestehen, es wird viel göttlicher Beistand nötig sein, um diesen bitteren Kelch zu leeren." So drückte sich mit einem merklichen Stich ins Zynische der auch sonst sehr scharfzüngige Portugiese aus. Aber man braucht sich darum den jugendlichen Philipp noch lange nicht als das Opfer einer alten Kreuzspinne vorzustellen. Er wußte es vom ersten Tage an, daß diese Verbindung „nicht um der Fleischeslust willen" geschlossen worden war (es sind wieder Ruy Gómez' eigene Worte), und er tut sein Bestes, sich und der Frau gegenüber, um das Verhältnis nicht nur erträglich, sondern auch nahezu glücklich zu gestalten. Zwar ist Maria um ein gutes Jahrzehnt zu alt für ihn, auch hat sie körperlich nicht allzuviel weibliche Reize auszuspielen; zwei Tatsachen, die nicht wegzuleugnen sind. Aber Philipp müßte nicht der im Kern seines Wesens grundgütige und vornehm denkende Mensch gewesen sein, wenn er nicht durch die ihm von dieser hartgeprüften, aber trotzdem jeder Schärfe und Bitterkeit entbehrenden, für ihre gewalttätige Zeit viel zu sanftmütigen Frau entgegengebrachte Liebe innerlich ergriffen worden wäre, wenn er nicht das ihm dargebotene Vertrauen in echter Ritterlichkeit erwidert hätte, wenn er nicht durch den leisen Unterton von Mütterlichkeit, der Marias weibliche Hingebung verklärte und veredelte, gerührt worden wäre. Nun geben sich freilich die französischen und englischen Berichte der Zeit alle erdenkliche Mühe, diese Annahme schon im voraus Lügen zu strafen. Sie wissen angeblich davon, daß Philipp seine Gemahlin von Anfang an durch Vernachlässigung und schlechte Behandlung kränkte, oder sie deuten an, daß er sie durch lockeren Umgang mit der jüngeren Weiblichkeit des Hofes zu hysterischen Ausbrüchen der Eifersucht reizte. Aber ihre Skandalmeldungen scheinen uns nur das zu enthalten, was den Wunschbildern dieser Hintermänner entsprach und von dem sie gerne gewollt hätten, daß es wahr wäre. Wir für unseren Teil — und damit ist schon gesagt, daß die persönliche Auffassung des Lesers keineswegs bevormundet werden soll, denn es kann jeder die gegensätzlichen Dokumente bewerten wie er es für gut und richtig findet — sind der Überzeugung, daß Philipp mit Maria Tudor, auch wenn er keine eigentliche Liebe für sie aufzubringen vermochte, durchaus als echter Christ und als spanischer Kavalier umgegangen ist. In dieser Annahme bestärken uns vor allem zwei Briefberichte, deren Schreiber durchaus keinen Anstand genommen hätten, die Wahrheit, auch wenn sie anders gelautet hätte, offen zuzugeben. Der eine ist unser oft zitierter Ruy Gómez de Silva, der schon deswegen als ein unparteiischer Zeuge gelten muß, weil er ohnehin gegen die Königin etwas voreingenommen ist. Er meldet in einem vier Wochen nach der Hochzeit geschriebenen Briefe ohne jeden Vorbehalt, daß das Verhältnis zwischen dem königlichen Paare ein außerordentlich herzliches sei, daß Philipp über den Mangel seiner Gemahlin an körperlichen Reizen ehrlich und großzügig hinwegsehe, daß sie selber die glücklichste und zufriedenste Ehefrau sei, die man sich denken könne. Der andere ist ein dem Namen nach nicht bekannter Hofkavalier aus Philipps Umgebung — sein Brief ist nur in einer Abschrift zweiter Hand erhalten — und er berichtet in rein privater und vertraulicher Form an einen guten Freund in Salamanca. Seiner längeren Rede kurzer Sinn ist aber in zwei Worten dieser: die Verbindung Philipps und Marias darf als Musterehestand gelten.

Daß Kaiser Karl, durch ähnliche Berichte genau auf dem laufenden gehalten und wahrheitsgemäß informiert, über die Erfolge Philipps und über den Fortgang der englischen Angelegenheit in hohem Grade befriedigt ist, das versteht sich von selbst. Weniger Freude erlebt er dagegen an seinen getreuen Spaniern, die aus den Klagen und Beschwerden schlechterdings nicht mehr herauskommen und von deren Zusammenleben mit den Engländern der Spruch des Dichters gilt: es ist wie wenn Feuer mit Wasser sich menget.

Da ist zuvörderst die mißliche Sache mit den Herren des bur-

gundischen Zeremoniells. Die Königin hat in bester Absicht für ihren Gemahl einen eigenen Hofstaat nach burgundischer Vorschrift eingerichtet, der natürlich aus lauter Engländern besteht. Damit aber ist der gesamte spanische Hofstaat, vom Mayordomo mayor bis herab zum letzten Stiefelwichser, überflüssig und beschäftigungslos geworden. Die hohen und niedrigen Amtsträger stehen sich gegenseitig im Wege und wissen nicht, womit sie die Zeit totschlagen sollen; Philipp aber kann sich nicht dazu entschließen, die ganze Gesellschaft, die so begeistert mit ihm gezogen ist, nun einfach wieder heimzuschicken. Die unteren Dienstgrade beschränken sich auf ein mehr oder minder offenes Schelten und Belfern. Sie würden mit tausend Freuden die Fleischtöpfe Englands für das trockene Brot der spanischen Heimat hingeben. Sie wären, so beschwören sie es, viel lieber auf den Stoppelfeldern von Toledo, als auf den Wald- und Wiesentriften des Amadis; sie, die zuvor eher das letzte Hemd am Leibe verkauft hätten, als daß sie zurückgeblieben wären. Die adeligen Kavaliere ihrerseits, unnütz und beiseitegedrängt wie sie sich fühlen, tun das Beste, was in diesem Falle zu tun ist: sie bitten um die Erlaubnis, zum kaiserlichen Heerbann in den Niederlanden stoßen zu dürfen, um sich dort im Kriege gegen Frankreich nützlich zu machen. Philipp muß wohl oder übel Ja sagen, und so nehmen kurz nach dem Hochzeitstage von Winchester der Herzog von Medinaceli, die Marqueses de las Navas und de Aguilar, die Condes de Chinchón und de Fuensalida ihren Abschied. Im August 1554 kommen dann Don Diego de Acevedo und mit ihm gleich 30 andere Kavaliere und holen sich die gleiche Erlaubnis, und schließlich sind es insgesamt einige 80, die den Krieg in Flandern der Langweile und Zurücksetzung in England vorziehen. Der Herzog von Alba und Ruy Gómez de Silva, die unentwegt Getreuen, bleiben freiwillig, die Grafen von Feria und von Olivares, sowie Don Pedro de Córdoba und Don Diego de Córdoba lassen sich auf ausdrücklichen Wunsch des Königs Philipp zurückhalten.
Diese beiden Córdoba nun, der eine Mayordomo, der andere Kammerherr des Königs, beide aus uraltem kastilischem Adel

stammend und dem Geschlechte der Herzöge von Sesa zugehörig, beide auch Ritter des Santiago-Ordens, sehen sich eines Tages in den Gassen von London einer peinlichen Belästigung durch den Pöbel ausgesetzt, denn sie tragen ihre weißen Ordensmäntel und vorne drauf das in rotem Seidenstoff aufgenähte, einem Schwertgriff ähnliche Santiago-Kreuz. Das regt den Londoner Mob gewaltig auf. Was sie mit dieser papistischen Maskerade wollten, wird ihnen unter Gelächter und Johlen zugerufen. Sie werden in Gang und Gebärde nachgeäfft und unter Absingen von Spottversen ausgepfiffen; nur ihr gezogener Degen vermag sie vor der Schmach zu bewahren, daß man ihnen die Mäntel vom Leibe reißt. Was in diesen Tagen und Monaten an Menschen spanischer Zunge in England zu verweilen und unter das Volk zu gehen gezwungen ist, das wird zum Spielball schlimmster Feindseligkeiten und Quälereien. Wo sich ein Spanier blicken läßt, wird er verhöhnt, geprügelt und ausgeplündert. Läßt sich aber einmal einer zu einem Schlag der Gegenwehr hinreißen, so gibt es gleich wilde Haufenbildung, und der Überfallene darf froh sein, wenn er das nackte Leben rettet. Zusammenstöße und Messerstechereien sind an der Tagesordnung, vor allem in der Umgebung des königlichen Schlosses, und die Leibwache Ihrer Majestät übt mehrmals des Tages die Funktion eines Überfallkommandos aus. Ein Lakai des Herzogs von Alba wird im Hofe von Westminster Abbey von einem Engländer tätlich angegriffen; als er den Beleidiger mit einem Büchsenschuß niederstreckt, entbrennt ein regelrechter Kampf, bei dem es auf beiden Seiten über ein Dutzend Tote gibt. In Kingston-upon-Thames tötet ein Spanier einen Briten, der ihn durch Spottgebärden bis zum äußersten gereizt hat. Es entsteht ein Volksauflauf, der Täter wird erschlagen und in Stücke gerissen, die wütende Menge zieht unter unflätigen Schmähungen wider die „spanischen Papistenknechte" gegen die Kirche los, in der die Spanier eben das Fronleichnamsfest feiern. Die Bedrohten verbarrikadieren sich im Gotteshaus und die Menge geht von außen mit Steinen, Prügeln und Schußwaffen zum Sturmangriff vor. Nur das rechtzeitige Erscheinen der berittenen Palastpolizei verhütet eine schlimme Katastrophe.

Das geringere Übel ist noch, daß die Spanier, ob hohen oder niedrigen Standes, allüberall schamlos bestohlen werden. Vom Reisegepäck Philipps verschwinden auf dem Wege zwischen Richmond und London einige fünf Kisten samt dem wertvollen Inhalt, ohne daß man die geringste Spur von den Tätern entdeckt. Der Sohn des Marqués de Villena, Don Juan Pacheco, wird um bare 400 Taler, sein ganzes Silbergerät und seine Schmucksachen erleichtert, und kein Knopf kommt mehr zum Vorschein. Ruy Gómez de Silva ist der einzige, der das Elend mit Humor erträgt, denn er schreibt nach Hause: „Es gibt große Spitzbuben unter diesen Engländern und sie stehlen am hellichten Tage. Uns Spaniern gegenüber haben sie das eine voraus, daß wir es mit versteckter Schläue, sie aber mit offener Gewalt tun." Gegen Spanier minder hoher Stellung werden sogar planmäßige Raubüberfälle organisiert. Wo immer eine Gruppe von ihnen über Land zu marschieren gezwungen ist, da läuft sie Gefahr, von einer Übermacht aus dem Hinterhalt angefallen und bis aufs Hemd ausgeplündert zu werden.

Nun möchte der Leser vor allem zwei Fragen beantwortet haben. Die eine: was ist der Grund zu diesen widerwärtigen Haßgreueln? Die andere: was hat Philipp getan, um wenigstens die den mittleren und unteren Schichten zugehörigen Spanier seines Gefolges, also die am meisten und am schwersten Betroffenen, zu schützen? Der Bescheid auf die erste Frage lautet: die nackte Angst einer durch zielbewußte und zähe Hetze aufgeputschten Menge. Die englischen Bibelheißsporne und die französischen Sendlinge haben genügend Zeit gehabt, auf Markt und Gasse, in Häusern und Hütten, in Kramläden und Schenken die verwegensten Gerüchte über die Absichten der Spanier zu verbreiten. Zehntausend Bewaffnete sollten nach und nach gelandet und dann gegen die Hauptstadt eingesetzt werden. Mit Feuer und Schwert sollte die Herrschaft des Papsttums wieder erneuert werden und die Scheiterhaufen der spanischen Inquisition sollten über das ganze Land hin brennen. Das verteilte und verkaufte Kirchengut sollte auf Heller und Pfennig zurückgefordert und das Vermögen der nicht freiwillig Bekehrten eingezogen werden. Wer immer aber

diesen Gerüchten Glauben schenkte und diese Möglichkeiten für drohende Gewißheiten hielt, für den war der versteckte und der offene Kampf gegen die Spanier eine vaterländische Pflicht und ein heroisches Tun.
Die Lösung der zweiten Frage wird uns in einem spanischen Briefbericht, aus dem uns der ganze Jammer des betrogenen kleinen Mannes entgegenschlägt. „Para nosotros no hay justicia", so heißt es da. „Für uns gibt es keine Gerechtigkeit. Wir haben von Seiner Majestät den gemessenen Befehl, in keiner Weise störrisch und eigenwillig zu sein, nirgends Händel anzufangen und niemanden zu reizen, vielmehr die uns angetane schmähliche Behandlung stillschweigend hinzunehmen und zu tun, als ob wir sie nicht als solche empfänden. Unser Polizeichef Bribiesca und die kaiserlichen Gesandten und Vertrauensmänner, an die wir uns beschwerdeführend wandten, gaben uns mit Achselzucken den Bescheid, es sei eben der Wille des Königs, daß wir geduldig stillhielten und das alles über uns ergehen ließen. Die Englischen aber halten uns für Feiglinge und tun mit uns was sie wollen." —
Aus Feigheit einen Schimpf zu erdulden, sich für eine Beleidigung oder Zurücksetzung nicht rächen zu dürfen, das ist für einen Spanier der habsburgischen Ära so ziemlich die tiefste Erniedrigung, die ihm widerfahren kann. Erschütternd und zugleich erhebend aber ist es zu sehen, wie unser Gewährsmann in dieser Zwangslage an das Gewissen und an das Ehrgefühl der englischen Quälgeister appelliert und dann aus der offenkundigen Vergeblichkeit eines solchen Appells heraus sich damit tröstet und innerlich zurechtrückt, daß er sich und den anderen sagt: „Diese Engländer sind eben Barbaren und Häretiker, sie haben darum auch kein Ehrgefühl und kein Gewissen noch auch einen Gottesbegriff, vor dem sie Respekt und Furcht empfinden."
So sind also den vielen Spaniern, die sich in eitel Abenteuerlust und wohl auch in einigem Eigennutz zur englischen Brautfahrt ihres Prinzen herangedrängt haben, alle Hoffnungen und Erwartungen auf gesteigertes Erleben, auf Ruhm, Erfolg und klingenden Lohn wie eine Seifenblase in Nichts zerronnen. Gleich lästigen Bettlern werden sie herumgestoßen, rechtlos und ehrlos sind sie

den Haßinstinkten einer anders gearteten Rasse ausgeliefert, und am Ende aller Enttäuschungen und alles Mißvergnügens steht immer wieder die Erkenntnis: „Para nosotros no hay justicia." Und noch ein lichtes, strahlendes Gespinst, aus Phantasiefäden gewoben, ist ihnen erbarmungslos zerrissen und vom Winde verweht worden.
Soweit sie des Lesens kundig sind, und nur ganz wenige sind es nicht, haben alle diese Spanier adeligen und nichtadeligen Standes, die da voll Neugier und Abenteuerlust über das Meer nach England segelten, den Amadis-Roman gelesen, und nun ist ihnen das landschaftliche und architektonische Antlitz des Inselreiches zu einem denkwürdigen Erlebnis geworden. In den immergrünen Wald- und Wiesenbreiten, in den sanften Tal- und Hügelwellen, in dem Überfluß an eiligen Bächen, murmelnden Quellen und stillen Teichen, in den vielen altersgrauen Burgen und Schlössern vermeinen sie mit Gewißheit die Schauplätze amadisischen Lebens und Treibens wiederzuerkennen. Nur hier und nicht in der Bretagne konnte der Dichter gelebt haben, nur hierzulande, wo auch die Frauen, und zwar ganz allein, über Land ritten, konnten sich alle die zauberhaften Abenteuer des Romans einmal wirklich begeben haben. Einer von den spanischen Amadis-Schwärmern erkennt in der Isle of Wight die Isola Firme wieder und in der Isle of Man die Insel Mongaza. Ein anderer findet, daß es unter den Hofdamen der Königin wenige Orianas, aber desto mehr Mabilias gebe, und er nimmt an, daß wir alle wissen, wer die sprichwörtlich schöne Oriana und wer die häßliche Vettel Mabilia war, von denen im Amadis-Roman soviel Wesens gemacht wird. Der nächtliche Schloßpark von Winchester ist für die Höflinge Philipps ein Zaubergarten des Amadis geworden, und einer von den spanischen Briefschreibern versteigt sich zu der Behauptung, daß man in England noch viel mehr sehen und erleben als in den Ritterbüchern lesen könne.
Jetzt haben die Spanier auch dieses Sehen und Erleben hinter sich gebracht. Jetzt sind sie auch von ihrer amadisischen England-Schwärmerei gründlich und schmerzlich geheilt.
Die spanische Heirat ist das zweite der drei großen Ereignisse,

die Maria Tudors Leben und Regieren ganz einmalig, ganz unenglisch, ganz unpopulär gestalten. Das dritte wird die Zurückführung des Landes in die Einheit der alten christlichen Mutterkirche sein, aus der es die brutale Willkür und Eigensucht eines Heinrich VIII. wie einen Quaderstein aus tausendjähriger Mauer losgesprengt hat. Bei diesem Vorhaben nun, das für sie eine schwere und ernste Gewissenssache bildet und bei dem ihr die Ehe mit dem Kaisersohn, wie sie hofft, eine feste Stütze sein wird, geht Maria mit größter Behutsamkeit und Toleranz zu Werke. Sie will ihr Volk nicht zwingen, sondern überzeugen, sie will vergangenes Unrecht wiedergutmachen, auch vergangene Schuld opferbereit sühnen und mit mütterlicher Hand alles in die friedlichen Bahnen von ehedem zurückleiten. Wenn trotzdem das kühne Unterfangen zuletzt in einem blutigen Gewaltregiment enden muß, so ist das zum geringsten Teil ihre persönliche Schuld.
Als der Knabe Eduard VI. zur Erde bestattet und die kirchliche Gedächtnisfeier nach römischem Ritus abgehalten wird, da verkündet ein Manifest der neuen Königin, daß niemand gezwungen sein soll, der Totenmesse beizuwohnen. Kurz darauf folgt ein Erlaß, es könne jedermann bei der ihm zusagenden Bekenntnisform verbleiben, bis durch Parlamentsbeschluß eine Entscheidung über die Staatsreligion getroffen sei. Also nicht sie selbst, sondern die Volksvertretung hat das letzte Wort. Die eigentliche Rekatholisierung sodann nimmt Maria ohne Überstürzung und zunächst ohne jede Strenge vor. Sie unterhandelt mit dem Päpstlichen Stuhle, um den auf ihrem Lande liegenden Kirchenbann gelöst zu bekommen, und ihre Schritte sind, wenn auch unter der herkömmlichen Verschleppung und unter endlosem Botenwechsel zwischen Rom und London, von Erfolg begleitet. Im Oktober 1553 beschließt das Parlament das erste entscheidende Gesetz: die Priesterehe wird abgeschafft, die lateinische Messe nach römischem Ritus wird wieder eingeführt, die Sakramente, die Kirchengebote, die Heiligenverehrung treten wieder in Kraft. Indes ist das mehr ein Schutzgesetz für die Altgläubigen als ein Zwangsgesetz für die Reformierten. Non-conformity soll vorerst noch straflos bleiben; niemand soll gezwungen sein, dem katholi-

schen Bekenntnisse anzugehören; straffällig wird lediglich, wer seine Ausübung stört oder hintertreibt. Die reformierten Bischöfe wie Cranmer, Latimer, Hooper und Ridley werden ihrer Ämter enthoben, aber man krümmt ihnen sonst kein Haar. Im Sommer 1554 wird die englisch-spanische Heirat vollzogen, die in den Hoffnungen der Altgläubigen wie in den Befürchtungen der Reformierten im Zuge der Rekatholisierung einen entscheidenden Schritt nach vorwärts bedeutet, und Ende November des gleichen Jahres ist dann endlich auch der päpstliche Legat, der vor Heinrich VIII. nach Rom geflohene Kardinal Reginald Pole, in England eingetroffen. Seine Nebenaufgabe ist es gewesen, auf der Reise durch Frankreich den dringend nötigen Vergleich zwischen Karl V. und Heinrich II. in die Wege zu leiten und die endlose und erfolglose Scharmützelei und Brandstiftung der Grenze entlang, die eine ungeheure Vergeudung und Vernichtung von Werten mit sich brachten, aber keinem zum Nutzen gereichten, zu beenden. In Frankreich ist er als Friedensbote und Friedensbringer von der kriegsmüden Bevölkerung mit geradezu frenetischem Jubel empfangen und gefeiert worden, aber sein Mißerfolg bei Heinrich II. und Katharina von Medici hätte nicht größer sein können. Seine Hauptmission indes ist die kanonische Zurückführung Englands in den Schoß der alten Kirche. Auf den 28. November 1554 werden die beiden Häuser des Parlaments in den großen Saal des Whitehall Palace einberufen. Die Königin leidet seit Tagen an einer quälenden Herzaffektion und wird, von einer Art Stupor befallen, wie ein Leichnam zu ihrem Thronsessel getragen. Eine Schar von weinenden und ängstlich flüsternden Hofdamen ist um sie beschäftigt. Zu ihrer Linken sitzt in schwarzer spanischer Hoftracht der königliche Gemahl, zu ihrer Rechten in wallenden Seidengewändern der Sendbote Roms. Nach einer Rede des stattlichen und oratorisch hochbegabten Legaten läßt sich das versammelte Parlament scheinheilig auf die Knie nieder und empfängt aus seiner Hand die päpstliche Absolution. Nicht einem Drittel der alten Füchse ist es ernst damit. Viel wichtiger dünkt ihnen die feierliche Zusicherung, der Heilige Vater sei auf ausdrückliches Verlangen der Königin damit einverstanden, daß eine Rückforderung des geraubten und verschleuderten Kirchengutes nicht beabsichtigt werde. Papst wie Königin wissen, daß in diesem Punkt selbst bei dem königstreuesten Engländer die Gemütlichkeit aufhört.

Schon vermeint Maria Tudor wesentliche Teile ihres Lebenszieles erreicht zu haben. Ihre Ehe ist geschlossen, ihr Land ist rekatholisiert, sie braucht nur noch einen Erben zu gebären. Aber sie hat trotz allen Eifers und allen guten Willens das furchtbare Odium unterschätzt, das in den reformgläubigen Ländern des 16. Jahrhunderts auf allem lastet, was Spanisch ist, sie hat auch die gut organisierte antispanische und antikatholische Propaganda, die der Franzose in ihrem Lande unterhielt, nicht rechtzeitig in ihrer Gefährlichkeit erkannt und tatkräftig unterbunden. Man muß sich schon die Mühe nehmen und die Berichte eines Noailles an Heinrich II. lesen, um gewahr zu werden, was da von einer gutgläubigen und vertrauensseligen Frau, die aber keine Politikerin war, an Versäumnissen aufgehäuft wurde. Fieberhaft arbeiten das französische Geld und die französische Angst zusammen, um die konfessionelle Zwietracht zu schüren, um Verschwörungen und Konventikel aufrecht zu erhalten, um die Königin und ihren spanischen Gemahl und schließlich alles, was katholisch und spanienfreundlich ist, dem öffentlichen Spotte preiszugeben. Je näher Maria Tudor der Erfüllung ihres Lebenszieles zu kommen scheint und glaubt, desto offener arbeitet die französische Gegenaktion. Obwohl die Anhänger der antirömischen Bekenntnisse, die teils Anglikaner im Sinne Heinrichs VIII., teils Hot-Gospellers der Richtung Northamptons, teils Kalvinisten sind, schon in Scharen nach dem Kontinent ausgewandert sind, entzündet sich an dem Rekonziliationsakt des Kardinals Pole eine neue Flamme konfessioneller und dem Königtum abträglicher Hetze und Widersetzlichkeit. Einzelne Fanatiker begehen Selbstmord, weil sie lieber gleich sterben wollen als auf die Hinrichtung warten, die für den Häretiker drohen soll; andere stechen den messelesenden Priester am Altare nieder; wieder andere tun sich in Haufen zusammen, um die Predigten in den katholischen Kirchen mit johlendem Tumult zu stören; wieder andere kleben Zettel mit

Schmähungen und Drohungen gegen die Papisten an Türen und Mauern; wieder andere hängen tote Hunde oder Katzen, die mit Meßgewändern bekleidet und auf dem Kopfe tonsuriert sind, an öffentlichen Plätzen und Gebäuden auf, und den Strick haben die Tierkadaver, um ja recht deutlich als Symbol zu wirken, stets um den Hals. Wird einer auf der Tat ertappt und mit dem Tode bestraft, dann sieht er sich post mortem als Held und Glaubensmärtyrer gefeiert; kommt er auf Fürsprache hin mit einer Geldbuße davon, so laufen freche Spottverse gegen die „feigen" Behörden und gegen die „schwache" Königin von Mund zu Mund. Die Regierenden begreifen endlich, daß es so nicht mehr weitergehen kann, und sie beschließen die Anwendung despotischer, kompromißloser Gewalt. Sie meinen, was einem Heinrich VIII. gelungen sei, das müsse auch ihnen zum guten Erfolge gedeihen. Und damit beginnt der Schlußakt in Maria Tudors Lebenstragödie, jene traurige und folgenschwere Periode, die man als das Blutregiment ihrer letzten Jahre bezeichnet hat.

Der Lordkanzler Gardiner entwirft zur Aufrechterhaltung der Ordnung und des inneren Friedens das Abwehrgesetz „For the punishment of Heretics" und das Parlament sanktioniert es. Mit der Unterschrift des Königspaares versehen, tritt es in Kraft am 22. Januar 1555. Auf Bekehrungsverweigerung steht Feuertod als Strafe. Das Vollzugsverfahren unterscheidet sich vom Inquisitionsgericht nur durch das Fehlen der Tortur. England hat zum drittenmal innerhalb weniger Jahrzehnte eine neue, ihm durch Gesetz auferlegte Bekenntnisform und Staatsreligion. Für ihre zwangsweise Durchführung sorgen der Lordkanzler Gardiner und der Londoner Diözesanbischof Bonner, zwei kalte Fanatiker, die zu Heinrichs VIII. und Eduards VI. Zeit im Gefängnis gesessen sind und jetzt die Stunde der Vergeltung gekommen sehen. Maria selbst ist durch ihre Unterschrift gebunden und vermag auch mit ihrem Begnadigungsrecht den entfesselten Gewalten nur geringen Einhalt zu tun. In vier Jahren, so kann man es heute noch in älteren Geschichtswerken lesen, sollen über 1000 Personen wegen Häresie verbrannt worden sein. Nun hat freilich die dokumentarische Forschung der neueren Zeit ermittelt, daß ihre Zahl die 200 kaum nennenswert überschritt; jedoch auch diese Justizmorde sind an sich ebenso unbegreiflich wie verwerflich und können nur dann einigermaßen verständlich gemacht werden, wenn man sie aus den Spannungen und Gesinnungen ihres Jahrhunderts heraus beurteilt. „Die Zahl der Märtyrer", so sagt der amerikanische Tudor-Biograph Conyers Read, „erscheint lächerlich klein im Vergleich mit den gleichzeitigen Brandopfern auf dem Festland. Aber sie war groß für England; sie war tatsächlich unerhört für England. Deshalb schuf sie in den Köpfen der Engländer eine schablonenhafte Vorstellung von Rom und den Methoden Roms, welche drei Jahrhunderte nicht auszurotten vermochten." Diese Formulierung ist zweifellos richtig. Aber auch sie beantwortet die letzte und entscheidende Frage nicht, die wie ein bitterer Bodensatz in jeder Darstellung der Tudor-Geschichte unerledigt bleibt: warum sind Heinrich VIII. und Elisabeth, die den gleichen Gewissenszwang und den gleichen Glaubensterror, nur in anderer Richtung, ausgeübt haben, im Urteile der Nachwelt einer wachsenden Vergötzung teilhaftig geworden, und warum ist Maria Tudor, ob der gleichen Schuld fluchbeladen und mit dem entehrenden Beinamen der „Blutigen" behaftet, in die Annalen der Geschichte eingegangen?

Die Hochzeit des königlichen Paares ist im Juli 1554 gefeiert worden, und schon im Oktober des gleichen Jahres wird überall herumgetuschelt, daß die Gemahlin Philipps in anderen Umständen sei. Der Kaiser erhält die Nachricht durch einen Bericht des Simon Renard und er zweifelt nicht an der hocherfreulichen Tatsache, da der Gesandte, der die Königin des öfteren zu sehen Gelegenheit hat, hinzufügt, die äußeren Merkmale seien ganz untrüglich. Ende November ergeht auch eine amtliche Mitteilung des Privy Council an das Parlament, daß die Königin guter Hoffnung sei, und eine Weisung an den Bischof von London, er möge in der ganzen Diözese die Abhaltung von Dankgottesdiensten veranlassen. Ein eigenes Gebet wird außerdem von Amts wegen aufgesetzt, in Druck gegeben und in vielen Tausenden von Exemplaren in allen Kirchen verteilt. Die Priester sollen es mit den Gläubigen zusammen fleißig beten, denn es enthält die Bitte an den Allmächtigen, er möge Mutter und Kind durch alle Fährnisse der Geburt glücklich geleiten und dem Lande in Gnaden einen gesunden männlichen Erben schenken. Das Parlament hält beratende Sitzungen ab über die Erziehung des Kleinen und am Hofe regen sich geschäftige Hände mit der Vorbereitung von Säuglingswäsche, Wiege, Spielzeug und ähnlichen unerläßlichen Dingen. Intimitäten des königlichen Schlafgemachs in Hampton Court bilden das Gespräch an allen europäischen Höfen. Im Frühjahr 1555 geht in London sogar schon das Gerücht um, die Königin habe ein wunderschönes Knäblein geboren. Das Volk ist außer sich vor Freude, vergißt für einen Tag lang den Schrecken des Glaubensgerichtes, zündet Feuer an, läutet die Glocken, tanzt auf den Plätzen und betrinkt sich in den Schenken. Maria selber aber hofft und hofft von einem Monat auf den anderen, spielt mit Wiege und Windeln, betet unter Tränen unentwegt das Gebet um eine gute Entbindung. Ihr Andachtsbuch ist noch erhalten und die Seite, auf der es steht, ist vor allen anderen abgenützt und mit Daumenabdrücken an den Rändern gekennzeichnet. Der Zyniker Ruy Gómez de Silva aber hat einen schärferen Blick als alle zusammen. Noch im Juni 1555 schreibt er an den kaiserlichen Sekretär Eraso: „Obgleich sie einen Bauch hat wie Gutierre López, zweifle ich noch immer daran, daß sie schwanger ist."

Was mag nun der Grund zu dieser verhängnisvollen Selbsttäuschung so vieler gewesen sein? Zeitgenössische Geschichtsschreiber reden von einem „Mondkalb" (englisch „mole", das ist ein verunstalteter Menschenkeim), spätere Autoren glauben an eine chronische, durch das eheliche Beilager und das schon vorhandene Herzübel akut gewordene Wassersucht. Sir Spencer Wells meinte im Jahre 1877, daß ihr Leiden wahrscheinlich ein ursprünglich heilbarer Tumor der Ovarien war; durchaus nicht von der Hand zu weisen ist auch die Möglichkeit einer Scheinschwangerschaft auf hysterischer Grundlage, hervorgerufen durch das ins Krankhafte gesteigerte Wunschstreben der in einem wichtigen Teil ihres Lebenszieles bedrohten Frau. Aber eine sichere Diagnose ist bei der verschwommenen Unzuverlässigkeit der überlieferten

und zumeist nur von Laien aufgezeichneten Indikationen heute nicht mehr möglich. Bestehen bleibt nur die unleugbare Tatsache, daß Maria Tudor nicht nur unfruchtbar ist, sondern sogar den Keim einer schleichenden und — bei dem Stande der Heilkunst ihrer Zeit — unweigerlich tödlichen Krankheit in sich trägt. An dieser einen tückischen, außer aller menschlichen Berechnung liegenden, jeder menschlichen Abhilfe unerreichbaren Klippe also scheitern, strandenden Schiffen gleich, alle weitschauenden, auf europäische Ziele gerichteten Pläne und Absichten des Kaisers. Maria Tudors körperliches Versagen ist dazu bestimmt, die letzte und die größte der wenigen Niederlagen zu werden, die Karl V., der an viele Siege und Erfolge Gewöhnte, erleben muß. Mit einem Fiasko ohnegleichen enden Regierung und Herrschertum dieses burgundisch-spanischen Cäsaren, der ein halbes Jahrhundert lang die Schicksale von Völkern und Kontinenten in seiner Hand gehalten und ebenso gewissenhaft wie eigenwillig gelenkt hat.
Regierung und Herrschertum sagen wir, denn in ebendiesem Jahr 1555 ist Karl V. auch am Ende seiner körperlichen und geistigen Kräfte und Auftriebe angelangt. Er hat seine große Abdankung, die in dem denkwürdigen Brüsseler Staatsakt vom Oktober 1555 vor sich gehen wird, in allen Einzelheiten vorbereitet und er hat Sorge getragen, daß in dem spanischen Mönchskloster von San Jerónimo de Yuste in Extremadura ein behaglicher, mäßig großer Wohntrakt mit Terrasse an Kirche und Konvent angebaut wird. Dort will er, fern dem Zwist und Hader der europäischen Eifersüchte und Glaubenszerwürfnisse, die letzten Jahre seines Lebens in Ruhe und Frieden verrinnen lassen. Zu diesem das Antlitz Europas verändernden Vorhaben, das von London bis Wien, von den Hansastädten bis nach Sizilien eine Welle der politischen Erregung, einen Sturm von Hoffnungen und von Befürchtungen erregt, ist die Anwesenheit König Philipps, der ja die Nachfolge des abtretenden Herrschers in den Niederlanden und in Spanien, in Italien und im Kolonialreich auf seine Schultern nehmen soll, unbedingt vonnöten. Als er daher am 29. August 1555 in Dover das Schiff besteigt, um über Calais nach Brüssel zu reisen, da hat er nicht, wie man es vielfach (und zuweilen recht phantasievoll

ausgeschmückt) lesen kann, die erste beste Gelegenheit benützt, um sich von der ihm zur Last gewordenen Maria Tudor mit Anstand zu lösen, er hat nicht die arme Sieche aufatmend und fluchtartig im Stich gelassen, er hat nicht einen Scheingrund vorgeschützt, um einer Ehegemeinschaft zu entlaufen, die für ihn einem Strafgefängnis gleichkam, sondern er hat, dem väterlichen Befehle Folge leistend, sich bereit gehalten, eine schwere Pflicht auf sich zu nehmen. Die Fahrt nach Brüssel geschieht mit kleinstem Gefolge; das Hofgesinde bleibt unter der Aufsicht des Mayordomo Don Diego de Acevedo in London zurück. Erst als ihn die Verhältnisse in den Niederlanden erkennen lassen, daß da Aufgaben seiner harren, die ihn so bald nicht wieder freigeben werden, Regierungsgeschäfte, kriegerische Entscheidungen, Familiensachen, da schickt er den Befehl über den Kanal, den Hofhalt endgültig aufzulösen und nach Brüssel zu überführen. Am 20. Dezember 1555, kurz vor dem Weihnachtsfeste, schifft sich Acevedo mit dem gesamten Troß von Dienerschaft, Gepäck, Reit- und Lasttieren in Dover ein. Das ist der spanische Kehraus in England. Mit diesem Tage erst schlägt die Befreiungsstunde für die vielen Spanier, die immer noch nutzlos und zwecklos, heimwehkrank und vergrämt in London herumsitzen. Kurz vor Calais wird bei aufkommendem Sturme eine große Schaluppe leck und sackt bei hohem Wellengang in die Tiefe weg; mit ihr 25 Mann Besatzung und 20 Maultiere.

Der französische Gesandte in London, Sieur de Noailles, erachtet es als einen Teil seiner Amts- und Propagandapflichten, der Königin immer wieder bald mehr, bald weniger bestimmte Gerüchte hinterbringen zu lassen, daß ihr Gemahl in Brüssel wie der Zeisig im Hanf sich fühle und mit den schönen und, wie man wisse, sehr üppigen flandrischen Damen ein lockeres Leben führe. Wie die verhärmte, verblühte, enttäuschte Maria Tudor darunter leidet, läßt sich leicht ermessen. Ihre Sehnsucht nach dem vergeblich erwarteten Kinde und Erben wächst ins Krankhafte. Jetzt sucht sie mit Vorliebe die Dörfer und Höfe der Bauern auf, weil da der Kindersegen am größten ist. Hier setzt sie sich unter die Kleinen, beschenkt sie und liebkost sie; hier hält sie lange

Plauderstunden mit schwangeren Frauen, läßt sich von ihrem leiblichen und seelischen Zustand und von ihren Erfahrungen aus früheren Geburten erzählen; hier übernimmt sie die Patenschaft, wo immer ein Säugling das Licht des Tages erblickt. Ein Jahr und sechs Monate übersteht sie auf diese Weise in geduldigem Warten und sehnsüchtigem Hoffen, dann endlich soll der geliebte Gatte noch einmal für kurze Zeit ihr gehören. Am 18. März 1557 geht Philipp in Calais an Bord und am 20. ist das Ehepaar zum erstenmal wieder vereint. Bis Greenwich ist Maria dem Ankommenden entgegengereist und von hier ab fahren sie zusammen auf festlich geschmücktem Schiff die Themse aufwärts nach London.
Der Aufenthalt Philipps in England kann freilich nur von kurzer Dauer sein. Der Kaiser hat sich schon längst nach Spanien zurückgezogen. Den mit ihm geschlossenen Vertrag von Vaucelles hat Frankreich gebrochen, sobald es nur konnte, und die Kriegsfackel lodert wiederum lichterloh nicht nur entlang der französisch-niederländischen Grenze, sondern auch in Italien, wo seit kurzem in Paul IV. der grimmigste Spanienhasser, den der Heilige Stuhl je getragen hat, die höchste Würde der Christenheit inne hat. Und dieser Papst steht zu allem übrigen noch mit Frankreich und mit dem Türken im engsten Bunde. Über sein unbegreifliches und, gelinde gesagt, ganz und gar unpäpstliches Verhalten wird später noch allerlei zu erzählen sein. Philipp braucht also notgedrungen die militärische und finanzielle Hilfe seiner Gemahlin und die Kriegserklärung Englands an Frankreich. Maria ist mit allem einverstanden, aber der Privy Council macht Schwierigkeiten: es sei kein Geld da und der Ehevertrag unterbinde ausdrücklich jede Verwicklung Englands in die spanischen Kriege. Indes gerade zur rechten Zeit, im April 1557, erfolgt der Putschversuch des Fanatikers Thomas Stafford, und der allgemeine Unwille über ihn bringt zustande, was Philipp allein schwerlich erreicht hätte. Die militärische und finanzielle Beihilfe wird gewährt, der Krieg gegen Frankreich wird erklärt. Dieser Thomas Stafford, muß man wissen, war ein nach Paris geflohener Bibelheißsporn der radikalen Richtung, der mit Hilfe französischen Geldes und französischer Hetze die legitime Herrscherin zu stürzen und sich selbst

zum König auszurufen hoffte. Er fand jedoch zu wenig Anhänger, wurde zu früh entlarvt und als Hochverräter geköpft. Da nun Philipp bei den bevorstehenden kriegerischen Entscheidungen als oberster Befehlshaber des Heeres zum mindesten auf dem Kriegsschauplatze gegenwärtig sein muß, so sieht er sich gezwungen, noch vor Ablauf des Sommers wieder in Brüssel einzutreffen. Er verläßt England mit 8000 Mann Infanterie und 7000 Pfund in barem Gelde, was nicht eben viel ist und auf zähe Widerstände innerhalb des Privy Council schließen läßt. Die Summen, die ihm Maria auf eigene Rechnung zugesteckt hat, sind nur als Tatsache, nicht aber als Ziffer bekannt. Am 5. Juli 1557 verabschiedet er sich zum zweitenmal von Maria, die wieder bis Greenwich mit ihm gefahren ist. Der Trennungsschmerz der Frau ist grenzenlos; eine dumpfe Ahnung sagt ihr, daß es ein Abschied fürs Leben sein wird. Im grauen Dämmer des 6. Juli, um drei Uhr des Morgens, besteigt er dann in Dover das Schiff, das ihn nach Calais zu bringen bestimmt ist.
Mit Maria Tudor geht es von diesem Tage an seelisch und körperlich rasch abwärts. Ihre Wassersuchtsbeschwerden steigern sich, ihre Herzanfälle werden häufiger, ihre Apathie gegenüber den Regierungsgeschäften und den allgemeinen Zuständen ihres Landes wächst bedrohlich. Ihren Gegnern im eigenen Volke schwillt der Mut. Das aller Welt bekannte labile Befinden der Königin, der stets erneute Fehlschlag ihrer Schwangerschaftshoffnungen, die sichere Erwartung eines baldigen Thronwechsels, der bestimmt wieder ein neues Bekenntnis als das einzig wahre und gottgefällige anordnen und zwangsweise durchführen wird, alles das läßt den Widerstand gegen das Häresiegesetz in immer erneuten Ausbrüchen emporflammen. Diese verbissene Starrköpfigkeit aber und vielleicht auch die eigene Furcht vor einer bald bevorstehenden radikalen Änderung macht die Männer vom Schlage der Gardiner und Bonner immer noch unduldsamer, immer noch despotischer. Ende 1557 ist es schon so weit, daß die Häresierichter ihren Urteilen rückwirkende Kraft geben und die Gebeine von Verstorbenen aus der Erde scharren lassen, um sie zu verbrennen und die Toten als Ketzer zu entehren.

Das Jahr 1558 bringt für Maria Tudor die drei schwersten Schläge, die sie vielleicht treffen konnten: den Verlust von Calais, die Feindschaft des Papstes, den Tod des Kaisers. Calais, wichtig als Markt für den englischen Handel und als Stützpunkt für die Beherrschung des Kanals, seit über 200 Jahren in englischem Besitz und ein Prestigeposten ohnegleichen, geht infolge der unbegreiflichen Trödelei Philipps an Frankreich verloren. „Da seht ihr die Folgen und Früchte der spanischen Heirat", so gellt es wie ein einziger Entrüstungsschrei durch ganz England. Paul IV., der geschworene Feind der habsburgischen Spanier, droht Philipp, als er sich gegen die päpstliche Politik zur Wehr setzt, als einen Häretiker in den Kirchenbann zu tun; wie er den Kardinallegaten Reginald Pole behandelt, das braucht erst gar nicht erwähnt zu werden. Nun hat Maria Tudor ihren Lohn dafür, daß sie dem Papsttum den Frieden ihres Landes und ihres eigenen Lebens geopfert hat; nun sieht sie sich sogar genötigt, die Veröffentlichung der päpstlichen Kundgebungen in ihrem Lande zu verbieten. Welch eine niederschmetternde Enttäuschung für Maria, und welch eine unvergleichliche Torheit dieses Papstes! Nur einen Mann gibt es, der alle diese Wunden wieder zu heilen vermag, der Calais zurückerobern und den wütenden Pontifex zur Vernunft bringen kann, und dieser Mann ist der Kaiser. Aber Karl V. hat kein Ohr mehr für Marias Klagen und Hilferufe, er ist der großen Ernte, die der Tod in diesem Jahr 58 halten wird, bereits zum Opfer gefallen. Maria Tudor vermißt ihn wie andere einen Vater vermissen.

Drei Monate vor ihrem Lebensende wird die unglückliche Königin von einer eben ausgebrochenen Grippe-Epidemie überfallen und läßt sich von Hampton Court nach dem alten Saint James' Palace überführen. Hier bleibt sie für den Rest ihrer Tage an Zimmer und Bett gefesselt. Ihrer Stiefschwester Elisabeth, als der voraussichtlichen Thronerbin, legt sie durch Botschaft noch zwei Dinge vor allem ans Herz: die Summen zurückzuzahlen, die sie für Philipps kontinentale Kriegsführung von der Stadt London und von reichen Provinzbürgern entlehnt hat; und dann den Katholizismus in England aufrecht zu erhalten. Elisabeth läßt zurücksagen, sie verspreche beides hoch und teuer; gehalten aber hat sie keines von beiden. Sie hat es nicht einmal der Mühe wert gefunden, die Kranke während ihres dreimonatigen Hinschwindens auch nur ein einziges Mal zu besuchen. Am 9. November kommt der Graf von Feria mit einer Botschaft des fernen Gatten in London an. Maria Tudor empfängt ihn auf ihrem Siechbett, aber sie hat nicht mehr die Kraft, Philipps eigenhändigen Brief zu entziffern. Man muß ihr das Schreiben vorlesen, sehr deutlich und sehr langsam; einzelne Stellen daraus begehrt sie zweimal zu hören und sie lächelt dabei selig unter Tränen. Dann versinkt sie wieder in eine ohnmachtähnliche Teilnahmslosigkeit. Eine Woche darauf stirbt sie schmerzlos und plötzlich, einer Herzlähmung erliegend. Es ist der frühe Morgen des 17. November 1558, wenige Stunden vor Tagesanbruch. Die erste Verwirrung und Kopflosigkeit nach Marias Hinscheiden benützt der als Kammerherr fungierende und im Solde Elisabeths stehende Sir Nicolas Throckmorton, um der noch nicht erkalteten Leiche den Ehering vom Finger zu zerren, damit fortzuschleichen und ihn als Triumphsymbol und als Beweis des endlich eingetretenen Todes in die Hände Elisabeths zu legen. Kaum verbreitet sich die Trauerkunde im Stadtgebiet von London, da beginnt auch schon der Pöbel mit der Zerstörung der Heiligenbilder in den Kirchen und mit tätlichen Angriffen auf Priester und Mönche an den Altären und in den Straßen. Die sterblichen Überreste Marias werden in der sogenannten Kapelle Heinrichs VII. in Saint James' Palace mit allem höfischen und kirchlichen Prunke beigesetzt. Ihre Exequien sind die letzte Staatszeremonie der Römischen Kirche in England. An der gleichen Stelle wird 45 Jahre später (1603) auch Elisabeth bestattet. Zwei bescheidene schwarze Marmortäfelchen mit den nachstehenden Inschriften geben die letzte Kunde von diesen beiden kinderlosen Königinnen, von denen die ältere zweifellos die edlere, die jüngere aber die erfolgreichere war:

REGNO CONSORTES   ET MARIA SORORES
ET URNA HIC OBDOR   IN SPE RESURREC
MIMUS ELIZABETHA   TIONIS

Wir sind mit Maria Tudors trauriger und leidvoller Geschichte zu Ende, nicht aber mit dem Englanderlebnis Philipps II. Mit dem Tode Marias sind auch, so scheint es, des Kaisers kühn erdachte und schlau ins Werk gesetzte dynastische und machtpolitische Pläne für immer in Nichts zerflossen. Mit dem Tode Marias hat sich, so steht zu befürchten, der Traum eines rekatholisierten England für immer verflüchtigt. Aber Philipp II., jetzt König und Alleinherrscher der vereinigten spanischen Reiche, setzt diesen Wahrscheinlichkeiten und Befürchtungen den stärksten inneren Widerstand entgegen. Für ihn ist gar nichts verloren, gar nichts aufgegeben. In ihm bricht in dieser Situation der Fehlschläge und Enttäuschungen, zum erstenmal seit er selbständiger Souverän ist, jenes eigenartige Verhalten durch, dem wir schon im Knaben begegnet sind, als er um jeden Preis seinen dem Exil verfallenen Ruy Gómez wieder haben wollte, jene stumme und verbissene Zähigkeit in der Verfolgung einmal gefaßter und zum Entschluß erhobener Wünsche, jene Zähigkeit, die sich so gut mit der Geduld des Wartens, mit dem Zögern und der Bedächtigkeit des Vollziehens verträgt. Auf einen Fehlschlag mit Verzicht zu reagieren, ist nicht seine Sache. Ebensowenig das unüberlegte mit dem Kopf durch die Wand Rennen und das rasche Erzwingen des Veni-vidi-vici-Erfolges.

Mit dieser inneren Haltung und Gesinnung geht er auch an die weitere Lösung der englischen Frage heran, die immer noch und jetzt mehr als zuvor ein schwieriges Problem ist. Hat Maria Tudor die in sie gesetzten Hoffnungen nicht zu erfüllen vermocht, so wird es bestimmt Elisabeth Tudor, die jüngere und gesündere, zu tun imstande sein. Ist ihm Maria vor der Zeit und vor dem Erfolg weggestorben, so wird er eben Elisabeth zu seiner nächsten Gattin machen. Geliebt hat er die eine so wenig wie die andere, und in seiner Einstellung dem Weibe gegenüber ist ihm längst die Erkenntnis gereift, daß bei Eheschließungen von Herrschern nur die politische Zielsetzung und der dynastische Vorteil das Entscheidende, die Liebe und das persönliche Zueinanderstimmen aber nur zufällige Nebensächlichkeiten sind.

Philipps Entschlüsse finden sich bei genauerem Zusehen immer von langer Hand sorgfältig vorbereitet. Die Freundschaft Elisabeths hat er schon vom ersten Tage seines Aufenthaltes in England leise tastend gesucht. Seiner Fürbitte verdankt sie es, daß sie, die in der Wyatt-Revolte schwer Kompromittierte, schon im Herbst 1554 aus dem Gefängnis freigelassen wird und am Hofe gnädig kühle Aufnahme findet. Als Philipp im Juli 1557 England zum letztenmal verläßt, da erhält sie von ihm, nebst einem kostbaren Schmuckstück als freundschaftliches Andenken, einen liebenswürdigen Brief voll guter Wünsche für eine schöne Zukunft. In den Novembertagen von 1558 aber, als die Nachrichten von Marias Krankenbett immer bedrohlicher lauten, da schickt Philipp den Grafen Feria mit einem warmherzig gehaltenen Trost- und Ermunterungsbrief an die verlöschende Königin — wir hörten schon davon — und gibt ihm zugleich die Weisung mit, in seinem Namen dem Privy Council das folgende vorzutragen: er, König Philipp, habe den dringenden Wunsch, die Nachfolgeschaft Elisabeths ohne Aufschub gesichert zu sehen. Frankreich führe bestimmte Pläne im Schilde und versuche mit Eifer, ihn von seiner englandfreundlichen Haltung abzubringen. Er aber wolle seinem gegebenen Worte nicht untreu werden. Wenn also die Wahl der Nation auf Elisabeth falle, wie er wünsche und hoffe, so sei er bereit, sie auf jede Weise zu fördern und ihr im besonderen bei der Rückeroberung des verlorenen Calais — hier klingen heimliche Schuldgefühle Philipps mit auf — jede nur mögliche Hilfe zu leisten. Der Privy Council will zwar von einer weiteren Einmischung des Spaniers in ihre Angelegenheiten nichts wissen, aber immerhin sichert sie diese Bereitschaft des bisherigen Souveräns gegen verschiedene außenpolitische Schwierigkeiten. Philipp aber verfolgt mit zielsicherer Bedächtigkeit seinen Weg. Zwei Monate nach Elisabeths Thronbesteigung macht er ihr durch den gleichen Feria ein rundes Heiratsangebot. Dieser Feria nun — er ist mit einer englischen Hofdame vermählt und kann daher hinreichend gut Englisch, um für solche Missionen geeignet zu sein — glaubt einen besonderen Beweis seiner diplomatischen Fähigkeiten erbringen zu sollen und regt daher bei Philipp an, man müsse der Elisabeth vorspiegeln, sie sei nur deswegen von Maria alle die Jahre her so verhältnismäßig ungnädig behandelt worden, weil diese gemerkt habe, daß Philipp für Elisabeth lichterloh brenne, und weil sie daher vor Eifersucht förmlich gerast habe. Auf diese Leimrute würde, so meint Feria, die eitle Elisabeth bestimmt ansitzen. Philipp aber — zur späteren Formulierung seines Charakterbildes muß dies nachdrücklich betont werden — weist diesen Vorschlag mit kalter Entrüstung zurück und beschränkt Feria mit eindeutiger Strenge auf diese Verlautbarung: der Grund zu seinem Angebot sei, daß die gemeinsamen Interessen der beiden Mächte den Vollzug dieser Ehe in hohem Grade wünschenswert erscheinen ließen.

Elisabeth zeigt sich von dem Antrag aufs höchste geschmeichelt, aber einigermaßen überrascht. Sie hat die ehrliche Freundschaft Philipps und die ihr von ihm geleisteten Dienste nicht vergessen. Mit ihm als Gemahl, so rechnet sie, vermöchte sie die voraussichtlichen Ansprüche der Maria Stuart und ihrer französischen Helfer ohne Schwierigkeit abzuwehren. Sie berät sich mit ihrem Privy Council. Der allerdings erhebt nationale und konfessionelle Einwände aller Art und malt im besonderen das Gespenst der wiederkehrenden „papistischen Knechtschaft" in den schwärzesten Farben an die Wand. Elisabeth zögert also und legt sich starke Zurückhaltung auf. Nach welcher Seite hin ihre geheimen Wünsche gehen, erfährt niemand. Dem Gesandten wird die Antwort, die Königin wage nicht, auf Philipps Werbung ein einfaches Ja zu sprechen, denn davon schrecke sie die Möglichkeit ab, mit dem Heiligen Stuhl neue Händel wegen des kanonischen Ehehindernisses zu bekommen (Philipp ist bekanntlich als Witwer ihrer Schwester ihr leiblicher Schwager). Das wäre nun zwar für den spanischen Bewerber kein Grund zu ängstlichen Bedenken, denn päpstliche Heiratsdispensen beschafft er mit Leichtigkeit. Aber jetzt kommen Widerstände von einer anderen Seite. Die reformgläubigen Mitglieder des Parlaments stellen an den Privy Council das kategorische Verlangen, es sei mit sofortiger Wirksamkeit das katholische Bekenntnis wieder abzuschaffen und seine Ausübung mit schwerer Strafe zu bedrohen. Nur damit glauben sie die Gefahr, ein zweites Mal unter spanische Herrschaft zu kommen, ein für allemal abzuwenden. Elisabeth ist vorerst nicht gewillt, so wichtige Dinge wie die Religionsfrage Hals über Kopf zu entscheiden, aber das Verhalten des Parlaments hat nicht verfehlt, nach der Gegenseite hin seine Wirkung zu tun. König Philipp fühlt sich mit Recht in seinem Stolze tief verletzt. Wie einen aufdringlichen Bettler oder wie einen Aussätzigen braucht man ihn, den Herrscher der spanischen Reiche, den Sohn eines Karl V., nicht von der Schwelle zu weisen! Da sei Gott davor! Er legt also das Steuer seiner Politik bedächtig auf die andere Seite herum und vollzieht das, was er als zweite Möglichkeit längst schon reiflich überdacht und erwogen hat: er verlobt sich mit der ihm im Friedensschluß von Cateau-Cambrésis (1559) angebotenen Isabelle de Valois, einer Tochter Heinrichs II. von Frankreich. Als Elisabeth von dieser unerwarteten Wendung die erste Kunde erhält, da bricht sie in zorniges Weinen aus. Dem spanischen Gesandten aber gibt sie deutlich ihre Befremdung darüber zu verstehen, daß König Philipp es gar so eilig gehabt habe, sich zu entscheiden, und sie läßt offen durchblicken, daß er einen ausweichenden Bescheid nicht gleich für eine runde Absage hätte zu halten brauchen. Ob ihr Schmerz echt ist oder nicht, ob ihre Entrüstung gespielt ist oder nicht, das ist ihr Geheimnis geblieben.

England hat sich mit dem voreiligen Gewaltstreich seines Parlaments endgültig von Spanien getrennt. Entscheidungen sind gefallen und politische Umgruppierungen haben sich vollzogen, deren spätere Folgen von keiner der beteiligten Mächte vorausgesehen werden können. Jetzt erst sind Maria Tudors Träume und des Kaisers englische Pläne unwiederbringlich in das Dämmer des Gewesenen hinabgetaucht. Jetzt erst ist Philipps Englanderlebnis, arm an Erfolgen, eher trüb als heiter an Erinnerungen, aber reich an Lehren, für immer abgeschlossen und beendigt.

Wir sahen die negativen Erfolge, wir durften die Ursachen der trüben Erinnerungen miterleben, und wir möchten nun zu gutem Ende auch noch wissen, welcher Art die Lehren waren, die unser Spanier aus dieser englischen Episode, die immerhin ein Lustrum seiner besten Mannesjahre in Anspruch nahm, mitgenommen und dann im stillen bedächtig verarbeitet hat.

Philipp war seinerzeit bei der Landung in Southampton ungebührlich lange hingehalten worden, bis er endlich den Ritt nach Winchester zur Hochzeit antreten konnte. Die lange Verzögerung aber hatte ihren eigentlichen Grund in nichts anderem gehabt als in dem echt englischen Starrsinn der Mitglieder des Privy Council. Mit ihnen hatte sich Maria Tudor tagelang um Einzelheiten des Zeremoniells herumzanken müssen. So etwa, ob bei der öffentlichen Nennung oder Ausrufung der königlichen Titel ihr oder Philipps Name an erster Stelle anzuführen sei. Der Gesandte Simon Renard legte sich eifrig für seinen Prinzen ins Zeug und drohte mit einer ernstlichen Verstimmung des Kaisers. Jetzt erst gaben die amtlichen Perückenstöcke nach. Dann wünschte die Königin, daß ihr Gemahl in England eigens gekrönt werden solle; es wurde ihr rundweg abgeschlagen. Nun verlangte sie, daß man ihm in feierlichem „Coronation Act" wenigstens das Diadem des Prinzgemahls aufsetze; aber auch das wurde ihr verweigert. Nur mit Mühe und Not vermochte sie den Gestrengen die Erlaubnis zur Überreichung des Hosenbandordens abzuquälen, nicht aber die Deckung der Kosten aus Staatsmitteln; das Kostüm und die Insignien, eine Angelegenheit von 2000 Pfund, mußte sie aus eigener Tasche bezahlen. So verhielt es sich im Großen wie im Kleinen. „Hier haben die Könige so wenig zu sagen, als ob sie Vasallen wären. Hier befehlen und regieren die Räte. Sie sind die wahren Herren im Lande, sie werden höher geschätzt und mehr gefürchtet als die Könige selber." Dies ist die Ansicht eines dem Namen nach unbekannten Spaniers aus Philipps Gefolge und die etwas drastische Art, wie er sie zum Ausdruck bringt. Alles das beweist aber nicht nur, welch geringe Eignung und Neigung bei Maria Tudor zu einem absolutistischen Regiment vorhanden gewesen sind, sondern auch wie groß die Anpassungsfähigkeit der schlauen Lords an den Eigensinn oder die Nachgiebigkeit des jeweiligen Herrschers war. Wäre Maria Tudor ein für allemal auf ihrem königlichen Willen bestanden, einfach starr und steif bestanden, so hätte sie wahre Wunder an Fügsamkeit erleben können. Unter Heinrich VIII. und später unter Elisabeth haben diese schwierigen Herren, nur um ihre

Köpfe aufzubehalten, noch ganz andere Forderungen eilig und bereitwillig genehmigt.

Für Philipp II. ergibt sich aus solcherlei Erfahrungen die einmalige und unmißverständliche Lehre, daß nichts so sehr die persönliche Willensfreiheit und die eigene Entschlußkraft eines Monarchen zu beengen vermag wie das Dreinreden und das Mitregieren konstitutioneller Körperschaften. Philipp wird sich das für die Zukunft und für sein eigenes Regierungssystem gut merken. Er wird sich zwar nicht einen Heinrich VIII. zum Vorbild nehmen und jeden Widerspruch mit der capitis diminutio ahnden, er wird den Rat und die Meinung anderer gerne hören, ja sogar geflissentlich suchen, aber die letzte Entscheidung wird bei ihm allein liegen und sie wird allen Widerständen zum Trotz zur Durchführung gelangen. Keine Rätekammer, kein Minister und keine Volksvertretung soll sie zu ändern oder zu verhindern imstande sein, und der Versuch, es zu tun, wird dem Anfassen eines glühenden Eisens gleichkommen. Im Volksmunde wird sich das Urteil über dieses sein Verhalten später zu dem Aphorismus verdichten, bei ihm sei vom freundlichen Lächeln zum gezückten Messer nur ein kleiner Schritt; er aber wird sich damit begnügen, das ganze Verhältnis von König zu Volk in die anspruchslose und kühle Formel zu kleiden: „así conviene al servicio de Su Magestad". Dieses wird das Schlüsselwort des spanisch-habsburgischen Regierungssystems von Philipp II. an sein. Er wird freilich in dieser Gesinnung und in dieser seelischen Haltung auch einen verborgenen Bundesgenossen haben, nämlich das dem burgundisch-spanischen Zeremoniell immanente Herrscher-Tabu, über dessen machtvolle, mit den Jahrzehnten sich steigernde und verdichtende Wirkungskraft gerade auf die spanischen Untertanen wir uns schon früher klar geworden sind. Aber auch wenn dieser Umstand mitbewertet ist, so bleibt immer noch die eine Tatsache unverkennbar, daß der Absolutismus Philipps II. die stärksten Wurzeln nirgendwo anders hat als im Engländerlebnis seiner jungen Jahre.

Und noch eine zweite Lehre nimmt er aus England mit fort. Konfessioneller Hader und religiöse Zersplitterung untergraben den Frieden im Lande, schaffen Bürgerkriege und vernichten Werte, machen das Königtum zum Popanz von Parteien und Doktrinen, geben Anlaß zu hetzerischer Einmischung des Auslandes und bedrohen die Existenz des Staates. Das hat er schon in Deutschland zur Genüge kennengelernt, er hat mit Schrecken wahrgenommen, bis zu welchem Grade die Aussicht auf Bereicherung durch enteignetes Kirchenvermögen die Geister entzweite, das Recht beugte, die Gegensätze verschärfte. In England aber hat sich ihm diese Erfahrung erst so recht zur Überzeugung verdichtet. Derartige Spaltungsmöglichkeiten von seinem eigenen Ländererbe fern zu halten, das ist er, abgesehen von jeder geheiligten Tradition und jeder persönlichen Überzeugung, schon der Ruhe und dem Frieden seines Volkes schuldig. Und noch eine Folgerung drängt sich ihm mit zwingender Schärfe auf. Wenn in England seit Heinrich VIII. und in Deutschland seit dem Augsburger Religionsfrieden der Landesfürst die Befugnis hat, den Glauben seiner Untertanen und die Form der allein gültigen Staatsreligion zu bestimmen, dann wird es nicht mehr als billig sein, daß auch er, der mächtigste Herrscher des Erdenrundes, das gleiche Recht für sich in Anspruch nehme. Es steht also auch die zukünftige Religionspolitik Philipps II. ganz erheblich unter dem Eindruck seines Engländerlebnisses.

XIV. KAPITEL

Die Abdankung des Kaisers

Nach der vergeblichen Belagerung des geraubten Metz durch Karl V. im Winter 1552/53 war der Krieg zwischen ihm und Heinrich II. in langwierigen und erfolglosen Grenzkämpfen erschlafft. Noch im Frühjar 1553 gelang es den Kaiserlichen, die zwei befestigten Städte Thérouane und Hesdin zu erobern. Heinrich befahl als Vergeltungstat die Einnahme und Zerstörung des weitum berühmten Schlosses Mariemont, das der uns längst vertrauten Tante Maria gehörte und eines der schönsten Bauwerke flandrischer Renaissancekunst war. Ein namhafter französischer Historiker der Zeit um 1900 bemerkt dazu, eine derartige Tat des Vandalismus von seiten eines Valois vermöge nur Staunen zu erregen. Wir überzeugen uns aber leicht, daß es kein Ausnahmefall war, wenn wir lesen, wie sich Heinrich II. noch viel schlimmerer Vandalismen rühmt. „In den Niederlanden", so schreibt er im September 1553 an seinen Gesandten in London, „herrscht die größte Verzweiflung, denn meine letzte Reise dorthin hat so großen Schaden verursacht, daß eine Hungersnot droht. Die Scheunen waren alle prall gefüllt und die Wintersaat war noch nicht gestreut. Man hätte, um die Bauern zu schädigen, gar keine bessere Zeit zum Zündeln wählen können. Insgesamt wurden über 3000 Dörfer von dieser Zündelei (ceste bruslerie) betroffen." Anführer dieses heldenhaften Heeres von Brandstiftern war der Herzog von Guise. Uns aber dünkt das gewalttätige Niederbrennen friedlicher, von fleißigem Tagewerk summender Dörfer in den Wochen nach der Ernte ein viel größerer Vandalismus als die Zerstörung eines architektonisch wertvollen und Kunstschätze bergenden Schlosses. Heinrich II. hatte auch in Italien, so gut es ging, Verwicklungen gegen den Kaiser angezettelt. In Neapel wurde ein Aufstand gegen die spanische Herrschaft mit französischem Gelde finanziert, den der Türke durch einen Flottenangriff unterstützen mußte. In Siena versuchte man das gleiche. Doch weder ein entscheidender Sieg noch eine große Niederlage kamen irgendwo zustande. Der Krieg schleppte sich hin wie ein Untier, das nicht leben und nicht sterben kann. Da kam man auf den rettenden Gedanken, sich über den wechselseitigen Austausch der Gefangenen, die zahlreich und lästig waren, zu unterhalten. Dieser Ausweg ersparte gleichzeitig den beiden Gegnern die Schande, zuerst um den Frieden haben bitten zu müssen. Bevollmächtigte von hüben und drüben trafen sich in der Abtei Vaucelles bei Cambrai, und nach dem üblichen Feilschen und Streiten ergab sich der ersehnte Friede in Form des am 5. Februar 1556 vollzogenen Abkommens von Vaucelles. Der in ihm versprochene fünfjährige Waffenstillstand sollte sich auf alle Gebiete Frankreichs und des Hauses Habsburg

ISABEL VON FRANKREICH, ZEICHNUNG DER CLOUET-SCHULE

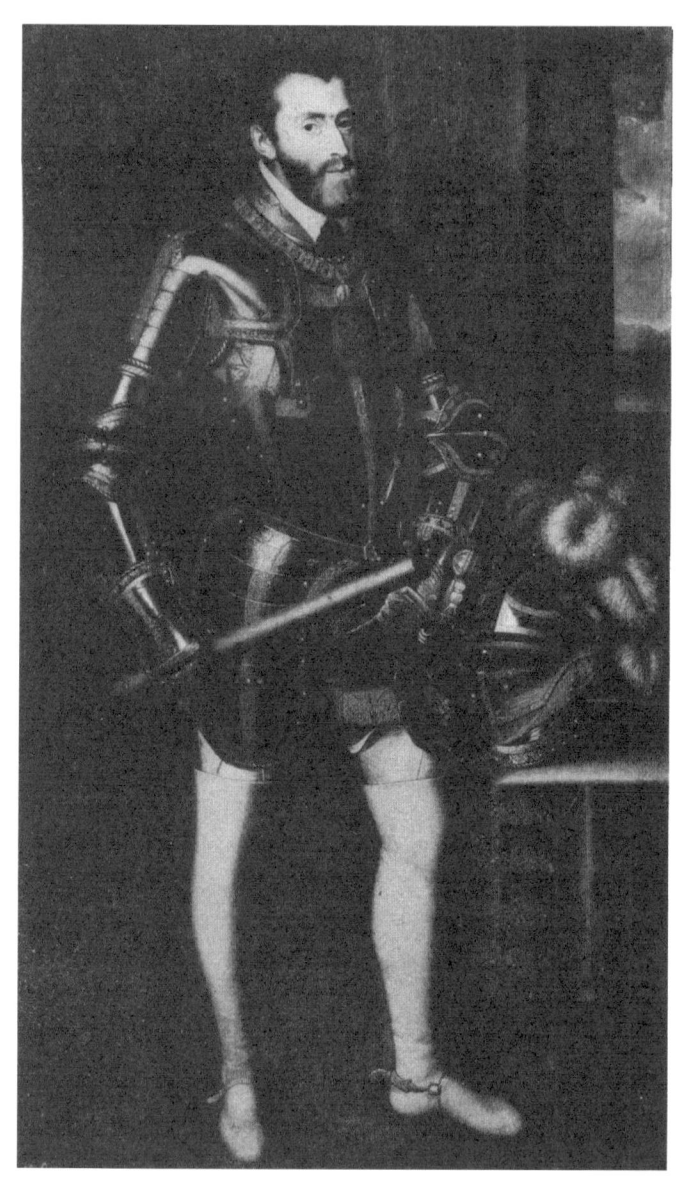

KARL V., VON PANTOJA DE LA CRUZ

erstrecken. Was man erobert hatte, behielt man, denn keine Partei war imstande, auf die Gegenseite einen Druck auszuüben oder eine andere Lösung zu erzwingen. Frankreich blieb also im Besitz seiner gesamten „Neuerwerbungen", einschließlich Metz, Toul und Verdun, der Kaiser aber mußte blutenden Herzens diesen schmählichen Verlust deutscher Städte auf sich beruhen lassen. Das Abkommen von Vaucelles war der letzte Friedensvertrag, den seine müde Hand unterzeichnete. Trotz aller ungelöst gebliebenen Spannungen freilich hätte bei gutem Willen auch dieses unerfreuliche Schriftstück die Grundlage zu einem französisch-habsburgischen Dauerfrieden werden können, wenn nicht der auf Frankreich lastende Alpdruck der spanisch-englischen Familienverbindung unvermindert fortgedauert hätte und wenn nicht in dem neuen Papste ein neuer Bundesgenosse der Valois und ein neuer Gegner der Habsburger erstanden wäre. Es war der im Mai 1555 gewählte, leidenschaftliche und unbeherrschte Donnerer Paul IV.

Das Abkommen von Vaucelles, so hörten wir es eben, ist der letzte Friedensvertrag, den Karl V. unterzeichnet. Seit dem Mißerfolge vor Metz ist sein Entschluß zur Abdankung unwiderruflich geworden. Zwar hätte er seinem Sohne und Erben gerne geordnetere Verhältnisse hinterlassen, nicht soviel Unsicherheit gegenüber Italien und Frankreich, wenn auch keinen entscheidenden Sieg, so doch einen sicheren und ehrenvollen Frieden. Aber es hat nicht einmal zu diesem gereicht. Der Waffenstillstand von Vaucelles muß den Sieg und den Frieden ersetzen.

Schon mit dem Winter 1553/54 ist Karls Gesundheitszustand auf einen Tiefstand herabgesunken wie nie zuvor. Gicht und Hämorrhoiden lassen ihn Tag und Nacht keine Ruhe finden und die vielen schlaflosen Nächte entkräften ihn körperlich bis an die Grenze des Erträglichen. Welche Sensationsnachrichten über seinen Zustand in Europa umgehen, darüber unterrichtet uns ein Communiqué, das die französische Regierung im Januar 1554 an ihre Auslandsgesandten hinausgehen läßt. Dem Kaiser, so heißt es darin, hätten bereits eine Hand und zwei Finger von der anderen amputiert werden müssen, und eines von seinen Beinen sei völlig verschrumpft. Geistig sei er schon so teilnahmslos, daß man es nicht mehr für nötig halte, ihm noch irgendetwas mitzuteilen. Seine einzige Beschäftigung sei noch das Spielen mit seinen vielen Uhren und das Herumbasteln an ihnen. (Mit insgesamt 3 Fingern!) Es sei nur mehr eine Frage der Zeit, bis die völlige Verblödung eintrete. Da die Gerüchte über seinen bereits erfolgten Tod nicht verstummen wollten, habe sich die Königin-Witwe und Statthalterin genötigt gesehen, den Führern der Brüsseler Bürgerschaft den Kaiser zu zeigen. Die Herren seien aber lediglich bis zum Zugang einer langen Galerie im Schlosse vorgelassen worden, an deren anderem Ende ein halbtoter Mann saß, so mager und entstellt, daß man Mühe hatte, ihn zu erkennen. Das sei der Kaiser gewesen.

Nun ist zwar dieser „homme demy mort" noch imstande, den Plan des spanisch-englischen Heiratsbündnisses blitzartig zu erfassen und mit ebensoviel Zähigkeit wie Klugheit, allen Schwierigkeiten zum Trotz, durchzuführen, er scheint also von der ihm angehofften Verblödung noch ein gutes Stück weit entfernt zu sein, aber gleichwohl ist er innerlich erloschen und verbraucht, er kann nicht mehr und will auch nicht mehr. Der Verrat des Moriz von Sachsen, die erzwungene Flucht aus Innsbruck, der Fehlschlag vor Metz haben seine innere Widerstandskraft gebrochen, und der Augsburger Religionsfriede von 1555, der das Bekenntnis der Untertanen von der Willkür der Territorialfürsten abhängig macht, hat ihm den Rest gegeben. Jetzt will er endgültig Ruhe haben, für nichts mehr verantwortlich und an nichts mehr schuld sein, will abdanken und sich in das idyllische Asyl von San Jerónimo de Yuste in Spanien zurückziehen. Im August 1555 ruft er Philipp aus England ab, dieser trifft bald darauf in Brüssel ein, es erfolgen tagelange Konferenzen zwischen ihm, dem Kaiser, der Statthalterin Maria und den beiden bevorzugten Staatsräten Antoine Perrenot de Granvelle und Louis de Praet, und das Ergebnis ist die Festsetzung des 25. Oktober 1555 für die feierliche Abdankungszeremonie. Die Generalstände werden durch Boten benachrichtigt und aufgefordert, sie möchten bevollmächtigte Deputierte entsenden, die spätestens am 15. Oktober sich in

Brüssel einzufinden hätten. Man erwartet keinerlei Schwierigkeiten, denn die einzelnen Provinzen haben bereits 1549 den damaligen Prinzen Philipp als Thronerben anerkannt. Trotzdem zeigen sich schon jetzt, gleich einer düsteren Wolke am Horizont, eine gewisse Widersetzlichkeit und ein Mangel an gutem Willen gegenüber Philipp II. Geldern, Löwen und Hennegau wollen nur die Abdankung anerkennen, nicht aber zugleich die Nachfolge; ihren Privilegien gemäß sei der neue Souverän verpflichtet, nach ihren Hauptstädten zu kommen, um dort auf Grund der vorgeschriebenen Eidesleistung seine Anerkennung entgegenzunehmen. Hennegau läßt sich nach längeren Verhandlungen dazu bewegen, von seiner Weigerung abzustehen; nicht dagegen Geldern und Löwen, deren Deputierte in der Tat bei der am Tage nach der Abdankung stattfindenden Eidesleistung fehlen. Overyssel weiß einen plausiblen Entschuldigungsgrund zu finden, der es berechtigt, die Entsendung von Deputierten gänzlich zu umgehen. Philipp II. kann nicht umhin, aus diesem Verhalten einzelner Provinzen unerfreuliche Schlüsse auf die nächste Zukunft zu ziehen.

Auf Freitag den 25. Oktober 1555 endlich und auf drei Uhr des Nachmittags werden dann die Generalstände in den großen Sitzungssaal des Brüsseler Schlosses einberufen. Unter einem wappengeschmückten Baldachin sind auf einer sechs Stufen hohen Estrade drei schwere Lehnstühle aufgestellt, der mittlere für den Kaiser, der rechte für Philipp, der linke für die Statthalterin Maria. Rechts und links davon stehen gepolsterte Bänke, auf der einen Seite für die Ritter des Goldenen Vließes, auf der anderen für die adeligen Kavaliere. Hieran schließen sich, ebenfalls seitlich aufgestellt, die Bänke für die drei conseils collatéraux. Im Saale selbst und der Estrade gegenüber reihen sich die Bänke für die Generalstände auf. Da einzelne Provinzen, so zum Beispiel Flandern, nahe an 100 Vertreter zu schicken berechtigt sind, so übersteigt die Zahl der in diesem Saale versammelten Personen gut und gern ein rundes Tausend. Den leerstehenden Rest des Saales hat man überdies dem Volke freigegeben, und das Volk ist bei solchen Anlässen ein unruhiger Gast. Es gibt darum auch hier genug der Drängelei, des Geschiebes, des Streites und der Unordnung. Kurz vor drei Uhr verläßt der Kaiser seine kleine Parkvilla, in der er zuletzt Wohnung genommen hat, schwarz gekleidet, die Kette des Goldenen Vließes umgehangen, begleitet von Philipp, von Emanuel Philibert von Savoyen, von seinem Oberststallmeister Boussu, seinem Oberstkämmerer Poupet de la Chaulx und dem jungen Prinzen Wilhelm von Oranien als Pagen. Zu Pferde zu steigen, dazu ist er schon zu gebrechlich, also setzt er sich auf ein ziemlich kurzbeiniges Maultier, das links und rechts am Zügel geführt wird. So reitet er durch den Park in das Schloß in die von ihm früher bewohnten Räume; hier finden sich auch die Statthalterin Maria, die in Brüssel anwesenden Ritter des Goldenen Vließes, die Gouverneure der einzelnen Provinzen, die Mitglieder der conseils collatéraux und die Hofkavaliere ein. Schlag 4 Uhr öffnen sich lautlos die Türen des großen Sitzungssaales und in Begleitung der vorhin Genannten betritt der Kaiser den von schweigender Spannung durchzitterten Raum. Mit der linken Hand stützt er sich auf einen Stock, mit der rechten auf die Schulter des Prinzen von Oranien. Nachdem sich alles gesetzt hat, ergreift ein Mitglied des Staatsrates das Wort und legt im Auftrag des Kaisers in ausführlicher Rede die Gründe des Rücktrittes dar. Es ist, so vernimmt man, sein körperlicher Zustand, den Krankheit und Überanstrengung herbeigeführt haben. (Um dieser Tatsache mit erschütternder Eindringlichkeit gewahr zu werden, brauchen die Anwesenden nur die Augen aufzumachen.) Dann verkündet er den Willen des Kaisers, die niederländischen Provinzen seinem Sohne Philipp zu vererben, und seine Mahnung, sie möchten ihrem neuen Herrscher die gleiche Anhänglichkeit und Treue bewahren, die sie ihm selbst entgegengebracht haben. Zuletzt mahnt er sie, fest zum alten Glauben zu stehen und ihre stärkste Waffe, die Einigkeit untereinander, nicht verloren gehen zu lassen.

Die Rede ist ziemlich lang, der Sprecher, ein etwas beleibter Herr, wischt sich des öfteren die Schweißtropfen von der Glatze und der gute Kaiser ruft ihm einige Male zu, er möge doch seinen Hut aufsetzen, aber der andere wagt es nicht, sich in solcher Umgebung zu bedecken. Die Spannung wächst, als jetzt Karl V. selber Anstalten macht, das Wort zu ergreifen. Man sieht, wie er seine große Brille aufsetzt, wie er ein Blatt Papier mit allerhand Behelfsnotizen hervorsucht, wie Philipp hilfsbereit neben seinen Sessel tritt, und dann beginnt der Kaiser, sitzend, mit leiser Stimme und nicht immer sehr deutlicher Aussprache in die atemlose Stille hinein, die über dem Saale liegt, jenen rührenden und erschütternden Rechenschaftsbericht über sein Leben abzulegen, der den schönsten und würdigsten Ausklang eines mühevollen 40jährigen Arbeitstages bildet. Denn vor 40 Jahren, so beginnt er, hat ihn sein Großvater, der Kaiser Maximilian, im gleichen Saale und fast zur gleichen Stunde für mündig erklärt. Im Jahr darauf bereits rief ihn der Tod des Königs Ferdinand nach Spanien und als 19 Jährigem schon legte ihm die Kaiserwürde erneute schwere Pflichten auf die Schultern. Unablässig hat er Europa von einem Ende zum anderen durchpflügt, nur um es allen recht zu machen und immer wieder da zur Stelle zu sein, wo es der Friede und der Wohlstand seiner Untertanen erforderten. Neunmal ist er nach Deutschland gezogen, sechsmal nach Spanien, zehnmal nach den Niederlanden, viermal nach Frankreich, zweimal nach England und zweimal nach Nordafrika. Dabei hat er achtmal das Mittelländische Meer durchfahren und dreimal den Ozean. Die Kriege, in die er verwickelt wurde, hat er nur notgedrungen und wider seinen Willen geführt, und auch jetzt würde er den Niederlanden lieber den Frieden als den Kriegszustand mit Frankreich hinterlassen. Der Gedanke zum Rücktritt stand in ihm schon fest, als er 1550 auf den Augsburger Reichstag zog; aber damals war sein Sohn noch zu jung für die Nachfolge und es lebte auch noch seine eigene regierungsfähige Mutter. Das ist nun alles anders geworden. Die Mutter ist tot und der Sohn ist zum reifen Manne herangewachsen. Ihn will er denn auch den Niederländern besonders ans Herz legen. Auf ihn sollen sie alle Anhänglichkeit und allen Gehorsam übertragen, den sie bisher ihm selbst in so reichem Maße gewährt haben. Sie sollen aber auch unter sich einig sein und den alten Glauben treu bewahren. Dann bekennt der Kaiser, daß er die langen Jahre her manchen

Fehler begangen habe, aber er hat niemals mit Absicht oder wissentlich jemandem Gewalt oder Unrecht angetan. Sollte es dennoch geschehen sein, so gibt er seine Reue darüber kund und bittet jene, die es betraf, um Verzeihung.

Zuletzt wendet er sich an Philipp und legt ihm seine Pflichten gegen die Niederlande eindringlich ans Herz. Dies ist der Augenblick, in dem das burgundische Gemeinschaftsbewußtsein in allen mit besonderer Wärme aufflammt, in dem der Kaiser es noch ein letztesmal unternimmt, seinen Sohn und Erben in den magischen Kreis dieser seelischen Gemeinschaft hineinzuziehen. Wie einen kostbaren Schatz übergibt er ihm dieses niederländische Volk und Land, und der Schmerz über die Trennung und die Sorge vor der Zukunft erschüttern den guten Kaiser so sehr, daß ihm die Stimme zu versagen droht und daß ihm die hellen Tränen über die welken Wangen laufen. Auch die versammelten Stände vermögen sich der Wirkung dieses denkwürdigen Augenblicks nicht zu entziehen. Eine Welle der Ergriffenheit zittert über alle diese Grauköpfe und Glatzköpfe hin und mit vergeblichem Schnauben und Räuspern suchen sie den Knäuel im Halse und die aufsteigenden Tränen zu bekämpfen. Tante Maria aber hat völlig die Fassung verloren; ihr Gesicht ins Schnupftüchlein vergraben, gibt sie sich einem hemmungslosen Schluchzen hin.

Es spricht nun noch ein Vertreter der Stände, dann erfolgt die Investitur Philipps durch Verlesung der darauf bezüglichen Urkunde, und jetzt kommt wieder einer jener peinlichen Augenblicke für Philipp, in denen er, weil er selber die Sprache seiner Untertanen nicht beherrscht, einen Beauftragten für sich reden lassen muß. Was er mühsam auf Französisch von einem Zettel abliest, ist dieses: „Meine Herren! Ich verstehe zwar das Französische ganz ordentlich, jedoch beherrsche ich es noch nicht so geläufig, daß ich darin zu Ihnen sprechen könnte. Sie werden also hören, was der Bischof von Arras Ihnen in meinem Namen sagen wird." Der Bischof von Arras aber, Antoine Perrenot de Granvelle, spricht einige wohlklingende, kühle Sätze, in denen Philipp seinen guten Willen und seine Bereitschaft kundgibt, allen alles rechtzumachen. Er verspricht unter anderem, so lange in den Niederlanden zu bleiben, als es ihm seine sonstigen Regierungspflichten gestatten würden, und auch später dorthin zurückzukehren, so oft seine Gegenwart nötig sei; ein Versprechen, dessen Einlösung in der Folgezeit manchen schlimmen Konflikt verhindert hätte. Dann verabschiedet sich noch Maria in einer wohlgesetzten, aus burgundischem Herzen strömenden Rede von ihren Niederländern. Sie hat die Worte selbst erdacht, selbst niedergeschrieben und liest nun das Ganze selbst vom Blatte, mühsam ihre Rührung bekämpfend. Ein Vertreter der Stände dankt ihr in begeisterten Wendungen, auch der Kaiser widmet ihr noch ein paar Worte des Lobes und der Anerkennung. Dann wird die Sitzung geschlossen. In derselben Begleitung, wie er gekommen ist, zieht sich Karl V. wieder in seine Parkvilla zurück.

Die Abdankung auf die spanischen, italienischen und überseeischen Reiche sollte ursprünglich erst auf spanischem Boden stattfinden. Da man aber von den Niederlanden ewig nicht loskommt — den Grund werden wir gleich erfahren —, so ergibt sich die Notwendigkeit, auch sie noch in Brüssel zu vollziehen. Am 16. Januar 1556 finden also in der Villa des Kaisers der Reihe nach folgende drei Übergaben statt: zuerst die Königreiche von Kastilien, León, Granada, Navarra, die Inseln und Festländer des Ozeans (kurzweg las Indias genannt), die Großmeisterschaften der Orden von Santiago, Alcántara und Calatrava. An zweiter Stelle die Königreiche von Aragón, Valencia, Sardinien und Mallorca, das Fürstentum Katalonien, die Grafschaften Barcelona und Roussillon. An dritter Stelle und wiederum für sich das Königreich Sizilien. Das Verfahren ist einfach und ohne jedes zeremoniöse Beiwerk, rein juristisch sozusagen. Die vom Sekretär Francisco de Eraso entworfenen Urkunden werden verlesen und von den Anwesenden, zu denen außer Kaiser Karl und König Philipp auch die Königin-Witwen Eleonore und Maria, sowie die Herzöge von Savoyen und von Alba gehören, unterzeichnet. Vermißt ein ungewöhnlich aufmerksamer Leser in dieser Aufzählung das Königreich Neapel und das Herzogtum Mailand, so sei er daran erinnert, daß diese beiden Gebiete schon bei früheren Anlässen zediert worden sind.

Die Ausreise des Kaisers nach Spanien verzögert sich monatelang aus Mangel an Geld. Staatsschulden würden ihn nicht weiter beunruhigen, aber private Verpflichtungen sind ihm lästig und peinlich. Er möchte seinen Hofstaat und seine Dienerschaft entlassen, kann es aber nicht tun, ohne sie vorher zu bezahlen. Rund 200000 Taler macht es aus, was sie an rückständigen Gehältern und Löhnen zu beanspruchen haben. Jede Woche des erzwungenen Hinzögerns vermehrt die Kosten um neue Tausende. Da kommen endlich die flämischen Provinzen ihrem bedrängten Herrscher ein letztes Mal zu Hilfe und bewilligen ihm 480000 Gulden. Im Juni 1556 kann er dann den Hofstaat, der etwas über 450 Personen umfaßt, entlöhnen und verabschieden. Anfang September unterzeichnet er noch die nötigen Vollmachten und Erklärungen, die, das Einverständnis der deutschen Kurfürsten vorausgesetzt, die Kaiserwürde auf seinen Bruder Ferdinand übertragen. Es ist seine letzte Aktenausfertigung, die er in seiner Eigenschaft als Kaiser des Heiligen Römischen Reiches Deutscher Nation vollzieht. Am 15. September 1556 endlich sticht die kleine Flotte, mit Karl V. und seinen Schwestern Eleonore und Maria an Bord, von Vlissingen aus in See. Ungünstige Winde zwingen sie nach ein paar Tagen, in dem kleinen Hafen von Ramekens anzulegen. Hier besucht Philipp am 17. September seinen Vater noch einmal auf dem Schiffe und verbringt ein paar Stunden ernsten und traulichen Gesprächs mit ihm. Es ist ihr letztes Beisammensein im Leben. Am gleichen Tage geht die Flotte wieder in See und entführt die drei Geschwister zur sehnsüchtig erhofften Altersrast nach Spanien.

Über das angebliche Klosterleben des abgedankten Kaisers in San Jerónimo de Yuste zieht sich ein üppiges Gerank von Legenden durch die ganze Geschichtsschreibung hin. Er soll mit den Mönchen wie ein Mönch gelebt und nur an das Heil seiner Seele gedacht haben. Er soll seinen Tag zwischen Gebeten, Messen, Predigten, Prozessionen, Beichten und Selbstgeißelungen verteilt haben, ja er soll, als Höhepunkt aller Askese und Weltflucht, sogar seine eigene Totenfeier gerüstet und ihr angewohnt haben. Seine einzige weltliche Beschäftigung endlich soll das Aufziehen und

Regulieren zahlloser Uhren gewesen sein. Unsere Aufgabe ist es nicht, diese Geschichtslegenden nachzuerzählen, noch auch sie zu widerlegen. Unzweifelhaft ist ja, daß sich Karl V. nach Yuste zurückzog in der festen Absicht, nichts mehr zu hören von Politik und von Kriegen, vielmehr das beschauliche Leben eines vornehmen Privatmannes zu führen und dabei der letzten Dinge nicht zu vergessen. Aber ebenso sicher ist, daß ihn die Gewohnheit vieler Jahre, das brennende Interesse, das er an seinen Staaten nahm, der Autoritätsglaube seiner Familie und Umgebung und nicht zuletzt die schwierigen politischen Verhältnisse seiner Ruhejahre immer wieder zwangen, an den Ereignissen durch Rat und Entscheidung teilzunehmen. Seitdem die kaiserliche Korrespondenz der Jahre 1555—58 zum erstenmal ans Licht der Öffentlichkeit trat, wissen wir, daß kein wichtiger Beschluß ohne ihn gefaßt wurde, daß des Kommens und Gehens der Briefboten, Agenten und Vertrauenspersonen in Yuste kein Ende war, und daß der Kaiser selbst in vielen Fällen die Antworten auf seine Briefe und Meinungsäußerungen, die Nachrichten von Kriegsschauplätzen und Unterhandlungen kaum erwarten konnte. Philipps damaliger Kampf mit Frankreich und mit dem Papst wurde der Hauptsache nach vom Kloster in Yuste aus geleitet, und noch wenige Wochen vor seinem Tode gab der Kaiser seiner Tochter, der Prinzessin Doña Juana, genaue strategische und diplomatische Verhaltungsmaßregeln über die Auswertung des Sieges von Gravelingen. Auch das Auftauchen der Lutheraner in verschiedenen Städten Spaniens bereitete ihm ernstlichen Verdruß und unverhohlene Sorge. Daneben beschwerten ihn mancherlei Familiensachen, wie das exzentrische Benehmen des 12jährigen Don Carlos oder das Gezänk mit dem portugiesischen Hofe wegen der Herausgabe der Infantin Maria, seiner Nichte, die auf Wunsch ihrer Mutter nach Kastilien ziehen sollte. So blieb denn Karl V. bis zum letzten Atemzuge das allein maßgebende, das in allen Zweifeln und Nöten befragte, das mit einer geradezu numinosen Autorität begabte Oberhaupt der spanisch-habsburgischen Familie. Er blieb es bis zu jenem 21. September 1558, an dem ihn die Fieberschauer einer plötzlichen Erkältung aufs

Sterbelager warfen, ihn, den erst 58jährigen, geistig ungebrochenen, aber seelisch erschöpften und körperlich vorzeitig verbrauchten letzten Träger und Vorkämpfer der mittelalterlich-deutschen Kaiseridee.

XV. KAPITEL

Papst, Türke und Valois im Bunde gegen Philipp

Im Mai 1555 besteigt der Neapolitaner Gian Pietro Carafa als Paul IV. den päpstlichen Thron. Der Kaiser, noch in Brüssel, bekommt bei der ersten Nachricht hiervon vor Ärger einen Gelbsuchtsanfall, Ignatius von Loyola, damals längst schon in Rom, erschrickt so sehr, daß er ein Gefühl hat, „als ob sich ihm alle Knochen im Leibe umgedreht hätten". Beide wissen gut, warum sie sich so erregen. Der neue Papst haßt alle Spanier und alles Spanische wie die schwarze Pest. Ein weltfremder Phantast, fanatisch und unbeherrscht, zwiespältig und rasch wechselnd in seinen Empfindungen, leidenschaftlich und wortgewandt, sich gerne reden hörend und darum die Worte nicht allzu genau wägend, dabei streng an Sitten und von tiefer Frömmigkeit, liegt er ganz im Banne des gegenreformatorischen Gedankens. Eine seiner fixen Ideen besteht darin, daß er den Kaiser, dem er die Plünderung Roms (1527) nicht vergessen kann, für einen heimlichen Begünstiger der Lutheraner hält, der die weltliche Macht des Heiligen Stuhles zu vernichten trachte, um desto ungestörter seine despotische Herrschaft über Italien aufrichten zu können. Seit 1000 Jahren, so behauptet er, habe es keinen schlechteren Menschen gegeben als Karl V., dieses wahrhaftige Werkzeug des Teufels, diesen Krüppel an Körper und Geist. Die Spanier insgesamt nennt er nicht anders als „die Häretiker, die von Gott verfluchten Schismatiker, den Samen der Juden und Mauren, die Hefe der Menschheit". Nicht als Herren seien sie auf italienischem Boden zu dulden, sondern nur als Stallknechte und Köche, höchstens noch als Kaufleute. Als Karl V. sich zur Gewährung des Augsburger Religionsfriedens gezwungen sieht (1555), der den deut-

schen Protestanten namhafte Freiheiten zugesteht, da gerät dieser Papst erneut in Harnisch und tobt in schrecklichen Zornesausbrüchen durch seine Gemächer. Er erklärt das Augsburger Abkommen für null und nichtig und verbietet dem Kaiser dessen Vollzug; er bedroht Vater und Sohn mit einem „so furchtbaren Richterspruch, daß die Sonne dadurch verdunkelt werde", er schließt ein ihm durch den Kardinal von Lothringen angetragenes Bündnis mit Frankreich. Karl V. und Philipp II., denen das vatikanische Ränkespiel nicht verborgen bleibt, schicken im Oktober 1555 von Brüssel aus den Garcilaso de la Vega als Gesandten nach Rom, damit er den Papst zur Vernunft mahne. Es kommt zu heftigen Zusammenstößen zwischen dem leidenschaftlichen Neapolitaner und dem stolzen, aufrechten Spanier, die mit der Gefangensetzung des letzteren in den Verließen der Engelsburg endigen. An den mittlerweile reif gewordenen Unterhandlungen von Vaucelles beteiligt sich der Papst in doppelter Weise: öffentlich schickt er Vertreter nach Brüssel und Paris mit dem Auftrag, die abgekämpften Gegner zu einem ehrenvollen und dauerhaften Frieden zu bewegen; heimlich läßt er durch seinen Neffen, den Kardinal Carafa, auf den französischen König einwirken, er möge die günstige Gelegenheit, das spanische Neapel an sich zu reißen, nicht versäumen; ein päpstliches Heer stünde zu seiner Unterstützung bereit. Heinrich II. läßt sich überreden und schließt ein erneutes Angriffsbündnis gegen Spanien mit dem Papst, so den Vertrag von Vaucelles von Anfang an zur heuchlerischen Komödie erniedrigend. Auch der Sultan in Konstantinopel wird aufgefordert, eine Expedition gegen das spanische Italien zu unternehmen. Er läßt sich nicht zweimal einladen. Eine türkische Flotte plündert Sorrent, zerstört das befestigte Tripolis, brandschatzt die Insel Menorca und entführt 800 Gefangene aus Reggio und Salerno in die Sklaverei.
Während Heinrich II. zuwartet und Philipp II. den zum Vizekönig von Neapel ernannten Herzog von Alba mit dem Schutze der spanischen Interessen in Italien betraut, läßt Paul IV. die letzte Maske fallen. Er wütet förmlich gegen alles Spanische, belegt die spanientreuen Colonna mit dem Kirchenbann, widerruft

die verschiedenen Bullen seiner Vorgänger, die den spanischen Königen beträchtliche Kriegszuschüsse aus Einkünften des Klerus gewährten, untersagt die Abhaltung jeglichen Gottesdienstes in Spanien und läßt von seinen Thronjuristen ein Gutachten ausarbeiten, demzufolge Karl V. und Philipp II. von Rechts wegen der Strafe der großen Exkommunikation und des Verlustes aller ihrer Würden verfallen sind. Philipp beobachtet angesichts solch kopfloser Entgleisungen die größte Mäßigung und Zurückhaltung. Bevor er es zum offenen Bruch kommen läßt, fordert er das Gutachten eines Gremiums spanischer Theologen ein, unter denen sich auch der berühmte Thomist und Kirchenrechtslehrer Melchior Cano befindet. Ihr Befund lautet, daß der König, nachdem er vergeblich den Heiligen Vater in Güte zur Vernunft zu bringen gesucht habe, nun nach göttlichem und menschlichem Recht befugt sei, ihm mit Gewalt entgegenzutreten. Der Herzog von Alba, auch er in seinen christlichen und seinen nationalen Empfindungen aufs tiefste verletzt, macht sich zum Sprachrohr der Gefühle seiner beiden Souveräne und läßt dem Pontifex ein ausführliches Handschreiben überreichen, von dem mit Bestimmtheit anzunehmen ist, daß es die vorherige Genehmigung Philipps gefunden hat. „Eure Heiligkeit", so heißt es darin unter anderem, „ist zum Hirten des Schafstalls Christi, nicht aber zum reißenden Wolfe bestellt worden. Kaiser und König, die in Wahrheit einzigen und treuesten Verteidiger des Papsttums, haben bisher mit ganz unglaublicher Nachsicht die schwersten Kränkungen hingenommen, aber jetzt, nachdem der Heilige Stuhl sogar die Drohung ausgestoßen hat, den König von Spanien seines Thrones zu entsetzen, jetzt droht auch mir als Verteidiger meines Souveräns die Geduld zu reißen. Ich rufe Gottes Beistand gegen Eure Heiligkeit an und schwöre im Namen meines Königs und Herrn und bei dem Blute, das in meinen Adern rinnt, daß Rom unter der Gewalt meiner Faust erzittern wird. Wenn Eure Heiligkeit nicht binnen acht Tagen die Beweise einer entscheidenden Sinnesänderung gibt, so werde ich den Kampf eröffnen, der bis auf den letzten Punkt vorbereitet ist. Die Folgen fallen ganz allein auf das Gewissen und die Verantwortlichkeit Eurer Heiligkeit zurück." Der

Abgesandte Albas, der das Handschreiben in einer Sonderaudienz überreicht, wird vom Papste gröblich beschimpft, gerät in Erregung und läßt seinen Gefühlen freien Lauf. Einer sucht im Zorn den anderen zu überschreien und das Streitduett nimmt so geräuschvolle Formen an, daß der Maestro di Camera in ängstlicher Vorsicht die Doppeltüren schließt. Er befürchtet, die Schar der im Vorzimmer Wartenden könnte mehr hören als dem Ansehen seiner irrasziblen Heiligkeit zuträglich wäre.

Das Handschreiben hatte seinen Zweck verfehlt. So schreitet denn Alba dazu, seine Drohungen auszuführen und seine Truppen gegen Rom in Marsch zu setzen. Schon sind die Vorposten des anrückenden Heeres von den Zinnen der ewigen Stadt aus sichtbar, schon beginnt die Flucht der Besitzenden aus dem mit Vernichtung bedrohten Gemeinwesen, aber es bedarf des äußersten Drängens der Kardinäle, um den in seiner Haß- und Rachepsychose hilflos verkrampften Papst zu bewegen, daß er mit Alba in aufschiebende Unterhandlungen tritt. Der Spanier gewährt großmütig einen Waffenstillstand von 40 Tagen, der Papst jagt einen Eilkurier hinter dem andern nach Paris, immer wieder das Königreich Neapel als Lohn für militärische Hilfe versprechend, und jetzt endlich hält Heinrich II. den Augenblick für gekommen, auf den die Valois seit Franz I. vergeblich gehofft haben. Er schickt den Herzog von Guise mit 20000 Mann seiner besten Truppen über die Alpen, angeblich um den Papst zu befreien, in Wirklichkeit um ein Königreich zu räubern. Rom gerät in einen Freudentaumel und empfängt die Franzosen, als ob sie himmlische Heerscharen wären; aber der stürmische Enderfolg läßt auf sich warten und bleibt zuletzt gänzlich aus. Der französische Heerführer findet wohl dankbare Begeisterung, aber keine hinreichende militärische Unterstützung. Auch Alba greift nicht an, sondern zieht die Defensive vor. Der Feldzug droht in nutzlosen Plänkeleien zu versanden, im Kampfbereich tritt bereits fühlbarer Mangel an Lebensmitteln ein, ansteckende Seuchen vermindern den Bestand des französischen Heeres — da endlich löst ein befreiender Donnerschlag den stickigen Zustand schwelender Spannung und träger Ungewißheit. Was ist geschehen? Die Franzosen haben

daheim die vernichtende Niederlage vor Saint-Quentin erlitten, der in heilloses Gedränge geratene Heinrich II. braucht den letzten Mann zum Schutz des eigenen Landes, Paris steht auf dem Spiele, Thron, Herrschaft, Dynastie, alles kann verloren sein. Der Herzog von Guise muß seine Truppen in Eilmärschen nach Hause treiben, und der Papst bleibt seinem Schicksale überlassen. Der Sieg auf der ganzen Linie gehört dem Spanier.
Albas Kampfziel ist erreicht: Paul IV. ist als Mensch und als weltlicher Souverän gestraft und gedemütigt. Das Papsttum als institutio christiana soll nicht angetastet werden. Alle Feindseligkeiten werden sofort eingestellt, die Truppen in Ruhequartiere beordert. Ein erleichtertes Aufatmen geht durch die gesamten Mittelmeerländer. Die venezianischen Gesandten sind bereit, ihre erprobte Tätigkeit als Unterhändler zu beginnen, und schon am 12. September 1557, einen Monat und zwei Tage nach dem Ereignis von Saint-Quentin, wird der Friedensschluß zwischen Spanien und der Kurie unterzeichnet. Die Bedingungen lauten: der Herzog von Alba wird im Namen und in Vertretung Philipps II. jene Akte der Unterwürfigkeit und des Gehorsams leisten, die geeignet sind, die Verzeihung des Papstes zu erlangen. Die dem Heiligen Stuhle gehörigen Orte und Gebiete werden, soweit sie der feindlichen Besetzung verfielen, wieder zurückgegeben. Der Papst verspricht, den König von Spanien als getreuen und gehorsamen Sohn in Gnaden aufzunehmen, das französische Bündnis zu lösen und in Zukunft strenge Neutralität zu beobachten. — Dem Wortlaut des Abkommens nach könnte man den Papst für den Sieger, den König von Spanien für den Unterlegenen halten; aber jeder der beiden Partner weiß, daß die Dinge in Wirklichkeit umgekehrt liegen. Die Unterwürfigkeitszeremonie ist lediglich eine Formsache; sie glaubt der Papst seinem Ansehen bei Katholiken und Andersgläubigen schuldig zu sein. Sowohl Philipp wie Alba sehen das ein und sie sind dem leidenschaftlichen Alten, den nichts so sehr kränkt wie eine Mißachtung seiner Würde, großmütig zu Willen. Der Herzog wird also am Abend des 19. September im Konstantinsaal in Anwesenheit von 21 Kardinälen in feierlicher Audienz empfangen. Er läßt sich auf ein Knie nieder,

küßt wie herkömmlich den seidenen Schuh des Papstes und spricht eine vereinbarte kurze Formel der Unterwürfigkeit. Paul IV. heißt ihn sogleich aufstehen und nun erschöpfen sich beide in höflichen Wendungen gegenseitiger Ergebenheit. Nachdem Alba noch jedem der Kardinäle Gruß und Reverenz erwiesen hat, zieht er sich in die Carafa-Zimmer zurück, wo ihm das Abendessen serviert wird und wo er nächtigt. Am folgenden Tage ist feierlicher Dankgottesdienst in der päpstlichen Kapelle und zu Mittag ein festliches Bankett zu Ehren von Alba, an dem auch die sämtlichen Kardinäle des Vortages teilnehmen. Nach herzlicher Verabschiedung vom Papste verläßt dann Alba unter allen Ehrenerweisungen, die dem Stellvertreter eines regierenden Souveräns zukommen, den Vatikan. Die Frau Herzogin aber erhält vom Papste die goldene Rose übersandt.
Damit hat Philipp II. seinen ersten und seinen entscheidenden Sieg über die Kurie davongetragen, und es ist ein Sieg, auf den er mit gutem Gewissen stolz sein kann, ein moralischer und ein politischer. In der Person seines Gesandten beleidigt und mißachtet, im Glauben seiner Väter behindert und eingeschränkt, seiner Privilegien entkleidet, mit Verlust seines Reiches und mit Ausschluß aus der kirchlichen Gemeinschaft bedroht, hätte er ruhigen Sinnes die Entscheidung mit Gewalt suchen und einen Bruch mit Rom wagen können. Sein Volk zum mindesten wäre blind mit ihm gegangen, und nicht der Katholizismus, wohl aber das Papsttum wäre in Spanien für alle Zeiten erledigt gewesen. Hatte nicht der englische Heinrich VIII. aus viel geringeren Anlässen und aus reinen Trotzgefühlen heraus einen gefährlichen Präzedenzfall geschaffen? Philipp hätte sich aber auch darauf beschränken können, diesen untraktablen Papst seiner Würde und seines Amtes zu entsetzen und einen willfährigeren oder doch wenigstens unpolitischeren Gegenpapst wählen zu lassen. Das war der Plan des Herzogs von Alba gewesen, der darum bei der Besetzung des Kirchenstaates in jeder Stadt und in jedem Dorf den Ortsbehörden ausdrücklich versichert hatte, diese Okkupation gelte nur vorübergehend und „bis zur Wahl eines anderen Papstes". Beispiele von Schismen und Doppelpontifikaten brauchte

man ja in der Geschichte nicht erst lange zu suchen. Philipp II. aber ist nicht der Mann der affektiven Entschlüsse, sondern der Mann der inneren Überzeugungen. Er weiß recht wohl zu unterscheiden zwischen dem vorübergehenden Repräsentanten der päpstlichen Gewalt und dieser Gewalt als Idee und als Dogma. Dieser einmalige Papst ist nur als weltlicher Souverän und als Beherrscher eines Nachbarreiches sein Gegner, nicht aber als Stellvertreter Christi auf Erden und als Oberhaupt der gesamten Christenheit Römischen Bekenntnisses. Und auch dann noch, als der Pontifex in eigenwilliger Vermengung seiner Befugnisse als regierender Fürst und als geistlicher Hirte eine Buße in spiritualibus verlangt, wo sie ihm nicht einmal in temporalibus zugestanden wäre, auch dann noch ist ihm Philipp großmütig nachzugeben bereit, der Idee und nicht der Person sich beugend und ein Opfer bringend. Zu diesem moralischen Siege fügt sich sodann auch noch der politische. Er kommt darin zu Ausdruck und Wirkung, daß die Herrschaft Spaniens in Mailand, Neapel und Sizilien so gefestigt ist wie nie zuvor. Die Farnese haben Piacenza gewonnen, den Medici ist Siena zugefallen, beide sind damit zu fügsamen Werkzeugen spanischen Willens geworden. Der Kirchenstaat ist als weltliche Macht landwirtschaftlich (Verwüstung der Campagna) und finanziell (einjährige Kriegskosten) schwer geschädigt, geltungsmäßig aber ruiniert, er ist vom Range einer Großmacht auf die Bedeutungslosigkeit eines Kleinstaates herabgesunken, er kann nie mehr daran denken, sich Spanien gegenüber anders zu verhalten als bündnismäßig oder neutral. Mit Bezug auf Italien also ist durch Philipps moralischen und politischen Sieg aus der päpstlichen Vorherrschaft eine spanische Vorherrschaft geworden.

Philipp II. ist in hohem Grade unmilitärisch und unkriegerisch, aber er hat das Glück, eine Reihe von entschlossenen, strategisch begabten, felddienstfreudigen und ihm blind ergebenen Heerführern zu finden. In Italien kann er die Verantwortung dem vielfach erprobten Alba überlassen. Dieser, nach den heutigen Begriffen die geborene Führernatur, als Zeremonienmeister im Hofdienst und als General im Felde gleich unübertrefflich und unentbehrlich, leitet die kriegerischen und diplomatischen Aktionen zwischen Rom und Neapel mit so sicherer Hand, daß der König im fernen Brüssel immer nur die letzten Entscheidungen zu treffen braucht. In Frankreich, wo Heinrich II., durch das Papstbündnis betört, fahrlässig zu einem letzten Schlage gegen die Spanier auszuholen willens ist, bietet sich Philipp zur selben Zeit in dem jungen Herzog Emanuel Philibert von Savoyen eine militärische Kraft, um die ihn der Kaiser, wäre sie ihm in früheren Jahren schon zur Verfügung gestanden, zu beneiden alle Ursache gehabt hätte. Dieser jugendliche Sproß des savoyischen Hauses ist der Sohn des Herzogs Karl III. und der Infantin Beatrix von Portugal, die ihrerseits eine Schwester der verstorbenen Kaiserin war. Nur um weniges jünger als Philipp II., ihm an Gestalt nicht unähnlich, an Charakter und Temperament jedoch grundverschieden von ihm, gehört er seit seinem 17. Lebensjahr zum engsten Gefolge des kaiserlichen Onkels, erlebt an seiner Seite Mühlberg, Villach und Metz, Reichstage und Schlachten, Siege und Fehlschläge, entscheidet sich aus Eignung und Neigung für die militärische Laufbahn, obschon er ursprünglich für die Kirche bestimmt ist, und erbt seit 1553 durch den Tod seines Vaters den Titel und Rang eines Herzogs von Savoyen. Daß er schon in jungen Jahren in den Orden des Goldenen Vließes aufgenommen wird, versteht sich von selbst. Er ist verschwenderisch und leidenschaftlich, unbeherrscht in seinem Ehrgeiz wie in seinem Zorn, trinkt den Wein wie Wasser, treibt alchimistische Praktiken, liebt abenteuerliche Gewaltstreiche, ist ein Reiter, Jäger und Turnierfechter ohnegleichen, also ein Mann von ganz ungewöhnlichem Auftrieb und förmlich knisternd vor Vitalität, aber sonst ein offener, zuverlässiger Mensch, fein gebildet, kunstverständig, witzig, sprachenkundig und vor allem lustig und guter Dinge den lieben langen Tag. Der Kaiser hat ihn wegen seiner militärischen Brauchbarkeit zum Generalkapitän des flandrischen Heerbannes ernannt und seinen Sohn nachdrücklich auf diese zuverlässige Kraft hingewiesen. Der junge Herzog hat dann auch unverzüglich engeren Anschluß an Philipp gesucht, ist Ende 1554 zu ihm nach England gegangen und gehört seitdem zu seinem vertrautesten Kreise.

Philipp hat die glückliche Idee, dem savoyischen Vetter den Oberbefehl auf dem französisch-flandrischen Kriegsschauplatz zu übergeben. Jetzt ist der junge Feldherr in seinem Element. Er hat sich längst einen Offensivplan zurecht gelegt und sein Endziel ist kein geringeres als der Sturm auf Paris. Der König läßt ihm freie Hand. Zunächst muß das stark befestigte Saint-Quentin fallen, das den Weg nach Paris deckt. Emanuel greift zu einer ablenkenden List. Er wendet sich in aller Gemächlichkeit gegen die von den Franzosen eroberte Festung Marienbourg, die einige 20 Kilometer nordwestlich von Saint-Quentin, ungefähr in der Mitte zwischen Philippeville und Couvin liegt, und läßt dem Franzosen Zeit, erhebliche Verstärkungen dorthin zu ziehen. Nachdem das geschehen ist, bricht er unvermutet nächtlicherweile auf und dringt in Gewaltmärschen gegen Saint-Quentin vor, das eben noch der Admiral Coligny mit einer von ihm befehligten starken Besatzung versehen kann. Als dessen Onkel, der Konnetabel von Montmorency, mit einem Heere zum Schutze des bedrohten Saint-Quentin anrückt, läßt Emanuel die befestigte Stadt samt ihrer Besatzung links liegen, wirft sich Montmorency entgegen und greift ihn mit aller Wucht an. Eine geschickt vorgetragene Kavallerie-Attacke unter der glänzenden Führung des Grafen Egmont mit nachfolgender Einsetzung überlegener Infanteriemassen hat den Erfolg, daß die französischen Streitkräfte besiegt und nahezu völlig aufgerieben werden. Montmorency, die Herzöge von Montpensier und Longueville, der Prinz Luigi Gonzaga, der Marschall von Saint-André und zahlreiche französische Adelige von geringerer Bedeutung werden gefangen, der Herzog von Enghien, Jean de Bourbon, erleidet den Schlachtentod. Es ist der 10. August 1557, der Sankt-Laurentiustag. Philipps Hauptquartier befindet sich in Cambrai. Auf die Nachricht von dem ungeheuren militärischen Erfolg verlegt er es in ein Dorf unweit Saint-Quentin. Der Kern der französischen Truppen ist vernichtet, der Rest zersplittert und zerstreut, die besten der Anführer sind gefallen oder in den Händen des Feindes. Auf der Seite des Spaniers drängt ein ungeschwächtes, vom Sieg berauschtes Heer zu neuen Taten. Frankreich steht am Rande einer unabsehbaren Katastrophe, die

Schicksalsstunde des Hauses Valois hat geschlagen. Emanuel von Savoyen sucht den König mit allen Mitteln seiner suggestiven Persönlichkeit zu überreden, das jetzt bedeutungslose Saint-Quentin fahren zu lassen und geraden Weges auf das wehrlose Paris loszugehen. Mit den gut gelöhnten und gut disziplinierten, kampfbegierigen und beutelüsternen Truppen vermöge man jetzt Wunder zu vollbringen. Bevor noch der Herzog von Guise sein Heer aus Italien zurückgeführt habe, sei der entscheidende Schlag geführt, Frankreichs Macht für immer gebrochen, Spanien auf Jahrhunderte hinaus, vielleicht für immer, von seinem mächtigsten, hinterlistigsten, zähesten und gefährlichsten Feinde befreit. Der Kaiser in Yuste fragt die Seinen tagtäglich mit wachsender Spannung und Ungeduld, ob denn die Nachricht vom Sturm auf Paris immer noch nicht eingetroffen sei. Der leidenschaftliche Emanuel flucht und tobt, bekommt Weinkrämpfe vor Zorn, verlegt sich auf kniefälliges Bitten, droht mit dem Unwillen des fernen Kaisers, mahnt immer wieder zur Eile, Eile, Eile, da jeder Tag, jede Stunde unersetzlich kostbar sei. Alles umsonst. Philipp II. kann sich nicht entschließen, Ja zu sagen. Er zieht es vor, die Zeit mit der Belagerung und Eroberung der noch nicht eingenommenen Stadt und Festung Saint-Quentin zu vertrödeln. Coligny, der noch in ihr festsitzt, lehnt die freiwillige Übergabe ab. Also schreitet man zur Beschießung, die am 27. August 1557 zur Erstürmung und Plünderung führt. Deutsche, Engländer, Niederländer und Spanier begehen unaussprechliche Greuel in der eroberten Stadt, räubern und morden, schänden Frauen und Kinder, verstümmeln die Leichen, indem sie ihnen in grauenvollem Sadismus die Bäuche aufschlitzen und die Eingeweide herausreißen, legen Brände in die Häuser und zerstören das blühende Gemeinwesen bis auf den Grund und Boden. Sie nehmen blutige, schauerliche Rache für die 3000 Dörfer, die, mit Erntesegen bis unters Dach gefüllt, vor vier Jahren der „Zündelei" Heinrichs II. zum Opfer gefallen sind. Coligny und ein Sohn Montmorencys geraten in Gefangenschaft, der Generalkapitän der spanischen Galeeren, Don Bernardino de Mendoza, ein etwas dicker Herr, aber Tag und Nacht im Sattel und überall vorne dran, wo es gefährlich ist, stirbt mitten im Pulverdampf aus Überanstrengung am Herzschlag. Und was tut der König? Er läßt das Santísimo Sacramento und die Reliquien des heiligen Quintinus aus der bedrohten Kathedrale in sein Lagerzelt überführen, er läßt die Nonnen der zerstörten Klöster in Sicherheit bringen, er hält, als die Brandschatzung der Stadt drei Tage gewährt hat, mit fliegenden Fahnen siegreichen Einzug in die Ruinen. Dann werden einen Monat lang die zerstörten Befestigungsanlagen wiederhergestellt, es werden die umliegenden festen Plätze, vor allem Ham und Le Châtelet, Chauny und Noyon erstürmt und geplündert, es werden versprengte Franzosen truppweise abgefangen und wie die räudigen Hunde umgebracht. Die leichte Reiterei verwüstet ringsum das Land bis La Fère, Péronne und Guise, sengend und brennend, raubend und mordend. Wer behauptet, die Kriegführung des 16. Jahrhunderts sei unendlich viel humaner gewesen als die von heute, der irrt.

Nach Philipps Auffassung ist der Feldzug beendigt, und zwar siegreich beendigt. Er läßt daher in die eroberten Orte, einschließlich Saint-Quentin, starke Besatzungen legen, löhnt und verabschiedet die englischen und die deutschen Söldner, verteilt die spanischen und die niederländischen auf die verschiedenen Garnisonen und reitet, von einem Schwarm hoher Offiziere und adeliger Schlachtenbummler begleitet, ab nach Brüssel. Es ist Mitte Oktober 1557.

Heinrich II. kann so viel Glück im Unglück vorerst gar nicht fassen, hat aber dann doch die Stirne, es dem wunderbaren Eingreifen der göttlichen Gerechtigkeit zuzuschreiben, die es zu verhüten wisse, daß der „Roi très chrétien" von seinen Widersachern überwältigt werde. Ein Echo dieser königlichen Anmaßung klingt noch nach in den „Commentaires" des François de Rabutin, der mit Bezug auf das unbegreifliche Verhalten der Spanier versichert, „que le suprême dominateur, Dieu des victoires, les arrêta là tout court". Um es nun aber auch seinerseits an nichts fehlen zu lassen, hat Heinrich, was er an Soldaten zusammenbringen konnte, unter dem Oberbefehl des Herzogs von Nevers in die Picardie geworfen und den Herzog von Guise zurückberufen. Dieser durchquert in Gewaltmärschen das halbe Italien und das ganze Frankreich und wird Ende Oktober 1557 in Paris von König und Volk als der Retter des Vaterlandes begrüßt und gefeiert. Er sprüht von Rachegefühlen und ist entschlossen, nicht nur den letzten Fußbreit französischer Erde vom Feinde zu säubern, sondern auch die halben Niederlande zu erobern. Noch im Winter beginnt er die Offensive und nimmt in raschem Ansturm den Engländern das unzulänglich befestigte und schwach verteidigte Calais weg. Dann bricht er in Feindesland ein und erobert als ersten festen Platz das im Luxemburgischen gelegene Thionville, während der Marschall Termes sich der Stadt und des Hafens Dünkirchen bemächtigt. Nun muß wohl oder übel auch der unkriegerische Philipp II. wieder zu den Waffen greifen. Er schickt seine beiden vor Saint-Quentin erprobten Heerführer ins Feuer, den Grafen Egmont mit 3000 Reitern und den Herzog von Savoyen mit 15000 Mann Infanterie. Bei dem Hafenstädtchen Gravelingen, das zwischen Dünkirchen und Calais nahe der Mündung des Aa-Flusses liegt, kommt es zwischen den Franzosen unter Termes und den Spaniern zum ersten Waffengang. Die Entscheidung wäre vielleicht zugunsten der zahlenmäßig überlegenen Franzosen ausgefallen, wenn nicht die Spanier die bessere Taktik und die begabteren Führer gehabt hätten. Wiederum bleibt vom französischen Heere nichts übrig als wüste Haufen von Leichen, ein Dutzend vornehmer Gefangener, hier und da ein zersprengtes Grüppchen von Fliehenden. Man schreibt den 13. Juli 1558.

Es wäre falsch, zu sagen: noch einmal lag es jetzt in der Hand Philipps, Frankreich mit einem siegestrunkenen Heere zu überrennen. Denn es stand nicht nur der Herzog von Guise mit seinen ungeschwächten Truppen zur Verteidigung von Paris bereit, sondern es war auch Philipp mit seinen Geldmitteln völlig auf die Neige geraten. Schon im Juni 1558 hatte er sich gezwungen gesehen, den Erzbischof Carranza y Miranda, der ein Mitglied des Staatsrates war, mit der dringenden Botschaft nach Spanien zu entsenden, es müsse unter allen Umständen Geld beschafft werden. Die Niederlande seien ausgeschöpft wie ein vertrockneter

Brunnen und völlig unfähig zu neuen Subsidien, bei den Fuggern und anderen Bankhaltern stecke man bis über die Ohren in Schulden, sechs Monate Löhnung für Reiterei und Fußvolk habe letzthin allein zwei Millionen Gulden verschlungen, und jetzt könne man nicht einmal mehr die Beamtengehälter zahlen, so leer seien alle Kassen. Also gewichtige Gründe für Philipp, mit Frankreich einen raschen Abschluß zu suchen. Ähnlich verhielt es sich mit Heinrich II., der für den Augenblick schlechterdings nicht mehr wußte, wo er den Hebel zu neuen Steuern, zu neuen Zehnten und Erpressungen ansetzen sollte. Er hielt darum eine abermalige Offensive, auf die vor allem der von Guise drängte, nicht für günstig und gedachte, die Entscheidung auf eine bessere Gelegenheit zu verschieben. Philipp II. war, abgesehen von seinem Geldmangel, des Krieges überdrüssig bis zum äußersten, denn ihn zog es mit allen Fasern seines Herzens und seines Gewissens nach Spanien, wo er wußte, daß ihn eine ganze Nation sehnlichst zurückerwartete, wo eine notdürftige Regentschaft in Frauenhänden lag, wo dringende Aufgaben und Pflichten seiner harrten.

Der heimliche Nachrichtendienst auf beiden Seiten funktioniert gut und man weiß hüben wie drüben über die kriegerische Stimmung wohl Bescheid. So hat man sich unter Vermittlung des in spanischer Gefangenschaft befindlichen Montmorency rasch soweit geeinigt, daß beide Herrscher ihre Bevollmächtigten zu Friedensverhandlungen abordnen. Auf spanischer Seite sind es Alba, der Prinz von Oranien, der Bischof Antoine Perrenot de Granvelle, Philipps persönlicher Vertrauter Ruy Gómez de Silva, von dem er sicher war auch das zu erfahren, was ihm die anderen verschwiegen, sodann Viglius, der Präsident des Staatsrates von Brüssel, und der Sekretär Courteville. Von französischer Seite kommen der Kardinal von Lothringen, der ein Bruder des Herzogs von Guise ist, der Marschall de Saint-André, der Staatssekretär Aubespine und der Konnetabel von Montmorency, der gegen Ehrenwort aus der Haft beurlaubt wird. Auch England schickt Vertreter. Ort der Verhandlung ist die Abtei Cercamp bei Doullens, später das Städtchen Cateau-Cambrésis, das seinen fremdartig klingenden Namen von „Castellum in Cameracesio" herleitet. Man vermag indes lange zu keinem Abschluß zu kommen, weil kurz nacheinander zwei folgenschwere Ereignisse die Grundlagen stets von neuem verschieben und das Erreichte hinfällig machen: der Tod Karls V., durch den sein Nachfolger Ferdinand I. unmittelbar in den Kreis der Verhandelnden sich einbezogen sieht, und der Tod von Maria Tudor, durch den Englands zukünftige Haltung völlig ungewiß wird. Aber Nachgiebigkeit am rechten Ort beseitigt auch hier die letzten Schwierigkeiten. Ferdinand muß als Vertreter des Reiches auf die Rückforderung von Metz, Toul und Verdun verzichten, Elisabeth muß Calais fahren lassen. Während man aber die Engländerin mit einer halben Million Taler als Entschädigung beruhigt, geht der Österreicher völlig leer aus. Frankreich erhält die paar Städte Saint-Quentin, Ham, Le Châtelet und Thérouane, oder besser gesagt, deren Ruinen zurück, muß aber dafür niederländische Städte und italienische Gebiete in einem Umfang räumen, daß der Herzog von Guise seinem König ins Gesicht sagt: „Sire, quand vous ne feriez que perdre pendant vingt ans, vous ne sauriez perdre ce que vous avez donné en un coup." Die öffentliche Meinung Frankreichs ist empört, die vaterländische Geschichtsschreibung macht kein Hehl aus ihrer Entrüstung, die Popularität der Valois hat ihren größten Tiefstand erreicht. Noch im 17. Jahrhundert gilt das Andenken dieses Herrschers mit ewiger Schmach befleckt, weil er einen so erbärmlichen Frieden geschlossen hat. Heinrich aber hätte kalten Herzens auch Metz, Toul und Verdun zurückgegeben, wenn man mit Nachdruck darauf bestanden hätte. Philipp indes ist nicht geneigt, dem Reiche zuliebe einen Finger zu rühren; dieser Sieg ist für ihn ein spanischer Sieg und sonst nichts. Von Heinrich endlich geht auch das Anerbieten aus, es möge seine Tochter Isabella vom spanischen Herrscher als Gemahlin erkoren werden. Philipp ist damit einverstanden, nicht ahnend, daß er mit diesem Jasagen den zweiten der großen und entscheidenden Fehler begeht, seit er ein selbständiger Souverän geworden ist. (Der erste war sein Versagen gegenüber den Möglichkeiten des Sieges vom Laurentiustag.) Auch der siegreiche Feldherr, der Herzog Emanuel Philibert von Savoyen, soll seine Belohnung haben. Er wird Margarethe, die Schwester Heinrichs II., als Gattin heimführen dürfen. Er sieht sich überdies durch den Friedensvertrag wieder in den ungekürzten Besitz seines Herzogtums eingesetzt. Philipp verliert damit einen seiner besten Heerführer, der spanische Hof einen seiner auserlesensten, galantesten und kultiviertesten Kavaliere.

Am 2. April 1559 unterzeichnet man das Abkommen mit England, am 3. das mit Spanien. Am 22. Juni vermählt sich in Paris der Herzog von Alba als Stellvertreter seines Königs per procurationem mit der Prinzessin Isabella von Valois. Eine Woche rauschender Hoffeste schließt sich an. Dabei hat Heinrich II. das Unglück, daß ihm bei einem „Gestach über die Schranke", also bei einer Tjost, die gesplitterte Holzlanze des Gegners durch das Visier ins Auge dringt. Mit schwindenden Sinnen vermag er eben noch den Hals des galoppierenden Pferdes zu umklammern, dann hebt man ihn aus dem Sattel und trägt ihn ohnmächtig vom Platze. Aus der Zerstörung des Auges entwickelt sich eine Gehirnhautentzündung. Häufige, fast ununterbrochene Bewußtlosigkeit mildert das Martyrium des Schmerzes. Nach zehn Tagen hat er ausgelitten. Denkwürdig ist das Experimentieren der Ärzte. Die fünf namhaftesten Chirurgen des Landes treten zu einem Konzilium zusammen. Dann lassen sie vier Zuchthäusler köpfen und an deren Schädeln versuchen sie den Unfall in Ursache und Wirkung möglichst genau zu rekonstruieren, indem sie jedem einzelnen den zersplitterten Lanzenstumpf ins Auge rennen. Nach dieser anatomischen Probe erst gehen sie dem verwundeten König zu Leibe, reinigen die gräßliche, blutverkrustete und eiterige Wunde, entfernen das zerstörte Auge und durchwühlen das Loch nach Splitterresten der Lanze. Denn das Experiment an den vier Verbrecherköpfen hat ihnen dieses Suchen als ratsam erscheinen lassen. Aber sie vermögen, so groß auch ihr Ehrgeiz, so aufgeregt auch ihr lateinisches Debattieren ist, dem Tode nicht in den Arm zu fallen. Der langsam hinschwindende König hat, wie gesagt, nur seltene und kurze Augenblicke lichten Bewußtseins. Während eines solchen, und zwar am vierten Tage nach dem Unglück, läßt er seine Gemahlin, die mediceische Katharina, an sein

Lager entbieten und gibt ihr seinen letzten Wunsch kund: die
Eheschließung des Herzogs von Savoyen mit Madame Marguerite
soll aufs äußerste beschleunigt werden; er, der König, will sie
noch erleben. Man hetzt also den Hof und das Brautpaar durch
die letzten Vorbereitungen, aber es vergehen immerhin fünf Tage,
bis die Trauung stattfinden kann. Sie gleicht, so berichtet Vieil-
leville, eher einem Leichenbegängnis als etwas anderem, so sehr
ist sie von Trauer durchkältet, von Trübsinn beschwert und überschattet, die tragische Hochzeit des lustigsten, witzigsten und
scharmantesten Fürsten seiner Zeit. Der König erlebt sie nicht
mehr, denn er liegt bereits im Dämmer der Agonie, ist keines
Wortes mehr fähig und erkennt niemanden mehr. Tags darauf,
am 10. Juli 1559, erlischt er, 40jährig, schmerzlos und kampflos.
Der Friede von Cateau-Cambrésis steht wie ein ragender Meilen-
stein in der Geschichte Spaniens und Frankreichs, denn er ist,
je nachdem man ihn aus zeitgenössischer Nähe oder aber aus
geschichtlicher Ferne betrachtet, für beide Partner ein glänzender
Sieg und eine schwere Niederlage zugleich gewesen. Den Männern
von 1559 ergibt sich folgende Lage: Frankreich darniederliegend,
erschöpft und verbraucht bis zum äußersten, sein König bereit
zu den letzten Zugeständnissen, die Früchte der blutigen und
vieljährigen Kämpfe eines Franz I. und Heinrich II. kläglich ver-
spielt und vertan, das Ansehen des Landes und der Dynastie daheim und in der Fremde ruiniert. Der Spanier hingegen siegreich
auf der ganzen Linie, Bändiger des Papsttums, Überwältiger
Frankreichs, auf freundschaftlichem Fuße mit England, Gebieter
des halben Europa und für dessen andere Hälfte ein zu fürchten-
der Gegner; die Vorherrschaft Spaniens im christlichen Abendlande fester aufgerichtet denn je, Philipp II., obschon erst am
Anfang seiner Regierung, auf dem Gipfel seiner Macht und seines
Ansehens. Nun der andere Aspekt! Hätten die Männer von 1559
nur anderthalb Jahrhunderte weit in die Zukunft blicken können,
so hätten sie gesehen, daß gerade der Friede von Cateau-Cambrésis es ist, der den Sieg der Spanier zu einer Niederlage ohnegleichen und die Niederlage der Franzosen zu einem beispiellosen
Triumph umgestalten wird. Denn die aus dem Abkommen von

Cateau-Cambrésis erwachsene spanisch-französische Heirat bedeutet einen verhängnisvollen Bruch mit der außenpolitischen Tradition Spaniens. Mit dieser Heirat ist die Politik Maximilians I., des Paares Ferdinand und Isabella und Karls V. aufgegeben, die einer strategischen und wirtschaftlichen Abdrosselung Frankreichs gleichkam oder doch als solche beabsichtigt war. Diese Heirat schlägt die erste Bresche in die Mauer der Abwehr, die Spanien seit einem Jahrhundert gegen Frankreich aufgerichtet hat. Unter den Nachfolgern Philipps II. werden die spanisch-französischen Wechselheiraten kein Ende mehr nehmen und Frankreich wird sich ihrer, je länger desto erfolgreicher, als eines friedlichen Mittels der Kriegführung bedienen. Schließlich werden angeheiratete Rechte, oder was eben dafür ausgegeben wird, dazu führen, daß Spanien auf einem teils mit List, teils mit Gewalt zurechtgemachten Erbwege den Bourbonen wie ein reifer Apfel in den Schoß fällt. Das wird dann das Ende der Habsburger in Spanien, das Ende der spanischen Vormacht in Europa, das Ende des großen alten Spanien in politischer, kultureller und noch in manch anderer Hinsicht bedeuten. Eine Tragik ohnegleichen aber ist es, daß gerade Philipp II., der Sieger von Saint-Quentin, Gravelingen und Cateau-Cambrésis, der Planer auf weite Sicht, der pflichttreueste und unermüdlichste Vorkämpfer Spaniens, seines Spaniens, den Grundstein zu dieser verhängnisvollen Entwicklung legen muß.

XVI. KAPITEL

Abschied von den Niederlanden und Heimkehr nach Spanien

Die Jahre 1558 und 1559 sind denkwürdig wegen der reichen Ernte, die der Tod unter den Fürsten Europas hält. Am 18. Februar 1558 beginnt das große Sterben in der spanisch-habsburgischen Familie. Eleonore, Königin-Witwe von Portugal und von Frankreich, Schwester des Kaisers, ist das erste Opfer. Am 21. September tut Karl V. in San Jerónimo de Yuste den letzten Atemzug. Am 28. Oktober folgt ihm seine andere Schwester, die

Königin-Witwe Maria, die langjährige Regentin der Niederlande, bis in die Tage ihrer letzten Krankheit dem Bruder und dem Neffen eine eifrige und gern gehörte Beraterin. Jetzt ist die gekrönte Kinderschar der wahnsinnigen Johanna auf zwei Köpfe zusammengeschwunden. Am 17. November endlich beschließt auch Maria Tudor, von Abkunft eine halbe Spanierin und durch Heirat eine halbe Habsburgerin, ihr verfehltes, an Gram und Enttäuschung überreiches Leben. Das Jahr 1559 rafft kurz nacheinander den päpstlichen Donnerer Paul IV. und seinen im Spanienhaß ihm gleichgestimmten Verbündeten Heinrich II. von Frankreich hinweg. Dem Zug der toten Souveräne schließen sich noch im gleichen Jahre an der Doge Lorenzo Priuli von Venedig und der Herzog Ercole IV. von Ferrara.

Der Tod Karls V. in so zahlreicher und stattlicher Gefolgschaft ist weit mehr als das Sterben und Beerben eines Kaisers. Er begleitet und bedeutet das Ende eines Zeitalters über Europa. In Deutschland hat seit dem Augsburger Religionsfrieden die Reformation gewonnenes Spiel, England ist mit der Thronbesteigung Elisabeths der alten Kirche für immer entfremdet, in Genf hat Calvin seine beispiellos strenge Diktatur staatsbürgerlicher Gesinnung und religiösen Bekennens fest verankert und zum Dauerzustand erhärtet, in den Niederlanden sammeln sich die Kräfte zum Abfall von Spanien und zur Neuorientierung durch den Protestantismus. Auf der anderen Seite hat auch die Römische Kirche nach ungeheuren Verlusten, Fehlschlägen und Fehlhandlungen entscheidende Einkehr bei sich selbst gehalten, hat das Bollwerk der Gegenreformation aufgerichtet, hat im Tridentinischen Konzil mit ehrlichem Wollen und nach bestem Können die ersehnte Ordnung im eigenen Hause geschaffen, hat in der Ignatianischen „Gesellschaft Jesu" einen Stoßtrupp der Erneuerung und der Propaganda gefunden. Eine Zeitwende ist angebrochen. Die gegnerischen Fronten haben sich von dem schlierenden Zustand der halben Trennung und der stets mißlungenen Vereinigung losgelöst, zeichnen sich deutlicher ab als je zuvor und stehen, jede kampfbereit und zuversichtlich, in bedrohlicher Geschlossenheit einander gegenüber. Der Traum des Kaisers von einer Möglichkeit der Verständigung durch guten Willen und beiderseitiges Nachgeben ist ausgeträumt für immer, hie Katholizismus, hie Reformation, heißt jetzt das Feldgeschrei.

Auf welche Seite Philipp II. treten wird, darüber besteht kein Zweifel. Aber es ist ratsam, schon hier ein altes, mit rostartiger Zähigkeit eingefressenes und verschorftes Fehlurteil auszumerzen und zu bereinigen. Philipp II. ist nicht der säkulare und einmalige Vorkämpfer der Römischen Kirche in Europa, er ist nicht der offene und nicht der heimliche Anführer der Gegenreformation, er ist auch nicht der Fortsetzer der Tradition und Gesinnung eines Karl V., der sein Lebensziel darin sah, das Abendland wieder im alten Glauben zu einigen und den türkischen Erbfeind bis hinter die Grenzen des heiligen Landes zurückzudrängen. Nach so kühnen Zielen und Utopien auszuspähen, war nicht seine Sache. Das hat ihm alles erst, beginnend mit dem Jahrhundert der Aufklärung, die ihm teils machtpolitisch, teils weltanschaulich gegnerisch gesinnte Geschichtsschreibung und Dichtung des außerspanischen Europa nachgesagt. Philipp selbst leitet vielmehr seine Pflichten und Überlegungen, seine Absichten und Entscheidungen aus einer einzigen Aufgabe her, und diese ist umschrieben mit dem Titel „König von Spanien". Er wird sich um das Abendland nur insoweit kümmern, als spanisches Selbstbestimmungsrecht und spanischer Besitz durch fremde Aspirationen geschmälert werden. Er ist der Wächter und Wahrer des spanischen, nicht, wie Karl V., des europäischen Friedens. Er wird auch, im Gegensatz zu Karl V., die Häresie und die Türkengefahr nur dort und dann bekämpfen, wo sie die von ihm aufgerichteten Zäune einzudrücken sich unterfangen, wo sie spanisches Hoheitsgebiet zu betreten, spanisches Land und Volk zu beunruhigen oder zu bedrohen wagen.

Europa nimmt davon zunächst keinen sonderlichen Schaden, Spanien aber zieht desto größeren Nutzen aus diesem Verhalten seines Herrschers. Es sieht sich sozusagen über Nacht aus seiner demütigenden und ruinös kostspieligen Abhängigkeit vom Kaisertum befreit, das bis jetzt von ihm nur Geld, Soldaten und stillschweigenden Gehorsam gefordert hat. Spanien will einen König von seinem Blut und seiner Rasse, einen, der im Lande geboren und groß geworden ist, der mit der Scholle und der Gesinnung des Landes verwachsen ist, der kein anderes Ziel in Kopf und Herz hat als seiner Untertanen Wohl und seines Reiches Größe. Spaniens König soll und wird ihm allein gehören und immer in seiner Mitte und an seiner Spitze gegenwärtig sein. Der ewige Notstand einer in Entschlußfreiheit gehemmten, weil an Befugnissen eingeschränkten Regierungsvertretung wird zu Ende sein, die jahrzehntelang wiederholten Klagen und Bitten der Volksvertretung an den Herrscher, er möge doch im Lande bleiben und da, wo er hingehöre, nach dem Rechten sehen, werden für immer verstummen. Spanien ist jetzt schon, unter der Führung dieses Königs, aus der sekundären Provinz eines fremden Reiches eine selbständige, Europa beherrschende Großmacht geworden. Haben es nicht die Triumphe über Papsttum und Frankreich zur Genüge bewiesen? Nicht nur mit Liebe, sondern mit einer Art kultischen Verehrung und Begeisterung sieht es darum der Heimkehr seines siegreichen Königs entgegen.

Diese Vergötterung hat die Jahrhunderte überdauert. Philipp II. ist im Herzen des spanischen Volkes noch heute der volkstümlichste, der am meisten verehrte, der größte seiner Herrscher. Nicht nur in der Geschichte der europäischen Völker bedeuten die Jahre 1558/59 eine Zeitwende, auch in Philipps persönlicher Lebensführung bilden sie einen Einschnitt, der einer Lebenswende gleichkommt. Es ist gewissermaßen ein Umschlag und eine Kehre vom Reisen zur Heimkehr, von der Unruhe zur Seßhaftigkeit, vom Gehorchen zum Befehlen, von der Verantwortungslosigkeit zur Selbstbestimmung. Bis jetzt ist Philipp immer nur Regierungsvertreter seines Vaters oder Europafahrender mit dynastischen, kriegerischen oder hochzeitlichen Zielen in Deutschland, den Niederlanden und England gewesen. Er hat viele Monate und Jahre vorab der Zerstreuung und den Festlichkeiten gelebt, namentlich in England, wo man nur als Prinzgemahl eine Verwendung für ihn hatte und wo er selber jede offene Einmischung in die Regierungsgeschäfte ängstlich vermied. Nun wird das mit einem Schlage anders. Er ist jetzt 32jährig und in die Vollreife des Mannesalters eingetreten. Das Tor der Jugend ist hinter ihm ins Schloß gefallen und eine neue Wegstrecke hat sich aufgetan. Die Rückkehr nach Spanien bedeutet völlige und endgültige Alleinherrschaft, Führerschaft, Verantwortlichkeit. Ist der äußere Wechsel zu brüsk, macht sich eine als Erlösung empfundene Reaktion oder nur eine Summe von gesammelten Erfahrungen geltend? Über die Ursachen läßt sich unterschiedlicher Meinung sein, aber die Wirkung ist eindeutig diese: Philipp II. verfällt ohne Übergang in jene seelische Haltung des Ernstes und der Schwere, der unnahbaren Isolierung, der mönchisch-strengen Einfachheit als Gegengewicht zur Bürde der Würde, der rastlosen Arbeit und Pflichterfüllung am Schreibpult, in jenen intellektuellen und psychischen Dauerzustand, der ihn vier Dezennien lang nicht mehr loslassen wird und dessen Intensität mit den Jahren nur noch einer Verdichtung und Steigerung, aber keiner Verminderung mehr fähig sein wird. Er ist von diesem Zeitpunkt an der Mann mit der eisernen Maske, an der die Nachwelt jahrhundertelang ziellos und voreingenommen herumgerätselt hat, um dahinter ein Gesicht und eine Seele zu finden. Bis zum Wendejahr 1559 ist darum auch das Leben Philipps am anziehendsten und anschaulichsten in rein zeitlicher Abfolge, von da ab hingegen hat er gleichsam kein persönliches Erleben mehr, sondern nur mehr ein Leben im Staat und für den Staat. Bis 1559 ist die Darstellung seines Lebens folgerichtig die reine Biographie, von 1559 aber weitet sie sich aus oder, wenn man will, verengt sie sich zur Geschichte.

Zunächst freilich weilt Philipp noch in den Niederlanden. Er residiert in Gent, denn das Brüsseler Schloß ist seit dem Weggang Karls V. einigermaßen unwohnlich geworden. Der Kaiser hat ja die schönsten und die kostbarsten Einrichtungsgegenstände, Gemälde, Teppiche, Wandbehänge, Möbel, Silbersachen, nicht etwa in Auswahlstücken, sondern schiffsladungsweise mit nach Spanien genommen. Nach Gent werden also auf den 7. August 1559 ein letztesmal die Generalstände einberufen. Es soll eine Aussprache und zugleich ein Abschiednehmen sein, aber es wird eine Tagung voll Gereiztheit und peinlicher Verstimmungen. Die versammelten Stände sehen sich vier bedeutsamen und folgenschweren Anordnungen gegenüber:

1. Zur Generalstatthalterin der vereinigten Provinzen ist Madame Marguerite, Herzogin von Parma, die illegitime Tochter Kaiser Karls V., ernannt worden.

2. Die Statthalterschaften der einzelnen Provinzen finden sich ohne Ausnahme auf Angehörige des niederländischen Adels verteilt. Es werden amtieren: für Flandern und Artois der Graf von Egmont, für Holland, Zeeland, Utrecht der Fürst von Oranien, Wilhelm von Nassau, der zugleich auch den Oberbefehl über die spanischen Truppen im Land führt, für Luxemburg der Graf von Mansfeld, für Namur der Baron von Barlaymont, und so weiter.

3. Zu den drei Rätekammern oder Conseils d'état, de justice, des finances, die zusammen auch „les trois conseils collatéraux" heißen, tritt fortan noch der Geheime Kabinettsrat oder die „Consulta". Er umfaßt eine Gruppe von Vertrauensmännern, die der Generalstatthalterin als Berater zu dienen haben. Den Vorsitz dieser neuen Regierungsstelle führt der seit Jahren bewährte Antoine Perrenot de Granvelle. Die ihm beigegebenen Räte sind der Baron von Barlaymont und der Jurist Viglius.

4. Die bisher vorhandenen vier Bischofssitze werden durch Schaffung von 13 neuen Diözesen auf deren 17 erhöht, so daß also hinfort jede der Provinzen in kirchenpolitischer und religiöser Hinsicht ihren eigenen Oberhirten hat. Die neuen Bischöfe werden kraft des ihm zustehenden Rechtes vom König ernannt und von der Kurie bestätigt.

Von diesen vier Maßnahmen hat den bedächtigen Philipp II. die Wahl der Herzogin von Parma das größte Zögern und die härteste Entschlußkraft gekostet. Er hätte am liebsten auf eine weibliche Regentin ganz verzichtet, denn eine zweite Tante Maria gab es nicht mehr, das ließ er sich nicht nehmen. Aber die männlichen Kandidaten aus regierenden Häusern waren dünn gesät. Wenn man genau zusah und alles in Betracht zog, so gab es nur drei: den Erzherzog Ferdinand von Österreich, jenen zweiten Sohn des Kaisers Ferdinand, den sein Vater seinerzeit etwas voreilig Maria Tudor zum Ehegemahl angeboten hatte, dann den Herzog Emanuel Philibert von Savoyen, den Sieger von Saint-Quentin und Gravelingen, und in einigem Abstand schließlich auch noch den Herzog Octavio Farnese. Aber alle drei hatten den Nachteil, daß sie Ausländer waren und aus diesem Grunde die schärfste Resistenz des Adels und der Bevölkerung gewärtigen mußten. Beim Herzog von Savoyen kam überdies noch erschwerend hinzu, daß er, der eigenwillige Starrkopf, von vornherein einfach nicht mochte (nicht umsonst hat er in der Geschichte den Beinamen „Tête de fer"). Für Margarethe von Parma aber sprachen immerhin mehrere gewichtige Gründe. Vor allem war sie eine geborene Flamländerin, denn ihre Mutter war die Demoiselle van der Gheynst gewesen, eine Tapeziererstochter aus Oudenarde; fürs zweite war sie ein (wenn auch illegitimes) Kind des verewigten Kaisers, des unvergeßlichen „seigneur naturel", fand sich also durch Bande des Blutes und der Gesinnung mit dem flandrischen Wesen eng verbunden; fürs dritte hatte es den Anschein, als würde sie ein willfähriges Werkzeug in der Hand ihres königlichen Stiefbruders werden, zu dem sie mit der aus Stolz und Scheu gemischten Ergebenheit des Halbblutes emporsah, und zum vierten endlich erklärte sie sich ohne Widerspruch bereit, ihren Sohn Alexander am spanischen Hofe erziehen zu lassen, wobei sie beide Augen vor der Erkenntnis zudrückte, daß das nur eine verdeckte Form der Geiselstellung war. Ihre Ehe mit dem Herzog Octavio Farnese war zudem das Muster einer Unglücksehe und die Trennung für die beiden Gatten ein wahrer Segen. Zwar wies Margarethe einige ausgeprägt männliche Charakterzüge auf, war eigensinnig und herrschsüchtig, unbändig stolz und schwer lenksam — ihr herzoglicher Gemahl konnte ein beredtes Lied davon singen —, aber was hatte das schon dem Willen und Autoritätsbewußtsein eines Philipp II. gegenüber zu bedeuten? In allen wichtigen Fragen erging ja die letzte Entscheidung fürderhin aus Madrid, und daß die Generalstatthalterin auch in kleinen Dingen keine Voreiligkeit beginge, darauf zu achten war die Obliegenheit des unübertrefflich zuverlässigen Granvelle.

Einen Todfeind freilich hat sich Philipp II., ohne es zu ahnen und ohne dessen vorerst gewahr zu werden, durch diese Ernennung geschaffen. Es ist Wilhelm von Oranien. Dieser ehrgeizige Feudalbaron aus dem Geschlechte der Grafen von Nassau-Dillenburg, in dessen Adern in Wirklichkeit nicht ein Tropfen burgundischen Blutes rinnt und der dem niederländischen Adel nur durch Einheirat (mit Anna von Egmont) zugehört, hat mit Bestimmtheit darauf gerechnet, daß niemand anderer als er selbst das Amt des Generalstatthalters übertragen erhalte; ist er doch nicht umsonst der vor allen anderen bevorzugte und verhätschelte Page des Kaisers gewesen. Sobald er sich aber übergangen, ja überhaupt erst gar nicht in den Kreis der Bewerber mit einbezogen sieht, da kennt er in betrogenem Ehrgeiz und gekränkter Selbstsucht nur mehr ein Lebensziel: den Umsturz der spanischen Herrschaft. Was sich nicht auf dem Umweg über die Generalstatthalterschaft erreichen ließ, das soll mit List und Revolution ermöglicht werden. Dazu wird ihm kein Mittel zu schlecht, keine Heuchelei zu grotesk, keine Religion und keine Überzeugung zu heilig sein, als daß er sie nicht gebrauchen oder mißbrauchen würde. Tragische Schicksalsfügung ist es wiederum, daß gerade Philipp II. diesem Verräter von Anfang an unbewußt in die Hände arbeiten muß.

Die niederländischen Generalstände selbst haben gegen Madame Marguerite, die Kaisertochter, nichts einzuwenden. Auch daß die Statthalterschaften der einzelnen Provinzen mit Männern wie Oranien, Egmont, Mansfeld, Horne besetzt sind, nehmen sie mit beifälligem Gemurmel auf. Nicht minder sind sie damit einverstanden, daß ihre Adelsführer auch im neuen Conseil privé eine gewichtige Stimme haben sollen. Aber das munter knisternde Flämmchen ihrer Befriedigung sinkt rasch in nichts zusammen, als sie hören müssen, daß mit einem Schlage 13 neue Bischofssitze errichtet worden sind. Wer soll diese 13 Kirchenfürsten mit ihrem Schwarm von Domherren und Präbendaren denn bezahlen? Das ist die eine Frage, die sie schwer bedrückt. Und wer bietet dafür Gewähr, daß diese 13 Episkopate mit Einschluß der bisherigen vier nicht ebensoviele Inquisitionsgerichte bedeuten werden?

Das ist die andere Frage, die sie quält. Und nun soll diese Diözesanvermehrung, eine auf den ersten Blick rein innerkirchliche und administrative Angelegenheit, die Ursache zu schweren Mißverständnissen und Zerwürfnissen zwischen den Niederlanden und ihrem neuen „seigneur naturel" werden, soll das erste Grollen des aufziehenden Gewittersturmes bilden und den Anfang vom Ende der spanisch-burgundischen Herrschaft. Welches sind die tieferen Zusammenhänge?
Von Philipps Seite aus hat dieser Eingriff durchaus nichts bewußt Feindseliges an sich. Er gedenkt vielmehr in aller Friedsamkeit und Gesetzlichkeit ein zweifaches Ziel damit zu erreichen. Er will durch diese Maßregel den Klerus seiner außerspanischen Länder in engere Abhängigkeit von der Krone bringen, wie das ja seiner Kirchenpolitik insgesamt entspricht; und er will ferner die Stellung der Traditionskirche des Landes, die ja auch seine Kirche ist, gegenüber der wachsenden Werbetätigkeit der lutherischen und kalvinistischen Lehre sichern und festigen. Und nun begeht er trotz der besten Absicht einen folgenschweren Fehlgriff. Er möchte die Niederländer in ihrer Gesamtheit vor neuen Steuern und Auflagen bewahren und gedenkt daher, für die Besoldung der vermehrten Bischofssitze die Renten der klösterlichen Gemeinschaften heranzuziehen. Das wird, so rechnet er, keinen Bürger und keinen Adeligen, keinen Schuster und keinen Krämer, keinen Laien und keinen einfachen Weltpriester um einen roten Heller schädigen, bezahlen aber sollen nur jene müssen, die es können und in deren unmittelbarstem Interesse eine Stärkung der alten Kirche vor allem gelegen ist, nämlich die reichen Klöster und Abteien. Denn gerade sie sind es ja, die bei einem religiösen Umsturz mit Hab und Gut am schwersten unter die Räder kommen. Siehe Deutschland, siehe England! Aber gerade diese scheinbar so kluge und gerechte Erwägung ist ein verhängnisvoller Griff mitten ins Wespennest. Denn jetzt wird aus einer Sache des Geldbeutels eine Angelegenheit des Patriotismus, des nationalen Prestige, der bedrohten Selbstverwaltung gemacht. Die Inhaber opulenter Abteien, die Pröpste reicher Stifte und Konvente fürchten eine Herabminderung ihrer Einkünfte und sie senden

eilig ihre Mönche in die Städte und in die Dörfer, um die niederländische Seele wachzurütteln und das Volk aufzuwiegeln. Die Privilegien, so heißt es, sind in Gefahr, die Autonomie ist bedroht, die Einführung der spanischen Inquisition steht bevor. Eine Welle antispanischer Hetze durchbraust das Land und schwillt, bevor man dessen recht gewahr wird und bevor die Mönche sich jeder unerwünschten Mithilfe entschlagen können, zu einer Sturmflut antikatholischer, kalvinistischer, lutherischer Propaganda an. Perrenot de Granvelle, der die ganze kirchliche Neuorganisation zu leiten hat, sieht sich in Bälde so ungeheuren Schwierigkeiten und Widerständen gegenüber, daß er wünscht, die Idee wäre nie aufgetaucht oder doch wenigstens nie zur Durchführung gekommen. Diese Vorgänge sind naturgemäß nicht das Ergebnis von zwei Tagen oder zwei Wochen, und König Philipp hat, bevor sie sich zu entwickeln und mit der Virulenz einer ansteckenden Krankheit auszubreiten vermögen, das Land längst schon verlassen und ist nach Spanien heimgekehrt, aber sie sind trotzdem nicht mehr und nicht weniger als eine der unmittelbaren Folgen seines Abschieds von den Niederlanden.

Sie werden begleitet, unterstützt und verschlimmert durch eine gleichzeitig aufgetauchte Schwierigkeit, die nicht das geringste mit Fragen der Religion oder der kirchlichen Administration zu tun hat. Bei der letzten Einberufung der Generalstände vor Philipps Abreise stellen die Volksbeauftragten mit besonderem Nachdruck die Forderung, es möchten zugleich mit dem Weggang des Herrschers auch die spanischen Truppen aus dem Lande geschafft werden. Niemand anderer als Wilhelm von Oranien, der ebendiese Truppen befehligt, hat dieses Ansinnen heimlich angeregt und bei den Ständevertretern leidenschaftlich befürwortet. Es ist die erste Intrige, die er zu spinnen unternimmt. Nun besteht kein Zweifel darüber, daß das Verhalten der hochfahrenden, empfindlichen, ruhm- und händelsüchtigen spanischen Soldaten durchaus nicht geeignet ist, die natürlichen Gegensätze zwischen ihnen und den Völkern, denen sie zur Last fallen, zu mildern. In Deutschland nicht, in Italien nicht, und in den niederländischen Provinzen, deren von der spanischen grundverschiedene Artung uns nicht verborgen blieb, erst recht nicht. Die Unbeliebtheit, ja Verhaßtheit der spanischen Soldtruppen jener Zeit in allen Ländern außerhalb Spaniens bildet eine wesentliche Komponente der geschichtlichen Entwicklung und würde längst eine gesonderte Darstellung verdienen. Das Material dazu liegt für den, der es zu finden weiß, wie eine reife Ernte bereit und vermöchte gut und gern die Scheuer eines stattlichen Buches zu füllen. Dabei dürfte freilich von Anfang an ein grundsätzlicher Tatbestand nicht aus dem Auge verloren werden: daß Soldtruppen des 16. und 17. Jahrhunderts, mochten sie nun herstammen wo sie wollten, in keinem Falle die Elite ihrer Nation verkörperten, eher das Gegenteil. In den Niederlanden nun und in dem geschichtlichen Augenblick des Jahres 1559 sind die Schwierigkeiten nicht einfach solcher Art, daß sie ein bloßes Machtwort des Herrschers lösen könnte. Die spanischen Truppen haben erhebliche Soldrückstände zu beanspruchen und weigern sich rundweg, das Land zu räumen, bevor nicht der letzte Heller dessen, was sie mit gutem Recht fordern können, ausbezahlt ist. Wilhelm von Oranien sorgt durch bestochene Zwischenträger dafür, daß die verständigen und ruhigen Elemente vom Gesindel niedergeschrieen werden. Auch gehen alle für den Souverän bestimmten Berichte über das Verhalten und die Stimmung der Truppen durch Oraniens Hand und werden von ihm zweckmäßig stilisiert. Philipps Staatskassen aber, die spanische sowohl wie die niederländische, sind eben um diese Zeit immer noch bedenklich leer. Erinnern wir uns an die finanziellen Nöte, die dem Friedensschluß von Cateau-Cambrésis vorausgegangen sind, und die Situation läßt an Klarheit nichts zu wünschen übrig. Der „seigneur naturel" sieht sich also schlechterdings außerstande, die Evakuierung vorzunehmen, so gern er bereit wäre, es zu tun. Oranien aber ist auch darüber genau unterrichtet. Eben darum veranlaßt er das Begehren der Stände nach Abzug der Truppen und eben darum wirft er, als Philipp keine bindende Zusage geben kann, durch Mittelsmänner und Provokateure die Hetzparole ins Volk, das sei nichts als Heuchelei und böser Wille, die verhaßte Besatzung werde in alle Ewigkeit im Lande bleiben, die Bevölkerung drangsalieren und den Frieden stören, das Recht auf den Kopf stellen und sich wie die Eroberer in Feindesland gebärden; auch sei zu befürchten, daß die alten Privilegien und Rechtsbriefe (von denen jede Provinz einen Schrank voll besitzt und auf deren Einhaltung das ganze Volk geradezu fanatisch erpicht ist) nach und nach unter dem Druck der fremden Militärgewalt abgeschafft würden. Zwar kann Philipp mit Hilfe der 400000 Dukaten, aus denen die Mitgift seiner französischen Gemahlin besteht, die Soldrückstände im Herbst 1560 bezahlen und bis Januar 1561 den letzten Mann seiner so heftig befehdeten Truppen aus dem Lande zurückziehen, aber die Folgen dieser Verzögerung sind nicht mehr gutzumachen. Oranien hat seinen ersten unzweifelhaften Erfolg errungen. Die einheimischen Mönche sind in ihrer Borniertheit und Habgier, ohne es zu merken, seine eifrigen Helfer gewesen. Die Vermehrung der Bischofssitze und die nicht rechtzeitig vollzogene Evakuierung der Besatzungstruppen haben das niederländische Volk in seiner Gesamtheit revolutionsbereit gemacht.

Das ist, in zwei Worten ausgedrückt, die Lage der flandrischen Provinzen in dem Augenblicke, wo ihr Herrscher sich anschickt, ihnen für immer den Rücken zu kehren.

In Vlissingen geht Philipp II. am 24. August 1559 an Bord der Flottille, die ihn nach Spanien zu bringen bestimmt ist. Zur Verabschiedung finden sich die Großen des Landes, an ihrer Spitze die Generalstatthalterin Margarethe, sowie die sämtlichen niederländischen Ritter des Goldenen Vließes ein. Der scheidende Herrscher streut Gratifikationen und Schmiergelder zu Hunderttausenden um sich, alles gepumpt und mit Wucherzinsen belastet. Egmont erhält 50000 Taler für seine ausgezeichnete Bewährung vor Saint-Quentin und Gravelingen, Oranien nimmt deren 40000 für Verdienste, die er nicht hat, und für seine pathetischen Versicherungen unentwegter Treue. Wieder andere küssen die königliche Spenderhand für 20000 oder 10000 oder weniger, für goldene Halsketten, edelsteinbesetzte Hutagraffen, silberne Degengehänge und dergleichen. Keiner, der nicht in Devotion erstirbt; keiner, der nicht den Abzug des spanischen Hofes mit Ungeduld herbeiwünscht. Philipp selbst verbirgt unter einem frostiggnädigen Lächeln seine eigenen Gefühle und Zweifel, seine Genugtuung über das Getane, seine Sorge vor der Zukunft, sein Aufatmen der Befreiung, sein wahrhaftiges Heimweh nach Spanien. Die Seefahrt, durch häufige Windstille unterbrochen, dauert volle 14 Tage. Erst am 8. September geht man in dem kleinen spanischen Hafen Laredo an der biskayischen Küste an Land. Ein Teil der Begleitschiffe und die schweren Lastkähne haben sich etwas verspätet und geraten tags darauf in ein so heftiges Unwetter, daß einige von ihnen mit Besatzung und Ladung angesichts der heimatlichen Küste in den Wellen versinken. Gregorio Leti weiß zu berichten, daß dabei „kostbare Juwelen, in Italien und Teutschland gesamlet, fürtreffliche und von den erfahrensten Meistern gefertigte Meublen, Gemählde von einem unschätzbahren Werthe, dergleichen auch nachher nie wieder zu bekommen gewesen", zu Verluste gingen.

Am 13. Juli 1554 ist Philipp von La Coruña aus zur englischen Brautfahrt in See gegangen, fünf Jahre und einen Monat lang hat er die spanische Muttererde nicht mehr betreten. Seine Ankunft ist für ihn und seine Begleiter und für alle, die auf ihn warten, seine Angehörigen, seine Getreuen, seine Untertanen, nicht nur eine Rückkehr, sondern in des Wortes schönster und gehaltvollster Bedeutung eine Heimkehr. Am 14. September 1559 reitet er in Valladolid ein. Sein erster Gang ist an das Krankenbett des kleinen, jetzt 14jährigen Don Carlos, der an einem heftigen Wechselfieber darniederliegt.

KÖNIG VIELER REICHE
1556—1598

XVII. KAPITEL

Die Residenzstadt Madrid

Man schreibt das Jahr 1560. Inmitten der unfruchtbaren kastilischen Hochebene liegt weltverloren, weder geschichtlich noch wirtschaftlich noch strategisch bedeutend und insbesondere von dem nahen Toledo an Bevölkerungszahl, historischer Tradition, architektonischem Reichtum und landschaftlicher Lage völlig in den Schatten gedrängt, das Kleinstädtchen Madrid. 65 Jahre früher findet der Nürnberger Arzt und Freund des Humanisten Schedel, der weitgereiste Hieronymus Münzer, daß es nicht größer ist als das schwäbische Biberach. In den Annalen der Landesgeschichte entbehrt es durchaus jener ruhmreichen Vergangenheit, deren sich etwa Burgos oder Avila oder León zu rühmen vermögen. Eine befestigte arabische Siedlung mit Burganlage am steilen Hang des Flußtales, das der Manzanares durchströmt oder besser gesagt durchschleicht, erwähnt als erster der Chronist Sampiro im Jahre 931. König Ramiro II. von León, so berichtet er, überschritt die Sierra de Guadarrama und nahm den sarazenischen Flecken Madjerit durch Handstreich, ohne ihn jedoch behalten zu können. Dann sinkt der Platz wieder auf anderthalb Jahrhunderte ins Dämmer der Geschichtslosigkeit zurück. Erst 1085 erfolgt seine Eroberung durch Alfonso VI., den Bezwinger des maurischen Königreichs Toledo. Von jetzt an tritt das Manzanares-Städtchen endgültig unter spanisch-christliche Verwaltung, empfängt nach Reconquista-Brauch von den Königen erhebliche Privilegien und im Jahre 1262 das Munizipalrecht des Fuero Real. Unter Ferdinand IV. und im Jahr 1309 tagen zum erstenmal die Cortes in Madrid. Die Herrscher der Trastamara-Dynastie, denen die jagdreiche Umgebung des Städtchens viel Vergnügen bereitet, bauen die Burg und die Umwallung zweckmäßig aus. Vor allem der letzte dieses Hauses, der unselige Weltflüchtling Heinrich IV., durchstreift gerne die pfadlosen Wälder der Nachbarschaft, fühlt sich wohl und geborgen in der trutzigen Feste, deren Mauern von Meterdicke sind und deren Fenster nur in die Innenhöfe gehen. Dies mag wohl auch der Grund dafür sein, daß seine Erben und Nachfolger, das Paar Ferdinand und Isabella, Schloß und Städtchen soviel wie möglich meiden, und, wenn sie es nicht umgehen können, lieber in einem der wenigen und bescheidenen Adelshäuser wohnen, als daß sie den Alcázar betreten. Denn zum mindesten Isabella ist nicht frei von quälenden Schuldgefühlen gegenüber dem Andenken des unheimlichen Vorgängers. Das kleine Madrid steckt damals auch noch voll von Bewohnern maurischen Geblütes: habet duas morerias cum Saracenis plenas, sagt Hieronymus Münzer.

Erst Karl V. läßt sich durch das ihm ungewöhnlich zuträgliche Klima von Madrid dazu verleiten, den Sitz seines beständig wandernden Hofes, der überall und nirgends zuhause ist, gelegentlich und vorübergehend dorthin zu verlegen. Er gibt dem Alcázar ein etwas wohnlicheres Innere, läßt Fenster in die Außenwände brechen, schafft durch Niederlegung einiger hinderlicher Häuserzeilen eine Art Schloßplatz vor dem Hauptportal und vollzieht so die Anfänge einer Umwandlung der Burg zum Palaste. Aber was er tut, bleibt Notbehelf und Stückwerk, denn er ist die größere Hälfte seines Lebens von Spanien abwesend, und der Nachrichtenverkehr mit ihm geht wesentlich rascher und ungehinderter vor sich, wenn die Regentschaftsvertretung ihren Sitz in Valladolid hat. Madrid selbst zieht aus dieser vorübergehenden Bevorzugung keinerlei Nutzen, denn mit dem Hofe verschwinden stets auch die Regierung, der Adel, die Dienerschaft, die Unrast des pulsierenden Lebens. Der Palast verödet für Jahre und Jahrzehnte, das Städtchen selbst sinkt in seine weltverlorene Bedeutungslosigkeit zurück.

Wie der Prinz im Märchen kommt da plötzlich Philipp II. über das abgelegene Provinznest, weckt es aus dem Zauberschlaf, macht es zu seiner dauernden Residenzstadt und damit zum Mittelpunkt der einzigen damaligen Großmacht des Abendlandes, zum Mittelpunkt des spanischen Weltreiches. Und schon hat die Geschichtsschreibung ein Problem, an dem sie Jahrhunderte lang herumbohren kann und das trotzdem einen unvergänglichen Anreiz bewahrt, weil es eben die Eigenschaft des echten Problems an sich hat, nur mit Vermutungen angegangen, nicht aber mit Schlüssen und Beweisen einfach gelöst werden zu können. Die Frage lautet seit mehr als 350 Jahren: was hat Philipp II. veranlaßt, nicht Valladolid und nicht Toledo, auch nicht Burgos und León oder sonst eine der führenden Städte des Landes zu seiner Residenz zu machen? Was hat ihn bewogen, gerade Madrid zu wählen, von dem es schien, daß es nur Nachteile, aber keine Vorzüge aufzuweisen hatte? Von dem es bekannt war, daß alle Beteiligten und Betroffenen diese Wahl auf das schärfste mißbilligten (contra la voluntad de todos, sagt Horozco). Die Ortshistoriker der spanischen Hauptstadt stimmen überein in der Klage, daß der königliche Erlaß, durch den Madrid zur Residenzstadt erhoben wurde, niemals zum Vorschein gekommen sei und daß man deswegen über Philipps Beweggründe ewig im unklaren bleiben werde. Die einen sind der Meinung, er habe den Erlaß später mit Absicht vernichtet, die anderen glauben, er habe es gar nicht erst für nötig gehalten, einen solchen Erlaß hinauszugeben, denn die Wahl von Madrid sei, als sie erfolgte, noch keine endgültige gewesen. Erst als der berühmte Südwestturm des Alcázar (la Torre dorada) vollendet und eingerichtet gewesen und als der Plan für den Ort des Escorial festgestanden sei, erst dann habe sich der König entschlossen, für immer in Madrid Hof zu halten. Von der Torre dorada aus habe er nämlich mit dem Fernrohr nach dem langsam aus der Erde wachsenden Escorial ausspähen können.

Diese Erwägungen und Begründungen sind ohne Zweifel (das mit dem Fernrohr ausgenommen) ebenso klug wie sachkundig, aber von keiner einzigen läßt sich mit Sicherheit behaupten, daß sie den König in seiner Wahl entscheidend beeinflußt hätte. Er selbst hat über die Angelegenheit tiefes Stillschweigen bewahrt, und gerade das scheint zu beweisen, daß sein Entschluß nicht so sehr äußeren, rationalen Überlegungen und Berechnungen, als vielmehr inneren, gefühlsmäßigen Antrieben entsprang. Wir sind sogar der Meinung, diese Hintergründe mit ziemlicher Genauigkeit erfassen zu können und wir behaupten rundweg: die Wahl von Madrid zur Residenzstadt war nur eine Folge von Philipps Bedürfnis nach Isolierung.

Hier unsere Argumente: sein Staat ist ein Beamtenstaat, eine absolutistisch geleitete Bürokratie, wenn man will. Den hohen Adel zieht er nur für die Spitzenstellungen des Hofzeremoniells heran: der Mayordomo mayor, der Primer sumiller de corps, die Mayordomos, die Gentileshombres de cámara, sie sind vereinzelt Grandes, wie der Herzog von Alba, und zumeist Títulos oder Angehörige der zweiten Adelsgruppe — die Differenzierung zwischen Grandes und Títulos wurde erst 1520 von Karl V. eingeführt — und aus ihnen setzt sich auch seine persönliche Umgebung zusammen. Aber schon mit den Präsidenten der einzelnen Rätekammern beginnt die Domäne der sogenannten bürgerlichen oder kleinen Aristokratie, der Theologen und der Juristen, die auf Grund ihrer Schulung im kanonischen Recht zugleich halbe Theologen sind, also der mächtig aufblühenden Kaste der Letrados. Die eigentlichen Grandes hält sich Philipp so viel wie möglich vom Leibe. Zu ihnen ist ihm der Abstand nicht groß genug; zu ihnen muß er „Vetter" sagen, und sie beanspruchen das Vorrecht, in seiner Gegenwart den Hut aufbehalten zu dürfen, überschreiten also in erheblichem Grade das monarchische Kopf-Tabu. Er schickt sie darum gern auf möglichst entfernte Posten: der Herzog von Medinaceli wird Vizekönig von Sizilien, der Herzog von Albuquerque wird Vizekönig von Navarra. Oder er läßt sie zuhause auf ihren Gütern sitzen, wie den Herzog von Medina Sidonia in Andalusien, den Herzog von Infantado in

Guadalajara. Nur die aus irgendeinem Grunde unentbehrlichen, wie den Herzog von Alba oder den Grafen und späteren Herzog von Feria, duldet er in seiner Nähe. Er will weder in einer Umgebung von Adelspalästen und feudalen Stammsitzen wohnen, noch auch in allzu enger Berührung mit dem Volke. Auf den von ihm bevorzugten Landsitzen Aranjuez, Balsain, El Pardo und Ateca wird in weitem Umkreis jede private Siedlung untersagt, ja, in Aranjuez werden sogar die beiden Flecken Alpagés und Aranzüegue aufgekauft und niedergelegt. Aber nicht etwa das Bedürfnis nach Alleinsein und Einsamkeit, was dem krankhaften Selbstschutz eines Introvertierten entspräche, sondern der Drang nach Absonderung, nach isolierender Überhöhung seiner Herrscherpersönlichkeit und Herrscherbedeutung, der Tabu-Schutz seiner monarchischen Gewalt und Idee haben ihn zu dieser seelischen Haltung hingeführt. Wie er niemanden *über* sich duldet, das heißt jede Tat und jede Leistung unterbindet, durch die sich ein anderer über ihn erheben würde — die Belege dafür werden später noch gesammelt zu betrachten sein —, so will er auch die isolierende Zone *um* sich möglichst weit und möglichst streng gezogen wissen. Die Tendenz der Sala und der Saleta, der Antecámara und der Antecamarilla, die im Palast den Zugang zum Herrscher erschwert und verlangsamt, wiederholt sich hier in größerem Raum und in weiterem Sinne. Aus diesem Empfinden heraus hat Philipp auch das abgesonderte, kleine und unbedeutende Madrid gewählt, das damals etwa 15 000 Einwohner zählt, keinen einzigen angestammten Adelssitz von Bedeutung in sich birgt, dafür aber bei aller Isolierung und Nebensächlichkeit den Vorzug besitzt, der wiederum einer Einmaligkeit gleichkommt, daß es sozusagen im geometrischen Mittelpunkt des ganzen Landes gelegen ist, daß es also, zur Haupt- und Residenzstadt erhoben, wie ein Brennpunkt und Kernpunkt alle Kräfte einheitlich sammelt und gleichmäßig ausstrahlt, und daß diese Zentralstellung zugleich eine Überhöhung von Stadt und Regierung, von Hof und Herrscher bedeutet. Auch die Königsburg selbst kommt allen Wünschen entgegen. Am Rande der Stadt und auf einem natürlichen Hügel gelegen thront sie, von allen Seiten frei und abgesondert, nach dem offenen Felde zu sogar durch einen steilen Abhang geschützt und aus der Landschaft herausgehoben. Bei der Wahl des Escorial-Geländes werden die gleichen Antriebe und Bedürfnisse die Entscheidung geben. Diese Isolierungstendenz hat man bis jetzt nicht erkannt. Wo sie sich aber so stark bemerkbar machte, daß sie nicht übersehen werden konnte, da hat man sie irrtümlich für einen psychischen Defekt, für einen Zug der Melancholie, des Pessimismus und der Weltflucht gehalten, und das war Philipp II. gegenüber, wenigstens solange er in der Vollkraft seiner Jahre stand, ein schweres Unrecht und ein eklatantes Fehlurteil.

Das Madrid der zweiten Hälfte des 16. Jahrhunderts hat ein Gesicht für sich unter allen übrigen großen und kleinen Städten der Halbinsel. Es darf sich nicht „ciudad" nennen wie etwa Toledo oder Burgos oder Guadalajara, denn dazu hat es eine allzu kümmerliche geschichtliche Vergangenheit, sondern nur „villa", und „villa y corte" (was eigentlich nur soviel wie Residenzstadt bedeutet) bleibt auch fürderhin seine amtliche Bezeichnung. Da nun aber das kanonische Recht die Errichtung von Diözesanmittelpunkten nur in „ciudades" erlaubt, so ist es nicht einmal ein Bischofssitz und birgt in seinen Mauern nicht das Schmuckstück, die Krone und den Stolz von nahezu 60 anderen spanischen Städten: eine Kathedrale. Es enthält aber dafür um so mehr Nonnenklöster und Mönchsklöster, die letzteren fast alle mit konventualen Unterrichtsanstalten verbunden, und alle ohne Ausnahme mit eigenen Gotteshäusern versehen. Mehr als 50 Kirchtürme sollen dem Stadtbild sein architektonisches Gepräge gegeben haben. Verschwindend wenige und nur unbedeutende Adelspaläste hingegen unterbrechen die Häuserzeilen, statt ihrer jedoch gibt es eine Unzahl einstöckiger Behausungen des Bürgertums und mit diesen hat es eine eigenartige Bewandtnis. Das Recht der Wohnungsbeschlagnahme durch den König, die sogenannte „Regalía de aposentos", ist schon von Karl V. geschaffen, aber bei seinen stets wechselnden Aufenthalten nur gelegentlich und mit beschränkter Dauer ausgeübt worden. Philipp II., dessen zentralistisches Regierungssystem eine Unmenge von Beamten und Diplomaten in Madrid vereinigt, benötigt für sie zahlreiche Wohnungen. Er verschärft daher die „Regalía de aposentos" in dem Sinne, daß er von jedem mehr als einstöckigen Wohnhaus das zweite Stockwerk für seinen Bedarf, das heißt für die Unterbringung von Hofbeamten und Diplomaten, ein für allemal beschlagnahmt und die betreffenden Räume in Zwangsmiete nimmt. Ausnahmen von dieser Regel gibt es nur durch königliche Gnade (por merced y privilegio Real). Um nun diese lästige Beschränkung des freien Eigentums zu umgehen, bauen die schlauen Madrider Bürger mit Vorliebe nur mehr einstöckige Häuser, die dann der Volksmund als „casas de malicia" (Bosheitshäuser) verspottet. Im Laufe des 17. Jahrhunderts wird dieses Wohnungsgesetz durch verschiedene, beständig geänderte und zum Teil auch auf die „casas de malicia" ausgedehnte Ablösungssteuern ungeheuer verwickelt und erfordert zu seiner Durchführung einen eigenen ausgedehnten Beamtenapparat. Nach dem Bericht des González de Avila besitzt Madrid im Jahre 1623 gegen zehntausend Häuser, davon etwa 1600 beschlagnahmepflichtige oder der Ablösung unterliegende, gegen 1750 durch Privileg befreite und einige 5500 einstöckige oder „casas de malicia". Die Schlußfolgerung liegt nahe, daß auch schon unter Philipp II. die Haupt- und Residenzstadt zu gut zwei Dritteln aus einstöckigen oder Bosheitshäusern bestand.

> *Por no estar a la malicia*
> *Calzada su voluntad,*
> *Fué su huesped de aposento*
> *Antón Martínez el galán.*
>
> *Und da ihr gutes Herz fürwahr*
> *Durchaus kein Bosheitshäuschen war,*
> *Nahm sie Martínez den Galan*
> *Darin als Zwangspflichtmieter an.*

So besingt der große Satiriker Quevedo Villegas eine von ihm umworbene Dame und gibt damit zu erkennen, daß der Begriff der „casa de malicia" zu seiner Zeit bereits zu den gebräuchlichen Scheidemünzen hauptstädtischer Witz- und Spottrede gehörte.

Die Erhebung Madrids zur Residenz macht vor allem eine bauliche Instandsetzung und eine Erneuerung der Innenausstattung des Alcázar dringend nötig. Philipp beauftragt damit den Architekten Luis de la Vega. Dieser hat vermutlich schon im Laufe der Jahre 1558 oder 59 die nötigen Befehle und Richtlinien bekommen, aber er ist nicht mehr rechtzeitig fertig geworden. Als am 5. Februar 1560 die neue Königin Isabella von Valois ihren feierlichen Einzug in Stadt und Alcázar hält, da kehrt sie mit Gemahl und Hofstaat schon nach wenigen Tagen wieder nach Toledo zurück, denn das Madrider Schloß wimmelt noch von Maurern und Tapezierern, widerhallt vom Lärm der Hämmer und Sägen, trieft von Kalk und Mörtel an allen Ecken und Enden. Wesentlich ist ja zunächst nur der Umstand, daß die „entrada", die eine Inthronisierung und Machtergreifung der Königin symbolisiert, vollzogen wurde, alles weitere kann man geruhsam im Alcázar von Toledo abwarten. Und Luis de la Vega macht seine Sache mit gründlichem Bedacht. Ein Jahr lang und darüber wird immer noch umgebaut, tapeziert und neu möbliert, ein emsiges Hin- und Herschicken von Plänen, Entwürfen, Berechnungen zwischen Madrid und Toledo geht vor sich, denn der König will jede Änderung vorher genau beschrieben haben, er will auch jede Kleinigkeit selbst entscheiden. Endlich, am 7. Mai 1561, gibt er seinem Baumeister schriftlich einen letzten Termin: innerhalb eines Monats müsse alles zum Umzug bereit und fertig sein; von jetzt ab dürfe auch keine Menschenseele mehr ohne seine, des Baumeisters, Genehmigung die Palasträume betreten oder besichtigen, weder Gemächer noch Gänge, weder Treppen noch Nebenräume. Schon hat sich also der magische Kreis des burgundisch-spanischen Zeremoniells um das Heiligtum lautlos geschlossen, schon ist der Zutritt jedem Neugierigen, jedem Unbefugten, jedem Volk schlechthin, für immer verschlossen. Luis de la Vega aber kann triumphierend zurückmelden, daß schon von Mitte Mai ab alles bereit stehe, und der König braucht nicht zweimal benachrichtigt zu werden. Am 19. Mai 1561 bricht Philipp II. mit seinem Hofstaat nach Madrid auf, am 20. folgt ihm die Königin mit den Damen und Herren ihrer Begleitung, am 21. schließt sich

Don Carlos mit seinem prinzlichen Haushalt dem großen Wanderzuge an.

Jetzt ist Madrid endgültig zum Sitz der Regierung, zum Mittelpunkt und zur Hauptstadt des spanischen Weltreiches geworden. Jetzt ist auch der gründlich erneuerte Alcázar seiner Bestimmung, Zentrum und Hochburg des burgundisch-spanischen Zeremoniells zu werden, zugeführt.

XVIII. KAPITEL

Isabel de Valois und die Tragödie des Don Carlos

Als Heinrich II. beim Hochzeitsfest seiner ältesten Tochter der ungeschickten Lanze des Turniergegners erlegen ist, besteigt Franz II. den Thron von Frankreich. Seine Gemahlin ist Maria Stuart, seine einflußreichsten Staatsmänner sind die Häupter des Hauses Lothringen, die zugleich Marias Onkel sind, der Kardinal und sein Bruder, der Herzog von Guise. Der letztere hat Metz gegen Karl V. verteidigt und Calais den Engländern wieder entrissen. Die beiden Lothringer sind die Führer des bedingungslosen französischen Katholizismus. In schärfster Gegnerschaft zu ihnen stehen die Abkömmlinge des Hauses Bourbon, deren Haupt Louis de Condé ist und zu deren Sippe auch Antoine de Bourbon, Herzog von Vendôme, gehört, der jene Jeanne d'Albret, Titularkönigin von Navarra, geheiratet hat, die vor Jahren, es hätte nicht viel gefehlt, die Gattin des zukünftigen Philipp II. geworden wäre. Ein Freund und Gesinnungsbruder Condés ist Gaspard de Coligny, den noch Heinrich II. zum Amiral de France gemacht hat. Condé, Coligny und die ganzen Bourbon-Leute sind eifrige Hugenotten, das heißt Anhänger der französischen Form des Kalvinismus.

In Frankreich hat einige 50 Jahre lang der ewige Rivalitätskrieg mit Spanien die auseinanderstrebenden Kräfte im Innern des Landes gebunden und in der Abwehr des gemeinsamen Feindes geeinigt. Jetzt, wo durch die französisch-spanische Heirat der Feind zum Freunde geworden und der Kampf beendet ist oder scheint, jetzt platzen in Frankreich, durch keinen vaterländischen Zweck mehr beherrscht und abgelenkt, die inneren Gegensätze der Zeit aufeinander. Die Kämpfe um die alleinseligmachende Religion beginnen. Nicht wer sie hat, wird auch die Macht besitzen, sondern wer die Macht hat, wird auch sie besitzen. Condé und Coligny werden die Anführer der Hugenotten. Sie machen aus einer religiösen Bewegung eine politische Partei. Ihre Organisation wird nach militärischen Grundsätzen aufgebaut, ihre Geldkraft beruht auf starken Abgaben, die sie von ihren Anhängern einheben. Sie können in vier Wochen 8000 Berittene und 25000 Mann Fußvolk mobil machen, wozu der König von Frankreich wenigstens vier Monate brauchen würde, so wie die Verhältnisse um diese Zeit liegen. Ihre Grundsätze sind vorwiegend republikanisch und in mancher Hinsicht staatszersetzend. Ihre Unduldsamkeit gegen die Katholiken ist bei weitem viel heftiger als umgekehrt; das kommt daher, daß die Religion mit im Spiele ist und daß sie selbst in der Minderheit sind. Ihre erste Kraftprobe wird die mißglückte Verschwörung von Amboise (1560). Angeblich will man den jungen Franz II. aus den Händen der ihn beherrschenden Guisen befreien, in Wirklichkeit·aber die Macht an sich reißen. Elisabeth von England leistet erhebliche Geldzuschüsse. „Um des Sieges der reinen Lehre willen", wie sie behauptet, in Wahrheit nur aus nackter Macht- und Rivalitätspolitik. Das Komplott wird niedergeschlagen und die Rädelsführer legen die Köpfe auf den Richtblock, soweit sie nicht entwischen. Condé, im Hintergrund geblieben, leugnet jede Teilnahme. Kurz darauf stirbt Franz II., achtzehnjährig, nicht ohne Gift, wie man vermutet hat. Das Zeitalter der Hugenottenkämpfe zieht herauf. Aber was geht das alles Philipp II. an? Muß er nicht in der inneren Zerrissenheit des französischen Volkes eine befriedigende Gewähr dafür erblicken, daß der alte Erbfeind Habsburgs nie wieder zu ernstlicher Gegnerschaft sich einigen und aufraffen wird? Ist er bei diesem traurigen Streit nicht der sich freuende Dritte? Keineswegs. Denn der Anlaß des Zwistes ist Uneinigkeit und Spaltung im Glauben, jener gefährliche Zündstoff der Zeit, der, wenn einmal entflammt, ganze Länder zerstört, ganze Dynastien vernichtet. Er selbst aber sieht als zweifacher Nachbar dieses Brandherdes nicht nur in Spanien, sondern auch in den Niederlanden die bestehende Ordnung gefährdet, spürt Macht, Ansehen und Erbe bedroht. Da muß es sich nun erweisen, ob seine Heiratsverbindung mit dem Hause Valois einen über das Ehebett und die Erhaltung der eigenen Dynastie hinausgehenden Wert besitzt, ob er kraft dieser Verbindung genügenden Einfluß auf das französische Herrscherhaus hat, um es davor zu bewahren, freiwillig oder gezwungen zum Wegbereiter des religiösen Umsturzes in Westeuropa zu werden. Jetzt muß diese französische Ehe, die so ganz aus Richtung und Rahmen der traditionellen spanisch-habsburgischen Außenpolitik herausfiel und die Karl V., hätte er sie noch erlebt, vielleicht verhindert, jedenfalls aber mißbilligt hätte, ihre politische Feuerprobe bestehen, bevor sie noch in dynastischer Hinsicht einen Erfolg gezeitigt hat. Aber die Aussichten sind gering, schmählich gering, seit Katharina von Medici als Regentin die Macht in Händen hat. Heinrich II. ist, geängstigt durch das Anwachsen der Reformation in seinem Lande und in den Nachbarstaaten, zuletzt ehrlich entschlossen gewesen, im Bunde mit Philipp II. dem bedrohlichen Glaubenszwist ein Ende zu bereiten. Nicht so Katharina. Ihre Interessen sind sehr viel persönlicher, ihr Gesichtsfeld viel enger. Ihr dünken die paar Guisen weit gefährlicher als alle Hugenotten zusammen, und sie hält es für den Triumph aller Politik, die einen gegen die anderen auszuspielen, weder die anderen noch die einen übermächtig werden zu lassen, nur damit sie selber bei diesem Schaukelspiel stets obenauf bleibe. Und sie, die Meisterin der Unwahrhaftigkeit und die Liebhaberin der halben Maßregel, hält sich dabei für die gewiegteste Diplomatin des Jahrhunderts, für die klügste Frau der Welt. Mit ihr ist die seit Cateau-Cambrésis von Heinrich II. und Philipp II. geplante Liga der beiden großen katholischen Westmächte zur Bekämpfung der Reformation in ein jämmerliches Intrigenspiel entartet, mit ihr ist die Zusammenkunft von Bayonne, Philipps letzter Versuch, den Gedanken des toten Heinrich wieder aufleben zu lassen, zur lächerlichen Farce geworden. Es ist darum schon so, man mag es drehen und wenden wie man will: der verunglückte Lanzenstich, der Heinrich II. das Leben kostete, der so viel persönliches Leid über die engere Familie der Valois brachte, er bedeutete die Rettung des Protestantismus in Frankreich, in den Niederlanden, in Schottland und vielleicht auch in England.

Isabel von Valois, die älteste und an persönlichem Liebreiz von keiner ihrer Geschwister übertroffene Tochter aus der Ehe Heinrichs II. und Katharinas, hat, als sie in Guadalajara dem spanischen Könige angetraut wird, ihr 15. Lebensjahr noch nicht vollendet. Während am Hofe in Blois die Abreise der jungen Braut nach Spanien vorbereitet wird, gerät Philipps Gesandter in hellichte Verzweiflung über den vielköpfigen Hofstaat, der da mit über die Grenze pilgern soll, und über die unglaubliche Menge von Kisten, Koffern und ähnlichen Gepäckstücken, die darauf harren, mitgeschleppt zu werden. Er berichtet seinem Herrscher, man müsse entweder das viele Gepäck zur See verfrachten (wie es schließlich auch geschah), oder aber von Bayonne bis Pamplona einen eigenen Transportweg ausbauen lassen. Die Reise der Königin von Blois bis an die spanische Grenze verlangsamt sich dann nicht nur durch den gigantischen Troß, den sie mitführt, und durch die starken Schneefälle des Winters 1559/60, sondern auch dadurch, daß sie sich ewig nicht losreißen kann von Mutter und Geschwistern, die ihr von Stadt zu Stadt, von Schloß zu Schloß bis nach Poitiers das Geleite geben. Auch nach der endlichen Trennung schicken ihr Katharina von Medici und Maria Stuart, die ihre Schwägerin ist, in kurzen Abständen tränenfeuchte Lebewohl-Gedichte nach, die man aus den Handschriftenbeständen der Pariser Nationalbibliothek auszugraben und voll Rührung und Mitgefühl zu veröffentlichen nicht versäumt hat. Isabella nimmt, von Angst und Heimweh gequält, ebenfalls ihre Zuflucht zur Dichtelei und erwidert die larmoyanten Reimepisteln ihrer Lieben in der gleichen poetischen Form. Man mag darüber lächeln, aber man darf nicht vergessen, daß diese sensitiven und federgewandten Damen aus der Umwelt eines Hofes stammten, an dem die süßliche Leier eines Ronsard erklang und an dem jedweder Höfling seine Gefühle in pathetischen Versen verströmen ließ.

Am 3. Januar 1560 überschreitet Isabel de Valois zwischen Saint Jean Pied de Port und Roncesvalles unter schweren Schneestürmen die Grenze. Hier verlassen sie auch ihre französischen Beschützer und Ehrenbegleiter, der Herzog von Vendôme und Titularkönig von Navarra, der Kardinal Charles de Bourbon und der Prince de la Roche-sur-Yon, während die gesamte französische Dienerschaft bis auf weiteres bei ihr bleiben darf. Die Einholung der Braut von der Grenze an besorgen der Kardinal-Erzbischof von Burgos, Don Francisco de Mendoza y Bobadilla, und der Herzog von Infantado, Don Iñigo López de Mendoza. Dieser hat in seinem Gefolge die Marqueses von Cenete, von Saldaña, von Mondejar, von Almazán, von Montesclaros, die Grafen von Coruña und von Pliego. In dem einsamen, schneeverwehten Bergkloster Nuestra Señora de Roncesvalles geht die feierliche Übergabe vor sich. Protokolle werden verlesen und unterzeichnet, Fragen werden gestellt und beantwortet, zeremoniöse Höflichkeiten werden ausgetauscht, tiefe und vielfältige Verbeugungen werden gemacht und erwidert. Dann kommt der Augenblick des endgültigen Auseinandergehens. Während die kleine Isabel sich einem lange unterdrückten und lange gefürchteten Ausbruch des Schmerzes hingibt und hilflos hinausweint, stimmt der Erzbischof Mendoza mit lauter Stimme den Psalm 44 (Audi filia) an, in dem es heißt: „Höre, meine Tochter, und schaue und neige dein Ohr und vergiß dein Volk und das Haus deines Vaters! So wird der König nach deiner Schönheit verlangen!" Sicher hat kaum je ein Psalmenwort besser in eine Gelegenheit und ein Erlebnis sich eingefügt als hier; ebenso gewiß aber ist nie eines grausamer und taktloser herangezogen worden als wiederum hier.

Die Spitzenämter des Hofstaates der neuen Königin sind schon lange vor ihrer Ankunft mit Spaniern besetzt worden; denn das sind, so hat Philipp II. eigenhändig verfügt, „Ämter, deren Besetzung keinen Aufschub duldet, wenn anders der Dienst Ihrer Majestät ordnungsgemäß ablaufen soll". Auch die Einzelheiten des Zeremoniells für Empfang und Geleit hat ebenderselbe Philipp schon im voraus mit peinlicher, man möchte beinahe sagen, mit kleinlicher Gewissenhaftigkeit festgesetzt. Eine Probe davon mag erwünscht sein. So oft der Herzog von Infantado bei einem Aufenthalt oder Rasttag während der Reise das Gemach der Königin betritt, um ihr seine Aufwartung zu machen, wird die hohe Frau sich von ihrem Sessel erheben, den Herzog ersuchen, sich zu bedecken und ihm einen mit Samt überzogenen Polsterstuhl ohne Lehne zum Sitzen anbieten. (Der Kardinal-Erzbischof bekommt in diesem Falle einen Stuhl mit Lehne.) Aber der Herr Herzog darf dabei nicht vergessen, daß eine so außergewöhnliche Ehrung nur für diese Reise und in Anbetracht seiner Eigenschaft als Begleiter und Beschützer der Königin gilt, daß hingegen von dem Augenblicke an, wo diese seine Funktion beendet ist, seine Ansprüche und Vorrechte sich auf die aller übrigen Grandes de España reduzieren werden. Auch im weiteren Verlaufe unserer Darstellung wird uns das burgundisch-spanische Zeremoniell auf Schritt und Tritt begegnen. So dicht und unentrinnbar ist Philipp II. in diese Ideenwelt versponnen, so sehr ist dieses Zeremoniell ihm zum geistigen und materiellen Lebensraum geworden. Die beiden Emissäre, der Kardinal und der Herzog, haben den Auftrag, die Königin über Pamplona, Logroño und Sigüenza nach Guadalajara zu geleiten. Dort wird der Herrscher zur Trauung sich bereithalten. Die zu durchziehenden Ortschaften sind je nach Größe und Bedeutung in zwei Gruppen geteilt: solche mit und solche ohne feierlichen Empfang. Wo der erstere stattfindet, da wird Isabel unter einem Traghimmel eingeholt, und an städtischen Behörden, Militär, Geistlichkeit und Zünften findet sich aufgeboten, was vorhanden ist. Am 30. Januar 1560 hat man Guadalajara erreicht und in dem berühmten schloßartigen Palaste der Herzöge von Infantado wird Absteigequartier genommen. Mit seiner eigenartigen, wie über und über mit Nägeln beschlagenen Prunkfassade ist er, bis ihn die Revolutionskämpfe von 1937 in Trümmer legten, ein Glanzstück altspanischer Architektur des Renaissancestiles gewesen. Im Innenhof steht, wie immer schwarz gekleidet, tief verschleiert, starr aufgerichtet, regungslos, Prinzessin Juana, Philipps Schwester, bereit, empfängt die junge Königin und geleitet sie in ihre Gemächer. Am Abend desselben Tages, gegen 10 Uhr, reitet auch der König inkognito in die Stadt ein, von Toledo her kommend und umgeben von den Herzögen von Alba, von Braunschweig, von Veragua, von Escalona, von den Marqueses von Denia und von Soria. (Erich von Braunschweig ist ob seiner unentwegten Treue zum spanischen Herrscherhaus in Deutschland ziemlich verhaßt. Schon 1549 berichtet über ihn der Brüsseler Gesandte des Herzogs Moriz von Sachsen wörtlich: „Verhelt sich gegen die Spanier dermaßen, daß sie ihn loben und breysen, daß nicht schier davon zu schreyben. Lassen sich offentlich hören, sie wollens dahin bringen, daß er noch im Königreich Arragonia, ich hätt schier Narragonia geschrieben, Vicekönig werden solt.") Am 31. Januar 1560, der ein Mittwoch ist, treten sich Braut und Bräutigam im Festsaale des Palastes zum erstenmal gegenüber, halten zeremoniöse Zwiesprache und lassen sich das Gefolge vorstellen. An diesen Vorgang knüpft sich eine Anekdote, die dümmer und unwahrscheinlicher nicht erdacht werden könnte, die aber eben darum jahrhundertelang von unverwüstlicher Lebenskraft geblieben ist. Isabel de Valois soll, als sie ihrem zukünftigen Gemahl zum erstenmal Aug in Aug gegenüberstand, einigermaßen die Fassung verloren und ziemlich verwundert dreingeschaut haben. Der König aber richtete, so heißt es, mit schneidender Kälte die Frage an sie: „Was starrt Ihr mich so an? Wollt Ihr etwa prüfen, ob ich schon graue Haare habe?" Wir entsinnen uns, daß Philipp II. in diesem Augenblick nicht älter als 32 Jahre ist, also unmöglich schon sichtbar ergraut sein kann. Wir wissen überdies jetzt schon zur Genüge, daß vornehme Zurückhaltung ein Grundzug seines Wesens ist. Wir haben uns endlich auch ein hinreichend deutliches Bild von den Formen und Auswirkungen des burgundisch-spanischen Zeremoniells geschaffen. Auf diese drei Kriterien gestützt, aber glauben wir mit Bestimmtheit zu wissen, daß eine so grämliche Taktlosigkeit aus diesem Munde und bei einem derartigen Anlasse schlechterdings zu den Unmöglichkeiten gehört. Trotzdem: es gibt, soweit wir es nachzuprüfen vermochten, nicht eine einzige unter den vielen Biographien Philipps II., die diesen Blödsinn, der auch durch das ewige Wiederholen keine Glaubwürdigkeit gewinnt, nicht gewissenhaft ans Licht gezerrt hätte.

Im Anschluß an die Präsentationsszene geht allsogleich die Trauung in der Palastkapelle vor sich, darauf folgt ein feierliches Essen zu Dreien — der König, die Königin, Doña Juana —, streng nach den Vorschriften des Zeremoniells serviert. Wir wissen es von Vandenesse, der irgendeine kleine Obliegenheit dabei zu versehen hat und darum Augenzeuge ist. Dem Gefolge wird das Festmahl in einem anderen Saale gereicht; dort gibt es auch Musik und Tanz und spanisch-französische Annäherung nach allen Regeln höfischer Galanterie. Die königliche Familie aber diniert in andächtigem Schweigen und von den 20 und mehr Augenpaaren des Zeremoniendienstes stumm und sorgsam überwacht, die zahlreichen Gänge des Hochzeitsessens herunter. Die philippinische Isolierungszone bleibt also auch hier streng aufrecht erhalten. Der zarten Valois-Prinzessin mag es wohl ein wenig ängstlich dabei zumute sein. Eine kleine Erheiterung und eine Befriedigung ihrer kindlichen Schaulust — vergessen wir nicht, daß sie erst fünfzehn Jahre zählt — wird ihr immerhin noch zuteil, als sie am Nachmittag den von der Stadtgemeinde veranstalteten öffentlichen Lustbarkeiten, den Volkstänzen, Rohrspeerturnieren und Stiergefechten als Zuschauerin von teppichbehangenem hohem Fensterbalkon aus beiwohnen darf.
Nur drei Tage währt im ganzen der Aufenthalt in Guadalajara. Nicht einmal der legale Ehevollzug findet statt, denn Philipp ist seit 1543, als man ihn als Knaben mit Maria, die ebenso kindlichunreif war wie er selber, schon in der Hochzeitsnacht ins Ehebett trieb, nicht nur älter, sondern auch klüger geworden; er hat vor allem einen eigenen, unbeugsamen Willen gefunden. Er wird also die kleine Isabel in aller Ruhe zum Weibe heranreifen lassen, bevor er eheliche Pflichtleistungen von ihr fordert. Verschiedene Umstände werden sich in eigenartiger Fügung zusammentun, um diesen Augenblick noch um ein ganzes Jahr hinauszuzögern.
Auf der Reise von Guadalajara nach Toledo führt der Weg zwangsweise über Madrid. Da die Gelegenheit so günstig ist, beschließt Philipp, bei dieser Durchreise auch gleich den festlichen Einzug der Königin im Madrider Residenzschloß vollziehen zu lassen. Dieser Einzug, der einer Thronbesteigung gleichkommt

und die Machtergreifung der Königin symbolisiert, bildet im burgundisch-spanischen Zeremonialkodex ein eigenes Kapitel und ist seiner Bedeutung gemäß auch in allen Einzelheiten durch genaue Vorschriften sanktioniert und auf ein bestimmtes Schema festgelegt. Das königliche Paar macht also mit seinem gesamten Hofstaate in einem nahe Madrid gelegenen Dorfe halt und zieht von hier aus getrennt in die Residenzstadt ein: der König am Vormittag, ohne jedes Gepräng und nur von seinem engsten Gefolge umgeben, die Königin am Nachmittag unter großem Zeremoniell, auf einem Schimmel reitend, von einem Tragbaldachin überdeckt, vom Kardinal Mendoza und dem Herzog von Alba geleitet, von ihrem neuen Hofstaate gefolgt, von Geistlichkeit und Behörden feierlich empfangen. Im Alcázar ist ein provisorischer Thronsaal hergerichtet und hier geht der abschließende Huldigungsakt mit Kniebeuge und Handkuß vor sich. Der König selbst bleibt unsichtbar. Tags darauf reist der ganze Hof weiter nach Toledo, wo auch die Rätekammern vorläufig amtieren, wo Hof und Regierung ihren Sitz behalten, bis der Madrider Palast bezugsfertig geworden ist.

In Toledo sieht Isabel auch zum erstenmal ihren Stiefsohn Don Carlos, und der skrofulöse, hinkende, schiefgewachsene und am Reden behinderte Halbidiot mag für sie kein erfreulicher Anblick gewesen sein. Sie denkt an den geheimen Auftrag ihrer Mutter, daß sie eine Heirat zwischen ihm und ihrer jüngeren Schwester Margarethe zustandebringen soll, und es wird ihr um Margarethens willen etwas bang ums Herz. Gleichwohl fühlt sie für den kümmerlichen Wicht von Anfang an ein tiefes Mitleid, auf das er ganz naturgemäß mit einer geradezu hündischen Anhänglichkeit reagiert. Er, der nie eine Mutter gekannt hat und immer nur von strengen Tanten und ältlichen Hofdamen umgeben war, sieht in der gleichalterigen Isabel eine jugendlich-heitere Gespielin und zugleich auch eine mit unendlicher Macht und Autorität begabte Frau, zu der er, und nur er allein, Mutter sagen darf. Ihm fließen nämlich die Begriffe Mutter und Schwester genau so zusammen wie die Verwandtschaftsgrade Vater und Bruder. Hat er ja doch, als der alte Kaiser noch in Yuste lebte, immer „Vater" zu ihm gesagt und von seinem abwesenden wirklichen Vater gelegentlich als „mein Bruder" gesprochen. Das seelische Verhältnis der beiden jungen Menschen Isabel und Carlos zueinander ist also nicht mehr und nicht weniger als ein inniges Freundschafts- und Zusammengehörigkeitsgefühl, von beiden Seiten familiär durchwärmt und aufgelockert, von ihr aus durch stiefmütterliches Mitgefühl verklärt, von ihm aus durch ein verschwommenes und schwach differenziertes, zugleich brüderliches und kindliches Empfinden gestärkt. Aber von inzestuösen Neigungen hier oder dort ist keine Spur zu finden; das hat erst die schmutzige Sensationsgier und Verleumdungssucht späterer Jahrhunderte dazu erfunden.

Auch das öde Gefängnisleben, das die lebenslustige Valois-Prinzessin im Madrider Palast, eingesperrt zwischen dicken Mauern und bedrückt von den Zwangsvorschriften eines menschenunwürdigen Zeremoniells angeblich hat hinschleppen müssen, ist nichts als ein trauriges Märchen. Gerade in den Jahren, als Isabel die Krone trägt, also zwischen 1560 und 1568, führt der Zufall mehr frohe und unbeschwerte Jugend am Madrider Hof zusammen als je zuvor oder nachher. Da sind zunächst die Prinzen Don Juan de Austria und Alexander Farnese, der eine Philipps Halbbruder aus kaiserlichem Geblüt, der andere sein Neffe, da sind ferner die Erzherzöge Rudolph und Ernst, die beiden ältesten Söhne Maximilians und Marias, die in Spanien erzogen werden, da ist endlich die junge Königin selber, die einen Schwarm von gleichalterigen französischen Hofdamen um sich hat, und von diesem ganzen grünen Gemüse hat kein einziges, auch das älteste und gescheiteste nicht, die Zwanzig noch recht überschritten. Auch der König ist mit seinen 33 Jahren noch kein Greis, auch er ist noch ungebeugt von den späteren schweren Schicksalsschlägen. Mehr wie je herrscht darum an diesem Hofe die Jugend und der unbeschwerte Frohsinn. Wiegen stehen bereit, Kinder werden erwartet, Heiratspläne werden geschmiedet, im engen Kreise wird Blindekuh gespielt, getanzt und musiziert, spät brennen und tropfen am Abend die Kerzen, lang schläft man in den Morgen hinein, man ißt und trinkt gut — la royne sopa très bien, so heißt es häufig in den Briefberichten ihrer Damen an Katharina von Medici — und das Zeremoniell steigert nur die Exklusivität dieses jugendfrohen Kreises gegenüber der Außenwelt, hemmt im Innern alle Auswüchse und alle Entgleisungen, stimmt das Leben und die Gesinnung auf jenen Ton unbefangener Würde, edler Vornehmheit und harmonischen Gleichmaßes, der den spanischen Hof zum beneideten Vorbild von Zeitgenossen und Epigonen hat werden lassen. Isabel aber, der strahlende Mittelpunkt dieses Kreises, der eine Welt für sich bedeutet, faßt schon nach einjährigem Aufenthalt in Spanien ihre Empfindungen und Erfahrungen in den Satz zusammen, der in einem Briefe an ihre Mutter steht: „Je vous dirai comment je suis la plus heureuse femme du monde."

Ihre für eine Ausländerin ganz ungewöhnliche Beliebtheit in Spanien verdankt sie zum Teil ihren äußeren Reizen und ihrem umgänglichen Wesen, zum Teil dem Geschick und der Bereitwilligkeit, womit sie sich den spanischen Sitten und Auffassungen anzugleichen versteht. Ihre Kenntnis der Landessprache kommt ihr dabei sehr zustatten. Sie hat schon als Kind auf Spanisch zu plaudern gelernt und vermag darum bereits nach wenigen Wochen Aufenthalts im neuen Lande das Idiom fließend zu gebrauchen. Sie ist, obwohl schon die dritte Gemahlin König Philipps, dennoch die erste, mit der er ohne allerlei Schwierigkeiten und Notbehelfe sprachlicher Art ungehindert reden kann. Den Spaniern im allgemeinen flößt sie durch ihre Prachtentfaltung und durch ihre Freigebigkeit den größten Respekt ein. Die letztere braucht man in diesem Lande nicht einmal am eigenen Leibe zu spüren; es genügt schon, wenn man sie rühmen hört. Beide Eigenschaften hat Isabel zwar nur von ihrer eitlen und verschwenderischen Mutter geerbt, aber den Spaniern gefällt und schmeichelt das; es verleiht in ihren Augen dem Königtum einen besonderen Glanz, es ist nach ihrer Auffassung sogar eine seiner Ehrenpflichten. Isabel frönt einem in Spanien ganz ungewohnten Kleiderluxus. Nie zieht sie ein Kostüm zweimal an, sondern schenkt es an ihre Damen weg. Ihr Gemahl kommt ihr darin großmütig entgegen und bezahlt stillschweigend die Riesenrechnungen der französi-

schen Schneiderwerkstatt, die sich Isabel aus Paris mitgebracht hat. Ihre Frisuren und der dazugehörige Kopfputz sind Schöpfungen des reinen Kunsthandwerks; sie stammen wiederum aus dem französischen Salon de coiffure, der im Untergeschoß des Alcázar seine Zelte aufgeschlagen hat und den ganzen weiblichen und den halben männlichen Hofstaat mit duftenden Essenzen, Haarwassern, Mundwassern, Pudermischungen, Salben und Schminken französischer Herkunft versorgt. Die junge Königin bezaubert aber nicht nur durch die geschmackvolle Vornehmheit ihres Äußeren, sondern auch durch den gewinnenden Liebreiz ihres Gesichtes und ihrer Augen. Noch in ihrer Todesstunde machen diese „beaux yeux reluisants" auf den französischen Gesandten einen unvergeßlichen Eindruck; mit ihrem strahlenden Schimmer gibt sie ihm, da sie des Redens schon nicht mehr mächtig ist, eine letzte stumme Botschaft nach Frankreich mit. Bei den Spaniern vollends gilt Isabel als der Ausbund weiblicher Schönheit, und der alte Schwätzer Brantôme, dem wir hier ausnahmsweise einmal Glauben schenken wollen, schwadroniert darüber folgendermaßen: „In Spanien wagte sie kein Kavalier bei Hofe recht anzusehen aus Angst vor dem Verlieben und vor der daraus entspringenden Gefahr, aber auch kein Geistlicher setzte sich dem Wagnis aus, ihr ins Gesicht zu blicken, weil er sicher war, daß er dann seine Leidenschaft nicht mehr bezähmen könne."
Philipp II., der für weibliche Reize durchaus nicht unzugänglich war, hat dieses liebliche Geschöpf halb französischen, halb italienischen Blutes wie eine zarte fremdländische Blume gehegt und gepflegt. Die Briefberichte an Katharina von Medici — ihr wird ja von den Hofdamen und von den Gesandten jedes wichtige Ereignis und jeder kleinliche Tratsch mit der gleichen Umständlichkeit und häufig in mehrfacher Ausfertigung gemeldet — sind bis zum Überdruß voll des Rühmens über die hingebende Besorgtheit und Aufmerksamkeit, mit der der königliche Gemahl seine kleine Isabel umgibt. Ist sie gesund und wohlauf, so benützt er jede freie Stunde, um bei ihr zu sein; ist sie krank, so sitzt er Nächte hindurch unentwegt an ihrem Bett, hält ihre fieberige Hand, beaufsichtigt und regelt ihre Pflege. Sie tut keinen Wunsch,

der ihr nicht erfüllt würde. Sie wagt es sogar zu verlangen, daß von ihrem Hofstaat, den sie aus Frankreich mitgebracht hat, über 50 Personen ständig in Spanien bleiben dürfen und nicht durch Spanier ersetzt werden — darunter sind (ihre Hofdamen nicht mitgerechnet) 6 Kammerherren, 2 Kapläne, 3 Sekretäre, 6 Lakaien, 1 Hofnarr, 6 Violinspieler, 1 Dudelsackpfeifer und die sämtlichen Köche ihrer Leibküche, auf die sie besonderen Wert legt, „parcequ'ils connaissent mon goût et ma façon de vivre" — und der König nickt lächelnde Gewährung. Sie aber bleibt bis zu ihrem frühen Tode, was sie nach ihrer eigenen Versicherung schon nach einjährigem Aufenthalt in Spanien war: la plus heureuse femme du monde. Es besteht kein Zweifel, daß Philipp II. dieses zarte, schmiegsame und umgängliche Wesen ehrlich und aufrichtig geliebt hat, ja, daß er ihr sogar von allen seinen vier Frauen am innigsten zugetan war.

Isabel hat eigentlich nur eine einzige Eigenschaft, die den Ihrigen dauernde Sorge verursacht: sie ist von einer schwankenden, unsicheren, allen erdenklichen Fährlichkeiten ausgesetzten Gesundheit. Sie ist empfänglich für Ansteckungen, sie neigt zu Fehlgeburten, sie hat alle Augenblicke Fieber und Erbrechen, und sie wird zu allem Unglück auch noch von einem Erbübel ihres Großvaters Franz I. gequält, denn sie leidet (ihre geschwätzige Mutter verrät es uns) an schweren Hämorrhoidalstörungen. Kaum weilt sie zu Beginn ihrer Ehe ein paar Monate in Toledo, da wird sie von den Pocken überfallen und liegt wochenlang in hohem Fieber zwischen Leben und Tod. Der König und die Kammerfrau, Madame de Montespan — sonst eine böse Zippe und mit der höfischen Weiblichkeit in endlose Eifersuchtskämpfe verwickelt, aber ihrer Herrin mit Leib und Seele ergeben — weichen nicht von ihrem Lager bis die Gefahr vorüber ist. Die Folgen der Krankheit scheinen anfangs verheerend zu sein. Die Haare fallen aus, das Augenlicht droht zu schwinden, das Antlitz ist verwüstet. Man badet die gefährdeten Hautstellen in Eselsmilch und bestreicht sie mit einer von der Mutter eigens geschickten Heilsalbe; auch Dämpfe aus rohem Eiklar wendet man auf ihren Wunsch und genau nach ihrer Vorschrift an. (Katharina von

Medici ist nämlich die wandelnde Hausapotheke und der glänzende Typus einer italienischen Kurpfuscherin. Es gibt keine Krankheit, für die sie nicht drei oder vier Heilmittel wüßte, und es gibt kein Heilmittel, das sie nicht vorsorglich selber, sei es an sich oder an anderen, ausgeprobt hätte. Diese ihre nicht unsympathische Eigenschaft ist leider bis jetzt von keinem ihrer Biographen richtig gewürdigt worden.) Der Erfolg lohnt auch hier die Mühe, so daß die gute Königin Isabel bald wieder in ihrem früheren Liebreiz prangt. Unendlich peinlich und quälend sind die Hämorrhoidalbeschwerden, an denen sie in gesunden und kranken Tagen immer wieder zu leiden hat. Ein besonders schlimmer Anfall dieser Art stellt sich Ende 1560 ein. Die betriebsame Montespan greift auf Befehl der mütterlichen Heilkünstlerin mit Sitzbädern aus heißer Milch und Safran ein, während sie als inneres Ergänzungsmittel eine starke Kur mit Pflaumenkompott anwendet. Katharina von Medici macht ihrer Tochter brieflich ernstliche Vorwürfe über ihre unhygienische Lebensweise und schreibt, die Art der Krankheit müsse dem König unbedingt verheimlicht werden, denn sonst sei zu befürchten, daß er sich ihr im Ehebett nicht nähere. Es ist schon Februar 1561 und die Kammerfrau muß melden, „que le roy n'est pas encore venu coucher avec la royne". Erst in Madrid, also nach der Übersiedlung vom Mai 1561, geht das vor sich, denn bei Isabel haben sich inzwischen die Anzeichen der weiblichen Reife eingestellt und wir erfahren dazu, wiederum aus den Berichten der Hofdame an Katharina, daß der König „von einer Körperbeschaffenheit ist, die seiner Gemahlin große Schmerzen verursacht" und daß die junge Frau, so gern sie möchte, nur mit äußerster Beherrschung imstande ist, ihrer ehelichen Pflicht zu genügen. Katharina beschwichtigt klug und mütterlich: das sei etwas ganz Natürliches und werde mit der Zeit, bestimmt aber nach der ersten Geburt, ganz von selbst sich regeln. Im Mai 1564 endlich tritt die erste Gravidität, die lang ersehnte und in dynastischer Hinsicht so dringend nötige, ein. Aber ein tückischer Fieberanfall und die barbarischen Methoden der zeitgenössischen Heilkunde machen alles zunichte. Die leicht Erkrankte wird einem gründlichen Ader-

laß unterzogen. Hierauf stellen sich Erbrechen, Kopfweh und Schwindelanfälle von bedrohlicher Stärke ein. Erneute Aderlässe, einmal am Fuß, das andere Mal an der Schläfe. Wirkung: die Frühgeburt eines Zwillingspärchens von nur dreimonatiger Tragzeit und eine tagelange Ohnmacht der Königin aus reiner Schwäche und Erschöpfung. Noch ist Isabel jung und widerstandsfähig genug, um auch dieses gefährliche Experiment zu überstehen und wieder zu gesunden.
Mittlerweile haben in Frankreich die Dinge ihren unvermeidlichen Lauf genommen. Katharina von Medici ist seit Dezember 1560 Regentin für den unmündigen Karl IX. Alle Welt weiß, daß sie die Guisen fürchtet und deren Schützling Maria Stuart haßt, daß sie zwar keine Freundin der Hugenotten ist, aber aus Angst vor einem Bürgerkrieg die Toleranz gegen sie bis aufs äußerste treibt. Eben diese Duldsamkeit, die sich deutlich genug als Feigheit zu erkennen gibt, ermutigt dann auch die Hugenotten zu wiederholten und immer stärkeren Kraftproben. An der entschlossenen Abwehr der Guisen-Partei entzünden sich die französischen Religionskämpfe. Mit spanischer Truppenhilfe schlägt der Herzog von Guise im Dezember 1562 die Hugenotten bei Dreux entscheidend aufs Haupt, wird aber wenige Monate später von einem hugenottischen Meuchelmörder beseitigt. Auf diese Tat reagiert die verängstigte Katharina mit dem Edikt von Amboise vom 19. März 1563, das den Hugenotten neuerdings große Freiheiten zugesteht. Der Mord an Guise hat ihnen den schlimmsten Gegner aus dem Wege geräumt, das Edikt steigert ihre Aktionsbereitschaft und verschärft ihre Propaganda. Philipp II. verkennt nicht die Bedrohlichkeit der Lage. So gleichgültig ihm an sich auch die inneren Vorgänge im Machtbereich der Valois sind, ein hugenottisches oder auch nur von konfessionellen Zwistigkeiten erschüttertes Frankreich kann er als Nachbarn der Niederlande nicht brauchen. Ein deutlicher Wink an die entscheidungsscheue und vermittlungssüchtige Katharina ist unumgänglich. Es setzt sich also Isabel, kaum daß sie von ihrer Fehlgeburt im Sommer 1564 wieder richtig genesen ist, an ihr zierliches Schreibpult und gestaltet, emsig kritzelnd, einen ihr vom König vorgelegten Ent-

wurf zu einem Brief an die Mutter aus, der seiner Form nach eine kindlich besorgte Bitte und Mahnung, seinem Sinne nach aber ein blutig ernst gemeintes königliches Ultimatum darstellt. Sie solle, so besagt das Schreiben, ihr ewiges Kompromisseln mit den Hugenotten endlich bleiben lassen und entschlossen gegen sie vorgehen. Wenn sie deren Anzahl fürchte, so möge sie sich an den König von Spanien um Hilfe wenden; er sei bereit, sie mit Geld und Truppenmacht zu unterstützen. Wenn sie aber gegen die hugenottische Gefahr nicht einschreite, so müsse der König auf eigene Faust handeln wie er es für richtig halte, auch auf die Gefahr, ihre Freundschaft dadurch aufs Spiel zu setzen. (Diese versteckte Kriegsdrohung bedeutet für Katharina den größten aller Schrecken.) Er sei dazu gezwungen, weil lebenswichtige Interessen für ihn auf dem Spiele stünden; denn ein kalvinistisches Frankreich bedeute auch für Spanien und für die Niederlande die offene Gefahr eines Einbruchs der Häresie, einer Zerstörung der Einheit, einer Absetzung der Dynastie. Soweit das Schreiben, das im übrigen alle Merkmale eines zärtlichen und liebevollen Familienbriefes an sich trägt und darum wohl geeignet ist, der Empfängerin die säuerliche Pille so gut wie möglich zu versüßen. Katharina kann freilich nicht umhin, über die fortschreitende „Hispanisierung" ihrer kleinen Isabel einigermaßen schmerzlich erstaunt zu sein.

Eine persönliche Aussprache zwischen Philipp II. und der Mediceerin verheißt unter diesen Umständen für beide Teile den größten Nutzen. Man hat sie schon früher gelegentlich angeregt, ist aber darüber nie hinausgekommen. Jetzt ist sie die beste der möglichen Maßnahmen. Katharinen sticht namentlich der Gedanke in die Augen, welch eine ungeheure Steigerung ihres Ansehens sich in ganz Europa aus dem Umstande ergeben würde, daß der König von Spanien ihr auf französischem Boden einen Besuch abstattete; sie denkt ja zuerst und überall immer nur an sich. Aber zu so viel Entgegenkommen kann sich nun Philipp II. doch wieder nicht entschließen. Das verbietet ihm die hohe Auffassung seiner eigenen Herrscherwürde. Also geht er nicht selbst nach Bayonne, das als Ort der Zusammenkunft bestimmt wird, sondern schickt Isabel und mit ihr den zuverlässigen und entsprechend instruierten Alba. Nach außen hin ist damit zugleich dem Staatsbesuch der Anschein eines harmlosen Wiedersehens zwischen Mutter und Tochter gewahrt, es tritt, für die Allgemeinheit wenigstens, der politische Ernst der Angelegenheit nicht allzu offen ans Tageslicht.

Zweck und Endziel des Treffens, das vom 14. Juni bis zum 4. Juli 1565 in Bayonne stattfindet, ist der Abschluß eines tragfähigen und beiderseits unter allen Umständen verpflichtenden Bündnisses zwischen Frankreich und Spanien zur Verteidigung des alten Glaubens, der in beiden Reichen ernstlich bedroht scheint, in Frankreich durch die Hugenotten, in den Niederlanden durch jene Mischung aus Luthertum und Kalvinismus, die man in Ermangelung eines Stifternamens ganz einfach als die „reine Lehre" bezeichnete. Dieses Bündnis soll folgende Verpflichtungen in sich schließen: gegenseitiges Versprechen beider Souveräne, alles einzusetzen für die Religion; Ausweisung aller kalvinistischen und lutherischen Prädikanten mit einmonatiger Frist und Verhängung der Todesstrafe bei Rückkehr; Verbot jeglichen reformierten Gottesdienstes; Durchführung der Tridentiner Konzilsbeschlüsse; Ausschluß der Reformierten von allen öffentlichen Ämtern; Gefangensetzung oder Hinrichtung der gefährlichsten Anführer. Diese Vorschläge werden, wohlgemerkt, von den Häuptern der französischen Regierungspartei, unter ihnen Montpensier, Guise (der Bruder des ermordeten Herzogs), Bourbon, Nevers, Damville und Montluc, den Spaniern gemacht, an deren Spitze der Herzog von Alba und Don Juan Manrique de Lara stehen. Die Spanier ihrerseits sind vorerst zu so konkreten Vorschlägen gar nicht beauftragt. Ihre Problemstellung beschränkt sich zunächst auf die beiden Vorfragen: wie kann man die französischen Machthaber zu energischem Zusammengehen mit Philipp II. gegen die Reformierten bewegen? Was soll geschehen, wenn sie sich nicht dazu geneigt finden ließen? Was demnach der Bayonner Tagung von Anfang an ihr besonderes Gesicht gibt, das ist der Umstand, daß die französische Regierungspartei zusammen mit den spanischen Verhandlungspartnern der ganz eindeutig isolierten und in die

Enge getriebenen Mediceerin in geschlossener Front gegenübersteht. Die Entscheidung liegt freilich trotzdem bei ihr allein, denn sie vertritt und vollzieht als die vom Lande bevollmächtigte Regentin den Willen des unmündigen Königs.

Das Ziel der diplomatischen Kunst besteht nun darin, die wankelmütige und schwer an Entschlüsse heranzubringende, in der ewigen Politik des Lavierens und des von Fall zu Fall Handelns verkrampfte Katharina zu tatkräftigen Zusagen zu bewegen. Mit Recht betont Alba immer wieder auf das nachdrücklichste, sein König habe durchaus keine Neigung, sich in fremde Angelegenheiten einzumischen, aber die Bedrohung seiner eigenen Länder durch ein von Katholikengegnern beherrschtes Frankreich zwinge ihn dazu, die nötigen Vorbeugungsmaßnahmen zu treffen. Andrerseits gibt er rundheraus zu bedenken, daß Philipp Klarheit darüber zu haben wünsche, ob er bei der Ordnung der religiösen Angelegenheiten auf die französischen Herrscher rechnen könne oder ob er allein bleibe, denn darnach wolle er unverzüglich seine Maßregeln ergreifen. Katharina möchte es am liebsten weder mit den Katholiken ihres Landes noch mit den Hugenotten noch auch mit den Spaniern verderben und sie möchte vor allem das verhüten, was sie am meisten fürchtet: einen Krieg. Sie sucht Zeit zu gewinnen, um den Entschlüssen auszuweichen, und veranstaltet geräuschvolle Feste, eines nach dem anderen. Prozessionen, Ordensverleihungen, arkadische Schäferspiele, Feuerwerke, mythologische Aufzüge, Kampfspiele und Komödien lösen einander ab, und die Verschwendungssucht der florentinischen Krämerin, wie Maria Stuart sie in vertrautem Kreise gerne nennt, feiert wahre Orgien. Als sie dann notgedrungen wieder an die Verhandlungen und Besprechungen denken muß, da verschieht sie mit plumper Dreistigkeit den Gegenstand auf ein anderes Gebiet und gebärdet sich, als sei man von Anbeginn an nur zusammengekommen, um die Verheiratungsmöglichkeiten der Kinder zu erörtern. Margarethe von Valois, ihre jüngste Tochter, wünscht sie als Gemahlin des Don Carlos zu sehen, Heinrich von Orléans aber soll der Gatte von Doña Juana, der aus ihrer portugiesischen Ehe verwitweten Schwester Philipps II., werden. Auf die Kern-

frage zurückgedrängt, ergeht sie sich in verwickelten Ausflüchten, in Andeutungen von Möglichkeiten, in halben Versprechungen, die zugleich Absagen sind. In letzter Minute sodann, als man schon auseinanderzugehen und die Konferenz ergebnislos abzuschließen im Begriffe steht, läßt sie sich noch zu zwei geheimen Zusicherungen bereit finden: zu einem französischen Landeskonzil ohne Hugenotten und ganz im Sinne des Tridentinums, und dann zur Unterdrückung des reformierten Gottesdienstes mit Vertreibung der Prädikanten. Doch müssen diese Zusagen streng geheim bleiben, sonst fühle sie sich ohne weiteres davon entbunden.
Damit enden die Tage von Bayonne wie eine stürmisch aufbrandende Woge, die im Ufersand verzischt und versickert. Das eine vor allem ist längst als Irrtum und leere Vermutung erkannt, daß auf Philipps Betreiben in aller Heimlichkeit die spätere Bartholomäusnacht abgeredet und vorbereitet worden sei. Ob nun auch die Königin Isabel einen nennenswerten Anteil an den politischen Verhandlungen hat, ist umstritten. Aber sie ist dabei doch wohl etwas mehr als ein bloßes Schaustück gewesen. Sie hat, so will es uns scheinen, ganz einfach ihrer innersten Überzeugung nach gehandelt, und diese ging dahin, daß allein der Plan ihres Gatten das Wohl der beiden Länder und den Bestand der beiden Dynastien am besten gewährleiste. Sie ist also, soweit sie an Besprechungen teilzunehmen Gelegenheit findet, durchaus auf der Seite jener, die von ihrer Mutter so geschickt an der Nase herumgeführt werden. Der Gesamteindruck endlich, den die zeitgenössische Öffentlichkeit vom Ergebnis der Tagung hat, spiegelt sich wohl am deutlichsten in der Meldung des französischen Gesandten Aubespine an Montmorency wieder: „Mutter und Tochter haben ihrer Sehnsucht, einander zu sehen, Genüge getan; man muß davon eine Festigung der Freundschaft zwischen den beiden Herrschern erhoffen. Das ist alles, was wir aus dieser Zusammenkunft mit fortnehmen."
Bayonne hat weiter keine Folgen, denn es fällt Katharina nicht im Traume ein, ihr gegebenes Wort einzulösen. Sie hat es ja sicher auch gar nicht ernst gemeint. Ihr ist es nur darum zu tun

gewesen, ihr gutes Verhältnis zu Spanien vor aller Welt zu zeigen, ihr Ansehen dadurch zu festigen und den Hugenotten einen tödlichen Schrecken einzujagen. Damit ist sie über und über zufrieden, und sie allein ist es ganz bestimmt, die von der Tagung mit dem stolzen Bewußtsein scheidet, wieder einmal ein diplomatisches Paradestück geleistet zu haben. Im Dezember 1565 gibt Philipp II. seinem Pariser Gesandten den Auftrag, Katharina an ihre Zusicherungen von Bayonne zu erinnern; es breche bereits der Winter an und noch sei nicht das Geringste geschehen. Aber die Mediceerin hat nur Ausflüchte und Vertröstungen. Auch weiterhin bleibt sie, allen spanischen Mahnungen zum Trotz, bei ihrem ewigen Vermitteln und Kompromisseln. Sie kann ja auch, ihrer ganzen Charakterveranlagung nach, gar nicht anders. Nun wird es für Philipp Zeit, auf eigene Faust zu handeln. Aber die Ereignisse sind rascher als er. Sie nehmen dem bedächtigen König die Initiative aus der Hand und stellen den Überraschten Schlag auf Schlag vor vollendete Tatsachen. Ein schwarzer Tag nach dem anderen, ein Unheil nach dem anderen bricht in dem Jahrzehnt nach Bayonne über das spanische Königshaus herein und läßt den Madrider Hof, an dem so viel frohe Jugend beisammen lebt, in Trauer vereinsamen, in Zukunftssorge erstarren.

Zunächst freilich ist alles noch eitel Sonnenschein. Isabel kommt strahlend vor Glück und Zufriedenheit aus Bayonne heim, die beiden Gatten sind des Wiedersehens so froh, als wären sie nicht zwei Monate, sondern zwei Jahre voneinander getrennt gewesen, und bald kündigt sich auch der große Augenblick an, wo die prunkvolle spanische Staatswiege in Bewegung gesetzt werden wird. Am 12. August 1566 gebiert die Königin im Sommerschlößchen Balsain, das in der Nähe von Segovia liegt, ihre erste Tochter, die kleine Infantin Isabel Clara Eugenia. Die Taufe spendet ihr der Nuntius Castaneo, der spätere Papst Urban VII. Zuerst ist ein ärgerlicher Kompetenzstreit darüber ausgebrochen, wem diese Ehre zukomme, und zwar zwischen dem Erzbischof von Santiago, der zugleich ein hohes Regierungsamt innehat und sich infolgedessen sozusagen als Hofbischof fühlt, und dem Bischof von Segovia, zu dessen Diözese das Örtchen Balsain gehört. Der

Würdenträger von Santiago hat nicht nachgeben wollen aus Prestigegründen, und der von Segovia nicht aus kanonischen Rechtsgründen. Um nun keinen von beiden zu vergrämen und zugleich beiden eine kleine Lektion zu erteilen, hat dann der König kurzerhand den Nuntius gebeten, die heilige Handlung zu vollziehen. Mit den drei von der hohen Wöchnerin selbst bestimmten Taufnamen hat es eine eigene Bewandtnis. Der erste (Isabel) gilt als Ehrung der Mutter Philipps II., der verstorbenen Kaiserin, der zweite (Clara) gehört der Heiligen des Kalendertages zu, an dem die Geburt erfolgt ist, der dritte endlich ist ein Dank an den heiligen Eugenius, dessen Überreste kurz vorher aus Saint-Denis in Frankreich nach Spanien überführt worden sind, und zugleich eine zarte Huldigung für Philipp II., der eine ausgesprochene Vorliebe für Heiligenverehrung und für die Gebeine von Heiligen, insbesondere von Märtyrern hat, und dessen schwärmerischer Reliquienkult uns später noch des Näheren beschäftigen wird.
Am 17. Oktober 1567 kommt noch eine zweite kleine Infantin zur Welt. Auch sie erregt die ungetrübte Freude und Dankbarkeit des königlichen Paares, obwohl ihm ein männlicher Nachkomme im dynastischen Interesse erwünschter sein müßte. „Sie gilt mehr als zwei Knaben", schreibt die Herzogin von Alba an Katharina von Medici, und sie wird zu Ehren der französischen Großmutter auf den Namen Katharina getauft. Aber in dieses Glück und in diese Familienfreude bricht nun plötzlich, einem finsteren Verhängnis gleich, das ebenso kurze wie erschütternde Ende des geisteskranken Don Carlos herein. Der Hergang wurde so oft und so gründlich erzählt, daß er hier nicht wiederholt zu werden braucht; zudem wenn man ihn schon einmal mit eigener Feder geschildert, beurteilt und gewertet hat, widerstrebt es einem, das Gesagte mit anderen Wendungen ein zweites Mal zu sagen. Das Wesentliche daran ist, daß König Philipp, aller Dummheit und Bosheit, allen Lügenmärchen und Verleumdungen zum Trotz, die sich an seinem Vorgehen gegen den unglücklichen Prinzen festgebissen haben, vor der Geschichte in Ehren besteht und daß nicht der leiseste Makel an seinem Namen haften bleibt. Im Gegenteil: dieser König hat, was vielleicht wenige Fürsten seiner

Zeit getan hätten, dem Wohle seines Volkes und dem friedlichen Fortbestand seines Reiches eines der größten menschlich vollziehbaren Opfer gebracht. Er hat einen körperlichen und geistigen Krüppel, einen für seine Reden und Taten nicht verantwortlichen Idioten, einen bereits dem Anfangsstadium der Dementia praecox verfallenen Kranken von der Thronfolge ausgeschlossen, hat seine Gemeingefährlichkeit rechtzeitig unschädlich gemacht, hat verhütet, daß der Keim seiner körperlichen und geistigen Insuffizienz durch Fortpflanzung auf Generationen hinaus sich übertrage — was ihn vor allem sehr in die Nähe gegenwärtigen Denkens rückt — und das alles, obschon der unselige Psychopath sein eigenes Kind war. Man muß vor der Selbstüberwindung und Seelenstärke dieses Königs sich um so tiefer beugen, je stolzer er sein Leid nach außen hin verborgen hat. Denn je schlichter und je trockener die Worte klingen, mit denen der Herrscher, was war und was er tat, den Machthabern Europas, den Vizekönigen seines Reiches, den Bürgermeistern seiner Städte zur Kenntnis bringt, desto tiefer und unheilbarer ist die Wunde, die der Mensch und der Vater davongetragen hat. Daß er aber für seine Person auf alles Mitleid verzichtet, jede Entehrung des toten Schwächlings durch Bloßstellung seiner tragischen Minderwertigkeit zartfühlend und stolz vermeidet und damit zufrieden ist, vor seinem Herrgott und seinem eigenen Gewissen gerechtfertigt zu sein, darin besteht die ganz einmalige Größe dieses Mannes, für die er freilich nichts anderes eintauschen wird als den Haß der Jahrhunderte, den Schimpfnamen eines Tyrannen und eines Mörders.

In den Tagen und Wochen, da die Festnahme des Don Carlos sich vorbereitet und vollzieht, also um Weihnachten 1567, tröstet und erfreut Isabel den leidgebeugten Gatten durch die Anzeichen einer erneuten Schwangerschaft. Wie leicht kann es sein, daß diesesmal der ersehnte männliche Erbe und Thronfolger sich einstellt. Welch ein beglückender Lichtblick in diesen Tagen der Trübsal. Aber die Hoffnung erweist sich bald als Trug der Krankheit. Fieberfrost, Erbrechen und innere Beschwerden sind wieder nur die Folgen der alten Stoffwechselstörungen, und die Hofärzte sind mit Purgiermitteln und Aderlässen hinter dem Übel her wie die Hunde hinter dem Hasen. Das Befinden der Königin bessert sich, wenn auch als Folge des häufigen Blutverlustes eine bedrohliche Schwäche und Herzlabilität zurückbleiben. Es wird Mai 1568 und abermals meint Isabel gesegneten Leibes zu sein. Im Juli erfolgt der Tod des Don Carlos in der lebenslänglichen Haftzelle und bringt neue Erschütterung und Aufregung über das königliche Paar. Isabel beginnt wieder zu kränkeln, hat die alten Beschwerden und kämpft tapfer gegen aufkommende Todesahnungen. Man schreibt das der wachsenden Gravidität zu, pflegt, tröstet und verhätschelt sie mit vereinten Kräften. Aber die Ärzte wissen es besser. Eine Schwangerschaft? Unmöglich! Wo man doch vor einigen Monaten die gleichen Einbildungen hegte und die gleichen Enttäuschungen erlebte! Also wird die Königin der alterprobten Therapie unterzogen. Zuerst Purgiermittel und dann Aderlässe, einmal am Fußknöchel, das andere Mal an der Schläfe, dazu Schröpfköpfe auf dem Rücken, dann wieder Purgiermittel und wieder Aderlaß, so lange bis die gepeinigte Natur sich dagegen auflehnt oder erliegt. Und dieses Mal zieht sie das Erliegen vor. Die Medizinmänner haben sich einem verhängnisvollen Irrtum hingegeben, denn am 3. Oktober 1568 gibt der ausgepumpte und erschöpfte Leib unter schweren Krämpfen ein Mädchen von etwa fünf Monaten von sich, die Wöchnerin aber erliegt am Tage darauf einer Herzlähmung. Eine eigenartige Fügung will es, daß sie, die im gleichen Jahr wie Don Carlos geboren ist, im gleichen Jahr wie er aus dem Leben scheidet. Ihr Tod ist sanft und ohne Qual. Leise und rasch wie auf des Pfeiles Spitze (muerte, ven callada, como sueles venir en la saeta) fliegt er sie an; freudig und gottergeben, wie einen Erlöser und den Boten einer besseren Welt, nimmt sie ihn auf. Der Schmerz und die Trauer des Königs, des Hofstaates, des ganzen Landes, sind grenzenlos.

Nach Isabels Tode meint Katharina von Medici, es werde nun Philipp II. gleich ihre jüngste Tochter Margarethe zur Gattin nehmen. Die Herzogin von Alba, die letzte Oberthofmeisterin der Isabel, soll ihr als Vermittlerin dienen. Sie schickt Geschenke über Geschenke für den König (einmal sechs prachtvolle Reitpferde auf einen Schlag) und die Herzogin muß sie ihm jedesmal „avec de belles paroles" präsentieren. Aber diese Bestechungsversuche sind bei Philipp II. ohne Wirkung. Nach Jahresfrist muß sich Katharina sagen lassen, daß er in vierter Ehe seine Nichte Anna von Österreich zu heiraten beabsichtige. An diesem Tage trinkt sie sich vor Ärger einen Rausch an. Spanien hat sie getäuscht, gekränkt, betrogen; es bleibt fortan für sie erledigt und abgetan. Als später, von Antonio Pérez in die Welt gesetzt, das verleumderische Gerücht umgeht, Philipp habe Isabel durch Mord beseitigt — er habe ihr mit eigener Hand den Giftbecher aufgezwungen und drei oder vier Stunden später sei sie daran gestorben, nachdem sie noch ein totes Kind zur Welt gebracht habe, dessen Schädeldecke gänzlich verbrannt gewesen sei —, da rührt sie keinen Finger, um dieser gemeinen Lüge entgegenzutreten. Sie bleibt was sie war.

Das Jahr 1568 ist ein Unglücksjahr für Spaniens König und Volk. Es hat Philipp II. die ersten grauen Strähnen ins blonde Haar gewoben, es hat die ersten tiefen Falten des Grams und der Resignation in sein Gesicht gegraben. Zum drittenmal verwitwet, ohne männlichen Erben und Nachfolger, an den Grenzen ringsum von Feinden und Hassern umgeben, geht der jetzt Vierzigjährige vereinsamt und schon leise verbittert in eine dunkle Zukunft, in einen neuen Abschnitt seines Menschen- und Herrscherdaseins hinein. Frankreich zerfleischt sich in jammervollen Bürgerkriegen um des Glaubens willen, die Niederlande erzittern unter den Schlägen des wie von einem Blutrausch besessenen Alba, der Türke bedroht seit seiner siegreichen Expedition gegen die Insel und Festung Djerba die Herrschaft der christlichen Mächte im Mittelmeer, die Morisken in Andalusien haben das Jahr 68 mit einem unerhört heftigen und verzweifelten Aufstand endigen lassen. Türken und Mauren gegen Christen, Christen gegen Christen, Blut, Verrat, Haß und Kampf überall, das ist die Situation, in der Philipp II. von Isabel den letzten Abschied nimmt. Isabel de la Paz, die Friedensbringerin, hat sie das spanische Volk zubenannt, und mit ihrem Scheiden scheint auch der Friede für immer gewichen zu sein. Wie einen Erlöser hat die tapfere kleine Königin den Tod begrüßt, als hätte sie gewußt, vor welchen Schrecken und Greueln er sie bewahrt. Wäre es nicht besser, man hätte mit ihr aus dieser Welt des Streites und der Zerwürfnisse friedsam scheiden können? Wäre es nicht auch schon viel tröstlicher, wenn man sich, wie dereinst Karl V., in das Schweigen klösterlicher Mauern zurückziehen könnte, um dahinter vor allem Waffenlärm und allem Konfessionsgekläff geschützt zu sein? Und eben hier winkt auch schon ein freundlicher Stern durch die Finsternis des Sturmes und der Trostlosigkeit. Unweit Madrid, am Fuße der Sierra de Guadarrama, wächst aus grauem Felsen die Bastion des Friedens, das Haus der Einkehr, Kloster, Palast, Pantheon, Reliquienschrein, Museum der Künste und der Wissenschaften, Tempel der beschaulichen Andacht und der emsig-stillen Arbeit, Weihestätte einer Idee, Symbol eines Lebens: San Lorenzo de El Escorial.

XIX. KAPITEL

Das Mahnmal des ewigen Spanien: San Lorenzo de El Escorial

Am 10. August 1557 haben die spanischen Truppen unter der Führung des Herzogs Emanuel Philibert von Savoyen unweit Saint-Quentin jenen entscheidenden Sieg über die Franzosen davongetragen, der Philipp II. in eine ähnliche Machtstellung emporrückt, wie es 10 Jahre früher Mühlberg mit Karl V. getan hat. Der Tag ist im christlichen Kalender dem Gedächtnis des Märtyrers Laurentius geweiht, der ein Spanier war. Für Philipp II. ist der Zusammenhang offenkundig: nur ihrem Santo haben die Spanier den Waffenerfolg dieses Augusttages zu verdanken. Wann hätten auch je und je die spanischen Heiligen ihr Volk im Stiche gelassen? War nicht Jacobus der Ältere, Spaniens Schutzpatron, seit den Anfängen des Christentums, vor Zeiten sogar zu Pferde und in voller Rüstung durch die Luft dahergebraust, um durch sein wunderbares Eingreifen diese und jene Schlacht gegen den sarazenischen Erbfeind zu entscheiden? „Santiago y España" hieß darum seit den Tagen des Mittelalters das spanische Feldgeschrei. Laurentius aber hat bis jetzt in spanischen Landen weder Kirche noch Kloster noch sonst eine Stätte der Verehrung, die seiner würdig wäre. Daß er sie hinfort habe, ist für den spanischen König eine Pflicht der Dankbarkeit. Der Escorial-Gedanke in seiner ursprünglichen und einfachsten Form ist damit geboren: ein Heiligtum, genannt San Lorenzo de la Victoria, wird in Spanien erstehen. Noch haben freilich weder das Wo noch das Wie greifbare Gestalt gewonnen, auch ist keine Rede von einem Gelöbnis oder Gelübde, das der König getan hätte; nur den festen Entschluß faßt er bei sich und er weiß selbst noch nicht, daß bei der späteren Ausführung die Grundidee noch bedeutend vertieft und erweitert werden wird. Legendäre Ausschmückung ist auch die fromme kleine Geschichte, es hätte sich bei der Belagerung von Saint-Quentin die Notwendigkeit ergeben, ein bescheidenes, dem heiligen Laurentius geweihtes Klösterlein an der Stadtmauer unter Artilleriefeuer zu nehmen und zu zerstören; um den sakrilegischen Eingriff zu sühnen, habe dann der gewissenhafte König versprochen, an Stelle des in Frankreich zerstörten in Spanien ein weitaus größeres und schöneres Heiligtum dieser Advokation zu errichten. Die von Philipp II. selbst abgefaßte Gründungsurkunde des Escorial nimmt deutlich bezug auf den Sieg des Laurentiustages und die daraus sich ergebende Dankesschuld, aber sie erwähnt mit keinem Worte die viel später erfolgte Belagerung der Stadt Saint-Quentin und die angebliche Zwangsniederlegung eines Klosters.

Eine neue Form gewinnt der Escorial-Gedanke durch das letzte Testament des in Yuste verblichenen Kaisers. Er hat darin seinem Sohn und Nachfolger den letztwilligen Auftrag hinterlassen, für ihn und für die gesamte spanisch-habsburgische Familie eine würdige Begräbnisstätte zu schaffen, ein dynastisches Pantheon sozusagen, in dem sie alle zusammen, Väter und Söhne, Enkel und Urenkel, zu einer stummen Geschlechtergemeinschaft vereint, den Tag der Auferstehung erwarten würden, und in dem zugleich die Lebenden ihrer Pflicht, der Toten im Gebet und im Zauber frommer Liturgie zu gedenken, geziemend nachzukommen vermöchten. Tausende von Seelenmessen haben die einzelnen Glieder der Familie testamentarisch für sich angeordnet. Wo aber könnten sie besser und würdiger gelesen und gesungen werden als in einem zu diesem Zweck eigens bestimmten Heiligtum, in einer spanisch-habsburgischen Grabeskirche also und mit einem Chor von beliebig vielen, dazu bestallten Mönchen? Damit ist dem ursprünglichen Escorial-Gedanken eine neue Bestimmung zugewachsen; aus dem freudigen Siegesmal ist zugleich ein ernstes Totenmal geworden. Philipp II. aber wird ein Sammler von Familiensärgen werden, wie es in der Weltgeschichte keinen eifrigeren, keinen treueren, keinen pietätvolleren gibt. Schon als die Gruft unter dem Altar der Notkirche vollendet ist, beginnt er seine Toten einzuholen. Im Juni 1573 werden die sterblichen Reste von Isabel de Valois und von Don Carlos aus Madrid nach dem Escorial überführt. Im Frühjahr 1574 folgen die Gebeine von Karl V., die bis dahin in der Klosterkirche von San Jerónimo de Yuste geruht haben, dann kommen die Särge der Kaiserin Isabella und der Prinzessin Maria, der Mutter des Don Carlos, die beide in der Capilla Real des Domes zu Granada beigesetzt sind, dann die Kindersärge der beiden Infanten Don Fernando und Don Juan, Brüder Philipps II., die schon im zartesten Alter weggestorben sind. Später treten die beiden Schwestern Karls V. ihre Escorial-Fahrt an: Eleonore, Königinwitwe von Portugal und von Frankreich, die Mutter der verlassenen portugiesischen Braut, und Maria, Königinwitwe von Ungarn und Regentin der Niederlande, die unvergeßliche Tante Maria. Die Leiche der einen muß aus Mérida, die der anderen aus Valladolid eingeholt werden. Ein Jahr lang, von Mitte 1573 bis in den Herbst 1574, ziehen die hohen Kommissionen landauf und landab durch Spanien, die kostbaren Reste zu bergen und dem Sammelbegräbnis zuzuführen. Ein Bischof und ein Herzog sind stets mit der Aufgabe betraut, genaue Protokolle der Übergabe werden geführt und bindende Unterschriften geleistet, eine Schar von Mönchen begleitet den Zug, ein Trupp von Bewaffneten bietet ihm Schutz und Ehreneskorte. So reiten die düsteren Kondukte durch das Land, heim zur grauen Totenburg am Fuße der Sierra de Guadarrama. Die Leichen werden überall mit Trauergeläute begrüßt, in den größeren Kirchen immer wieder aufgebahrt, gesegnet, besprengt, beräuchert und mit dem ernsten Pomp des Requiem gefeiert. Im Jahr 1586 ist endlich auch die große Basilika des Escorial und die unter ihr befindliche Gruft vollendet. Dorthin werden alsdann die Särge zur letzten Ruhe gebettet. Ein vom König selbst aufgestelltes liturgisches Kalendarium verzeichnet die einzelnen Sterbetage und gibt genaue Vorschriften, wann und wie jeder Jahrestag begangen werden muß, welche Normen und Sonderregeln des burgundischspanischen Zeremoniells dabei zu beachten sind, wer zur Teilnahme verpflichtet ist und welche Fürbittgebete in das Meßformular des Tages einzuschalten sind. In der Colección de documentos inéditos (Band 1) steht die Liste aller Truhen, die bis zu Philipps II. Tode aufgestellt wurden; unter Nr. 7 war, solange er lebte, ein Platz für ihn selber freigelassen. Wie das Pantheon zu seiner Zeit ausgesehen haben mochte, wissen wir nicht mehr; die heutige Form und Ausschmückung hat ihm erst Philipp IV. gegeben, und er hat es in einer dem Geiste des Gründers durchaus widersprechenden, stilwidrigen und traditionswidrigen Weise barockisiert.

Mit der Erweiterung des Zieles hat sich auch das Wunschbild baldiger Vollendung stärker und tiefer in des Königs Seele eingeprägt. Schon ist der Escorial, ohne daß das Werk noch diesen Namen trüge, sein Lieblingsgedanke, der Traum seiner Nächte und Tage, seine große und heimliche Leidenschaft. Welch ungeahnte Möglichkeiten lassen sich noch in diesen Rahmen einspannen? Welche als unerreichbar gedachten Wünsche ihrer Erfüllung zuführen? Welche Ideen sinnfällig zum Ausdruck bringen? Ist hier nicht die Gelegenheit, vor der ganzen Welt ein Bekenntnis abzulegen, in Steinquadern von unvergänglicher Dauer ein Denkmal des Willens und der Gesinnung aufzurichten, ein Mahnmal des ewigen Spanien erstehen zu lassen? Es ist der Geist des Widerstandes, der Abwehr und der Beharrung, der sich dabei in des Königs Seele regt. Dem Siegesdank und der Totenwacht haben sich das Tridentinische Bekenntnis und der antireformatorische Protest zugesellt. Alles was die Lutheraner, die Kalvinisten, die

Anglikaner beseitigt, verhöhnt, geleugnet, zerstört haben, klösterliches Leben, Sakramente, Dogmen, Heiligenverehrung, Reliquienkult, Symbolik und Liturgie, christliche Kunst und christliches Kunsthandwerk, alles das soll den Gegnern und Verächtern zum Trotz im Escorial nicht nur eine Heim- und Pflegestätte finden, sondern eine wahrhaft Tridentinische Renovatio erleben. Nicht umsonst hält es Fray José de Sigüenza, der berühmteste aller Chronisten des Escorial, einer ausdrücklichen Erwähnung wert, daß der Grundstein im gleichen Monat und Jahr gelegt wurde, in dem der Schlußstein des Tridentinums gesetzt wurde, so daß also der Klosterpalast nichts anderes sei als eine Überführung in den Dauerzustand und eine Fortsetzung aller jener Ideen und Bestrebungen, die in Trient entworfen und festgelegt wurden. „Sein monumentales Credo", sagt sehr sinnvoll Georg Weise, „legte der König, dessen ganzes Leben von dem Gedanken der Verteidigung der Religion beherrscht war, in diesem Bauwerk ab." Der Gedanke trutziger Abwehr und schützender Bewahrung ist endlich auch in dem festungsartigen Charakter des Baues zu lebendigem Ausdruck gekommen.

Neben den transzendentalen und auf das Jenseits gerichteten Zielen übersieht aber Philipp II. keineswegs die weltlichen, die persönlichen, die praktischen Strebungen und Bedürfnisse. Der Escorial-Gedanke ist, wir sahen es schon, unendlich dehnbar und fassungskräftig, er gleicht einem nahezu unbegrenzten sphärischen Raum — die Architektur ist nicht umsonst eine Raumkunst —, in dem die unterschiedlichsten Anliegen, Wünsche und Sehnsüchte ohne Reibung und Gegenstoß sich frei zu entfalten vermögen, weil sie nur durch die enzyklopädische Idee der Ehre Gottes und der Erhöhung des Königtums in eine Einheit zusammengefaßt werden. Der Escorial soll nach Philipps Wunsch und Willen nicht nur ein Siegesmal, ein Familienpantheon und eine Gralsburg Tridentinischer Gesinnung sein, er soll auch für den königlichen Bauherrn der Inbegriff majestätischer Exaltation werden, er soll die letzte Vervollkommnung des spanischen Alcázar-Gedankens zur Wirklichkeit machen. Die Isolierzone um seine königliche Person ist, so dünkt es Philipp II., immer noch nicht weit genug und nicht streng genug gezogen. Wir erinnern uns an das Hochzeitsmahl von 1560 in Guadalajara, wo in abgesondertem Raum zu Dreien schweigend getafelt wurde, während die Hofgesellschaft das Eß- und Trinkfest mit lärmender Fröhlichkeit und nahezu unbehinderter Öffentlichkeit in einem anderen Saale vollzog. Wir erinnern uns an die Beweggründe, die zur Wahl des kleinen und unbedeutenden, dafür aber brennpunktartig zentral gelegenen Madrid als Residenzstadt führten, und wir finden die gleichen Tendenzen, Wünsche und Bestrebungen auch wieder im Escorial verfolgt und vollzogen. Hier wird die Idee der Sala und der Saleta, der Antecámara und der Antecamarilla ins räumlich Grandiose, man möchte beinahe sagen, ins räumlich Groteske ausgeweitet. Hier ist die Unnahbarkeit des Souveräns, die schon in der abweisenden Strenge und Herbheit der Landschaft und des ihr angeglichenen Baues zu sinnfälligem Ausdruck gelangt, auf die höchste je erreichbare und denkbare Spitze getrieben. Hier weilt der Herrscher mit Vorliebe in den Wochen der kirchlichen Hochfeste, wo er dem Einzigen, der höher steht als er, seine pflichtschuldige Dienstbarkeit erweist. Hier gewährt er Audienzen nur in dringenden Fällen, hierher dürfen ihm nicht einmal die Gesandten folgen, es sei denn, daß sie eigens dazu aufgefordert werden, hier ist es am schwersten, ihm nahe zu kommen. So wird der Escorial auch die Hochburg der königlichen Absonderung, Vereinzelung und Überhöhung, der Inbegriff und die Weihestätte der königlichen Unnahbarkeit. Krankheiten und Schicksalsschläge, Mißerfolge und Enttäuschungen werden im Laufe langer Jahre dieses majestätische Isolierungsbedürfnis in melancholische Weltflucht und Menschenverachtung vertiefen. Auf das Imposante des ursprünglichen Gedankens wird dann der düstere Schatten der Unheimlichkeit fallen. Am erschütterndsten aber wird dieses Fliehen und Schutzsuchen da wirken, wo es einem letzten Sichverkriechen gleichkommt, und das geschieht, als sich der todkranke König, der sein Ende nahe fühlt, unter unsäglichen Beschwerden ein letztesmal nach dem Escorial tragen läßt, um dort und nur dort zu sterben.

Unter den praktischen und mehr auf das Weltliche als auf das

Jenseitige hin gerichteten Zielen des Escorial nimmt der ursprünglich theologisch-philosophische Begriff der „Summa", der enzyklopädischen Leistung, die zugleich eine zusammenfassende Darbietung ist, eine wichtige Stelle ein. Das philippinische Spanien ist der Schauplatz der thomistischen Renaissance und das Opus magnum dieser Erneuerung wird des Melchior Cano enzyklopädisch-kritische Zusammenfassung der theologischen Erkenntnisquellen. Solch eine „Summa" nun wie die durch Cano erneut dem Verständnis aller Gebildeten und Bildungswilligen erschlossene „Summa theologiae" des Aquinaten, nur ins Weltliche, ins allgemein Kulturelle umgedacht, schwebt auch dem Geiste Philipps II. vor. Der Escorial soll die Stätte ihrer Verwirklichung werden. Dieser Absicht dienen die für ihre Zeit gewiß einzigartigen Sammlungen, denen vielleicht nicht einmal der gleichzeitige Vatikan etwas Ähnliches an die Seite stellen kann: die Bücher und Handschriften, die Land- und Seekarten, die Planetarien, die Naturalien, die Grundrisse und Abbildungen architektonischen Charakters, die alle denkwürdigen Bauwerke und Baureste des Altertums und der damaligen Welt, darunter alle wichtigen Städte Spaniens, umfassen, und nicht zuletzt auch das chemische Laboratorium. Unter den Professoren des Studienkollegs müssen stets die besten Kenner der alten und neuen Sprachen, der Archäologie, der Geschichte und Erdkunde, der Chemie und Astronomie sich befinden; die Bücherei, ständig vermehrt und durch Kataloge lebendig gemacht, soll den Gelehrten aus aller Welt zur Benutzung offen stehen. In ihr ist das Fach der Bibel-Exegese vor allen anderen reich mit Drucken und Handschriften bedacht, denn ein Brennpunkt der Studien über das „Buch der Bücher" soll die wissenschaftliche Abteilung des Escorial in erster Linie sein. Philipp selbst wird dann später mit der Finanzierung und Anregung der Polyglotte von Antwerpen, für deren Textgestaltung und Herausgabe er den gelehrten Arias Montano gewinnt, ein praktisches Beispiel davon geben, wie er diese Seite seines Escorial-Gedankens verstanden wissen will. Also eine Forschungsanstalt, wie sie großzügiger nicht gedacht werden könnte. Daß aber mit dem Hinweis auf die thomistische

„Summa" kein müßiger, spielerischer Vergleich aufgestellt werden will, sondern daß im Gegenteil eine sehr lebendige und klare Imitatio den Tatsachen zugrunde liegt, das erschließt sich ohne weiteres dem besinnlichen Nachdenken. Alle Vorzüge der „Summa" des Aquinaten sind in dem als Pflegestätte der Geistigkeit betrachteten Escorial lebendig geworden: überraschende Einfachheit bei scheinbar verwirrender Vielfältigkeit, vornehme Zweckdienlichkeit, übersichtliche Gruppierung und Bändigung nach außen, organische Gliederung nach innen, systematisches Denken und enzyklopädisches Wollen im ganzen. Ja, vom Escorial insgesamt gilt das gleiche, was auch für die Schöpfung des Aquinaten fest und sicher steht: je mehr man die Einzelheiten betrachtet, desto mehr wird man die Architektonik des Ganzen bewundern, desto besser wird man die das Gesamtwerk beherrschenden Gesetze erkennen. Eine „Fuente de todas las ciencias" also, ein Quellbrunnen aller Wissenschaften sollte der Escorial sein. Dieser echte Renaissancegedanke war Philipp II. von jeher vertraut und er hat ihn dann auch von einem seiner Hauskünstler in Medaillenform auf Halbedelstein schneiden lassen. Der Italiener Jacobo da Trezzo, der Meister des aus Marmor und Jaspis gefertigten Tabernakels in der Basilika, ist der Hersteller jener berühmten, vielfach nachgeahmten und heute noch erhaltenen Kamee, genannt „La Fuente de todas las ciencias", die ein sprechendes Symbol des Escorial als Forschungsanstalt und Stätte produktiver Geistesarbeit bildet und die wohl auch nur in diesem Sinne richtig gedeutet wird. Inmitten eines fast kreisrunden Blattgerankes, das als Umrahmung dient, begibt sich folgendes: in einer Brunnenschale steht, in fließende Gewänder gekleidet, eine jugendliche Geniengestalt und hält mit emporgehobenen Armen ein Becken über den Kopf, das zu beiden Seiten aus Löwenmäulern das segenspendende Wasser sprudeln läßt. Zur Rechten trinken ein Mann und ein Greis an der reichlich strömenden Quelle, zur Linken schöpft ein Jüngling aus der Brunnenschale, in die sich der Segen ergießt, ein anderer füllt eine Urne, ein Knabe steht im Begriff, aus einem gefüllten Becher zu trinken, neben ihm aber greift ein Kind gierig verlangend nach diesem

Becher. Jugend, Reife und Alter des männlichen Geschlechtes sind versammelt, um des Segens der Quelle teilhaftig zu werden. Frauen fehlen, und sie wären bestimmt vorhanden, wenn das Kameenbild ganz allgemein das „Wasser des Lebens" symbolisieren würde. Auch der Escorial ist ein Quell segenspendenden Wissens; auch er fließt nur für das Geschlecht der Männer.

Der Escorial-Gedanke entbehrt auch nicht des sozialen und des ökonomischen Aspektes. Die Gemeinschaft von San Lorenzo, die nicht nur die Mönche des Klosters, sondern auch die Knaben der Elementarschule und die Studenten des Kollegs, das Verwaltungspersonal des Schlosses und, soweit sie gegenwärtig ist, die königliche Familie mit Gefolge und Dienerschaft in sich schließt, wird nach dem Willen des Gründers in weitestem Ausmaße eine Selbstversorgerin sein. Rings um den Klosterpalast herum werden eine Reihe von landwirtschaftlichen Betrieben eingerichtet, die ihn mit Getreide, Schlachtvieh, Milch, Geflügel, Eiern (von denen ganz unglaubliche Mengen verbraucht werden), Obst, Gemüsen und Fischen (deren man infolge der vielen klösterlichen Abstinenztage ebenfalls zentnerweise bedarf) versorgen. Sie sollen Musteranlagen sein und sie haben neben ihrem Lieferungszweck noch die besondere Aufgabe, die besten Verfahren und die neuesten Errungenschaften auf allen Gebieten der Ökonomie, einschließlich sogar der Bewässerungsmethoden, auszuproben. Auch die Ziergärtnerei soll gepflegt werden. Entlang der Südfassade, wo man heute nichts mehr sieht als groben Kiesboden und ärmliches Strauchwerk, dehnten sich zu Philipps II. Zeiten die schönsten Gärten. Sie versorgten das Kloster, die Altäre, die Zellen, die Refektorien, die königlichen Wohnräume jahraus jahrein mit duftenden Sträußen und waren besonders wegen ihrer Nelkenkulturen berühmt. Es gelang den Gärtnern nicht nur alle spanischen, sondern auch die schönsten mexikanischen und peruanischen Sorten dieser kostbaren, wahrhaft königlichen Blüte zu ziehen. Daß Rosen, Iris, Jasmin, Reseden und dergleichen — der Klosterchronist Sigüenza hat sie ausführlich und genau verzeichnet — mit derselben Liebe und Sachkunde gepflegt wurden, versteht sich von selbst. Ein Dutzend silberklar plätschernder Springbrunnen wässerten und belebten das große Blumenparterre, das von den Fenstern des Schlosses aus besehen wie ein buntgewebter orientalischer Teppich sich darbot. — Philipp II. als Blumenfreund? Das hätte sich nun freilich manch einer, der ihn nur aus Schiller und Goethe, aus Prescott und Lea, aus Motley und Forneron kannte, nicht im Traume erwartet.

Ein wichtiger Bestandteil des Escorial-Gedankens endlich ist sein Gehäuse, die Bauform, das äußere Gesicht, die Architektur, die, weil man oft außerstande war, sie mit dem nicht erfühlten inneren Gehalt in Einklang zu bringen, an so viel peinlichen Mißverständnissen und Fehlurteilen schuld geworden ist. Die spanische Spätrenaissance oder das Zeitalter Philipps II. — manche ziehen die Benennung „Hochrenaissance" dafür vor — hat ihre eigene Ästhetik. Sie strebt in Nachahmung des klassischen Geistes nach Klarheit, vornehmer Beherrschtheit, harmonischem Gleichmaß und setzt dem von nordischer und reformatorischer Seite her allzu stark betonten Rechte des Individuums das Recht des Allgemeingültigen und die bindende Kraft von Maß und Norm entgegen. Sie ist eine Abwehrstellung der lateinischen gegen die germanische, der südischen gegen die nordische Rasse. Diese Renaissancegesinnung ist im Religiösen und im Weltlichen durchaus erfüllt und durchdrungen von einem Gefühl für Majestät und Würde. Allüberall wird das Mächtige, das Große, das Imposante zum Gegenstand der Verherrlichung und Verehrung. Die höchste irdische und die höchste überirdische Gewalt, die königliche und die göttliche Majestät, rücken in die Sphäre des Numinosen empor. Das Überlegene, das Zwingende, das Lockende, das Beherrschende, das Unheimliche, das Besondere oder Ganz Andere bilden zusammen jenen Akkord von Mischgefühlen, der desto stärker ist, je mehr er auf Massen zu wirken Gelegenheit findet. Was aber den katholischen Menschen des 16. Jahrhunderts in diese seelische Haltung hineintreibt, das sind die geistige Tradition des Humanismus und die Antriebe der Gegenreformation. Bei Philipp II. freilich fügen sich zu diesen Kraftströmen, deren Feld vor allem die Kollektivpsyche ist, noch einige individuelle und persönliche wie etwa die von den Vätern ererbte Überzeugung vom

ESCORIAL, INNENHOF

PHILIPP II., VON PANTOJA DE LA CRUZ

Gottesgnadentum und von der göttlichen Sendung und dann im besonderen: die Gedankenwelt des burgundisch-spanischen Zeremoniells. Das streng antikische Gepräge jener Bauform, die wir heute als den Stil der Hochrenaissance bezeichnen, ist nach Philipps Empfinden die dem Escorial einzig und allein angemessene und seiner würdige Architektur, weil sie edle Einfachheit und abgeklärte Reinheit mit imposanter Größe und Würde verbindet. Wie sich der Katholizismus in Trient von Schlacken und Auswüchsen, von Unzier und Hypertrophie einer langen mittelalterlichen Überlieferung gereinigt und geläutert hat, so vermeidet auch die Stilform der Hochrenaissance jedes überflüssige Schmuckwerk und Geranke, jede Erinnerung an Gotisches, an Platereskes, an Maurisches, und ersetzt sie durch antikisierende Einfachheit und Würde. Die Vorliebe für diesen neuen Kunststil geht bei Philipp II. parallel mit dem neuen Lebensstil und der neuen seelischen Haltung, auf die er sich festlegt von dem Tage an, da er als Alleinherrscher für immer nach Spanien zurückkehrt. Hören wir auch noch José de Sigüenza, einen der frühesten und den bei weitem genialsten aller Chronisten des Escorial! Er sagt dem Sinne nach, wenn auch mit anderen Worten: geschlossene Einheit im ganzen und proportionierte Übereinstimmung aller Teile im einzelnen gewährleisten die Harmonie und damit die Schönheit eines Werkes. (Die Erinnerung an die „Summa" des Thomas von Aquin drängt sich auf.) Nur was vernunftgemäße Proportion und Harmonie besitzt, vermag in den verschiedenen Künsten zu erfreuen. Magestad y grandeza, autoridad y nobleza, decencia y decoro sind die drei untereinander verwandten, sich gegenseitig ergänzenden und bedingenden Begriffsgruppen, auf die sich alle Bewertung dieser Architektur und Baugesinnung zurückführt. Feierlicher Ernst und repräsentative Würde, überwältigende Monumentalität und gebändigte Leidenschaft, Größe, die das Empfinden der eigenen Ohnmacht weckt, Überlegenheit, die Ehrfurcht und Scheu zugleich erzwingt, das sind die Eindrücke, die der Escorial im Äußeren und im Inneren, im Einzelnen und im Ganzen bei jedem einfühlungsbereiten Beschauer hervorruft. (Wir erkennen darin ohne Schwierigkeit die Komponenten und Teilkräfte des Numinosen wieder.) José de Sigüenza aber ist, wie jeder Kundige weiß, jener Mann, der nach Philipp II. den Sinn des Escorial am umfassendsten und am tiefsten von allen Zeitgenossen erkannt und in sich aufgenommen hat.

Bauten von ungewöhnlichen Maßen und nicht alltäglichen Zweckbestimmungen haben in der Regel auch eine fesselnde und des Berichtens werte Baugeschichte, zumal wenn sich die langsame Herstellung und endliche Vollendung gleich über mehrere Jahrzehnte hin ausdehnt. Auch der Escorial macht hierin keine Ausnahme.

Bei der Wahl des Ortes waren nach dem Willen des königlichen Gründers eine Reihe von Vorbedingungen zu erfüllen. Er durfte nicht zu weit von Madrid entfernt sein, mußte eine gesunde klimatische Lage haben und sollte im Sommer nicht zu heiß sein; endlich kam es auch darauf an, daß die umgebende Landschaft keinen niederdrückenden oder zerstreuenden Einfluß auf den Beschauer ausübe, sondern im Gegenteil die Seele erhebe und beschwinge. Die Kommission von Sachverständigen, die den Platz zu finden hatte und die sich aus je ein paar Ärzten, Architekten und Steinmetzen zusammensetzte, sah sich also keiner leichten Aufgabe gegenüber. Sie irrte denn auch über ein Jahr lang im näheren und weiteren Umkreis von Madrid durch das Gelände, bis sie endlich fand, was sie suchte. In der Talsohle eines der Ausläufer des Guadarrama-Massivs, etwas oberhalb eines armseligen Dorfes, das den Namen Escorial trug — jetzt Escorial de abajo im Gegensatz zu dem später in unmittelbarer Nachbarschaft des Klosters angesiedelten Escorial de arriba —, wurde der rechte Platz gefunden. Die Ortsbezeichnung hieß soviel wie „Schlackengelände", denn früher waren da Eisengruben und eine Eisenschmelze in Betrieb gewesen; eine bewaldete Schlucht in der Nähe hieß noch „La Herrería", der Eisenhammer. Nach Osten und nach Süden bot der Platz eine herrliche Fernsicht, nach Norden und nach Westen bildeten die Felsbastionen der Sierra einen heroischen Hintergrund. Im Sommer brachten die über ferne Schneekuppen herstreichenden Winde angenehme Kühlung, und auch die Winterkälte war so erträglich, daß man in den Häusern keinen Ofen brauchte, außer zum Kochen. Die spätere Erfahrung lehrte, daß nicht einmal im Dezember und Januar das Weihwasser in den Steinmuscheln der Kirche gefror.

Bevor noch das Bauen begann, mußten die Mönche zur Stelle sein. So wollte es der König. Sie sollten gleichsam ihr eigenes Haus mit bauen helfen, sie sollten in es hineinwachsen und es vom ersten Tage an als das ihrige betrachten. Warum gerade die Hieronymiten zu den Insassen des Klosters erkoren wurden, das hat verschiedene Gründe. Schon der verewigte Kaiser war zeitlebens ein besonderer Freund dieses Ordens gewesen, bei dem er dann auch in San Jerónimo de Yuste zur letzten Ruhe eingekehrt war. Philipp II. selber teilte diese Vorliebe seines Vaters für die Hieronymiten, nicht nur weil sie im Rufe hoher Gelehrsamkeit und strenger Klosterzucht standen, sondern auch weil sie viel Bauerfahrung besaßen und gute Architekten unter ihren Patres hatten. Wann immer sich Gelegenheit bot, besuchte er das entlegene hieronymitische Zönobium von Guadalupe, das dann in späteren Jahren der Pinsel des Zurbarán zu einem Museum von europäischem Ruhm und Ruf gestalten wird, und in dem Hieronymitenkloster Guisando, das versteckt in einem Tale der Guadarrama-Berge lag, pflegte er mit Vorliebe die hohen kirchlichen Feste des Jahres hinzubringen. Aus Guisando nimmt er dann auch gleich die erste Garnitur der Insassen des Escorial herüber.

Die Mönche stellen auch die ersten Arbeiter. Ihr Vikar und späterer Prior, Fray Juan de Colmenar, ist ein erfahrener Baumeister und ein geschickter Zeichner. Fray Juan de San Jerónimo wird die Rechnungsbücher führen und später auch der erste Chronist des Klosters sein. Fray Antonio de Villacastín wird Betriebsführer der gesamten Arbeiterschaft sein. Er hat vor acht Jahren die Kaiservilla in Yuste entworfen und ausgeführt. Er ist Laienbruder, von einer Zähigkeit und Widerstandskraft, die alle Schwierigkeiten meistert, von einer Grobheit, die selbst den frechsten Lumpen verblüfft, von einem gesunden Menschenverstand, dessen klugen und praktischen Erwägungen sogar der König ein williges Ohr leiht. Fray Francisco de Cuellar beaufsichtigt die Steinbrucharbeiten, Fray Alonso de Madrid kümmert

sich um die Zugtiere und die Fuhrwerke. Fray Lorenzo de Montserrat, der Nationalität nach ein Südfranzose und, wie es scheint, ein vom Winde verwehtes Blatt, ist einer jener Tausendkünstler, die Philipp II. mit Vorliebe unter seinen Dienern hat. Er versteht etwas vom Kunststicken und vom Pillendrehen, er schneidert feine Lederhandschuhe zurecht und stellt allerlei wohlriechende Sachen, Duftwässer, Riechbeutel, Pudermischungen her. Als Bauhilfe läßt er sich schlecht verwenden, aber sobald es einmal soweit ist, daß sich die Sakristeischränke mit Meßgewändern, Pluvialen, Kelchdecken, Ziborienmäntelchen, Altartüchern, Antependien, Spitzenbehängen und ähnlichen Kostbarkeiten zu füllen beginnen, da ist er der rechte Mann am rechten Ort. Der leitende Architekt des Escorialbaues heißt Juan Bautista de Toledo. Er betreibt die Baukunst als Hauptberuf und ist Laie von Stand, also kein Ordensangehöriger. Ein Schüler von Michelangelo, hat er in dessen Werkstatt gelernt und unter seiner Leitung am Bau von Sankt Peter in Rom mitgewirkt. Er besitzt zwar nicht das künstlerische Genie seines Meisters, hat aber immerhin von dessen enzyklopädischem Geist einen Hauch gespürt, kann Griechisch und Latein, beherrscht Philosophie und Mathematik, ist Architekt und Bildhauer zugleich. Von ihm stammt der erste Plan und Aufriß des Escorial, den wir uns aber, weil er dann eine wesentliche Änderung erfuhr, nur imaginär vorzustellen vermögen. Juan Bautista stirbt bereits im vierten Baujahr. An seine Stelle tritt zunächst der Italiener Giovan Battista Castello, genannt El Bergamasco, der aber nach zweijähriger Amtsführung ebenfalls mit Tod abgeht. Dessen Nachfolger wird dann (1569) Juan de Herrera, ehemals Offizier der kaiserlichen Leibwache, ein eifriger Humanist und Mathematiker, in der Baukunst ein Schüler von Vignole. Er wird Jahrzehnte hindurch in Philipps Diensten tätig sein, später noch das Schloß in Aranjuez, die Börse in Sevilla und die Kathedrale in Valladolid erbauen. In der spanischen Kunstgeschichte ist sein Name zu einem Begriff geworden: man spricht von einem Herrera-Stil und meint damit die klassizistische Reinheit, Klarheit und Nüchternheit.
Aus dem mehr als 20jährigen Werdegang des Escorial heben sich

einige Krisenmomente nicht ohne Bedrohlichkeit hervor. Am 23. April 1563 wird bereits der Grundstein des gesamten Baues gelegt, im Lauf des Sommers auch schon jener der Basilika. Dann tritt plötzlich eine Stockung ein. Der König hat sich unterdessen immer tiefer in den Escorial-Gedanken eingelebt und es ist ihm klar geworden, daß er statt der ursprünglich gedachten 50 Mönche wohl doppelt so viel benötigen wird, wofern der Bau seinen vielseitigen Zweck erfüllen soll. Für so zahlreiche Insassen reicht der geplante Raum nicht aus. Aus der zwangsweisen Enge wird ein die Gesamtidee erstickendes Gedränge entstehen. Man wird dem Escorial nachsagen, er sei vom ersten Anfang an eine Fehlanlage gewesen. Soll man aber nun, obwohl die Fundamente schon ausgehoben und die Grundmauern schon im Entstehen begriffen sind, alles wieder über den Haufen werfen und von vorne anfangen, einen neuen Plan zeichnen lassen und die Basis nach Länge und Breite um die Hälfte erweitern? Juan Bautista de Toledo ist dazu willig und bereit; aber der König schreckt davor zurück. Es kostet ihm zuviel Geld und, was unendlich viel wichtiger ist: zuviel Zeit. Man rät hin und her, verirrt sich aber immer tiefer in das Wirrsal der Ratlosigkeit hinein. Da bietet der Werkmeister Fray Antonio de Villacastín einen Ausweg an. Man rücke, statt in die Breite und in die Länge, einfach in die Höhe und verdopple die Anzahl der vorgesehenen Stockwerke. Die Fundamente seien stark genug, um die vermehrte Last zu tragen, die Wirkung des Baues aber werde erheblich gesteigert, die bis jetzt sehr fragliche Monumentalität gewährleistet und der nötige Mehrraum ganz von selbst gewonnen. Juan Bautista de Toledo sagt nicht Nein, obschon sein Entwurf damit ein von Grund aus verändertes Gesicht bekommt, der König aber ist der gewonnenen Lösung von Herzen froh, und so verdankt der Escorial sein endgültiges Aussehen nicht dem Vorschlag des Architekten und nicht dem Gutdünken des Bauherrn, sondern dem gesunden Menschenverstand des einfachen Werkmeisters, der kein König und kein Architekt, sondern nur ein schlichter Klosterbruder ist, aber mit genialem Spürsinn den einzigen großen Fehler des Baugedankens erkannt und vermieden hat. Wie eindrucksloss, wie geduckt und verkrochen der Escorial in der grauen Öde seiner weiten Landschaft dastehen würde, wenn es beim ersten Entwurf geblieben wäre, davon kann man sich unschwer eine wenigstens annähernde Vorstellung machen. Der Architekt hat zu seinem Glück die Vollendung der Idee des Werkmeisters nicht mehr zu erleben gebraucht; sie wäre für ihn zum mindesten eine nicht geringe Beschämung gewesen.

Das Jahr 1575 führt die zweite bedrohliche Krisis im Bau des steinernen Riesen herauf. Ein gewisser Schlendrian (in Spanien von jeher nichts Seltenes) ist eingerissen. Man hat sich an den Gedanken gewöhnt, diese Generation werde Ende und Vollendung des Werkes nicht mehr erleben; man hat sich daran erinnert, daß an einzelnen Kathedralen des Landes unzählige Geschlechter geschafft und gebosselt haben, und glaubt in langsam ermattendem Eifer auch die Vollendung des Klosterschlosses den Enkeln und Urenkeln überlassen zu dürfen. Aber da ist einer, den dieses zögernde Voranschreiten, dieses echt spanische „Morgen ist auch ein Tag" allmählich zur Verzweiflung treibt, und dieser eine ist der königliche Bauherr selbst. Er, der sonst so Bedächtige, drängt jetzt unablässig zur Eile, der Architekt aber — es ist bereits Juan de Herrera — mahnt immer wieder unterwürfig zur Geduld. Da nimmt sich der König in aller Stille wieder einmal seinen braven Werkmeister, den Antonio de Villacastín, beiseite und hält mit ihm ein langes Zwiegespräch unter vier Augen. Er erinnert ihn an einen Tag vor vielen Jahren, da der Bau noch in seinen Anfängen stak. Damals hat ihn, den König, schon ein gelinder Zweifel beschlichen. „Glaubst du denn wirklich, Fray Antonio", so hat er ihn ins Gesicht hinein gefragt, „daß wir das Ende und die Bekrönung all unseres Planens und Entwerfens je erleben werden?" Damals aber ist es wie ein Hellsehen und ein Zukunftswissen über den schlichten Klosterbruder gekommen und er hat den prophetischen Ausspruch getan: „Wenn ich es nicht ganz bestimmt und sicher wüßte, daß Eure Majestät sich des vollendeten Werkes noch viele Jahre hindurch erfreuen werden, so würde ich fürwahr auch nicht mehr einen einzigen Ziegelstein anrühren. Das schwöre ich bei dem klösterlichen Habit, den ich trage." Und jetzt, Bruder Antonio, stehst du auch heute noch zu deinem prophetischen Wort? Und siehe da, der wackere Fraile hat auf diese zweite Unterredung mit Seiner Majestät schon längst gewartet; schließlich steht es ihm ja auch nicht zu, seine Meinung ungefragt vorzutragen. Sein Rat ist gut und einfach; er bedarf zu seiner Verwirklichung nur des königlichen Befehls. Also: man vervielfache die Zahl der Arbeiter, teile den ganzen Komplex in die nötige Menge von Baulosen auf und verakkordiere diese an eine entsprechende Zahl von selbständigen Meistern. Der daraus entstehende Wetteifer werde bestimmt nicht nur den Fortgang der Arbeit erheblich beschleunigen, sondern auch die Güte der Leistung nicht herabsetzen. Das ist die Meinung, nein, die Überzeugung des Fray Antonio. Der Rat wird befolgt, Ausrufer mit der Glocke verkünden in allen Städten Spaniens den Wunsch des Königs nach Arbeitskräften, 60 Steinmetzmeister aus allen Teilen des Landes werden an die Baustelle entboten, die 20 besten ausgesucht und jedem von ihnen 40 Gesellen zugeteilt. Sie haben das Werk zu fördern, und zwar „con toda furia" zu fördern und voranzutreiben, so lautet der Befehl des Königs. Es ist Januar 1576 und jetzt hat man die letzte Krisis überwunden. Von diesem Augenblicke an gleicht der Bauplatz einem in Aufruhr geratenen Bienenstock. Ja, das fieberhafte Treiben zieht seine Kreise über die ganze spanische Welt hin. In Madrid und in Toledo dreht man Taue und Seile, in der Sierra de Bernardos schlägt man Schiefer, in Burgo de Osma, in Granada, in Aranjuez bricht man bunten, schwarzen und grünen Jaspis, in Filabrés und Estremoz weißen Marmor. In Aragón entstehen die großen Bronzegitter, in Guadalajara und Avila jene aus Eisen, in Flandern gießt man die Riesenleuchter. Die Fichtenwälder von Cuenca, Balsain und Quexical widerhallen vom Kreischen der Sägen und vom dumpfen Klang der Äxte, in den überseeischen Ländern schlägt man Ebenholz, Mahagoni und Guayacán, in den Toledaner Bergen aber Therebinthen, in den Pyrenäenwäldern Buchs, in der Alcarría Nußbaumholz. Aus Florenz kommen die Brokatgewebe, aus Granada die Damast- und Sammetgespinste. Öl- und Freskomaler, Kunststicker und Spitzenklöppler, Glockengießer, Orgelbauer und Instrumentenmacher sind zu Hunderten am Werk, den Nonnenklöstern und ihren geschickten Händen aber hat man die Pracht und die Kunst der Paramentenschneiderei anvertraut. Ein Paroxismus der Arbeit und des Wetteifers ist ausgebrochen, Hunderttausende verdienen am Escorial, der Name des Klosterschlosses fliegt wie ein Zauberwort rund um den Erdball, über die Länder und Meere.

Am 13. September 1584 setzt man den Schlußstein. Fray Antonio, der Werkmeister, der vom ersten Tage an mit an der Arbeit gewesen ist, dessen Kutte zwei Jahrzehnte lang von Ziegelstaub nicht frei geworden ist, der den Escorialbau und mit ihm den Escorial-Gedanken mehr als einmal vor dem Erlahmen und vor dem Versumpfen bewahrt hat, vollzieht, an der Schwelle des Greisenalters stehend, mit mühsam verborgener Rührung den feierlichen Akt. In seinem Tagebuch hat er sich bei diesem Anlaß auch die Summe der Gesamtkosten aufgeschrieben, die der Bau verschlungen hat. Es sind rund 3 Millionen Dukaten, von denen allein auf die Basilika 500 000 treffen. Zwei Jahre später ist auch die gesamte künstlerische und praktische Innenausstattung vollendet und ein päpstlicher Legatus a latere kann die Einweihung der Basilika vollziehen. Am Vorabend dieses Tages, einer warmen und sternenklaren Augustnacht des Jahres 1586, wird der ganze Bau von oben bis unten mit Tausenden von Öllämpchen illuminiert. Die Dachdecker klettern sogar bis zur Kreuzkugel der Kuppelspitze empor, um auch dort die flackernden Freudenlämpchen aufzuzünden. Ein wahres Wunder ist es, so berichtet Sigüenza, daß kein Brand und kein Unglücksfall daraus entstand, denn die guten Leute waren ebenso voll von Wein wie die Lämpchen von Öl. Der um diese Zeit schwer gichtkranke König wird auf seinen Wunsch in einer offenen Sänfte ins Freie und rund um den ganzen Bau herumgetragen. Die Freude über das glücklich vollendete Riesenwerk läßt ihm die hellen Tränen über die Wangen rinnen. Der Traum eines Lebens ist in Erfüllung gegangen. — Zwölf lange Jahre noch wird er sein Klosterschloß bewohnen dürfen. In ihm wird er endlich auch den größten Triumph seines Lebens erringen: die siegreiche Überwindung des Todes.

Wie weiträumig und wie fassungskräftig hat sich nicht, nachdem alles zu schöner Vollendung gediehen ist, der Escorial-Gedanke erwiesen! Zuerst als nichts anderes gedacht denn als das Denkmal eines dankbaren Siegesgedächtnisses, ist er mit steigenden Mauern und Türmen in eine immer größere und vielfältigere Bestimmung hineingewachsen. Er wird zum Haus des Ahnenkultes und der feierlichen Totenwacht, indem er den Wunsch des Kaisers nach einer dynastischen Grabgemeinschaft verwirklicht. Er erfüllt eine Sendung als Mahnmal des ewigen Spanien und als eine Gralsburg Tridentinischer Gesinnung. Er entwickelt sich zu einer Weihestätte der königlichen Würde und zur selben Stunde zu einem Tuskulum der religiösen Einkehr und der beschaulichen Zurückgezogenheit, denn einen solchen Zufluchtsort für die Seele braucht Philipp II. nach der ganzen Schichtung und Richtung seines menschlich-königlichen und seines religiösen Innenlebens. Der Escorial gestaltet sich weiterhin zu einer Forschungsanstalt in wissenschaftlichem und in praktischem Sinne, zu einer der thomistischen verwandten und angenäherten „Summa", zu einer „Fuente de todas las ciencias". Er verkündet endlich in seiner architektonischen Gestalt mit einer Kraft und Eindringlichkeit ohnegleichen das künstlerische Lebensbekenntnis seines Schöpfers.

Es war gewiß nicht Philipps Schuld, daß alle diese hohen Ziele und Aspirationen unter seinen Nachfolgern kläglich verblaßten und verkümmerten, daß der Escorial, von den spanischen Königen her gesehen, auf Jahrhunderte hinaus zur bescheidenen Doppelrolle eines standesgemäßen Mausoleums und daneben eines immerhin ganz angenehmen Sommeraufenthaltes erniedrigt wurde. Denn etwas anderes als das haben ja weder die Habsburger des 17. noch die Bourbonen des 18. Jahrhunderts in ihm zu erkennen vermocht. Ihnen allen ist die Fähigkeit, das geistige Vermächtnis des spanischsten ihrer Vorfahren so zu sehen, wie es der königliche Bauherr des Escorial und seine Bewohner und mit ihnen die Gesamtheit der spanischen Menschen des 16. Jahrhunderts sahen und verstanden, ebenso rasch wie gründlich abhanden gekommen. Ähnlich verhält es sich mit der Mehrzahl der landläufigen Escorial-Beschreibungen, die man in jedem Spanien-

Erinnerungsbuch, in jeder Kunstgeschichte, in jeder Zeitschrift und wo sonst nicht überall finden kann. Wo immer, seit den Tagen der sogenannten Aufklärung etwa, die Schreibfedern über den Escorial ins Tremolieren geraten, da geschieht es, weil man subjektive Werturteile, Gegenwartseindrücke, Augenblicksstimmungen wiedergeben will, weil man durchaus nicht den Escorial im Spiegel der Zeit Philipps II., sondern vielmehr sich selbst im Spiegel des Escorial von heute betrachten will. (Rühmliche Ausnahmen, wie etwa die Deutschen Reinhold Schneider und Georg Weise, der Franzose Louis Bertrand, der Schweizer Ulrich Christoffel, bestätigen nur die Regel.) Ist dieses Urteil etwa zu hart, zu anmaßend, zu selbstgefällig? Um sich von seiner Richtigkeit zu überzeugen, lese man die paar folgenden, unter Hunderten ihresgleichen ausgewählten Zitate.

Da heißt es beispielsweise bei Théophile Gautier: „L'Escorial est le plus ennuyeux et le plus maussade monument que puissent rêver, pour la mortification de leurs semblables, un moine morose et un tyran soupçonneux." Auf deutsch: „Der Escorial ist das langweiligste und trübseligste Bauwerk, das ein grämlicher Mönch und ein argwöhnischer Tyrann zur Kasteiung von Leuten seines Schlages ersinnen konnte." Oder es belehrt uns Carl Justi: „Der Escorial ist ein Exempel, was der Wille vermag und nicht vermag. Man hat den Willen allmächtig genannt; er ist es in gewissen Kreisen der Realität. Aber der Wille, der hier von einer Zelle aus mit Feder und Gold Legionen von Geistern und Körpern in Bewegung setzt, eine Welt in seinem Netz gefangen hält, er ist ohnmächtig, ein echtes Geniewerk ins Leben zu rufen. Dieser göttliche Funke fehlt der Schöpfung. Am Escorial scheint eigentlich wenig mehr als der Stein spanisch zu sein; gleichwohl hört man heute noch seinen Stil eminentemente español nennen." (Dazu sagt Unamuno: „Es un modelo de juicio que quiere ser estético y no es sino político.") Und zu guter Letzt orakelt noch Franz Kuypers: „Das also ist San Lorenzo de la Victoria geworden, versprochen dem spanischen Soldaten, dessen Kloster Philipp II. beim Sturm auf Saint-Quentin hatte zerstören müssen. Im Grundriß angeblich der Rost, auf dem der Schutzheilige gemartert wurde, im Ausbau ein Rechteck von 206 m Länge, 161 m Breite, mit 4 Türmen an den Ecken ... 1111 Fenstern, die sich nach außen, 1562, die sich nach den Höfen öffnen, 1200 Türen, 86 Treppen, 89 Springbrunnen, die Gänge zusammen 160 km. Baedeker hätte noch 7500 Reliquien, 26 Särge und stockkahles Gebirge als Katafalk nennen können. Weltbeherrscher machen auch die Musen zu Untertanen. Der Turm von Babel ist ihr Kunstideal, mag nun ein Circus Maximus, eine Peterskirche, ein Escorial, ein Versailles oder ein Washington-Denkmal daraus werden. Wer der Menge Respekt gebieten muß, wird von ihr angesteckt: verblüfft statt zu erbauen... Eine Totenstadt mit Riesensärgen!... Es spukt." Ich will schließlich auch einen jungen Deutschen meiner Bekanntschaft nicht vergessen, der, von einer „Bildungsreise" durch Spanien zurückgekehrt, von mir befragt wurde, was der Escorial auf ihn für einen Eindruck gemacht habe, und der mir die beschämend eindeutige Antwort gab: „Der Escorial? Na, den hätte ich mir ersparen können."

Nun muß man freilich bedenken, daß der Escorial von heute nur mehr ein Schatten von dem ist, was er im Jahrhundert seines Entstehens war. Ihm konnten zwar 350 Jahre seines Daseins äußerlich nichts anhaben; nur trüber im Ton, grauer und stumpfer in der Farbe ist er geworden. Um so schlimmer aber sind Nachlässigkeit, Willkür, Brandkatastrophen und die feindliche Invasion der napoleonischen Zeit im Innern mit ihm umgegangen. Die Franzosen beispielsweise verschleppten im Dezember 1808 mit 350 Gespannen den ganzen Schatz an beweglichen Kunstgegenständen, namentlich soweit sie aus Gold und Silber waren, nach Paris. Englische Antiquitätenhändler ließen wertvolle Gemälde aufkaufen, wie etwa Raffaels „Madonna della Tenda", die auf diesem Umwege nach München gelangte. Wir wiederholen also: der Escorial ist nur mehr ein Schatten seiner selbst. Das verschließt uns indes keineswegs die Möglichkeit, ihn als das zu erkennen und gleichsam als das zu rekonstruieren, was er einmal war. Wer nun aber Philipps Escorial-Gedanken in seiner enzyklopädischen Vielfältigkeit und architektonischen Geschlossenheit nicht zu begreifen imstande ist, weil er ganz einfach den guten

Willen und die Bereitschaft hierzu nicht aufzubringen vermag oder weil es ihm die berühmten „weltanschaulichen" Gegensätze und Hemmungen nicht gestatten, der wird auch auf die Möglichkeit verzichten müssen, Philipp II., den Menschen und das Werk, mit ganzem Verständnis zu erfassen und zu durchdringen. Er wird aber dann auch diese Unmöglichkeit offen einzugestehen und sich eines abfälligen Urteils zu enthalten die moralische Pflicht und Schuldigkeit haben. Diese Einsicht ist nun freilich vielen, darunter großen und kleinen Geistern, die sich ein entscheidendes Wort über Philipp angemaßt haben, verschlossen geblieben. Der Weg zu ihm scheint immer noch sehr weit, sehr mühsam, sehr wenig erfolgverheißend zu sein.

XX. KAPITEL

Contra infidelium turbas

In den Frühlingsmonaten des Jahres 1565 verbreitet sich in den Küstenstädten der Mittelmeerländer das Gerücht, der Großtürke in Konstantinopel treffe gewaltige Vorbereitungen zu einer Flottenexpedition, die sich, wie man zu wissen meint, gegen die Insel Malta richten soll. Man hört von einer Flotte in der Stärke von 200 Schiffen, darunter 130 Kampfgaleeren, und einer Gesamtbesatzung von 30000 Mann. Die wildesten Teufel unter den türkischen Piraten, Mustapha, Piali Pascha, Dragut und Hassan, von denen jeder allein schon einen Schreckpopanz für die Ohren der südeuropäischen Meerfahrer und Meeranwohner bedeutet, sollen den Oberbefehl haben. Die Insel Malta hat eine entscheidende Schlüsselstellung inne. Wenn auch sie noch den Johannitern, die schon aus Rhodos und aus Tripolis vertrieben sind, entrissen wird, so steht den Türken der Weg nach Sizilien und Neapel und damit ins Mittelmeer offen. Die Kultur des christlichen Abendlandes ist bedroht, das Kreuz muß dem Halbmond weichen, wenn nicht rasche und gründliche Abhilfe geschieht. Aber während man in Ängsten sich besinnt und einer auf den anderen

wartet, daß er die von allen erhoffte Tat vollbringe, bricht der Sturm los. Am 18. Mai 1565 ertönen von der Festung St. Elmo auf Malta die dumpfen Schläge der Alarmkanone und kündigen den zu Tode erschrockenen Inselbewohnern an, daß die türkischen Streitkräfte zur See im Anzug sind. Der Ordensgroßmeister Jean de la Valette, ein Franzose, wie die Mehrzahl der Johanniter, hat an Vorbereitungen nichts versäumt. Aber er verfügt nur über einige 8500 Mann, davon vielleicht 700 Ritter. Ohne Hilfe ist Malta verloren. Rettung kann jetzt, in letzter Stunde, nur noch Spanien bringen und zwar von seinem am meisten vorgeschobenen Außenposten her: von Sizilien. Dessen Vizekönig, Don García de Toledo, vernimmt denn auch kaum den dringenden Hilferuf der bedrängten Malteser, als er schon vor heiliger Kreuzzugsbegeisterung in Feuer und Flamme erglüht. Er kommt persönlich nach Malta, prüft die Befestigungsanlagen, läßt auf der Stelle einige Abteilungen Infanterie zurück, schickt Lebensmittel und Geld, und liegt dem fernen, im Bau des Escorial versponnenen König unablässig in den Ohren, er müsse das bedrohte Malta unter allen Umständen retten. Aber Philipp läßt sich zu nicht viel mehr bewegen als zu diesem: etwas Geld und reichlich Nahrungsmittel, aber keine unmittelbare Truppenhilfe zu gewähren. Er scheint also entschlossen zu sein, Malta seinem Schicksal zu überlassen. Über seine Beweggründe dazu werden wir alsbald das Nähere hören.
Die Türken haben inzwischen nach mehrwöchiger Verzögerung ihre Truppen in Malta gelandet und sie beginnen, genau wie man es befürchtet hat, mit der Belagerung des Außenforts St. Elmo. Nach 23tägiger Beschießung ist es sturmreif. Ungeheuer sind die Verluste der Türken, sogar der berüchtigte Dragut kommt ums Leben, aber auch in der Festung sind zuletzt von der ganzen Besatzung nur mehr neun Mann übrig. Philipp II., von García de Toledo neuerdings mit Hilferufen bestürmt, kann sich nur schwer zu einem entscheidenden Eingriff entschließen. Spanische Hilfstruppen in der Stärke von etwa 10 000 Mann dürfen von Sizilien aus nach Malta geworfen werden, aber seine gesamten Streitkräfte zu riskieren, fällt ihm nicht im Traume ein. Er ist der König von Spanien, nicht aber der Beschützer des Abend-

landes. Wenn Frankreich, Deutschland, Venedig und der Heilige Stuhl geruhsam zusehen, wie sich die Dinge entwickeln werden, so braucht auch er sich nicht zu übereilen. Ist es im übrigen nicht in erster Linie Frankreichs Pflicht, den Maltesern zu helfen, die unter einem französischen Ordensgroßmeister stehen und zum überwiegenden Teile französische Ritter sind? Auch ist es ihm sicher nicht verborgen geblieben, daß Katharina von Medici zur selben Zeit für ratsam und notwendig hält, den Großtürken in Konstantinopel ihrer besonderen Freundschaft und Ergebenheit zu versichern. Philipp II. beobachtet also eine kühle Zurückhaltung. An seiner Stelle und ohne seinen Auftrag wird der begeisterte vizekönigliche Kreuzfahrer Don García de Toledo das gefährdete Malta und mit ihm die bedrohte Lage der Mittelmeerländer retten.

Die Söhne des Halbmondes haben inzwischen auch die Blockade der maltesischen Festung Il Burgo mit echt türkischer Heftigkeit begonnen. Wenige Wochen später erhält García de Toledo die durch einen Taucher übermittelte Alarmbotschaft: „Nur noch 400 Mann am Leben; keine Stunde mehr zu verlieren!" Jetzt ist Don García nicht mehr zu halten. Sein Plan ist ebenso kühn wie klug, wenn er ihn auch den Kopf kosten kann. Don Alvaro de Bazán, der Befehlshaber der zur Landung freigegebenen 10 000 Mann Hilfstruppen, ist mit ihm in heimlichem Einverständnis. Beide sammeln also an Galeeren und Transportschiffen, was sie nur auftreiben können, dreimal soviel als sie benötigen würden, und verbinden mit der Truppenlandung eine ungewöhnlich geschickt organisierte und darum sehr eindrucksvolle Flottendemonstration. Durch sie, die in Wirklichkeit nur ein waghalsiger Bluff ist, werden die Türken unsicher, beginnen am Erfolg ihres Unternehmens zu zweifeln und blasen nach einiger Überlegung rasch entschlossen zum Rückzug. Mitte September 1565 ist das letzte türkische Segel am Horizont verschwunden. Als Papst Pius IV. den Kardinälen verkündet, die Ungläubigen hätten von Malta abgelassen, hebt er mit starker Betonung hervor, nur der Gnade Gottes und der Tapferkeit der heldenmütigen Malteserritter sei dieser unerwartete Erfolg zu verdanken. Die Hilfe der Spanier

erwähnt er mit keinem Worte; daß er sie für ungenügend gehalten, verhehlt er in privaten Gesprächen keineswegs. Man braucht sich aber nur vorzustellen, sie wäre ausgeblieben, um der schreienden Ungerechtigkeit dieses päpstlichen Urteils gewahr zu werden. Philipp II. schweigt großzügig zu dieser Meinungsäußerung Seiner Heiligkeit. Er zieht aber auch sein tapferes Paar, den Vizekönig und den Feldherrn, nicht weiter zur Verantwortung.
Mit Pius V. besteigt im Januar 1566 den Heiligen Stuhl ein Papst, dessen höchstes Lebensziel die Bildung eines Mächtebundes zur Vernichtung der Türken ist. Der im gleichen Jahr 66 erfolgte Tod des wilden und an Tatkraft unerschöpflichen Sultans Suleiman scheint günstige Aussicht auf Erfolg zu bieten, denn die Türken werden zunächst, so nimmt man an, durch blutige Nachfolgestreitigkeiten in ihrer Schlagkraft und Bewegungsfreiheit beträchtlich gehemmt sein. Bereits im Winter 1566/67 läßt der Papst väterlich mahnende Aufforderungen zur Bildung einer antiosmanischen Liga an alle katholischen Mächte von Westeuropa ergehen. Aber sein erster Versuch wird ein kläglicher Fehlschlag. Von Frankreich ist nichts zu erwarten, denn dort regiert im Namen des erst 16 jährigen Karl IX. seine Mutter, die in vorsichtiger Heimlichkeit beständig mit dem Türken liebäugelnde Katharina von Medici. Dem Kaiser Maximilian II. ist es infolge der religiösen Spaltung in Deutschland unmöglich, für ein Bündnis mit dem Papste die Zustimmung der in ihrer Mehrzahl lutherischen Kurfürsten zu gewinnen. Venedig, das für seine Handelsbeziehungen fürchtet, zieht es vor, neutral zu bleiben. Philipp II. ist der einzige, der nicht grundsätzlich Nein sagt, aber angesichts der Tatsache, daß er in der geplanten Liga als einzigen Bundesgenossen nur den Segen des Papstes haben wird, also die gesamte Verantwortung und Leistung allein tragen soll, steigen ihm erhebliche Bedenken auf. Er gibt also nur sehr bedingte und einschränkende Zusagen. Pius V. verliert darob den Mut nicht und erneuert wieder und wieder seine Bitten und Mahnungen an die katholischen Mächte. Aber er wäre wohl auch dieses und alle folgenden Male allein geblieben, wenn nicht Venedig durch den Sultan Selim II., den Nachfolger des gefürchteten Suleiman,

in einen plötzlichen Abwehrkrieg förmlich hineingestoßen worden wäre. Den Zankapfel bildet die Insel Cypern, die sich in venezianischem Besitze befindet. Sie ist das letzte Bollwerk der Christenheit in der Levante und bedroht als solches die türkischen Küsten von Syrien und Palästina. Selim stellt also an Venedig ein Ultimatum: freiwillige Räumung von Cypern oder Krieg. Es ist im März 1570. Venedig sitzt in einer bedrohlichen Klemme. Unfähig, den Kampf allein zu bestehen, muß es jetzt um das Zustandekommen der Liga betteln, an deren Bildung mitzuarbeiten es kurz vorher sich so vorsichtig geweigert hat. Der Papst ist auch jetzt zur Vermittlung mit Eifer bereit, aber er verhehlt sich die bestehenden Schwierigkeiten keineswegs. Auf Deutschland und Frankreich ist kein Verlaß. Venedig selbst würde zwar jetzt notgedrungen alles an einen Sieg setzen, aber als Militärmacht ist es nur mehr ein Schatten seiner selbst. Nur auf Philipp II. kommt es an. Nur mit ihm hat das Unternehmen einige Aussicht auf Erfolg, ohne ihn bleibt es ein kopfloses und darum lächerliches Wagnis. Savoyen, Genua und Toscana, die einzigen Gebiete Italiens außer Kirchenstaat und Venedig, die noch selbständig sind und nicht in unmittelbarer Abhängigkeit von Spanien stehen, werden nur tun und lassen, was ihnen von Madrid aus geraten wird. Also von Philipp II. allein hängt die Möglichkeit des Zustandekommens einer Liga gegen die Türken ab.
Neue Klemme der Venezianer. So groß ihre Angst vor den Osmanen ist, noch größer und bedrückender ist ihre Angst vor der spanischen Übermacht. Obwohl ihnen das Wasser der Not beinahe schon bis an den Hals geht, heben sie dennoch ein unwürdiges Feilschen und Vorbehalten an. Die Liga darf, so wollen sie es, keineswegs eine ausschließlich spanische Sache werden noch auch zu etwas anderem dienen als zur Sicherung Cyperns. Auch soll die gesamte Streitmacht in Form einer päpstlichen Flotte aufgezogen werden, mit Marcantonio Colonna, dem Admiral des Kirchenstaates, als Oberbefehlshaber. Dem klugen Philipp II. bleibt der Sinn dieser Bemühungen nicht verborgen, aber er gibt nach um der Sache willen. Er ist dem Plane jetzt auch nicht mehr so abgeneigt wie drei Jahre früher. Die niederländische Frage ist

in diesem Augenblick nicht sehr bedrohlich. In Spanien selbst hat man die Morisken-Rebellion glücklich niedergeschlagen, und der siegreiche Heerführer Don Juan de Austria drängt unablässig auf den allgemeinen, großen, entscheidenden Türkenkrieg. Auch hinsichtlich der Geldfrage kann Philipp beruhigt sein, denn der Papst gewährt ihm erneut nahezu uneingeschränkte klerikale Subsidien, das heißt die Erlaubnis zu einmaliger Besteuerung der geistlichen Einkünfte. Im Frühjahr 1570 hält der päpstliche Sondergesandte, ein spanischer Geistlicher namens Luis de Torres, der seit langem bei der Kurie ein Vertrauenspöstchen innehat, bei Philipp ausführlich Vortrag, und wenige Wochen später weiß der Papst, daß der spanische Souverän ein Bundesgenosse der heiligen Liga ist.

Nun begeht man im Eifer den Fehler, daß man zuerst die Streitkräfte versammelt, und dann erst beratschlagt, was zunächst und zuerst unternommen werden soll. Im August ist der gesamte Schiffsheerbann vor Kreta beisammen: die Venezianer unter Girolamo Zane, die Spanier unter Andrea Doria, die Päpstlichen unter Marcantonio Colonna. Den Venezianern ist es nur um die Befreiung von Cypern zu tun, das der Türke schon zu belagern angefangen hat; der spanische und der päpstliche Befehlshaber jedoch sind anderer Ansicht. Ganze Arbeit müsse getan werden, so meinen sie, eine Entscheidungsschlacht müsse gesucht und nötigenfalls erzwungen werden, dann werde sich die cyprische Frage von selber lösen. Bevor man sich einigt, macht allem Zank die Nachricht ein Ende, daß die Türken bereits Nicosia erobert haben (September 1570) und damit die Herren von Cypern sind; nur das befestigte Famagosta leistet noch zähen Widerstand. Die Folge ist ein völliges Zerwürfnis zwischen den christlichen Befehlshabern. Einer schiebt dem anderen die Schuld zu, sie beschimpfen sich gegenseitig und laufen dann schmählich auseinander. Doria rückt mit den spanischen Streitkräften nach Sizilien aus, Colonna zieht sich mit den päpstlichen in den Kirchenstaat zurück, Zane gibt sich ratlosem Zuwarten hin. Die heilige Liga ist zerfallen wie ein schlecht durchsäuerter Teig, bevor er noch die Feuerprobe des Ofens bestanden hat.

Jetzt entschließt sich Philipp II., die ganze Verantwortung und die ganze Leistung auf seine eigenen Schultern zu nehmen. Daß er nun auch die entscheidende Führung beansprucht, ist begreiflich. Don Juan de Austria, der uneheliche Sohn Karls V., wird den Oberbefehl über die gesamte Streitmacht führen, Andrea Doria und Alvaro de Bazán werden, was ihm an Jahren und an Erfahrung abgeht, mit ihrem Rate ersetzen. Die Dauer der Liga, deren Offensivcharakter deutlich kundgegeben wird, soll auf 12 Jahre festgelegt werden, denn es gilt das Abspringen einzelner Bündnisträger vor der Zeit zu verhindern. Algier, Tunis und Tripolis müssen genau so in den Wirkungskreis der Liga fallen wie die gefährdeten Punkte des östlichen Mittelmeerbeckens. Spanien ist bereit, die ganze eine Hälfte der entstehenden Kosten zu tragen, die andere soll zu gleichen Teilen auf den Papst und auf Venedig fallen. Von diesem Augenblicke an ist das kommende Ereignis von Lepanto ganz und gar eine spanische Angelegenheit und ein spanisches Verdienst. Und welches sind dabei die Antriebe und die Endziele Philipps II.? „Ut aedificentur muri Jerusalem"? O nein! Er plant keinen Kreuzzug zur Eroberung des Heiligen Landes, er träumt von keiner Ausdehnung der Grenzen des christlichen Abendlandes bis zum Grabe des Erlösers. Dieser Gedanke Karls V., der in Don Juan de Austria wieder aufleben und in Dom Sebastião von Portugal so unheilvoll rumoren wird, ist ihm fern und fremd. Dazu denkt er viel zu realistisch, viel zu wenig phantastisch. Aber Spanien will er schützen, seine afrikanischen und italienischen Besitzungen, sein spanisches Meer von der ewigen Geißel der osmanischen Gefahr befreien. Das ist alles, und das ist ihm genug.

Am 26. Mai 1571 wird die heilige Liga in ihrer neuen Form abgeschlossen und am Tage darauf in der Basilika von St. Peter feierlich verkündigt. Vorher hat man noch Frankreich, Portugal und den Kaiser eingeladen, sich dem Bunde anzuschließen, aber das Warten auf ihren Beitritt ist auch diesesmal vergeblich gewesen. Messina soll der verabredete Treffpunkt der vereinigten Flotten sein. Es wird Anfang September 1571, bis alles glücklich an Ort und Stelle beisammen ist. Da die günstige Jahreszeit schon bedrohlich zur Neige geht, beschließt man, den Feind zu stellen, wo immer er zu finden wäre, und ohne Zaudern eine Entscheidungsschlacht zu erzwingen. Das Unternehmen ist gewagt, beinahe fahrlässig zu nennen, denn der Feind kann leicht in der Übermacht sein; eine Niederlage der Christen in den entlegenen Gewässern des östlichen Mittelmeeres aber bedeutet soviel wie eine völlige Vernichtung, da bei der weiten Entfernung der befestigten Heimathäfen an Rückzug und Flucht nicht zu denken ist. Diese und ähnliche Warnungen werden auch bei der Beratung nachdrücklich in den Vordergrund gestellt, indes der stürmische Kampfgeist des Don Juan de Austria reißt alle Zweifelnden und Ängstlichen mit sich. Das ist sein erstes großes Verdienst um den Tag von Lepanto.

Die gesamte Ligaflotte, wie sie nun den Hafen von Messina zu verlassen bereit ist, setzt sich aus folgenden Einheiten zusammen:

1. 6 schwere Galeassen, jede mit 44 Kanonen ausgerüstet und von den Venezianern in den Kampf geschickt. Diese Galeassen sind die Großkampfschiffe des 16. Jahrhunderts, furchtbar in ihrer Artilleriewirkung, aber wegen ihrer Schwerfälligkeit und geringen Beweglichkeit selbst sehr gefährdet. Sie haben nämlich keine Ruder, sondern nur Segel und müssen im Notfall durch Schleppschiffe fortbewegt werden.

2. 208 Galeeren, davon 106 venezianische, 90 spanische, 12 päpstliche. Die Galeere ist das Langruderschiff mit Segeln. Die Zahl der Ruder beträgt im Durchschnitt etwa 50 bis 60. Jedes Ruder bedarf zu seiner Handhabung 5 kräftiger Männer; es sind entweder Sklaven oder Sträflinge, die dazu verwendet werden. Die Galeere wird, wenn sie als Kampfschiff dient, mit einer beliebigen Anzahl von Büchsenschützen bemannt und ist in der Regel mit ein paar Kanonen von mäßiger Tragweite bestückt.

3. 100 Fregatten und Transportschiffe kleineren Umfangs, alle entweder spanischer Herkunft oder von Spanien gechartert.

Die Bemannung der gesamten Flotte besteht aus rund 50000 Ruderern und Matrosen und 31000 Mann Fußtruppen, davon 19000 Mann spanische Infanterie, 8000 Venezianer, 2000 Päpstliche und 2000 Freiwillige aus Spaniern, Italienern und Deutschen gemischt. An Schiffsraum leisten die Venezianer den stärksten Beitrag, aber ihre Mannschaft ist schlecht geschult, disziplinlos und unzuverlässig. An Bemannung und Truppenzahl stellen die Spanier bei weitem das stärkste Kontingent.

Die Technik der europäischen Seeschlacht des 16. Jahrhunderts besteht viel weniger in der Ausnützung des konzentrierten Artilleriefeuers im Sinne der Fernwirkung, als vielmehr in der Ermöglichung des Nahkampfes von Mann zu Mann. Die Enterbrücke erlaubt es, das Deck des feindlichen Schiffes zum Schauplatz eines Infanterieangriffes zu machen, und gerade hierin, also in dem auf die Schiffe übertragenen Landkampf, sind die spanischen Tercios von unerreichter Einsatzkraft. Kleinere Fahrzeuge werden in der Regel gerammt und dann ihrem Schicksale überlassen.

Am 16. September 1571 verläßt die Ligaflotte den Hafen von Messina und durchquert das jonische Meer in der Richtung nach Korfu. Auf offener See nimmt sie alsbald die Formation auf, die sie mit geringen Änderungen auch während der Schlacht beibehalten soll. Als Vorhut rudern 8 Galeeren unter dem Befehl von Juan de Cardona, als Zentrum 66 Galeeren unter Don Juan de Austria, als linker Flügel 54 venezianische Galeeren unter Agostino Barberigo, als rechter Flügel ebensoviele unter dem Genuesen Gian Andrea Doria, als Nachhut 31 Galeeren unter Don Alvaro de Bazán. Die 6 Großkampfschiffe oder Galeassen sind zu je einem Paar in die erste Linie des linken und des rechten Flügels und des Zentrums eingereiht. Um Leistung und Verantwortung gleichmäßig zu verteilen und um nationale Eifersüchteleien nach Möglichkeit zu verhindern, hat Don Juan jedes der fünf Teilgeschwader aus päpstlichen, venezianischen und spanischen Schiffen zusammengesetzt. Als Admiralsschiff dient die spanische Galeere „La Real", mit 60 von 300 Mann bedienten Rudern, 400 Soldaten und einer mittelstarken Artilleriearmierung bewehrt. Auf ihrem Großmast flattert das blauseidene Banner der heiligen Liga, vom Papste gestiftet und geweiht. Die Blüte des spanischen und des gesamtitalienischen Adels, unter ihnen Alexander Farnese, der junge Herzog von Parma, außerdem der Großmeister der Johanniter und eine Anzahl seiner Ordensritter

sind als Freiwillige auf die verschiedenen Schiffe verteilt. Auf einer päpstlichen Galeere macht auch Miguel de Cervantes, der spätere Dichter des „Don Quixote", Dienst als Unteroffizier. Er ist der große unbekannte Soldat des Tages von Lepanto.
Am 27. September kommt die Flotte in Korfu an, das von den Türken kurz vorher geplündert und gebrandschatzt worden ist. Man bringt in Erfahrung, daß die feindlichen Streitkräfte den christlichen an Stärke zum mindesten gleich, wenn nicht gar überlegen sind, und daß sie sich in der Richtung auf Lepanto zurückgezogen haben. Dort ankern sie jetzt im doppelten Schutz des Hafens und der ihn beherrschenden Festung. Den Oberbefehl führt der junge Ali Pascha, ein Günstling des neuen Sultans Selim, ein feuriger und ehrgeiziger Wildfang, der am liebsten ohne Besinnen losgebrochen wäre. Es überstimmen ihn aber der Kommandant der türkischen Fußtruppen, Pertev Pascha, und der Vize-Sultan von Algier, Uluch Ali, die ihm als maßgebliche Berater zugeordnet sind. Die türkische Flotte geht also aus Lepanto und seinem schützenden Hafen nicht heraus, wartet ab, überläßt die Entscheidung dem Zufall. Damit scheint alles auf eine unbestimmte Verschiebung des Kampfes, wenn nicht gar auf eine Katastrophe der Christenflotte hinauszulaufen, für die ohnehin die bevorstehende Zeit der Herbststürme verhängnisvoll zu werden droht. Da kommt wie ein Blitz aus heiterem Himmel an Ali Pascha der strikte Befehl aus Konstantinopel, der Feind sei unverzüglich anzugreifen. Am 6. Oktober verläßt also die türkische Flotte den Hafen von Lepanto in der Richtung gegen Kephalonia. Am Morgen des 7. Oktober wird bei schwachem Tagesgrauen die in stattlicher Schlachtfront aus Nordwest heranziehende Ligaflotte gesichtet. Der Augenblick, den beide Oberbefehlshaber so sehnlich herbeigewünscht haben, ist da. Die Entscheidungsschlacht steht bevor.
Noch während des Anmarsches hat Don Juan eine neuartige, aber kluge Maßnahme ins Werk gesetzt. Er hat auf allen Galeeren die hohen Holzaufbauten über dem Bug entfernen lassen. Dadurch erleichtert er, wie sich später zeigt und bewährt, das Rammen und das Entern des Gegners und erzielt ein freieres Schußfeld

für seine Büchsenschützen. Das ist sein zweites großes Verdienst um den Tag von Lepanto.

Während nun die christliche Flotte unter dem Kommando von Flaggensignalen sich zum Angriff formiert und auf jedem einzelnen Fahrzeug die letzte Hand an die letzte Vorbereitung gelegt wird, patrouilliert Don Juan auf einer schnellen kleinen Fregatte die Front seiner Schiffe ab und hält an die auf Deck angetretenen Mannschaften kurze Ansprachen. Seinen Spaniern ruft er zu: „Kinder, zum Tode sind wir fertig und bereit. Uns, wills der Himmel, gehört der Sieg. Streitet im Namen des Herrn, damit der Feind nicht frage: wo blieb euer Gott? Kämpft in seinem Namen und euer Ruhm wird unsterblich sein, ob nun Sieg oder Tod euer Los sei!" Das ist Musik für spanische Ohren, und die Begeisterung schwillt zu förmlichem Siegestaumel an, bevor noch der erste Schuß gefallen ist. Das ist Don Juans drittes großes Verdienst um den Tag von Lepanto.

Die Türken vollführen, während sie sich in Schlachtordnung aufreihen, mit Geschrei, Trompetenblasen und Gongschlagen einen Heidenlärm. Das ist ihre Art den Kampfgeist zu wecken, die Gemüter aufzureizen, die Köpfe zu fanatisieren. Bei den Christen ertönt unterdessen ein Kanonenschuß, lautlose Stille tritt ein und auf jedem Schiff wird ein Kruzifix, für alle Augen sichtbar, in die Höhe gehalten. Don Juan, an Bord seines Admiralschiffes auf erhöhtem Platze stehend, kniet vor dem Kreuze nieder und fleht mit gefalteten Händen um den Sieg. Seinem Beispiel folgt jeder Mann auf jedem Schiff, die Musketiere, indem sie ihre Feuerbüchsen an das Schanzkleid lehnen, die Kanoniere mit den brennenden Lunten in der Hand. Aus Tausenden von gläubigen Herzen steigt die stumme Bitte um Erhörung zum Gekreuzigten empor. Eine Welle von Gottvertrauen und Siegeszuversicht zittert über die gefalteten Hände und die gebeugten Köpfe der zu Kampf, Sieg und Tod bereiten Scharen hin. Es war nach den Aussagen derer, die es miterlebten, ein erschütternd weihevoller Augenblick; es ist, aus geschichtlicher Entfernung besehen, die machtvolle Kundgebung der Größe einer unsterblichen Idee und der Opferkraft eines im Glauben einigen und geschlossenen Volkes.

Die Schlacht beginnt um die Mittagsstunde. Sobald die Türken in Reichweite der Geschütze sind, fangen die sechs venezianischen Galeassen zu dröhnen an. Mit dem dumpfen Getöse ihrer Abschüsse, mit ihren feuerspeienden Rohren, mit ihrer gewaltigen Rauchentwicklung und mit der verheerenden Einschlagswirkung ihrer groben Geschosse machen sie einen zunächst lähmenden Eindruck auf die an solche Großkampfschiffe noch nicht gewöhnten osmanischen Soldaten. Einige unerwartete Volltreffer rufen sinnlose Verwirrung unter den abergläubischen Söhnen des Halbmondes hervor, ihre Schlachtlinie gerät in Unordnung und ihr eigenes Artilleriefeuer verliert an Stärke und Wirksamkeit. Aber der Aufeinanderprall der beiden ersten Linien wird dadurch nur hinausgeschoben, nicht verhindert, und von dem Augenblicke an, wo die ersten der schweren Schiffschnäbel mit dumpfem Krachen zusammenstoßen, wo die Holzplanken ächzend bersten, wo ganze Reihen von Rudern splitternd hinweggefegt werden, löst sich die kaum begonnene Schlacht in eine Unzahl von Einzelkämpfen auf, die unabhängig voneinander und der einheitlichen Leitung nicht mehr erreichbar ausgefochten werden müssen.

Das türkische Admiralschiff unter Ali Pascha geht unmittelbar auf die von Don Juan befehligte Capitana „La Real" los, die durch ihr ligistisches Banner weithin sichtbar gekennzeichnet ist. Der Osmane sucht mit seinem massiven und sehr hohen Vordersteven das spanische Fahrzeug zu rammen. Unter dem betäubenden Krachen des Balkenwerkes bohrt sich der eisenbeschlagene Schnabel in das Holz des Gegners, beide Schiffe bäumen sich auf wie zwei Pferde, ein Dutzend spanischer Soldaten werden zu Brei zerquetscht. Schwankend lösen sich die beiden Kolosse voneinander und das Wasser gurgelt zischend und tosend in das riesige Leck der gerammten Galeere. Der Augenblick der höchsten Gefahr ist erreicht, kaum daß die Schlacht noch richtig begonnen hat. Wenn „La Real" wegsackt, so ist der türkische Sieg soviel wie entschieden. Aber eine im Vordersteven eingebaute Schotte verhütet das Unheil. Das Schiff bleibt flott und manövrierfähig, der Einzelkampf von Mann zu Mann setzt ein. Der Türke schiebt sich an die Breitseite des Spaniers, fegt ihm krachend alle Ruder weg

und wirft die Enterbrücken. Der Spanier versucht das gleiche, indes die Türken sind flinker. Schon überschwemmen sie das Vorderkastell des Spaniers, aber hier finden sie auch ihren Meister. Das spanische Admiralschiff ist nicht umsonst mit der Blüte des heimischen Adels, mit den Söhnen und Enkeln ganzer Generationen echter Kreuzfahrer besetzt und dazu mit ausgesuchten Büchsenschützen der auf allen Schlachtfeldern Europas erprobten spanischen Infanterie. Jetzt ist mit einem Schlag der Seekampf zum Landkampf geworden, und ein ungeheuerliches Morden beginnt. Die spanische Büchse ist im Nahkampf mit ihrer schweren Kugel eine furchtbare Waffe, denn sie reißt unbedingt tödliche Wunden im Körper des Getroffenen, bei Kopfschüssen aber zerschmettert sie den Schädel des Opfers. Was den Geschossen der Infanteristen nicht zum Ziele wird, das fällt unter dem blanken Stahl des fechtgewandten Adels. Den blitzartigen Ausfällen, den wütenden Hieben und Stichen dieser geschichtlich ganz einmaligen Degenfechtkunst erliegen die überraschten Türken wie taumelige Fliegen. Unter dem Krachen der Büchsen, dem Klirren der Degen, dem dumpfen Wirbel der türkischen Trommeln, dem ohrenbetäubenden Geschrei aller Kämpfenden gelingt es den Spaniern zweimal, den Ansturm des Feindes über die Enterbrücken auf das gegnerische Fahrzeug zurückzuwerfen, aber beide Male vermag Ali Pascha von anderen Schiffen genügende Hilfskräfte zu übernehmen, um die Spanier wieder zurückzutreiben. Der zahlenmäßigen Übermacht der Osmanen gelingt es sogar, sich auf dem Vorderkastell von „La Real" festzusetzen, und es besteht die Gefahr, daß sie von da aus, durch stets neuen Nachschub verstärkt, die gegnerische Front langsam aufrollen. Don Juan selbst wütet mit blutüberkrustetem Degen, im Gesicht rauch- und rußgeschwärzt, von strömendem Schweiß überronnen, heiser von anfeuernden Zurufen und vom Schreien der Kommandoworte, ungeachtet der Gefahr, daß sein Tod die Schlacht zugunsten des Feindes entscheiden kann. Das ist sein viertes großes Verdienst um den Tag von Lepanto.
Abermals ist der Augenblick der höchsten Gefahr erreicht. Da bemerkt in allem Pulverdampf und Schlachtgedröhn der in der

Nähe kämpfende päpstliche Admiral Colonna die dräuende Not des Führerschiffes. Er hat seinen schlimmsten Gegner, die Galeere des Bey von Negropon erledigt und hat nun freie Hand für eine rasche Hilfsaktion. Mit voller Ruderkraft rammt er die Kampfgaleere des Ali Pascha von rückwärts, fegt ihr Deck mit einigen Salven von gehäuftem Büchsenfeuer rein und wirft die Enterbrücken. Das erfolgreich durchgeführte Manöver entlastet die bedrohte Capitana und rettet den Sieg. Jetzt verdichtet sich der Kampf von zwei Seiten her auf das Verdeck von Ali Pascha. Die spanische Infanterie überschwemmt von rechts und von links das feindliche Schiff und beginnt ein vom wachsenden Siegesrausch ins Barbarische, ins Unmenschliche aufgepeitschtes Morden. Die türkische Besatzung, ursprünglich etwa 400 Mann stark, aber durch den beständigen Nachschub auf mehr als das Doppelte gebracht, wehrt sich mit dem Mute der Verzweiflung, jedoch nicht ein einziger bleibt am Leben. Zu Dutzenden, zu Hunderten werden die Leichen, die Halbtoten, die Schwerverwundeten über Bord geworfen und sacken in den von blutigem Schaum bedeckten Wogen lautlos weg. Auch Ali Pascha wird niedergestreckt, aber er hat, so wird behauptet, im letzten Augenblick noch die Kraft, sich mit eigener Hand die Kehle zu durchschneiden. Die Spanier säbeln der Leiche den Kopf ab, stecken ihn auf eine Stange und bringen ihn vor Don Juan. Sie erbeuten auch das mit Koranversen bestickte, halbmondverzierte Banner von Mekka. Don Juan befiehlt, daß man den blutigen Schädel ins Meer werfe, das türkische Banner einrolle und in Sicherheit bringe, die Fahne der Liga auf dem Hauptmaste der Ali-Galeere hisse. Zugleich läßt er die Siegesfanfaren blasen. Die schmetternden Signale ringen sich allmählig durch den dumpfen Lärm des Kampfes und machen Freund und Feind auf das Erreichte aufmerksam. Der psychologische Moment dafür ist so wichtig wie er nur sein kann. Schon wogt die Schlacht unentschieden einige Stunden hin und her, schon ist jener Grad der Erschöpfung eingetreten, bei dem es nur eines geringen Anstoßes bedarf, um die Entscheidung rasch und gründlich nach der einen oder nach der anderen Seite fallen zu lassen. Als die Türken sehen, daß ihr Admiralsschiff unterlegen ist, geben sie mit orientalischem Fatalismus alles verloren, während hingegen die gleiche Tatsache die Christen zu einer letzten und äußersten Gewaltanstrengung aufpeitscht. Pertev Pascha, der bisher mit wenig Erfolg gegen die Galeere des venezianischen Admirals Veniero gekämpft hat, läßt alle Hoffnung fahren und bringt sich auf einem Hilfsboot eilig in Sicherheit. Der linke Flügel und das Zentrum haben den Sieg soviel wie errungen, aber auf dem rechten Flügel ist der Genuese Gian Andrea Doria gegen den Türken Uluch Ali in ein schlimmes Gedränge geraten. Ein gegenseitiges Umgehungsmanöver mißlingt dem Genuesen, gelingt jedoch dem Türken, der seine überlegenen Streitkräfte teilt, die Hälfte gegen Doria wirft, mit der anderen aber in den Kampf der Mitte eingreift. Hier fallen seinem Ansturm die Führergaleere der Malteserritter, eine päpstliche, eine piemontesische und sieben venezianische Galeeren zum Opfer. Die Besatzungen werden, bevor es noch zu einem Nahkampf mit Enterung kommt, durch einen Hagel von vergifteten Pfeilen kampfunfähig gemacht und dann niedergemetzelt. Das Gift der Pfeile, nicht unbedingt tödlich, aber von rasch wirkender Lähmungskraft, ist Uluch Alis sorgsam gehütetes Geheimnis. Das Banner des Johanniterordens gerät den Türken in die Hände und flattert am Hauptmast seines Schiffes. Mittlerweile haben sich Don Juans Streitkräfte im Zentrum genügend Luft gemacht und eilen jetzt unter seiner Führung herbei, um eine Teilkatastrophe zu verhindern. Auch Colonna und Veniero finden sich ein, und bald ist Uluch Ali gefährlich eingekreist. Aber in einstündigem, unbeschreiblich blutigem und verbissenem Kampfe entwindet er sich der tödlichen Umklammerung und gewinnt mit dem Rest seiner Schiffe, 14 an der Zahl, das Weite. Die Führergaleere der Malteserritter, die von ihm erbeutete, hat er im Schlepptau. Als er sieht, daß sie ihm in der Flucht hinderlich wird, kappt er rasch entschlossen das Tau und läßt die kostbare Beute fahren.

Der Tag geht über dem Massenmorden allmählich zur Neige. Die sinkende Sonne zeigt etwa die fünfte Stunde des Nachmittags an. Der Kampf verebbt langsam, die Rauchschwaden verziehen sich, nur hier und dort krachen noch einzelne Schüsse. Die Schlacht ist zu Ende. Hätte man über sie einen Tagesbericht ausgegeben, so würde er etwa gelautet haben: Der türkische Admiral gefallen, das Gros seiner Flotte gekapert oder versenkt, die beiden Unterbefehlshaber Pertev Pascha und Uluch Ali mit ganz geringen Kräften nach verschiedenen Richtungen hin entflohen.

Die Verluste entsprechen der Größe des Sieges. Die christlichen Verbündeten zählen an 8000 Tote, darunter viele erste Namen des spanischen, neapolitanischen, römischen, genuesischen und venezianischen Adels. Auf zwei päpstlichen Galeeren findet man nur mehr einige Ruderer an Bord, die gesamte militärische Besatzung ist gefallen. Die „Piemontesa", eine Galeere des Herzogs von Savoyen, treibt auf dem Meere wie ein Riesensarg, voll von Toten, ohne einen einzigen Überlebenden mehr an Bord zu haben. Die Verluste der Türken sind freilich noch viel schwerer. Man schätzt sie auf etwa 20000 Tote. Der Admiral Ali Pascha ist in Ehren gefallen und in Unehren als Toter geschändet worden. Seine beiden Söhne, sieben- und dreizehnjährig, geraten in Gefangenschaft. Don Juan schenkt sie dem Papste, der sie in gute Hut und Pflege nimmt. Der ältere stirbt nicht lange darauf vor Heimweh, der jüngere aber darf, weil seine Schwester is Konstantinopel einen rührenden Bittbrief an Don Juan schreibt, wieder in die türkische Heimat zurückkehren, mit Geschenken reich beladen. So ist Don Juan de Austria.

Die siegreiche Christenflotte wird in Messina unter dem Donner der Kanonen und unter dem Läuten aller Glocken mit unbeschreiblichem Jubel empfangen. Der Widerhall der Siegesbotschaft von Lepanto im gesamten Abendlande ist unvergleichlich stark und eindrucksvoll. Die Menschen wissen alle, was verhütet und was gewonnen wurde. Die Länder der Romania im besonderen geraten in einen wahren Taumel der Begeisterung. Dankgottesdienste, Prozessionen, Gelübde, fromme Stiftungen, öffentliche Speisungen, Feste und Lustbarkeiten, Stierkämpfe, nächtliche Illuminationen, Oden, Romanzen, Dramen, volkstümliche Balladen, alles das genügt ihnen kaum, um gebührend den Tag zu feiern, der, wie Cervantes später so treffend sagen wird, „die glänzende Widerlegung des furchtsamen Glaubens an die Unbesiegbarkeit der Osmanen" war. Tizian, der 95jährige, malt zur Feier des Sieges ein allegorisches Bild für Philipp II., Tintoretto stellt die Schlacht zweimal in einem großen (später zugrunde gegangenen) Ölgemälde dar, Veronese malt sie ebenfalls in zwei verschiedenen Ausführungen, und seine Bilder sind heute noch eine Zierde der venezianischen Sammlungen. Deutschland wird überschwemmt mit „Warhafftigen Berichten" und „Newen Zeittungen", in denen mörderische Holzschnitte die Wunder und Greuel der textlichen Schilderung verlebendigen und die biederen, meerfernen Pfahlbürger beim Lesen wohlig ergruseln lassen. Don Juan de Austria aber ist mit einem Schlag eine europäische Berühmtheit, der Held des Tages, der Gegenstand aller Gespräche, der Liebling aller Frauen, der Retter des Abendlandes geworden. Die erregende Geschichte seiner heimlichen Geburt, seiner verborgenen Erziehung und seines märchenhaften Aufstiegs machen von neuem die Runde durch alle Länder.

Das Ergebnis des Tages von Lepanto, den man heute in einer Reihe mit den größten Seeschlachten aller Zeiten zusammen nennt, ist dieses: die türkische Seemacht ist vernichtet, die siegreiche Christenflotte hat die Herrschaft über das Mittelländische Meer zurückgewonnen. Handel und Schiffahrt in den Gewässern der Romania sind wieder frei, die bedrückende und entwürdigende Last der türkischen Sklaverei ist von den Schultern der Christenmenschen genommen. Der Anteil der einzelnen Verbündeten an dem, was erreicht wurde, läßt sich nicht mit Maß und Elle noch auch in Zahlen veranschaulichen, aber im allgemeinen wird man wohl sagen dürfen: der Sieg wurde auf päpstliche Anregung, mit venezianischen Schiffen, von spanischen Truppen und unter spanischer Führung errungen. Daß er den Sieg *ermöglichte*, ist das unbestreitbare Verdienst Philipps II., daß er ihn durch Entfachung einer beispiellosen Begeisterung und Opferbereitschaft, durch kluge Kampftechnik und durch das Vorbild einer heldenhaften persönlichen Tapferkeit *errang*, dieses Lob gebührt ungeschmälert Don Juan de Austria. Die päpstliche Anregung und Förderung und die venezianische Schiffsraumleistung sollen nicht vergessen werden. Indes, sie allein hätten niemals genügt, auch

nur einen Teil dessen zu erreichen, was mit spanischer Hilfe wirklich gewonnen wurde. In dem Jahr nach Lepanto steht Philipp II. ein zweites Mal auf einem überragenden Gipfel seiner Macht und seines Ansehens, ist er ein zweites Mal der einzige Souverän in Europa, ohne dessen Hilfe oder Zustimmung nichts Großes gewagt werden kann, gegen den etwas zu unternehmen, ein gefährliches Spiel mit dem Feuer ist. Unabsehbar sind die Möglichkeiten, die sich aus dem Tage von Lepanto für den Frieden, das wirtschaftliche Blühen und Gedeihen, die territoriale Ausdehnung der christlichen Staaten ergeben. Eine unbegreifliche Tragik aber liegt in dem Umstande, daß nicht etwa durch die Schuld vieler, sondern durch die aus verborgenen Seelentiefen heraufsteigenden Spannungen zwischen den beiden Hauptträgern des Sieges dessen Früchte schon vor der Reife zum Verdorren bestimmt sind.
Die große Gelegenheit auszunützen und den geschwächten, nahezu vernichteten Feind bis nach Konstantinopel zu verfolgen, das hat die anbrechende Zeit der winterlichen Stürme verhindert. Das Jahr 1571 ist also vergangen, ohne daß noch eine wesentliche Kampfhandlung zustande gekommen wäre. Aber der seit Mai 1572 auf Pius V. gefolgte Gregor XIII. bemüht sich mit nicht geringerem Eifer als sein Vorgänger, die Kreuzzugsidee nicht ermatten zu lassen. Kaum gekrönt, richtet er schon an den in Messina weilenden Don Juan die dringende Aufforderung zur Fortsetzung des Kampfes und schickt ihm den Marcantonio Colonna mit 13 neuen Galeeren. Die Hauptmacht Venedigs, jetzt von Foscarini befehligt, liegt wartend vor Korfu. Die Wiederaufnahme des heiligen Krieges ist eine Sache der Mannesehre und des Worthaltens, denn das Abkommen der Liga verpflichtet die Bundesgenossen auf 12 Jahre zu steter Bereitschaft, treuer Waffenhilfe und einheitlicher Zielsetzung. Niemand ist begeisterter und kampflustiger als Don Juan. Man setzt den Tag der Ausreise fest, erörtert strategische Pläne und Möglichkeiten, ist willens, den Türken aus den letzten Schlupfwinkeln aufzustöbern, sieht im Traume schon die Mauern Jerusalems winken und wanken, da kommt plötzlich aus Madrid der Befehl, Don Juan habe mit dem spanischen Geschwader bis auf weiteres in Messina zu verbleiben.

Es scheint, als solle die günstige Jahreszeit ungenützt verstreichen.

An der Kurie glauben sie, der Neid Philipps auf Venedig sei die Ursache dieses, wie sie dünkt, geradezu böswilligen Willküraktes. Ein naheliegender, aber gerade im Falle eines Philipp II. gründlich fehlzielender Irrtum. Der Papst legt ernste Verwahrung in Madrid ein, sein Sonderlegat Ormaneto gibt schon bei der ersten Audienz zu verstehen, es sei aller Welt unbegreiflich, wieso die Katholische Majestät einen so wichtigen Entschluß ohne Befragung ihrer Verbündeten habe fassen können; es gleiche dieses Verhalten einer absichtlichen Zerstörung der Liga und einer Nichteinhaltung feierlich eingegangener Verpflichtungen. Philipp antwortet in allgemeinen Wendungen und verweist auf die seinem römischen Gesandten gegebenen Instruktionen. Diese aber lauten dahin: „Die feindselige Haltung Frankreichs lasse es nicht ratsam erscheinen, daß der König seine Kräfte auf kostspielige und gefahrvolle Fernunternehmungen festlege, die unmittelbaren Belange seiner eigenen Länder aber vernachlässige. Im Gegenteil, die Besorgnis, Frankreich möchte sich mit türkischer Hilfe in Algier festsetzen, zwinge ihn sogar, eine Sonderexpedition gegen dieses afrikanische Gebiet ins Auge zu fassen." Nun ist in Wirklichkeit an einen französischen Gefahrenherd dieser Art gar nicht zu denken. Frankreich steht in jenen Wochen und Tagen unmittelbar vor einer seiner größten inneren Krisen, vor der Schreckensexplosion der Bartholomäusnacht, Katharina von Medici im besonderen hat vor nichts so sehr Angst als vor einem Bruch mit Spanien, die Türken aber sind vollauf mit dem Flicken ihres eigenen Felles beschäftigt. Was veranlaßt also Philipp, den Fortbestand der Liga zu gefährden, den Vorwurf des Vertragsbruches auf sich zu laden, die Früchte des Tages von Lepanto in so unbegreiflicher Weise zu vergeuden? Dafür gibt es, da alle politischen Erklärungsversuche nicht hinreichen, nur eine Deutungsmöglichkeit psychologischer Art: das Tabu-Hemmnis. Da ist wieder einer, auf der Leiter des Ruhmes und der Erfolge emporstürmend, im Begriffe, in archaischem und in bildlichem Sinn ihm „über den Kopf" zu wachsen, die Isolierungszone nichtsahnend zu durchbrechen, das ungeschriebene heilige Gesetz „del Rey arriba ninguno" leichtfertig zu übertreten. Dieser fahrlässige Versuch muß abgebogen, dieser wildwachsende Stengel muß gestutzt werden. Die Rationalisierung, das ist die Rechtfertigung vor sich selbst, den verstandesmäßigen Wandschirm, hinter den er sich mit dieser peinlichen, ihm selber kaum recht erklärlichen Gefühlsbindung flüchten und verstecken kann, hat ihm, ohne es zu wissen, der Herzog von Alba bereitgestellt. Das Wie werden wir allsogleich hören.

Als der Sieg von Lepanto gewonnen war, schrieb der spanische Gesandte in Rom, Don Juan de Zúñiga, an den in Brüssel amtierenden Alba mit der Bitte um ein Gutachten und fachmännisches Urteil, wie dieser Sieg am besten ausgenützt werden könnte. Alba, mit dem seinerzeit schon Karl V. einen entscheidenden Schlag gegen die Türkenherrschaft, samt einer Eroberung von Konstantinopel und Auflösung des osmanischen Reiches, erwogen und durchgesprochen hatte, gab folgende Antwort: Die Schlacht von Lepanto hat einen zweifachen erheblichen Gewinn gebracht. Fürs erste ist der Feind auf lange Zeit hinaus außerstande, das christliche Abendland, wie er es bisher getan hat, zu bedrohen und zu beunruhigen; die Türkengefahr ist bis auf weiteres gebannt. Fürs zweite ist die Möglichkeit eröffnet, den schon von Karl V. geplanten Vernichtungskampf erfolgreich durchzuführen. Voraussetzung dafür ist aber vor allem, daß der gegenwärtige Kaiser, sowie der König von Frankreich mit ihren militärischen und finanziellen Mitteln dem bis jetzt nur aus Spanien, Venedig und dem Kirchenstaat bestehenden Bunde gegen die Türken beitreten. Es wird ebenso schwer sein, den einen dafür zu gewinnen wie den anderen. Gelingt es nicht, so müssen die jetzigen Sieger sich in die Arbeit teilen, durch kleine Unternehmungen den bisherigen Erfolg nicht verkümmern zu lassen, den zukünftigen großen aber vorbereiten zu helfen. Und zwar ist es die Aufgabe der Spanier, die afrikanische Küste von Algier bis Tripolis von der türkischen Pest zu befreien, während die Venezianer zweifellos selbst am besten zu entscheiden vermögen, welche Teilvorhaben für sie am vordringlichsten sind. Verderblich wäre es, wenn der Papst meinte

und von unkundigen Beratern in der Meinung sich bestärken ließe, die Sieger von Lepanto könnten nun ohne weiteres an die Eroberung von Konstantinopel herangehen, denn dafür sei jedenfalls die Bildung des obengenannten großen Mächtebundes die einmalige und ganz unerläßliche Voraussetzung.
Dieses Gutachten Albas, das ihm ausnehmend gefällt, bringt Zúñiga in unaufdringlicher Form, ganz nebenbei gleichsam, vor die Augen Philipps II., der gierig darnach greift und aus ihm herausliest, was er so blutnötig braucht, nämlich die Lösung des Konfliktes zwischen Verstand und Gefühl, zwischen äußerer Überlegung und innerem Zwang. Dieses Schriftstück Albas zeigt dem königlichen Zauderer den Weg, wie er einerseits dem Tabu-Hemmnis zu genügen vermag, andrerseits aber auch sein Verhalten zu den Bundesgenossen — grob gesagt: seinen Treubruch an der Liga — vor der Welt nicht nur, sondern auch vor dem eigenen Gewissen ehrlich rechtfertigen kann. Mit anderen Worten: was in Wirklichkeit und unter unbewußtem Zwang nur unternommen wird, um den jungen Stürmer und Dränger an die sichernde Kette zu legen, das erhält hier vor dem Forum der Vernunft und sogar der Moral das Zeugnis der Klugheit und der Rechtschaffenheit.
Zwar gelingt es den Bitten Don Juans und dem ernsten Zureden des Papstes, dem König noch einmal die widerwillige Zustimmung abzuquälen, daß der Sieger von Lepanto erneut die Ligaflotte anführen darf, aber es ist schon reichlich spät im Jahr und es kommt auch zu nichts weiter als zu geringfügigen Unternehmungen gegen Uluch Ali entlang der Westküste von Griechenland. Die Türken weichen aus, denn sie haben sich offenkundig von Lepanto noch nicht hinreichend erholt. Philipps Hemmnis auf jeden Fall hat seine Wirkung getan: er selbst ist von einem inneren Druck befreit, wenn auch die Liga die ganzen kostbaren zwölf Monate von 1572 sinnlos und tatenlos hat vertrödeln müssen. Im Jahr darauf (1573) kündigt dann auch Venedig dem heiligen Bunde die Treue und führt damit seinen völligen Zerfall herbei. Die Signoria verzichtet im Abkommen vom 7. März 1573 auf Cypern, dessentwegen sie ehedem der Liga beigetreten ist, und sie

ANNA VON ÖSTERREICH, VON ANTONIS MOR

PHILIPP II., VON EINEM UNBEKANNTEN MEISTER

zahlt außerdem an den Sultan drei Jahre lang je 100000 Dukaten. Sie verhält sich genau so, als ob zwei Jahre vorher nicht die Christen, sondern die Türken den großen Seesieg errungen hätten.

So endet und versandet die Tat von Lepanto, von der Cervantes an einer anderen Stelle bekennt und prophezeit, sie sei „das glorreichste Begebnis, das die Gegenwart oder die Vergangenheit sah oder die Zukunft sehen wird".

XXI. KAPITEL

Das portugiesische Erbe

Kaiser des Heiligen Römischen Reiches Deutscher Nation ist seit 1564 Maximilian II. Er hat, wie uns noch in guter Erinnerung steht, in den Jahren 1548 bis 1550 für den in den Niederlanden weilenden Prinzen Philipp die spanische Regentschaft geführt und ist im September 1548 in Valladolid mit Maria, der Schwester Philipps, vermählt worden. Das erste Kind aus dieser Ehe ist die kleine Erzherzogin Anna gewesen, die am 1. November 1549 in Cigales bei Valladolid geboren wurde. Das freundschaftliche und verwandtschaftliche Auskommen zwischen Philipp und Maximilian hat im Laufe der Jahre wiederholte Feuerproben zu bestehen gehabt, denn die beiden Vettern und Schwäger haben einander nicht nur die Nachfolgeschaft auf dem deutschen Kaiserthron streitig gemacht, sondern sie sind auch an Charakter und Weltanschauung, in politischen und religiösen Grundsätzen so verschieden voneinander, wie sie nur sein können: der eine ein echter Spanier, der andere ein typischer Österreicher. Sie können, um es ehrlich zu sagen, einander nicht ausstehen. Aber habsburgischer Familiensinn, gemeinsame Interessen und behutsame Frauenhände haben die heimlichen Gegensätze immer wieder ausgeglichen. Auf beiden Seiten hat man auch niemals die Möglichkeit aus dem Auge verloren, es könnten dereinst die beiden Dynastien wieder in eine einzige verschmelzen oder es möchte etwa ein österreichischer Prinz beim Aussterben des spanischen Mannesstammes die Nachfolge übernehmen und so die dynastische Tradition aufrecht erhalten. Man hat also trotz aller latenten Gegensätze immer darauf gesehen, daß die guten Beziehungen keine tiefgehende oder dauernde Trübung erfuhren, man hat die zwei jungen Erzherzöge Rudolf und Ernst am Madrider Hof erziehen lassen und man ist entschlossen geblieben, auch die Wechselheiraten zwischen den beiden Herrscherhäusern weiter zu pflegen, wo immer es sich ermöglichen läßt. So ist seit Jahren die Rede davon, daß Don Carlos, Prinz von Spanien, sich mit der Erstgeborenen des Kaisers Maximilian, eben jener kleinen, in Cigales zur Welt gekommenen Anna, vermählen wird, sobald die beiden das heiratsfähige Alter erreicht haben werden. Auch für die zweite Tochter Maximilians, die den Namen Elisabeth trägt, ist bereits fürsorglich ein Bräutigam bereitgestellt: sie soll zu gegebener Zeit die Gattin des jungen Königs von Portugal, Dom Sebastião, werden, der seinerseits der Sohn einer zweiten Schwester des Königs Philipp ist. So wird, wenn alles gut geht, eine enge Bluts- und Eheverwandtschaft die Häuser von Portugal, Spanien und Österreich miteinander verbinden.

Da kommt das verhängnisvolle Jahr 1568, das den schwergeprüften Philipp nicht nur der Gattin, sondern auch des einzigen Sohnes und Erben beraubt. Nun steht der 41jährige, zum dritten Mal verwitwete König der zwingenden Notwendigkeit gegenüber, eine neue, vierte Ehe zu schließen, nur damit die Thronfolge im Mannesstamm gesichert bleibe. Diesen Augenblick benützt Katharina von Medici zu einer jener Aktionen, die sie immer für diplomatische Schachzüge ersten Ranges hält: sie will ihre jüngste Tochter Margarethe zur Nachfolgerin ihrer toten Isabel machen und so das plötzlich gerissene Band der Verwandtschaft und der Friedensgarantie mit Spanien aufs neue knüpfen. Aber Philipp II. ist ihr nicht zu Willen. Den Grund dafür hat er für sich behalten. Auch läßt er dem einmal gefundenen Entschluß rasch die Tat folgen und überrascht die europäischen Höfe schon im März 1569 mit der Nachricht, daß die Erzherzogin Anna von Österreich binnen kurzem rechtmäßige Königin von Spanien sein werde. Kaiser

Maximilian hat gegen eine derartige Versorgung seines ältesten Kindes nichts einzuwenden, die päpstliche Dispens vom kanonischen Ehehindernis der Blutsverwandtschaft ist, wo ein Philipp II. als Petent auftritt, nur eine reine Formalität, und schon im November 1570 findet in Segovia die Hochzeit statt. Ihr schließt sich nach 14 Tagen der feierliche, der Inthronisierung gleichkommende Einzug der neuen Königin im Madrider Alcázar an.

Anna von Österreich ist gerade 21jährig, als ihr die Bürde und Würde der spanischen Krone zuteil wird, als sie die Verpflichtung übernimmt, den Waisen der Isabel von Valois eine liebevolle Stiefmutter zu sein und ihrem königlichen Onkel und Gemahl den ersehnten und so bitter notwendigen Thronerben zu schenken. Sie hat alle guten Eigenschaften ihrer Mutter und ihrer Großmutter, der Jagellonin Anna, geerbt, und mit ihr hält der schlichte Bürgersinn der österreichischen Habsburger zum erstenmal seinen Einzug am spanischen Hofe. Sie ist aller starren Etikette abgeneigt und geht ihr aus dem Wege, wo sie nur kann. Der französische Gesandte Fourquevaux ist entsetzt über die Formlosigkeit, mit der sie seinen Antrittsbesuch entgegennimmt. Unmittelbar nach Tisch empfängt sie ihn und findet es nicht einmal der Mühe wert, ihm den plüschüberzogenen Hocker anzubieten, auf den sonst die Gesandten der Großmächte ein Anrecht haben. Ja sie selbst setzt sich nicht einmal, sondern bleibt — quelle horreur — nachlässig an die Wand gelehnt stehen. Aber den beiden Stieftöchtern ist sie dafür eine um so liebevollere Mutter. Als die zwei verängstigten Mädchen ihr das erstemal zugeführt werden, um ihr mit zeremoniöser Kniebeuge die Hand zu küssen, da finden sie sich eine nach der anderen von der neuen Mutter ohne viel Umstände in die Höhe gelupft und mit Küssen, Liebkosungen und guten Worten überschüttet, so daß die überraschten Kinder vor Erleichterung und glücklich überstandener Angst in einem weinen und lachen müssen. Auch in allen häuslichen Fertigkeiten ist Königin Anna wohlerfahren. Vor allem beherrscht sie die Kunst der Nadel und sie sitzt oft und gern mit den Kindern, Hofdamen und Meninas, eifrig plaudernd, emsig stichelnd, am Stickrahmen. Mit ihrem Gatten teilt sie die Vorliebe für den Escorial und manche sonnige Stunde lang tollt sie mit den Kindern in den Gartenanlagen des Klosterschlosses umher. Frohsinn und Lachen sind mit ihr ein zweites Mal am spanischen Hofe eingezogen. Und noch einen unschätzbaren Vorzug nennt diese Frau ihr eigen: sie bringt die Fruchtbarkeit und Gebärfreudigkeit des österreichischen Zweiges der Habsburger mit in ihre Ehe. Während ihrer zehnjährigen Verbindung mit Philipp II. schenkt sie ihm vier Söhne und eine Tochter, die Infanten Fernando, Carlos Lorenzo, Diego, Felipe, und die Infantin Maria. Aber — sie gebiert nur, um die Totengruft des Escorial zu bevölkern, denn von all ihren Kindern kommt nur der einzige Don Felipe, der dann als der dritte seines Namens die Krone Spaniens tragen wird, über alle Fährlichkeiten hinaus; die übrigen sterben ihr frühzeitig weg. Sie selbst wird 31jährig das Opfer einer Grippeepidemie, und schuld daran ist in tragischer Verkettung der Umstände nichts anderes als der Familiensinn des angeblich so finsteren Philipp II. Als er sich 1580, um das portugiesische Erbe anzutreten, an die Grenze nach Badajoz begibt, da will er Frau und Kinder bei sich haben. Die Königin Anna, die Infantinnen Isabel Clara Eugenia und Catalina Micaela und der Infant Don Diego müssen mit; nur den zweijährigen Don Felipe und den siebenmonatigen Säugling Maria läßt man zuhause. Da geschieht es nun, daß die plötzlich auftretende Seuche die ganze königliche Familie aufs Krankenlager wirft. Während indes alle übrigen wieder glücklich genesen, muß Anna allein ihr junges Leben zum Opfer bringen. Es ist das alte Lied vom Gebären und Sterben der spanischen Königinnen. Die hohe Frau ist inmitten ihrer sechsten Schwangerschaft, aber die Hofärzte nehmen daran keinen Anstoß, sie bekämpfen nur das Fieber und auch das nur mit ihren herkömmlichen Mitteln: scharfe Purgierungen und endlose, erbarmungslose Aderlässe. So geht auch die österreichische Anna den gleichen Leidensweg zu Ende, den vor ihr schon die portugiesische Maria und die französische Isabel gegangen sind, und dieser Weg hat nur zwei Stationen: Frühgeburt und Tod an Herzschwäche. Wer weiß, ob nicht auch die englische Maria ihn hätte beschreiben müssen, wenn sie empfängnisfähig gewesen wäre.

Die Leiche wird nach dem Escorial gebracht, die Kinder begleiten sie, Philipp II. aber macht sich unter dem Druck einer neuen, schwer auf ihm lastenden Vereinsamung bereit, das portugiesische Erbe anzutreten, das Reich seiner Ahnen mütterlicherseits in den Riesenkomplex seines Länderbesitzes einzugliedern.

Die Herrscherhäuser von Spanien und Portugal sind seit vielen Jahrhunderten durch wechselseitige Heiraten eng verbunden. Diese Ehen über die Grenze haben immer schon einer heimlichen Unionspolitik gedient, nur ist bisher noch im ungewissen geblieben, welcher von den jeweiligen Partnern die Ernte einheimsen würde. Wir erinnern uns an den streitbaren Erzbischof von Lissabon, der 1543 in Elvas — es war bei dem denkwürdigen Grenzübertritt der Infantin Maria, der späteren Mutter des Don Carlos — dem Herzog von Braganza gegenüber in drastischer Weise seine Befürchtungen äußerte, es möchte bei diesem dynastischen Schachspiel am Ende Portugal der unterliegende Teil werden. Das Paar Ferdinand und Isabella hat diese Heiratspolitik noch einem besonderen Zwecke dienstbar gemacht, und das war die Schwächung und Einkreisung Frankreichs. König Manoel († 1521) heiratet nicht weniger als drei spanische Infantinnen nacheinander, sein Nachfolger Johann III. nimmt eine Schwester Karls V. zur Frau, dieser selbst vermählt sich mit einer Schwester ebendieses Johann III., dem Prinzen Philipp gibt man Johanns älteste Tochter Maria zur ersten Gattin und Philipps Schwester Doña Juana muß den portugiesischen Thronfolger Dom João Manoel heiraten. Ein förmlicher Regen von päpstlichen Ehedispensen plätschert jahrzehntelang auf die beiden Dynastien hernieder und das Netz ihrer verwandtschaftlichen Bindungen ist schließlich so eng und so verwirrend dicht geworden, daß man sich heute nur noch an der Hand von sorgfältig gearbeiteten Stammbaumlisten in diesem wahrhaftigen Ehelabyrinth zurechtfindet. Vermutlich ist es den guten Leuten schon zu ihrer eigenen Zeit nicht besser gegangen.

Während Philipp II. am Escorial baut und um die Niederlande schwere Sorge trägt, regiert in Portugal der junge Dom Sebastião, jener Unglückswurm, der zur Welt kam, als seine Mutter, ohne es

selbst zu wissen, schon drei Wochen lang Witwe war, und der dann auch noch aller mütterlichen Sorge und Pflege entbehren mußte, weil diese Mutter — Doña Juana, Philipps II. Schwester — fluchtartig das Land verließ und nach Kastilien zurückkehrte. Dom Sebastião, von fremden Ammen und grämlichen Hofdamen aufgepäppelt, von zwei überspannten Sonderlingen, dem Jesuiten Luiz Gonçalvez da Camara und dem Feldhauptmann Aleixo da Menezes großgezogen, wird mit 14 Jahren für volljährig erklärt und übernimmt 1568 die Regierung seines Landes. Von Kindheit an unsäglich vereinsamt, zeitlebens der Elternliebe entbehrend, wird er ein introvertierter, phantastischen Ideen hingegebener Träumer, der alle Frauen verabscheut und in den atavistischen Anschauungen seiner Vorfahren lebt und webt. Er ist von ungewöhnlicher Körperschönheit, hochgewachsen, edel von Antlitz, feurigen Blickes und allen ritterlichen Künsten, allen Leibesübungen mit einseitigem Fanatismus zugetan, er zwingt sich zu nüchterner Strenge in Speise und Trank und enthält sich jeglichen Geschlechtsgenusses. Sein innerliches Ziel und sein Lebensideal ist die Aufrichtung eines christlichen Reiches unter den negroiden und berberischen Stämmen Nordafrikas und der Sieg des Kreuzes über den Halbmond auf dem ganzen Erdenrund. Die Jugendträume Karls V., die ein Erbteil der alten Herzöge von Burgund waren, sind in der Seele dieses Heldenjünglings wieder wach geworden. Auch er träumt dem altehrwürdigen Psalmworte nach: ut aedificentur muri Jerusalem. Der gegenreformatorische Eifer des Jesuiten und der soldatische Kämpfergeist des alten Feldhauptmanns haben die latente Bereitschaft seiner Seele zur lodernden Flamme entfacht.
Wie gerufen kommt da eines Tages ein marokkanischer Thronprätendent, genannt Muley Hamed, über die Meerenge von Gibraltar gesegelt und erbittet sich die Hilfe der christlichen Fürsten der Pyrenäenhalbinsel gegen den seiner Versicherung nach zu Unrecht regierenden Scherif Muley Abd-el-Malek. Philipp II., dem das Wagnis afrikanischer Kriegszüge aus den Tagen Karls V. noch vor Augen steht, lehnt jedwede Teilnahme und Einmischung rundweg ab. Er ist froh, dieser mischblütigen Horden semitischer

und asiatischer Herkunft in seinem eigenen Land zur Not Herr geworden zu sein; ihnen auch noch Unterstützung bei ihren dynastischen Händeln zu gewähren, das wäre seiner Meinung nach eine Rassenschande und eines christlichen Herrschers durchaus unwürdig. Das sagt er auch seinem Neffen Sebastião, den er zu einer Besprechung darüber nach Guadalupe einlädt und der den Kopf schon voll von afrikanischen Eroberungen hat. Der junge Ritter ohne Furcht und Tadel aber debattiert nicht lange, sondern wendet sich erzürnt und gekränkt von dem kühl rechnenden und wägenden spanischen Onkel ab. Er will seinen Siegeslauf allein unternehmen; er braucht dann auch Ruhm und Erfolg mit niemandem zu teilen. Zwar zeigen auch die portugiesischen Landstände keine sonderliche Lust, ihrem jungen Schwärmerkönig ins Unglück nachzurennen, der Adel macht tausend Schwierigkeiten, der hohe Klerus verweigert offen jede Unterstützung, mit Mühe und Not läppert sich schließlich aus berufslosem und brotlosem Gesindel und aus fremden Soldtruppen eine Armee von 17000 Mann zusammen, aber Dom Sebastião ist taub für alle Warnungen und erzürnt ob des geringen Verständnisses, das man ihm entgegenbringt. Noch im letzten Augenblick sucht ihn Philipp II. von seinem tollkühnen Vorhaben abzubringen. Er läßt ihn durch seinen Gesandten in Lissabon, Don Juan de Silva, ein letztes Mal eindringlich bitten und warnen, er will ihn durch Arias Montano, den er eigens nach Portugal schickt, überreden, daß er wenigstens persönlich der Expedition fernbleibe. Man kann also gewiß nicht behaupten, daß ihn Philipp stillschweigend dem sicheren Untergang überließ oder gar, daß er den geringsten Versuch gemacht hätte, sein Verschwinden zu beschleunigen. Seine ehrlich gemeinten Warnungen sind, wie die aller übrigen, die es gut mit dem jungen Phantasten meinen, in den Wind gesprochen. Sebastião setzt mit seinen „Soldaten" nach Afrika über und dringt fünf Tagesmärsche weit bei glühender Tropenhitze ins Innere bis nach Larache vor, wo ihm auf der Ebene von Alkazar-Kebir ein feindliches marokkanisches Heer von 30000 Mann Fußtruppen und 4000 Reitern entgegentritt. Am 4. August 1578 kommt es zur Schlacht. Die Portugiesen und ihre ausländischen Söldner werden, der marokkanischen Kampftaktik ungewohnt, von der feindlichen Übermacht buchstäblich aufgerieben. Sebastião könnte sich durch eine rasche Flucht noch retten, aber er weigert sich dessen, stürzt mit wahrer Todesverachtung und offenbarer Todessehnsucht ins dichteste Kampfgewühl und wird von den Marokkanern in Stücke gehauen. Seine Leiche kommt nie wieder zum Vorschein. Das portugiesische Volk aber glaubt, er sei in Gefangenschaft und hofft ein Menschenalter lang heimlich auf seine Wiederkehr.

Mitte August 1578 ist die Nachricht von dem Unglück bereits in Lissabon eingelaufen. Man proklamiert unverzüglich den Großonkel des gefallenen Sebastião, den 67jährigen Kardinal Dom Enrique, zum König. Da dieser sich beharrlich weigert, zugleich einen Nachfolger für seine Person zu designieren, weil er keine Verantwortung mit ins Grab nehmen will, so melden schon zu seinen Lebzeiten verschiedene Prätendenten ihre Ansprüche an. Die klarsten Rechte hat zweifellos Philipp II. Er ist der Sohn von Isabella, der ältesten Tochter des Königs Manoel. Aber auch drei weitere Enkel dieses Manoel sind noch da: Katharina, die Tochter des Infanten Dom Edoardo, Emanuel Philibert von Savoyen, der Sohn der Infantin Beatrix, und Antonio, Prior do Crato, der illegitime Sohn des Infanten Dom Luiz. Dieser Antonio ist Ritter des Malteserordens und hat als solcher das Priorat von Crato inne, daher sein Name. Zu guter Letzt erinnert sich auch noch Katharina von Medici plötzlich daran, daß ein entfernter Ahnherr von ihr, nämlich Affonso III. († 1279) in früheren Jahrhunderten einmal König von Portugal gewesen ist, daß also ihr Nachfolgerecht offenbar an Dringlichkeit und Alter dem aller übrigen Bewerber voranstehe. Vor Philipps legalen Ansprüchen freilich verstummen sie alle, nur nicht der Prior do Crato. Er hat infolge seiner unehelichen Abstammung die geringsten Aussichten, aber er gedenkt bei der Sache ein gutes Geschäft zu machen.

Der alte Kardinal-König Dom Enrique ist mittlerweile (am 31. Januar 1580) gestorben und hat letztwillig eine interimistische Regentschaft aus fünf Vertretern des hohen Adels eingesetzt. Die Frage der Nachfolge ist immer noch in der Schwebe. Fest entschlossen, alles in Güte zu regeln, tritt Philipp II. in Unterhandlungen mit Dom Antonio, dem Prior do Crato, ein. Der aber spannt seine Ansprüche von Mal zu Mal höher. Erst scheint er sich mit 50000 Dukaten Jahresrente zu begnügen; als er sie bewilligt erhält, will er einen fetten Gouverneurposten dazu; kaum ist ihm auch dieser zugesichert, so verlangt er, Vizekönig von Portugal zu werden, und dazu das Recht, die höchsten Beamten für die portugiesischen Kolonien ernennen zu dürfen. Erst mit dieser dritten Forderung ist Philipps Geduld erschöpft; er bricht den unwürdigen Schacher mit Dom Antonio kurzerhand ab. Ein mit 20 Tagen befristetes Ultimatum — entweder freiwillige Anerkennung oder Entscheid mit der Waffe — wird noch an die portugiesische Regentschaft gestellt, und als die Frist unbeantwortet verrinnt, erhält der Herzog von Alba den Befehl, die Grenze zu überschreiten. Die ihm zur Verfügung stehende Invasionsarmee hat eine Stärke von 35000 Mann Infanterie und 2100 Mann Reiterei, während von Cádiz aus eine Flotte unter dem Marqués de Santa Cruz in See geht, um die portugiesischen Häfen zu blockieren. Am 13. Juni 1580 wird die Invasionsarmee in Marsch gesetzt. Sie nimmt ohne Schwierigkeit Stadt um Stadt, Festung um Festung und steht schon am 14. August vor Lissabon. An der Brücke von Alcántara, die sich damals noch am äußersten Rande der Stadt befindet, treten ihr einige 10000 Mann der von Dom Antonio gesammelten nationalen Armee entgegen. Der Widerstand gegen die spanische Übermacht ist gering, die Verluste der Portugiesen sind gewaltig. Dom Antonio entflieht zu Pferde nach Santarem und gewinnt von hier aus, nachdem Philipp einen Preis auf seinen Kopf gesetzt hat, nach unsäglichen Strapazen und Abenteuern auf einem holländischen Segler den Hafen von Calais. Am französischen Hofe wird er, wie alle Spanienfeinde, mit Ehren aufgenommen, eine Weile bestaunt und neugierig ausgefragt, dann aber rasch vergessen.

Philipp II. hat unterdessen in Badajoz seine schwere Erkrankung glücklich überstanden, aber seine vierte Gemahlin, die mütterliche Anna, durch den Tod verloren. Kaum notdürftig genesen, macht er sich auf, das portugiesische Erbe anzutreten. Von

Badajoz aus reitet er über die historische Brücke am Flüßchen Caya, auf der vor 37 Jahren seine kindliche Braut Maria den letzten Abschied von der portugiesischen Heimat genommen hat. Lebte sie noch, so wäre sie jetzt an seiner Seite und hätte die ganze Invasionsarmee überflüssig gemacht. Von Elvas aus läßt er die Landstände nach Tomar einberufen und in ihrer Gegenwart werden die wechselseitigen Legalitäts- und Treueide geleistet. Der portugiesische Adel sieht sich mit Ämtern und Gnadenerweisungen überschüttet, Unsummen an Gratifikationen und Belohnungen für angebliche Bewährung und imaginäre Verdienste werden verteilt, alle strecken sie devot und beflissen die Hand aus, keiner lehnt ab — wie oft hat sich dieser Kunstgriff nicht schon bewährt, in den Niederlanden, in England und wo immer man ihn anwandte — und eine allgemeine Amnestie glättet schließlich auch noch die letzten Unebenheiten und Verstimmungen. Eine Tür ist ohne viel Geräusch ins Schloß gefallen, das freie Portugal wird bis in eine ferne Zukunft nur mehr eines der vielen Vizekönigreiche des unendlichen Spanien sein.

Die Art, wie Philipp II. hinfort das neue Land regiert, ist ein Beweis nicht nur seines ehrlichen und guten Willens, sondern auch seiner großen Klugheit. Im November 1582 legt er seine Absichten und Grundsätze in einem bindenden Dokument nieder, das den Titel „Carta patente" trägt und an Wichtigkeit einer Verfassungsurkunde gleichkommt. Ihr oberster Grundsatz ist, in zwei Worten ausgedrückt, dieser: Portugal den Portugiesen. Nur der Vizekönig soll ein Mitglied des spanischen Herrscherhauses sein, alle übrigen Regierungsstellen sind den Portugiesen vorbehalten; sogar die neugegründete Rätekammer des Consejo de Portugal soll nur aus einheimischen Mitgliedern bestehen. Wie gewissenhaft Philipp diese und ähnliche Autonomie-Grundsätze eingehalten hat, das ergibt sich aus der Tatsache, daß die erste rein kastilische Steuer nicht früher als 38 Jahre nach seinem Tode in Portugal eingeführt wurde, und zwar durch den diktatorischen und an Machtbefugnissen nahezu uneingeschränkten Herzog von Olivares. Sie legt den Grund zur portugiesischen Revolution, die 1640 mit der siegreichen Abfallsbewegung endigt. Die Gegenleistung Portugals an das Reich besteht unter Philipps Regierung lediglich in der Stellung eines Truppenkontingents und der Bereithaltung einer bestimmten Anzahl von Kriegsschiffen, sowie in der Gewährung der dreijährigen Servicios, des regulären und des außerordentlichen. Daß diese Servicios oder Zuschüsse nicht zu gering ausfallen, dafür sorgt schon die wachsende Finanznot des in beständige Kriege verwickelten Mutterlandes.

Mitte Februar 1581 ist Philipp von Elvas aus gen Lissabon gezogen, Mitte Februar 1583 kehrt er nach Spanien zurück. Als Vizekönig bleibt im Lande der Erzherzog Albert von Österreich, der im Jahre 1559 geborene sechste Sohn Maximilians II., der als Bruder der jüngst verstorbenen Anna des Königs Schwager und Neffe zugleich ist. Er wird 17 Jahre später zusammen mit Isabel Clara Eugenia den Rest der noch vorhandenen Niederlande erben.

Philipp II. kann, als er Portugal hinter sich läßt, mit dem Erreichten zufrieden sein. Er hat den Schlußstein in das Gebäude gesetzt, das seine Ahnen zu errichten begonnen haben. Er hat die iberische Halbinsel unter einem einzigen Szepter vereinigt. In sich selbst geschlossen, festgemauert, einer wehrhaften Burg gleichend, steht es da, ein Block, eine Festung, ein zweiter Escorial. Was Ferdinand und Isabella und nach ihnen Karl V. vergeblich erstrebt haben, das durfte er zur Vollendung führen. Es ist der Höhepunkt seiner Regierung, der weitaus größte Erfolg seiner Politik. Zu diesem Gewinst territorialer Einigung und Abrundung aber fügt sich auch noch ein unvergleichlicher Zuwachs an Macht und Besitz, denn die portugiesischen Kolonien machen Philipp II. zu einem Beherrscher des Welthandels, den es in ähnlichem Ausmaße ein zweites Mal nicht wieder gegeben hat. Ein kurzer Seitenblick auf die Geschichte der Länderentdeckungen beweist es.

Bis zum Ende des 15. Jahrhunderts liegt der gesamte Handelsverkehr zwischen Asien und Europa in den Händen der Araber und der Venezianer. Die ersteren verfrachten die Erzeugnisse des Orients über Bagdad, Ormuz und Aden nach Konstantinopel und Alexandrien, wo die Handelsschiffe Venedigs zu Kauf und Tausch sich einfinden. Von der Lagunenstadt aus ergießt sich dann der Segen der morgenländischen Produkte zu Wasser über Italien und Spanien, zu Lande über Deutschland und Frankreich. Im Mai 1498 aber entdeckt der Portugiese Vasco da Gama den Seeweg nach Ostindien, gründet in Kalkutta an der Malabarküste eine Handelskolonie und gibt damit der Achse des Welthandels eine riesige Drehung nach Westen. Lissabon ist von diesem Jahre an der Umschlagplatz des Warenverkehrs zwischen Orient und Okzident. Die Portugiesen vertreiben die Araber als Konkurrenten, schließen Verträge mit den eingeborenen Häuptlingen, errichten Niederlassungen und zu deren Schutz kleine, aber starke Festungen. Sie sitzen an der Küste von Coromandel, in Birma, in Siam, Sumatra, Borneo, Celebes fest und benützen sogar den Hafen von Canton. Im Jahre 1570 ist ihr asiatischer Besitz schon so ausgedehnt, daß er in drei Vizekönigreiche aufgeteilt werden muß. In gleicher Weise besiedeln sie auch die afrikanischen Küsten, Madeira, Porto Santo, Kap Branco, Kap Verde, die Azoren, und gründen den portugiesisch-afrikanischen Sklavenmarkt. Im Jahre 1500 entdecken sie Brasilien. Es liegt zwar in der spanischen Zone, das heißt westlich von der durch Papst Alexander VI. gezogenen Demarkationslinie, und stünde darum rechtsgültig von Anfang an den Spaniern zu, aber die geographischen Kenntnisse von damals sind so unsicher und verschwommen, daß kein Mensch den Irrtum merkt.

Fügt man nun zu diesen ungeheuren Gebieten noch die von den Spaniern selbst entdeckten und eroberten Länder des Westens México, Perú, San Domingo, Cuba, Porto Rico, Jamaica, Tierra Firme (jetzt Venezuela), Nueva Granada (jetzt Columbia) und Chile, so begreift sich ohne Schwierigkeit, daß Philipp II. mit der portugiesischen Erbschaft zum mächtigsten und reichsten Herrscher geworden ist, den die Welt je gesehen hat. Man kann, wie schon die spanischen Zeitgenossen mit Stolz hervorheben, den Erdball umkreisen, ohne einen Fußbreit Boden zu betreten, der nicht spanisches Eigentum wäre. Gerade seine Stellung im Welthandel aber wird dem gigantischen Weltreiche zum Verderben; sie geht den aufkommenden Seefahrernationen England und

Holland nicht so sehr an die Ehre oder an die religiöse Überzeugung, als vielmehr an den Geldbeutel. Das und nichts anderes ist auch der erste und eigentliche Grund für die Zerstückelung des spanischen Kolosses im Laufe der folgenden drei Jahrhunderte. Mancherlei andere Ursachen, Fehlschläge, Angriffspunkte kamen hinzu, um die Auflösung zu beschleunigen, aber keiner wurde so zäh verfolgt und so erfolgreich durchgehalten wie der erste. Dem angelsächsischen und dem holländischen Brotneid in erster Linie ist Spanien erlegen. Mit den Piratenstreichen der Drake, Howard, Essex, Cumberland, Cornelis Houtman fing es an, mit dem spanisch-amerikanischen Konflikt von 1898 endigte es.

Das portugiesische Erbe und die mit ihm verbundene Beherrschung des Welthandels haben das Spanien Philipps II. nicht nur auf den Gipfel seiner Macht und seiner neiderregenden Stellung emporgehoben, sondern sie haben auch den ersten und den weitaus mächtigsten Anstoß zu seinem schmählichen Niedergang gegeben.

XXII. KAPITEL

Der Brand in den Niederlanden

Während zu Füßen der Sierra de Guadarrama die Mauern und Türme des Escorial aus dem felsigen Boden wachsen, um auf Jahrhunderte hinaus einer großen und eigenwilligen Idee sichtbaren Ausdruck und dauerndes Leben zu gewähren, stürzt im fernen Burgund, an den Ufern der Maas und der Schelde, an den Rändern der Nordsee der gewaltige Bau einer zwei Jahrhunderte alten Staatsidee krachend in Trümmer. Während in Spanien dem Gedanken des Königtums von Gottesgnaden und der geborenen Souveränität ein Denkmal und ein Sanctuarium errichtet werden, geht in Flandern der durch Alter und Eigenart ehrwürdige Gedanke des „seigneur naturel" schmählich und ruhmlos zugrunde. Historisch betrachtet: zwei Ereignisse ohne sichtbaren Zusammenhang, jedes eine Angelegenheit für sich, jedes freilich auch von einschneidender Bedeutung für das Land, in dem es vor sich geht. Psychologisch gesehen: Aufstieg und Untergang ein und desselben Archetypus oder menschlichen Urerlebnisses in zwei Völkerseelen unter dem Drucke geschichtlicher Umstände und Entwicklungen. Was mag aber nun den Anstoß zu dieser denkwürdigen Katastrophe in den Köpfen, den Seelen, den Traditionen gegeben haben? Etwa die Unduldsamkeit Philipps II. in Sachen der Gewissensfreiheit und des Bekenntniszwanges? Aber das hätte bestimmt nicht hingereicht, um so schwere Folgen heraufzubeschwören. Denn Inquisition und Religionsedikte sind ja nicht erst von ihm in Flandern eingeführt worden, sondern von Karl V., und die braven Niederländer sind mit ihnen und trotz ihnen 40 Jahre lang nicht ärmer und nicht unzufriedener geworden. Oder etwa der gekränkte Ehrgeiz von ein paar hochadeligen Führern, die sich zurückgesetzt oder übergangen fühlten und nun aus Rachgier und Vergeltungssucht den Umsturz organisierten, schürten und vollendeten? Auch das hätte bei weitem nicht Kraft genug gehabt, um aus einer Adelsverschwörung eine Volksrevolution werden zu lassen, um Bindungen von der Stärke der burgundischen Idee des „seigneur naturel" zu zerreißen. Manche meinen das Problem recht gründlich anfassen und seiner Wurzel bis in die Tiefen des Unbewußten nachgraben zu müssen, und sie versichern erkannt zu haben, daß die Ursache dieser Länder- und Völkerspaltung, dieser in der Geschichte nahezu beispiellosen Abfallsbewegung in nichts anderem zu suchen sei als in der fundamentalen Unterschiedlichkeit der Volksseele, das heißt also jener Summe von Sitten, Überlieferungen, Auffassungen, Neigungen und Interessen, die man als Kollektivbesitz einer rassischen oder nationalen oder sprachlichen Gemeinschaft zu bezeichnen gewöhnt ist. Der belgische Historiker Henri Pirenne, ein um die Erkenntnis und Darstellung seiner vaterländischen Geschichte hochverdienter Forscher, ist es vor allem, der diese Auffassung vertritt. Mit den Gegensätzen der phylogenetischen Erbmasse auf spanischer und auf niederländischer Seite, mit dieser „Feindseligkeit der Archetypen", wie man es wohl am kürzesten benennen könnte, hat es nun freilich seine Richtigkeit, und der

Leser wird sich nicht ungern an die Formulierungen und Schlüsse erinnern, die wir bei Gelegenheit der niederländischen Präsentationsfahrt aus Philipps Verhalten und Erleben ziehen konnten. Dieser psychische Antagonismus zwischen dem burgundischen und dem spanischen Menschen, so sagten wir, gibt uns den Schlüssel zum Verständnis der Katastrophe, aber er bildet, so fügen wir hinzu, nicht auch ihre Ursache; er sagt uns zwar, was beide Partner zu ihrer gegensätzlichen Stellungnahme prädisponierte und auf ihre Haltung mit geradezu schicksalhaftem Zwange festlegte, aber er überhebt uns nicht der Mühe, den Anlaß zu suchen, an dem sich der verhängnisvolle Streit entzündete.

Um der Wahrheit auf den Grund zu kommen ist es nötig, daß man irgendeine akute Gefahr nachweise, daß man eine von den Niederländern vermutete oder befürchtete Bedrohung ihrer Lebensrechte und Lebensansprüche erkenne, denn ihre ganze Abfallsaktion hat durchaus den Charakter der Notwehr, des verzweifelten Rettungsversuches vor einer hereinbrechenden Katastrophe. Man wird aber heutzutage kaum mehr im Ernste daran glauben, daß dieses stockkonservative, leichtlebige, in religiösen Dingen unskrupulante, aber eifervoll einen reichen Besitz und Schatz von Traditionen hütende Volk in dem Verbot, kalvinistisch oder lutherisch zu werden, ein lebensbedrohliches Unheil und Verhängnis gesehen habe. In Wirklichkeit nun ist diese Bedrohung und diese Ursache der niederländischen Angstpsychose durchaus nicht zu verkennen, aber es bedarf, um ihr gerecht zu werden, immerhin einer gründlichen Einfühlung in die staatsmännischen und religiösen Antriebe und Überzeugungen eines Philipp II. Von ihm hat man den Ausgang zu nehmen, nicht von den Niederländern, und man muß sich davor hüten, nach dem „Schuldigen" zu suchen oder etwa Recht und Unrecht auf beide Parteien nachsichtig zu verteilen. Denn von einer Schuld ist in diesen Bezirken unter keinen Umständen die Rede. Beide Partner, hier der Herrscher, dort die Volksgemeinschaft, handeln so, wie sie müssen und weil sie nicht anders können. Es geht aber um nichts Geringeres als um den Zusammenstoß zweier Grundprinzipien der Zeit: des zentralistisch und spanisch orientierten

Absolutismus auf der einen, der freizügigen nationalen Staatenbildung auf der anderen Seite.

Philipp II. ist bis ins Mark durchdrungen von der Idee der unantastbaren Souveränität des Königtums. Er huldigt dem Führerprinzip in seiner schärfsten und exklusivsten Form. Nur die Sammlung und Bändigung aller Gewalt in einer, in seiner Hand gewährleistet das Wohlergehen seiner Schutzbefohlenen und Untertanen, den Frieden der Gemeinschaft, das Gedeihen und die Sicherheit des Staates. Diesem Grundsatz müssen sich auch, ob sie wollen oder nicht, ob sie seine Richtigkeit einsehen oder nicht, die niederländischen Provinzen fügen. Darum ist er vom ersten Tage seiner Machtergreifung an entschlossen, die 17 Einzelstaaten auf das straffste in die Organisation seines Gesamtreiches einzugliedern. Er will nichts Geringeres wagen als sie zu einem Königreich zu vereinigen, einen Vizekönig über sie zu setzen und sie damit an Rechten und Pflichten in eine Reihe zu stellen mit Neapel und Sizilien, mit México und Perú. Kurz vor seiner letzten und endgültigen Abreise nach Spanien erörtert er diesen Plan im engsten Kreise seiner Vertrauten, und das sind um diese Zeit Granvelle, Alba, Ruy Gómez de Silva und Don Juan Manrique. Man widerrät ihm auf das dringendste: dieses Vorgehen sei zu brüsk und unter den obwaltenden Umständen nicht ohne Gefahr, für spätere Zeit dagegen wohl im Auge zu behalten. Philipp gibt nach, denn für guten Rat ist er allezeit zugänglich. Er beschränkt sich also vorerst auf die minder durchgreifenden Neuerungen, auf die erweiterte Diözesaneinteilung, die Einsetzung des Geheimen Kabinettsrates, die Ernennung der Generalstatthalterin, lauter Dinge, die genau besehen nichts anderes sind als Vorstufen und Anbahnungen des geplanten Vizekönigreiches.

Die Führer des niederländischen Adels hingegen, die Männer vom Schlage eines Oranien, Egmont, Horne, Montigny, Berghes, entschlossene, vaterlandstreue, ehrgeizige Herren, die richtigen Realpolitiker und von keinerlei inneren Hemmungen der spanischen Dynastie gegenüber beschwert, haben zweierlei erfaßt und begriffen: fürs erste den Zug der Zeit, und der geht allüberall nach nationaler Sammlung und selbständiger Staatenbildung;

Frankreich, England, Dänemark, auch Spanien selbst haben längst diesen Weg beschritten oder sind im besten Zuge es zu tun. Fürs zweite: die heimlichen Absichten und Endziele des Spaniers. Sogar der zuerst drohende und dann aufgeschobene Plan des Vizekönigtums ist ihrem vortrefflich organisierten Nachrichtendienst nicht entgangen. Irrationale Bindungen von der Art des „seigneur naturel" haben sie längst abgestreift; dazu sind sie bei weitem nicht mehr volksverbunden genug — Oranien, der fremdstämmige, schon gar nicht — und wohl auch schon zu kalvinistisch aufgeklärt. Für sie dämmert jetzt ein grandioser Gedanke herauf: ein freies niederländisches Reich. Ob Bundesstaat oder Staatenbund oder Republik, das ist ihnen selbst noch nicht klar, auf jeden Fall aber ein Schritt in die staatliche Selbständigkeit, und daneben die Aussicht, Ämter und Würden, ein Krönlein oder eine Krone für sich selbst zu erringen. Das Volk geht mit, hier besteht für sie kein Zweifel, es hat ohnehin keine innere Gemeinsamkeit mit den Spaniern, keine seelischen, keine rassischen, keine gesinnungsmäßigen Beziehungen zu ihnen, nur braucht es ein Schlagwort, eine Parole, noch besser einen Popanz an die Wand, und dafür eignet sich nichts besser als die Drohung mit Inquisition und Scheiterhaufen, mit Einziehung der Vermögen und Verlust der Privilegien. Also läßt man die kalvinistischen Wanderprediger in Scharen kommen, aus Genf und aus Frankreich, Oranien bezahlt sie teils mit öffentlichen Geldern, teils aus eigener Tasche, und so kommt es, daß sich der religiöse Zwist als erschwerender Nebenumstand, als zeitgemäße Komplikation dem ursprünglich rein politischen und staatsrechtlichen Kampfe einfügt.

Das ist die Genesis der niederländischen Freiheitsbewegung, und wer sie einmal erkannt hat, für den sind die unterschiedlichen Etappen ihrer Entwicklung nur mehr Zwangshandlungen der einzelnen Partner, eine aus der anderen mit Naturnotwendigkeit hervorgehend und alle miteinander durch das Müssen, das Nichtanders-Können, bestimmt. Denn der Kampf ist in diesem Falle eine Gegnerschaft nicht einzelner Individuen oder persönlicher Meinungen oder usurpierter Rechte, sondern zweier Grundprinzipien der Zeit und darum ein tragischer Kampf, bei dem die

Sympathien des späten Erzählers oder Zuhörers zu gleichen Teilen auf beide Gegner verteilt zu werden verdienen. Lassen wir nun die äußeren Ereignisse in rascher Folge und so gedrängt, wie es die Not des beschränkten Raumes leider erzwingt, vor unseren Augen abrollen.

Margarethe von Parma ist 1559, als sie Generalstatthalterin wird, 37 Jahre alt. Sie erfreut sich einer robusten Gesundheit und ist eine passionierte Reiterin. Die flachsblonden Haare und die lichte Gesichtsfarbe verraten ihre flämische Herkunft. Sie zeichnet sich weder durch Intelligenz noch durch weiblichen Liebreiz aus, neigt eher zu Herrschsucht und Eigensinn und spielt gern die unverstandene, gekränkte, schlecht behandelte Frau. Das Unglück ihrer Ehe mit Octavio Farnese mag zum guten Teil aus dieser Quelle erflossen sein. Von einer zielbewußten Festigkeit ihrer Haltung ist keine Rede und die heimliche, aber ewige Klage ihrer Räte lautet, mit ihr zu verhandeln oder sie zu beraten, bereite Höllenqualen, so launisch und wetterwendisch sei sie. Das Ernennungsdekret zur Generalstatthalterin verleiht ihr nominell und um ihre Autorität nach außen hin zu festigen, eine nahezu unbeschränkte Gewalt, aber eine geheime Instruktion beschränkt ihre Handlungsfreiheit aufs äußerste. Sie ist in allen wichtigen Entscheidungen vom Gutachten des Geheimen Kabinettsrates (Consulta) abhängig, und dieser setzt sich zusammen aus Granvelle als Präsidenten, aus Viglius und Barlaymont als Beisitzern. Die beiden letzteren sind zwei Juristen von erprobter Tüchtigkeit und Geschäftserfahrung, aber von subalterner Gesinnung, so daß de facto der Wille von Granvelle allein entscheidet. Mit der Einsetzung der Consulta ist auch der eigentliche Staatsrat oder Conseil d'État, der nach außen hin alle Verantwortung trägt, in seiner Tätigkeit so gut wie lahmgelegt, da er sozusagen nur genehmigen darf, was die Consulta zuvor beschlossen hat.

Antoine Perrenot de Granvelle, aus der Freigrafschaft Burgund stammend und schon 21jährig zum Bischof von Arras ernannt, ist 1550 seinem Vater als vertrauter Berater des Kaisers nachgefolgt und erbt schließlich bei Philipp II. die gleiche Machtstellung, die er bei Karl V. innegehabt hat. Als er bei Philipps Weggang aus den Niederlanden mit der Durchführung der neuen Diözesanverordnung betraut wird, sieht er sich zum Erzbischof von Mecheln und Primas der niederländischen Provinzen erhoben und wird bald darauf vom Papst mit der Kardinalswürde bekleidet. Er ist ganz und gar kein Genie, aber bestimmt einer der geschicktesten und erfahrensten Diplomaten des 16. Jahrhunderts. Seine Abstammung aus der Franche-Comté macht ihn den Spaniern, den Italienern und den Niederländern gegenüber gleich fremd und interesselos. „Je suis de partout", bekennt er in einem Brief aus dem Jahr 1567, und weder in Brüssel, noch in Neapel, noch in Madrid, wo er nacheinander wirkt, fühlt er die geringste Sympathie für das Volk. Für ihn gibt es nur eine einzige Autorität und Respektsperson im spanischen Weltreich: den König. Er erträgt daher auch den Haß der Niederländer mit kalter Gleichgültigkeit und ist stolz darauf, in ihm nur den Undank der Kanaille für seine Aufopferung im Dienste des Souveräns entgegenzunehmen. Ein Mann ohne Vaterlandsbegriff, aber ein treuer Diener seines Herrn, von dessen numinoser Würde und Unnahbarkeit er gern ein Strählchen auf sich ableitet, ist er durchaus kein Fanatiker und kein Gewaltpolitiker, im Gegenteil, dazu ist er viel zu geschmackvoll und fein gebildet. Ein eleganter Hofgänger geistlichen Standes, nicht gerade sehr sittenstreng, noch sehr asketisch, ein Liebhaber des Luxus in Kleidern, Möbeln, Lebensführung, ein Kenner und Sammler von Kunstsachen, Gemälden, Büchern und griechischen Handschriften, ist er der Typus des vornehmen Renaissanceprälaten. Den Niederländern gilt er ganz einfach als ein verächtlicher, von draußen eingedrungener Emporkömmling.

Neben Granvelle (der bei den Spaniern Granvela heißt, von den gleichzeitigen Diplomaten und Memoirenschreibern kurz Monseigneur d'Arras genannt und in deutschen Büchern ebenso häufig wie unbegreiflich als Arras schlechthin bezeichnet wird, als ob das sein Familienname gewesen wäre), sitzen im Conseil d'état fünf recht unterschiedliche Männer: Viglius, Barlaymont, Glajon, Egmont, Oranien. Die ersten zwei kennen wir schon als Mitglieder des Geheimen Kabinettsrates, der dritte, Glajon, ist ein nebensächlicher Komparse und Jasager, außerdem aber ein so leichtfertiger Verschwender und Schuldenmacher, daß er schon nach einigen Jahren vor seinen Gläubigern fluchtartig das Land verlassen muß. Ungleich bedeutender, fesselnder, eigenartiger dagegen sind Egmont und Oranien.

Der Graf Lamoral d'Egmont stammt aus dem Hennegau und ist zu seiner Zeit einer der glänzendsten Vertreter des hohen Adels in den flandrischen Provinzen. Da er 1522 geboren wurde, steht er um 1560 eben am Ende der Dreißiger. Die Familie blüht seit urdenklichen Zeiten im Lande und leitet ihre Ahnen auf die sagenhaften Könige der Friesen zurück. Karl V. hat die Egmonts durch besonderes Vertrauen ausgezeichnet, und der junge Graf Lamoral hat es ihm durch eine begeisterte Hingabe und Anhänglichkeit gelohnt. Er ist auch frühzeitig zu militärischen und diplomatischen Diensten herangezogen worden und hat sich hier wie dort bewährt wie kein zweiter. Er erlebt die Einnahme von Duren, den großen Tag von Mühlberg an der Elbe, den Feldzug von 1552 und die erfolglose Belagerung von Metz. Er ist bei der Werbungsgesandtschaft um die Hand der Maria Tudor und er darf im Jahr darauf in Vertretung Philipps II. die Heirat mit ihr per procurationem vollziehen. Nach dem Abgang des Kaisers zählt er zu Philipps erfolgreichsten Heerführern. Seinen Anteil am Siege des Laurentiustages 1557 und in der Schlacht von Gravelingen haben wir noch gut in Erinnerung. Seine soziale Stellung ist unvergleichlich, sein Reichtum grenzt ans Märchenhafte, sein patriarchalischer Familiensinn ist sprichwörtlich — er hat 13 lebende Kinder —, sein Aufwand entspricht seinem Vermögen und den Sitten seines Standes und Landes, seine Volkstümlichkeit ist beispiellos, und er weiß sie durch eine verschwenderisch offene und freigebige Hand klug zu erhalten. Im Umgang zeigt er sich lebenslustig, eitel, rasch mit dem Wort, der Stimmung des Augenblicks hingegeben; er überlegt nicht lang, was er sagt und was er tut. Charaktere seines Schlages sind leicht zu gewinnen und mitzureißen, aber schwer festzuhalten, wo nur die zähe Ausdauer den Erfolg verspricht. Das eine hat der Oranier gut erkannt und ergiebig ausgenützt, das andere hat er zu seiner eigenen Enttäuschung bald erfahren müssen.

Dieser Wilhelm von Oranien, durch das Schicksal dazu bestimmt, das alte Reich der burgundischen Herzöge zu zertrümmern, ist als Sohn eines deutschen Duodezfürsten ein Fremder im Lande. Geboren im April 1533 als ältester Sohn des Grafen Wilhelm von Nassau-Dillenburg und der Juliane von Stolberg-Wernigerode, zählt er erst elf Jahre, als ihn sein kinderloser Vetter René d'Orange, in der Schlacht von Saint-Dizier (1544) auf den Tod verwundet, letztwillig zu seinem Erben einsetzt und ihm dadurch den Titel eines Prince d'Orange und den Besitz der brabantischen Herrschaften Breda und Geertruidenberg verschafft. (Orange ist ein winziges Fürstentum in Südfrankreich, im heutigen Département Vaucluse, und bleibt bis in die Zeit Ludwigs XIV. hinein ein selbständiger Kleinstaat.) René ist bei Karl V. in hohem Ansehen gestanden und mit wichtigen Ämtern betraut worden — er war zuletzt Statthalter von Holland, Zeeland und Utrecht — und so gibt der Kaiser gern seine Einwilligung dazu her, daß auch der junge Erbe am Brüsseler Hofe erzogen wird. Bedingung ist nur, daß er, der bis dahin als Lutheraner aufgewachsen ist, zum Katholizismus übertrete, was seine Eltern hinwiederum gutzuheißen mit Eifer bereit sind. Ein jüngerer Bruder von Granvelle wird sein geistiger Mentor. Schon als 18jähriger mit der Niederländerin Anna von Buren vermählt, lebt sich Wilhelm mit Leichtigkeit in Sitte, Sprache und Anschauungen seiner Wahlheimat ein und vermag sich trotz seiner Jugend die Zuneigung des alternden Kaisers in einem Grade zu erwerben, daß er nicht nur zu dessen ständiger Umgebung zählt, sondern auch einen tiefen Einblick in die Zeitpolitik und in die Verhältnisse der Landesregierung gewinnt. Auf seine Schulter gestützt, betritt und verläßt der gichtkranke und zitterige Herrscher den Saal der denkwürdigen Abdankungsszene von 1555. Wilhelm von Oranien ist sehr einseitig begabt und sehr einseitig belastet. Von scharfer Intelligenz und von zäher Willenskraft, suggestiv in Worten und in Gesten, das gerade Gegenteil des ihm später beigelegten Ehrennamens „Le Taciturne", fühlt er sich zu einem Führer des Adels und der nationalen Opposition wie geschaffen. Von seinen Fehlern sind zwei vor allem schlimm: seine Verschwendungssucht und seine

Trunksucht, und dazu der Umstand, daß er kein Mittel scheut, sie zu befriedigen. Trotz seiner hohen Einkünfte steckt er zeitlebens tief in Schulden und entleiht fortlaufend hohe Summen zu Wucherzinsen. In seinem Brüsseler Palast, der heute noch steht und seit dem 18. Jahrhundert den Namen „l'ancienne Cour" trägt, hält er mit seinen adeligen Kumpanen die großen Eß- und Trinkgelage, die nach pantagruelischen Tafelgenüssen stets in langen Sauforgien enden. Hier steht auch das berühmte Bett für 15 Personen, in dem seine Gäste, zum Heimweg nicht mehr fähig, in einträchtiger Schnarchgemeinschaft ihre Räusche auszuschlafen pflegen. Wenn dem hohen Gastgeber gelegentlich die Schulden über den Kopf wachsen, greift er zu drakonischen Sparmaßnahmen, die an Extravaganz seiner Verschwendungssucht in nichts nachstehen. So verabschiedet er einmal 28 Köche auf einen Tag und Schlag, und das sind lauter Künstler ihres Faches, denn die Küche des Hauses Oranien gilt als eine Hochschule der Gastronomie. Phantasielos und gefühlsarm wie er ist, vermag sich dieser dem Materiellen verhaftete, trockene Verstandesmensch auch zu keiner religiösen Überzeugung aufzuschwingen. Konfessionen sind ihm nur Mittel zu politischen Zwecken. Er schließt während eines nur 51jährigen Lebens vier Ehen, einmal mit einer Katholikin, das zweite Mal mit einer Protestantin, das dritte und vierte Mal mit einer Kalvinistin. Die Protestantin jagt er, obwohl sie eine Tochter des Kurfürsten Moriz von Sachsen ist, nach zehnjährigem Ehestand zum Teufel. Wenig vertrauenerweckend ist auch die Leichtigkeit, mit der er die Wahrheit verbirgt. Während noch seine Briefe an Philipp II. und Papst Pius IV. von wortreichen Versicherungen ewiger Treue und Ergebenheit überfließen, ist er schon eifriger Wühlarbeit gegen beide hingegeben. Es macht ihm auch keine Schwierigkeit, zur selben Zeit zwei gegenteilige Versprechungen, eines feierlicher als das andere, abzugeben. Als er 1561 die sächsische Kurfürstentochter ehelicht, da gibt er Philipp die schriftliche Zusicherung, daß sie zum Katholizismus übertreten werde, ihrem Onkel aber, dem Kurfürsten August von Sachsen (ihr Vater ist bereits tot), verpflichtet er sich, ihr die Ausübung des Protestantismus zu gestatten. Das alles ist gewiß nicht alltäglich und der Norm entsprechend, staunenswert schlechthin aber ist seine Fähigkeit des Hassens. Seine Schmähschrift gegen Philipp II., die er selbst in tragischer Ironie als „Apologie" betitelt hat, bildet ein erschütterndes Dokument menschlicher Schwäche und Hilflosigkeit gegenüber den entfesselten Urinstinkten. In *einem* nur ist er von geschichtlicher Größe. Er hat mit sicherem und weitschauendem Blick den Zug der Zeit erfaßt: den Willen der Völker zu nationaler Sammlung und Staatenbildung, der zugleich ein Wille zum sozialen und wirtschaftlichen Fortschritt war, und das heraufkommende Begehren nach staatlicher Toleranz in religiösen Dingen, das ein Vorläufer der Gleichberechtigung der Konfessionen und damit ein Schritt zur inneren Freiheit des Individuums war. Er hat sich freilich dieser Tendenzen recht sehr und beinahe ausschließlich zu seinem persönlichen Vorteil zu bedienen gesucht. Der Herzog von Aerschot, die Grafen von Mansfeld, von Arembergh, von Meghe, von Horne, von Buren, von Ligne, von Hochstraate, der Marquis von Berghes, die Barone von Barlaymont, von Achicourt und von Montigny bilden als Ritter des Goldenen Vließes und als Elite des niederländischen Adels den Kreis der Freunde und Gesinnungsgenossen um Oranien und Egmont. Die ersten vier sind die am wenigsten radikalen, die verhältnismäßig zäh am Alten und Überlieferten hangenden, aber auch sie lassen im großen und ganzen den Dingen ihren Lauf und halten sich an den Grundsatz: lieber niederländisch sterben als spanisch verderben. Den übrigen tut man bestimmt kein Unrecht, wenn man sie in die Nähe jener Verschwender und Schuldenmacher, Säufer und Ehebrecher, Gewohnheitsflucher und religiös Indifferenten rückt, von denen uns die Geheimprotokolle des Vließordens so abschreckende Beispiele gegeben haben.

Mit diesen Spielern und Gegenspielern also nimmt das Verhängnis seinen Lauf. Den ersten und größten Stein des Anstoßes bildet zunächst die Person des mächtigen und zielbewußten Antoine de Granvelle. Seine mit kurzen Zwischenräumen erfolgte Erhebung zum Primas des Landes und zur Kardinalswürde erbittert die Adelsführer aufs äußerste, denn jetzt steht er nicht nur an Macht,

sondern nach dem burgundischen Zeremoniell auch im Rang über ihnen. Sie machen ihn in Handzetteln und Maueranschlägen, in Bildern und Spottversen lächerlich. Sie vergessen sich so weit, daß sie sich weigern, mit ihm an den Sitzungen des Staatsrates teilzunehmen. Der Kardinal hält diesem gehässigen Treiben eine Weile stand, als ihn aber auch Margarethe von Parma, ewig die Gekränkte spielend, mehr und mehr im Stiche läßt, da bittet er Philipp II. kurzerhand um seine Abberufung. Sie erfolgt im März 1564. Das Vorspiel ist zu Ende. Die Tragödie kann beginnen. Ihr erstes Stadium ist eine beispiellose Verwirrung. Oranien und Egmont, jetzt im Staatsrat obenauf, verlangen Reformen über Reformen, vor allem aber Zugeständnisse in Sachen der noch von Karl V. erlassenen Religionsedikte. Egmont unternimmt sogar persönlich den weiten Ritt nach Spanien, um dem König die Gravamina der Adelspartei vorzutragen. Der Augenblick könnte nicht ungünstiger gewählt sein. Philipp steht eben um diese Zeit ganz im Banne der Zusammenkunft von Bayonne, und nun mutet man ihm zu, in den Niederlanden das Gegenteil von dem zu tun, was seine Beauftragten in Bayonne für Frankreich zu erzwingen streben. Egmont wird also in Madrid mit der größten Zuvorkommenheit empfangen, aber ganz dilatorisch verbeschieden. Gleichzeitig erhält Margarethe von Parma die strenge Weisung, es müsse unter allen Umständen beim Bisherigen bleiben. Die gewünschten Milderungen und auch die Einberufung der Generalstände seien zu verweigern. Als die Verordnung im Staatsrat verlesen wird, da platzt Oranien mit schlecht verhüllter Freude los: ,,Voici le commencement d'une belle tragédie!"
Die Folge der königlichen Strenge ist zunächst eine Adelsverschwörung. In dem damals noch weltabgelegenen Badeort Spa tun sich Ende 1565 drei entschlossene Männer zusammen, Louis de Nassau, ein jüngerer Bruder des Oraniers, Jean de Marnix und Nicolas de Hames, der ein Wappenherold des Goldenen Vließes ist, um die nötigen Vorbesprechungen abzuhalten. Die Verschwörung erhält den Namen ,,Le Compromis des Nobles", die Beitrittsaufforderungen zirkulieren unter der Hand im ganzen Lande und die endgültige Konstituierung dieses hochverräteri-

schen Vereins wird in Breda vorgenommen, wo Wilhelm von Oranien einen Schloßbesitz hat. Er selbst ist die Seele der ganzen Unternehmung, hält sich aber vorsichtig von jeder öffentlichen Teilnahme an ihr zurück. Ziel der Verschwörung ist nach dem Wortlaut ihres Gründungsdokuments die Abschaffung der Inquisition und die Einführung der unbeschränkten Gewissensfreiheit. Also sorgsame Verschleierung jedes machtpolitischen Zieles und scheinbare Voranstellung der Interessen des Gesamtvolkes. Mit gutem Erfolg, wie sich bald zeigen wird. Im Frühjahr 1566 zählt der „Compromis des Nobles" schon über 2000 eingeschriebene Mitglieder und die Generalstatthalterin kann sich schlechterdings nicht mehr weigern, ihre Führer zu empfangen. Am 4. April 1566 reiten sie, einige 200 Mann stark, unter ungeheurem Aufsehen in Brüssel ein. Am Tag darauf ziehen sie zu Fuß und paarweise marschierend ins Schloß, jetzt schon unter den frenetischen Beifallsrufen der unter geschickter Massenregie stehenden Bevölkerung. Oranien, Egmont, Horne und Barlaymont bilden die Umgebung Margarethens beim Empfang. Der Graf von Brederode als Sprecher verliest und überreicht eine Erklärung des Inhalts, es sei so bald wie möglich eine vertrauenswürdige Persönlichkeit nach Madrid zu schicken, die es durchzusetzen vermöge, daß die Inquisition mit allem Zubehör abgeschafft werde und daß die Generalstaaten einzuberufen und mit der Revision der Religionsgesetzgebung zu beauftragen seien. In Form einer Befürchtung wird zugleich die versteckte Drohung ausgesprochen, daß im Weigerungsfalle ein allgemeiner Aufruhr losbrechen müßte, der den völligen Ruin des Landes zur Folge hätte. Die Antwort der verschüchterten, ratlosen, tief gekränkten und den mächtigen Granvelle zurücksehnenden Margarethe ist, wie sie sein muß: sie verspricht, die Wünsche der Adelsvereinigung an den König weiterzugeben. Am Abend halten die Verschwörer das landesübliche Gelage und bei diesem Anlaß erfinden sie den Parteinamen „Les Gueux", dessen genaue Herkunft noch heute dunkel ist und den man später bei uns nicht sehr glücklich mit „Die Geusen" verdeutscht hat.
Die nach außen hin gewahrte volkstümliche Zielsetzung des

Adelsbundes hat zunächst die Wirkung, daß auch die Bürger und Gewerbetreibenden eine Partei oder ein parteiähnliches Gebilde gründen, das sie „Compromis des Marchands" nennen. Ihr Zweck ist, den konspirierenden Adel mit Geld zu unterstützen, damit er den Widerstand organisiere und nötigenfalls Truppen anwerben könne. Denn aus Madrid ist nichts Gutes zu gewärtigen. Oranien hält den Zeitpunkt für günstig, der Bewegung einen propagandistischen Auftrieb im großen zu geben und er zieht zu diesem Zwecke eine Armee von kalvinistischen Predigern zusammen, die den Gedanken der nationalen Befreiung bis in den letzten Winkel des Landes tragen sollen. Diese tapferen Männlein nun verstehen die Aufforderung in ihrer Weise und eröffnen ein förmliches Trommelfeuer der konfessionellen Hetze. Die aufgeputschte Menge wird angeleitet, die Kirchen zu stürmen und darin alles, was an die „römische und papistische Abgötterei" erinnert, zu zerstören. Wie ein Sturmwind wälzt sich diese Massenpsychose über das unglückliche Land und in kurzer Zeit ist der ganze Schatz an gotischer Malerei und Holzschnitzerei eines der künstlerisch begabtesten Völker zu zwei Dritteln vernichtet. Diese Kulturschande wird am Kalvinismus haften bleiben, solange die Menschheit mit dem Worte „Kunst" noch bestimmte Vorstellungen verbindet.

Die Ernüchterung freilich folgt dem Rausch auf dem Fuße. Der Adel ist peinlich überrascht von den Ausschreitungen der irregeleiteten Menge. So weit hätte es bei Gott nicht kommen dürfen! Egmont, Horne, Mansfeld, Meghe und noch ein paar andere von den angesehensten Vließrittern zeigen dem Oranier die kalte Schulter und wollen auf einmal von der ganzen Angelegenheit nichts mehr wissen. Er selbst tritt ebenfalls einen behutsamen Rückzug an und weigert sich, der dringenden Aufforderung des „Compromis des Marchands" Folge zu leisten und sich öffentlich an die Spitze der Revolutionsbewegung zu stellen. Keiner will mehr mit dabei gewesen sein. Die unzulänglich bewaffneten und schlecht disziplinierten Haufen der Kalvinisten werden von den Regierungstruppen in kurzer Zeit aufgerieben oder zerstreut, und die äußere Ordnung ist in Bälde wiederhergestellt. Aber wie ein

bleierner Druck liegt jetzt das Schuldgefühl und die Angst vor der Strafe über dem ganzen Lande. Wie wird der erzürnte Gebieter des Weltreiches, der Bauherr des Escorial, der „seigneur naturel", der geschworene Feind aller Häresie und aller Mißachtung der Autorität auf diese unerhörte Herausforderung antworten? Daß der Gegenschlag unvermutet, ohne Warnung, aber auch ohne Gnade fallen wird, das ist sicher.
Kann man sich den Zorn des in seinen heiligsten Empfindungen verletzten Königs vorstellen? Unmöglich. Niemand hat einen Wutausbruch, eine Träne der Scham, einen Schlag auf den Tisch gesehen, niemand hat einen Fluch oder eine laute Drohung gehört. Wie hätten ein Paul IV., ein Emanuel Philibert von Savoyen oder auch ein Wilhelm von Oranien durch die Gemächer getobt, Glas und Geschirr zerschmissen, die Dienerschaft insultiert, Himmel und Erde zu Zeugen ihres gerechten Zornes aufgerufen! Alles das hält Philipp II. für weit unter seiner Würde. Aber er trägt darum nicht minder schwer an der erlittenen Schmach. Er fühlt sich als Katholik und als Monarch erniedrigt, verhöhnt und er ist fest entschlossen, den gelästerten Herrgott und den beleidigten König zu rächen. Schwer soll die strafende Faust auf die zwiefachen Verräter niederfallen.
Philipp II. wird zunächst von allen, die es gut mit den Niederlanden meinen, gedrängt und beschworen, nur jetzt die Zügel nicht schleifen zu lassen, nur jetzt keinen Stellvertreter und keinen Beauftragten zu schicken, sondern selbst nach dem Rechten zu sehen. Alle Gutgesinnten erwarten nur ihn, alle, die ein schlechtes Gewissen haben, fürchten nur ihn. Noch ist nichts verloren und nichts aufgegeben, noch ist Gelegenheit, das immanente Fluidum der patriarchalischen Bindung zwischen Herrscher und Volk spielen zu lassen, noch hat der Begriff des „seigneur naturel" nichts von seiner Kraft eingebüßt. Philipp ist in der Tat fest entschlossen, selbst nach den Niederlanden zu gehen und dort sein den Untertanen wiederholt gegebenes Versprechen einzulösen; aber er hält es für ratsam, zunächst den Engel der Rache in Gestalt des Herzogs von Alba vorauszuschicken. Er gibt ihm 17000 Mann erprobte Truppen und vier verschiedene, zeitlich durch Wochen

und Monate getrennte Vollmachten mit, die mit Ausnahme der ersten dem bereits unterwegs Befindlichen durch Eilboten nachgeschickt werden. Davon ist die wichtigste die dritte, denn sie macht den Herzog zum bevollmächtigten Stellvertreter des Königs, verpflichtet alle Untertanen zu unbedingtem Gehorsam ihm gegenüber und setzt ihn sogar über die Generalstatthalterin, die angewiesen wird, sich ihm in allem zu fügen. Damit ist Madame Marguerite bereits soviel wie abgesetzt. Die Kunde von Albas Herannahen hat zunächst in den Niederlanden eine tragikomische Wirkung. Der Schwarm der kalvinistischen Prediger zerstiebt in alle Winde. Tausende von Kaufleuten und Handwerkern, Studenten und kleinen Beamten, von Nonnen und Mönchen, die den Klöstern entliefen, schnüren ihr Bündel und rücken aus, nach England, nach Deutschland oder in das kalvinistische Genf. Auch dem von seinen adeligen Freunden verlassenen, von den bürgerlichen Revolutionären verachteten Oranien wird so unbehaglich zumute, daß er eine Urlaubs- und Erholungsreise nach Dillenburg in der Grafschaft Nassau antritt, wo er herstammt und wo seine nächsten Verwandten wohnen.

Alba hat mittlerweile — es ist August 1567 geworden — die niederländische Grenze erreicht. Sein Zug von Namur bis Brüssel gleicht einem Triumphzug. Die Herren des Goldenen Vließes umwedeln ihn mit gekrümmten Rücken, das Volk läuft in hellen Scharen herbei und sinkt vor dem einreitenden Machthaber in die Knie, teils weil es in ihm wirklich den Rächer und Befreier sieht, teils weil es fürchtet, durch Wegbleiben sich verdächtig zu machen. „Wenn sie bei mir schon so gefügig sind, welch leichtes Spiel wird dann erst der König selber haben!" Mit diesen Worten beendet Alba seinen Einzug in Brüssel. Für Margarethe von Parma ist seine Ankunft eine prächtige Gelegenheit, bis ins tiefste Herz hinein gekränkt zu sein und diesem ihrem Lieblingsaffekte recht wirksamen Ausdruck zu verleihen. Aber sie hat geringen Erfolg damit und muß schließlich wohl oder übel in Madrid um ihre Entlassung bitten. Diese wird ihr ohne weiteres und mit höflicher Anerkennung ihrer Dienstleistung gewährt. Alba richtet nach kurzer Orientierung ein Sondergericht ein, das damit betraut ist, die Schuldigen zu bestrafen. Nur zwei Vergehen werden geahndet: das crimen laesae religionis und das crimen laesae majestatis, also Glaubensverrat und Hochverrat. Die Aktion beginnt am 9. September 1567 mit der Verhaftung von Egmont und Horne. In Madrid wird unterdessen alles zur Abreise vorbereitet und zwar so umständlich und gründlich wie immer. In Portugal, Asturien und Galizien werden Schiffe gechartert, in Alicante und Cartagena die nötigen Vorräte von Lebensmitteln und von Munition angehäuft, in Biscaya neue Soldaten angeworben. Die königliche Garderobe ist bereits verpackt, Don Diego de Mendoza, der Generalkommissar für die Einschiffung, ist schon auf seine Amtsstelle nach La Coruña abgereist, Militärposten sind in Zwischenräumen auf den Weg bis zur Küste verteilt, der Befehl zum Aufbruch kann jede Minute gegeben werden. Die Augen und Ohren von ganz Europa sind wieder einmal mit höchster Spannung auf Madrid gerichtet.

Am späten Abend des 18. September trifft bereits der erste Eilbote Albas am spanischen Hofe ein. Er meldet die Verhaftung von Egmont und Horne, sowie das geglückte Entweichen des Hauptverräters Oranien. Die überraschende Wirkung dieser Botschaft aber ist, daß unverzüglich alle Anordnungen für die Reise widerrufen und alle Vorbereitungen rückgängig gemacht werden. Warum? Wir stünden, genau wie die Madrider Hofgesellschaft, vor einem Rätsel, hätte nicht der König den Papst, der ihm durch den Nuntius seine schmerzliche Enttäuschung über den plötzlichen Entschlußwechsel zum Ausdruck bringen ließ, wenigstens teilweise in das Geheimnis eingeweiht. Und was Pius V. dabei erfährt, ist dieses: der König wollte den Herzog von Alba mit bewaffneter Macht nur voraussenden, damit er das unvermeidliche Strafgericht vollziehe. Dann aber wollte er in eigener Person erscheinen und, Albas harte Pflicht kompensierend, alles wieder schlichten und zur Ruhe und Ordnung bringen. Die Strenge, die den Haß im Gefolge hat, sei die Sache der von Alba geleiteten Vergeltungsexpedition, die Milde aber, die versöhnt und die Herzen wiedergewinnt, sei königliches Vorrecht. Nun habe sich aber — hier beginnt die absichtliche Vernebelung der Tatsachen — das Eingreifen Albas nicht so beschleunigen lassen, wie man es vorausgeplant hatte, und darüber sei die für die Seereise günstige Jahreszeit verstrichen. Er wolle aber bestimmt im kommenden Frühjahr das Versäumte nachholen. Soweit die Instruktionen für den spanischen Gesandten bei der Kurie.

Es ist nicht ohne Reiz, den Gedankengängen Philipps II. in diesen dornigen Wochen und Monaten ein wenig genauer nachzugehen. Er hat also sozusagen eine Spaltung seiner Persönlichkeit vorgenommen und den minder angenehmen Teil des niederländischen Vorhabens auf sein zweites Ich, den Herzog von Alba, abgeschoben. Dazu hat er als König ein gutes Recht. Auch daß es ihm wenig zusagt, als der Anführer einer Strafexpedition und der Chef eines Hinrichtungskommandos aufzutreten, ist gut verständlich. Das widerstrebt seinem Empfinden von königlicher Würde und Unnahbarkeit. Denn wo ein wirklicher König zuschlägt, da bedient er sich immer des sogenannten verlängerten Arms. Daß er hingegen auf das souveräne Vorrecht der Begnadigung, das ein Bestandteil seiner patriarchalischen Würde ist, nicht verzichten wollte, das beweist nicht nur Klugheit, sondern auch wirkliche Güte. Bewundernswert schlechthin aber ist der politische und menschliche Spürsinn, mit dem der König in Wilhelm von Oranien den Erzfeind, den Hauptschuldigen, den gefährlichsten Gegner erkannte. So lange dieser am Leben und in Freiheit ist, muß Albas Strafexpedition ein elender Notbehelf bleiben, muß Philipps eigenes versöhnliches Hinzutreten wie eine lächerliche Geste oder wie ein Zeichen ängstlicher Schwäche wirken. Warum? Weil der andere zu agitieren, zu hetzen, zu putschen, solange ihn das Licht der Sonne bescheint, nicht aufhören wird. Nur Oraniens vorzeitiges Entweichen hat darum Philipp veranlaßt, sein persönliches Erscheinen in den Niederlanden aufzuschieben. Also nicht etwa seine mangelnde Entschlußfähigkeit, oder vielleicht die Rücksicht auf die labile Gesundheit seiner bald schwangeren und bald scheinschwangeren Gemahlin, oder die Furcht vor politischen Dummheiten des Don Carlos, oder — das ist die besondere Weisheit des französischen Gesandten Fourquevaux — die Besorgnis, es könnte in Spanien während seiner Abwesenheit ein ähnlich gearteter Aufruhr losbrechen wie in den Niederlanden, und was man sonst noch alles vermutet und an den Haaren herbeigezogen hat. In Oranien hat Philipp den Hauptfeind erkannt. Ihn zu vernichten, bleibt jetzt das vornehmste Ziel seiner niederländischen Politik, und um dieses Ziel zu erreichen, läßt er sich schließlich zu Mitteln hinreißen — Achterklärung, Aussetzung eines Preises auf seinen Kopf —, die zwar keineswegs aus dem Rahmen der Zeitsitte herausfallen, aber trotzdem in späteren Zeiten seinem Ansehen ungeheuer geschadet haben. Warum er endlich dem Papste nur die halbe Wahrheit sagte und vor allem das Problem Oranien völlig aus dem Spiele ließ, darin etwas anderes als vorsichtige Zurückhaltung und diplomatische Klugheit zu erkennen, dürfte sehr schwer fallen.

Inzwischen geht in den Niederlanden das Verhängnis seinen Gang. Das von Alba eingesetzte Sondergericht heißt „Conseil des troubles", von der Bevölkerung gleichzeitig „Tribunal de sang" zubenannt. Den Vorsitz führt der Herzog selbst, seine Beisitzer sind die Spanier Vargas und Del Rio, sowie einige niederländische Juristen, die sich aber sehr bald scheuen, an den Sitzungen noch weiter teilzunehmen. Polizeiorgane sind beauftragt, in allen 17 Provinzen die Namen jener festzustellen, die am „Compromis des Nobles" oder am „Compromis des Marchands", an den ikonoklastischen Ausschreitungen oder an der Bildung bewaffneter Insurgentenhaufen beteiligt gewesen sind. Erwischt man sie, so werden sie hingerichtet. Bürgerliche mit dem Strang, Adelige mit dem Schwert. Die Güter werden eingezogen, ebenso jene der Entflohenen. Einen Sohn des Wilhelm von Oranien, Philipp Wilhelm, Grafen von Buren, dem man keine Schuld nachweisen kann, nimmt man gefangen und verschickt ihn als Geisel nach Spanien. Anfang Juni 1568 werden auch Egmont und Horne nach zehnmonatiger Haft auf dem Platz vor dem Brüsseler Rathaus auf ein und demselben Schafott wegen Hochverrats enthauptet; auf dem gleichen Platze, wo vor 18 Jahren in Gegenwart des Kaisers und unter persönlicher Anteilnahme des Prinzen Philipp jenes große und festliche „Gestach über die Schranke" vor sich gegangen ist. Ein lähmender Schrecken schleicht durch

die Städte und Dörfer. Handel und Wandel kommen zum Erliegen, kein Mensch traut mehr dem anderen, weil jeder hinter jedem einen verdeckten Häscher argwöhnt. Alba hält das Spiel schon für gewonnen und berichtet drei Tage nach der Exekution von Egmont und Horne an den König nach Madrid: „Dieses Volk ist so gefügig geworden, daß es sich der milden und verzeihenden Hand Eurer Majestät mit größtem Gehorsam unterordnen wird." Philipp selbst sieht die Lage weniger rosig. Dazu kennt er seine niederländischen Dickköpfe viel zu gut. Er begeht auch nicht den Fehler Albas, daß er die wilde Verbissenheit des Oranien unterschätzt. Ob er nicht trotzdem auch jetzt noch manches, ja vielleicht alles hätte retten können, wenn er selbst gekommen wäre? Das ist eine Frage, die man nur erwägen und hin- und herwenden, aber nicht beantworten kann.
So nehmen denn die Dinge ihren Lauf. Ein 30jähriger, mit zäher Erbitterung geführter Kampf beginnt, in dessen Fortgang sich Frankreich und England beutegierig und hinterlistig einmischen, in dessen wechselvollem Auf und Ab von beiden Seiten schwere Opfer gebracht und schwere Fehler gemacht werden. Für die Niederländer ist es ein Zwist auf Leben und Tod, ein Kampf um das völkische Eigenleben und die staatliche Selbständigkeit. Für Philipp II. ist es ein Kampf um Grundsätze, wie jeder seiner Kriege, aber nicht der entscheidende, sondern nur einer von den vielen, die er unablässig gegen Mauren und Türken, gegen Franzosen und Engländer, gegen eine ganze Welt von Gegnern zu führen hat. Er führt auch ihn gewissenhaft, mit unerschütterlicher Ruhe und mit einer geduldigen Hingabe, als ob er nicht dessen oberster Befehlshaber, sondern dessen beauftragter Geschichtsschreiber wäre. Er führt ihn auf dem Papier. Aber er besteht von Anfang bis Ende unentwegt auf seinem Schein, und das ist in diesem Falle die Überzeugung von der gottgewollten und gottverliehenen königlichen Autorität.
Alba macht sich schon nach wenigen Jahren unmöglich; aber nicht etwa durch sein strenges Hochgericht, sondern durch die Härte seiner Steuern. Denn wann immer man die Niederländer am Geldbeutel packte, da fühlten sie sich in ihren heiligsten

Rechten gekränkt, da leisteten sie den einmütigsten und heldenhaftesten Widerstand. Als es daher den vaterländischen Piraten, die unter dem Namen „Les Gueux de la mer" die heimatlichen Häfen unsicher machen, gelingt, sich des Seestädtchens La Brielle zu bemächtigen, da wird dies zum Signal der allgemeinen Erhebung. Vlissingen vertreibt als erstes die spanische Besatzung, Veere folgt ihm auf dem Fuße, gleich darauf das holländische Enkhuizen. Mit einem Schlage werden Zeeland und Holland der Zufluchtsort von Tausenden von Flüchtlingen und Ausgewanderten, die aus England, Frankreich und Deutschland wieder in die Heimat zurückkehren. Die Folge dieser Befreiungsaktion ist die „Dordrechter Union" vom Juli 1572, die immerhin, zunächst wenigstens, noch keinen Abfall von Spanien bedeutet. Sie besagt, daß Oranien der gesetzmäßige Stellvertreter Philipps II. und der Befreier des Landes von der Gewaltherrschaft Albas sein und daß für alle Zukunft ungestörte Religionsausübung für Katholiken und Reformierte gewährleistet werden soll. Wilhelm von Oranien selbst hat wenig Glück und Erfolg. Seine Versuche, mit einer Armee deutscher Söldner Brabant zu überrennen und Alba gleichsam zwischen zwei Feuer zu nehmen, scheitern an den Auswirkungen der Bartholomäusnacht, die ihn nach seinem eigenen Geständnis wie ein Keulenschlag trifft und die ihm jeden Rückhalt und jede Hilfe vonseiten Frankreichs ein für allemal zu verschließen droht. Er läßt also das Erobern zunächst bleiben und setzt sich in Holland fest, um dort zu regieren oder, wie er es ausdrückt, „pour maintenir les affaires de par-de-là tant que possible sera". Auch vollzieht er jetzt den zweiten Religionswechsel und tritt öffentlich zum Kalvinismus über. Philipp II. aber findet, daß ihn Alba sehr enttäuscht habe, und beruft ihn 1574 kurzerhand von seinem Posten ab.
Albas Nachfolger wird Don Luis de Requesens y Zúñiga, ein Sohn jenes alten Don Juan de Zúñiga, der Philipp II. mit väterlicher Strenge durch seine Knaben- und Jünglingsjahre geleitet hat. Er ist ein gemäßigter und kluger Kopf, fest entschlossen, auf das Schreckensregiment des Alba eine Periode erträglichen Friedens folgen zu lassen. Er beginnt mit einer allgemeinen

Amnestie, die nur 300 Köpfe ausschließt, und schafft den „Conseil des troubles" ab. Seine nächste Aufgabe ist die Rückeroberung der in der Dordrechter Union geeinigten Provinzen. Seine Truppen haben bereits in Zeeland beachtenswerte Erfolge errungen, als er plötzlich (am 5. März 1576) einer Krankheit erliegt, deren Keim er schon lange in sich getragen hat. Eine heillose, unbeschreibliche Verwirrung reißt ein. Der Staatsrat führt die provisorische Regierung, wird aber von einem Häuflein kühner Kalvinisten gefangengesetzt. Die spanischen Truppen, ohne Sold geblieben, halten sich durch Plündern schadlos und setzen sich schließlich in der Zitadelle von Antwerpen fest, was für die Stadt eine monatelange Schreckensherrschaft bedeutet. Die Deputierten von Brabant, Flandern und Hennegau rufen die Generalstände zusammen und diese unterhandeln in Gent mit den kalvinistischen Provinzen Holland und Zeeland. Daraus entsteht die „Genter Befriedung" (la Pacification de Gant) vom 8. November 1576. Ihr Gegenstand ist: ein Bündnis der Niederländer aller Konfessionen zur Vertreibung der spanischen Truppen; nach Vollzug dieses Unternehmens sofortige Ordnung der religiösen Verhältnisse, Heimkehr aller Verbannten und Proskribierten, Rückgabe der eingezogenen Vermögen, Anerkennung Wilhelms von Oranien als Statthalter Philipps II. in allen niederländischen Provinzen. Also auch jetzt noch kein runder und offener Abfall von Spanien.

Inzwischen glaubt Philipp in Don Juan de Austria, dem erprobten Überwinder der Mauren und der Türken, dem von europäischem Ruhm überstrahlten Sieger von Lepanto, den richtigen Mann für die Niederlande gefunden zu haben. Don Juan gedenkt durch zwei Mittel den sicheren Enderfolg an seine Fahnen zu heften: erstens durch einen entscheidenden militärischen Schlag, zweitens eine kluge politische Verhandlungstätigkeit. Nur eines von den beiden vergönnt ihm das Schicksal: den glänzenden Sieg über die Rebellen bei Gembloux, am 31. Januar 1578. Das andere, das kluge Verhandeln, darf er nicht mehr vollbringen. Heimtückische Verräterei von spanischer Seite macht seine Bemühungen im voraus zuschanden. Alle Erlasse, Verordnungen und Geheimbefehle, die von Madrid aus an ihn ergehen, werden zur selben Zeit auch der niederländischen Bevölkerung bekannt; zuweilen liest man heute schon in Form von öffentlichen Maueranschlägen oder geschickt verteilten Flugblättern, was für Don Juan erst morgen der amtliche Kurier in seinem Postsack bringt. Der Verräter sitzt an der Quelle. Es ist der königliche Staats- und Geheimsekretär Antonio Pérez, der das volle Vertrauen des Herrschers besitzt und, dieses kühn mißbrauchend, ein waghalsiges Doppelspiel treibt. Bevor Don Juan noch den Schädling zu entlarven vermag, wird er selber vom Tode ereilt. Bevor er noch den von Pérez angestifteten Mord seines Sekretärs Juan Escovedo rächen kann, erliegt er selber (am 10. Oktober 1578) dem ihm auf Betreiben des Pérez beigebrachten Gifte. Manche lassen ihn an der Pest sterben, aber sie können den Pesttod ebensowenig beweisen wie die anderen den Gifttod. Nur ist der erste in hohem Grade unglaubwürdig, da die Gegend von Namur um jene Zeit völlig seuchenfrei ist; der zweite hingegen im höchsten Grade wahrscheinlich, da der Verräter Pérez am Verschwinden des Don Juan ein vitales Interesse hat. Der Leichnam wird zunächst in der Kathedrale von Namur beigesetzt und im darauffolgenden Frühjahr auf Wunsch Philipps nach Spanien gebracht. Um in den unruhigen Zeiten jeden zeremoniösen Kondukt durch Frankreich zu vermeiden und um nicht bösen Gerüchten wiederum Tür und Tor zu öffnen, beschließt man, den Transport in aller Heimlichkeit vor sich gehen zu lassen. Die französische Regierung wird um freien Durchzug der spanischen Angehörigen des Hofhaltes von Don Juan de Austria ersucht und die ganze Gesellschaft, etwa 80 Personen stark, reitet in aller Stille von Namur zum fernen Escorial. Nur wenige von ihnen wissen, daß in drei großen Lederbeuteln, die sich beim Gepäck befinden, die in drei Teile zerschnittene Leiche des Helden von Lepanto mitgeführt wird. Erst kurz vor der Ankunft am Ziel wird der zerstückelte Tote wieder zusammengesetzt und in einen Sarg gelegt. Erst in Spanien wartet seiner die geziemende Totenfeier und die würdige Begräbnisstätte. Der zweifache Sieger von Lepanto und Gembloux ruht in den habsburgischen Gruftgewölben des Escorial.

Nach Don Juan de Austria fällt die Wahl Philipps II. auf Alexander Farnese. Nicht etwa weil er keine andere Möglichkeit der Entscheidung gehabt hätte, sondern weil das Jahr 1578 eine bedeutsame Verschiebung des Schwerpunktes in der spanischen Politik bedeutet. Der August dieses Jahres führt den Heldentod des jugendlichen Königs von Portugal, Dom Sebastião, herauf, der in den Sandwüsten von Nordafrika seinen exaltierten Kreuzfahreridealismus mit dem Leben bezahlt. Die portugiesische Erbfolge steht vor der Tür und mit ihr eröffnen sich ungeahnte Ausblicke und Möglichkeiten. Die niederländischen Provinzen rücken aus dem Vordergrund der politischen Szenerie in die zweite Linie zurück, viel Wichtigeres bereitet sich auf dem Boden der iberischen Halbinsel vor, man wird daher die niederländische Frage nicht forcieren dürfen, man wird zusehen müssen, daß man ihre Lösung einem sehr klugen, sehr gemäßigten Kopfe anvertraut, der nicht nur das Dreinschlagen, sondern auch das Abwarten versteht, und dieser Mann ist nach Philipps Dafürhalten der junge Alexander Farnese. Enkel Karls V. und Sohn der Herzogin Margarethe von Parma, am spanischen Hofe seit 1559 im engsten Kreise der königlichen Familie lebend, ist dieser Prinz eben 30jährig, als er die Niederlande retten soll. Er hat vom Großvater nicht nur die staatsmännische Begabung, sondern auch das militärische Talent geerbt und ist namentlich im letzteren dem Oranier weit überlegen. Er erkennt rasch, daß er nur Erfolg haben wird, wenn er die Katholiken des Landes für sich gewinnt, und das gelingt ihm so gut, daß schon im Jahr 1579 die Spaltung zwischen den beiden Konfessionen, die sich durch die „Befriedung von Gent" ausgesöhnt zu haben schienen, vollzogen ist. Am 6. Januar 1579 schließen die katholischen Provinzen Artois, Hennegau und die wallonischen Städte von Flandern (Lille, Douai, Orchies) die „Union von Arras", durch die sie sich von der überkommenen Regierungsform der Generalstände lossagen. Sie verpflichten sich zu gegenseitiger Wahrung ihrer Privilegien, zum Gehorsam gegenüber dem König von Spanien, zur Aufrechterhaltung des katholischen Bekenntnisses. Die reformierten Bezirke Geldern, Holland, Zeeland, Utrecht und Groningen, denen sich alsbald auch die kalvinistisch gewordenen Städte von Flandern anschließen, treten zur „Union von Utrecht" (23. Januar 1579) zusammen. Diese Union erneuert das Bündnis gegen Spanien, läßt Holland und Zeeland eine gewisse Sonderstellung und nimmt für die in die katholischen Gebiete eingesprengten Städte den Religionsfrieden in Anspruch.

Jetzt sind die Niederlande in zwei feindliche Gruppen auseinandergetreten: auf der einen Seite die katholischen Provinzen unter dem Beauftragten Philipps II., auf der anderen die kalvinistischen unter Wilhelm von Oranien und dem Rest der Generalstände. Aus dieser Zweiheit werden später die heutigen Staatengebilde Belgien und Holland hervorgehen. Der Unabhängigkeitskampf ist nun zu einem Zwist der feindlichen Brüder geworden. Der konfessionelle Hader hat das bisherige Gemeinschaftsgefühl überwuchert und erstickt.

Farnese bleibt nicht untätig. Er nimmt Maestricht nach zäher Belagerung, Mecheln und Hertogenbosch gehen freiwillig zu ihm über, Groningen, Drenthe und Over-Yssel fallen ihm durch Verrat ihres Statthalters Rennenberg zu. Der Oranier gerät ins Gedränge. Angesichts der vorsichtigen Zurückhaltung Elisabeths von England und der schwachen Hilfsbereitschaft der auf ihren persönlichen Vorteil bedachten lutherischen Fürsten Deutschlands entschließt er sich, um wenigstens einigermaßen seine prekäre Sache im Ausland zu verankern, dem Herzog von Anjou, dem Bruder des Königs von Frankreich, die Souveränität über die Provinzen der Utrechter Union anzubieten. Nur mehr ein bündnisartiges Verhältnis zu Frankreich kann seiner Ansicht nach die Katastrophe verhindern. Die Generalstände schließen also, wenn auch nur widerwillig, mit Anjou das Abkommen von Plessis-les-Tours (19. September 1580), in dem sie ihn vertragsmäßig zu ihrem „prince et seigneur" bestellen, wobei der von ihm gewünschte Zusatz „souverain" hartnäckig verweigert wird. Um ihr Gewissen zu beruhigen, haben sie kurz vorher Philipp II. in aller Form seines Amtes entsetzt, haben sie sich von den ihm 1549 geschworenen Treueiden durch eigene Macht entbunden. Ein Mietling ist an die Stelle des „seigneur naturel" getreten, eine Idee des kollektiven Unbewußten von vielhundertjähriger Verwurzelung ist ihrem Erdreich entrissen worden, die tiefste Erniedrigung, die einem Herrscher widerfahren kann, ist Philipp II. zuteil geworden. Er weiß indes den Schlag klug und zeitig zu parieren, so daß das Vorgehen der Utrechter Union eher als ein kleinlicher Racheakt, denn als eine Geste herrischer Selbstbestimmung ans Licht tritt. Er erklärt, früh genug informiert, den Oranier für vogelfrei und setzt einen Preis von 25 000 Kronen auf seine Beseitigung. Dieses Strafedikt verfehlt seine Wirkung nicht. Denn es ruft als Abwehr des Geächteten die sogenannte „Apologie du Prince d'Orange" hervor, jenes ungeheuerliche Machwerk aus rachsüchtiger Lüge und infernalischem Haß, das angeblich eine Rechtfertigungsschrift sein sollte, in Wirklichkeit aber eine Bekenntnisschrift geworden ist, die peinliche Selbstenthüllung eines der zweifelhaftesten Charaktere seines Jahrhunderts. An dieser Pseudo-Rechtfertigung erproben und scheiden sich die Geister, 1580 wie heute.

Der neue „prince et seigneur" ohne Souveränität, der Herzog von Anjou, findet so wenig Gegenliebe bei den Niederländern, daß er es für nötig hält, sich das fehlende Ansehen mit Waffengewalt zu erringen. Im Januar 1583 macht er mit seinen französischen Truppen einen plötzlichen Überfall auf Antwerpen, um von hier aus eine Art Diktatur aufzurichten. Aber der Versuch mißlingt. In blutigen Straßenkämpfen bleiben die Antwerpener schließlich die Sieger und Seine Hoheit kommt dabei um den letzten Rest von Autorität und Ansehen. So schlecht steht es aber um die Staaten der Utrechter Union, daß auch jetzt noch Wilhelm von Oranien fünf Monate lang mit dem von Anjou hin und her verhandelt, alle Überredungskunst aufbietend, um ihn schließlich doch noch zu halten. Vergebliche Liebesmüh! Anjou hat genug und kehrt für immer nach Frankreich zurück. Wilhelm von Oranien aber fällt, bevor er noch einen Ersatz für den schmählich Entlaufenen gefunden hat, durch Mörderhand. Man schreibt den 10. Juli 1584.

Sein Tod kommt für die Staaten der Union nahezu einer Vernichtung gleich. Wer wird sie zuletzt davor bewahren? Wer wird den

Endsieg der spanischen Sache in zwölfter Stunde noch verhindern? Kein anderer als Philipp II. selbst. Und das verdient, weil es eine nahezu tragische Angelegenheit, ein mit seelischen Bindungen und Hemmungen verknüpfter Handlungszwang ist, eine genauere Darstellung.

Die kalvinistischen Unionsstaaten sind in der peinlichen Lage, einen neuen „prince et seigneur" suchen zu müssen. Man bietet diese Würde Heinrich III. von Frankreich an, aber er lehnt dankend ab. Man bietet sie Elisabeth von England an, aber auch sie hat keine Verwendung für so viel Ehre. Doch schickt sie wenigstens einen Ersatzmann, ihren Günstling Robert Dudley Grafen von Leicester. Ihm unterstellt man auch Moriz von Nassau, den damals 18jährigen Sohn des Ermordeten, in dem man den künftigen Führer zu sehen hofft. Aber der Engländer räumt schon nach kurzer Tätigkeit freiwillig das Feld und kehrt zu seiner jungfräulichen Königin zurück. Unterdessen setzt Alexander Farnese in stiller Beharrlichkeit, und ohne viel Lärm darum zu machen, seine Rückeroberung fort. Er tut es mit so glänzendem Erfolg, daß gegen Ende der achtziger Jahre von der ganzen Utrechter Union nur mehr Holland und Zeeland als isolierte Reste übrigbleiben. Der abschließende Enderfolg ist für ihn nur mehr eine Frage der Zeit. Seine Methode ist ebenso einfach wie human, soweit von Humanität in der Kriegführung die Rede sein kann. Er zwingt die Städte, eine nach der anderen, durch Hungerblockade zur freiwilligen Übergabe, er gewährt ihnen milde und versöhnliche Bedingungen, er verhindert jegliche Plünderung durch seine Söldnerhaufen, er gewährt Fristen von ein bis zu vier Jahren für die Auswanderung derer, die sich weigern, zum Katholizismus zurückzukehren. Er ist eben ein Enkel Karls V., dazu von großmütterlicher und mütterlicher Seite rein flandrischer Abkunft, so sagen sich die Niederländer, er ist also einer der ihrigen und er wäre wohl imstande, die guten alten Zeiten des unvergeßlichen Kaisers wieder heraufzuführen. Da tut Philipp II., was er in ähnlichen Fällen unter einem geheimen Zwang immer wieder tun muß: er fällt dem siegreich vorandringenden Feldherrn in den Arm, er ruft ihn zurück, wie

man einen allzustürmischen edlen Jagdhund zurückpfeift. Sein leiser, aber eindringlicher Abruf ertönt unausbleiblich, so oft und wo immer einer von seinen großen Heerführern sich zu weit und mit zu großem Erfolg vorgewagt hat. Wir nennen es das Tabu-Hemmnis Philipps II. und wir werden am Ende unserer Darstellung, dort, wo es sich darum handeln wird, die Psyche dieses Königs mit allem erreichbaren Verständnis zu durchdringen, noch des genaueren auf diese Formulierung zurückkommen. Im Falle des Alexander Farnese sind die nackten Tatsachen diese: Philipp lenkt in den Jahren 1590 und 1591 den klugen und tapferen Herzog immer wieder von seinen niederländischen Zielen ab und zwingt ihn, sich in die Kämpfe mit Frankreich einzumischen. Heinrich von Navarra, der nachmalige Heinrich IV., belagert Paris, Alexander Farnese muß es entsetzen. Heinrich belagert Rouen, und abermals muß Farnese Zeit und Kräfte darauf verschwenden es zu befreien. Schon ist Philipp fest entschlossen, ihn endgültig von allen seinen Aufträgen und Ämtern zu entbinden, da kommt ihm der Tod zuvor. Im April 1592 wird Farnese bei einem Angriff auf das Städtchen Caudebec schwer verwundet und stirbt nach monatelangem Siechtum in Arras. Er ist damals erst 47 Jahre alt.
Daß Philipp II. durch sein Verhalten gegen Alexander Farnese die Spaltung der Niederlande gefestigt, das Werk des Oraniers wider Willen beinahe vollendet und den nördlichen Teil des alten burgundischen Erbes für Spanien verloren hat, in dieser Erkenntnis stimmt die gesamte neuere Geschichtsschreibung überein. Daß er aber dabei vor allem unter dem Zwang unbewußter Bindungen gehandelt hat, die bei seiner stark archaisch orientierten Psyche in gefährlicher Nähe lagen, auf diesen Gedanken ist noch keiner gekommen. Das Ende des mehr als 30jährigen Zwistes, soweit ihn Philipp noch erleben sollte, ist in wenigen Worten zu erzählen. Der junge Moriz von Nassau kann mit Hilfe des erfahrenen und tapferen Oldenbarneveldt die sieben an die Nordsee grenzenden Provinzen zwischen Ems und Schelde in eine feste und bleibende antispanische Union zusammenschließen. Sie umfaßt Holland, Zeeland, Utrecht, Geldern, Over-Yssel, Friesland,

Groningen und das nicht ans Meer grenzende Drenth. Um den Rest seines ehemals stolzen Erbes in den „Pays de par-deçà" zu retten, tritt Philipp II. im Mai 1598, was noch ihm gehört, also Flandern, Artois, Hennegau, Brabant, Cambrai, Limburg, Luxemburg, an seine Tochter Isabel Clara Eugenia ab, die er mit dem Kardinal-Infanten Erzherzog Albert von Österreich vermählt, nachdem diesen der Papst von seinen kirchlichen Würden und Verpflichtungen befreit hat.

XXIII. KAPITEL

Der Untergang der Armada

Es besteht kein Zweifel darüber, daß Philipp II. die Gefahr, die ihm vom elisabethanischen England her drohte, bei weitem unterschätzt, die von den letzten Valois ausgehende Bedrohung aber erheblich überbewertet hat. Frankreich ist für Spanien, so gefährlich es noch für Karl V. war, unter den Erschütterungen der Religionskriege, unter der dilettantischen Politik der Mediceerin und ihrer unfähigen Söhne, vom Range eines ernsthaften Gegners zurückgetreten; erst unter Heinrich IV. wird es diese Bedeutung wieder erlangen. England hingegen hat sich, wenn auch nur zögernd und unter vielfältigen Hemmungen, in den ersten acht Dezennien des 16. Jahrhunderts zu jener Machtstellung und Politik emporentwickelt, die es zuletzt auf einen Endkampf mit Spanien hintreiben mußte, auf einen Endkampf, dessen Ziel keine friedliche Gleichberechtigung, sondern entweder Sieg oder Niederlage sein mußte. Zwischen England und Spanien sind auch die Gegensätze unendlich viel größer und viel gefährlicher als zwischen Spanien und Frankreich; aber sie gleichen den Eisbergen, die nur mit einer kleinen, scheinbar leicht zu umschiffenden Spitze aus dem Wasser ragen, während der Riesenblock in bedrohlicher Unsichtbarkeit sich in der Tiefe verbirgt. Nicht erst Elisabeth freilich hat die Vorbedingungen für die letzte und entscheidende Auseinandersetzung zwischen der angelsächsischen und der iberischen Völkergruppe geschaffen, sondern Christoph Columbus.

Bis zur Entdeckung von Amerika liegt England am nordwestlichen Ende der damaligen Welt. Seine Bevölkerung lebt von der Landwirtschaft, die Schafzucht ist Kernstück und Grundlage seiner Lebensmöglichkeit. Die Gewinnung, Verarbeitung und Ausfuhr von Wolle und Wollstoffen bilden die wirtschaftliche Brücke zur europäischen Welt. Auch politisch gibt es jahrhundertelang nur eine Expansionsmöglichkeit, nämlich das Vordringen nach Osten, Kämpfe um Stützpunkte in Frankreich und in den Niederlanden. Das alles ändert sich nun gründlich mit der Entdeckung Amerikas. England sieht sich über Nacht aus seiner Randlage in eine entscheidende und unvergleichlich günstige Mittellage versetzt. Der Zugang zur atlantischen, zur westlichen Welt steht ihm nicht minder leicht offen wie dem Spanier, der freilich zunächst die Beute und Ausbeute mit dem Recht der Priorität und der überlegenen Stärke für sich allein beansprucht. Englands Ziel wird es also sein, diese Stärke zu brechen und damit auch die Priorität illusorisch zu machen. Bevor es aber seine ganze Kraft auf Flotte und Seegeltung einzustellen vermag, muß es erst noch durch das Wirrsal der aus dem Geiste des 16. Jahrhunderts und aus der Willkür eines Heinrich VIII. heraus geborenen Religionskämpfe hindurchgehen, muß es bald diesen, dann wieder jenen Glauben als den alleinseligmachenden beschwören, muß es zweimal, dreimal immer wieder verdammen, was es zuvor angebetet hat. Dieser konfessionelle Hader im geistigen und der beiderseitige Anspruch auf die See im materiellen Bezirk bilden dann den Nährboden für die wachsende Gegnerschaft zwischen England und Spanien. Karl V. unternimmt das Wagestück, den gefährlichen Rivalen, dessen Bedrohlichkeit, einem Eisberg ähnlich, zunächst noch nicht allen Augen sichtbar ist, durch kluge Heiratspolitik auf friedlichem Wege zu entwaffnen, indes das Unternehmen schlägt fehl. Etwas so Unscheinbares und doch so Wichtiges wie die Unfruchtbarkeit einer gealterten, kränklichen Frau läßt es mißlingen. Der Endkampf freilich wird dadurch erheblich hinausgezögert. Er ist aber unvermeidlich, sobald England religiös, politisch, wirtschaftlich und vor allem nautisch hinreichend stark und in sich gefestigt dastehen wird, um den Entscheid nicht mehr fürchten zu brauchen. Das Land und das Volk auf diese Stufe der Macht, der Geschlossenheit und des Selbstvertrauens emporgehoben zu haben, ist das Verdienst der Königin Elisabeth. Die eine Tatsache aber kann nicht nachdrücklich genug hervorgehoben werden: es ist Rückständigkeit und heißt mit den Methoden und Anschauungen einer versunkenen Zeit Geschichte schreiben, wenn man den Feldzug der Armada in die Reihe der Religionskriege stellt, wenn man einen spanischen Kreuzzug aus ihm macht, wenn man verkennt oder auch nur verkleinert, daß er in erster Linie ein Rivalitätskampf um Seeherrschaft und Weltgeltung, um politische und wirtschaftliche Vorteile gewesen ist.

Anfänglich scheinen sich die Reibereien zwischen den beiden Mächten auf einen planlos flackernden Kleinkrieg zu beschränken. Männer wie Hawkins, Drake und Frobisher unternehmen freche Kaperfahrten in die amerikanischen Gewässer — die damalige Form des Wirtschaftskrieges zur See —, englische Matrosen werden, wenn sie sich in spanischen Häfen erwischen lassen, von der spanischen Inquisition geschnappt und monatelang in Strafhaft behalten. Im Dezember 1568 nimmt die englische Regierung eine Anzahl von spanischen Geldschiffen, die den Sold für Albas Truppen nach den Niederlanden bringen sollen, sich aber vor den englischen Piraten in die Häfen von Plymouth und Southampton geflüchtet haben, ganz einfach als Prisengut weg, Alba beschlagnahmt als Vergeltung das gesamte englische Eigentum in den Niederlanden, während Elisabeth als Repressalie den spanischen Gesandten in London ins Gefängnis steckt. Die Freiheitsberaubung der Schottenkönigin Maria Stuart (1569) ruft verschiedene von katholischer Seite ins Werk gesetzte Verschwörungen gegen das Leben Elisabeths hervor, von denen keine einzige ohne Mitwissen Philipps II. unternommen wird, die aber alle miteinander ohne Erfolg bleiben, da Philipp keinerlei aktive Beihilfe leistet. Er fühlt sich, das muß immer wieder betont werden, durchaus nicht als der verantwortliche und beauftragte

Restaurator fidei catholicae in Europa. Erst sollen, so dünkt es ihn, die schottischen Royalisten ihre Tatkraft damit beweisen, daß sie ihre Königin aus der Haft befreien, dann läßt sich über eine Unterstützung mit Geld oder Truppenmacht reden. Im Februar 1570 schleudert Pius V. den Bannstrahl gegen die ketzerische Elisabeth und sucht den spanischen Souverän dahin zu bringen, daß er der kirchlichen Exekution gleichsam die weltliche auf dem Fuße folgen lasse und von den Niederlanden aus England mit einer Invasion überziehe. Philipp liebt es aber durchaus nicht, vor brüske Entscheidungen gestellt zu werden, die zudem ohne sein Wissen und ohne seine Zustimmung gefaßt worden sind. Nein, er ist auch nicht der Stockbüttel des Papstes. Er bleibt also teilnahmslos im Hintergrund. Auch Elisabeths Haltung gegenüber den niederländischen Rebellen ist immer zweideutig und voll des Zauderns. Auf der einen Seite verabscheut sie den Oranier und seinen ganzen Anhang; sie ist Königin genug, um aus Grundsatz jedwede Erhebung von Untertanen gegen das Königtum zu verurteilen. Andererseits scheint es ihr nicht ratsam, die kalvinistischen Provinzen der Niederlande, die immerhin einen starken Hemmschuh für das von ihr heimlich gefürchtete Spanien bilden, einen Pfahl im Fleische sozusagen des mächtigen und undurchsichtigen Philipp II., ganz ohne Unterstützung zu lassen. Und so laviert sie denn geschickt hin und her zwischen scheinbarer Gleichgültigkeit und vorsichtiger Einmischung, zwischen heimlicher Förderung der Rebellen und äußerer Aufrechterhaltung der friedlichen Beziehungen zu Spanien. Dabei trägt sie Sorge, für den Ernstfall aufs äußerste gewappnet zu sein, vor allem zur See eine glänzend ausgerüstete, zu jeder Stunde schlagfertige, auf neue Kampfmethoden geschulte, erprobten Befehlshabern, lauter ausgesuchten englischen Seebären, unterstehende Flotte bereit zu haben. Die britische Geschichtsschreibung hat für dieses zum Teil kluge und zum Teil hinterlistige Verhalten den charakteristischen Ausdruck „masterly inactivity" geprägt.

Wie lange sollte nun dieser heimliche, unter dem Deckmantel äußerer Freundschaft mit wachsender Erbitterung geführte Klein-

krieg noch fortgehen? Welcher von den beiden Gegnern hatte die
größere Angst vor dem Absprung? Bedurfte es schließlich eines
Anstoßes von dritter Seite, um die Lawine ins Rollen zu bringen?
Man kann es oft so dargestellt finden, als habe erst die Hinrichtung der Maria Stuart die Geduld des Spaniers bis auf den
letzten Rest erschöpft, als habe erst bei dieser Nachricht, die im
konfessionell zerrissenen Europa teils Jubel, teils Empörung aus-
löste, allüberall aber als eine beispiellose Kühnheit empfunden
wurde, Philipp II. mit der Faust auf den Tisch geschlagen und
ausgerufen: jetzt ist es genug des Frevels! Aber die Wirklichkeit
hat ein anderes Gesicht. Hinter der Armada steckt der letzte
Rest des alten spanischen Kämpfergeistes von Lepanto. Da lebt
noch Don Alvaro de Bazán, der Marqués de Santa Cruz, einer der
besten Unterführer des Don Juan de Austria, derselbe, der schon
sechs Jahre vor Lepanto im Bunde mit Don García de Toledo
durch eine kühne und eigenmächtige Flottendemonstration die
Türken von Malta fortgescheucht hat. Er glaubt jetzt den Tag
nicht mehr erwarten zu können, wo man den angelsächsischen
Piraten das Handwerk gründlich legen und der spanischen
Nationalschande der stillschweigend ertragenen elisabethanischen
Herausforderungen mit Feuer und Schwert ein Ende bereiten
wird. Schon im August 1583 fordert er den König dringend auf,
doch zum entscheidenden Schlage auszuholen. Noch sei die Gelegenheit günstig und der Erfolg gewiß, da England sich der spanischen Flotte keineswegs gewachsen fühle. Seine Meinung wird
nachdrücklich unterstützt von Alexander Farnese, der ja ebenfalls ein aktiver Lepanto-Kämpfer ist, und von Don Bernardino
de Mendoza, dem spanischen Gesandten am Londoner Hofe, von
dem anzunehmen ist, daß er über die militärische und maritime
Stärke Englands ein maßgebliches Urteil zu fällen imstande sei.
Aber noch ist Philipp II. nicht so weit. Noch bedarf es kurz nacheinander zweier weiterer unerhörter Brüskierungen von seiten
Englands, damit er endlich auf die Stimmen seiner kampflustigen
Berater höre. Im Januar 1584 wird sein Gesandter, der vorhin
erwähnte Mendoza, mit Schimpf und Schande aus England aus-
gewiesen, weil er sich angeblich an einer Verschwörung gegen

Elisabeth beteiligt hat; einen erheblichen Teil des Jahres 1585 aber verwendet Francis Drake zu einer erneuten Raubexpedition gegen Vigo, Santiago de Cuba und Florida. Die Folge davon ist eine abermalige feurige Mahnung aus dem Federkiel des Santa Cruz an Philipp II., und jetzt endlich ergeht an den alten Seehelden die Aufforderung, einen sofort verwendbaren Feldzugsplan zu entwerfen. Zwei Monate später reicht Santa Cruz einen genauen, von langer Hand her überdachten und mit Zahlen sorgfältig belegten Entwurf ein. Es ist März 1586, und in diesem Monat gewinnt der Armada-Gedanke feste Gestalt.

Hier sind die Grundzüge des Entwurfes! Nicht nur Spanien und Portugal, sondern auch die italienischen Besitzungen Mailand, Neapel und Sizilien haben mitzuhelfen, mitzuleisten, mitzuzahlen. Mindestens 150 Kampfgaleeren werden ausgerüstet, dazu die nötigen Transportschiffe. Die militärische Besatzung wird 55 000 Mann Infanterie, 4000 Artilleristen, 1600 Reiter umfassen, ungerechnet die nautische Bemannung. Die Gesamtkosten sind auf 3 801 288 Dukaten veranschlagt, wovon 2 589 519 auf Spanien und Portugal, 1 211 769 auf Mailand, Neapel und Sizilien treffen. Ein gigantisches Projekt, das dem Unternehmen von Lepanto würdig zur Seite steht, ja, es an Kühnheit und Einsatzbereitschaft noch übertrifft, weil doch alles auf den Schultern eines einzigen Mannes lasten, nicht auf eine Liga und ihre vereinten Kräfte sich verteilen soll. Philipp II. gibt sein Jawort, und nun ist es ähnlich wie damals, als man am Escorial das Verakkordieren der Baulose begann. Wiederum scheinen sich Spanien und Italien in eine einzige Riesenwerkstätte verwandelt zu haben, wiederum überflutet eine tosende Welle von Arbeit und Arbeitsangebot die Länder romanischer Zunge, wiederum scheffeln die Großlieferanten das Geld in ihre Scheuern. Wiederum werden die Wälder hektarweise niedergelegt, die Metalle zentnerweise eingeschmolzen und gegossen; nur die Bauziele haben gewechselt, nur sind jetzt die Werften, Seehäfen, Gießereien die Schauplätze des fieberhaften Zurüstens geworden. In Europa geraten die Zungen der öffentlichen Meinung ins Tremolieren, aber der wirklich Wissenden sind zu wenige, das Geheimnis bleibt gut gewahrt, und man vermeint schließlich der Wahrheit am nächsten zu kommen, wenn man auf ein spanisches Großunternehmen gegen die aufständischen Niederlande rät. Den Engländern freilich genügt das nicht, und sie schicken darum im Frühjahr 1587 Francis Drake auf Kundschafterfahrt aus. Der versteht nun den Auftrag wieder auf seine Art und erweitert die Erkundung zu einem Raubzug großen Stils. Er dringt in den Hafen von Cádiz ein, versenkt 18 der dort verankerten Schiffe und nimmt weitere sechs, die schon fahrtbereit mit Geschützen und Munition beladen sind, als willkommene Prise mit. Bevor noch der schwerfällige und schlecht organisierte Hafenschutz in Tätigkeit zu treten vermag, sind die Engländer samt ihrer Beute wie vom Winde verweht. Drake aber begnügt sich mit dem Erreichten noch lange nicht. Er zieht plündernd die Küste von Algarve entlang, schafft sich einen festen Stützpunkt auf Kap Vicente, kreuzt in den benachbarten Gewässern, fängt Nachrichtenboote ab, wirft deren Besatzung einfach ins Meer, kapert schließlich den größten Ostindienfahrer von Portugal mit einer Warenladung im Werte von mehr als 250000 Dukaten und gewinnt mit seiner gesamten Beute unversehrt die heimatliche Küste. Die Engländer ziehen aus dieser geglückten Freibeuterexpedition erhebliche Nutzen. Sie wissen jetzt ziemlich genau, gegen wen der vorbereitete Stoß sich richten wird, sie haben sich davon überzeugt, wie die Kampfschiffe beschaffen sein werden und sie können sich darüber schlüssig werden, welche Abwehrmethoden den größten Erfolg versprechen. Die Spanier hingegen vermögen in der gleichen Angelegenheit nur ein böses Omen für die Armada zu sehen. Wird der spanische Flottenkoloß gegen die englische Taktik sich behaupten können? Wird nicht die Schwerfälligkeit der spanischen Galeere der blitzartigen Wendigkeit des englischen Seglers unterliegen müssen? Wird nicht die ganze Invasionsarmee der Gefahr einer Vernichtung zur See ausgesetzt sein, bevor sie noch den Fuß auf englischen Boden wird setzen können?

Im April 1586 hat Philipp dem Drängen des Marqués de Santa Cruz nachgebend und den Gutachten von Alexander Farnese, Antoine de Granvelle und Bernardino de Mendoza Folge leistend, die Befehle zur Ausrüstung der Armada unterzeichnet, im Februar 1587 fällt Maria Stuarts königliches Haupt unter dem Beile des englischen Scharfrichters. Man wird also nicht sagen können, das erste Ereignis (der Armadabeschluß) sei durch das zweite (die Hinrichtung) veranlaßt worden. Daß hingegen Philipps Wille und Absicht zu einer Niederwerfung Englands durch die Rechtsbeugung Elisabeths erst recht bestärkt, vorangetrieben und mit dem Nimbus einer moralischen Vergeltungsaktion verklärt wurde, das in Abrede zu stellen, wird gewiß niemandem einfallen. Trotzdem kommt — in Anbetracht des verhängnisvollen spanischen Nationalgebrechens, das man vielleicht am besten und am zartesten „den absoluten Mangel an Zeitgefühl" nennen könnte — das Frühjahr 1588 heran, bis endlich die ganze Armada fahrtbereit im Hafen von Lissabon versammelt ist. Und jetzt trifft sie auch schon das erste der gewaltigen Mißgeschicke, deren unbegreifliche, man möchte beinahe sagen, schicksalhafte Häufung ihren Ruin herbeiführen wird. Der Tod rafft ihren Admiral hinweg. Am 9. Februar 1588 stirbt Don Alvaro de Bazán, Marqués de Santa Cruz, der letzte der großen Seehelden von Lepanto, der Vater des Armada-Gedankens und der Schutzgeist der spanischen Seemacht, der vielleicht einzige Heerführer und Flottenführer, an dessen kriegerischer Erfahrung und Begabung im allgemeinen, und an dessen nautischer Anpassungsfähigkeit im besonderen die Segelkunst der Engländer zuschanden geworden wäre. Einen geeigneten Ersatz für Santa Cruz zu finden, erweist sich als unmöglich. Die Generation der geborenen Heerführer zu Land und zu See ist für Spanien, so scheint es, ausgestorben. Jetzt rächt sich Philipps II. Regierungssystem und seine Politik gegenüber den Grandes de España. Sie, die er immer auf weit entfernte Posten kaltgestellt oder mit huldreichen Worten auf ihre Güter abgeschoben hat, nur damit ihm keiner zu nahe käme oder gar „über seinem Kopfe" stünde, sie vermögen in der entscheidenden Schicksalsstunde nicht einen einzigen Admiral bereitzustellen, der die überragende Führung zu übernehmen imstande wäre. So fällt denn die Wahl des Königs notgedrungen auf einen Mann, der nichts, aber auch gar nichts für sich hat als die Autorität eines klangvollen alten Namens und das kraftvolle Mannesalter seiner 38 Jahre. Er heißt Alonso Pérez de Guzmán, Herzog von Medina Sidonia, ist mit einer Tochter des Ruy Gómez de Silva verehelicht und steht dadurch in engen freundschaftlichen Bindungen zum Herrscherhause. Die Nachricht, ihm sei die Leitung des englischen Unternehmens zugedacht, ist der größte Schrecken seines Lebens, denn er hat von den Dingen, die damit zusammenhängen, von Flotte, Strategie, Kanonen, Entertechnik und dergleichen nicht den Schatten einer Ahnung. Während der wenigen Fahrten zu Schiffe, deren er sich entsinnen kann, ist er immer nur seekrank geworden. Das sind seine einzigen Beziehungen zum Meere. Er versäumt denn auch nicht, dem König eindringlich darzulegen, wie wenig er für diesen hohen und gefahrvollen Auftrag befähigt sei, wie viel besser sich der und jener eignen würde und wie er sich völlig außerstande fühle, die Riesenlast der Verantwortung zu tragen, die man auf seine Schultern zu legen im Begriffe stehe. Aber der König verbirgt seine eigene Ratlosigkeit hinter kühlem Starrsinn und erstickt alle Einwände des unseligen Medina Sidonia mit dem altgewohnten Machtwort: „Así conviene al servicio de S.M."

Man hat gehofft, ungefähr Ende März 1588 den Hafen von Lissabon verlassen zu können. Aber als es endlich so weit zu sein scheint, da reckt schon die Hydra des Schlendrians ihre drohenden Köpfe empor. Nahezu alles, was von Santa Cruz an Lebensmittelvorräten an Bord geschafft und aufgestapelt worden ist, findet sich dem Verderb anheimgefallen, muß vernichtet und durch neue Ware ersetzt werden. Weiterhin zeigt sich, daß die Artilleriemunition und die Pulvervorräte völlig unzulänglich sind. Wohin die Mengen, die man angekauft hat, verschoben worden sind, das weiß der liebe Gott allein, aber die Spatzen pfeifen es von den Dächern, daß zwischen den Lieferanten und den Ankäufern geradezu himmelschreiende Schwindelgeschäfte und Durchstechereien vor sich gegangen sind. So wird es Mitte Mai 1588, bis alles wieder einigermaßen in Ordnung gebracht ist. Bleibt nun die wirkliche Armada auch beträchtlich hinter dem zurück, was dereinst von Santa Cruz geplant worden ist — 130

Schiffe statt der beabsichtigten 150, nur 19000 Bewaffnete statt der in Aussicht genommenen 60000 —, so bildet diese Flotte immerhin noch ein gefahrdrohendes Werkzeug, zumal wenn sich ihr die Gelegenheit bietet, die alterprobte Art ihrer gefürchteten Kampftaktik in Anwendung zu bringen. Erfahrene Unterbefehlshaber wie Juan Martínez de Recalde, Miguel de Oquendo, Martín de Bertandona, Pedro de Valdés — leider Gottes nur der hidalguía, d. h. dem niederen Adel angehörig und darum für die oberste Führung nicht geeignet, weil nach spanischen Grundsätzen ein einfacher hidalgo nicht die Befehlsgewalt über soundsoviele hochadelige Freiwillige führen kann — stehen an der Spitze der unterschiedlichen Kampfeinheiten, der portugiesischen, der kastilischen, der andalusischen, der italienischen. Einer dieser seetüchtigen hidalgos, Diego Flores de Valdés, ist dem Medina Sidonia als fachkundiger Berater zur Seite gegeben. Seine Entscheidung muß der Herzog in allen taktischen Fragen befolgen, so daß in Wirklichkeit Flores de Valdés der Anführer der Armada ist. Aber er bewährt sich weniger gut als man von ihm erwartet hat. Dafür fliegt er auch, als zuletzt alles schief gegangen ist, als verantwortlicher Sündenbock ins Loch.

Aber nicht nur zwei Flotten, sondern zwei Flottenzeitalter ziehen jetzt gegeneinander zur See. Die Spanier verkörpern die alte und schwerfällige Enterflotte, die den Seekampf auf den Wellen selbst zu einem Landkampf umzugestalten vermag und die ihre Stoßkraft lediglich durch einige schwerbestückte, dafür aber auch an Wendigkeit mangelhafte Großkampfschiffe verstärkt. Die Engländer sind bereits die Vertreter des Artilleriefernkampfes zur See, den sie auf flinken Seglern dem Feinde nach Belieben aufzuzwingen vermögen. Im Nahkampf sind sie verloren, weil ihnen die Erfahrung der Entertechnik und die geschulte Schiffsinfanterie fehlen; darum vermeiden sie diese Art des Kräftemessens unter allen Umständen. Dagegen sind sie unerreichbar im Fernangriff und im Ausweichen, in der lockeren Beweglichkeit der Schlachtlinie und in der Ausnützung des Windes. Die Überlegenheit der englischen Artillerie vollends ist um jene Zeit schon so eindeutig, daß sie allein schon einen vollen Sieg zu verbürgen scheint.

Wir unterrichten uns zunächst über das äußere Kräfteverhältnis der Gegner. Die Bemannungsstärke der Armada ist zuletzt von der Erwägung Philipps und seiner Ratgeber beeinflußt worden, daß es nicht vorteilhaft sei, das gesamte Invasionsheer auf der Flotte selbst mitzuführen. Darum hat sich die von Santa Cruz ursprünglich geforderte Zahl der Bewaffneten von 60 000 auf 19 000 reduziert; sie sollen vorwiegend den Enterkampf der beiden Flotten bestreiten. Die eigentliche Invasionsarmee dagegen hatte unter dem Kommando des Alexander Farnese, Herzogs von Parma, in den Niederlanden bereit zu stehen. Dort sollte sie die Armada nach siegreicher Überwindung der englischen Seestreitkräfte an Bord nehmen und an die englische Küste verfrachten. Die Armada besteht aus 4 Großkampfschiffen oder Galeassen mit je 50 Kanonen und 335 Mann Besatzung an Bord; ferner aus 6 Geschwadern zu je 10 bis 14 Rudergaleeren mit Segelmasten, also insgesamt etwa 80 Kampfschiffen. Diese Galeeren sind von verschiedener Größe und ungleichmäßig stark besetzt. Auf jede einzelne von ihnen kommen höchstens 26 Kanonen, mindestens aber deren 6, Ruderer von 300 bis zu 100 Köpfen (5 an jedem Riemen) und Besatzung zwischen 300 und 100 Mann. Die Zahl der Transport- und Verpflegungsschiffe beträgt einige 50. Die Gesamtkopfzahl der Armada erreicht etwa 30 500 Mann, davon rund 8000 Seeleute, 19 000 Soldaten, 2000 Ruderer. Die englische Flotte wird in ihrem Kern von der „Royal Navy" mit 34 Schiffen gebildet; das ist die Grundlage und das Anfangsstadium der heutigen die Welt umspannenden Seemacht. Die Größe einzelner Schiffe erreicht 1000 und 800 Tonnen, weniger als 500 Tonnen haben 21 Schiffe. Zur königlichen Flotte fügen sich armierte Kauffahrer und kleinere Küstenfahrzeuge, so daß die Gesamtzahl der verfügbaren Streitkräfte immerhin 196 Schiffe mit zusammen 15 335 Mann beträgt; davon werden einige 140 gegen die Armada eingesetzt. Die Verschiedenheit der strategischen Verwendung (Enterkampf bei den Spaniern und Artilleriekampf bei den Engländern) bedingt auch eine unterschiedliche Bauart der beiderseitigen Kampfschiffe. Die spanischen Fahrzeuge sind höher, tragen an Bug und Heck mächtige Aufbauten und machen einen unvergleichlich imposanten Eindruck. Für das Entern ist diese Konstruktion vorteilhaft, aber sie setzt die Segeltüchtigkeit stark herab. Die Engländer hingegen bevorzugen gute Segeleigenschaften, ihre Schiffe sind schneller, liegen höher am Wind, treiben nicht so stark ab und manövrieren gefügiger. Sie sind auf Auswertung der Artillerie und nicht auf den Enterkampf gebaut.

Über das Führerproblem der Armada und seine zwangsweise Lösung sind wir bereits unterrichtet. Wie steht es nun damit auf der gegnerischen Seite? Auch hier schwingt ein hochadeliger Anfänger den Kommandostab: Lord Howard of Effingham. Sein Befähigungsnachweis beruht in erster Linie auf seiner Lordschaft, aber wenigstens wird ihm nachgerühmt, daß er die hinreichend starke Persönlichkeit gewesen sei, um die ihm anvertrauten Kräfte zusammenzufassen und vor Zersplitterung zu bewahren. Auch er hat einen nautischen Fachmann von Ruf zur Seite, den „Lizentiaten der Piraterie", wie ihn die Spanier nennen, den in England berühmten und außerhalb Englands berüchtigten Sir Francis Drake. Ihm hat man sogar bestimmte Sonderrechte eingeräumt, die ihm den nötigen Einfluß auf die Führung der Operationen sichern. Die übrigen Unterkommandanten geben Drake an seemännischer Tüchtigkeit wenig nach: Lord Henry Seymour, Sir Henry Palmer, Sir William Winter, John Hawkins, Sir Martin Frobisher und andere mehr.

Am 14. Mai 1588 beginnt die Armada sich aus dem Hafen von Lissabon zu lösen. Während man bei leichtem Gegenwind noch an der portugiesisch-spanischen Küste entlang schleicht, beginnt schon wieder die Verpflegungskalamität: die Nahrungsmittel sind halb verfault und das Trinkwasser schmeckt brackig. Die Mannschaften erkranken wie die Fliegen an Brechdurchfall, und die militärische Disziplin fängt an, dem Jammer der Gedärme kläglich das Feld zu räumen. Mitte Juni ist man erst in La Coruña, und es bleibt nichts anderes übrig als vor Anker zu gehen, neue Verpflegung einzuholen und die Schwerkranken abzustoßen. Gesunde und Halbinvalide benützen die Gelegenheit, um in Scharen zu desertieren und ins Hinterland zu verschwinden. Die flinken und geschickt getarnten Spähboote der Engländer aber bringen die Hiobsbotschaften fast ebenso schnell nach England wie sie die philippinischen Postreiter quer durch das halbe Spanien über Berg und Tal nach dem fernen Madrid zu bestellen vermögen. Endlich, am Freitag den 22. Juli, ist die neu hergerichtete Armada wieder startbereit. Mit starkem Südwest durchquert sie in drei Tagen den Meerbusen von Biscaya und erreicht den Eingang zum Ärmelkanal. Angesichts der Nase von Lizard Point glaubt Medina Sidonia, die Entscheidung stehe bevor. Aber sie ist für die rasch entschlossenen Engländer inzwischen beinahe schon gefallen. Von dem Augenblicke an nämlich, wo sie, im Hafen von Plymouth auf einen Haufen zusammengedrängt, die Gefahr einer Einschließung erkannt haben und blitzschnell ausgebrochen sind, um dem vorerst noch tatenlos harrenden Feinde die offene See und zugleich die Windseite abzugewinnen, sind und bleiben sie die Herren der Situation. Ein Santa Cruz, das versteht sich von selbst, hätte ihnen diese Möglichkeit nie gegeben; ein Medina Sidonia hingegen erkannte sie auch dann noch nicht, als es schon zu spät war. Wie dem auch sei, das die Kampflage ein für allemal bestimmende Manöver ist den Engländern glänzend geglückt, ihr Sieg ist soviel wie gewonnen.

Nicht in Form eines Halbmondes mit der konvexen Seite nach vorn, wie es noch heute die Wandteppiche im englischen Oberhaus zeigen und wie man es noch in Darstellungen der allerneuesten Zeit lesen kann, nahm die Armada ihren Vormarsch durch den Kanal, sondern in drei Glieder gestaffelt hintereinander: das erste bestehend aus zwei Geschwadern der besten Kampfgaleeren, in der Mitte das Flaggschiff „San Martín" und an den äußersten Flanken je eine schwere Galeasse; das zweite aus den Transport- und Verpflegungsschiffen gebildet; das dritte wiederum aus vier Geschwadern von Kampfgaleeren zusammengesetzt, die auf den zwei äußersten Enden durch je eine Galeasse gedeckt sind. Der Eindruck der Halbmondstellung, an dem die zeitgenössischen englischen Berichte ziemlich einheitlich festhalten, erklärt sich nur daraus, daß von den englischen Schiffen und von rückwärts aus gesehen das visuelle Bild einer halbmondartigen Formation sich aufdrängte und darum auch für richtig gehalten wurde. Nur ein Fliegerbild hätte die tatsächliche Wirklichkeit sichtbar machen können. Die nach zwei Fronten hin kampfbereite Armada hatte ihre Aufstellung in der sicheren Annahme gewählt, daß sie in den Kanalgewässern von hinten durch Drake und sein kleines Geschwader, das man in Plymouth wußte, von vorne aber durch Howard of Effingham und die Hauptstreitkräfte, die man in der Gegend der Meerenge von Dover vermutete, angegriffen würde.

Die Engländer erwarten eine erfolgreiche Entscheidung einzig und allein von ihrer neuen Strategie. Worin besteht sie? Mit zwei Worten gesagt: im Ersatz des Nahkampfes mit der Enterbrücke durch den Fernkampf mit den Kanonen. Voraussetzung dafür ist vor allem eine gewisse Überlegenheit im Segeln, sowie in artilleristischer Bewaffnung, Munition und Schützenausbildung. Beides haben sie sich, in sicherer Voraussicht des unausweichlichen Endkampfes mit Spanien, in jahrelanger, stiller und zäher Arbeit angeeignet. Ihre Kampfmethode hat zur Grundlage nicht die blockartige Häufung der Schiffe, sondern eine langgezogene und lichte Linie, weil diese Art des Aufmarsches bei größter Beweglichkeit zugleich auch die größte Dichte des Feuers gewährleistet. Sie richten ihre Geschosse nicht, wie das erst viel später die Franzosen tun werden, auf die Masten und das Takelwerk des Gegners, um ihn bewegungsunfähig zu machen und ihn so aus der Schlachtlinie hinauszudrängen; sie zielen vielmehr auf den Schiffsrumpf und zwar in Höhe der Wasserlinie, um gefährliche Leckschüsse zu erreichen, oder sie jagen ihre Kugeln in die überfüllten Zwischendecks, um die feindlichen Batterien außer Kampf zu setzen. Zunächst und für den Anfang freilich, denn es muß sich ja alles erst erproben, zielen sie dorthin, wohin sie eben treffen. Nur eines vermeiden sie sorgfältig: jede Annäherung und jede Entergefahr, so daß die Spanier von ihrem Standpunkt aus mit Recht zu der Überzeugung kommen müssen, die Engländer könnten nichts als von weit her schießen und bei Gefahr schnell fliehen, seien aber für einen tapferen Nahkampf von Mann zu Mann viel zu feige. In Wirklichkeit ist es freilich so, daß die Engländer in diesen denkwürdigen Augusttagen im Kanal eine neue

Methode der Seekampftechnik zum erstenmal anwenden und daß ihre spanischen Gegner entwicklungsgeschichtlich der neuen Lage noch nicht gewachsen sind. Zwischen Lepanto und der Armada liegt der Wendepunkt von der mittelalterlichen zur neuzeitlichen Flottenstrategie, der Aufstieg der Engländer zur Herrschaft über die Meere, der Niedergang der spanischen Seegeltung für immer.
Nach drei- bis vierstündigem Artilleriegefecht am 31. Juli 1588 erkennt Medina Sidonia die Unmöglichkeit, den Feind auf Enterkampfnähe heranzubringen und so die Entscheidung in einer regelrechten Seeschlacht alter Methode zu erzwingen. Trotz erheblicher Schäden auf beiden Seiten — denn auch die Spanier schießen tapfer — ist wenig erreicht. Medina Sidonia läßt daher seine Streitkräfte sammeln und setzt den Vormarsch nach Osten fort, um möglichst bald in Verbindung mit Alexander Farnese zu kommen. Bei Beginn dieses Vormarsches, der eigentlich zunächst ein Rückzug vor dem Gegner ist, verlieren die Spanier durch reines Mißgeschick zwei ihrer besten Kampfgaleeren. Die „San Salvador", das Kommandoschiff des Vizeadmirals Oquendo, hat das Unglück einer Pulverexplosion, muß geräumt und zurückgelassen werden und wird von den Engländern, ungeachtet der drohenden Möglichkeit einer weiteren Explosion, eilig weggeholt. Die „Nuestra Señora del Rosario", das Kommandoschiff des Don Pedro de Valdés, wird durch zweimaligen Zusammenstoß mit Fahrzeugen der eigenen Flotte manövrierunfähig, muß zurückbleiben und wird, bevor ihm Hilfe gebracht werden kann, von Drake weggeschnappt. Kommandant und Besatzung werden gefangengenommen, insgesamt etwa 650 Mann; nicht einer von ihnen sieht die spanische Küste mit seinen Augen wieder.
Die folgenden Tage bringen nur artilleristische Ermüdungsscharmützel, aber von einer Entscheidungsschlacht ist keine Rede. Der Nachteil liegt auf seiten der Spanier: sie verschießen ihre ohnehin knappe Munition und können auf keinen Ersatz hoffen, während die Engländer beständigen Nachschub aus den naheliegenden Kanalhäfen erhalten. Medina Sidonias nächstes Ziel ist also die möglichst rasche Vereinigung mit Farnese und seinen Streitkräften. Dünkirchen gilt als der verabredete Treffpunkt.

Aber die Spanier gehen schließlich schon auf der Höhe von Calais vor Anker, da die Lotsen eine Wartestellung vor Dünkirchen wegen der ungünstigen Wind- und Seeverhältnisse für gefährlich halten. Am Samstag den 6. August werfen die Spanier auf der Höhe vor Calais ihre Anker aus und warten auf Farnese, dem entsprechende Botschaft zugegangen ist. Der Ersehnte, der mit tausend brennenden Wünschen und Stoßgebeten Herbeigezogene, der Retter in der Not, bleibt unsichtbar. Statt seiner läuft nach langen Tagen des Wartens die Nachricht ein, daß ihn erstens die holländische Blockade der flämischen Häfen daran hindere, den gewünschten Munitionsnachschub auszuführen, und daß es zweitens Wahnsinn sei, ihm zuzumuten, sein Invasionsheer aufs Wasser zu setzen, solange nicht die Armada zu dessen Übernahme und Schutz vor Dünkirchen bereitstünde. Medina Sidonia befindet sich in der schlimmsten Klemme seit dem Beginn des Feldzuges. Es bleibt ihm kein anderer Ausweg, als Dünkirchen anzusegeln und so die Vereinigung mit Farnese endlich ins Werk zu setzen. Er hat den Kopf schon völlig verloren und krallt sich verzweifelt an der Idee fest, er könne mit Hilfe der bereitstehenden Invasionsarmee die feindliche Insel zu Lande erobern, ihre schieß- und pulversüchtige Flotte dann am Anlaufen sämtlicher Häfen verhindern und sie so ihrem Schicksale überlassen, sei es nun, daß sie auf offener See verhungere oder verdurste oder in Stürmen zugrunde gehe oder was ihr sonst Gottes unerforschlicher Ratschluß für ein Ende mit Schrecken zugedacht habe. So weit ist es schon mit dem armen Herzog von Medina Sidonia gekommen: er sieht kein anderes Ziel mehr vor Augen, als diese ewig feuernde, aber nie rechtschaffen faßbare Teufelsflotte um jeden Preis loszuwerden. Indes, bevor er noch nach Dünkirchen aufzubrechen Zeit und Gelegenheit findet, führen die Engländer einen wahrhaft diabolischen Kampftrick gegen die spanische Flotte durch. In der Nacht vom Sonntag den 7. zum Montag den 8. August, als gerade die Windrichtung außerordentlich günstig ist, beschließt man, die Teufelsschiffe, genannt „hell burners" loszulassen. Das sind kleinere Fahrzeuge, die über und über mit leicht brennendem Zeug: Pech, Stroh und dergleichen vollgestopft werden und die im Innern auch geschickt verteilte Sprengkörper und Pulverpakete bergen. Zündschiffe dieser Art stehen in hinreichender Menge im Hafen von Dover bereit, aber Howard und Drake haben nicht mehr die Geduld zu warten, bis sie herübergeholt sind; die Befürchtung, es möchte der Feind inzwischen die freie See gewinnen, ist stärker, und so setzen sie denn, weil der Wind gar so günstig ist, in fliegender Eile einige acht oder zehn ihrer kleineren Fahrzeuge als Brander instand, legen Feuer an sie und lassen sie kurz nach Mitternacht wie eine Reihe lodernder Höllenfackeln mit Wind und Flut gegen die schlafende Armada antriften. Die Wachposten der Spanier blasen Alarm, die schlaftrunkene Besatzung stürzt an Deck, sieht die nahende Gefahr, schwört auf Zauberkünste und Teufelsspuk, rennt in kopfloser Verwirrung schreiend und gestikulierend treppauf und treppab. Gleich schwimmenden Feuersäulen, Rauch und Flammen speiend, mit knatternden Sprengkörpern, Tod und Verderben bringend, rücken die Geisterschiffe, ohne Segel, ohne Kommandorufe unaufhaltsam und unheimlich heran. Die bedrohten Menschen gleichen den wilden Tieren bei einem nahenden Steppenbrand. Nur blinde, rasende Flucht kann Rettung bringen, hier die Flucht auf die offene See hinaus. Die Ankertaue an Heck und Bug werden gekappt und mit der strömenden Flut treiben die hilflosen Fahrzeuge, sich gegenseitig hindernd, stoßend und beschädigend gegen die Sandbänke und Riffe von Dünkirchen zu. Die Engländer aber beäugen aus dem sicheren Dunkel ihrer nächtlichen Stellung heraus mit Fernrohren neugierig den Erfolg ihrer Kriegslist, während die inzwischen ausgebrannten Zündschiffe langsam und gespenstisch verglühend in Nichts zusammensinken. Kein einziges hat ein gegnerisches Fahrzeug in Brand zu stecken vermocht, aber alle zusammen haben sie ihren Zweck, die Armada in jammervoll schmähliche Auflösung zu versetzen, glänzend erfüllt. Als der Montagmorgen über dieser Schreckensnacht heraufdämmert, da beeilen sich die Engländer, den fliehenden Feind einzuholen, hoffend, sie könnten ihm den Todesstoß versetzen. Sobald Medina Sidonia dessen gewahr wird, dreht er bei, ruft, so gut es geht, seine zerstreuten Streitkräfte zusammen und bläst zum Angriff. Jetzt oder nie muß sich ein Nahkampf ergeben, jetzt oder nie ist der Augenblick der siegreichen Enterbrücke und der unwiderstehlichen Sturmwalze des spanischen Infanterieangriffes gekommen, und dann hat die Schicksalsstunde Englands geschlagen. Aber Howard und Drake weichen von ihrer Taktik nicht ab, genau wissend, daß sie der spanischen Schiffsinfanterie im Nahkampf nicht gewachsen sind: sie gehen immer nur auf Schußweite heran und jagen ihre Kanonenkugeln in die Wasserlinie der feindlichen Schiffe. Das bedeutet, praktisch gesehen, den Endsieg der Engländer auf der Höhe von Gravelingen. Was folgt, ist nur noch die grauenvolle Agonie einer langsamen Auflösung des überwundenen Gegners. Orkanartige Wind- und Regenböen machen am Spätnachmittag jede Kampfhandlung unmöglich und treiben die feindlichen Partner meilenweit voneinander ab. Am Morgen des Dienstags rettet nur ein plötzlich einsetzender Windwechsel die verscheuchte Armada vor der Gefahr, in den Untiefen der flandrischen Küste zu stranden. Ein von Medina Sidonia einberufener Kriegsrat kommt nach langem Hin und Her zu dem Ergebnis, die einzige Möglichkeit, noch zu retten, was zu retten sei, bestehe darin, daß man, in nordwestlicher Richtung das ganze Schottland und Irland umfahrend, durch den Atlantischen Ozean den Heimathafen La Coruña wiedergewinne. Und damit beginnt der Schlußakt der Tragödie der stolzen Armada. Nicht nur die Munition ist zu Ende und damit die geringste Gegenwehr unmöglich geworden, auch die Vorräte an Trinkwasser und Nahrungsmitteln gehen bedrohlich zur Neige. Man wird zwar die Pferde und Maulesel schlachten, die als Zugtiere für die Invasionsarmee bestimmt waren, aber bevor man sie alle aufessen kann, muß entweder die Hälfte davon aus Mangel an Trinkwasser verenden oder man läuft Gefahr, selbst zu verdursten. Da bleibt denn nur ein schmerzlicher Mittelweg: ein Teil der Tiere verfällt dem Schlachtmesser und wandert in die Schiffsküchen, der andere Teil, 80 bis 100 an der Zahl, muß über Bord geworfen werden. Nun sind ja die Spanier von jeher schon als arge Tierschinder bekannt, aber man begreift trotzdem nicht, wieso ihnen der barmherzige Gedanke versagt bleiben konnte, die armen Geschöpfe vorher mit einem guten

Beilhieb zu betäuben. Daß sie es nicht taten, das beweist der Bericht eines Mitfahrers: es sei ein jammervoller Anblick gewesen, wie die Tiere, von der Todesangst getrieben, stampfend und röchelnd den Schiffen nachschwammen, solange ihnen die Kräfte reichten, wie eindringlich ihre entsetzten Augen um Hilfe flehten, und wie sie dann eines nach dem anderen lautlos versanken.
Bis zur Höhe der Orkney-Inseln vermag sich die dezimierte Armada beisammen zu halten. Aber auf dem Wege nach Südwesten durch den offenen Ozean bleibt ein Schiff nach dem anderen wie ein erschöpfter Läufer zurück. Was irgendwie bei der Beschießung durch die englische Artillerie stärkeren Schaden genommen hat, vermag den Sturmböen des Atlantik nicht mehr Widerstand zu leisten. Die einen werden leck und versinken mit Mann und Maus auf offener See, wieder andere werden vom Sturm abgetrieben und gegen die Steilhänge und Klippen der britischen Westküsten geworfen. Wer dem Wellentod entrinnt und das Ufer zu gewinnen vermag, wird hier bis auf den letzten Gewandfetzen und den letzten roten Heller ausgeplündert und dann kaltblütig umgebracht. Für lebende Spanier hat der Engländer keine Verwendung. Sir Richard Bingham beispielsweise, der als Gouverneur von Connaught in West-Irland amtiert, meldet nach London: „Zwölf spanische Galeeren wurden an unserer Küste durch Schiffbruch zerstört. Von der Besatzung dieser Schiffe, die etwa 3500 Mann betrug, ertranken einige 2000, die übrigen, etwa 1500, die sich ans Land retten konnten, wurden nach Beschlagnahme ihrer Habe niedergemacht." So verfuhr man im England der Queen Bess mit schiffbrüchigen und wehrlosen Feinden.
Am 22. September 1588 landet Medina Sidonia mit ganzen elf Schiffen im Hafen von Santander an der Nordküste von Spanien. Weitere 55 Fahrzeuge kommen einzeln oder in kleinen Gruppen im Laufe der nächsten Wochen noch nachgetröpfelt, alles übrige ist und bleibt verschollen. Von den 130 ausgefahrenen Schiffen sind nur mehr einige 65, also etwa die Hälfte und auch diese als halbe Wracks, zurückgekommen, von den 30 000 Mann Besatzung sieht kaum ein Drittel die heimatlichen Küsten wieder. Die Vizeadmirale Recalde und Oquendo sterben wenige Tage nach der

Landung, sobald die ungeheure Spannung der ausgestandenen Gefahr sich löst. Viele unbekannte Soldaten teilen das gleiche Los, nur fand man es nicht der Mühe wert, ihre Namen der Nachwelt zu überliefern. Medina Sidonia wird vom Volksmund als der allein Schuldige bezeichnet, Berge von Flüchen und Verwünschungen werden auf ihn gehäuft. Der König freilich läßt ihn nicht fallen. Der ohnehin schon schwer gestrafte Mann darf sich in Ehren auf seine Besitzungen zurückziehen und den Titel eines Oberstkommandierenden der spanischen Seestreitkräfte ungeschmälert beibehalten. Er tritt für den Rest seines Lebens nicht mehr in die Öffentlichkeit, meidet den Hof und die Hauptstadt, ist für die Allgemeinheit verschwunden und gestorben. Daß Philipp II. den verstaubten und bei aller Humanistenweisheit, die ihm anhaftet, sehr dürren Trostspruch erdacht habe: „Gegen Menschen, nicht gegen Naturkräfte war meine Flotte ausgesandt", ist viel zu wenig sicher verbürgt, um auch nur einigermaßen glaubwürdig zu sein. Die öffentliche Meinung mit königlichen Maximen zu leiten, war im übrigen durchaus nicht seine Art. So wie er überliefert wird, ist obendrein der spanische Spruch nicht sinnreicher als sein Gegenstück auf englischer Seite, das man noch dazu als Beschriftung für eine Gedenkmünze wählte: „Afflavit Deus et dissipati sunt". Denn viel menschlichere, viel weltlichere und natürlichere Dinge haben hier den Sieg und die Niederlage entschieden. Fürs erste die Überlegenheit der englisch-neuzeitlichen über die spanisch-mittelalterliche Seekriegsführung. Fürs zweite das organisatorische Versagen in der geplanten Vereinigung von spanischer Flotte und niederländischem Landheer. Fürs dritte die über allen Zweifel erhabene Unfähigkeit des spanischen Oberbefehlshabers zur See. Als Wind und Wellen die Endkatastrophe herbeiführten, da trafen diese eine schon geschlagene, zermürbte, wehrlose, eine fliehende Flotte, die auch ohne Stürme keinen Schaden mehr angerichtet hätte. Mit den spanischen „Naturkräften" ebenso wie mit dem englischen „Afflavit" ist also nur ein recht kümmerlicher Staat zu machen. Die Armada hat in der Geschichte den traditionellen und, wie es scheint, unverlierbaren Beinamen „die unbesiegbare". Er ist englischer Herkunft und trägt ausgesprochen ironischen Charakter. Auch so verstanden, hätte er indes nur dann einen Sinn und eine gewisse Berechtigung, wenn die Spanier selbst ihn je gebraucht hätten. Weil aber das keineswegs zutrifft, so sinkt er ganz von selbst auf die Wertstufe des ihm verwandten „Afflavit" herab.

Das Schicksal der Armada gehört zu den ragenden Meilenzeigern in Philipps Leben und Regieren. Der Laurentiustag von 1557 und die darauf folgende Brechung der päpstlichen Vorherrschaft in Italien, der Seesieg von Lepanto 1571, die Heimführung Portugals 1580, bezeichnen drei Höhepunkte seiner Bahn, an deren jedem er immer noch mächtiger, immer noch bedrohlicher, immer noch unbesieglicher als vorher wider Europa und Asien aufzustehen schien. Der Ausbruch der Rebellion in den Niederlanden und das geglückte Entweichen des Hochverräters Oranien bilden die erste gewaltige Erschütterung seiner Macht und seines Ansehens. Mit seiner Absetzung als „seigneur naturel" durch die kalvinistischen Provinzen der Niederlande (1580) erfolgt der zweite Stoß, und er fügt zu dem machtpolitischen, materiellen und ideellen Schaden auch noch die persönliche Schmach der Erniedrigung des Herrschertums. In der Unglückswoche der Armada fällt der dritte Schlag, einem Volltreffer in ein Befestigungswerk vergleichbar. Er ist ohne Zweifel die bei weitem schlimmste dieser drei großen Katastrophen geworden, nicht nur weil er den Ruhm und den Gewinn von Lepanto völlig auslöschte, sondern auch weil er Spanien für alle Zukunft der Vorherrschaft zur See beraubte. Von Lepanto durfte Cervantes kühn behaupten, es habe für immer den falschen und schmählichen Wahn von einer Unbesiegbarkeit der Türken zur See vernichtet. Von der Armada aber konnte man umgekehrt sagen, sie habe die europäische Illusion zerstört, es sei der König von Spanien der unbeschränkte Gebieter aller Meere und seine Flotte könne nicht besiegt werden. Darin also beruht die spanische, die europäische und sogar die amerikanische Bedeutung des Sieges, den die Engländer in der Woche vom 31. Juli bis zum 8. August 1588 in den Gewässern zwischen Plymouth und Gravelingen erfochten, daß er der Welt die Augen geöffnet hat über die größte Kräfteverschiebung der Neuzeit, über den beginnenden Aufstieg Englands und den unaufhaltsamen Abstieg Spaniens, über das ungestüme Empordrängen einer neuen, die Meere beherrschenden Weltmacht, die England hieß, und über das langsame Zerbröckeln des seiner eigenen Schwere und Schwerfälligkeit erliegenden Kolosses, den man bis jetzt unter dem Namen Spanien gefürchtet und gehaßt hatte.

Eine Erinnerung literarischer Art mag diesen Abschnitt beschließen. Bei Lepanto hat der größte spanische Erzähler aller Zeiten mitgekämpft: Miguel de Cervantes Saavedra; auf der Armada ist der größte spanische Dramatiker aller Jahrhunderte mit dabei gewesen: Lope de Vega Carpio. Noch ein Jahrhundert lang wird es spanische Sonderart bleiben, Dichter und Soldat in einem zu sein.

XXIV. KAPITEL

Die letzten zehn Jahre

Die Valois, dermaleinst die gefährlichsten Gegner Spaniens, dann mit den Waffen überwunden und durch Heirat gezähmt, sind, während Katharina von Medici, die ewige Regentschaftsvertreterin, langsam altert und ihre Söhne einer nach dem andern vor der Zeit in die Grube fahren, für Spanien immer unbeträchtlicher, immer nebensächlicher geworden. Sie haben jahrzehntelang alle Hände voll zu tun, sich auf der einen Seite gegen die Guisen, auf der anderen gegen die Hugenotten zu behaupten. Am 30. Mai 1574 stirbt Karl IX. an der Schwindsucht und der vorletzte Valois, des Verstorbenen Bruder, besteigt als Heinrich III. den französischen Thron. Von Mai 1573 bis Juni 1574 ist er, durch die polnischen Landstände frei gewählt, König von Polen gewesen und hat in Krakau residiert; aber sobald sein Bruder starb, hat er das Land fluchtartig verlassen, um es nie wiederzusehen. Er ist ein Psychopath von so ausgeprägter und gespenstischer Besonderheit, daß es schon der Mühe wert ist, ihn aus der Nähe zu betrachten; er ist gewiß die unheimlichste Figur im buntscheckigen Panoptikum der Zeitgenossen, die sich als Gegner Philipps II. fühlen. Liebesverhältnisse hat er mit Frauen und mit Männern; bei den letzteren im besonderen bevorzugt er den Typus der athletisch gebauten Faustkämpfer und Degenfechter. Er hält sich eine Menagerie von wilden Tieren, Löwen, Elefanten, Nilpferden, mit Vorliebe aber solche, die durch ihre Größe und Stärke gefährlich sind, und er wendet für die Pflege dieser zoologischen Schau nach dem Berichte von de Thou jährlich 100000 Taler auf. Er trägt beständig am Gürtel einen Rosenkranz, dessen Kügelchen lauter winzig kleine Totenköpfe darstellen, und mitten in den zügellosen Hoffesten zieht er sich in eine stille Ecke zurück und läßt die Totenköpfe, während er Gebete murmelt, durch die Finger gleiten. Sein Transvestitentum beherrscht ihn so sehr, daß er sich Wangen, Lippen und Brauen schminkt, sich mit wohlriechenden Essenzen überschüttet und keinen Anstand nimmt, vor die Deputiertenkammer in Frauenkleidung, mit einer Perlenkette um den Hals und einen spitzenbesetzten Fächer wedelnd, hinzutreten. Unmittelbar nach der von ihm befohlenen Ermordung des Herzogs von Guise geht er in die Messe, um sie, wie er sagt, für das Seelenheil des Toten aufzuopfern. Das ist Heinrich III., dessen kopflose und täppische, in vielem von Katharina von Medici angestiftete Katastrophenpolitik seinen Schwager Philipp II., sehr zu dessen Nachteil, wieder in das Netz der französischen Macht- und Konfessionsstreitigkeiten verwickelt.

Im Mai 1576 hat Katharina von Medici zu Etigny-les-Sens im Namen und Auftrag ihres Sohnes Heinrich den Friedensschluß des fünften Bürgerkrieges unterzeichnet. Die Kalvinisten und ihre Verbündeten, die gemäßigten oder farblosen Katholiken, sind mit dem Versprechen einer erneuten „liberté de conscience", schon bisher ebenso oft gebrochen wie gegeben, geködert worden. Die radikalen Katholiken haben mit einer „Heiligen Liga zur Ausrottung der Häresie" geantwortet. Ihr Anführer ist Heinrich Herzog von Guise. Nun stirbt im Juni 1584 der Herzog von Alençon, der einzige noch lebende Bruder des Königs, ohne Nachkommen zu hinterlassen. Da Heinrich III. ebenfalls kinderlos ist, so rückt von diesem Tage an Heinrich von Bourbon, genannt „le petit Béarnais", in die Thronfolge ein. Er hat 1572 von seiner Mutter Jeanne d'Albret, einer Nichte Franz' I., den französischen Zipfel des seit langem zerstückelten Königreichs Navarra geerbt, führt seitdem den stolzen Titel „Roi de Navarre" und wird mit „Sire" angeredet. Jeanne d'Albret, in der wir einer alten Bekannten wiederbegegnen, ist vor vielen Jahren die erste dem Prinzen Philipp von Spanien bestimmte Braut gewesen, hat nach ihrer verunglückten und früh geschiedenen Zwangsehe mit Wilhelm von Cleve den Bourbonen Antoine Herzog von Vendôme geheiratet und in ihrem Sohn Heinrich dem einstigen spanischen Bräutigam einen Gegner herangezogen, der dem Alternden noch ernste Sorgen bereiten und schweren Schaden zufügen wird. Der „petit Béarnais" wird kalvinistisch erzogen, aber nach der Bartholomäusnacht von Karl IX. gezwungen, zum Katholizismus überzutreten. Nach dem Tode des Königs widerruft er seine Zwangskonversion, verbündet sich mit den Hugenotten und Condé und wird deren Partei ein mächtiger, ihr Ansehen gewaltig stärkender Führer. Heinrich III. sucht ihn zu überreden, daß er wieder katholisch werde, daß er die geringen Vorteile eines Parteioberhauptes den Interessen und der Würde eines Ersten Prinzen von Geblüt und eines Thronerben von Frankreich zum Opfer bringe; aber der Bearnese lacht ihn aus: das wäre für ihn soviel wie Selbstmord, das hieße seine alten Anhänger verlieren und keine neuen dafür gewinnen. Mit dem Herbst 1584 also und mit der plötzlich auftauchenden Thronfolgeschaft dieses Kalvinisten, der noch dazu in einer mit Spanienhaß traditionell gesättigten Umgebung aufgewachsen ist, wird für Philipp die französische Gefahr wieder lebendig, ja noch bedrohlicher als ehedem, solange der niederländische Brandherd weiterschwelt. Nicht die Wiederherstellung des vom Erliegen bedrohten Katholizismus in Frankreich ist seine Aufgabe, aber in der Behütung seiner Erbländer vor der gefährlichen Nachbarschaft eines neu aufgetauchten Gegners sieht er eine unabweisbare, eine heilige Pflicht. Wiederum sind es also nicht gegenreformatorische Ziele und Ansprüche, die ihn zu einer antifranzösischen Haltung hintreiben, sondern Abwehr, Selbstschutz und Wahrung der eigenen Rechte.

Alsbald schließt Philipp II. mit den Guisen den Vertrag von Joinville, der die Liga von 1576 um die Bundesgenossenschaft Spaniens verstärkt und die Partner auf folgendes verpflichtet: Aufrechterhaltung des Katholizismus und Ausrottung der Häresie in Frankreich und in den Niederlanden, sowie Ausschließung der Bourbonen von der Thronfolge in Frankreich. Philipp II. zahlt 50000 Kronen Subsidien pro Monat und verpflichtet sich zu militärischer Hilfe für den Fall der Not. Heinrich III. selbst wird durch den aus England verwiesenen und von Philipp nach Frankreich versetzten Don Bernardino de Mendoza, einen der kecksten und erfolgreichsten Diplomaten seines Jahrhunderts, in den Bündnisvertrag von Nemours (7. Juli 1585) hineingedrängt, der ihn in vollständige Abhängigkeit von der Liga bringt. Ein neues Edikt gegen die Hugenotten ist die Folge davon. Es läßt ihnen nur zwei Möglichkeiten: entweder Konversion oder Auswanderung. Die Hugenotten wehren sich gegen die erneute Entrechtung, die Ligisten bestehen auf ihrem Schein, ihr Anführer gedenkt sogar das Äußerste zu wagen: das Spiel um die Krone. Abermals beginnt ein Bürgerkrieg. Es ist der sechste und er heißt der Krieg der drei Heinriche, weil er ein Machtkampf war zwischen Heinrich III., Heinrich von Navarra, Heinrich von Guise. Entscheidungen bringt er nicht, bis endlich Heinrich von Guise das schleichende Elend mit einem abenteuerlichen Gewaltstreich zu beenden sucht. Im Mai 1588 ruft er einen Aufstand seiner Anhänger in Paris hervor, der den König zur Flucht aus der eigenen Hauptstadt zwingt. Die Verwirrung im Lande, seit Jahrzehnten ein Dauerzustand, hat wieder einmal ihren Höhepunkt erreicht: die Kalvinisten des ganzen Landes schwören auf Heinrich von Navarra, die Katholiken der Hauptstadt stehen zu Heinrich von Guise, für Heinrich von Valois, der beinahe schon ein König ohne Reich ist, bleiben nur mehr ein paar feste Plätze, einige unentwegt treue Adelige und die Leibgarde der Quarante-Cinq; was er von seinen katholischen Untertanen, den Bürgern in den Provinzstädten und den Bauern auf dem Lande zu hoffen oder zu fürchten hat, darüber ist er selbst nicht im klaren. In dieser Not nun erwachen in ihm die Instinkte des Tierbändigers. Wie einen ausgebrochenen Tiger oder Elefanten will er diesen verräterischen Guisen mit List und Gewalt zur Strecke bringen. Er beruft die Generalstände nach Blois zusammen und läßt den Gegner höflich bitten, zu ihrer Versammlung zu erscheinen. Heinrich von Guise, der sich der Hoffnung hingibt, er werde seine Macht jetzt auch noch gesetzlich und parlamentarisch begründen können, folgt dem Rufe, kommt nach Blois, wird zur Audienz gebeten — und sinkt vor den Augen des Königs unter den Dolchstößen der Leibwache tot zu Boden. Am darauffolgenden Tage trifft das gleiche Schicksal seinen Bruder, den Kardinal von Lothringen. Als Heinrich seiner krankliegenden Mutter triumphierend die Nachricht bringt, der „König von Paris" sei gefallen, da warnt sie ihn: „Gebe Gott, daß du selbst nicht ein König von Niemandsland geworden bist!" Vierzehn Tage später (am 5. Januar 1589) stirbt sie, 70jährig, müde, verbraucht, körperlich verfettet, seelisch bekümmert um das Schicksal des Landes und des Letzten ihrer Dynastie, die „florentinische Krämerin", die Meisterin der Politik von heute auf morgen, die erprobte Kurpfuscherin, die Frau ohne Überzeugungen, die in ihrer Art einmalige Katharina von Medici. Die verlorene Macht wiederzugewinnen, das kann Heinrich III. trotz des Doppelmordes an den Guisen, nur mit Hilfe des navarresischen und kalvinistischen Gegners erhoffen. Dieser wird durch das Äußerste an Zusagen gewonnen, er erläßt seinen berühmten Aufruf an die Nation, in dem er sie über alle religiöse Zwietracht hinweg zu innerer Einheit und fanatischer Abwehr jeder fremden Einmischung auffordert — eine bei aller Verstecktheit hinreichend deutliche Kampfansage an Philipp II. — und im Mai 1589 vereinigen die Kalvinisten und die Königstreuen ihre Truppen, um gegen das aufständische Paris zu marschieren. Am 30. Juli schließen sie den Ring um die Hauptstadt. Am 1. August läßt sich bei Heinrich III., der sich in Saint Cloud aufhält, ein Unbekannter melden. Er heißt Jacques Clément, hat anscheinend zuverlässige, in Wirklichkeit aber gefälschte Empfehlungsbriefe, wird vorgelassen und rennt nach wenigen Worten dem König ein scharf geschliffenes Messer bis zum Griff in den Unterleib. Am gleichen Tag erliegt Heinrich III. der furchtbaren Verletzung. Sterbend designiert er noch den Navarresen zu seinem Nachfolger in Frankreich.

Damit ist für Philipp II. die Möglichkeit, ja vielleicht sogar der Zwang eines verschärften Eingreifens gegeben. Wie stellt sich, von ihm aus gesehen, die Lage dar? Der katholische Teil Frankreichs will von dem neuen König und seiner ganzen Sippe nichts wissen. Paris, der Kopf des gewaltigen Körpers, der sich „La France" nennt, wird nach wie vor allen nicht-ligistischen Ansprüchen und Forderungen erbitterten Widerstand entgegensetzen. Alexander Farnese kann von den Niederlanden her an jedem beliebigen Tag mit Truppenmacht in den Zwist eingreifen. Hat nicht Philipp das Schicksal Heinrichs IV., der Liga, des ganzen Frankreich in der Hand? Schlimmstenfalls wird der konfessionelle Bürgerkrieg das Land in selbständige feindliche Provinzen und Teilreiche auflösen, und Philipp wird sehen, welche davon er sich friedlich angliedern kann. Bestenfalls werden die Hugenotten mit seiner Hilfe aufgerieben werden, und er wird als der Retter künftig die Geschicke des Nachbarreiches nach seinem Gutdünken bestimmen. Ist nicht seine Tochter Isabel Clara Eugenia, die Enkelin der mediceischen Katharina, die letzte aus dem Stamme der Valois sozusagen, die einzige rechtmäßige Thronerbin Frankreichs? Haben nicht seine Hofjuristen das dort bisher befolgte, die weibliche Nachfolge ausschließende salische Gesetz als unberechtigte Willkür aufgewiesen? Eine Art Heimfall von Frankreich auf Grund des Erbrechtes, das wenige Jahre vorher den Heimfall von Portugal mit so geringen Reibungen ermöglicht hat, schwebt im dunklen Hintergrund von Philipps politischen Plänen und Gedankengängen. Er hat dabei freilich, ähnlich wie in den Niederlanden, eines nicht hören und nicht erkennen wollen: die Stimme des Blutes, den Zwang der Scholle, das Gefühl der nationalen Zusammengehörigkeit trotz Parteizwist und Bekenntniszwist. Aber diese Imponderabilien lenken die Geschicke der Völker. Auch in Frankreich wollen sie alle lieber französisch sterben als spanisch verderben, und darum wird dieses letzte transpyrenäische Abenteuer des Politikers Philipp II. sich als ein letzter furchtbarer Fehlschlag erweisen, darum wird der Friedensvertrag, der es zum Abschluß bringt, gewissermaßen Stempel und Unterschrift unter das Urteil setzen, das die Armada-Katastrophe über Spanien gefällt hat. Über Heinrich IV., den lustigen, listigen, religiös indifferenten, weiberhörigen, dabei tapferen und bis ins Mark der Knochen patriotischen „Ventre Saint-Gris", den Retter des Staates und Vater des Vaterlandes, ist hier nichts zu berichten, was man nicht schon wüßte; nur das eine ist für uns beachtlich und für Spaniens wachsende Schwäche charakteristisch, daß er die Gegnerschaft Philipps II. nicht so sehr wie ein Hauptproblem und eine Lebensfrage, sondern mehr im Vorbeigehen und wie von wichtigeren Dingen in Anspruch genommen erledigt.

Die Auseinandersetzung Philipps II. mit Heinrich IV. hat zwei Phasen. Die erste ist die der heimlichen Einmischung ohne offen eingestandene Gegnerschaft und ohne Kriegserklärung; sie dauert vom Tode des letzten Valois (1589) bis zum Einmarsch des Bearnesen in das gewonnene Paris (1594). Die zweite ist die durch die offene Kriegserklärung Heinrichs an Philipp zustandegekommene und durch keinen Sieg und keine Niederlage entschiedene, sondern nur durch die beiderseitige Erschöpfung beendete; sie währt vom Januar 1595 bis zum Mai 1598, der den Friedensschluß von Vervins bringt. Beiden Phasen ist es eigentümlich, daß sie zu den unerquicklichsten, zu den kleinlichsten und am wenigsten heroischen, zu den am ehesten ermüdenden, weil jeder großen Linie am meisten entbehrenden, zu den von häßlicher Vermengung des Heiligen mit dem Profanen bis zum Rande gefüllten, zu den uns heute am wenigsten begreiflichen Teilabschnitten der Geschichte des ausgehenden 16. Jahrhunderts gehören.

Während des ersten läßt Philipp durch Alexander Farnese das von Heinrich belagerte und durch eine Hungersnot zermürbte Paris entsetzen, legt eine spanische Garnison in die Stadt (1591) und beginnt die Erbansprüche seiner Tochter Isabel Clara Eugenia auf den französischen Thron offen anzumelden. Sodann ruft er Farnese, der unendlich viel Wichtigeres in den Niederlanden zu tun hätte, ein zweites Mal mit seinen Truppen nach Frankreich, wo dieser das von Heinrich belagerte Rouen befreien muß (1592). Da ihm Farnese an einer bei Caudebec erlittenen schweren Verwundung wegstirbt, macht er den Grafen von Mansfeld zum Anführer der spanischen Invasionsarmee und läßt ihn Noyon einnehmen (1593). Die inzwischen von der Liga nach Paris einberufenen Generalstände sollen die Thronfolge regeln. Dafür gibt Philipp durch einen Sondergesandten die folgenden Instruktionen: Wahl der Infantin-Tochter zur Königin von Frankreich; für den Fall, daß es mißlinge, Wahl eines der beiden österreichischen Erzherzöge und Brüder des Kaisers Rudolf, Albert oder Ernst; wenn wiederum nicht möglich, dann Unterstützung der Ansprüche des Herzogs von Guise. Die Generalstände aber und die Führer der Liga einigen sich auf den einen entscheidenden Punkt, daß sie entweder einen französischen König oder gar keinen wollen. Um Schlimmeres zu verhüten und endlich die von allen ersehnte Ordnung zu schaffen, erklären sie schließlich, daß ihnen der Bearnese willkommen sein soll, vorausgesetzt, daß er zum Katholizismus übertrete. Das braucht man nun Heinrich nicht zweimal zu sagen. Er ergreift die Gelegenheit beim Schopf und läßt sich — „Paris ist eine Messe wert!" — im Mai 1593 durch den Erzbischof von Bourges in der Basilika von Saint-Denis in die Gemeinschaft der Römischen Kirche aufnehmen. Jetzt versucht Philipp, nicht wenig verärgert ob der wegschwimmenden Felle, beim Papste die Anerkennung dieser Bekehrung zu hintertreiben. Clemens VIII., ebenso gewissenhaft wie ängstlich, berät sich hin und berät sich her, kann zwei Jahre lang zu keinem Entschluß kommen, weil er nicht weiß, wem er ärger mißtrauen soll, dem Spanier oder dem Franzosen, wen er ärger fürchten muß, den „katholischen" oder den „allerchristlichsten" König. Schließlich versucht er, den einen nicht zu vergrämen und es dem anderen recht zu machen, indem er Heinrichs Konversion für gültig und genehm erklärt (September 1595) unter der Vorbedingung, daß dieses Zustimmen keine Anerkennung des Bekehrten als König von Navarra in sich schließe. Inzwischen hat sich Heinrich schon im Februar 1594 in Chartres zum König von Frankreich krönen und salben lassen und kurz darauf Paris durch eine Kriegslist überrumpelt, deren Rechtfertigung darin besteht, daß sie jegliches Blutvergießen verhütete. Durch Bestechung eines käuflichen Subjekts, Brissac mit Namen, läßt er sich nächtlicherweile drei Tore von Paris öffnen (21./22. März 1594) und besetzt die Stadt. Der feindlichen Garnison gewährt er mit chevaleresker Geste freien und ehrenvollen Abzug. Die Spanier vollziehen ihn mit fliegenden Fahnen und rollenden Trommeln, der niederländischen Grenze zu, Heinrich sieht an der Porte Saint-Denis ihrem Ausmarsch zu, salutiert gnädig und ruft ihnen ironisch zu, sie möchten ihren Herrn von ihm grüßen, aber nie wiederkommen. Den Engländern wäre bestimmt keiner von den Spaniern lebend entronnen.

Philipp II. gibt seine französische Sache trotzdem noch nicht ganz verloren; aber der heutige Betrachter der Geschichte vermag sich nur schwer zu einem Verständnis dessen durchzuringen, was ihm nun als der einzige Ausweg gut und ratsam erscheint. Nur die schlotternde Angst eines durch Krankheit und Fehlschläge, durch Heimsuchungen und Enttäuschungen aller Art zermürbten Greises, es möchte alles umsonst gewesen und am Ende alles verloren sein, kann ein solches Verhalten erklären und bis zu einem gewissen Grade sogar rechtfertigen. Um es kurz zu sagen: er bietet dem Franzosen seine Tochter Isabel Clara Eugenia, den Trost seines Alters, das Licht seiner Augen („la luz de mis ojos") zur Gemahlin an. (Heinrich ist zwar schon verehelicht, aber er hat die Absicht, sich von seiner Gattin rechtsgültig scheiden zu lassen, da sie unfruchtbar ist.) Und der Bearnese, weit davon entfernt, dem Spanier mitleidig ins Gesicht zu lachen, zieht das Angebot in ernstliche Überlegung oder stellt sich so, als ob er dazu willens sei, und es ist nicht abzusehen, wie dieser Jahrmarkt der Torheiten und Eitelkeiten geendet hätte, wenn nicht eine Kriegserklärung allen Heiratsgesprächen ein Ende bereitet und die arme Isabel Clara Eugenia vor der Schmach bewahrt hätte, die legitime Nebenfrau an der Seite einer illegitimen, einer Gabrielle d'Estrées, zu werden.

Mit dieser Kriegserklärung beginnt die zweite Phase der Auseinandersetzung zwischen Philipp und Heinrich. Daß sie nun plötzlich aus dem Munde des letzteren ertönt, läßt vermuten, daß sein scheinbares Interesse für das Eheprojekt nur eine Wandschirmtaktik ist, die den stets gut unterrichteten Gegner täuschen und hinhalten soll. Was Heinrich IV. in der Tat veranlaßt, den offenen Bruch mit dem spanischen Nachbarn herauszufordern, das ist sein ungeduldiger Wunsch, der spanischen Einmischung für immer ledig zu werden, sein Königtum ungestört für sich allein zu haben, die innere Ordnung in seinem Land, das förmlich darnach schreit, endlich aufzurichten. Der unvorhergesehene Zeitpunkt aber ergibt sich daraus, daß Spaniens niederländische Schwierigkeiten, die seit dem Tode des unersetzlichen Alexander Farnese (Dezember 1592) beständig gewachsen sind und einer Endkatastrophe entgegenzutreiben scheinen, das Unternehmen Heinrichs besonders aussichtsreich gestalten. Der junge Moriz von Nassau hat eben noch (Juli 1594) Groningen erobert und damit den Spaniern ihren allerletzten Stützpunkt in den Nordprovinzen entrissen; jetzt vermeint Heinrich den günstigen Augenblick erspäht zu haben, um mit Moriz gemeinsame Sache zu machen und in planmäßiger Zusammenarbeit der beiderseitigen Heere den Spanier so entscheidend zu schwächen, daß ihm Lust und Möglichkeit zu jeder weiteren Einmischung gründlich verleidet werde.

Aber es ist noch nicht aller Tage Abend. Noch gibt es vereinzelte spanische Heerführer vom Schlage des Herzogs von Alba, noch ist die spanische Infanterie der weitaus beste Soldatentyp in Europa. Don Pedro Enríquez, Graf von Fuentes, der seit Farneses Tod die niederländische Generalstatthalterschaft vertretungsweise führt, macht Heinrichs Siegesplänen, soweit sie sich auf Nordfrankreich erstrecken, rasch ein Ende. Während der französische Generalissimus, der Herzog von Bouillon, von Francisco Verdugo aus dem besetzten Luxemburg förmlich verjagt und hinausgeworfen wird, unternimmt Fuentes mit der spanischen Hauptarmee einen Feldzug zum Schutze der zwischen Somme und Oise gelegenen festen Plätze, die Heinrich IV. bis jetzt noch ihre Tore versperrt und ihre Anerkennung versagt haben. In Ham, dem seit Franz I. viel umkämpften, kommt er schon zu spät: die Franzosen haben die Stadt erobert und die spanische Garnison

Mann für Mann über die Klinge springen lassen. Le Catelet dagegen nimmt er beinahe ohne Schwertstreich und kurze Zeit darauf (am 24. Juli 1595) bringt er dem Herzog von Bouillon in der Ebene von Doullens eine vernichtende Niederlage bei. Dann erobert er Doullens und macht es mit der französischen Besatzung genau so, wie es die Franzosen in Ham mit der spanischen gemacht haben. Zu gutem Ende schnappt er dem Gegner auch noch das strategisch wichtige Cambrai weg. Im Süden des Landes ist es hingegen Heinrich IV., der vom Kriegsglück begünstigt wird. Hier führt der König selber seine Truppen, und bei Fontaine-Française in der Franche-Comté gelingt ihm ein entscheidender Schlag gegen die vereinigten Armeen des Guisenführers Mayenne und der Spanier unter Juan Fernández de Velasco. Ist nun Zeit zum Friedensschluß? Nein. Philipp II. gibt nicht nach, Heinrich IV. kann nicht nachgeben, auch wenn er möchte, denn für ihn steht einiges mehr auf dem Spiele als das Prestige durchhalten zu können. Die Niederlande haben inzwischen in der Person des Erzherzogs Albert von Österreich einen neuen Generalstatthalter bekommen. Er hat als Nebenaufgabe den Auftrag mitgebracht, den von Fuentes im französischen Grenzgebiet so erfolgreich begonnenen Feldzug fortzusetzen. Albert, mit 18 Jahren schon Kardinal geworden, dann Vizekönig von Portugal, ist ein eifriger und zuverlässiger Verwaltungsbeamter, aber kein Heerführer. Das tut indes nichts zur Sache, denn er hat eine Schar von begabten und gerissenen Unterbefehlshabern — die glorreiche Kaste der spanischen Infanterieoffiziere ist noch lange nicht ausgestorben — und diese erringen die militärischen Erfolge, die Seine Eminenz der Herr Erzherzog mit seinem Namen deckt oder schmückt, wie man will. Während also Heinrich IV., der eine Invasion für Paris befürchtet, Zeit und Kraft vergeudet mit der Belagerung des Stützpunktes La Fère, der die Hauptstraße von Brüssel nach Paris beherrscht, wirft sich Albert unvermutet auf Calais, das völlig unvorbereitet ist und ohne nennenswerten Widerstand genommen wird (17. April 1596); kurz nacheinander fallen alle andern Städte und festen Plätze des Gouvernements. Das ist nun ein so verblüffender Erfolg, daß Heinrich IV. keinen

anderen Ausweg weiß, als Elisabeth von England um Hilfe in der Not zu bitten. Aber Queen Bess hält sich zurück und läßt sich erst nach langem Zögern zu einer Form der Beteiligung an dem Geschäft überreden, bei der sie nicht viel verlieren, aber manches gewinnen kann: 20 000 Kronen auf Borg gegen gute Sicherheit und 2000 Mann Truppen; als Gegenleistung muß Heinrich die entwürdigende Zusage geben, jeden Friedensschluß mit Philipp II. von der Genehmigung der Engländerin abhängig zu machen. Es scheint also eine Verschärfung und eine unbestimmte Verlängerung des sinnlosesten aller Kriege unvermeidlich zu sein.
Aber der Friede steht glücklicherweise schon vor der Türe, von einer Vis major weniger gerufen als herbeigezwungen, die schon manchen Krieg vorzeitig und segensreich beendigt hat. Philipp II. und Heinrich IV. starren in leere Kassen. Spanien ist bankrott, Frankreich nicht minder. Vermöchte einer der beiden Herrscher auch nur ein Jahr lang mit dem Truppensolde durchzuhalten, dann wäre ein unvergleichlicher Sieg sein Anteil. Aber sie können beide nicht mehr. Das ist der Hauptgrund für den Friedensschluß. Einige Nebenumstände fügen sich an, um die Bereitwilligkeit zu verstärken und die Tat zu beschleunigen. Heinrich IV. braucht Ruhe, nichts als Ruhe von außen, um sein unruhiges, gequältes, zerrissenes Land und Volk von innen her wieder aufzurichten. Er schickt also freudigen Herzens die 2000 Engländer wieder heim, nimmt die geborgten 20 000 Kronen zur Bereinigung seiner dringendsten Schulden her und bricht kalten Sinnes die den Friedensschluß betreffende Vorbehaltsklausel seines Vertrags mit Elisabeth. Philipp II. fühlt seine Tage zu Ende gehen und möchte gern im Frieden von dieser Welt scheiden. Der Papst erinnert sich, daß es ein Teil seiner Mission und die schönste der ihm von Christus auferlegten Pflichten ist, „der Welt den Frieden zu bringen", und so mahnt und bittet er unermüdlich in Paris und in Madrid durch den Mund seiner Nuntien. Der Erfolg so vieler Antriebe und so vieler Bereitschaften bleibt nicht aus, obwohl Elisabeth ihr Möglichstes tut, Warnungen, Drohungen und Bestechungsgelder nicht spart, um eine Verständigung zu hintertreiben. Am 2. Mai 1598 unterzeichnet man den Vertrag von

Vervins, der für Frankreich die Rettung aus dem drohenden Chaos bringt, der für Spanien den Kollektivverzicht auf die politischen und religiösen Sicherungsziele eines ganzen Jahrhunderts bedeutet. Die Hauptpunkte des Abkommens sind ebenso schwerwiegend wie einfach: Frankreich behält, Spanien verzichtet. Es räumt alle besetzten und eroberten Städte und Festungen innerhalb der französischen Grenzen und es entsagt damit jedem Anspruch auf fernere Einmischung in die politischen und dynastischen Angelegenheiten des Nachbarreiches. Heinrich IV. verspricht seinerseits, von jeder Einflußnahme auf die Politik Spaniens und der spanischen Besitzungen abzusehen, aber er denkt nicht daran, sein Wort zu halten.

Bellièvre, der nachmalige Kanzler von Frankreich, nennt den Vertrag von Vervins, bei dessen Abschluß er mitgewirkt hat, „la paix la plus avantageuse que la France ait conclue depuis 500 ans". Auf Spanien angewendet, bedeutet dieses Wort nicht mehr und nicht weniger als dieses: Vervins ist das Eingeständnis und die Bestätigung des völligen Bankrotts der 40jährigen Frankreich-Politik Philipps II.

Der Friedensschluß von Vervins legt unter anderem auch einem Verräter das schmutzige Handwerk, der seit mehr als acht Jahren an den Höfen von Frankreich und England aus dem Spanienhaß des Auslandes Judaskapital geschlagen und für die Lügenpropaganda seiner angeblichen „Enthüllungen" Geld und Geschenke von links und von rechts genommen hat. Wir reden von Antonio Pérez, einem weiteren Schaustück aus dem Panoptikum der Psychopathen und charakterologischen Abnormitäten, die in so stattlicher Anzahl den Lebensweg Philipps II. in feindlichem Sinne gekreuzt haben. Die „Affäre Pérez" geht in ihren Anfängen schon auf das Jahr 1578 zurück, aber erst seit 1590 hat sie sich aus einer, wenn auch peinlichen, so doch immerhin internen oder wenigstens nur hauptstädtischen Angelegenheit zu einer europäischen Skandalgeschichte ausgewachsen, die gerade die letzten zehn Jahre des spanischen Königs erheblich verdüstert und seinem Ansehen bei den Zeitgenossen und bei der Nachwelt noch viel mehr geschadet hat als die Tragödie des Don Carlos.

Seit 1567 hat Philipp II. einen Sekretär in seinen Diensten, der Antonio Pérez heißt. Er ist entsprossen aus dem Liebesverhältnis des Priesters Gonzalo Pérez mit einer verheirateten Frau namens Maria de Tobar, von der es zwar möglich, aber nicht nachweisbar ist, daß ihr Gatte dem Geschlechte der Tobar angehörte, das mit den Marqueses de Denia durch Heirat verschwägert war. Dieser Gonzalo Pérez hatte Karl V. jahrelang gute und treue Dienste als Geheimschreiber getan und zum Lohn dafür ein Legitimationsdekret für seinen Sohn bewilligt erhalten. Der junge Antonio, vom Vater in der Gesellschaft als sein Neffe ausgegeben, erweist sich als ein geweckter Bursche, genießt eine sorgfältige Erziehung, studiert an den Universitäten Salamanca, Alcalá und Padua, ist um den väterlichen „Onkel" als Begleiter und Helfer im Hofdienst, lernt die Sitten der großen Welt und die Methoden der Diplomatie sozusagen aus erster Hand kennen und erhält mit den Jahren einen Sekretärposten in der Rätekammer für die italienischen Angelegenheiten (Consejo de Italia), aber nicht gleich nach seines Vaters Tode, sondern erst geraume Zeit später, denn Philipp II., so versichert sein Zeitgenosse Cabrera, hat gemerkt, daß der junge Pérez ein „mozo derramado", also ein ziemlich zügelloser Bursche ist. Im Jahre seines Eintritts in den Hofdienst (1567) heiratet er eine Dame aus vornehmer Familie, die Doña Juana Coello y Vozmediano, und von nun an beginnt sein Haus ein gesellschaftlicher Mittelpunkt der Hauptstadt zu werden. Er führt ein luxuriöses Leben, kleidet sich mit übertriebener Vornehmheit, füllt seine Wohnung mit Kunstgegenständen aller Art, hält sich eine zahlreiche Dienerschaft und spielt in jeder Hinsicht den hohen Herrn. Im Dienst ist er anstellig und ungeheuer betriebsam — nicht umsonst stammt er fernher von getauften Juden ab — und erringt sich das Vertrauen des Königs in einem Grade, daß er nach dem Wegsterben des erprobten Francisco de Eraso (1570) zum Chef der Geheimen Staatskanzlei (Despacho universal) ernannt wird. Von nun an weiß er bei allen Ernennungen seinen Einfluß geltend zu machen. Der Weg zu Ämtern und Gnaden führt nur mehr über ihn und kostet schweres Geld. Das Zeitalter der „Schmiralien", wie der kaiserliche Gesandte Khevenhiller die Regierung von Philipps II. Nachfolger charakterisieren wird, ist mit und für Antonio Pérez jetzt schon angebrochen.

Am 31. März 1578 wird in Madrid auf nächtlicher Straße der Sekretär des Don Juan de Austria ermordet, das heißt von gedungenen Banditen einfach niedergestochen. Die öffentliche Meinung bezeichnet ohne Zaudern den Antonio Pérez als den Anstifter des Verbrechens, und später wird ihm nachgewiesen, daß die Täter von ihm bestellt, entlohnt und nach Vollzug des Auftrags in Sicherheit gebracht wurden. Um sie leichter zu gewinnen, wies er ihnen einen vom König unterzeichneten Befehlszettel (cédula) vor, auf dem die Tat genehmigt war. Wahrscheinlich, aber nicht strikte beweisbar ist die Annahme, daß er eine „cédula en blanco" eigenmächtig ausgefüllt hatte. (Solche Blanko-Vollmachten mit Faksimile-Unterschrift des Herrschers hatte er zum Vollzug nebensächlicher, aber dringlicher Anordnungen immer in Vorrat.) Der Grund zur Beseitigung des Escobedo — so hieß der umgebrachte Sekretär — war angeblich seine Staatsgefährlichkeit: er fördere, so hieß es, die ehrgeizigen Pläne, die Don Juan de Austria mit Bezug auf Flandern, auf die Eroberung Englands, ja sogar hinsichtlich einer beabsichtigten Entthronung Philipps II. hege. Pérez hat auf eigene Rechnung und Gefahr in den Niederlanden ein ganzes Spionagesystem organisiert, und der Zweck seiner heimlichen Wühlarbeit ist, den Kaisersohn in Brüssel erfolglos zu machen und ihn in Madrid zu diskreditieren. Dahinter steckt nun freilich eine ganze Don Juan-feindliche Partei und an ihrer Spitze steht und flattert — ein Unterrock. Er gehört der größten Lebedame von Madrid, die, weil sie reich, angesehen, hochadelig, ehrgeizig, genußsüchtig, verwitwet und eine Hysterica ist, nicht nur mächtig, sondern auch gefährlich ist. Sie hat zehn, zum Teil schon erwachsene Kinder, ist einäugig durch Unglücksfall und steht als Witwe des Ruy Gómez de Silva, Grafen von Mélito, Fürsten von Eboli, an hervorragender Stelle unter den Geschlechtern der Grandes de España. Die halbe Grandeza ist mit ihr durch Heirat verwandt, von der anderen Hälfte wird sie angefeindet. In ihrem Salon drängt sich, neben viel Künstlern und Halbwelt, das was zu Lebzeiten des Ruy

Gómez „seine Partei" gewesen ist, nämlich die Bremser, Mäßiger, Beschwichtiger, die Partei der Feinde von Alba und Don Juan de Austria und allen kompromißlosen Draufgängern. Zu dieser Clique, die, um sich füglich eine Partei nennen zu können, längst nicht mehr den genügenden Rückhalt bei Hofe hat und nur noch von dem ressentimentgesättigten Ehrgeiz der einäugigen Fürstin-Witwe zusammengehalten wird, gehört auch Antonio Pérez; ja, er gehört in einer noch viel engeren, gewissermaßen körperlichen Bindung dazu: er ist der Geliebte der Einäugigen, trotz ihrer Witwenschaft und ihrer zehn Kinder und obwohl Pérez selber verehelicht und mehrfacher Familienvater ist. Er befindet sich ihr gegenüber im Zustand absoluter geschlechtlicher Hörigkeit. Hierin aber liegt nicht nur der Grund seiner Maulwurfstätigkeit gegen Don Juan de Austria, sondern auch der nähere Anlaß zur Ermordung des Escobedo. Denn dieser, der wegen der Erheblichkeit seiner politischen Aufträge häufig und lange in Madrid verweilt und der im übrigen ein etwas zudringlicher, großtuerischer, um alles, was ihn nicht angeht, sich kümmernder und sehr rechthaberischer Wicht gewesen zu sein scheint — dieser Escobedo also nimmt mehrfaches Ärgernis an dem allgemach zum offenen Geheimnis gewordenen Treiben des Paares Pérez-Eboli, läßt hier und dort ein beziehungsreiches Wort fallen, macht dunkle Andeutungen, wie etwa „so könne es nicht mehr weiter gehen" und ähnliches mehr. Als er vollends einmal bei der Fürstin-Witwe zu Besuch erscheint und sie mit ihrem Liebhaber beinahe in flagranti ertappt — halló a Pérez echado en la falda de la duquesa, sagt die zeitgenössische Quelle —, da vergißt er alle Haltung und Vorsicht, macht dem Paare die heftigsten Vorwürfe, und es ist wohl anzunehmen, daß ihm dabei auch einige mehr oder weniger deutliche Drohungen mitunterliefen. Damit aber ist sein Schicksal besiegelt. Die Einäugige speit Feuer und Flammen; sie will unbedingt ihre Rache haben. Pérez ist um so eher bereit, ihr den Willen zu tun, als er auch sonst den rabiaten Escobedo als Feind fürchtet und vor allem Grund zu der Besorgnis hat, es möchten verschiedene Unregelmäßigkeiten seiner Amtsführung durch jenen aufgedeckt und schonungslos preisgegeben werden. Also läßt er den unbequemen und gefährlichen Mahner lautlos verschwinden. Um sich selber die nötige Deckung zu schaffen, erschleicht er einen königlichen Befehl oder fingiert einen solchen und trägt zugleich Sorge, daß auch dieser als Dokument nicht erhalten bleibe.

Die Familie des Ermordeten setzt Himmel und Erde in Bewegung, um die Schuldigen der verdienten Strafe zuzuführen, sie redet öffentlich von manchen Dingen, die nur der Tote gewußt haben konnte, sie deutet mit Fingern auf das verbrecherische Liebespaar und nennt offen die für sie mit Händen zu greifenden Beweggründe. Madrid summt von Klatsch. Philipp II. wird ärgerlich und ängstlich. Sollte er etwa von einem Schurken zum besten gehalten und als blindes Werkzeug seiner privaten Rachgier mißbraucht worden sein? Sollte er hinsichtlich der Hochverräterei des Escobedo schamlos belogen worden sein? Er hat nichts dagegen, daß die Hinterbliebenen des Ermordeten gegen Pérez einen Prozeß anstrengen, aber er selbst nimmt noch in keiner Weise Partei, behält den schwer Verdächtigen in seinem Dienst und beobachtet ihm gegenüber sein erprobtes „disimular". Indes tobt der Sturm weiter. Mateo Vázquez, ein anderer von den Sekretären, ein Amtsgenosse, Konkurrent und Feind des Pérez, schreibt Briefe, sorgt dafür, daß auch in den Sälen und Korridoren des Alcázar der Streit der Meinungen kein Ende nimmt, wird darauf von Pérez mit dem Tode bedroht und von der Einäugigen ein „verschnittener Hund" beschimpft; der Großinquisitor, der königliche Beichtvater, der Präsident des Rates von Kastilien, die im Palast aus- und eingehenden Grandes ereifern sich, erregen sich, überwerfen sich. Wie soll das erst werden, wenn das anhängige Gerichtsverfahren eröffnet wird? Der König braucht Ruhe in seinem Hause und unter seinen Ratgebern, große Dinge bereiten sich vor, viel wichtigere jedenfalls als das Gezänk um Pérez, denn die bevorstehende Aktion der Heimführung Portugals nimmt alle verantwortlichen Köpfe und Hände voll in Anspruch. Er läßt also Pérez fallen, ruft Granvelle aus Italien auf den Posten eines Leiters der auswärtigen Angelegenheiten, gibt ihm in Idiáquez einen zuverlässigen Sekretär und hält das Schicksal nicht weiter auf. Am Abend des 26. Juli 1579 werden Pérez und die Eboli verhaftet und getrennt in sicheren Gewahrsam gebracht. Hätte Philipp II. ein schlechtes Gewissen gehabt, so würde er bestimmt nicht so gehandelt haben.

Gegen Pérez wird nun der Prozeß eröffnet, und zwar mit spanischer Gründlichkeit und spanischer Langsamkeit. Je mehr sich die Aktenbündel häufen, desto verwickelter wird der Fall. Es ergeben sich Anklagemöglichkeiten wegen Hochverrats, wegen Urkundenfälschung, wegen Ehebruchs, wegen Giftmords, alle beweisbar, alle schwer strafbar, nur der Mord an Escobedo läßt sich nicht klären. Weder Zureden, noch Drohungen, noch auch einige (allerdings sehr leichte) Grade der Tortur können dem Delinquenten ein Geständnis entreißen. Die Escobedos aber wollen ihr Recht und ihre Sühne. Elf Jahre schleppt man ihn so von einer Haftzelle in die andere, da kann die treue Gattin, die oft hintergangene, den Jammer nicht mehr mit ansehen. Sie bereitet in aller Heimlichkeit und sehr sorgfältig eine Flucht vor, besucht ihren Mann im Gefängnis, steckt ihm die nötigen Geldmittel zu, wechselt mit ihm die Kleider, umarmt ihn ein letztesmal im Leben — und Pérez entweicht als Frau. Er flieht auf schnellen Pferden über die aragonesische Grenze.

Aragón hat eigene Gesetze, eigene Richter, eigene Verwaltungsbeamte, es ist durch Zollschranken von Kastilien wie von einem fremden Lande geschieden, es wird der Krone gegenüber durch eigene Landstände vertreten, zu deren Einberufung der König nach Monzón kommen muß. Es besitzt einen obersten Justizbeamten, den es in ganz Spanien sonst nirgends gibt, eine Art Prellbock zwischen Volk und Königtum. Er führt den Titel „Justicia mayor", ist also sozusagen ein Ding, ein Amt, eine unpersönliche, rechtswahrende Gewalt, eine Art Freiheitsstatue, die über dem Lande aufgerichtet ist. Er hat das Recht und die Pflicht, jedem Angeklagten, der seinen Schutz anruft, diesen Schutz zu gewähren und für seine Sicherheit die Verantwortung zu übernehmen, solange er unter Anklage steht. Diesen uralten Vorrechten halten auf der anderen Seite ebenso uralte Rückständigkeiten die Waage. Der hohe Adel ist noch im fast unge-

schmälerten Besitz seiner feudalen Übermacht und Selbstherrlichkeit. Ihm ist der Großteil des flachen Landes in Form von Riesendomänen zu eigen und er übt über die ihm lehenspflichtigen Bauern das alte Feudalrecht der Entscheidung über Leben und Tod. Wilde Sitten aus der Vorväterzeit, das jus primae noctis, das sexuelle Anrecht des Gutsherrn auf die Töchter des Vasallen und ähnliche Greuel sind da noch im Schwange. Alles zusammen ist eine Erbschaft aus der Zeit des Großvaters Karls V., Ferdinands des Katholischen, der auch bei der Ländervereinigung mit darauf bedacht gewesen war, seinen Aragoniern möglichst viel Selbständigkeit und Selbstverwaltung zu erhalten. Karl V. hat in seinen Instruktionen vom Jahr 1548 seinen Sohn und Erben fürsorglich auf diese Eigenarten, die ebensoviele Schwierigkeiten waren, hingewiesen, aber weder er selber noch der spätere Philipp II. haben im Gedränge ihrer europäischen Kriege die Zeit und den Mut dazu gefunden, mit verfassungsändernden Gesetzen in die Lage der Dinge einzugreifen, eben weil sie zu den Verwicklungen von außen nicht auch noch die Gefahr von Bürgerkriegen im Innern heraufzubeschwören wagten. Diese aragonesische Sonderstellung nun wird zu dem Anlaß, daß sich die ohnehin schon genügend peinliche „Affäre Pérez" zu einer europäischen Skandalgeschichte entwickelt und aufbläht.
Pérez verlangt vom Justicia mayor die Einhaltung des Schutzprivilegs und wird in der Tat zu seiner eigenen Sicherheit in die sogenannte „Carcel de manifestados" überführt. Die Madrider Behörde besteht auf der sofortigen Auslieferung des Flüchtlings, aber der Justicia mayor ist eigensinnig und töricht genug, sie zu verweigern: Pérez bleibt in seiner Haft und in seinem Schutz. Nun ist die Reihe, eine Dummheit zu machen, an Philipp II. Statt jetzt gleich zu tun, was er später doch nicht wird vermeiden können, nämlich Truppen marschieren zu lassen, ruft er die Inquisition auf den Plan. Ihrer Gerichtsbarkeit ist keine andere Gerichtsbarkeit übergeordnet; in Glaubenssachen gibt es keine Landesprivilegien. Bei einem Manne wie Pérez nun sind Angriffspunkte dieser Art leicht zu finden; in seinem bisherigen Leben und Verhalten liegen sie ja nur so herum. Er wird also vom

Heiligen Offizium in Anklagezustand versetzt und zu diesem Behufe in das Inquisitionsgefängnis von Zaragoza überführt. Daß es ihm darin schlecht ging, ist nicht anzunehmen. Wer je Prozeßakten des Santo Oficio studiert hat, der kennt die „berüchtigten" spanischen Glaubensverließe. Die Häftlinge erhielten Zellen mit Tageslicht, mit Tisch, Stuhl und Bett, mit Schreibzeug und Papier, mit Heizung im Winter und Kerzen für den Abend. War einem die Verpflegung nicht gut genug, so stand es ihm frei, sich auf eigene Kosten das Essen aus der Stadt liefern zu lassen. Das ist die geschichtliche Wahrheit; alles andere ist lügenhafter, unwissender Tratsch. Ähnliches ließe sich von den Foltermethoden der spanischen Inquisition sagen, indes ist das hier nicht unsere Aufgabe. Dem König liegt im übrigen nicht das geringste daran, daß man an Pérez einen religiösen Makel finde; er will ihn nur den Eingriffen der Privilegienreiter entziehen und ihn wieder in die eigene Gewalt bekommen. Das beabsichtigt er, aber das gerade Gegenteil erreicht er. Pérez kann aus seiner „Kerkernacht" heraus die Stadt mit Aufrufen, Hetzreden, Spottgedichten gegen Philipp II. und die Madrider Regierung überschwemmen, er kann durch seine Freunde und Parteigänger die Bevölkerung aufwiegeln lassen, der Erfolg ist auf seiner Seite. Radausüchtiger Pöbel und ehrsames Bürgertum tun sich zusammen, stürmen das Inquisitionsgefängnis und erzwingen die Herausgabe des Häftlings. Wiederum übernimmt der Justicia mayor seinen Schutz.

Auf die Nachricht von dieser Meuterei läßt Philipp II. einige Bataillone Infanterie an der Grenze von Aragón aufmarschieren. Es bleibt ihm nichts anderes übrig, soll er nicht zum Gespött von ganz Spanien, von ganz Europa werden. Aber vor dem letzten Einsatz, der der Entfesselung eines Bürgerkrieges gleichkommt, schreckt er immer noch zurück. Zaragoza soll straffrei bleiben, wenn es das Geschehene ungeschehen macht und den Pérez an die Inquisitionsbehörde zurückgibt. Diesen Lockruf hören die Regierungsmänner in Zaragoza nicht ungern. Es ist ihnen inzwischen vor ihrer eigenen Tapferkeit ein wenig Angst geworden. Sie beraten sich emsig und gründlich — und geben nach. Das heißt, sie möchten gerne nachgeben, wenn es noch in ihrer Macht stünde.

Als sie aber, den Beschluß in die Tat umsetzend, in feierlichem Zuge und mit ihren Amtstrachten angetan, den verderblichen Häftling aus der Carcel de manifestados in die Aljafería, wo sich die Haftzellen der Inquisition befinden, zu überführen im Begriffe sind, werden sie von bewaffneten Volkshaufen angegriffen und trotz ihrer Amtsroben schmählich zerstreut. Pérez, nun endgültig befreit, verbirgt sich bei Freunden und entweicht mit günstiger Gelegenheit nach Norden über die Grenze. Im November 1591 überschreitet er die Pyrenäen und findet bei Cathérine de Bourbon in Pau die erste Zuflucht.

Für Philipp II. bleibt jetzt nur noch ein Mittel übrig: der Einmarsch einer Besatzungsarmee in Aragón. Der Justicia mayor verliert darob völlig den Kopf und begeht seine zweite große Dummheit: er ruft das Volk zur Abwehr unter die Waffen. Was es seit den Jugendtagen Karls V. nicht mehr gegeben hat, das scheint sich jetzt, nach beinahe 70 Jahren, zu erneuern, ein Krieg der Spanier unter sich. Aber die Bevölkerung ist diesesmal klüger als ihr Anführer, sie leistet dem Kampfrufe soviel wie keine Folge, kaum tausend Männlein tröpfeln zögernd herbei. Die königliche Armee unter Vargas braucht nur einzumarschieren, nicht einmal die Ordnung wiederherzustellen, da sie wirklich nicht gestört ist; freilich bleibt eine verhältnismäßig große Besatzungsgarnison in Zaragoza, und zwar länger als es nötig zu sein scheint, beängstigend lang. Was bereitet sich in Madrid vor? Der König ist alt und krank, er braucht seine Zeit zum Überlegen und zum Entscheiden; das weiß man und damit tröstet man sich. Dann aber fällt plötzlich der Schlag, blitzartig und unerwartet. Vargas erhält einen knappen Befehlszettel aus Madrid und darauf steht: „Bei Empfang dieses Zettels werdet Ihr den Justicia mayor, Don Juan Lanuza, festnehmen. Mit der Meldung des Befehlsvollzugs will ich auch die Nachricht von der vollzogenen Hinrichtung empfangen. Ich, der König." Noch am gleichen Tage rollt das Haupt des Lanuza vom Richtblock in die Sägespäne. Und noch ein paar vornehme Aufwiegler und Pérez-Anhänger reißt es mit ins Verderben: Don Diego de Heredia und Don Martín de Lanuza besteigen kurze Zeit später das Schafott, der Herzog von

Villahermosa und der Graf von Aranda wandern ins Gefängnis, um es im Leben nicht wieder zu verlassen. Die Bevölkerung selbst wird in Form einer sehr fühlbaren Verminderung der alten Privilegien gestraft. Das Stimmrecht der Landstände von Aragón wird eingeschränkt, die Verfügung über die öffentlichen Gelder und das Recht auf die Einberufung der bewaffneten Macht wird dem ständigen Landtag entzogen. Das Amt des Justicia mayor bleibt nur der Form nach erhalten, wird aber im Kern völlig ausgehöhlt und entwertet. Zaragoza erhält für die Zukunft eine kastilische Garnison, die Auslieferungspflicht von flüchtigen Verbrechern wird gesetzlich festgelegt. So büßen die Aragonier ihr eigenwilliges Festhalten an überlieferten und verbrieften Rechten, ihr unvorsichtiges Eintreten für einen Verräter, der nicht einmal ihres Stammes ist und der selber Zeit seines Lebens nichts lieber getan hat als das Recht zu beugen und die Moral mit Füßen zu treten. Eine geringe Genugtuung wird ihnen immerhin zuteil. Die Inquisition beeilt sich, den Prozeß des Landflüchtigen wieder an sich zu ziehen, und es fällt ihr nicht schwer, ihn einer Reihe von todeswürdigen Verbrechen zu überführen. Am 20. Oktober 1592 vollzieht sie öffentlich den Urteilsspruch. Unter gewaltigem Zulauf des Volkes wird ein gemalter Antonio Pérez in feierlichem Auto de fe zu Asche verbrannt. Archaischer Fernzauber ersetzt die nicht vollziehbare Tat, urtümliche Wunschmagie tötet in der Überzeugung des Volkes den entwischten Verbrecher.

Mit dem Schicksal des Antonio Pérez im Exil brauchen wir uns hier nicht näher zu befassen. Er bettelt in Paris und in London um Pensionen und einmalige Gratifikationen, er sucht sein Wissen um die spanischen Staatsgeheimnisse und um die Intimitäten des Madrider Alcázar so teuer wie nur möglich zu verkaufen, er veröffentlicht pseudonyme Lebenserinnerungen, die von eitler Selbstverherrlichung und schmutziger Verächtlichmachung alles Spanischen förmlich strotzen, aber er vermag damit das Geschehene nicht ungeschehen zu machen und kann auch nicht verhindern, daß das neugierige Interesse an ihm, seinen Schicksalen und seinen Enthüllungen rasch wieder erlischt. Im Jahre 1598 macht er noch einen verzweifelten Versuch, seine Angelegenheit durch einen der Paragraphen des Vertrags von Vervins, und wäre es auch der letzte und kleinste, in friedliche Ordnung zu bringen, so daß ihm wenigstens die Heimkehr ermöglicht wäre. Aber davon kann natürlich keine Rede sein, und seine wiederholten Bittschriften werden verächtlich zu den Akten gelegt. Tot für Spanien, von einer geradezu lächerlichen Unwichtigkeit für Frankreich, fällt er zwischen lauter erträumten Möglichkeiten ins Bodenlose, und man kann darum wohl mit einigem Rechte sagen, daß gerade der Tag von Vervins diesem traurigen Gesellen endgültig das Handwerk gelegt hat. Noch über ein Jahrzehnt lang hungert er, lügt er, bettelt er weiter, bietet sich vergeblich dem Nachfolger Philipps II. als Spion gegen Frankreich und Deutschland an und stirbt zuletzt (1611), von Reue und Heimweh zerquält, krank, arm, vereinsamt in zwielichtiger, rattenbewohnter Dachkammer in Paris. Daß Antonio Pérez ein heilloser, grundverdorbener und kernfauler Schuft war, das braucht heute nicht mehr lange nachgewiesen zu werden; es ist auch gar nicht von sonderlicher Wichtigkeit. Von ungleich größerer Bedeutung hingegen ist die Frage nach der moralischen, machtpolitischen und persönlichen Stellung, die Philipp II. im Umkreis und im verworrenen Gewebe dieses „unsolved historical riddle", wie es James Anthony Froude (1883) genannt, dieses „historical mystery", wie es Andrew Lang (1904) bezeichnet, dieser „affaire ténébreuse", wie sie Louis Bertrand (1929) geheißen hat, einnimmt oder einzunehmen scheint. Die offene und ehrliche Antwort auf diese Frage aber muß lauten: wir wissen es bis zum heutigen Tage nicht. Wir wissen nur, daß alle Entscheidungen, die bis jetzt darüber getroffen wurden, nichts anderes sind als gutgemeinte oder bösgemeinte Flunkereien. Und wir werden so lange im Dunkeln und in der Irre gehen, bis endlich der Streit darüber entschieden sein wird, ob der Mord an Escobedo, dem Sekretär, auf das Gewissen Philipps II. fällt oder nicht. Wer da einmal ein dokumentarisches, ein letztes und unwiderliches Ja oder Nein wird sprechen können, der wird das letzte der um Philipp II. schwebenden Geheimnisse entschleiert haben. Bis jetzt aber hat es noch keiner zu tun vermocht. Seitdem man die Möglichkeit dargetan hat, daß

Pérez eine sogenannte Blankovollmacht benützt oder vielmehr mißbraucht haben konnte, um einen königlichen Befehl vorzutäuschen, seitdem ist die Frage erst recht in ein neues Stadium der Verdunkelung eingetreten.

Nun liegt gewiß der Einwand nahe, und er ist oft genug gemacht worden: ja, warum setzt man sich denn nicht einmal gründlich hinter die (wie man sagt) in hinreichender Fülle vorhandenen Prozeßakten, hinter die gerichtlichen Schreibereien, die Korrespondenzen, die Archivdokumente mit einem Wort, von denen es ja (wie man ebenfalls immer wieder hört) gerade in Spanien der verstaubten, unentdeckten, seit Jahrhunderten nicht mehr gelesenen und ihrem Inhalte nach völlig unbekannten hundertzentnerweise geben soll? Gemach, lieber Leser, das ist alles schon geschehen. Generationen von emsigen und geduldigen Forschern, namentlich Spanier, haben sich darum bemüht, kein Bündel ist unentschnürt, kein Blatt ist ungewendet geblieben, und das positivste aller Ergebnisse war die Erkenntnis, daß die wichtigsten hier einschlägigen Dokumente noch zu Lebzeiten der Beteiligten sorgfältig und gründlich vernichtet wurden, vor allem die Unterlagen der gegen Pérez anhängig gemachten Prozesse. Man weiß, daß vieles auf Befehl des Königs selbst verbrannt wurde, während anderes später spurlos verschwand, ohne daß man zu sagen wüßte, wer oder was die Ursache davon war. Man weiß auch, daß Pérez, solange er noch Gelegenheit dazu hatte, ganze Stöße von Aktenbündeln ins Feuer warf, und man darf wohl annehmen, daß es lauter solche waren, die ihm schaden konnten. Man hat sogar Anhaltspunkte dafür, warum Philipp II., der gewissenhafteste Aktensammler seines Jahrhunderts, so handeln zu müssen glaubte. Eine Briefstelle von seiner Hand lautet: „Es geht da um Dinge, die ernster sind, als daß sie in einem öffentlichen Prozeß preisgegeben werden dürften, und um Personen, deren Ansehen und guter Ruf wichtiger sind als die Verurteilung eines Antonio Pérez." An welche „Dinge" und an welche „Personen" der König dabei gedacht hat, das wird wohl immer ein Geheimnis bleiben. Vermutungen liegen nahe, aber mit bloßen Vermutungen ist nichts gedient, und sie mögen daher besser unausgesprochen bleiben. Auch den alten Tratsch von einem angeblichen und vergeblichen Liebeswerben Philipps II. um die Einäugige darf man hier nicht wieder auftischen, aus dem einfachen Grunde, weil er längst als sinnlose Verleumdung erkannt und nachgewiesen ist.

Das ist also der Stand unseres Wissens um den „Fall Pérez", und jeder, der die Lust in sich verspürt, ihn von neuem anzugehen, darf im Kreise der Fachgelehrten eines herzlichen Willkommens sicher sein. In schwerem Irrtum aber ist der befangen, der etwa meinen sollte, daß man aus dem uns Epigonen so lückenhaft bekannten Verhalten des Königs in dieser rätselvollen Angelegenheit irgendwelche Schlüsse und Werturteile hinsichtlich seiner Grundsätze, seiner Rechtsauffassung, seiner Moral, seiner Menschlichkeit schlechthin, abzuleiten die Befugnis hätte.

Als Jehan Lhermite, der Kammerdiener der letzten acht Jahre, von dem wir noch hören werden, im Sommer 1590 seinen Dienst antrat, da war der König 63jährig, kahlköpfig und weißbärtig, denn er hatte, wie Jehan erläuternd und entschuldigend bemerkt, schon mehr als drei Generationen seiner Räte und Minister überlebt. Camillo Guidi, der florentinische Gesandte, fügt hinzu, daß seine Gesichtsfarbe damals schon eine leichenartige Blässe zeigte, daß er nur mehr wenige und ganz schlechte Zähne besaß und daß seine Lippen von dem häufigen Fieber fast immer aufgesprungen waren. Der Graf Cantecroix aber weiß von einer Stimmung dauernder Verdrießlichkeit zu berichten, die den König beherrsche, und von seiner zunehmenden Menschenscheu und Vorliebe für Abgeschlossenheit. „Nichts ist ihm unausstehlicher", so heißt es da, „als eine Audienz, und seit Jahr und Tag hat niemand von Angesicht zu Angesicht mit ihm unterhandelt. Es ist hier seit langer Zeit eine Unzahl von Fremden, die aber für ihre Anliegen noch gar kein Ende absehen. Auch die Spanier sind sehr unzufrieden, von den Vornehmsten bis zu den Geringsten. Die Minister wagen dem König kein anderes Wort zu sagen als was ihm behagt, und er will allein seinen Ansichten folgen." Wußten diese Weisen von Zion und alle diese Unzufriedenen, wie es dem alternden König seelisch und körperlich zumute war?

Nein, sie wußten es offenkundig nicht. Dagegen scheint der Maler seines letzten Bildes, von dem man mit ziemlicher Sicherheit annehmen darf, daß es Pantoja de la Cruz war, einen tiefen Blick hinter die starren Züge des Einsamen getan zu haben, sonst hätte er unmöglich eine solche Welt von verschwiegenem Leid und verheimlichter Resignation, von Müdigkeit und Enttäuschung, von Abschiedsbereitschaft und Zukunftssorge zum Reden bringen können. Das Bild, eine wahre Großtat malerischer Kunst und Ausdrucksfähigkeit, entstand um das Jahr 1594 und hing die Jahrhunderte hindurch in der Bibliothek des Escorial, die ihm die denkbar schönste und würdigste Umrahmung bot. Es ist eine ergreifende Symphonie von Schwarz und Weiß, Rot und Grün, von fahlem Licht, kreidiger Blässe, dunklen und immer noch dunkleren Schatten, und es gehört zu jenen Kunstwerken, von denen jede photographische oder sonstige Reproduktion stets nur eine unzulängliche, eine schwächliche und verwässerte Vorstellung zu übermitteln vermag.

Ein düsterer Samtvorhang tiefgrüner Farbe verhüllt den Hintergrund zur Linken und läßt rechts, indem er sich zu wolkenartigem Gehänge drapiert, den Schaft einer kannelierten dunkelroten Säule frei, die auf einem mächtigen, farbig geäderten Marmorsockel ruht. Sie gibt, im ungewissen Dunkel verschwindend, einen phantastischen Begriff von der Höhe und Weite des Raumes, in dem wir uns befinden, und sie stellt zugleich den König in eine Umgebung, die sein künstlerisches Lebenselement war, in einen Raum der spanischen, nein, der philippinischen Hochrenaissance, die in heroischem Gepräge und antikischer Stilform die strenge Einfachheit mit imposanter Größe und Würde verband. Philipp II. ist wie im Vorbeischreiten begriffen. Er trägt schwarze Staatskleidung, die seit 1568 zugleich strenge Trauerkleidung ist, mit langen Stulpenstiefeln, Schultermantel und dem hohen, krempenlosen Hut. Er ist, so scheint es, eben auf dem Wege zu einem großen Empfang oder zu einer kirchlichen Feier oder zu einer Sitzung seiner Räte. Eine wellig gefältelte weiße Krause von mäßiger Breite umschließt den Hals, ebensolche Manschetten zieren die Handgelenke. Schwach schimmert das an schwarzer

Seidenschnur hängende Emblem des Goldenen Vließes auf der Brust. Die Rechte hält die gefalteten Lederhandschuhe und umgreift zugleich, leicht sich aufstützend, die geschnitzte Lehne eines Sessels. Die Linke liegt kraftlos auf dem Griff des umgeschnallten Degens; es ist die Gichthand und sie trägt deutliche Spuren der schmerzlichen Schwellungen, unter denen sie besonders zu leiden hat. Das Gesicht ist stark abgemagert und von kalkiger Blässe. Bart und Schläfenhaare sind nicht mehr grau, sondern schneeweiß, und der hohe Hut verdeckt, wie wir wissen, eine stattliche, in Ehren erworbene Altersglatze. Der leicht geöffnete Mund mit den dicken, wunden Fieberlippen, der Mund des Asthmatikers, läßt die zahnlosen Kiefer ahnen, die schlaffen Wangen und die Brauenmitte sind von tiefen Falten gefurcht, die Körperhaltung ist müde, fast gebeugt. In den von schweren Säkken unterlaufenen, aber immer noch großen und ausdrucksvollen Augen liegt eine Welt von Schmerz und Trauer, liegt, man könnte beinahe sagen, das Eingeständnis eines umsonst gelebten Lebens. Aus diesen Augen klagt das Leid um die vielen Toten, das zugleich ein Leid der Vereinsamung ist, trauert der Kummer der vielen Mißerfolge und Enttäuschungen, der Armada-Katastrophe, des Verlustes der halben Niederlande, der schmählichen Absetzung als „seigneur naturel", zürnt der Gram über den Verrat eines Wilhelm von Oranien und eines Antonio Pérez. Aus diesen Augen spricht aber auch die Sorge um die Zukunft. Frauen, Söhne und Töchter sind diesem König weggestorben, eines nach dem anderen, und statt von Kindern und Enkeln ist er rundum von Särgen umgeben. Was übrig blieb, um die Würde und die Last seiner Nachfolge zu tragen, ist der stumpfe, träge, schüchterne, dem Fraß und dem Nichtstun ergebene Knabe Philipp, der jetzt schon einen Freund und Mentor hat, der für ihn denkt und dem er hilflos verfallen ist; der Knabe Philipp, der die Günstlingswirtschaft, gegen die sich Karl V. und Philipp II. wie gegen einen Pestbazillus gewehrt haben, zu künftigem Dauerzustand erheben wird. Das ist die schwerste aller Lasten, die den müden Rücken Philipps II. beugen; das ist die tiefste aller Kummerfalten, die sein väterliches Gesicht durchgraben.

Der stille Mann, der da nur widerstrebend vor uns hintrat, ist jeden Augenblick bereit, sich umzuwenden und hinter dem dunklen Vorhang lautlos und für immer zu verschwinden. Darum ist dieses Gemälde auch ein Bild des Abschieds und der Erinnerung. So hat es jeder empfunden, der offenen Auges und wissenden Sinnes davor hingetreten ist. Es war keine Seltenheit, so erzählte mir einer der Augustinermönche des Escorial, daß fremde Besucher des Klosterschlosses, weithergereiste und der spanischen Geschichte kundige, von der Betrachtung dieses Bildes nicht loszukommen vermochten und zuletzt mit feuchten Augen von ihm Abschied nahmen. Sollte man es für möglich halten, daß das gleiche Bild einen staatlich anerkannten und besoldeten Dichter zu Versen von der Art der folgenden anregte?

Treulose Heuchelei
Von Blutdurst und von Machtbegehren brennend
Aus seinen Schlangenaugen lauert;
Das welke Antlitz und die kargen Züge
Des niedrigen Charakters sichere Zeichen bilden.

Wir geben zu beliebiger Nachprüfung auch den Wortlaut des Originals dazu:

La aleve hipocresía
en sed de sangre y de dominio ardiendo,
en sus ojos de víbora lucía;
el rostro enjuto y míseras facciones
de su carácter vil eran señales.

So dichtete und durfte dichten Don Manuel José Quintana († 1857), der von königlicher Hand in festlichem Staatsakt zum Poeta laureatus gekrönte Verseschmied, der Schüler und Anbeter der französischen Aufklärungsphilosophie des 18. Jahrhunderts und einer der fernen Wegbereiter der spanischen Greuelkatastrophe von 1936.

XXV. KAPITEL

Siechtum und Tod

Im Jahre 1595 ist der königlichen Hofhaltung im Madrider Alcázar ein seltsames und für jene Zeit durchaus nicht alltägliches Möbel zugewachsen: ein nach allen Regeln der Mechanik gebauter, trefflich funktionierender und nur selten einer kleinen Nachschau bedürftiger Gichtstuhl. Es ist ein ausgesprochener Liegestuhl mit Polstern auf dem Sitz, dem Rücken und den Armlehnen. Auch eine biegsame Roßhaarmatratze ist da, mit der man ihn bei Bedarf der ganzen Länge nach bedecken kann. Das Rückenstück und das Fußbrett vermögen mittels zweier halbkreisförmig gebogener und gezahnter Metallschienen beliebig gesenkt oder gehoben zu werden. Der Stuhl ist fahrbar, das ist klar, und man kann, wofern man sich seiner zu bedienen genötigt ist, in ihm flach ausgestreckt liegen wie in einem Bett, kann aber auch bequem zurückgelehnt in ihm verweilen, und kann endlich auch in aufrechter Stellung darin sitzen; wobei noch zu erwähnen ist, daß jede dieser drei Körperstellungen mit ein paar hilfreichen Handgriffen leicht und sänftiglich in eine der zwei anderen sich überführen läßt. Wer hat nun diesen Tröster und Schmerzensbrecher erdacht und hergestellt? Nicht etwa ein Gremium von hauptstädtischen Ingenieuren und eine Werkstatt von gelernten Mechanikern, sondern einer von den emsigen Bastlern und Tausendkünstlern, die Philipp II. so gern unter seinen Kammerdienern und Leibwachen, unter seinen Mönchen und Laienbrüdern im Escorial, unter dem Hofgesinde seiner näheren Umgebung hat. Der eine oder andere von ihnen ist uns ja auf unserer langen, bald erhebenden, bald traurigen, bald unterhaltsamen Wanderung schon über den Weg gelaufen. Nun dient dem mächtigsten Herrscher der Christenheit seit 1590 als Kammerlakei der im Anfang der Dreißigerjahre stehende Niederländer Jehan Lhermite, aus dem Hennegau stammend, nicht nur des Französischen, Flämischen, Spanischen kundig, nicht nur ein treues, grundehrliches Faktotum, sondern auch ein in allen erdenklichen Handfertigkeiten und im Umgang mit 1001 Werkzeug geschickter und erfahrener Praktikus. Wie er so die Jahre hindurch mitansehen muß, daß sein Herr und Gebieter vom Grund- und Erbübel der spanischen Habsburger in immer höherem Grade und in immer häufigeren Anfällen gequält und zermürbt wird, da kommt ihm der Gedanke, seine handwerkliche Geschicklichkeit darauf zu verwenden, dem leidenden König die prekäre Lage nach Kräften zu erleichtern und ihn vor allem von dem lästigen Schemel zu erlösen, auf den er bei seiner endlosen tagtäglichen Schreibtischarbeit mühselig bald das eine, bald das andere gichtkranke Bein aufzulegen gezwungen ist. Das Ergebnis dieser mitleidigen Erwägungen und Bemühungen aber wird der trefflich sich bewährende, von jung und alt, von Kammerherren und Hofgesinde über die Maßen angestaunte und gelobte Gichtstuhl. Philipp II. hat ihn von dem Tage seiner Fertigstellung an nicht mehr entbehren wollen, ja es kamen Wochen und Monate, in denen er am Morgen das Bett mit dem Stuhle vertauschte und am Abend den Stuhl erst wieder verließ, wenn es Zeit zum Schlafengehen war. Das schlichte, derbe und bei aller Plumpheit praktische Möbelstück ist ihm in den letzten vier Jahren ein unentbehrlicher Begleiter gewesen, hat ihm unzählige Stunden qualvollen Siechtums erträglich gemacht, ist gewissermaßen zu seinem zweiten Ich, zu seinem Schatten geworden.

Über die Tatsache, daß das Leben Philipps II. in den Jahren 1595 bis 1598 beinahe nur mehr ein erbarmungswürdiger Kampf mit Gicht und Fieber gewesen ist, unterrichtet uns eine Reihe von zeitgenössischen Aufzeichnungen. Als Jehan Lhermite in seine Dienste tritt (1590), da ist der König 63jährig, schon weißbärtig und kahlköpfig, aber sonst noch frisch an Geist und vor allem ungeschwächt in seinem alle Welt verblüffenden Gedächtnis; nur hat er stark unter Gichtanfällen zu leiden. So notiert es sich Jehan in sein Tagebuch. Das zweite Übel, das dem alternden Herrscher bös zu schaffen macht, ist jenes rätselhafte chronische Fieber, an dem zwei Drittel seiner Untertanen beständig gelitten zu haben scheinen, das in allen spanischen Krankheitsberichten der Zeit, ja beinahe in allen Biographien immer wiederkehrt, stets „unas quartanas" genannt, und zu dessen Heilung die Ärzte in Form von Aderlässen wahrhaftige Ströme spanischen Blutes vergossen haben. Bei Philipp II. ist es sehr häufig mit starken Darmkoliken verbunden und hat darum den gesteigerten Nachteil, daß es den durch die unsinnige Blutabzapfung geschwächten Körper bis an die äußerste Grenze der Lebensmöglichkeit ausmergelt. Auf einen derartigen Zustand scheint ein (im Statthalterei-Archiv zu Innsbruck liegender) Bericht des kaiserlichen Gesandten Johann Khevenhiller anzuspielen, in dem es wörtlich heißt: „Der König khracht ohn Unterlaß und ist vom Leib feindtlich (= beträchtlich) abkhummen." Im September 1596 hat das Gichtübel den Körper Philipps II. bereits mit einer solchen Heftigkeit unterwühlt, daß die rechte Hand den Dienst versagt und ein Unterschreiben der Dokumente unmöglich ist. Seit dem 8. September dieses Jahres vollzieht der 18jährige Thronerbe Prinz Philipp diese wichtige Handlung, und zwar unterzeichnet er die Schriftstücke mit „Yo el Principe", worunter dann der Sekretär nebst seinem eigenen Namenszug die Erklärung setzt: „Por mandado de su Magestad y Alteza en su nombre."

Das Frühjahr 1598 bringt die letzten beiden großen Ereignisse im Leben Philipps II.: am 2. Mai findet der Abschluß des Friedensvertrages von Vervins statt, am 6. Mai vollzieht sich die Übergabe des aus dem großen Brande geretteten Teiles der Niederlande an die Infantin Isabel Clara Eugenia. Und jetzt fühlt sich der kranke kleine Mann, auf dessen gebeugten Schultern immer noch eine gewaltige Verantwortung lastet, in dessen gichtgekrümmten Händen immer noch eine nahezu unvorstellbar große Macht gesammelt und geballt liegt, am Ende seiner Kraft und am Ende seines Willens, die Last noch weiter zu tragen. Eine innere Stimme sagt ihm, daß es Zeit wird, sich auf den letzten Gang vorzubereiten, und es ergreift ihn plötzlich eine unbezwingliche Sehnsucht nach dem Escorial. Das Felsenkloster, das er sich und den Seinen als letzte Ruhestätte erbaut hat, soll auch sein Sterbehaus sein. Die Ärzte und die Räte protestieren gegen den Transport des todkranken Königs, auch die Kinder suchen ihm abzuraten und ihn auf später zu vertrösten, aber er selbst kennt keinen anderen

Wunsch mehr: nur im Escorial will er sterben. So rüstet man denn alles zum letzten Aufbruch. Kurz vorher verabschiedet sich noch der kaiserliche Gesandte Johann Khevenhiller, der in Pension geht und durch seinen Neffen Franz Christoph Khevenhiller ersetzt wird. Die beiden Alten, der König und der Gesandte, machen nicht viele Worte, aber als der Herr dem treuen Diener zum letzten Abschied die Hand reicht, da rinnen ihnen selbander die hellen Tränen in die eisgrauen Bärte.

Am 30. Juni 1598 verläßt Philipp II. zum letztenmal das Schloß seiner Väter, den Alcázar von Madrid, den Schauplatz seiner Ehe mit Isabel de Valois und mit Anna von Österreich, das Geburtshaus seiner Kinder, der wenigen lebenden und der vielen gestorbenen, das Heiligtum des burgundisch-spanischen Zeremoniells, das Gefängnis des Narren Don Carlos, den Sitz der Rätekammern, die Werkstätte seiner Maler, jenen Alcázar, von dem wir uns heute, so wie ihn des Königs scheidendes Auge in sich aufnahm, nur mehr ein unsicheres und verschwommenes Bild zu rekonstruieren vermögen, weil er durch die ewigen Umbauten und Erneuerungen des folgenden Jahrhunderts ein gänzlich verändertes Gesicht bekommen wird. Philipps körperlicher Zustand ist so jammervoll, daß er nicht einmal imstande ist, in einer Kutsche zu reisen. Man baut also eine Sänfte, die zwischen zwei Stangen aufgehängt ist und die von zwei kräftigen Lakaien auf den Schultern getragen wird. Der Weg ist weit, uneben und steinig, die Hitze groß, und so braucht man, indem man über Carabanchel, Valdemorillo und Perales zieht, volle sechs Tage zur Überwindung einer Entfernung, die man in sechs Stunden bequem reiten kann. Im schrägen Licht der scheidenden Sonne des sechsten Tages kommt der Escorial in Sicht, schimmernd wie ein Märchenschloß, lockend wie eine Fata morgana, plastisch und klar wie ein von Meisterhand geschaffenes Gemälde. Die Träger sind erschöpft und außer Atem, als man endlich das Ziel erreicht, der König nicht minder; die ersteren vor Anstrengung, der letztere vor freudiger Erregung darüber, daß er nun endlich da ist, wo er sein wollte. Kaum hat er eine Nacht geruht, da läßt er sich in der gleichen Sänfte, in der sie ihn hergebracht haben, ein letztes Mal durch

das Haus, sein Haus tragen. Außen rundherum durch die Gärten, innen durch die Höfe und Korridore, treppauf, treppab, in die Grabkammer, in die Basilika, in die Sakristei, in die Bibliothek, in den Trakt der Mönche, überall das Bild mit weit geöffneten Augen in sich einsaugend, überall von den Dingen, von den Steinen, von den Farben, von den Gemälden, von den Durchblicken stummen Abschied nehmend, ein letztes Mal sich freuend ob des gelungenen Werkes und es dankbar segnend für den gewährten Trost und mütterlichen Schutz. Am längsten verweilt er bei den Reliquien, von denen gerade in der jüngstvergangenen Zeit eine neue große Sendung aus den Niederlanden und aus Deutschland eingebracht worden ist. Er sieht sie hier zum erstenmal und er wird nicht satt daran, sie zu betrachten, zu berühren, zu verehren. Er steht in diesem Augenblicke wieder ganz unter dem Zwang und Zauber magischer archaischer Kraftübertragung. Aber der körperlichen Anstrengung und der Gemütserregung dieser letzten Tage ist er nicht mehr gewachsen, und ein heftiges Fieber wirft ihn erneut aufs Siechbett. Und nun beginnt jenes 53tägige beispiellose Martyrium, das die Auflösung des kranken und verbrauchten Leibes vollendet, jenes Martyrium, das sich in den Berichten der Augenzeugen wie ein Schauerroman liest, das aber erst die Seelengröße des sterbenden Königs in ihrer unverhüllt strahlenden Reinheit erkennen läßt, jenes Martyrium, bei dessen späterer Betrachtung sich immer wieder die Frage aufzwingt, ob die vielen, die im Laufe der Jahrhunderte an diesem Manne ihrer Weisheit hitziges Mütchen kühlten, es auch in der Kunst des Sterbens mit ihm aufzunehmen vermochten.
Die sieben Wochen der großen Endpassion beginnen damit, daß an zwei Fingern der rechten Hand und an der großen Zehe des rechten Fußes die gichtischen Schwellungen aufbrechen und ohne Unterlaß eine beizende Flüssigkeit ausscheiden, durch die die Wundränder nicht nur am Schließen verhindert, sondern auch völlig zerfressen werden. Der Gebrauch der rechten Hand wird damit soviel wie unmöglich; die offenen Stellen sind überdies so empfindlich, daß die leiseste Berührung mit Verbandstoffen oder Bett-Tüchern unerträgliche, geradezu feuerbrandartige Schmerzen

verursacht. Alsbald gesellen sich diesem Übel die drohenden Anzeichen einer akuten Wassersucht bei. Der Unterleib des Kranken, die Arme und die Beine blähen sich zu schwammiger Fülle, während Hände, Füße, Brust und Kopf so unnatürlich abmagern, daß sie nur noch aus Haut und Knochen zu bestehen scheinen. Am Ende der ersten Woche entsteht am rechten Knie ein eiteriger Abszeß, der unter Fiebererscheinungen rasch zur Größe eines Hühnereies anwächst, aber allen Salben und ziehenden Pflastern, die seine Öffnung beschleunigen sollen, beharrlichen Widerstand entgegensetzt. Die Ärzte beschließen, das giftgeschwollene Ungetüm mit dem Messer zu öffnen und der Dulder Hiob ist bereit, auch diese qualvolle Prozedur über sich ergehen zu lassen. Vier Chirurgen (cirujanos, d. h. operationskundige Heilgehilfen) sind am Werk, vier Doktoren der Medizin beaufsichtigen sie, der Obersthofmeister und einige Kammerherren stehen hinter den Doktoren, der Beichtvater kniet zu Häupten des Bettes und liest mit gedämpfter Stimme die Passion Christi nach Matthäus, drei Kammerlakaien sind gewärtig, die nötigen Handreichungen zu machen, während sich der vierte, der gute Jehan Lhermite, in eine stille Ecke drückt, denn das jammervolle Stöhnen des geschundenen Königs will ihm das Herz brechen. Die Operation geht trotz der viel zu vielen Anwesenden gut vonstatten, das Fieber läßt nach, aber die eiterige Geschwulst will nicht verschwinden. Sie füllt sich stets von neuem, denn man hat sie offenbar zu früh geschnitten, und nun sind die vier Heilkünstler unter der Aufsicht der vier Doktoren der Medizin jeden zweiten Tag von neuem damit beschäftigt, mit der Kraft der Finger das Werk des Messers zu erneuern und zu vollenden, mit Drücken, Pressen und Streichen das widerspenstige Geschwür zu zwingen, daß es sich seines gefährlichen Inhalts entledige. Die Schmerzen, die der mißhandelte Kranke erleidet, sind so unmenschlich, so ungeheuerlich, daß sie — Jehan beschwört uns, davon überzeugt zu sein — jeder Beschreibung spotten; und wir glauben es ihm gern. Während endlich der eine Abszeß langsam abzuflauen beginnt, bilden sich der Reihe nach vier weitere, kleinere, auf der Brust und an den Hüften. Sie werden auf die gleiche Weise bekämpft, obschon der König, seiner Sinne fast nicht mehr mächtig, die Henkersknechte ohne Unterlaß um etwas mehr Schonung und Zartheit bittet. Bald ist es so weit, daß der wundenbedeckte Körper, der am Rücken auch schon die Merkmale, oder besser gesagt, Wundmale des sogenannten Aufliegens zeigt, nur noch mit durchgezogenen Handtüchern gehoben werden kann, wenn das Bettlinnen gewechselt werden muß. Also besingt es eine bald nach dem Tode des königlichen Dulders entstandene Romanze:

> *Treinta agujeros tenía,*
> *Por poco que le tocasen*
> *Muy grande dolor sentía.*
>
> *Dreißigmal ist er durchlöchert*
> *Und die leiseste Berührung*
> *Macht ihm martervolle Schmerzen.*

Eine wichtige Etappe dieses langsamen und qualvollen Abschiednehmens vom Leben, dieses Schlußmachens mit allem Zeitlichen und Irdischen bildet der Tag, an dem man dem Kranken die letzte Ölung spendet. Es ist der 1. September 1598. Sie wird mit aller den Umständen entsprechenden Feierlichkeit und Genauigkeit vollzogen und ihre besondere Wirkung auf den König ist, daß ihm an Seele und Körper eine unsagbare Erleichterung und Stärkung, ja sogar ein gewisses, wenn auch nur vorübergehendes Wohlbefinden zuteil wird. Es ist ihm, als wäre er heil und gesund am anderen Ufer eines reißenden Stromes gelandet, als wäre er nun schon aller Erdennot und allem Erdenschmutz für immer entronnen. Mit zufriedenem Lächeln nennt er diesen 1. September den glücklichsten Tag seiner Krankheit. Von jetzt an läßt er es auch nicht mehr zu, daß ihm irgendeine Nachricht über weltliche Dinge, über die Angelegenheiten der Regierung oder des Hofhaltes, über Vorgänge in der Hauptstadt oder im Lande, über Begebnisse der europäischen Politik zugetragen wird. Das Tor der Welt ist hinter ihm lautlos ins Schloß gefallen. Daß ihm die Eucharistie eine ständige Begleiterin der letzten 53 Tage ist, braucht nicht eigens erwähnt zu werden. Auch als das Ende zu nahen scheint, am Tage vor seinem Hinscheiden, hätte er diese

MAGDALENA RUIZ, VON EINEM UNBEKANNTEN MEISTER

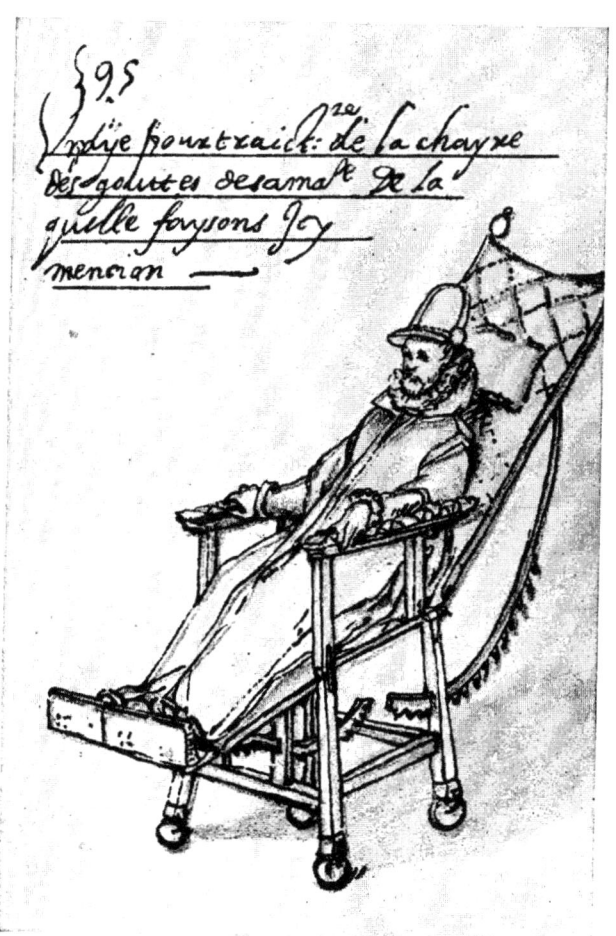

DER GICHTSTUHL, ZEICHNUNG VON JEHAN LHERMITE

freundliche Trösterin noch gerne bei sich gehabt, aber Fray Diego de Yepes, aus dem Orden Sancti Hieronymi, sein Beichtvater und Gewissensrichter, hat Bedenken, ob der König die Hostie noch zu schlucken vermöge. Als dieser immer wieder darnach begehrt, weicht Pater Diego seiner Bitte dadurch aus, daß er sich erst mit den Ärzten darüber beraten zu müssen vorgibt. Aber er berät sich nicht, sondern schiebt die Angelegenheit eigenwillig auf die lange Bank. Einen Tag und eine Nacht lang leidet der König unter dem nicht erfüllten Wunsche und stirbt dann auch damit.

Die Qual der 53 Tage findet sich erheblich verschärft durch den beständigen Durst, den das Fieber hervorruft, und durch das strenge Verbot der Ärzte, daß der Kranke etwas Wein oder Wasser oder sonst ein kühlendes Getränk auch nur schlückchenweise zu sich nehme. Sie wird fernerhin gesteigert durch den üblen Geruch und die Unsauberkeit der eiterigen und fortwährend nässenden Wunden, und das ist, so gibt es uns Jehan Lhermite zu bedenken, eine besondere Quelle der Kümmernis für den Kranken, eines der verdrießlichsten und demütigendsten Merkmale und Anhängsel seines Siechtums. Denn dieser König war, wie es Jehan aus täglicher Erfahrung wußte, noch in den Tagen des Alters von einer Reinlichkeit und einem Sauberkeitsbedürfnis, daß er auf Haut und Kleidern, auf Wand und Fußboden, auf Möbeln und Gebrauchsgegenständen nicht das geringste Stäubchen oder Fleckchen dulden wollte. In den letzten beiden Wochen aber steigert sich diese Unzuträglichkeit zu einer erschütternden, jammervollen, erbärmlichen Katastrophe, zu einer Ungeheuerlichkeit, an die zu glauben man sich gerne mit Händen und Füßen sträuben möchte, wenn sie eben nicht durch zuverlässige Zeugenberichte sicher verbürgt wäre. Die Zersetzung der Körperoberfläche durch Eiterkanäle, Gichtsekrete und Aufliegeentzündungen erhöht die Schmerzempfindlichkeit des Kranken in einem Grade, daß es unmöglich wird, ihn von der Stelle zu bewegen oder auch nur ihm die Leibschüssel unterzuschieben. Ein Fehlgriff in der Ernährungstherapie — Jehan meint, es sei eine Hühnerbrühe mit Zucker gewesen, die man in bester Absicht verordnete und reichte — ruft noch dazu einen an Heftigkeit und Dauer unerhört starken

Durchfall hervor, und so sieht man sich denn gezwungen, unter unglaublichen Umständlichkeiten und Schwierigkeiten in das Bett ein Loch zu schneiden, zu reißen, zu bohren, damit der arme, schon der Zersetzung anheimfallende Leib, in dessen verfilztem Schmutz bereits das Ungeziefer zu wachsen und zu nisten beginnt, wenigstens einen notdürftigen Abzugskanal für seinen eigenen Unrat habe. So liegt also der mächtigste und reichste Herrscher des Abendlandes, nein des Erdenrundes, im eigenen Schmutz und Kot, gelähmt an Händen und Füßen, von schwärenden Wunden gepeinigt, von Fieberschauern geschüttelt, von Durst und Schlaflosigkeit bis an den Rand des Irrsinns gestoßen, während eine Wolke von Verwesung und Fäulnis, von Urin und Exkrementen, von Blut und Eiter im Raume schwelt, der eher ein Grab als eine Krankenstube zu sein scheint. Das Gebet der 11. Station der franziskanischen Kreuzwegandacht: „Schneide, brenne, kreuzige mich, o Herr, in diesem Leben, nur schone meiner in der Ewigkeit", ist hier nicht nur erfüllte Wirklichkeit geworden, sondern zu grauenvoller Übersteigerung gediehen. Ein erschütterndes, verwirrendes, peinigendes Bild, aber bei allem ein echt spanisches Bild: die Vergänglichkeit alles Irdischen und der Jammer alles Leiblichen, nicht gemalt, sondern vorgelebt, vorgelitten, mit den Augen sichtbar, mit den Ohren hörbar, mit der Nase riechbar. Damit es aber auch seiner lehrhaften und erzieherischen Wirkung nicht verlustig gehe, werden die beiden Kinder, die 31jährige Infantin Isabel Clara Eugenia und der 20jährige Thronerbe Prinz Philipp gerufen, und es begibt sich die in ihrer Art gewiß einmalige Szene, daß der kranke Vater vor Sohn und Tochter seinen „übel schmeckenden, mit Geschwüren durchlöcherten, mit Leusen bestiegenen Leib" (die Worte sind von Khevenhiller) entblößt und sie an die Hinfälligkeit aller menschlichen, aller königlichen Macht und Herrlichkeit mahnt, ein Memento mori von erschreckender Realistik. Ein echt spanisches Bild aber auch durch die Hoheit des Duldens und den Glorienschein des Herrschertums, der über aller Zersetzung und über allem Stank in unvermindertem Glanze strahlt. Der kranke kleine Mann, der da auf dem faulenden Schragen zergeht und

verweht, ist bei aller Hinfälligkeit noch „jeder Zoll ein König". Sein Verstand und sein Wille sind wie eh und je über allen, sein Wink ist soviel wie ein vollzogener Befehl. Bei der Spendung der letzten Ölung ist der toledanische Primas Don García de Loaysa wiederholt in ängstliche Verwirrung geraten, so viel Majestät und Unnahbarkeit umgibt immer noch diesen verlöschenden König.
Um das Krankenbett sind in den letzten Wochen beständig die folgenden Herren versammelt: der Obersthofmeister Graf von Fuensalida, der Oberstkämmerer Don Cristóbal de Moura, die Mayordomos Graf von Chinchón und Graf von Velada, die Kammerherren Don Antonio de Toledo, Don Pedro de Castro und Don Francisco de Ribera, der königliche Beichtvater Fray Diego de Yepes, der Erzbischof von Toledo Don García de Loaysa (der jüngere) und der Prior der Mönche des Escorialklosters. Diese höfischen Würdenträger und Vertrauensmänner sind auch die Empfänger seiner letzten Anordnungen. Diese tragen die besonderen Merkmale der Genauigkeit, des von langer Hand her Überdachtseins und der Unabänderlichkeit. Ein Beispiel genügt uns. Hinsichtlich seiner Einsargung verfügt Philipp II., daß sein Leichnam mit einem weißen Hemde angetan, in ein weißes Leinentuch gewickelt und in einen einfachen Zinnsarg gelegt werde, der zu verlöten ist. Dieser Zinnsarg muß dann in den eigentlichen Holzsarg eingefügt werden, der nach den Vorschriften des Zeremoniells auszustatten und zu verzieren ist. Auf der Brust will er ein an einer Schnur um den Hals gelegtes einfaches Kruzifix tragen. Die Öffnung der Leiche und deren Einbalsamierung verbietet er auf das strengste.
Der geistige und seelische Zustand seiner letzten Wochen ist würdig dessen, was ihm im Leben voranging. Von Angstgefühlen, von einer Furcht vor den letzten Dingen oder vor dem Jenseits ist weder in Worten noch in Handlungen die leiseste Spur. Da scheidet einer, der seinen letzten Weg sicher und ohne Straucheln geht. Das gute Gewissen, das Bewußtsein, seine Pflicht als Mensch und als König getan zu haben, gibt ihm Stärke; der Glaube an das Jenseits, an das Fortleben im Jenseits und an den dort waltenden gerechten und barmherzigen Gott ist die Quelle

seiner Kraft. Kein Wort wiederholt er während der 53 Tage so oft als das Erlöserwort: Vater, nicht mein Wille geschehe, sondern der deine! Es hat im Munde eines Philipp II. einen anderen Sinn, als wenn es etwa ein frommer Bürgersmann seiner Zeit und seines Volkes gesprochen hätte. Denn mit ihm opfert er demütig das, was ihm ein Leben lang über allem gestanden ist, seine Befehlsgewalt, sein Herrschertum, seine Einmaligkeit. Angesichts der letzten Dinge sieht er sich selber nur noch als einen unter vielen, ist ihm die Entpersönlichung zur Tat geworden. Diese unbedingte Ergebung in Gottes Willen verleiht ihm auch die von allen Zeugen einmütig gerühmte heroische Geduld im Ertragen der ihm auferlegten Leiden. Kein Wort des Mißbehagens, der üblen Laune oder der schmerzlichen Klage kommt über seine Lippen; er ist es im Gegenteil, der die Jammernden tröstet, deren Mitgefühl er erregt, der sie mahnt, es sei viel christlicher, sich mit ihm in den Willen des Allmächtigen zu fügen als ihn zu bemitleiden. Sogar dem guten Jehan Lhermite dämmert hier die Erkenntnis der Wirklichkeit, nämlich eines wahrhaftigen Sieges über den Tod. Nicht von den Gespenstern seiner Opfer umdräut, nicht von den Visionen der von ihm Ermordeten bedrängt, nicht ächzend und stöhnend unter dem Angstgefühl einer zentnerschweren, einer unsühnbaren Schuld ist also dieser angebliche Großverbrecher eines langsamen und darum gerechten Straftodes verblichen — so kann man es bekanntlich in mehr oder minder melodramatischem Schauerstil bei nicht wenigen seiner älteren Biographen lesen, Engländer und Franzosen voran —, sondern im Gegenteil: mit einer heiteren Ruhe, mit einer Seelenstärke, mit einer Heilsgewißheit ohnegleichen hat er selig lächelnd das dunkle Tor der Ewigkeit durchschritten.
Begleiten wir jetzt den Siegreichen noch durch die letzten Stunden seines Kampfes.
In der Nacht vom 12. auf den 13. September, gegen 3 Uhr des Morgens, begehrt er, daß man ihm die Sterbegebete vorspreche. Er fühlt, daß seine Stunde gekommen ist. Man rezitiert also jene ehrwürdig alten und ewig gleich ergreifenden liturgischen Worte, mit denen die mütterlichste aller Religionen ihre Getreuen ins

Siechtum und Tod 499

Jenseits entläßt und bei deren Anhören dem Einfältigsten wie dem Gelehrtesten ein Licht darüber aufgeht, was es bedeutet: ein Archetypus wird angerührt. Als man an den Schlußsatz kommt, der beginnt: „Fahre hin, christliche Seele...", da macht der Sterbende eine letzte Anstrengung, seine freudige Bereitschaft kundzugeben. Dann entsinkt er in die dunkle Tiefe einer Ohnmacht. Schon glauben die Mönche, die Ärzte, die Kammerherren, die Lakaien, es sei mit ihm zu Ende; einer breitet ein weißes Tuch über das bleiche Gesicht; das stumme Weinen von Männern ist das einzige, was man hört und doch nicht hört; ein Hauch der Ewigkeit durchzittert den Raum. Da kommt plötzlich wieder Bewegung in den Regungslosen. Er öffnet die Augen, entfernt das verhüllende Tuch, deutet auf das silberne Sterbekreuz Karls V., das ihm Don Fernando de Toledo entgegenhält. Er umgreift es so gut er kann und küßt es mit zärtlicher Inbrunst. In die Linke gibt man ihm das geweihte Flämmchen einer Kerze aus dem Heiligtum von Nuestra Señora del Montserrat. Während Don Antonio den zitternden Händen behilflich ist, Kreuz und Kerze zu halten und alle Anwesenden lautlos in die Knie sinken, brechen langsam die einst so lichten und klaren Augen des Königs, und er erlischt ruhig und mit wenig Bewegung. Es ist am Sonntag den 13. September 1598 beim ersten Morgengrauen; aus den Hallen der benachbarten Basilika ertönen gedämpft und wie aus weiter, aus überirdischer Ferne die Chorgesänge der eben beginnenden Frühmesse.

DER MENSCH UND DIE GESINNUNG

XXVI. KAPITEL

Die Psyche

Die seelische Entwicklung Philipps II. steht unter dem entscheidenden Einfluß einer Reihe von Personen und einer Reihe von Erlebnissen. Die Mutter, der Vater, die Erzieher und Lehrer geben ihm Ratschläge und Unterweisungen, formen seine Anschauungen, bleiben ihm zeitlebens, wenn auch zum Teil unbewußt, als die entscheidenden Autoritäten gegenwärtig. Was sie ihm vorsagen und vorleben, das glaubt er und befolgt er, zuerst mechanisch, dann aus Gewohnheit und dann aus Überzeugung. Es ist die Persönlichkeitsbildung durch Autorität, was sich hier an ihm vollzieht. Konnte also Philipp, bis zum zwölften Lebensjahre unter der ausschließlichen Fürsorge seiner Mutter, der frommen und glaubenseifrigen Isabella von Portugal stehend, etwas anderes als ein vollgültiger, kompromißloser Katholik werden? Konnte er unter den Händen des pedantischen, gegen sich und andere unerbittlich strengen Eiferers Martínez Siliceo, vulgo Kieselstein, der den Fleiß und die Pflichttreue sozusagen lebendig verkörperte, der ein Wahrheits- und ein Echtheitsfanatiker war, der die Rassereinheit mit der Glaubensreinheit in eine Linie stellte, etwas anderes werden als ein gewissenhafter Grübler, ein zäher und bedächtiger Arbeiter des Schreibtisches, ein Mann der minutiösen Genauigkeit und der erst nach reiflicher Überlegung gewonnenen, dann aber zäh festgehaltenen Meinung, ein überzeugter Pfleger und Träger des Rassegefühls endlich und der feindseligen Ablehnung aller Mischblütigkeit und alles Ketzertums? Konnte er schließlich in der Schule eines Karl V., der für ihn die kaiserliche mit der väterlichen Autorität verband, etwas anderes werden als ein diesem durch Macht, Klugheit und Güte bezwingenden Vater in demütigem Gehorsam ergebener Sohn, als ein von felsenfestem Gottglauben und Gottvertrauen beseelter Christ, als ein von seiner eigenen göttlichen Sendung bis ins Mark durchdrungener, von seiner Verantwortlichkeit im Jenseits bis zum Rande erfüllter, von dem Bewußtsein, nur der Vollstrecker eines höheren Willens zu sein, beherrschter und geleiteter Souverän? Und noch viele Einzelzüge fügen sich diesem Vorgang der Persönlichkeitsbildung durch Autorität ein. So zum Beispiel das Gefühl für Würde und Unnahbarkeit, das wie ein unsichtbares Fluidum von der Kaiserin ausgeht, oder das „desconfiar", das vorsichtige Mißtrauen gegenüber allen Beratern, Höflingen, Ministern, das wie ein schützendes Impfgift gegen die Pest der Günstlingswirtschaft ist, oder das richtige und moralisch untadelige „disimular", das heißt die Kunst nicht etwa der Heuchelei und Verstellung, sondern des heimlichen, nicht zur Schau getragenen Wissens um alle Schliche und Schwächen der Mitarbeiter und Helfer, beide, das „desconfiar" und das „disimular", eine klare und eindeutige Lehre aus der Schule Karls V., und anderes mehr.

Neben der Persönlichkeitsbildung durch Autorität geht jene einher, die bedingt ist durch die Erfahrung. Die Erlebnisse sind es da, die an die Stelle der Personen treten. Entscheidend für die Gestaltung der Persönlichkeit ist die Spanne zwischen dem 12. und dem 25. Lebensjahr, der Zeitraum also, innerhalb dessen die Kindheit schon vorüber, die gefestigte Mannesreife aber noch nicht erreicht ist. Gerade in dieser Periode sind die Erlebnisse, die auf den jungen Philipp eindringen, beispiellos stark, sei es an gefühlsbetonter Eindringlichkeit, sei es an fremdartiger Mannigfaltigkeit. Zu den einen gehört der frühe Verlust der Mutter, die unzeitige erste Ehe, die viel weniger eine Heirat als ein zwangsweises Verheiratetwerden war, dann die abermalige schreckhafte Begegnung mit dem Tode, der den kaum 18jährigen Jüngling schon zum Witwer macht, und endlich auch die unheimliche Raschheit, mit der dem jungen Regenten in den Jahren 1545 bis 1547 die ihm vom Vater bereitgestellten Berater und Helfer sozusagen unter den Händen wegsterben, diese erbarmungslos und ohne Unterlaß ertönende Mahnung an die Hinfälligkeit alles Irdischen, die zugleich auch eine nahezu übermenschliche Vertrautheit mit dem Tode hervorruft und ihn aller Schrecken entkleidet. Zu den anderen gehört die ein starkes Verantwortungsgefühl fördernde Regentschaft in Stellvertretung des Vaters, des weiteren der in seiner Wirkung gar nicht stark genug zu bewertende Eindruck des plötzlichen Übertritts in die neue Lebensform des burgundisch-spanischen Hofzeremoniells, und schließlich die vielfarbige, an Enttäuschungen wie an Anregungen, an Lehren wie an Warnungen unvergleichlich reiche Präsentationsfahrt nach den Niederlanden mit dem darauffolgenden einjährigen Zwangsverweilen in Augsburg, in der Umwelt der Reichstage und der deutschen Fürsten. Dazu fügt sich später, als die Fünfundzwanzig bereits überschritten sind, während zugleich die Persönlichkeitsbildung noch immer stark entwicklungsfähig ist, das denkwürdige Abenteuer der Englandfahrt und der Berührung mit einem an Rasse und Anschauungen, an Glaube und Sitte, an Charakter und Überlieferung anders gearteten Volke.

Vor aller Persönlichkeitsbildung durch Autorität und durch Erfahrung aber steht, zeitlich sowohl wie an Kraft der Wirkung, das Erbe der Ahnen. Darunter verstehen wir jene seltsame Mischung mnemischer Bilder von Urzeiten her, die nicht das persönliche, sondern das kollektive Unbewußte des Individuums gestalten und die gewissermaßen die Summe gefühlsbetonter Urerfahrungen (Archetypen) darstellen, die dem Einzelmenschen von einer unterschiedlich weitgespannten Ahnenreihe vererbt werden. Dieses Unbewußte muß bei Philipp außergewöhnlich reich und mannigfaltig gewesen sein, denn in ihm kreuzte und vereinigte sich das Vermächtnis zweier grundverschieden gearteter Stämme, des iberisch-kastilischen und des normannischburgundischen, deren letzteres überdies mit dem Blute Maximilians I. eine deutsche Färbung und Unterströmung in sich aufgenommen hatte. Die blonden Haare, die lichten Augen, die helle Hauttönung Philipps II. beweisen, daß, auch wenn späterhin der spanische Mensch in ihm vorherrschte, doch ein starker burgundischer Grundstock latent vorhanden sein mußte. Je reicher nun das phylogenetische Erbe des einzelnen ist — phylogenetisch heißt soviel wie „die Entwicklung der Stämme oder Phylen (phylai) betreffend" —, desto mehr ist er in Anschauungen, Gefühlen, Werturteilen und in der individuellen Art des Sichverhaltens in bestimmten seelischen Situationen auf die Denkform entfernter Vorfahren und Urahnen eingestellt, desto mehr ist seine Mentalität und seine Ideenwelt eine archaische.

Der Begriff des archaischen Denkens dient gewissermaßen als Kurzbezeichnung oder Kennwort für jene Art der verstandesmäßigen und gefühlsmäßigen Einstellung des Menschen gegenüber den Dingen in sich und um sich, wie sie einer bestimmten Wegstrecke seines geistigen und seelischen Werdegangs eigentümlich ist. Als archaisch denkend gilt der Mensch, solange er die ihn umgebende Natur mit dämonischen Kräften erfüllt sieht und nicht nur Tiere und Pflanzen, Bäume und Wasserläufe, Gestirne und Wolken, sondern auch die leblosen Dinge seiner nächsten Umgebung, Häuser, Kleidungsstücke, Waffen, als Träger einer Art Seelensubstanz, einer geheimnisvollen, weil überirdischen Macht zu betrachten und vor allem zu fürchten geneigt ist.

Belebung des Leblosen, Wunscherfüllung auf Grund verborgener Kräfte und zauberhafter Manipulationen, das sind die beiden stärksten Antriebe des archaischen Denkens. Von ihm gehen, ähnlich wie Strahlen von einem Licht- und Wärmezentrum, fast alle übrigen Besonderheiten dieser·Mentalität eines seelischen Frühzustandes aus. Die Überzeugung des archaischen Menschen von der Allbeseeltheit der Umwelt ist der Grund dafür, daß sein Denken kein persönlich differenziertes wird, sondern ein ausgeprägt kollektivistisches bleibt. Er kennt sich nur als den Teil eines größeren Ganzen, als ein Glied einer Gruppe, die wiederum nur Bestandteil einer weitgespannten Gemeinschaft ist. Aus diesem Kollektivdenken erwächst ihm unter anderem die Idee des Totemismus und der archaischen Exogamie. Wie er aber selbst, als Teil eines aus gleichwertigen Größen bestehenden Ganzen, für sich allein schon das Wesen dieses Ganzen darstellt, ebenso überträgt er diese Gleichsetzung auch vom Großen auf das Kleine. Seine Haare, Fingernägel, Kleider sind so viel wie er selbst. Er braucht also nur Dinge dieser Art einem anderen entwenden, um eine magische Gewalt über ihn zu gewinnen; er braucht nur dieses oder jenes Organ eines getöteten Feindes, etwa dessen Herz, zu verzehren, um allsogleich die Kraft und den Mut des Bezwungenen sich anzueignen. Auch die archaische Gefühlswelt steht im Banne dieses undifferenzierten Denkens. Die Gesamtheit der seelischen Funktionen ist noch derart ineinander verschmolzen, daß sie voneinander unabhängig nicht zu wirken vermögen. Das Denken mischt sich also beständig mit dem Fühlen und dem Wollen.

Eine analoge Erscheinung des psychischen Zustandes der mangelnden Gefühlsdifferenzierung bietet der sogenannte Gegensinn der Urworte. In den ältesten Sprachen werden zwei gegensätzliche Begriffe häufig durch ein und dasselbe Wort ausgedrückt. Altägyptisch „ken" hieß groß und klein, lateinisch „altus" bedeutete ursprünglich hoch und tief, griechisch „opisthen" besagte so viel wie zurück und vorwärts. Diese Ambivalenz oder Doppeltonigkeit erstreckt sich im archaischen Denken auch auf die Kennzeichnung von Vorgängen und Handlungen. Ins Wasser gehen oder fallen, bedeutet also dasselbe wie aus dem Wasser kommen, und eine Stiege oder Leiter hinaufsteigen ist das gleiche wie sie heruntergehen. In der Seele des archaischen Menschen herrscht darum auch die Ambivalenz der Gefühle. Freundschaft und Feindschaft, Zuneigung und Abneigung, Werbung und Zurückweisung, Liebe und Haß wohnen hier als undifferenzierte Einheiten beieinander. Überraschende Analogiebeispiele dieses psychischen Verhaltens gibt uns der moderne Mensch, sobald ihn das Unglück trifft, an Schizophrenie zu erkranken. Das Gemeinsame in beiden Fällen aber liegt wohl darin, daß hier wie dort das rationale Denken, das Wirklichkeitsbewußtsein, das sogenannte

Realitätsprinzip, von den Trieben und Kräften des unbewußten Seelenlebens überflutet und erstickt wird. Die Einsicht in Wesen und Herkunft der archaischen Gefühlsambivalenz ist vor allem für das Verständnis der Tabugesinnung von grundlegender Bedeutung.

Wo beginnt und wo endet aber nun das archaische Denken? — Das ist eine Frage, die nach dem heutigen Stand unseres Wissens kaum jemand genau zu beantworten vermöchte. Die Anfänge der archaischen Mentalität verschwimmen für unseren Blick in grauer Vorzeit, und es ist nur ein Versuch mit unzulänglichen Mitteln, daß und wenn man es unternommen hat, die Frühkultur der Menschheit in eine primitive und eine archaische Periode zu zerlegen und in der ersten wiederum eine niedrige, eine mittlere und eine höhere Stufe der Primitivität zu unterscheiden. Kulturstufe und Mentalität sind keineswegs identisch, noch auch im Gleichschritt der Entwicklung gehend. Die relative Höhe der Frühkultur hängt ab von dem Maße der Erfahrung gegenüber den Kräften der Natur, die Art des Denkens und Fühlens aber regelt sich viel mehr nach psychischer als nach umweltlicher, nach innerer viel mehr als nach äußerer Ordnung. Hier also verwischen sich die Unterschiede zwischen primitiv und archaisch, weil die Erlebnisvorgänge, so sehr sie auch von außen her beeindruckt sein mögen, auf einer ganz anderen Ebene sich zutragen, weil es sich nicht mehr um Dinge wie etwa das Voranschreiten vom Hackbau zum Pflugbau handelt, sondern um das gegenseitige Ringen der zwei Grundformen des psychischen Geschehens: des Bewußten und des Unbewußten. Wie die Anfänge, so entziehen sich auch die Ausläufe, das langsame Abebben und Verschwinden der archaischen Denkart, unserem genauen Wissen und Erfassen. Daß die unzivilisierten Völkerstämme von Amerika, Australien, Afrika und der Südsee noch heute völlig in ihr aufgehen, versteht sich von selbst, und daß gerade diese Tatsache den Missionsbestrebungen der christlichen Kirchen die ärgsten Schwierigkeiten bereitet, ist bekannt. Aber auch der hochzivilisierte Europäer, der sich rühmt, die archaische Gesinnung und Ideenschaltung zum mindesten seit dem Ausgang des Mittelalters siegreich überwunden zu haben, auch er steht noch in mehr als einer Hinsicht unter ihrer Botmäßigkeit. Das archaische Denken regiert noch heute im unbewußten Seelenleben eines jeden Menschen, es beherrscht ihn in gesunden Tagen, wenn er träumt, und in kranken Tagen, wenn er einer Neurose unterliegt oder wenn er der schizophrenen Form der Psychose zur Beute wird. Er begibt sich freiwillig in den Bann des archaischen Denkens, wenn er sich mit vollem Genusse (also nicht etwa um literarischer Zwecke willen) dem Zauber des Märchenlesens überläßt, oder etwa wenn er einem Gegenstand durch Berührung mit einem anderen eine symbolische Weihekraft zu verleihen willens ist, oder wenn er — der eine mehr, der andere weniger, aber auch der Aufgeklärteste immer noch ein wenig — einer von den tausend immer noch lebendigen Formen und Spielarten des Aberglaubens huldigt; und der Bogen spannt sich hier sehr weit: von Astrologie und Kartenschlagen bis zu Kleinigkeiten wie etwa der Glücksbedeutung eines vierblätterigen Kleeblattes oder der Unheilsbedeutung eines alten Weibleins oder einer schwarzen Katze. Allen anderen voran aber stehen die Dichter und die Maler. Sie, die aus den Quellen des Unbewußten wie aus verborgen strömenden Zauberbrunnen schöpfen, und denen es ein Gott gegeben hat, seelische Nöte befreiend und erlösend in das Kunstwerk zu projizieren, sie sind noch viel mehr und auf ganz anderen Gebieten als der trockene Durchschnittsmensch mit der archaischen Mentalität verwachsen. Ewige Urbilder, die aus der Vergangenheit in unsere Gegenwart hereinragen, werden von ihnen aufs neue mit Leben und Bewegung erfüllt. Hieronymus Bosch und Matthias Grünewald etwa sind zwei Beispiele von Künstlernaturen, die in schöpferischen Tagen und Stunden völlig unter der Gewalt des archaischen Denkens standen und die darum unserem heutigen eingeschränkten Wissen um jene Geheimnisse, die für sie keine Geheimnisse, sondern Erlebnisse waren, so ungeheure Schwierigkeiten des Deutens und des Erklärens entgegenstellen. Es ist wohl kein Zufall, daß Philipp II. die Bilder des Hieronymus Bosch, dieses rätselhaften und heute erst gewürdigten großen Malers, mit Leidenschaft sammelte. Einfühlungsbereitschaft und Interesse für Archaismen sind bei vielen Menschen schwer zu wecken, vor allem schon deswegen, weil der Fehlschluß und Irrtum stets in gefährlicher Nähe liegt, daß man den Ausdruck „archaisch" mit „primitiv" schlechthin verwechsle, im archaischen Denken und im archaischen Gedankengut ein Merkmal geistiger Zurückgebliebenheit sehe und sich der Vermutung hingebe, archaisch stark befrachtete Gemüter und Seelenschiffe seien nur denkbar im Zusammenhang mit beschränkten und einfältigen, geistig unentwickelten und unkultivierten Köpfen. Auf Philipp II. angewendet, wäre beispielsweise ein solches Verhalten der kürzeste und der sicherste Weg, sich das Verständnis für ihn von vornherein und für immer gründlich zu verschütten.

Das archaische Denksystem nun ist das älteste und das erste von jenen drei großen Weltbildern, die sich die Menschheit im Laufe der Zeiten geschaffen hat. Ihr zweites ist das religiöse, ihr drittes das rationalistische. Das archaische oder animistische System hat, wie wir hörten, seine Wurzeln in der einen der zwei Grundformen des psychischen Geschehens, dem Unbewußten; wobei als bekannt vorausgesetzt wird, daß die andere dieser beiden Grundformen das Bewußte ist; wobei weiterhin hinter dem Worte „animistisch" nicht streng genommen eine Allbeseelung gesucht werden darf, sondern vielmehr eine Verlebendigung und Vermenschlichung, ein Drang, die Dinge gleich zu achten mit sich selbst, sie unter dem eigenen Bilde zu sehen und sie aus dem Kreise der eigenen Bedürfnisse und Ansprüche zu deuten. Den Übergang vom archaischen zum rationalistischen Denksystem bildet das religiöse Denksystem, das je nach Zeit, Erdteil und Rasse noch die Spuren des vorausgehenden, also des archaischen an sich tragen mag, oder auch mit dem späteren, dem rationalistischen sich gegenseitig durchdringen und modifizieren kann, oder endlich neben ihm ein selbständiges Eigendasein führen wird. Zuletzt und als drittes sodann entsteht das rationalistische Denksystem, das auf den Höhen des Bewußtseins seinen Sitz und sein Blickfeld hat, das eine bestimmte Entwicklung der geistigen Behelfe, eine gesteigerte Logik, eine Fähigkeit der Handhabung von abstrakten Begriffen zur Voraussetzung hat und das in erster Linie der Urteilsfällung dient, mit einem Worte: das Denksystem der voll ausgebildeten, selbstsicheren Verstandeskultur.

Ein Bild und Gleichnis mag dazu dienen, das Verständnis für diese Dinge noch weiter zu vertiefen. Das Denken des Menschen, sein nach innen und außen Sichzurechtfinden verläuft wie ein breiter Strom. In den Anfängen ist er gelblichtrüb und ungeklärt, denn er führt noch Erde und Sand der urzeitlichen Tiefe mit sich, aus der er entsprang, er zeigt noch die Farbe und das Gewoge der archaischen Gesinnung und Anschauung. Mit den Jahrhunderten nun, durch die er hinströmt, klärt und reinigt sich sein Wasser in die dunkle, aber immer noch geheimnisvolle Bläue der religiösen Denkweise, und sie ist anfänglich noch reichlich durchschossen von den dunkleren Flecken und Wolken der Ursprungsfärbung. Zuletzt endlich erhellt sich die blaue, undurchsichtige Tiefe zur glasgrünen Klarheit der rationalistischen Denkform, deren Helle und Reinheit jeden Kiesel am Grunde erkennen läßt oder wenigstens dessen Erkennen vortäuscht, eine Klarheit, in deren wirkliche oder vermeintliche Diaphanie aber immer wieder auf weite Strecken das mystische Blau der religiösen Welt einströmt. Auch das religiöse Weltbild braucht ja der rationalistischen Klarheit und Bildschärfe durchaus nicht zu entraten, wofür unter anderem die rein verstandesmäßige Erfassung und Deutung des Gottesbegriffs ein hinreichender Beweis ist.

Nun versuchen wir, uns darüber Rechenschaft zu geben, in welchem Umfange das Seelenleben Philipps II. jedem dieser drei Denksysteme oder Weltbilder verhaftet ist. Es soll uns dazu verhelfen, das in rätselhaftem Dämmer verschwimmende Bild seiner Persönlichkeit ins helle Licht des Tages zu rücken und hinter den siebenmal siebenzig Schleiern, die es verbergen, das Antlitz seiner Seele zu ergründen.

Daß im Innenleben Philipps II. das Archaische immer sehr nahe liegt, dafür gibt es neben vielen weniger beträchtlichen Einzelzügen vor allem drei Beweise: sein eigentümliches Herrscherbewußtsein, sein Verhältnis zu den Toten, seinen Reliquienkult.

Um ihn her war stets etwas wie ein unsichtbarer Kreis oder Kreidestrich, den keiner zu überschreiten vermochte. Der alte Anekdotensammler Baltasar Porreño, der in seinem Buche „Dichos y hechos del Rey Don Felipe II" unter einem wüsten Haufen Spreu manch edles Weizenkörnchen sammelte, drückt das ungemein anschaulich mit den Worten aus: „Es gab da einen gewissen Grenzstrich, über den auch der Vertrauteste nicht hinauskam, weil er, sobald er an ihn geriet, auf die Nase fiel." Es ist dasselbe, was wir im Verlaufe unserer Darstellung wiederholt schon die „Isolierungszone" genannt haben, der Ausdruck einer psychischen Haltung, die unter anderem auch die einzig mögliche und sinnvolle Erklärung dafür bietet, warum gerade Madrid zur Residenzstadt gewählt wurde. Philipp II. ist bis ins Innerste durchdrungen von der Idee der unantastbaren Souveränität des Königtums, das für ihn ein Königtum von Gottes Gnaden, eine sozusagen charismatische Eigenschaft ist. Er allein nur befiehlt, alle anderen gehorchen. Sein Wille ist der Wille aller Untertanen. Wer sich dagegen auflehnt, der versündigt sich gegen ein göttliches Gesetz und hat das Leben verwirkt. Dieser König huldigt dem Führerprinzip in seiner schärfsten und exklusivsten Form. Seine Autorität beruht auf einer persönlichen Heiligkeit, die einen (im Sinne der Überwindung aller rationalen und traditionellen Motive) magischen Zwang auf die Gefolgschaft ausübt. Das ist ihm von Generationen väterlicher und mütterlicher Ahnen her angeboren, das ist das stärkste seiner unbewußten Urerlebnisse. Als etwa 12jähriger Knabe wird er einst zum Ausgehen angekleidet, als ein Kardinal das Zimmer betritt, um ihm seine Aufwartung zu machen. Der diensttuende Mayordomo flüstert der kleinen Hoheit zu, sie möge den Kirchenfürsten unverzüglich dazu auffordern, sich zu bedecken. Der Knabe aber greift eilig nach seinem Samtmützchen, stülpt es sich auf den blonden Schopf und dann erst läßt er in Gnaden das traditionelle „cubríos" (bedeckt Euch!) ertönen. Die Schule des burgundisch-spanischen Zeremoniells aber hat ihm diese schlummernden Kräfte und Bindungen erst so recht bewußt gemacht, hat ihn ihren Sinn richtig deuten gelehrt. Jetzt erst ist es ihm völlig zur Gewißheit geworden: nur einem ist er verantwortlich und das ist der, von dem alle Macht auf Erden verliehen wird, der Gott im Jenseits. Nur er ist über ihm, nur ihn duldet

er in Demut über seinem Kopfe; alle übrigen aber sind wie der Schemel unter seinen Füßen. Für sie bleibt er sakrosankt, unnahbar, unberührbar, segenspendend und gefährlich zugleich, alles in allem: tabu. Auf sie geht von ihm das geheimnisvolle Fluidum des Überlegenen, des Zwingenden, des Lockenden, des Beherrschenden, des die Rede Verschlagenden, des Unheimlichen, des Besonderen oder Ganz Anderen aus, mit einem Worte gesagt: der Zauber des Numinosen. Cabrera erzählt, daß furchtlose und in tausend Gefahren erprobte Heerführer zu zittern und zu erröten begannen, wenn sie dem Gewaltigen im Audienzsaale gegenüberstanden und sich von seinen forschenden Augen vom Kopf bis zum Fuß abgetastet fühlten; daß Bischöfe, Prälaten, wortgewandte Juristen, berühmte Kanzelredner in des Königs Gegenwart so betreten waren, daß ihnen hilflos das Wort in der Kehle stecken blieb; daß der päpstliche Nuntius Possevino, der für die erste Audienz eine glänzende Rede einstudiert hatte, sich schon nach ein paar Sätzen so gründlich verhedderte, daß der König ihn mit nachsichtigem Lächeln bat, er möchte doch lieber seinen Auftrag schriftlich in Vorlage bringen; und daß die weitaus meisten der Vorgelassenen ihre Fassung nicht eher zu gewinnen vermochten, als bis von den königlichen Lippen das gütig und leise gesprochene Zauberwort sich löste „sosegaos" (beruhigt Euch!). Daß endlich diese Kraft auch noch die Schrecken und Greuel der letzten Krankheit überdauerte, das haben uns die Berichte von Augenzeugen deutlich genug gesagt.
Dies erklärt uns manche sonst rätselhafte Eigenart, manches sonst kaum begreifliche Verhalten des unbegreiflichen Philipp. Die Frage, was diesen seltsamen Mann bewogen haben konnte, dem Drängen des siegreichen Herzogs Emanuel Philibert nicht Folge zu leisten, die Niederlage Montmorencys vom Laurentiustag 1557 nicht auszunützen, den Marsch auf Paris nicht zu unternehmen, den endgültigen Triumph über Frankreich, den greifbar nahen, wie eine trügerische Luftspiegelung in tatenlosem Zusehen zerfließen zu lassen, was ihn veranlaßt haben mochte, den Sieger von Lepanto im Augenblick seines größten Triumphes, wie man so sagt, kaltzustellen, was ihn dazu zwang, Alexander Farnese

mitten in seinem niederländischen Siegeszug in den Arm zu fallen, alles das hat die Biographen und Geschichtsschreiber immer wieder von neuem beschäftigt. Die versuchte Antwort ist aber stets die gleiche geblieben. Es konnte nur der diesem König angeborene Zaudersinn, seine mangelnde Entschlußkraft und sein ängstliches Zurückweichen vor plötzlich zu fällenden großen Entscheidungen, seine „Scheu vor dem Absprung", schuld daran gewesen sein. Wir sind anderer Meinung und wir glauben, daß die psychischen Hemmungen seines besonderen Herrscherbewußtseins dieses Verhalten erzwungen haben. Archaisch ausgedrückt: er duldet nichts und niemanden über seinem Kopfe; ins rationale und moderne Denken umgesetzt: er unterbindet jede Tat und jede Leistung, durch die sich ein anderer über ihn erheben würde. Er kann es also auch nicht über sich gewinnen, Emanuel Philibert, Don Juan de Austria, Alexander Farnese ganz einfach die Siegesleiter hinaufstürmen zu lassen. Mögen einzigartige und nie wiederkehrende Möglichkeiten dadurch versäumt werden, mögen weltgeschichtliche Gelegenheiten dabei ungenützt verstreichen, Philipp II. läßt sich nicht anfechten. Sein leiser, aber eindringlicher Abruf ertönt unausbleiblich, so oft und wo immer einer von seinen großen Heerführern sich zu weit und mit zu großem Erfolge vorgewagt hat. Bis hierher und nicht weiter! Zurück, bevor dein Fuß die verbotene Grenze übertritt, zurück, bevor du „über meinem Kopfe" bist! Er ist deswegen weder neidisch noch eifersüchtig auf den Betroffenen, aber er kann nicht anders. Gewiß mangelt ihm auch nicht das Verständnis für das, was erreicht und gewonnen werden könnte, wenn er den Dingen freien Lauf ließe, aber die psychischen Hemmungen des Herrschers und das von ihnen eingelegte Veto sind, eben weil sie mit ihrem Schwergewicht im Unbewußten ruhen, stärker als die aus dem rationalen Denken hervorgehenden Erwägungen und Entschlüsse. Sie bringen dieses Denken zum Schweigen und veranlassen Handlungen, die jedem, der die tieferen Zusammenhänge nicht kennt oder nicht gelten lassen will, als unbegreiflich, wenn nicht gar als töricht erscheinen müssen.

Auch Philipps eigenartiges Verhalten im französisch-spanischen

Präzedenzstreit, der 1562 in Trient zum Ausbruch kommt, gewinnt nur dann einen faßlichen Sinn, wenn man es auf diese Hintergründe projiziert. Bis zum Tode Karls V. hat den unbestrittenen Vortritt vor seinen Amtsgenossen der kaiserliche Gesandte gehabt, der auch zugleich spanischer Gesandter war. Unmittelbar nach ihm im Rang kamen der Gesandte Frankreichs, und dann erst der Reihe nach die einzelnen Vertreter der übrigen Staaten. Nun wird es Frühjahr 1562, bis diese Herren gehäuft und zugleich öffentlich wieder in Erscheinung zu treten Gelegenheit haben — es ist auf dem Tridentiner Konzil — und allsogleich sprühen die Funken. Der Franzose beansprucht, wie bisher, den ersten Platz hinter dem kaiserlichen Vertreter (der jetzt ein Deutscher ist), der Spanier aber macht diesen Platz dem Franzosen streitig, weil auch jetzt die frühere Ordnung aufrecht erhalten werden müsse. Katharina von Medici ist zwar die von Liebe und Besorgtheit überströmende Schwiegermutter des Königs von Spanien, aber in Sachen des internationalen Ansehens versteht sie keinen Spaß; sie weist also ihren Trienter Ambassadeur in strengem Tone an, unter gar keinen Umständen nachzugeben. Da der „embajador" Philipps II. nicht minder hartnäckig auf seinem traditionellen Rechte besteht, so geht man ohne Vortritt und Nachtritt, aber in flammendem Streite auseinander. Was aber nun für Katharina eher eine Frage der weiblichen Eitelkeit und Rechthaberei ist, das empfindet Philipp II. als eine persönliche und eine amtliche Schmach. Nicht nur er selbst ist beleidigt und verhöhnt, sondern auch sein Königtum. Da unterfängt man sich, seine Herrscherwürde gröblich zu mißachten, da will einer oder vielmehr eine „über seinem Kopfe" sein. Und nun gedenkt er einen Schlag der Abwehr zu führen, so archaisch in seiner Gedankenführung und zugleich so entscheidend in seiner voraussichtlichen Wirksamkeit, daß man nicht weiß, was man mehr bestaunen soll, die Gewalt des tabuistischen Zwanges oder die Klugheit dessen, der ihm unterliegt. Nur ein Mittel gibt es, das ihn mit einem Ruck wieder in die ihm allein gebührende Überhöhung emporzuführen vermag: die Kaiserkrone. Nur sie ist imstande, die kläffende Meute der ewig Neidischen und ewig Protestierenden in ihre Schranken zurückzuscheuchen, nur sie kann ihm die Isolierungszone sichern, die ihn künftig vor ähnlichen Kränkungen bewahren wird. Er stellt also schon im Jahr nach dem Tridentiner Zwischenfall an den Papst das Ansinnen, er möge ihm den Titel eines Kaisers von Indien (Emperador de las Indias) verleihen und seine Zustimmung dazu geben, daß er die Königreiche seines ausgedehnten Kolonialbesitzes in ein Kaiserreich zusammenfasse. Der Plan mißlingt. Pius IV. ist nicht geneigt, das spanische Staatskirchentum durch eine solche Erhöhung noch mehr zu stärken und damit die beständigen Schwierigkeiten zwischen der Kurie und der spanischen Regierung ins Unendliche zu vermehren. Weder er selbst noch auch die folgenden Päpste aber haben andererseits den Mut, die Präzedenzfrage zwischen Spanien und Frankreich, die in Wirklichkeit, wenigstens von Philipp aus gesehen, eine Frage des Fortbestandes oder der Zertrümmerung seiner Herrscheridee ist, durch einen klaren Schiedsspruch zu lösen. Der Streit darüber dauert also fort, solange Philipp II. am Leben ist, denn der archaische Zwang in ihm ist stärker als die rationalistische Weisheit des Klügeren, der immer nachgibt, weil er stets der Schwächere ist, und erst seine Nachfolger werden diese Rolle des „Klügeren" übernehmen. Philipp II. aber hat in seinem Leben zwei große Niederlagen seines archaischen Herrschergefühls erleiden müssen: die eine war das Mißlingen seines indischen Kaisertums, die andere war seine Entthronung durch die kalvinistischen Provinzen der Niederlande und damit die Zerstörung des sakrosankten Begriffes „seigneur naturel".

Eine der vielfältigen Emanationen seiner Herrscheridee ist fernerhin das eigenartige Verhalten, zu dem er seine Zuflucht nimmt, wenn er Krieg zu führen oder sonst Gewalt anzuwenden gezwungen ist. Da schreckt er vor dem extremen Tremendum seines göttlichen Herrscheramtes ängstlich zurück, hat Hemmungen und Gewissensnöte, vollzieht gleichsam eine Spaltung der Persönlichkeit und delegiert ein zweites Ich, das dann mit dem Schwerte rasseln und den wilden Mann spielen muß. Er selber behält sich das versöhnliche Begnadigen und Verzeihen vor. Das gewaltsame Erste widerstrebt auch seiner Auffassung von königlicher Würde, denn ein König kann niemals ein Stockbüttel sein. So hält er es bei Beginn des niederländischen Aufstandes, als er zuerst den Herzog von Alba als eisenharten Rechtswahrer und Rächer der begangenen Untaten vorausschickt, dann aber, wenn dieser seines Amtes gewaltet haben wird, selber kommen und alle Wunden wieder heilen will. So hält er es auch 1580 in Portugal, wo er den Zwang mit dem Schwert auf den gleichen Alba überträgt, sich selber aber die Amnestie und das Gnadenspenden vorbehält. So fügt es sich, daß die Zeitgenossen zu der Erkenntnis gelangen: „Des Kunigs Eigenschafft und Natur ist vill mehr zue Sanftmuetikhait und Begnadigung genaigt, dan zue Straff und Scherff." Es sind die Worte des Österreichers Adam Freiherrn von Dietrichstein, den wir mit Erzherzog Maximilian, dem „Kunig von Beham" 1548 nach Spanien reisen sahen.

Der zweite der drei großen Bezirke in Philipps Seelenleben, die vorwiegend archaisch determiniert und ausgerichtet sind, ist sein Verhältnis zu den Toten. Wir erinnern uns, daß der Wunsch und die Idee Karls V., ein der Dynastie würdiges Erbbegräbnis zu schaffen — man muß sich in diesem Zusammenhang auch an das Maximiliansgrab in Innsbruck erinnern —, erst von Philipp II. in einer ins Grandiose erweiterten und erhöhten Form vollzogen wurde. Der Escorial ist die Wohnstätte nicht nur der lebenden, sondern auch der toten Mitglieder des spanisch-habsburgischen Herrscherhauses geworden. Das Sammeln von Familiensärgen und die Bergung und Hegung von Familienleichen ist für Philipp II. eine mit hingebender Treue vollzogene, eine schlechthin heilige Pflicht geworden. Auch dem ihm eng verwandten Herrscherhaus von Portugal gegenüber erfüllt er diese Pflicht. Bevor er, König von Portugal geworden, 1583 nach zweijährigem Aufenthalte von Lissabon wieder scheidet, läßt er einige 20 tote Vorfahren des Hauses Aviz aus allen Teilen des Landes sammeln und bereitet ihnen im Kloster Belem eine ihrer würdige, eine wahrhaft königliche Ruhestätte. Erst seit Philipps fürsorglicher Totenehrung und Totenpflege hat das portugiesische Königshaus ein Familienpantheon, das dem Escorial, sofern man ihn nur als Begräbnisstätte betrachtet, würdig zur Seite steht.

Diese Intensität des Totenkultes, die in der über sechs Jahrhunderte sich erstreckenden Reihe spanischer Herrscherdynastien ganz einmalig blieb und weder bei Philipps Vorfahren noch auch bei seinen Nachkommen in ähnlicher Stärke ans Licht trat, ist nur aus tiefen archaischen Bindungen verständlich und erklärbar. Ein Totenkult in solcher Form ist zugleich ein Ahnenkult. Dieser aber hat seine Wurzeln und seine Rechtfertigung ganz eindeutig im Glauben an das Fortleben der Toten. Macht und Wirken des Verstorbenen bleiben nach archaischen Denkgesetzen an seinen Leib gebunden. Der tote Vater, Ahn und Urahn segnet und beschirmt mit seiner dauernden Gegenwart die Seinigen. Er schützt das Haus und die ganze Nachkommenschaft, wenn er es auch im Tode nicht verläßt, wenn er mit den Seinigen wie im Leben unter demselben Dache verbleibt. Nun ist freilich diese Idee der Geschlechtergemeinschaft und Geschlechterverbundenheit bei Philipp II. schon durch bestimmte Tönungen des religiösen Weltbildes gefärbt. Wie seine archaische Auffassung der Herrscheridee des religiösen Einschlags nicht entbehrt — er besteht hier in der Verstärkung des urtümlichen Macht- und Tabugedankens durch den Glauben an die göttliche Sendung —, so ist bei ihm auch dem Totenkult eine religiöse Bindung und Verpflichtung zugewachsen. Er selbst ist nicht nur der Nutznießer der schützenden und segenspendenden Ahnengegenwart, sondern auch der Treuhänder seiner Toten. Er ist der Testamentsvollstrecker, und zwar nicht nur der politische und zivilrechtliche, sondern auch der religiöse Testamentsvollstrecker seiner Eltern, Voreltern, Verwandten, ja der ganzen königlichen Sippe, für deren Seelenheil im Jenseits er hienieden die Verantwortung trägt. Hölle, Fegfeuer und Paradies sind die drei eschatologischen Bezirke, in die sein Arm trotz aller menschlichen Schwachheit hinüberreicht, und die Verdienste von Christi Leiden und Sterben, im Meßopfer stets greifbar und anwendbar, stehen ihm als unerschöpflicher Gnadenschatz zur Verfügung, wo es sich darum handelt, den Toten noch im Jenseits Hilfe zu bringen und ihnen den Zutritt zur letzten Vollendung zu erleichtern. Das ist nun freilich keine Eigenheit und keine Besonderheit Philipps II., sondern ein Gemeingut seines Volkes, ja er weist sich damit nicht etwa nur als Spanier oder als ein Zeitgenosse des 16. Jahrhunderts aus, sondern als katholischer Mensch schlechthin. Das Besondere und Einmalige in Philipps II. Verhältnis zu seinen Toten besteht vielmehr darin: es verknüpft sich in ihm christlich-katholische Lehre und Überzeugung aufs engste mit magischem Denken und Fühlen urtümlicher Herkunft; das archaische und das religiöse Weltbild stehen bei ihm, wie man es nennt, in schlierender, wechselseitiger Durchdringung.

Eine Fortentwicklung oder, wenn man will, eine erweiterte Erscheinungsform des Totenkultes ist der Reliquienkult. Auch ihm ist Philipp II. mit einer über das bloß Sakramentalienhafte und Religiöse weit hinausgehenden, tief ins Archaische zurückgreifenden Bindung verhaftet. Dies ist der dritte große Bezirk seiner Psyche, der vorwiegend archaisch überschattet ist. Ja, man darf wohl sagen: hätte man nicht diese seine Eigenart immer nur als Bestandteil einer exaltierten und fanatischen Frömmigkeit verkannt und sie daher mit bald gütig-bedauerndem, bald mitleidig-verächtlichem Achselzucken abgetan, so wäre das Mißverstehen und Mißachten dieses Königs nicht auch heute noch ein so beschämendes und geradezu ungeheuerliches.

Der Kult, den man den Reliquien widmet, ist entweder animistisch oder orendistisch. Im ersteren Falle erhofft man sich die segensreiche und kraftspendende Wirkung von der Person, der die Reliquien im Leben zugehörten. Ihr selbst, nicht aber den Überresten wird die Verehrung dargebracht. Die Gräber sind, wie beispielsweise im antiken Griechenland, sozusagen die magischen Kraftspeicher, von denen die wundersame Wirkung der in ihnen bestatteten Heroen ihren Ausgang nimmt. Der animistische Reliquienkult ist darum ein ausgesprochener Grabkult. Im zweiten Falle, dem orendistischen, empfindet man die magische Kraft in den Reliquien selbst wirksam. Sie werden zu Trägern des Orenda, jenes geheimnisvollen und ewig währenden Fluidums, das durch Beschauung Trost, durch Berührung Heilung zu spenden vermag, und das seine höchste Beweiskraft im sogenannten Reliquienwunder erreicht. Durch Berührung mit der echten wird in magischer Kraftübertragung die künstliche Reliquie hergestellt, auch Reliquienteilung, Reliquienhandel und Reliquiensammlung entwickeln sich folgerichtig aus dieser ins Religiöse übertragenen, altertümlichen Denkart. Daß Kirchen, Klöster und ähnliche Mittelpunkte der Kollektivfrömmigkeit die heiligen Gebeine häuften, ist ganz natürlich, aber daß ein einzelner diese Häufung gleichsam als einen Teil seiner Lebensaufgabe betrachtete, daß er das Orenda gewissermaßen auf Vorrat sammelte und speicherte, dafür ist Philipp II., der vielleicht größte Reliquiensammler aller Zeiten, ein ganz isoliertes und gerade in dieser Einmaligkeit um so denkwürdigeres Beispiel. Überzeugen wir uns durch ein paar Daten!

Frankreich liefert die erste Gabe. Karl IX. schenkt seinem spanischen Schwager auf dessen Bitte die sterblichen Überreste des heiligen Eugenius († 505), der zu seinen Lebzeiten einmal Bischof der Christengemeinde von Toledo gewesen sein soll und der seit Jahrhunderten in der Abtei von Saint-Denis ruht. Die Mönche des französischen Heiligtums erheben lauten und ärgerlichen Einspruch gegen diese Schenkung, die für ihr Kloster eine erhebliche Minderung des Ansehens und des Pilgerzulaufs bedeutet, aber sie tun es vergeblich. Im November 1565 treffen die Gebeine in Toledo ein und werden in Anwesenheit des Königs in der Kathedrale festlich beigesetzt. Der Zulauf der Menge ist unerhört stark, übersteigt alle Erwartungen und bisherigen Erfahrungen; der französische Gesandte findet ihn „incroyable", wir aber vermögen darin nur einen Beweis zu sehen, daß Philipp II. wie in vielen anderen Dingen so auch in diesen der blinden Gefolgschaft seiner Spanier sicher war. Der dritte Taufname der im Jahr darauf geborenen Infantin Isabel Clara Eugenia wurde eine bleibende Erinnerung an diesen Tag und an diese Erwerbung. Im Mai 1568 schreibt Philipp an seinen Gesandten bei der Kurie, er möge doch ja nicht die Sache mit dem Fuß des heiligen Hieronymus, den sie in Trient besaßen, aus dem Auge verlieren, im Juni des gleichen Jahres macht ihm der Herzog von Savoyen eine große Freude mit der geschenkweisen Überlassung eines Armes des heiligen Laurentius. Im Januar 1569 werden die Gebeine der bei-

den Märtyrerbrüder Justus und Pastor in die provisorische Escorialkirche überführt — ein deutscher Reiseschriftsteller des 18. Jahrhunderts hat dann in völliger Verkennung der Namenszweiheit den Justus zum Pastor einer frühchristlichen spanischen Gemeinde ernannt — und im Jahr darauf (1570) veranlaßt Kardinal Otto Truchseß von Waldburg, den wir von Philipps erster Reise durch Italien und Deutschland her noch in Erinnerung haben, von Rom aus eine Sendung, die sich sehen lassen kann: achtzehn Kisten prall gefüllt mit heiligen Gebeinen, alle für den Escorial bestimmt. Und so geht es fort die Jahrzehnte hindurch. Aus häretischen und aus katholischen Ländern strömen die Heiligen nach San Lorenzo wie nach einem letzten sicheren Port. Noch im Jahr 1597 ist eine fünfgliederige Kommission unterwegs, die in den Niederlanden, in Deutschland, in Polen und anderwärts sammeln und retten soll, was noch zu retten ist und des Sammelns wert erscheint. Aber die Beute ist nicht mehr groß. Mit vier mäßig umfangreichen Kisten treten die Kollektoren im Dezember 1597 von Köln aus die Heimreise an. Ihre geistlichen Gewänder lassen auf den Inhalt ihres Gepäckes mancherlei vermutende Schlüsse ziehen und sie finden sich darob in vielen Städten rohen Beschimpfungen und Drohungen ausgesetzt. Erst in Bayern und Tirol sind sie ihres Lebens sicher, und von Mailand ab gar wächst sich ihre Reise zu einem wahren Triumphzug aus. Von Barcelona bis in den Escorial aber ist sie eine einzige Kette von kirchlichen und weltlichen Festen, die erst mit der Ankunft in San Lorenzo ihren Höhepunkt und ihr Ende erreichen. Hier ist es auch, wo Philipp II. den neugewonnenen Schatz zum erstenmal sieht.
Aus der Krankheit des Don Carlos, der 1562 den lebensgefährlichen Treppensturz tat, ist uns das Beispiel einer Reliquientherapie geläufig, das dem Verständnis des heutigen Lesers nur mit Mühe einigermaßen angenähert werden kann. Auf Wunsch und Befehl des Königs wird der Leichnam des seligen Fray Diego de Alcalá oder vielmehr dessen mumifiziertes Gerippe mit dem Körper des ohnmächtigen Prinzen in Berührung gebracht und die bald darauf erfolgte Gesundung eben diesem Kontakte zugeschrieben. Gibt es noch ein schöneres, ein überzeugenderes Bei-

spiel von archaischer Kraftübertragung durch Berührungsmagie? Gewiß nicht. Nur muß man dieses Verhalten als das erkennen, was es in Wirklichkeit war, nämlich ein sublimierter, das heißt ein auf ein neues, edleres Ziel hin gerichteter, ein auf die höhere Ebene des religiösen Empfindens übertragener und emporgehobener, ein vergeistigter, verjenseitigter, metaphysizierter Urinstinkt, und schon fällt das Lächerliche und zum Spott Herausfordernde ab, schon beugen wir uns in Ehrfurcht wie vor einem entschleierten Geheimnis der menschlichen Seele. Ganz das gleiche gilt für die Reliquientherapie, die man im Sterbezimmer Philipps II. und auf seinen besonderen Wunsch in Anwendung bringt. Während der letzten 53 Tage werden unablässig heilige Gebeine ans Bett des Sterbenden getragen. Bald bringt man einen Arm von San Vicente Ferrer, dann ein Knie von St. Sebastian, dann ein Gebein von St. Alban. Dabei werden verschiedene auf diese Heiligen bezügliche Antiphone und Kollekten gebetet und der Körper des kranken Königs mit den Reliquien berührt. Von hier aus eröffnet sich also der einzig mögliche Zugang zu einem tieferen Verständnis des eigenartigen Reliquienkultes Philipps II. Den gegenreformatorischen Antrieb, die Protesthaltung gegenüber der Reliquienverachtung der Reformierten, haben wir schon als einen wichtigen Bestandteil des Escorial-Gedankens kennengelernt. Aber eben diese Haltung wäre gar nicht möglich gewesen, wenn nicht hinter ihr der Antrieb unbewußter Archaismen gestanden wäre, wenn nicht ein dunkles Wissen um das geheimnisvolle Orenda diese Haltung zu einem inneren Müssen, zu einem Nicht-anders-Können verstärkt hätte.

Der Sinn für solche Dinge und der Respekt vor ihnen ist heute wieder von neuem erwacht. Die sterblichen Überreste der Blutzeugen einer großen Idee werden in feierlichen Umzügen gesammelt, in Tempeln zur ewigen Ruhe gebetet und dem Volke zur Verehrung dargeboten. Die Idee hat gewechselt, dort hieß sie „Religion", hier heißt sie „Vaterland"; die Antriebe und die Ziele sind die gleichen geblieben, auch die ethischen Werte halten sich die Waage. Die Wurzeln aber liegen beide Male, daran wird kein Einsichtiger zweifeln, tief in die Schichten urtümlichen

Denkens eingebettet. Man darf das nicht, wie es des öfteren schon geschehen ist, als einen Rückschritt aus der Kultur in die Unkultur, ein Absinken ins Primitive und Ungeistige hinstellen wollen, denn jede Rückkehr ins Archaische — sofern sie sinnvoll ist, wie wir hinzufügen wollen — ist keine Verarmung, sondern eine Bereicherung, eine Wiedergewinnung urtümlichen Besitzes, eine Hebung versunkenen Gutes. Wurden nicht auch durch die seelischen Erschütterungen des großen Krieges die Völker wieder empfänglicher gemacht für die Erkenntnis und die Wertschätzung solcher irrationaler Erbgüter? Die ungezählten Blutzeugen und Opfer der europäischen Schlachtfelder haben sich in den Kollektivbegriff des „Unbekannten Soldaten" verdichtet. Er ist der Gegenstand eines Reliquienkultes und eines Totenkultes geworden, wie er sinnvoller und rührender nicht erdacht werden könnte. In den Ossuarien der Schlachtfelder von Douaumont, Langemarck und wie die ehrwürdigen Stätten heißen ruhen die Gebeine der Namenlosen, im Kenotaphium in London, unter dem Arc de Triomphe in Paris, im Nationaldenkmal in Rom, im Ehrenmal der Alten Wache in Berlin, im Tannenbergdenkmal in Ostpreußen wird die Erinnerung bewahrt, und die Völker pilgern dahin, wie sie ehedem zu den Gräbern mächtiger Toter und zu den Schreinen wundertätiger Heiliger wallfahrteten. Heute mehr denn je wird man darum auch für die Mentalität eines Philipp II. das ihr gebührende Verständnis aufbringen, heute weniger denn je wird man über ihn seines Totenkultes und seines Reliquienkultes wegen mit dem Hochmut aufklärerischer Zeiten spötteln und ihn einen primitiven und in mittelalterlicher Enge und Dumpfheit befangenen Menschen heißen dürfen.

An das archaische Weltbild, dem jeder, ob er nun dem 10. oder dem 20. Jahrhundert angehört, verhaftet ist, der eine lebendig, beweglich und wirkungsstark, der andere dunkel, verschwommen und unerklärlich, der dritte wiederum in verdrängter, rationalistisch abgedeckter Form und Gestalt, — an dieses archaische Weltbild schließt sich in der Entwicklungsgeschichte der Menschheit und im Werdegang jedes Individuums das religiöse Weltbild an. Je mehr der archaische Ideenbesitz in der Seele des einzelnen oder in der psychischen Struktur einer Volksgemeinschaft Kraft und Auftrieb hat, desto mehr werden auch die religiösen Lebensformen archaisch durchwirkt und getönt sein. Und wiederum, je stärker die Reflexion und das geschulte Denken das Bewußtsein regieren, desto stärker wird auch das religiöse Weltbild eine Angelegenheit der Ratio, des kritischen Erkennens, des verstandesmäßigen Bewertens sein. Eines von den drei Weltbildern aber, sei es nun das archaische oder das religiöse oder das rationalistische, hat in der Regel die Oberhand, verändert, schwächt oder bereichert die beiden anderen, gibt der Psyche die entscheidende Note. Von den extremen Grenzfällen im besonderen gilt dieses: daß das Archaische den überragenden Primat besitzt, das ist ein Vorrecht der Dichter; wo das Religiöse bei weitem überwiegt, da erzeugt es die Heroen der Frömmigkeit; und wo das Rationalistische alles andere zudeckt und erstickt, da ist allemal noch ein Philosoph daraus geworden.

Philipps II. religiöses Weltbild ist zunächst das ihm von den Eltern überkommene, das heißt der schlichte, theologisch ungelehrte, unwandelbare und auf tiefer Überzeugung gegründete Glaubensbesitz des Elternpaares Karl und Isabella, die einfache Volksfrömmigkeit der zehn Gebote Gottes und der fünf Gebote der Kirche. Hat die Mutter den Knaben glauben und beten gelehrt, so hat der Vater im Herzen des Jünglings diese Grundlage durch die Stärkung des religiösen Pflichtbewußtseins und der Verantwortlichkeit, durch Schärfung des Gewissens, durch Weckung des Rechtsgefühls, durch Einflößung eines bedingungslosen Gottvertrauens vertieft und erweitert. Dazu haben ihm nicht nur das gesprochene Wort und das lebendige Beispiel, sondern auch die zahlreichen und ausführlichen Instruktionen gedient. Auch den Erziehern, vorab dem klobigen, eisenharten, gegen sich und gegen andere gleich strengen, grundehrlichen Herrn Kieselstein, den wir in unentwegt gutem Andenken haben, wird man ihren redlichen Anteil an diesen Bemühungen und Verdiensten zubilligen dürfen. Das alles aber ist, was Philipp II. anbetrifft, nur das Fundament seiner Gläubigkeit und seines religiösen Weltbildes. Seine persönliche Frömmigkeit hat er sich dann mit den

Jahren und mit den Erlebnissen selbst geformt. Sie ist, der Eigenart seiner Psyche entsprechend, die neben einer blühenden Fülle archaischer Züge auch den Reichtum einer vollausgebildeten und selbstsicheren Verstandeskultur besitzt, von zwei Seiten her determiniert: von der urtümlichen oder unbewußten und von der logisch-reflektierenden oder bewußten. Seine Frömmigkeit ist das Ausdrucksbedürfnis einer Volksreligion und einer Hochreligion zugleich.

Der Umstand, daß im katholischen Bekenntnis eine quellende Fülle von archaischen Ideen, Gefühlen und Antrieben einer religiösen Sublimierung zugeführt, das heißt in die höhere Sphäre einer auf jenseitige Ziele gerichteten Geistigkeit emporgehoben werden, spricht Philipp II. vor allem an. Die Kirche verleiht gewissen Personen oder Sachen einen geheiligten Charakter, sie hat Handlungen eingesetzt, durch die sie ihren Gläubigen bestimmte Gnaden und Wohltaten zuwenden will, sie kennt, billigt und übt Beschwörungen, Segnungen, Weihungen der verschiedensten Art. Das ist Philipp vertraut von Kindheit an, spricht sein Innerstes an und läßt verborgene Wesenszüge in ihm aufblitzen, in denen er immer wieder nur sich selbst erkennt. Wie eng sind ferner die Bindungen zwischen Religion und unbewußtem Erbe und Auftrag in den Angelegenheiten seines Totenkultes und seines Reliquienkultes. Wie ist es da gerade die Kirche, die diesen gebieterisch ihre Geltung fordernden Ideen, Absichten und Strebungen einen tieferen Sinn und eine erhabene Weihe gibt. Und noch aus einer weiteren Ursache her ist Philipps Frömmigkeit archaisch beeindruckt: unter dem Antrieb der Meditation. Eben diese aber ist zugleich der Weg, der in seinem religiösen Erlebnis von der Volksreligion zur Hochreligion hinüberführt.

Was heißt das, Meditation? Es ist nicht das gleiche wie Reflektieren, angestrengtes logisches Denken, nein, es bedeutet vielmehr jenes stumme, beschauliche In-sich-Hineinhorchen, bei dem das zarte Stimmchen der Seele vernehmbar wird, bei dem das Unbewußte sich regt, bei dem die Archetypen erwachen, steigen und sinken. Meditation, so verstanden, ist die Kunst und das Vorrecht der Menschen archaischen Reichtums; darum gehört sie vor al-

lem zum geistigen Handwerkszeug der Mystiker. Meditation dieser Art ist auch eine Begabungskomponente Philipps II., der freilich deswegen durchaus noch kein Mystiker war. Die Frucht dieser auf religiöse Dinge hingewendeten Meditation aber ist, so archaisch auch ihre Voraussetzungen und ihre Triebkräfte sind, immer eine ausgeprägt liturgische Frömmigkeit, das heißt die Einordnung alles religiösen Erlebens in den Rahmen gottesdienstlicher Handlungen. Philipp liebt es, stundenlang vor einem Kruzifixus oder vor Gemälden mit Szenen aus Christi Leben und Leiden zu knien, sich vertieftem Meditieren, nach innen gerichtetem Horchen und Spähen hinzugeben. Das führt ihn ganz von selbst auf den Weg der Liturgie. An der Hand des Kirchenjahres lebt er in stets erneutem Kreislauf das ganze Leben Jesu mit: den Advent, die Geburt, die Quadragesimale und die Passion, den Oster- und den Pfingstkreis, das eucharistische Hochfest und zuletzt Allerheiligen und Allerseelen. Jetzt wird uns auch klar, warum er zu jeder kirchlichen Festzeit sich in die Stille des Escorial zurückzog, die allein ihm die Gewähr bot, seine liturgischen Neigungen und Bedürfnisse ungestört zu sättigen. „La sua vita ha più del sacerdote o del monastico non che del laico o Regio, poi che egli assiste di continuo alli offizij divini, sta quanto un monaco nel oratorio, vive più da vescovo spogliato d'ogni ornamento e commodità e con minor servitù e guardia della sua persona, che molti piccolissimi e privati signori non tengono." So sieht und beurteilt der florentinische Gesandte Camillo Guidi des Königs religiöses Leben im Escorial, und wir haben, um das Bild nicht abzuschwächen, den Mann in seiner Muttersprache reden lassen.
Die Flucht in die Liturgie gewährt Philipp II. auch sonst manchen Ersatz und manche Entschädigung für Dinge, die ihm in seiner königlichen Abgesondertheit und Einmaligkeit versagt sind. Sie nimmt ihn auf in die Geborgenheit der großen Gemeinschaft der Gläubigen, schließt ihn ein in den lebendigen Stromkreis der christlichen Solidarität, macht ihm die Isolierung, die eine Pflicht, Bürde und Eigenschaft seiner Sendung ist, erträglicher. Den Gemeinschaftsgedanken der Liturgie im besonderen findet er in

idealem Sinne verkörpert in seiner klösterlichen Lebensgemeinschaft mit den Mönchen des Escorial. Erst damit gewinnt auch das geflügelte Wort, das schon zu seiner Zeit über ihn umgeht, seinen rechten Sinn: im Escorial ist er ganz und gar ein Mönch unter Mönchen.

Nicht als ob dieses liturgische Beten und Frommsein allein schon eine Hochreligion wäre, das soll gewiß nicht behauptet werden, aber für den schlicht-gläubigen Sinn Philipps II., der immer seines theologischen Laientums eingedenk blieb, ist es eine solche. In ihr sieht er und erlebt er recht eigentlich eine Nachfolge Christi, ein Wandern zu Gott, ein Reden mit Gott. Noch auf dem Sterbebett ist er von diesem Ziel und dieser Gesinnung erfüllt, denn er trägt den ihm beistehenden Priestern auf, sie möchten ihn ja, sobald seine letzte Stunde komme, deutlich darauf hinweisen: „Benachrichtigt mich, wenn es Zeit ist, auf daß ich in diesen Augenblicken in innigem Gespräch mit Gott verbunden sei." „Hablar con Dios", mit Gott reden, das ist die Quintessenz seiner ganz und gar liturgisch ausgerichteten Frömmigkeit.

An das religiöse Weltbild reiht sich in der Menschheitsgeschichte und in der Individualgeschichte das rationalistische an, bei dem der Verstand über das bloße Gefühl den Endsieg davongetragen hat. Bei ihm handelt es sich, genau genommen, nur um den reflektierenden, in Definitionen, Beweisen und Schlußfolgerungen geübten Menschen, den homo sapiens, den Träger und Handhaber einer ausgebildeten Verstandeskultur. Nun scheint man der Welt etwas Neues und Unerhörtes zu verkünden, wenn man ihr sagt: Philipp II. war bei aller archaischen Bindung, bei aller religiösen Enge und Strenge, einer der glänzendsten Vertreter dieses Typus im ganzen 16. Jahrhundert; er war einer der intelligentesten und kultiviertesten unter den mit ihm Lebenden, die Päpste, Kaiser und Könige, die seine Zeitgenossen waren, mit eingeschlossen; in ihm sehen wir den enzyklopädischen Wissensdrang und Aktivitätstrieb des echten Renaissancemenschen unermüdlich und unersättlich am Werke. Das ist ein Novum und ein Inauditum. Folglich verdienen die Gründe und die Tatbestände, die uns zu diesem Urteil zu berechtigen scheinen, mit einiger Sorgfalt und

Vielseitigkeit vor dem Leser ausgebreitet zu werden. Wesentliches haben wir schon im Escorial-Kapitel vorweggenommen, indem wir das berühmte Klosterschloß nicht nur als die „Fuente de todas las ciencias" charakterisierten, sondern auch als eine für seine Zeit schlechtweg einmalige und beispiellose Pflegestätte des sozialen und ökonomischen Gedankens erkannten, eine „Gemeinschaft als Selbstversorgerin", in der die Ziele eines landwirtschaftlichen Musterbetriebes sich mit jenen einer praktischen Forschungsanstalt verbanden. Aber nicht nur im Escorial, diesem sozusagen persönlichen und privaten Schauplatz und Tummelplatz seiner staunenswert vielseitigen Interessen, sondern auch auf dem viel weiteren Gebiete seiner Landessouveränität hat Philipp II. praktische, der Volksgemeinschaft dienliche Kulturarbeit geleistet und ist auch geistesgeschichtlich seiner Zeit und seinen Untertanen nicht Hemmnis, sondern Antrieb gewesen.
Wie jede schöpferische Herrscher- und Führergestalt ist auch er von der großen Bauleidenschaft besessen. Unter seinen Architekten sind die begabtesten Juan de Herrera, Francisco de Mora, Juan B. Antonelli. Jeden Tag ist eine bestimmte Stunde vorgesehen, in der einer von ihnen zur Vorlage von Plänen und Aufrissen beim König zu erscheinen hat. Nicht alle Projekte, von denen mehr als eines den Zeitgenossen phantastische Zukunftsträume zu sein scheinen, können durchgeführt werden. Die Errichtung der Küstenfestung San Antón bei La Coruña, die Anlage des Staubeckens von Alicante, das zur Berieselung wasserarmer Gebiete diente, die Befestigung von Fuenterrabía und Jaca, sowie jene der Häfen von Rosas und von Tortosa, die Aufführung des Hafendammes in Málaga, die begonnene und aus Geldmangel nicht zu Ende geführte Schiffbarmachung des Tajo-Flusses von Lissabon bis Toledo, durch die Toledo ein Seehafen geworden wäre, die Errichtung des staatlichen Münzgebäudes in Segovia und der Seehandelsbörse in Sevilla, die unvollendet gebliebene Kathedrale seiner Geburtsstadt Valladolid, die Verschönerung des Parks von Aranjuez und die Schöpfung des ersten, der Allgemeinheit zugänglichen zoologischen Gartens in diesem Park, das sind einige schöne Beispiele dafür, ganz zu schweigen vom

Escorial, der das größte Bauvorhaben und die endgültige Sinngebung seines Lebens darstellte.

Wenn wir vorhin versicherten, in Philipp II. sei der enzyklopädische Wissensdrang des echten Renaissancemenschen am Werke gewesen, so ist auch diese Aussage leicht mit den erforderlichen Belegen zu stützen. Aus dem Wunsche, seine Länder und Reiche von Grund aus zu kennen, aus dem Empfinden, er könne nicht genug bekommen an Wissen über sie, erwuchs ihm der dreifache Plan einer „España medida, pintada, descrita", das heißt mit anderen Worten, einer Landesvermessung, eines Städtebildarchivs und einer historisch-geographisch-statistischen Beschreibung der einzelnen Provinzen. Alle drei Projekte wurden so großzügig, wie es die Zeitmöglichkeiten nur immer gestatteten, in Angriff genommen. Zur Herstellung einer geodätischen Karte von Spanien reiste der Landesgeometer Pedro de Esquivel mit einem Stabe von Vermessern und Zeichnern von Ort zu Ort, legte Kataster an und entwarf physikalische Karten der einzelnen Gebiete. Zur Gewinnung eines Städtebildarchivs wurde der flandrische Landschaftsmaler und Zeichner Antonis van Wyngaerde (hispanisiert: Antonio de las Viñas) mit dem Auftrag entsandt, zunächst einmal die architektonisch wichtigsten und landschaftlich schönsten Städte der Halbinsel in Aquarellmalerei auf Kartons in Großquartformat darzustellen. Daß das Leben und die Kraft eines einzelnen Mannes nicht dazu hinreichen würden, dieses Vorhaben zu einem gedeihlichen Ende zu bringen, darüber gab sich auch Philipp II. keinen Illusionen hin; aber zunächst sollte einmal ein Anfang und eine Probe gemacht werden. Erwies sich das Unternehmen als durchführbar, so mochten 20 oder 50 andere Aquarellisten das von dem einen begonnene Werk vollenden. Was aus der Tätigkeit von Esquivel und von Viñas an greifbaren Ergebnissen erwuchs, das gehört heute noch, soweit es nicht später verschleppt oder durch Brand vernichtet wurde, zu den wertvollsten Erinnerungen der Escorialbibliothek an ihren Gründer. Die Bekrönung des gesamten landeskundlichen Unternehmens aber war der Plan einer geschichtlichen, statistischen, bevölkerungskundlichen und folkloristischen Bestandsaufnahme der einzelnen Gemeinden. Zum Zwecke ihrer Durchführung wurden gedruckte Fragebogen an die Ortsbehörden versandt und ihnen zur Auflage gemacht, über die 44 darin gestellten Fragen nach Anhörung aller Ortsansässigen, die zu Auskünften willig und imstande seien, sorgfältigen und ausführlichen Bericht an die Madrider Zentralregierung einzuliefern. Die 44 Fragen umfaßten die geographischen und geologischen Verhältnisse des Ortes, die Lebensmöglichkeiten und Berufsarten der Bevölkerung einschließlich ihrer sozialen Schichtung, die Verkehrsarten mit der näheren und weiteren Umgebung, die Ortsgeschichte, die vorhandenen Denkmäler und Überreste, die örtlichen Überlieferungen, Trachten, Sagen und Bräuche. Es ist klar, daß dieser Plan, der in seinem Gelingen vom Verständnis, der Pflichttreue und Bereitwilligkeit von Tausenden abhing, an der Trägheit und am Stumpfsinn der Massen scheitern mußte, wenn auch die sieben gewaltigen Folianten des gewonnenen Materials, die heute noch in der Escorialbibliothek aufbewahrt werden, im einen oder anderen ihrer Teilstücke geradezu erstaunliche Beweise von dem Eifer und der Gewissenhaftigkeit ihrer Bearbeiter ablegen. Die Zahl der erhaltenen Bände ist im übrigen umstritten. Der Escorial besitzt deren sieben, in einer Handschrift der Madrider Nationalbibliothek jedoch hat man eine Notiz aufgestöbert, die besagt, daß es deren vierzehn waren. Der Däne Karl Bratli versichert, im Archiv von Simancas die anderen sieben gesehen zu haben. In Simancas selbst aber wissen sie nichts von den sieben, die sie besitzen sollen. Wie dem auch sei, sicher ist auf jeden Fall dieses: auch die sieben (bis heute nur in schwachen Bruchstücken veröffentlichten) Escorialbände bergen ein unschätzbar vielfältiges und wertvolles Material zur Spanienkunde des 16. Jahrhunderts in sich, und Philipps Ruhm, als erster Monarch der Neuzeit die Idee einer derartigen Bestandsaufnahme des zeitgenössischen Kulturbesitzes gefaßt, organisiert und in ihrer Durchführung ermöglicht zu haben, bleibt auch durch die bedauerliche Tatsache ungeschmälert, daß das Unternehmen auf halbem Wege versanden mußte.

Wir aber fragen uns kopfschüttelnd, wie es möglich oder auch nur denkbar war, daß ein Mann, der nicht nur ein Land, sondern

beinah ein Dutzend von Ländern zu regieren hatte, dessen Aufmerksamkeit ohne Ruhepause durch die Vorgänge der europäischen Politik gehetzt und beschlagnahmt wurde, der sozusagen von einem Krieg in den anderen taumelte, der täglich fast mehr Probleme zu lösen und mehr Entscheidungen zu treffen hatte, als der Tag an Stunden umfaßte, der über das Wohl und Wehe von México und Perú ebenso zu befinden hatte wie über das Verhalten zu den niederländischen Rebellen, über die Verwaltung der Landeskirche ebenso wie über die Regierung von Mailand und Neapel, bei dem die Feldherrn und Kapitäne, die Vizekönige und Gouverneure, die fremden und die eigenen Gesandten, die Männer der Kurie und die geheimen Berichterstatter aus- und eingingen wie in einem Taubenschlag, er, der im bürokratischen und verwaltungstechnischen Kleinkram seiner übergewissenhaften Regierungsmethode schier erstickte, daß ein solcher Mann die Durchführung privater und außerhalb seiner Lebensaufgabe und seiner Berufspflichten liegender Vorhaben von ähnlichen Ausmaßen zuwege bringen konnte. Er konnte es nicht. Auch sein Tag war nicht länger als 24 Stunden, auch seine Arbeitskraft nicht größer als die eines über den Durchschnitt begabten und geistig regen Menschen. Das Riesenunternehmen, von dem wir vorhin redeten, blieb in allen drei Teilen in den Anfängen stecken. Aber allein schon der Wille zum Wagnis, der Mut zum Versuche, der Glaube an das Gelingen sind untrügliche Beweise für die motorischen Kräfte und die geistigen Spannungen, die dem klugen Kopfe dieses scheinbar so trägen, so willensschwachen, so entschlußunfähigen Königs innewohnten, sind Gradmesser für die seelische und verstandesmäßige Kultur dieses angeblich so dumpfen, mittelalterlich-rückständigen, primitiven Gesinnungen und abergläubischen Praktiken verhafteten, in Wirklichkeit aber seiner Zeit und seinen königlichen Zeitgenossen um mehr als ein Jahrhundert vorauseilenden Souveräns.
Es ist nicht schwer, dafür noch weitere Belege beizubringen. Man braucht nur an sein Geschichtsinteresse zu erinnern und an die wahrhaft mäzenatische Förderung der Historiographie seines Landes, die durch die beiden von ihm gewählten und zu beamte-

ten Chronisten des Landes ernannten Forscher und Darsteller — Ambrosio de Morales für Kastilien und Jerónimo de Zurita für Aragón — zu ihrer Glanzperiode emporgetragen wurde. Man braucht nur an seine Universitätsgründungen in Spanien, Flandern und Übersee zu denken, bei denen sich seine fürsorgliche Teilnahme bis auf Einzelheiten, wie die Neuordnung und Vereinheitlichung der Kollegiengelder, erstreckte. Man braucht nur auf die Schaffung der ersten Technischen Hochschule in Spanien hinzuweisen, die auf Philipps Betreiben in Madrid gegründet wurde, die zwar nur den schlichten Namen einer Akademie trug, an der aber Astronomie, Kosmographie, Nautik, Fortifikationswesen und alle übrigen damals bekannten Fächer der Ingenieurwissenschaft gelehrt wurden. Daß dieser König endlich auch ein gewissenhafter Förderer des Archivs- und Bibliothekswesens war, das gehörte naturnotwendig zu seinem ausgeprägten Sinn für das Sammeln, die Pflege und die Erhaltung von existenzbedrohten Werten. „Le roi conservateur" hat ihn gelegentlich ein französischer Historiker genannt, und es scheint, als ob gerade dieser Beiname sein Wesen viel umfassender zum Ausdruck brächte als etwa „El Prudente" oder wie immer man ihn sonst benennen möchte.

Schon 1566 hatte Philipp in der Person des Diego de Ayala, der ein Schreiber im Dienste des Staatssekretärs Gonzalo Pérez (des Vaters von Antonio Pérez) war, die geeignete Kraft für seine archivalischen Pläne erkannt. Ihn schickte er auf die Festung Simancas, in deren Speichern und Dachböden man seit Karl V. die erledigten Staatsakten aufgehäuft hatte; er sollte nach dem Stande der Dinge sehen und ausführlichen Bericht nebst eigenen Vorschlägen erstatten. Ayala fand einen wüsten Haufen ungeordneter und gänzlich vernachlässigter, zum Teil von Feuchtigkeit und von Mäusefraß beschädigter Papiere und ließ den König nicht im unklaren über das, was getan werden müßte, um unersetzliche geschichtliche Werte vor dem Untergang zu retten. Und für solche Dinge gab es kein feineres Ohr als das Philipps II. Ayala bekam den Titel eines königlichen Staatsarchivars, dazu die nötigen Amtsbefugnisse und den Auftrag, nicht nur den Greuel von Simancas in den Zustand der Ordnung zu überführen, sondern auch anderwärts im Lande sich um bedrohte oder zerstreute Staatspapiere umzutun. In Valladolid zum Beispiel fanden sich bei sorgfältiger Nachforschung ganze Tonnen von Archivalien, die man vor beinahe 50 Jahren beim Aufstand der Comuneros in Sicherheit gebracht hatte. Mit den zuströmenden Schätzen und der sich mehrenden Ordnung wuchs auch den beiden Sammlern, von denen der eine der König, der andere sein Hofarchivar war, die Freude am neuen Besitz. Der Escorial-Architekt Juan de Herrera wurde mit dem inneren Umbau der Festungsräume beauftragt, Philipp II. selbst entwarf zusammen mit Ayala eine förmliche Archivordnung, kümmerte sich um alles, sogar um die Größe und Form der Schachteln, in denen die Aktenbündel aufbewahrt wurden, erhöhte den Archivar in Titel und Rang, gab ihm die nötigen Hilfskräfte bei und war glücklich darüber, den rechten Mann an den rechten Platz gestellt zu haben. Fortan mußten auch die laufenden Regierungsakten nach ihrer Erledigung unverzüglich in Simancas abgeliefert und dort klassifiziert und eingeordnet werden. Im Jahr 1592 besuchte der 65jährige Herrscher zum erstenmal sein großes Landesarchiv persönlich, ließ sich durch alle Säle führen, jeden Schrank und beinahe jede Schachtel öffnen und erlebte wieder einmal das erhebende Glücksgefühl jener inneren Befriedigung, die sich der Seele bemächtigt, wenn ein großes Werk gelungen ist und das Leben seines eigenen Schöpfers zu überdauern verheißt.

Das war ein Kurzbericht über die Entstehungsgeschichte des Archivs von Simancas und damit über eine der größten Kulturtaten, die Philipp II. vollbracht hat. Zwei Jahrhunderte lang wurde der Schatz in seinem Sinne treu gehütet und stetig gemehrt, da wollte es plötzlich die Laune eines Napoleon I., daß die diplomatischen Archive von ganz Europa in Paris vereinigt werden sollten. In drei riesigen Wagenzügen wurden im Mai 1810 nicht weniger als 150 Kisten, mit Akten vollgestopft, aus Simancas nach Paris überführt. In der spanischen Feste wurden ein Dutzend Säle und ein halbes Dutzend Beamte überflüssig, das Werk Philipps II. schien nach mehr als 200jähriger Dauer für immer zerstört zu sein. Aber schon vier Jahre später erfolgte Napoleons Sturz, und der papierene Strom wälzte sich in aller Stille wieder nach Simancas zurück. Wenn es trotzdem noch heute in den „Archives nationales" in Paris eine eigene Abteilung „Fonds de Simancas" gibt, so sind das nur die etwa 300 Bündel umfassenden Bestände, die man für das Wertvollste aus dem napoleonischen Raube hielt und deren Zurückbehaltung man mit dem guten Gewissen und mit dem Völkerrecht vereinbaren zu können glaubte.

Wie sehr endlich dem König seine Escorialbibliothek am Herzen lag, wie bewußt und weitschauend er sie als Stätte wissenschaftlicher Arbeit gegründet, verwaltet und ausgebaut wissen wollte, dessen ist schon gedacht worden. Hier mögen sich dem früher gewonnenen Bilde nur noch ein paar Einzelheiten einfügen. Um den ersten Grundstock zu legen, stiftete Philipp seine Privatbücherei und dazu einen reichen Schatz an Handschriften aus dem königlichen Familienbesitz. Gleichzeitig begann das Sammeln und Kaufen über ganz Europa hin durch seine Diplomaten und Emissäre. Sie mußten, damit man ihnen nicht, weil ein König der Käufer war, Phantasiepreise abforderte, durch unscheinbare Mittelspersonen verhandeln. Die beamteten Geschichtsschreiber Ambrosio de Morales und Jerónimo de Zurita in Spanien, Arias Montano in den Niederlanden (wo er den Druck der Antwerpener Polyglottenbibel leitete), Diego Guzmán de Silva, Gesandter in Venedig, Francisco de Alava, Gesandter in Paris, waren seine erfolgreichsten und findigsten Käufer. Arias Montano beispielsweise bekam, als er nach Antwerpen ging, vom König 6000 flandrische Goldgulden als antiquarischen Kassenfonds mit. Das Glück war ihm hold. Er stieß in Antwerpen auf den Griechen Andreas Armaxi, der nach England wollte, um der Königin Elisabeth einige 40 griechische Handschriften zu verkaufen. Statt nach London wanderten sie um schweres Geld in den Escorial. Auch aus den Resten der durch die Bilderstürmer verwüsteten niederländischen Abteien kaufte Arias Montano wertvolle Bestände zusammen. Reichen Zufluß erhält die Sammlung aus testamentarischen Nachlaßzuwendungen. Gelehrte wie Antonio

Agustín, Pedro Ponce de León, Juan Páez de Castro vermachen dem Escorial ihren gesamten Bücherbesitz. Bisweilen läuft auch ein gewisser Zwang mit unter. So ist Don Diego Hurtado de Mendoza, dessen Name auch im Schrifttum einen guten Klang hat, am Ende seiner Taten und Tage so tief verschuldet, daß er auf Befriedigung der Gläubiger nur hoffen kann, wenn der König alle Rechnungen bezahlt und als Gegenleistung seine hinterlassenen Bücher annimmt. Don Diego beschreibt testamentarisch diesen Ausweg und geht dann, einer großen Sorge ledig, zufrieden und guten Mutes aus diesem Leben. Philipp II. aber läßt den Toten nicht im Stich; er übernimmt die Bücher und bereinigt stillschweigend die Schulden. Für seine Bibliothek und für seinen Escorial ist ihm kein Opfer zu groß.

Das mag dazu dienen, Philipps II. geistiges Gesicht in einiges neue Licht zu rücken. Zu gutem Ende aber müssen wir sein rationalistisches Weltbild oder Denksystem auch noch auf eine Eigenart prüfen, aus der man einen förmlichen Charakterfehler, einen psychischen Defekt herzuleiten sich nicht gescheut hat. Es ist die Rede von seinem angeblichen Skrupulantismus.

Worin also soll dieser letztere nach einer der neuesten auf Philipp II. bezüglichen Geschichtstheorien bestehen? Darin, daß er in seinen Entschlüssen von unerträglicher Langsamkeit ist; darin, daß er sich auf niemanden verlassen zu können meint und alles selber zu tun, zu lesen, zu prüfen, zu entscheiden für unerläßlich hält; darin, daß er sich mißtrauisch zeigt und sich von Verrätern, Spionen, Heuchlern und Betrügern umgeben wähnt; darin, daß er leistungsneidisch ist und den Erfolgen seiner Heerführer und Stellvertreter eine Eifersucht entgegenstellt, die auf geradezu exorbitante Minderwertigkeitsgefühle schließen läßt. In Wirklichkeit nun hängen alle diese Argumente haltlos in der Luft. Das an letzter Stelle genannte, den Leistungsneid, haben wir bereits früher auf seine eigentliche psychische Quelle und Herkunft zurückgeführt. Das nächste, die mißtrauische Furcht vor Verrätern, ist so eng mit den Gesinnungen und Zeitumständen, mit den diplomatischen Gepflogenheiten des Jahrhunderts, mit dem Intrigantentum der zeitgenössischen Politik verwachsen und ist so sehr ein Bestandteil des höfischen Nachrichtendienstes, daß man jenen Souverän des 16. Jahrhunderts, der sich nicht in allem und in jedem mit dem Panzer des Argwohns und des Mißtrauens gewappnet hätte, mit der Diogeneslaterne auskundschaften müßte; gar nicht zu reden von der Schule der schmerzlichen Erfahrungen, durch die gerade ein Philipp II. hierin ein Leben lang hindurchgegangen ist. Die beiden restlichen Indizien sodann, die mangelnde Fähigkeit zu raschen Entschlüssen und die bürokratische, an kleinliche Formalitäten gebundene Art des Regierens mit dem Gänsekiel, lassen sich wirklich mit unendlich viel klügeren und natürlicheren Gründen erklären als mit solchen von psychopatischer Richtung und Herkunft. Allen Argumenten zusammengenommen aber fehlt in erster Linie das unerläßliche Merkmal der sittlichen Schuldangst, das sie erst zu richtigen Beweisen des Skrupulantentums machen würde. Denn eben diese sittliche Schuldangst, der Konflikt zwischen dem Willen, es recht zu machen, und dem Bewußtsein, es falsch zu machen, dieser lähmende und quälende Affekt ist gerade Philipps II. angstfreier Psyche völlig fremd.

Was setzen wir nun an die Stelle des angeblichen Skrupulantismus? Nichts anderes als dieses: Philipp II. steht, das geht aus seiner Arbeitsmethode eindeutig genug hervor, unter einem ausgesprochenen Denk- und Überlegungszwang, der aber durchaus nichts Krankhaftes und psychisch Defektes an sich hat, sondern vielmehr der normale und gesunde Ausgleich und Widerstand der Ratio gegen die drängende Fülle der Empfindungen und Auftriebe aus dem kollektiven Erbgut des Unbewußten ist. Das eben macht die psychische Struktur des Menschen, der unter dem Namen Philipp II. durch die Geschichte geht, so harmonisch, daß von seinen drei Weltbildern oder inneren Gesichtern, dem archaischen, dem religiösen, dem rationalistischen, keines die beiden anderen überdeckt oder verdunkelt, daß sie vielmehr wie drei helle, klare Gestirne über seiner Seele leuchten, jedes eine Notwendigkeit, keines eine Aufdringlichkeit, und daß stets die zu üppig wuchernden Tendenzen des einen durch die nivellierenden Kräfte der anderen kompensiert und zu stilvollem Gleichklang geordnet werden. Aus diesem Denk- und Überlegungszwang zieht nun, von religiösen Antrieben unterstützt und genährt, vor allem das Verantwortungsgefühl gegenüber allen Pflichten höherer Ordnung eine ganz außergewöhnliche Stärke. In Philipps rationalistischem Denken herrscht darum der Primat des Gewissens, die sittliche Autonomie des Gläubigen, so, wie sie ein Jahrhundert nach ihm der berühmte Bellarmin eindeutig und scharf umschrieben hat: „Wenn wir sagen, das Gewissen sei allen menschlichen Urteilen übergeordnet, so wollen wir damit nichts anderes behaupten als dieses: wer ein gutes Gewissen hat, der braucht nicht zu fürchten, daß er von Gott verworfen werde, auch wenn die Menschen, denen ja das Innere verborgen bleibt, seine Handlungen verurteilen." Wie Philipp II. körperlich ein Sauberkeitsfanatiker ist, so ist er in religiöser Hinsicht ein Glaubensfanatiker, in ethischer Bewandtnis ein Gerechtigkeitsfanatiker, in moralischem Bezuge ein Gewissensfanatiker. Das ist nun freilich ein bißchen viel des Fanatismus auf einmal. Aber man muß uns richtig verstehen. Man muß das Wort „Fanatiker" des gehässigen Tones entkleiden, mit dem man es nicht nur auszusprechen pflegt, sondern mit dem man es auch seiner eigenen Bedeutung nach innerlich ganz und gar vollgepumpt und aufgebläht hat. Und wenn es je üble Blähworte gegeben hat, so ist dieses sicher eines der schlimmsten von allen. Denn auf seinen reinen und unverfälschten Sinn zurückgeführt (fanum = Heiligtum), heißt es doch wohl so viel wie: aus einer Sache, einem Streben, einem Bemühen eine gewissermaßen sakrosankte Angelegenheit machen, sie mit einem heiligen Eifer betreiben. Man könnte also Philipp II. ebensogut einen Glaubenseiferer, einen Gerechtigkeitseiferer, einen Gewisseneiferer nennen, und so möchten wir auch seinen mehrfachen „Fanatismus" verstanden wissen. Noch die letzten Ermahnungen an seinen Sohn und Erben beziehen sich auf diese drei Dinge: er solle lebenslang dem Glauben seiner Ahnen treu bleiben und ihn in seinen Ländern schützen und aufrechterhalten; er solle allenthalben Recht und Gerechtigkeit wahren; und er solle immer darauf bedacht sein, sich ein gutes Gewissen zu erhalten. Und man beachte es wohl: die ersten beiden Punkte sind sozusagen nur

Teilverpflichtungen und Teilbezirke des dritten, der sie wie ein Schrein in sich schließt.

Dieses gesteigerte Verantwortungsgefühl und dieser ehrliche und heilige Gewissenseifer nun beherrschen, über alle anderen geistigen und seelischen Funktionen hinweg, das religiöse und das rationalistische Weltbild Philipps II. Sie haben ihre Nachteile, das ist gewiß. Sie sind die wahre Ursache jener vielbeschrienen Entschlußlosigkeit des Königs, die vor Gründlichkeit des Überlegens und Erwägens oft so lange zu keinem Entscheid zu kommen vermochte, bis es zu spät war und eine neue Situation in der gleichen Angelegenheit einen neuen Anlauf zum Überlegen und Erwägen nötig machte.

Sie sind auch die Ursache davon, daß der König in einem Meer von Tinte, Streusand und Papier fast ertrinkt, daß er als mächtigster Herrscher der Christenheit beinahe das Leben eines kleinen

Brief von Granvelle mit eigenhändigen Notizen Philipps II.

Büroangestellten führen muß, daß die Last der Akten vom frühen Morgen bis zum nächtlichen Schlafengehen nicht von ihm weicht, ja, daß ihn der Kammerherr, der die Kerzen zu löschen hat, oft und oft mit einem Schriftstück in der Hand und einem Aktenbündel auf der Bettdecke sanft entschlummert findet.

Sie haben auch die schlimme Folge, daß sie gewisse Übertreibungen und Verknöcherungen hervorrufen, beispielsweise den König dazu verführen, daß er jedes freie Fleckchen eines Aktenstückes mit Antworten, Bescheiden und Verfügungen bekritzelt, dann, wenn der Platz nicht reicht, das Geschriebene in der Querlage noch einmal überschreibt und so die spätere Entzifferung für seine Sekretäre und für sich selbst zur reinen Unmöglichkeit macht.

Sie rechtfertigen sich aber bei allem wieder selbst unzählige Male und zwar in der (in den Briefen etwa) mit großer Häufigkeit wiederkehrenden Versicherung des Königs: „Ich hätte gern früher geantwortet und habe die Wichtigkeit einer raschen Antwort durchaus nicht verkannt; aber der Gegenstand ist so wesentlich, daß er mich im Gewissen zu reiflicher Überlegung zu verpflichten schien."

Sie sind endlich auch das einzige, was von seinem angeblichen Skrupulantentum übrig bleibt, es sei denn, daß man um jeden Preis darauf abziele, aus dem „Rey prudente", aus dem kultiviertesten, geschmackvollsten, klügsten und moralisch gesündesten König seines Jahrhunderts einen leicht angeschrägten Psychopathen zu machen.

Von außen gesehen scheint Philipps Psyche eine unnatürliche Mischung fremdartiger, unverträglicher Bestandteile zu sein, eine complexio oppositorum, eine Vermengung von Gegensätzen. Aber Gegensatz ist nicht Widerspruch. Wo Leben ist, da muß Spannung, da muß Gegensatz sein. Nur so gibt es ein Wachstum, ein beständiges Hervortreiben neuer Formen, nur so gibt es die blühende Fülle seelischen Reichtums. Philipps Psyche gleicht einem Baum, dessen Wurzeln nach allen Richtungen, nach vorwärts und rückwärts hin mächtig ausgreifen. Seine Säfte nähren sich aus den undurchsichtigen Fluten des archaischen Denkens nicht minder wie aus den dunkel gesättigten Wassern der religiösen Gesinnung und ebenso aus dem klaren Quell des rationalen und abstrakten Erwägens, Prüfens, Urteilens. Dieser vielgeschmähte und vielverkannte König ist, alles in einem gesagt, eine glückliche Synthese des archaischen, des religiösen und des rationalistischen Menschen. Gibt es einen Zustand seelischer Ausgeglichenheit, sicheren Besitzes, tröstlicher Lebensfülle, der sich mit diesem messen könnte?

XXVII. KAPITEL

Der Beherrscher der Gefühle

Das Affektleben Philipps II. ist wie mit dichten Schleiern verhangen. Die Zeitgenossen, die Gelegenheit haben, ihn aus der Nähe zu beobachten, sind einig im Urteil, daß dieser König von einer eisigen Kälte beherrscht sei, und sie sind nur uneinig in der Erklärung dieses eigentümlichen Gemütszustandes. Der eine ist überzeugt, er habe keine Gefühle, ein zweiter meint, er verberge sie mit Vorbedacht, ein dritter billigt ihm zu, er könne sie nur nicht so recht nach außen hin zeigen, wie er wohl gern möchte. Vielleicht ist es kein Zufall, daß die erste Meinung von einem Venezianer, die zweite von einem Franzosen, die dritte von einem Österreicher stammt. Richtig gesehen und geurteilt — darüber besteht kein Zweifel — hat nur der Franzose; wobei es freilich durchaus nicht feststeht, daß er auch die inneren Beweggründe dieses königlichen Verhaltens durchschaut hat. In Wahrheit ist Philipp II. weder zu prüde noch auch zu schüchtern, um seinem Gefühlsleben freien Lauf zu lassen, aber er steht viel zu sehr im Banne seiner Herrscheridee, als daß er nicht jedes Sichgehenlassen als eine Minderung seiner Würde, als eine fahrlässige Preisgabe seiner Unnahbarkeit empfinden und darum meiden würde. Selbstbeherrschung bis zum äußersten in Freud und Leid, in Lob und Tadel, in Liebe und Haß dünkt ihn ein eisernes Gesetz und eine heilige Pflicht seines hohen, seines einmaligen und

darum der strengsten Isolierung unterliegenden Amtes. Daß dieser freiwillige Zwang und diese selbstgewählte Haltung eine starke Vereinsamung in sich schlossen, das ist gewiß, und man braucht kein Fehlurteil zu fürchten, wenn man annimmt und zu behaupten wagt, Philipp II. sei trotz aller seelischen Gesundheit und geistigen Beweglichkeit, trotz jeglichen Mangels eines psychischen Defektes, einer der einsamsten unter den Großen dieser Erde gewesen. Schon die Gesichter seiner Jugendbildnisse tragen unverkennbar einen Hauch ablehnender Kälte und Ungeselligkeit an sich. Dieser Hang zur Abschließung, dem ein angeborener Ernst des Temperaments fördernd zur Seite tritt, vertieft sich mit den Jahren, mit den vielen Schicksalsschlägen, mit der schwindenden Gesundheit; er leuchtet aus dem berühmten Altersbildnis von Pantoja de la Cruz mit der schmerzlichen Fahlheit einer völlig in sich gekehrten Trauer und Entsagung.
Hinreichend bekannt und oft erzählt sind die Szenen, die sich angeblich zutrugen, wenn Philipp II. bei Nachrichten von großen Siegen oder vernichtenden Niederlagen sich zu verhalten pflegte, als seien das Dinge, die ihn gar nicht beträfen, wie er bei der Kunde von Lepanto nicht die geringste Unterbrechung der gottesdienstlichen Handlung duldete, in die er eben eingesponnen war, wie er bei der Meldung der Armada-Katastrophe seine Fassungslosigkeit hinter einem hochmütig-kühlen Aphorismus zu verbergen gesucht habe. Weniger bekannt dagegen ist die Tatsache, daß Philipps empfindsames Gemüt bei seelischen Erschütterungen freudiger oder schmerzlicher Art, trotz aller scheinbaren Festigkeit und Selbstbeherrschung, sich der aufsteigenden Tränen nicht erwehren konnte; und zwar war es immer dann mit seiner Fassung vorbei, wenn Empfindungen tieferer, urtümlicher, allgemein gültiger Art geweckt und aufgestört wurden, wenn, so würden wir heute sagen, Archetypen angerührt wurden. Wir erinnern uns an den Tag und die Stunde, die ihm die Erfüllung des Escorial-Traumes brachten, wir sahen ihn, wie er sich im stolzen Gefühle der Zufriedenheit ob des endlich vollendeten Werkes rund um das Klosterschloß tragen läßt, und wie ihn Dankbarkeit und Freude so sehr überwältigen, daß die seelische Stauung sich nur

in stummem Weinen zu lösen vermag. Ein anderes Beispiel ist dieses: am 24. Dezember 1568 schreibt der französische Gesandte Fourquevaux nach Paris, der König sei bis zu Tränen gerührt gewesen, als er von dem Inhalt eines von Katharina von Medici an den Gesandten gerichteten Briefes in Kenntnis gesetzt worden sei. Was der Brief enthielt, wissen wir nicht; aber es ist nicht schwer, es mit einiger Sicherheit zu erraten. Wenige Wochen vorher war Isabel von Valois, Philipps Gemahlin und Katharinas Tochter, unerwartet verschieden. Gatte und Mutter trauerten ihr mit der gleichen Liebe nach, hingen mit der gleichen Liebe an den beiden von ihr hinterlassenen unmündigen Töchtern. Der Brief wird also von der zärtlichen Sorge einer um ihre verwaisten Enkelkinder bangenden Großmutter und von der schmerzlichen Trauer um eine verlorene Tochter Zeugnis gegeben haben. Bei Fourquevaux heißt es mit eindringlicher, herzhafter Kürze: „Je luy ay leu la lettre ... laquelle luy a attendry le cueur, car je luy ai veu les grosses larmes aux yeulx." Erinnern wir uns schließlich auch noch in aller Kürze der Szene, in der Khevenhiller (der ältere) von dem zu seiner letzten Fahrt bereiten König für dieses Leben Abschied nahm und in der sich die beiden Alten statt vieler Worte mit stummen Männertränen anweinten, und wir alle werden in der Forderung einig sein: die alte Greuelreportage, daß es Philipp II. deswegen nicht schwer fiel, seine Gefühle zu verbergen, weil er eben keine hatte, sollte endlich ein für allemal aus seinen Biographien verschwinden.

Menschen mit verdorrtem, ausgebranntem Innenleben, mit sogenannten Mondlandschaften in der Seele, halbe und ganze Melancholiker, dürre Paragraphenreiter, kalte Fanatiker sollen auch keinen Sinn für Humor und kein Verständnis für witzige Entgegnungen besitzen. So will es die Überlieferung, und eben diese unsympathische Eigenschaft ist, so versichert man uns, auch ein Merkmal Philipps II. Geben wir ausnahmsweise einmal ihm selbst das Wort zu eigener Verteidigung und freuen wir uns einen Augenblick der Rolle des unbeteiligten Dritten. Eines Tages wird der König Zeuge davon, wie sich drei oder vier Grandes de España an einer Türe eifrig herumkomplimentieren und höflich einander den Vortritt lassen wollen. Er sieht sich das Schauspiel belustigt eine Weile an, dann aber fährt er mit gutmütigem Spotte dazwischen: „Immer herein, ihr hohen Herren, wie es der Zufall gerade fügt, denn manchmal kann auch das Vorangehen ein Kennzeichen des Minderen, das Nachfolgen aber ein Merkmal des Höheren sein." Wobei stillschweigend vorausgesetzt werden darf, daß die komplimentiersüchtigen Herren genau wußten, daß nach dem burgundischen Zeremoniell der Nachtritt das Recht und Zeichen der königlichen Majestät war, daß also die Nachgehenden dem königlichen Brauche sich annäherten und so die Vorangehenden in die Lage der Minderen brachten. Ein anderesmal begab es sich, daß dem König wiederholt eine bestimmte Persönlichkeit für ein sehr hohes Amt in Vorschlag gebracht wurde, und zwar immer wieder mit dem Hinweis darauf, „que era persona de mucha prudencia", daß also der Mann ungewöhnlich gescheit sei. Philipp aber, der stets besser unterrichtet war, als man annehmen konnte oder wollte, erledigte den Fall mit der lapidaren, an den Rand des Schriftstückes gekritzelten Bemerkung: „Neuer Vorschlag erwünscht, denn seine Prudencia kenne ich zur Genüge." Warum aber dieser Bescheid einen wahren Sturm der Heiterkeit in der ganzen Hofgesellschaft erregte, das hatte seinen besonderen Grund. Es unterhielt nämlich der betreffende Herr ein heimliches und einigermaßen unsauberes Verhältnis mit einer Dame, die auf den Namen Prudencia hörte. — Die von Karl V. nach Spanien gebrachten Hofnarren behielt auch Philipp II. bei. Aber es ist anzunehmen, daß er sich dieser Spaßmacher nicht nur zu seiner gelegentlichen Erheiterung bediente, sondern auch dazu, um aus ihrem geschwätzigen Munde allerlei zu erfahren, was er sonst nicht erfahren hätte.

In seinen Vergnügungen und Erholungen war dieser König einfach und anspruchslos wie der nächstbeste seiner bürgerlichen Untertanen. Ernste Musik schätzte er hoch, das Theater verabscheute er; an derartigem Zeitvertreib konnte seiner Meinung nach nur der Pöbel sein Genügen finden. Ein heiliger Zorn aber fiel ihn an, wenn er erfuhr, daß es der oder jener gewagt hatte, die Figur eines Herrschers auf die Bühne zu bringen; das war für

sein Empfinden ein geradezu sträflicher Einbruch in die königliche Isolierzone. Wir werden uns trotz allem davor hüten müssen, dieser Abneigung Philipps II. gegen das Theater ein besonderes Gewicht beizulegen. Ihm war es nämlich nicht mehr beschieden, die Blütezeit des nationalen Dramas zu erleben. Als Lope de Vega gegen Ende der 80er Jahre die Leiter seines Ruhmes als Schauspieldichter zu erklimmen begann, da war Philipp II. schon ein kranker, gebrochener, alternder Mann; als Calderón geboren wurde, da gehörte er bereits zu den Toten. Im Leben aber zog er allzeit der Welt des Scheines die schönere Wirklichkeit vor. In jungen Jahren liebte er die Jagd, sein ganzes Leben hindurch aber begleitete ihn die große Liebe aller tief veranlagten Menschen zur Natur. Wann immer er konnte, weilte er in Aranjuez oder in El Pardo, an deren Parken, Grünflächen, Blumengärten, Teichen er sich nicht sattsehen und sattfreuen konnte. Wie sehr er das Staunen und Entzücken seiner Höflinge über den „amadisischen" Landschaftszauber des alten England teilte, wissen wir; daß eine seiner vielen Sorgen um den Escorial, und nicht die geringste, der Gartenpflege und der Blumenzucht galt, ist uns gleichfalls nicht verborgen geblieben. Die ganze Natürlichkeit und Schlichtheit des Empfindens dieses verschlossensten, undurchdringlichsten und unnahbarsten aller Könige aber hat sich der erstaunten und beschämten Nachwelt erst 300 Jahre nach seinem Tode enthüllt, und zwar durch ein Bündel vergilbter Briefe, die der Belgier Louis Prosper Gachard 1867 im Staatsarchiv zu Turin entdeckte und 17 Jahre später der Öffentlichkeit zugänglich machte.
Im März 1585 vermählte sich die Infantin Catalina Micaela, die jüngere der beiden Töchter aus Philipps Ehe mit Isabel de Valois, dem Herzog Carlo Emmanuele von Savoyen. Beim Abschied von daheim, der für die 18jährige ein bitterschweres Erlebnis war, raffte sie hundert Kleinigkeiten, die ihr in der Fremde eine teuere Erinnerung an das Elternhaus zu sein versprachen, zusammen und packte sie vorsorglich in ihre Koffer. Darunter auch ein Päckchen Briefe, die der geliebte Vater zwischen April 1581 und März 1583 aus Portugal an die Kinder heimgeschrieben hatte. Sie denkt dabei nur an sich und an ihre Sehnsüchte, ängstigt sich vielleicht

vor einer drohenden Vereinsamung und glaubt ihr mit klugen Mitteln vorzubeugen; aber sie ahnt nicht, welch ungeheueren Dienst sie damit dem Andenken ihres Vaters geleistet, welch grandiosen Dank sie ihm über das Grab hinaus abgestattet hat. Diese Briefe Philipps an seine Kinder blasen wie ein Sturmwind in den Schutthaufen von Verleumdung und Haßgerede, der sich drei Jahrhunderte lang über seinem Sarge und seinem Namen anzusammeln Zeit gehabt hat; erst seit ihrem Wiederauftauchen ist das Schauermärchen vom finsteren, gefühllosen, den eigenen Kindern feindlichen und jeder menschlichen Regung unfähigen Philipp II. in nichts zerstoben. Denn was aus jeder Zeile dieser verknitterten, kraus bekritzelten Papiere redet, ist nur rührende Sorge um die Gesundheit der vereinsamten Kinder zu Hause, eifriges Bestreben, ihnen durch unterhaltsame Neuigkeiten Freude zu machen, einfacher Bürgersinn, schlichtes Heimweh und ein kindliches Gemüt. Einmal beruhigt der Vater die ältere der beiden Töchter über ihr häufiges Nasenbluten; das müsse so sein, meint er, und werde sich mit dem Eintritt ihrer weiblichen Reife schon von selber legen; die jüngere aber mahnt er zu größerer Vorsicht mit ihrer geschwollenen Backe, die sich gar zu oft einstelle. Ein anderes Mal hat der gute Papa selber zu viel Melonen gegessen, weil sie eben gar so vortrefflich waren (que los avia muy buenos) und muß zur Strafe dafür ein paar Tage das Bett hüten. Oft hat die alte Haushälterin Magdalena große Begierde nach den heimatlichen Erdbeeren, und der König selber sehnt sich nach dem Gesang der Nachtigallen in den Gärten von Aranjuez und nach dem Gezwitscher seiner eigenen jungen Schar zu Hause. Dann stimmt ihn jede gute Botschaft, jedes Lebenszeichen aus der Heimat doppelt froh. Er freut sich über die Nachricht, daß die Nonnen des Klarissinnenklosters dem kleinen Prinzen (dem späteren Philipp III.), da er ein bißchen kränkelt, ein Extrasüppchen gekocht haben, das ihm sehr gut getan hat. Die Pfirsiche, die ihm die beiden Töchter in einem Kistchen zu schicken den liebenswürdigen, aber unbedachten Einfall hatten, kamen zwar in einem Zustande an, daß sie als Pfirsiche schlechterdings nicht mehr zu erkennen waren, aber das trübt seine Freude nicht, denn sie stammen ja

aus dem Gärtchen vor dem Fenster der Kinder. Einmal beendigt er den Brief mit dem launigen Satz: „Jetzt will ich aber keine Klage mehr hören, daß ich euch nicht eine Menge von Neuigkeiten schreibe", und eine andere Epistel besagt zum Ende: „Ich schließe jetzt, weil das Abendessen schon auf dem Tische steht und weil es schon acht Uhr geschlagen hat." Wie man eben mit den Kindern redet. Alle Briefe zusammen aber sind unterzeichnet: „Vuestro buen padre." — Das war der andere, der verborgene, der unbekannte Philipp II.
Zum engeren Kreis der königlichen Familie gehörte auch Magdalena Ruiz, eine steinalte treue Dienerin und Hausbesorgerin, die zu allem geschickt und brauchbar war, als Kinderwärterin und Krankenpflegerin, in Küche und Keller, zur Instandhaltung der Kleider und zur Bereitung eines guten Schlaftrunkes, also überall da, wo neben dem vielköpfigen männlichen Bedienungsstab des burgundisch-spanischen Zeremoniells auch noch eine linde und geschickte Frauenhand nötig und unentbehrlich war, eine von jenen Unersetzlichen, denen man noch immer den Ehrennamen gegeben hat: des Hauses treue Schaffnerin. Sie hat der König auch nach Portugal mitgenommen und sie darf sich dem Unnahbaren gegenüber allerlei mütterliche und familiäre Freiheiten erlauben. Sie darf ihn mahnen und schelten, darf ihn ins Bett schikken, wenn er zu lange wacht, darf ihm die Kissen zurechtschütteln und die Kerze löschen, sie darf bei dem Alternden und Vereinsamten eine Art Mutterstelle vertreten; sie ist eine der wenigen Sterblichen, denen es, um mit Porreño zu sprechen, gelingt, die Isolierungszone zu überschreiten, ohne auf die Nase zu fallen. In den Briefen an die Kinder wird sie als wichtige Respektsperson des öfteren erwähnt und humorvoll charakterisiert, so zum Beispiel, daß ihr beim leisesten Ton einer Tanzmelodie immer noch die Beine zucken und die Arme unruhig werden, obschon sie ja zum Tanzen längst zu kurzatmig und zu altersmüde ist. Auf dem im Prado-Museum hängenden und von einem nicht sicher bestimmbaren Künstler gemalten Bildnis der Infantin Isabel Clara Eugenia hockt Magdalena Ruiz, mit weißem Spitzenkopftuch geschmückt und ein Schoßhündchen unter dem Arme haltend, neben

der gütigen Herrin, die ihr die linke Hand auf den Kopf legt. Eine ähnliche Stellung wie Magdalena nahm auch der Kammerdiener Luis Tristan ein, genannt der Calabreser. Auch er war in Portugal mit dabei und findet sich in den erwähnten Briefen des Königs an die Kinder oft genannt. Er versorgte seinen Herrn stets mit frischen Blumen und mit ausgesuchten Früchten, war ein geschickter Bastler und ein großer Spaßvogel, stritt sehr häufig und sehr witzig mit der alten Magdalena und machte sich ein Vergnügen daraus, in seinen eigenhändigen Briefen an die Infantinnen alle erdenklichen Sensationen zusammenzulügen. Sein sympathisches Gesicht grüßt uns noch heute im Prado-Museum aus dem Dunkel der Jahrhunderte. Treue Dienerseelen dieser Art, bei denen Geschicklichkeit, Zuverlässigkeit und Anhänglichkeit miteinander wetteiferten, liebte Philipp II. über alles und vergalt ihnen ihre aufopfernde Hingabe mit väterlicher Güte und Fürsorge; sie gehörten für ihn zum engsten Kreise der Familie. Auch das war der andere, der verborgene, der unbekannte König.

Von Philipps vier Ehen war am ehesten noch die erste eine Neigungsehe, geschlossen zwischen gleichalterigen jungen Menschen in der ersten Blüte ihres Lebens. Die anderen drei waren politische und diplomatische Pflichtehen, bei denen sich entweder ein junger Mann mit einer früh gealterten und verblühten Frau, oder aber ein Mädchen in den Kinderschuhen mit einem reifen, angegrauten Manne zusammengezwungen sah. Philipp war 27jährig, als er die den Vierzig nahe, kränkliche, durch Leid früh verbrauchte Engländerin heiraten mußte. Er war 33jährig, als man ihm das Kind Isabel von Valois zuführte. Er war 43jährig, als er mit der 17 Lenze zählenden Anna von Österreich zum vierten Ehebett schritt. Beide Mädchen waren zur Braut nicht des ältlichen Vaters, sondern seines Sohnes, des jungen Don Carlos ausersehen gewesen. Jede dieser drei Heiraten schien dazu vorausbestimmt zu sein, in eine unglückliche Ehe zu münden; jede der drei aber hatte die merkwürdige Folge, daß die Frauen die innigste Zuneigung zu dem von ihnen in vieler Hinsicht grundverschiedenen Manne faßten. Ob sie halbe Kinder oder überalterte Jungfern waren, keine von seinen vier Frauen hat den königlichen

Gemahl gefürchtet oder verabscheut, jede hat ihn bis zum letzten Atemzug mit einer anbetenden und hingebenden Zärtlichkeit geliebt; jede hätte, nein fast alle haben mit Freuden ihr Leben dafür hingeopfert, ihm die ersehnte Nachkommenschaft in die Wiege zu legen. Kann ein Mann, dem so viel Frauenliebe zugetragen wird, der so vieler Opfer wert erachtet wird, ein kalter, gefühlloser Tyrann sein? Waren sie nicht alle zufrieden und glücklich im Schutze seiner Liebe und Gattenfürsorge? Hat er einer einzigen von ihnen den Schimpf angetan, daß er eine Mätresse neben sie setzte? Hat er je seinen Untertanen jenes verschmutzte Zerrbild einer christlichen Ehe vorgelebt, das bei den Valois gewissermaßen zur Familientradition gehörte? Weil aber das Ja und das Nein auf diese Fragen immer nur zu seinen Gunsten ausfiel, darum mußten die Verleumdung und die Lüge in die Bresche springen, darum mußte, was nicht wahr war, als wahr erfunden und erlogen werden. Auch weil das Ohr der Welt immer dann am gierigsten horcht, wenn zugleich die Nase durch ein sexuelles Rüchlein sich gekitzelt fühlt, darum ist man mit so viel Eifer daran gegangen, gerade das Eheleben Philipps II. durch den kotigsten Schlamm der Beschimpfung und Entehrung zu ziehen. Wir brauchen die Orgien des Hasses und die Paroxysmen der Rachsucht, in die sich ein Wilhelm von Oranien und ein Antonio Pérez hineingesteigert und hineinverloren haben, hier nicht mit nacherzählenden Worten neu zu beleben, wir brauchen nur darauf hinzuweisen, daß für keine der wahllos und tölpelhaft aufgetürmten Anschuldigungen die Spur eines dokumentarischen Beweises oder auch nur der Notbehelf eines Wahrscheinlichkeitsschlusses aufgebracht werden konnte. Die Wirklichkeit aber, die klare Wahrheit, hat folgendermaßen ausgesehen.
Das Eheleben Philipps II. ist von jedem Schatten einer moralischen Trübung frei. Die Wahl der Gattinnen war für ihn nie eine Herzenssache, sondern immer nur eine Angelegenheit und ein Zwang der Politik. Der einmal geschlossene Bund aber galt ihm als ein unverletzliches Sakrament, und das hieß für ihn so viel wie eine Bindung, gegen deren Lösung oder auch nur Lockerung sein hohes Pflichtbewußtsein und sein nahezu krankhaft waches

religiöses Gewissen ein unübersteigliches Hindernis bildeten. So wenig er zu Handlungen von der Art eines Heinrich VIII. von England fähig gewesen wäre, ebensowenig wäre er je zur französischen Unsitte der Nebenfrauen herabgestiegen. Er wußte, was er seinem Königtum und seinem Herrgott schuldig war.
Anders lagen die Dinge in Zeiten, wo die eheliche Bindung fehlte, und ein schweres Schicksal hat ihm diese Zeiten öfter als den meisten der Sterblichen auferlegt. Er blieb verwitwet vom 18. bis zum 27., vom 31. bis zum 33., vom 41. bis zum 43., vom 53. bis zum 71. und letzten Lebensjahr. Er war aber ein gesunder, normal empfindender Vertreter des genus virile und ein für weibliche Reize sehr empfänglicher konstitutioneller Typus. Er war ein Mann. Auch die venezianischen Gesandten wissen es nicht anders. Wir hören von Badoero: „Nelli piaceri delle donne è incontinente." Wir hören von Tiepolo: „Ma più di tutto ama le donne, delle quali mirabilmente si diletta." Wir hören von Soranzo: „Molto ama le donne, con le quali spesso si trattiene." Und nun steht mit ziemlicher Sicherheit dieses fest: in den Jahren seiner ersten Witwerschaft unterhielt der junge Philipp ein Liebesverhältnis mit Doña Isabel Osorio, und in Brüssel, wo er seit 1549 weilte, begab sich das gleiche mit einer schönen flandrischen Dame namens Catalina Laínez. In der Zeit seiner zweiten Witwerschaft (1558—60), und zwar nach seiner endgültigen Heimkehr aus den Niederlanden, entspann sich eine kurze aber heftige Liebschaft zwischen ihm und der Doña Eufrasia de Guzmán, und diese Dame verheiratete er dann zum Dank für das genossene Glück mit dem Fürsten von Ascoli. Die Kinder aus den drei Liebesbünden — die Anzahl ist nicht mit Sicherheit zu ermitteln, doch scheinen es mindestens deren vier gewesen zu sein — wurden in aller Heimlichkeit aufgezogen und später einer bürgerlichen Versorgung zugeführt, legitimiert und öffentlich anerkannt aber niemals. Alle diese Seitensprünge und Liebeleien freilich nahmen ein Ende, sobald die Ehe mit Isabel von Valois vollzogen war. Wir vermuten das nicht nur, sondern wir wissen es mit Bestimmtheit aus einer brieflichen Mitteilung des französischen Gesandten Saint-Sulpice, der die besorgte und mißtrauische Katharina von

Medici in diesem Punkte völlig beruhigen und sich dabei auf eine streng vertrauliche Zusicherung des Ruy Gómez de Silva berufen konnte.

Mit Isabel von Valois ist Philipp zum ernsten und gesitteten Familienvater geworden. Von den wilden Ausschweifungen aber, von den Doppelehen, Ehebrüchen, Giftmorden und Mordversuchen aus Eifersucht, die man phantasievoll zu einer Greuellegende ohnegleichen gebündelt und zu einer beispiellosen Haßpropaganda mißbraucht hat, bleibt nichts übrig als die normalen Liebeleien eines gesunden, zeitweilig ehelosen jungen Mannes. Warum ist aber Philipp II. an dem wirklichen Ablauf der Dinge, also an der Entstehung von Greuellegende und Haßpropaganda, zu einem guten Teil mit schuld? Weil er sich selbst in zwei Persönlichkeiten spaltete, gleichsam in zwei Gestalten auseinandertrat, deren eine den sichtbaren König, deren andere den unsichtbaren Menschen verkörperte. Weil er alles, was auf diesen letzteren Bezug hatte, mit einem tiefen Geheimnis umgab, weil er vor nichts so sehr zurückschreckte als vor dem, was er für eine Preisgabe und Bloßstellung seines Inneren hielt, weil er ein „Beherrscher der Gefühle" sein zu müssen wähnte. Konkret gesprochen: weil er auch seine Liebschaften, derentwegen er sich wirklich weder zu fürchten noch zu schämen brauchte, so sehr ins Ungewisse, Verborgene und Gerüchthafte abzudrängen den Fehler beging, daß in diesem stickigen Dunkel die Lüge nur um so üppiger zu wuchern und zu wachsen vermochte.

XXVIII. KAPITEL

Rückblick und Abschied

Eine Gesamtwürdigung Philipps II. muß vor allem anderen mit zwei großen Verneinungen eingeleitet werden. Die eine: dieser König war kein Träger des Absolutismus; die andere: er war auch kein Vorkämpfer der von den einen erhofften, von den anderen gefürchteten katholischen Universalmonarchie. Die Verkennung

dieser beiden Tatsachen und ihre daraus sich ergebende irrtümliche Bejahung hat mit Bezug auf Philipp II. den Mythos vom tyrannischen Despoten und vom blutdürstigen Fanatiker in die Welt gesetzt, einen Mythos, bei dessen Formung die Dichter des halben Europa — Schiller in Deutschland, Chénier in Frankreich, Alfieri in Italien, Núñez de Arce in Spanien — den Geschichtsschreibern mit betulichem Eifer zur Seite standen.
Was hinderte nun Philipp II. an der Ausübung eines Absolutismus, der, wie es schien, in vollem Einklang mit seiner Veranlagung, Erziehung und Neigung zu stehen schien? Zwar entschlüpfte ihm gelegentlich eine briefliche Äußerung wie diese: „Kein König vermöchte seine Untertanen mit eingeschränkten Befugnissen zu regieren", aber einem wirklichen Absolutismus stellten sich bei ihm zwei gewichtige, ja geradezu unüberwindliche Hindernisse entgegen: die Stimme seines Gewissens und die geschichtlichen Gegebenheiten seines Landes.
Wiederum sind wir über seine Auffassung des Herrschertums aufs genaueste unterrichtet durch Äußerungen seiner eigenen Feder. Wie er den Herzog von Alcalá als Vizekönig nach Neapel schickt, da gibt er ihm eine geheime Anweisung mit, die ihn über seine Rechte und Pflichten informiert und die unter anderem die folgenden lapidaren Sätze enthält: „Das Volk ist nicht für den Herrscher da, sondern umgekehrt der Herrscher für das Volk. Seine erste und höchste Pflicht besteht darin, daß er für das ihm anvertraute Volk arbeite und dafür Sorge trage, daß es in Ruhe und Frieden, in Gerechtigkeit und Ordnung zu leben vermöge; denn dafür wird ihm, dem Herrscher, schließlich Rechenschaft abgefordert werden." Das Königtum ist also für Philipp II. ein von Gott verliehenes Hirtenamt, das Wohl der Untertanen steht höher als Willkür und Laune des Souveräns, und durch die Verantwortung für dieses Wohl ist er gewissensmäßig verpflichtet, willensmäßig gebunden und alles andere als absolut. Jedes Urteil, jede Entscheidung unterliegt darum der Gewissensfrage: wie werde ich vor Gott damit bestehen? Gutachten, sachkundige Ratschläge und Meinungsäußerungen werden eingeholt, Willkür, Laune, Stimmung des Augenblicks treten zurück vor reiflicher

Überlegung, nur der Entschluß ist selbständig und persönlich, und mit ihm auch die Verantwortung. So ist dem Absolutismus durch Gewissenshemmung Tür und Tor verschlossen von Anfang an.

Ein zweites, nicht so sehr inneres, transzendentes, als vielmehr äußeres und praktisches Hindernis sind die geschichtlichen Gegebenheiten. Spanien ist zur Zeit Philipps II. ein konstitutionelles Staatsgebilde unter monarchischer Führung, einer der frühesten Bundesstaaten, die man in der neueren Geschichte kennt. Die Befugnisse des Herrschers sind beschränkt und eingeengt durch zahlreiche, noch aus dem Mittelalter und den Tagen der Reconquista stammende Privilegien und Freibriefe der einzelnen Städte und Landesteile. Zollschranken sperren die durch gemeinsame Grenzen verbundenen Teilreiche gegeneinander ab, im Lande selbst ist also von Stadt zu Stadt ein blühender Warenschmuggel möglich, Münze und Münzwert, Steuern und Abgaben, ja sogar die Normen der Rechtsprechung wechseln mit den Schlagbäumen der Grenzen. Das größte aller Hindernisse für ein absolutes Königtum aber bilden die Ständeversammlungen oder Cortes, die einzelnen Landtage, wie wir heute sagen würden. Der von Kastilien ist noch der lenksamste und willfährigste, aber die von Aragón, von Katalonien und von Valencia sind wahre Hochburgen des Separatismus und der trotzigen Eigenwilligkeit. Zu den Tagungen muß der Herrscher persönlich erscheinen, sonst gibt es keine Geldbewilligungen. Monzón ist ein aragonesisches Kleinstädtchen, „ein Loch", wie sich der niederländische Staatssekretär Courteville auszudrücken beliebt, aber eine alte Tradition macht es zum herkömmlichen Schauplatz der Ständeversammlung, und es wäre schwer, wenn nicht unmöglich, die stockkonservativen Aragonesen von diesem geheiligten Brauche abzubringen. Die Versammlungen finden in der Pfarrkirche des Ortes statt. Das Verfahren ist von ehrwürdiger, aber nichtsdestoweniger unbegreiflicher Schwerfälligkeit. Die Prüfung der Vollmachten der Deputierten und die sonstigen Formalitäten des Anfangens nehmen einen ganzen Monat in Anspruch. Dann beginnt das ewig gleiche unwürdige Schachern zwischen König und

Volksvertretung. Von seiten der Abgeordneten gibt es nichts wie Beschwerden und Forderungen, Nörgeln um die Privilegien und versteckte Drohungen des Nichtbezahlens; von seiten des Herrschers nichts wie zögernde, feilschende, bedingte und zu nichts verpflichtende Zusagen. Endlich wird der pflichtmäßige Servicio ordinario und der freiwillige Servicio extraordinario bewilligt, und dem letzteren wird die provokatorische Erklärung beigefügt, daß er nur aus freien Stücken geleistet werde. Das gleiche wiederholt sich bei der katalonischen Ständetagung in Barcelona und bei der valencianischen in Valencia. Solcher Art also sind die praktischen, geschichtlich gegebenen Schranken gegen einen Absolutismus, von dem, wie man sieht, nicht die Rede sein kann. Urteile, wie das folgende eines namhaften französischen Historikers: „Philippe II fut le modèle du souverain absolu", sind also von vornherein unhaltbar.

Es war für Philipp II. sicherlich eine schwere psychische und verstandesmäßige Leistung, den erträglichen Ausgleich zu finden zwischen dem Herrscher-Tabu seines persönlichen Empfindens, das den Willen zur unbegrenzten Macht in sich schloß, und dem durch Gewissensbindung und durch praktische Wirklichkeiten eingeschränkten Spielraum und Vollzugsbereich dieses Machtwillens; kürzer gesagt, zwischen dem König des burgundisch-spanischen Zeremoniells und dem König der spanischen Wirklichkeit; und nochmals anders gewendet, den Scheinausgleich des Nichtauszugleichenden. Aber er hat diesen Ausgleich dennoch gefunden, und zwar mit Hilfe der aus den Ideengängen des Herrscher-Tabu erwachsenen Isolierungszone, mit Hilfe des verlängerten Armes, wie man auch sagen könnte. Philipps Wille zur Macht genoß den Vorteil und den Schutz einer gewissen Anonymität, denn die Entscheidungen und Verfügungen, die sich bis in das tägliche Leben des Volkes hinein auswirkten, gingen dem Namen nach von den Rätekammern (Consejos) aus, hinter denen freilich, für die Gesamtheit der Gehorchenden unsichtbar und unspürbar, der Wille des Königs stand. Er selbst war um so populärer, je weniger er seine Befehlsautorität zu gebrauchen nötig hatte, und diese Autorität war um so weniger bedrückend und lästig, je mehr sie anonym zu sein schien. Aus diesem Grunde brachte Philipp die Rätekammern (heute würden wir sagen: die Ministerien) durch ständige Vermehrung der bereits vorhandenen auf die ungeheuerliche Zahl von 13, was praktisch einer ebenso vielfältigen Verlängerung seines Armes und einer nach ebensovielen Richtungen hin geschaffenen Anonymität gleichkam. Diese Häufung von verantwortlichen Stellen, die in Wirklichkeit nur Vollzugsorgane waren, brachte aber, bei allem unverkennbaren Vorteil für die Person des Königs, doch auch einen schweren Nachteil für die Gesamtheit mit sich. Da die Zuständigkeiten der 13 Kammern tausendfach aufeinander übergriffen, so wurde das Regierungssystem zu einem unvergleichlichen Weg der Dornen und des Gesträppes, zu einem Irrgarten der Verzögerung und des Aufschubs. Philipp II. war bedächtig und gewissenhaft bis zum äußersten, das wissen wir schon; aber wir haben jetzt auch zu begreifen gelernt, daß wir uns das sanfte Tier, das wir heute den Amtsschimmel nennen, in jenen Zeiten und Breiten als eine Riesen- oder Drachenschnecke vorzustellen haben, die im zähen Schleim ihres bedächtigen Einherschleichens jeden Impuls zu raschem Handeln, jeden Drang zu Aktivität und Beschleunigung im Keime ersticken mußte. „Alles geht bei uns von morgen auf übermorgen, und der Hauptentschluß in allem ist, stets unentschlossen zu bleiben", so beklagt sich schon 1565 Thomas Perrenot de Granvelle brieflich bei seinem Bruder, dem in Brüssel amtierenden Antoine Perrenot de Granvelle. Wenn dieser es nicht glaubt oder für unmöglich hält, so sieht er ein paar Jahrzehnte später zu seinem Schrecken das Verderben des 13-Kammer-Systems wie eine klebrige, alles erstickende Schlammwelle über den Staat hereinkriechen. Und jetzt schreibt er seinerseits (im September 1584) von Madrid aus an Juan Idiáquez nach Brüssel: „Die Art, wie man hier vorgeht, macht mir Angst. Ich bin müde, es noch weiter mitanzusehen, und mein innigster Wunsch ist, ich könnte alles von mir werfen, nur um nicht mit schuld sein zu müssen an der Endkatastrophe und um nicht, gleich den anderen, geschlossenen Auges im Abgrund zu versinken." Das waren die Auswirkungen des durch persönliche und geschichtliche Fügungen gehemmten und verdrängten Machtwillens Philipps II. Ihn einen getarnten oder einen toten Absolutismus zu nennen, wäre ein unbedachter Fehlschluß und ein Unrecht gegen den König.

Neben dem vermeintlichen und vermuteten, auch als Anklage trefflich verwertbaren Absolutismus wird unserem Philipp II. vor allem das Streben nach einer katholischen Universalmonarchie angedichtet. Im Jahre 1585 erschien in Deutschland eine anonyme Flugschrift, die sich „Eine sehr notwendige, trewherzige und wolgemeinte Warnung" nannte und deren Kernstück in der Behauptung sich erschöpfte, das letzte Ziel des Königs von Spanien sei, „ein newe Monarchiam auff und anzurichten", das heißt also, eine katholische Universalmonarchie zu schaffen. Die Angst vor einer habsburgisch-spanischen Weltherrschaft lastet demnach, beinahe drei Jahrzehnte nach dem Tode Karls V., immer noch über den Gemütern Europas. Sie wurde, soweit auch Papst Sixtus V. sie hegte, von französischer, venezianischer und florentinischer Seite eifrig genährt. Der Kardinal Este beispielsweise machte im Oktober 1585 dem französischen Staatssekretär Villeroi die folgende vertrauliche Herzensergießung: „Ich wies Seine Heiligkeit hinsichtlich des Armada-Planes auf die Befürchtungen hin, die dadurch bei den christlichen Fürsten geweckt werden müßten. Denn wenngleich die Häresie der Königin Elisabeth dem spanischen Monarchen zum Deckmantel für seine Absichten dient, so unterliegt es doch keinem Zweifel, daß er auf die Herrschaft über die Christenheit lossteuert." Es unterlag also, wohlgemerkt, „keinem Zweifel", so sicher war man der Gewißheit der geäußerten Befürchtungen. Die Armada-Katastrophe aber löste wahrhaftig im kalvinistischen, lutherischen, anglikanischen und katholischen Europa, Spanien allein abgerechnet, ein förmliches Stöhnen der Erleichterung aus. Englands Siegestaumel ist bekannt und verständlich. Die deutschen Flugschriftenberichte und „Newen Zeittungen" fließen über von Befriedigung und unverhohlener Schadenfreude. In den kalvinistischen Provinzen der Niederlande prägt man eine Denkmünze, auf der zu sehen war, wie die Erdkugel, also die erstrebte Weltherrschaft, den Händen Philipps eben entglitt. Auch Papst Sixtus V. konnte sich einer innigen Genugtuung über den dem Spanier zugefügten Schlag nicht erwehren, er ließ sogar dem venezianischen Gesandten gegenüber eine hämische Bemerkung fallen von den „großen Fürsten, die eines Gegengewichtes bedürftig seien, damit sie nicht allzu mächtig würden".

Was hat aber nun Philipp II. in Wirklichkeit gewollt und angestrebt? — Nichts anderes, als das überkommene Erbe unverletzt und unverkürzt zu bewahren; nach keinen Eroberungen zu trachten und keinen kriegerischen Länderraub um der Besitzmehrung willen ins Werk zu setzen. Wiederum nimmt ein deutliches Wort aus seinem eigenen Munde jeden Einwand vorweg und schafft die nötige Klarheit. Wenige Wochen nach der von der europäischen Völkermajorität als eine Erlösung begrüßten Armada-Katastrophe wendet er sich in einem vertraulichen Schreiben an die Abgeordneten der Landstände von Kastilien und sagt ihnen unter anderem: „Die Pflicht der Verteidigung meiner Länder allein hat mir die Last dieses Unternehmens auferlegt, nicht aber — dafür ist Gott mein Zeuge — die Gier nach Eroberung und Machterweiterung; denn ich war und bin vollauf zufrieden mit dem, was mir der Schöpfer bestimmt und beschert hat." Der Kaisergedanke Karls V., halb weltlich, halb geistlich, schloß das Amt des Schirmvogtes der römischen Kirche und ihrer Verteidigung und Mehrung in sich. Er läßt auch die immer noch umstrittene Möglichkeit offen, daß Karl V. tatsächlich die Aufrichtung einer katholischen Universalmonarchie im Sinne hatte. (Über die zunehmenden und zwangsweisen Einschränkungen, denen diese Idee im Laufe seiner Regierung unterlag, sind wir uns schon früher klar geworden.) Philipp hat diese Gesinnung an seinem Vater voll und ganz anerkannt, aber keineswegs von ihm übernommen, noch auch als ein pietätvoll zu pflegendes Erbe hochgehalten. Der Übergang des Kaisertums auf den österreichischen Zweig der Dynastie hat ihn ja auch legal und ideell von dieser Verpflichtung entbunden. Von dem Tage an, wo es sich entschieden hat, daß er *nicht* Kaiser des deutschen Reiches werden wird, und er wäre es ja ohnehin nicht aus innerer Berufung und Neigung geworden, sondern nur aus Gehorsam, von diesem Tage an hat er nur mehr *ein* Ziel vor

Augen: das staatlich gefestigte, vom Kaiserreich unabhängige und religiös geeinte Spanien als Mittelpunkt eines Ländererbes zu regieren, das selbst wieder nur alles Blühen und Gedeihen aus seiner Zugehörigkeit zu diesem unerschütterlichen, unerschöpflichen Kraftfelde zu ziehen imstande sein sollte. Wenn er (1588) England zu erobern und zu rekatholisieren trachtete, so geschah es, weil er Frankreich schwächen und Flandern vor der Intrigenpolitik seiner Todfeindin Elisabeth bewahren wollte, und nicht etwa, um der Römischen Kirche ein abgefallenes Volk wieder zuzuführen; also aus spanisch-politischen, nicht aus religiösen Beweggründen oder gar aus gegenreformatorischen Gewissensantrieben und erst recht nicht aus reinem Expansionsbedürfnis. Wenn er der abendländischen Christenheit zum Siege von Lepanto die Macht seiner Kriegsflotte und den genialen Feldherrn zur Verfügung stellte, so tat er es wiederum nur, um seine italienischen Besitzungen, das Herzogtum Mailand und die Königreiche Neapel und Sizilien, um das Mittelländische Meer, das Mare nostrum der Romania, von dem ewigen Druck der asiatischen Invasionsgefahr zu befreien und um dem Stammlande Spanien eine Wiederholung der islamitischen Katastrophe von 711 zu ersparen. Philipp II. ist also durchaus nicht der Vorkämpfer des Katholizismus und der Antagonist des Luthertums schlechthin, er ist auch nicht die personifizierte Gegenreformation und nicht der historische Hemmschuh der europäischen Gewissensfreiheit, aber er ist derjenige unter den Herrschern seiner Dynastie, der seine ganze Kraft auf die Erreichung eines einzigen Zieles vereinigt hat, und dieses Ziel war die Sicherung und das Gedeihen des staatlich gefestigten und religiös geeinten Spanien. Er war kein Mehrer des Reiches, oder doch nur in sehr eingeschränktem Sinne und nur dann, wenn man den Heimfall Portugals an Spanien um jeden Preis als Annexion betrachten will; aber er war dafür ein eigenwilliger und zäher Bewahrer des Bestehenden und des Ererbten. Hätte er einen sogenannten Wahlspruch oder Wappenspruch gehabt, so würde er etwa gelautet haben: „Spanien, Spanien über alles, über alles in der Welt".
Einheit im Glauben, welche Konfession auch immer dabei die

Richtung gab, war im 16. Jahrhundert eine unerläßliche Voraussetzung für die politische Einheit des Landes. Kein besseres Beispiel gab es oder gibt es dafür, als das elisabethanische England. Aus dieser Erkenntnis und Gesinnung heraus mußte darum auch Philipp II. ein eifervoller Wahrer und Beschützer des Katholizismus in seinem Riesenreiche werden, und daraus ist dann in der Geschichte der Mythos vom Paladin der Römischen Kirche und vom Vorkämpfer des Katholizismus in Europa geworden. In Wirklichkeit aber hat sich Philipp in die konfessionellen Verhältnisse anderer Länder nur dann eingemischt, wenn ihm aus deren Glaubenszwistigkeiten oder Glaubensneuerungen *eine Störung und Bedrohung der Integrität seiner eigenen Gebiete* zu erwachsen schien. So verhielt es sich mit Frankreich und mit England. Hätte Philipp nicht die Last der niederländischen Provinzen auf den Schultern gehabt und damit die bedrohliche Nachbarschaft des anglikanisch reformierten England und des zur Hälfte kalvinistischen Frankreich, so hätte er sich vermutlich Zeit seines Lebens weder um das eine noch um das andere mehr gekümmert.
Glaubensspaltung bedeutet im 16. Jahrhundert so viel wie Auflösung des nationalen und des staatlichen Zusammenhaltes. Kein besseres Beispiel dafür als Deutschland. Schutz der Staatsreligion war darum nicht nur das Recht, sondern sogar die Pflicht eines jeden verantwortungsbewußten Herrschers. Nicht umsonst hat Elisabeth von England den Katholizismus in ihrem Lande mit drakonischen Verboten und Strafen auszurotten versucht. Nirgendwo hat es eine strengere und grausamere Inquisition gegeben als im elisabethanischen England; nur war sie eine rein staatliche Angelegenheit, von Rom nicht nur unabhängig, sondern sogar gegen Rom gerichtet, und vermied es überdies ängstlich, sich den verhaßten römischen Namen beizulegen. Auch in Spanien war die Inquisition nichts anderes als ein *diktatorischer Zwangsschutz der staatlichen Autorität gegen die Gefahr der inneren Auflösung und Zersetzung*, hier auch noch um so mehr berechtigt, da Spanien den Übergang vom Mittelalter zur Neuzeit als Land dreier Religionen vollzog: der katholischen, der jüdischen, der mohammedanischen. Niemandem wird es beifallen, die Auswüchse und Schat-

tenseiten der spanischen Inquisition oder ihrer (nur dem Namen nach verschiedenen) Schwesterinstitutionen im anglikanischen England und im kalvinistischen Genf zu verteidigen, zu beschönigen, zu vernebeln. Aber jeder des logischen und historischen Denkens fähige Beurteiler wird eingestehen müssen, daß die Werte, die sie für Spanien gerettet hat, viel größer sind als jene, die ihr zum Opfer fielen. Diese Inquisition, die über ein Jahrhundert lang den Schreckpopanz der Weltanschauungspropaganda des aufklärerischen Liberalismus und der falsch verstandenen Demokratie bildete, hat Spanien das Unheil der Hugenottenkämpfe und des 30jährigen Krieges erspart, hat ihm die mühsam errungene innere Einheit und Geschlossenheit bewahrt und damit die politische Existenz gerettet, hat den spanischen Volkskörper vom Blutegel des Judentums befreit, hat von ganz Europa die Gefahr einer islamitischen Invasion von Süden her abgewehrt, genau so wie der spanische Sieg von Lepanto eine solche von Osten her aufgehalten hat. Diesen Tatsachen und Erwägungen gegenüber müßte endlich, so möchte man meinen, die zänkische Fabel von der unterdrückten Denkfreiheit verstummen und der Blick sich vom Kleineren auf das Größere, vom Abstrakten auf das Konkrete, von den mehr oder weniger nur eingebildeten Schäden auf die wirklichen Leistungen hinwenden. Denn daß es im 16. Jahrhundert die später so hochgepriesene Denk- und Gewissensfreiheit nirgendwo gab, das weiß heute beinahe jedes Kind. Luther schreckte vor ihr ebenso zurück wie Calvin, und sogar der sanfte Melanchthon verwarf sie. Wie diese, so kannten auch Heinrich VIII. und Elisabeth keine Gewissensfreiheit, sondern im Gegenteil nur schärfsten Gesinnungszwang. Wer es wagte, anders zu denken, der wurde als Verräter des Staates und des Gemeinwohles zur Verantwortung gezogen und entweder mit dem Tode bestraft oder des Landes verwiesen. Religiöse Duldsamkeit aus anderen Gründen als Zwang und barer Not — man denke an das Edikt von Nantes — ist im 16. Jahrhundert etwas nicht Vorhandenes. Sie trotzdem von Philipp II. und immer nur von ihm allein zu verlangen, wäre darum ein Kennzeichen stupider Voreingenommenheit und mangelnden geschichtlichen Sinnes.

Philipp II. war kein absoluter Herrscher, obwohl er es gerne gewesen wäre. Er war auch nicht der prädestinierte Vorkämpfer des bedrängten Katholizismus in Europa, obschon ihn der Glaube seines Volkes, der Wille einiger Päpste, die Not und die Hoffnung der treugebliebenen und ob ihrer Treue verfolgten altgläubigen Minderheiten in den reformierten Ländern, auch ein allegorisches Gemälde aus der Hand Tizians und nicht zuletzt der aus diesen Prämissen hervorgegangene säkulare Irrtum der Geschichtsschreibung dazu machen wollten. Er war nur ein eminent spanischer, auf Zentralisierung und Kräftehäufung, auf Erhaltung und Bewahrung von Besitz, Erbe und Tradition eingestellter, ja beinahe leidenschaftlich erpichter König. Als Politiker ist er der wachsenden Gegnerschaft rundum nicht mehr Herr geworden, und während er selbst die Zeit zum Bundesgenossen wählte — „el tiempo y yo para otros dos", soll ein von ihm oft gebrauchtes Wort gewesen sein —, erwuchs seinen Feinden der mächtigste Helfer in seinem eigenen Mangel an strategischer Begabung und kriegerischem Sinn. So hat er zuletzt in der Außenpolitik in allem und jedem kläglich die Waffen strecken müssen, gegen England, gegen Frankreich, gegen die abgefallenen Niederlande, und sich mit dem bitteren Troste begnügen müssen, das Beste gewollt und stets nur die Gebote seines moralisch untadeligen Gewissens befolgt zu haben. Als Regent des eigenen Landes hingegen war es ihm vergönnt, seine Herrscheridee mit um so größerem Erfolge durchzusetzen, und das Volk als Ganzes hat, ob freiwillig oder unfreiwillig, den größten Nutzen daraus gezogen. Die Herstellung der religiösen Einheit, der politischen Einheit und der Einheit zwischen König und Volk ist seine Idee und seine Mission gewesen, und sie hat er mit einem Erfolg und einer seelischen Zähigkeit durchgeführt, wie keiner seiner Vorgänger oder Nachfolger. Unter Philipp II. hat das spanische Volk die Glanzperiode seiner Einigkeit, seiner Weltgeltung, seiner territorialen Ausdehnung erlebt. Vor ihm war alles nur Sammlung, Vorbereitung, Aufbruch, Erwartung; nach ihm war alles nur mehr Abstieg, Entartung, Zersetzung, Erinnerung an vergangene Größe.
Nun aber ist es Zeit, des Erzählens und Darstellens, des Urteilens

und Wertens ein Ende zu finden. Nun ist es Zeit, von Philipp II. Abschied zu nehmen. Wir geben uns nicht die Miene, das letzte und entscheidende Wort über ihn gesprochen, noch auch seine endgültige Biographie geschrieben zu haben — vieles mußte ungesagt und ungedruckt bleiben, ganz einfach, weil der erforderliche Raum nicht zur Verfügung stand —, aber wir vermeinen trotzdem, sein Bild von manchen Nebeln und Flecken gesäubert, seine vielfältige Begabung, die Reinheit seiner moralischen Grundsätze und seiner politischen Ziele, und vor allem sein Innenleben in neuartiger Sicht und in hellerem Lichte als bisher gezeigt zu haben. Wir rühmen uns auch, sofern hier überhaupt von etwas Rühmenswertem die Rede sein kann, an diesem König eine Tat der Gerechtigkeit getan und ihm einen Teil der großen Dankesschuld abgetragen zu haben, auf die gerade er vor der Geschichte eine gerechte und darum heilige, aber bisher nur spärlich und zögernd anerkannte Forderung anzumelden hat. Denn er war doch wohl nicht nur ein eigenwilliger und zäher Bewahrer des Bestehenden und Ererbten, sondern auch ein Retter und Erhalter großer, im europäischen Sinne lebenswichtiger, in ihrer Existenz bedrohter Werte. Und darum ist er, ungeachtet vieler Fehlschläge und mancher Unzulänglichkeit — denn auch ihn muß man nach seinen Zielen, nicht nach seinen Erfolgen beurteilen — der weitaus bedeutendste unter den Herrschern der spanisch-habsburgischen Dynastie und zweifellos auch der größte unter allen Trägern der spanischen Krone von Ferdinand III. angefangen, mit dem 1230 die Geschichte der eigentlichen, 638 Jahre währenden spanischen Erbmonarchie beginnt, bis herauf zu Isabella II., mit deren Absetzung sie 1868 endet.

VERZEICHNIS

der wichtigsten, unserer Darstellung zu Grunde liegenden Quellen

Albèri, E.. Relazioni degli Ambasciatori veneti al Senato, raccolte, annotate ed edite. Firenze 1839—63. Serie I, vol. 3, 5, 6.

Alvarez, V., Relación del camino y buen viaje que hizo el Príncipe de España Don Felipe año de 1548 ... hasta Flandes. Bruselas 1551.

Ambassades de M. de Noailles en Angleterre, publiées par Vertot. Paris 1763, Bd. 3.

Andrada, F. de, Crónica do muyto alto e poderoso Rey de Portugal, Dom João III. Coimbra 1796, 4 Bände.

Apologie ou défense de Guillaume prince d'Orange ... contre le ban et édit publié par le roi d'Espagne. Delft 1581.

Bergenroth, G. A., Calendar of State Papers, Despatches and Letters relating to the negotiations between England and Spain. London 1862—68, 3 Bände.

Berwick y Alba, Duquesa de, Documentos escogidos del archivo de la Casa de Alba. Madrid 1891.

Cabié, E., Ambassade en Espagne de Jean Ebrard, seigneur de Saint-Sulpice, de 1562 à 1565. Documents classés. Paris 1903.

Calvete de Estrella, J. C., El felicísimo viaje del Príncipe Don Felipe desde España a sus tierras de la Baxa Alemania. Anvers 1552.

Carrillo, A., Origen de la dignidad de Grande de Castilla. Madrid 1657.

Cartas y avisos dirigidos por Felipe II a Don Juan de Zúñiga, virrey de Nápoles en 1581. = Colección de libros españoles raros o curiosos, Bd. 18, Madrid 1887.

Certain advertisements out of Ireland concerning the losses and distresses happened to the Spanish Navy upon the West coast of Ireland. London 1588.

Cervera de la Torre, A., Testimonio auténtico y verdadero de las cosas notables que pasaron en la dichosa muerte de Felipe II. Madrid 1600.

Colección de documentos inéditos para la historia de España. Madrid 1842—95.

Band 1: Prisión de Antonio Pérez y de la Princesa de Eboli, según las Memorias de Juan de San Jerónimo. — Cartas escritas a Felipe II por su médico Francisco Hernández desde México por los años de 1572 a 1576. — Viaje de Felipe II a Inglaterra en 1554. Relación escrita por Juan de Varaona. — Cartas de Juan Andrea Doria a Felipe II de 1576 a 1594.

Band 2: Correspondencia entre Fernando I y Felipe II desde 1556 a 1563.

Band 3: Correspondencia entre Don García de Toledo y el Señor Don Juan de Austria sobre sucesos de la armada de la Liga. — Documentos sobre la armada de la Liga y batalla de Lepanto. — Relación del recibimiento que se hizo a Doña Maria, Infanta de Portugal, cuando vino a España a desposarse con Felipe II en 1543. — Del Recibimiento que mandó hacer Felipe II a su tercera muger Doña Isabel de Valois. — De algunos sucesos que precedieron, acompañaron

Band 102: Correspondencia de Felipe II con los hermanos Don Luis de Requesens y Don Juan de Zúñiga.
Correspondance de Philippe II sur les affaires des Pays-Bas, publiée par L. P. Gachard. Brüssel 1858 ff. 6 Bände.
Correspondencia de Gutierre Gómez de Fuensalida, publicada por el Duque de Alba. Madrid 1907.
Corrispondenza particolare di Carlo di Arragona, duca di Terranova, con Felipe II. Palermo 1879.
Dépêches de Giovanni Michiel, ambassadeur de Venise en Angleterre, pendant les années de 1554 à 1557. Venise 1869.
Dépêches de Sébastien de l'Aubespine, ambassadeur de France en Espagne sous Philippe II = Revue d'histoire diplomatique, Bd. 4 (1899).
Dépêches de M. de Fourquevaux, ambassadeur du roi Charles IX en Espagne, publiées par C. Douais. Paris 1896—1904, 3 Bände.
Dragonetti de Torres, A., La Lega di Lepanto nel carteggio diplomatico di Luis de Torres. Torino 1931.
Dumont, J., Corps universel diplomatique du droit des gens. Amsterdam 1726—39, Bd. 4, 5, 10.
Escobar, A. de, Recopilación de la felicísima jornada que el Rey Don Felipe hizo en la conquista del reino de Portugal. Valencia 1585.
Gachard, L. P., Les Bibliothèques de Madrid et de l'Escorial, notices et extraits. Brüssel 1875.
Derselbe, Relations des ambassadeurs vénitiens sur Charles-Quint et Philippe II. Brüssel 1855.
Derselbe, Lettres de Philippe II à ses filles. Paris 1884.
Gayangos, P. de, Viaje de Felipe II a Inglaterra por Andrés Múñoz, y relaciones varias relativas al mismo suceso. Madrid 1877.
Goretius, L., Oratio de matrimonio Regis ac Reginae Angliae, Hispaniae etc. ad populum principesque Angliae. London 1554.
Granvelle, A. Perrenot de, Correspondance de 1565 à 1586, publiée par E. Poullet. Brüssel 1877—96, 12 Bände.
Derselbe, Papiers d'Etat, publiés sous la direction de Ch. Weiss. Paris 1841—52, 9 Bände.
Harleian Miscellany, or a collection of scarce, curious and entertaining pamphlets and tracts found in the late Earl of Oxford's library. London 1744—46, 8 Bände.
Hoyos, Juan López de, Historia y relación verdadera de la enfermedad, felicísimo tránsito y sumptuosas exequias de la Reina Doña Isabel de Valois. Madrid 1569.
Hume, M. A. S., Calendar of Letters and State Papers relating to English Affairs, preserved principally in the Archives of Simancas. London 1892—99, 4 Bände.
Journal des voyages de Philippe II de 1554 à 1559, de Jean de Vandenesse. = Collection des voyages des souverains des Pays-Bas, Bd. 4. Brüssel 1882.
Khevenhiller, Fr. Chr., Annales Ferdinandei. Leipzig 1721, Bd. 1—5.
Lhermite, Jehan, Le Passetemps, publié par Ch. Roulens. Antwerpen 1890, 2 Bände.
Longlée, P. de, Dépêches diplomatiques 1582—90. Paris 1912.
Négociations de la France dans le Levant, publiés par E. Charrière. Paris 1848.
Nueva colección de documentos inéditos para la historia de España. Madrid 1892.

y siguieron el matrimonio de Felipe II con la reina Maria de Inglaterra.
Band 4: Cartas de Felipe II, de Margarita de Austria, del Duque de Alba y de otros sobre cosas pertenecientes a los Estados de Flandes, 1562 a 1570.
Band 6: Correspondencia de Felipe II con varias personas y principalmente con Don Cristóbal de Moura, 1578 a 1580.
Band 7: Memorias de Fray Juan de San Jerónimo sobre varios sucesos del reinado de Felipe II.
Band 8: Carta del Doctor Juan de Sepúlveda a Felipe II, 1560.
Band 9: Batalla de San Quintín. Relación del sitio y asalto.
Band 11: Relación de los sucesos de la armada de la Santa Liga, y entre ellos el de la Batalla de Lepanto, escrita por el P. Fr. Miguel Servia, confesor de Don Juan de Austria.
Band 12: Documentos relativos a Antonio Pérez, secretario que fué de Felipe II.
Band 13: Documentos sobre Antonio Pérez. — Tres documentos sobre la prisión y muerte del Príncipe Don Carlos.
Band 14: Diario desde 22 de julio hasta 7 de agosto de 1588 de los sucesos de la Armada que envió Felipe II contra Inglaterra.
Band 24: Dos cartas del Cardenal Granvela sobre el nombramiento del Duque de Medinasidonia para capitán general de Milán, y una instrucción de Felipe II para el gobierno de aquel estado.
Band 27: Correspondencia de Felipe II con el Duque de Medina Sidonia sobre su derecho a la corona de Portugal.
Band 28: Correspondencia de Felipe II y de otros personajes con Don Juan de Austria desde 1568 hasta 1570 sobre la guerra contra los moriscos de Granada. — Copia de una Memoria sobre la erección y fundación de San Lorenzo el Real.
Band 30, 31: Documentos relativos a Don Sancho Dávila, general de Felipe II.
Band 32—35: Correspondencia del Duque de Alba con Felipe II sobre la conquista de Portugal por Felipe II.
Band 41: Correspondencia de Benito Arias Montano con Felipe II, el secretario Zayas y otros sujetos, desde 1568 hasta 1580.
Band 51: Carta de Felipe II al Duque de Alba sobre la muerte de la reina Doña Isabel de Valois. — Correspondencia de Alonso de Curiel con Felipe II, Don Juan de Austria y otros personajes sobre asuntos de Flandes. — Consultas hechas por Andrés de Eraso a Felipe II sobre acuerdos del Consejo de Indias, con las resoluciones autógrafas de S. M. al margen.
Band 56: Documentos relativos a Doña Ana de Mendoza y de la Cerda, Princesa de Eboli, 1573 a 1592.
Band 68: Libros de diversas facultades de la Testamentaría de Felipe II.
Band 72—75: Los sucesos de Flandes y Francia del tiempo de Alejandro Farnese, descritos por Alonso Vázquez.
Band 87—92: Correspondencia de Felipe II con sus embajadores en la Corte de Inglaterra, de 1558 a 1584.
Band 97: Cartas relativas a Ruy Gómez de Silva, Principe de Eboli. — Cartas de Don Luis de Requesens, embajador en Roma, a su hermano Don Juan de Zúñiga en 1566.
Band 98, 101, 103, 110, 111: Correspondencia de los príncipes de Alemania con Felipe II y los embajadores de éste en la Corte de Viena.

Band 1—5: Correspondencia de Don Luis de Requesens y de Don Juan de Zúñiga con Felipe II y con el Cardenal Granvela.
Paris, L., Négociations, lettres et pièces diverses relatives au règne de François II, tirées du portefeuille de Sébastien d'Aubespine. Paris 1841.
Peck, Fr., Desiderata curiosa, or a collection of diverse scarce and curious pieces relating to matters of English history. London 1779.
Porreño, B., Dichos y hechos del Señor Rey Don Felipe II. Sevilla 1639.
Raumer, J. L. G., Briefe aus Paris zur Erläuterung der Geschichte des 16. und 17. Jahrhunderts. Leipzig 1831, Bd. 1.
Relations politiques des Pays-Bas et de l'Angleterre sous le règne de Philippe II, publiées par Kervyn de Lettenhove. Brüssel 1882—1900, 11 Bände.
Relazione della Corte di Spagna fatta da Msgr. Nunzio Visconti a Pio IV dell' anno 1564. = Hinojosa, Despachos de la diplomacia pontificia, S. 160.
Ribier, G., Lettres et Mémoires d'Etat, des rois, princes, ambassadeurs et autres ministres sous les règnes de François I, Henri II et François II. Paris 1766, 2 Bände.
Salazar de Mendoza, P., Origen de las dignidades seglares de Castilla y León. Toledo 1618.
Sarrazin, Jean, Ambassade en Espagne et en Portugal. Arras 1860.
Serrano, L., Correspondencia diplomática entre España y la Santa Sede durante el pontificado de Pio V. Rom 1904, 4 Bände.
Sigüenza, José de, Segunda y tercera parte de la Historia de la Orden de San Jerónimo. Madrid 1600—1605, 2 Bände.
Soriano, M., Relazione inédita della Corte e del regno di Filippo II, scritta nel 1559. Rom 1864.
Sousa, A. C. de, Provas da historia genealogica da Casa Real Portugueza. Lisboa 1739, Bd. 3.
Strype, John, Ecclesiastical Memorials relating chiefly to religion and the reformation of it ... under Henry VIII and Queen Mary. London 1721, 3 Bände.
Testamento y codicilio del Rey Don Felipe II. Madrid 1882.
Veröffentlichungen der Kommission für neuere Geschichte Österreichs.
Band 10: Österreichische Staatsverträge, Niederlande. Wien 1912. —
Band 14: Die Korrespondenz Maximilians II., 1564—66. Wien 1916.
Band 16: Die Korrespondenz Maximilians II., 1566—67. Wien 1921.

Eine Aufzählung der zahlreichen Forschungen und Darstellungen neueren Datums verbot sich aus räumlichen Gründen ganz von selbst. Aber wir legen Wert auf die Versicherung, daß wir den unser Thema berührenden Schriften von Karl Brandi, Erich Marcks, Georg Weise, Peter Rassow, Paul Herre, Arnold Oskar Meyer, Reinhold Schneider, Louis Bertrand, Roger B. Merriman und Henri Pirenne † für mannigfache Anregungen und richtungweisende Auffassungen zu großem Danke verpflichtet sind.

Stammtafel der Dynastie Trastamara in Kastilien und Aragón

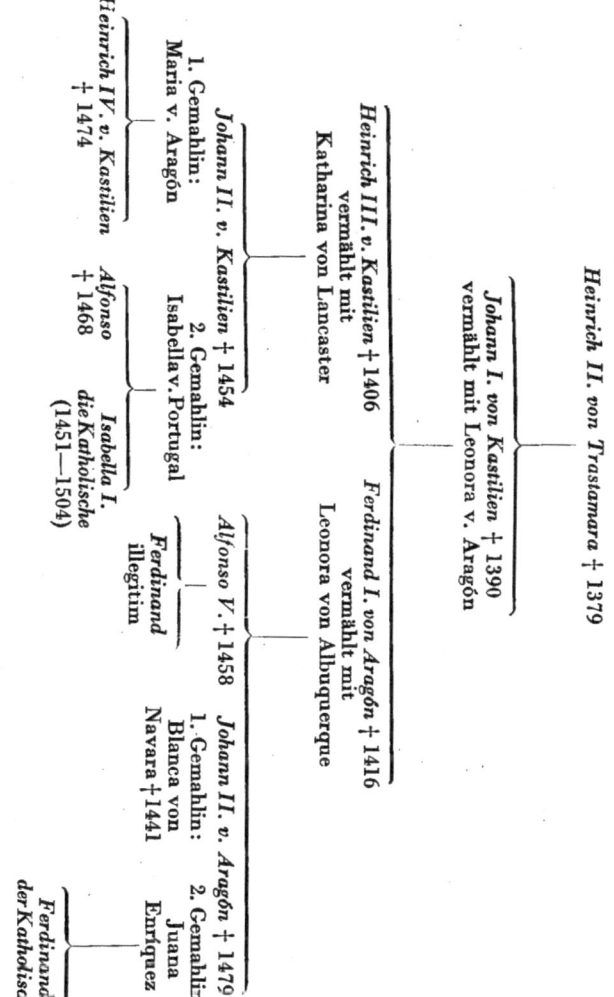

Die beiden Großväter waren Brüder

Stammtafel der spanis‹

Ferdinand II. von Aragón (1452—1516) heirate‹

Isabella (1470—1498) heiratet in 1. Ehe den Infanten Affonso von Portugal, in 2. Ehe den König Manoel von Portugal (1469—1521)	Juan (1478—1497) heiratet 1497 Margarete von Oesterreich, Tochter Maximilians I.	Johanna die Wahn‹ (1479—1555) heiratet 1496 Ph‹ den Schönen, S‹ Maximilians ‹
Miguel (1498—1500)		

Eleonore (1498—1558) heiratet in 1. Ehe (1519) den König Manoel von Portugal, den Witwer ihrer Tanten Isabella und Maria, in 2. Ehe (1530) den König Franz I. von Frankreich	Karl V. (1500—1558) heiratet 1526 Isabella von Portugal (1503—1539), Tochter von Manoel und Maria	'Isabella (1501—1525) heiratet 1515 den ‹ Christian von Schwe‹ Norwegen, entthron‹ 3 Söhne und 2 Töc‹

Kinder aus erster Ehe:
Karl jung gestorben	Maria (1521—1577) ehelos geblieben

Philipp II. (1527—1598)	Maria (1529—1603) heiratet 1548 Maximilian II.	Juana (1535—1575) heiratet 1552 d. Kronprinzen von Portugal, João Manoel, ✝ 1554

Aus der Ehe mit Maria von Portugal: Don Carlos (1545—1568)	Aus der Ehe mit Isabel de Valois: Isabel Clara Eugenia (1566—1633) Catalina Micaela (1567—1597)	Aus der Ehe mi‹ Anna von Oesterr‹ Carlos Lorenzo Diego Philipp III. Maria } alle b‹ Philip‹ im Kind‹ gesto‹

sburger bis auf Philipp II.

a von Kastilien (1451—1504), Tochter Johanns II.

Maria	Katharina
(1482—1517)	(1485—1536)
heiratet 1500 den König	heiratet in 1. Ehe Arthur,
Manoel von Portugal, den	Prinzen von Wales, in 2. Ehe
Witwer ihrer Schwester Isabella	König Heinrich VIII. von England
	Geschieden 1533

Maria Tudor
(1516—1558)
heiratet 1554 Philipp II.

Ferdinand	Maria	Katharina
(1502—1564)	(1505—1558)	(1507—1577)
g von Böhmen und	heiratet 1521 den	heiratet 1525 Johann III.
rn 1527, König der	König Ludwig II.	von Portugal
er 1531, Kaiser 1556,	von Böhmen und	
tet Anna Jagellon,	Ungarn, der 1526	Maria João Manoel
chwester und Erbin	fällt. 1530—1556	(1527—1545) († 1554)
önigs Ludwig II. von	ist sie Statthalterin	heiratet 1543 heiratet 1552
men und Ungarn	der Niederlande	Philipp II. Juana,
		Tochter Karls V.

Maximilian II.
r von 1564 bis 1576,
ratet 1548 Maria,
ochter Karls V.

nna	Elisabeth
—1570)	(1554—1592)
et 1570	heiratet 1570
pp II.	Karl IX. von
	Frankreich

Stammtafel der portugiesischen Dynastie Aviz

Manoel der Glückliche, König von Portugal (1469—1521), Sohn des Herzogs Ferdinand von Visen heiratet:

in 1. Ehe (1497) *Isabella*, Tochter von Ferdinand und Isabella
in 2. Ehe (1500) *Maria*, „ „ „ „ „
in 3. Ehe (1519) *Eleonore*, Tochter von Philipp dem Schönen und Johanna der Wahnsinnigen

Seine Nachkommen:

Aus 1. Ehe:

Miguel
(1498—1500)

Aus 2. Ehe:

João III.
(1502—1557)
König von Portugal heiratet 1525 Katharina die Schwester Karls V.

Isabella
(1503—1539)
Gattin Karls V.

Eduard
(1515—1540)
Herzog v. Guimarães heiratet Isabella, Tochter des Herzogs Jakob von Braganza

João Manoel
Kronprinz von Portugal heiratet Juana, Tochter Karls V.

Maria
erste Gattin Philipps II.

Sebastião
König v. Portugal geb. 1554 gefallen 1578 bei Alcázar-Kebir

Außerdem noch 5 Söhne u. 2 Töchter, darunter auch Enrique, der spätere Kardinal und Nachfolger des Sebastião in der Königswürde. Ferner Dom Luis, der Vater des Dom Antonio, Prior do Crato. Ferner Beatrix, Herzogin von Savoyen.

ihr Urenkel João IV. Herzog von Braganza wird 1640 König v. Portugal.

Aus 3. Ehe:

Karl
geb. 1520
† 1521

Maria
(1521—1577)
die „verlassene portugiesische Braut"

INHALTSÜBERSICHT

Seite

Geleitwort 7

DAS EINDRINGEN DER HABSBURGER IN SPANIEN

I. Kapitel: Annäherung zwischen Spanien und Burgund 11
II. Kapitel: Karl der König und Kaiser 19

PHILIPPS JUGEND 1527—1542

III. Kapitel: Kindheit und Knabenjahre. Familie und Erziehung 35
IV. Kapitel: Tod der Mutter. Vorzeitiger Heiratsplan 47
V. Kapitel: Unterricht durch den Vater 53

MITREGENT DES KAISERS 1543—1555

VI. Kapitel: Ehe mit Maria von Portugal und Geburt des Don Carlos 62
VII. Kapitel: Die väterlichen Instruktionen und Einiges dazwischen 88
VIII. Kapitel: Das neue Hofzeremoniell und eine neue seelische Haltung 120
IX. Kapitel: Maximilian, der Vetter und Schwager, Streit um die Nachfolge in der Kaiserwürde . . . 157
X. Kapitel: Die Präsentationsreise nach den Niederlanden und die Verschärfung des habsburgischen Familienzwistes 176
XI. Kapitel: Das in Augsburg vertrödelte Jahr und das traurige Ende der Sukzessionspläne . . . 203
XII. Kapitel: Das Familienbündnis zwischen Habsburg und Tudor 230
XIII. Kapitel: Das Englanderlebnis der Spanier 249
XIV. Kapitel: Die Abdankung des Kaisers 285
XV. Kapitel: Papst, Türke und Valois im Bunde gegen Philipp 296
XVI. Kapitel: Abschied von den Niederlanden und Heimkehr nach Spanien 312

KÖNIG VIELER REICHE 1556—1598

XVII. Kapitel: Die Residenzstadt Madrid 325
XVIII. Kapitel: Isabel de Valois und die Tragödie des Don Carlos 333
XIX. Kapitel: Das Mahnmal des ewigen Spaniens: San Lorenzo de El Escorial 357

	Seite
XX. Kapitel: Contra infidelium turbas	378
XXI. Kapitel: Das portugiesische Erbe	399
XXII. Kapitel: Der Brand in den Niederlanden	411
XXIII. Kapitel: Der Untergang der Armada	439
XXIV. Kapitel: Die letzten zehn Jahre	460
XXV. Kapitel: Siechtum und Tod	488

DER MENSCH UND DIE GESINNUNG

XXVI. Kapitel: Die Psyche	500
XXVII. Kapitel: Der Beherrscher der Gefühle	537
XXVIII. Kapitel: Rückblick und Abschied	547
Quellenverzeichnis	559
Stammtafeln der Trastamara, Spanischen Habsburger und der Dynastie Aviz	563

VERZEICHNIS DER ABBILDUNGEN

	vor Seite
Philipp II., von Pantoja de la Cruz	3
Philipp II., von Antonis Mor	81
Maria von Portugal, von einem unbekannten Meister	81
Philipp II., von Tizian	241
Maria Tudor, von Antonis Mor	241
Karl V., von Pantoja de la Cruz	289
Isabel von Frankreich, Zeichnung der Clouet-Schule	289
Philipp II., von Pantoja de la Cruz	369
Escorial, Innenhof	369
Philipp II., von einem unbekannten Meister	401
Anna von Österreich, von Antonis Mor	401
Der Gichtstuhl, Zeichnung von Jehan Lhermite	497
Magdalena Ruiz, von einem unbekannten Meister	497
Umschlag nach einer Porträtstudie von Antonis Mor	